U0478672

# 中国近代教育小说精选

——学校教育转型的思想实验

王占魁 选编

图书在版编目（CIP）数据

中国近代教育小说精选：学校教育转型的思想实验／王占魁选编．—福州：福建教育出版社，2025.1
ISBN 978-7-5334-9985-3

Ⅰ．①中… Ⅱ．①王… Ⅲ．①教育史－中国－近代②小说集－中国－近代 Ⅳ．①G529.5②I242

中国国家版本馆 CIP 数据核字（2024）第 107127 号

Zhongguo Jindai Jiaoyu Xiaoshuo Jingxuan
**中国近代教育小说精选**
——学校教育转型的思想实验
王占魁　选编

| 出版发行 | 福建教育出版社 |
|---|---|
|  | （福州市梦山路27号　邮编：350025　网址：www.fep.com.cn） |
|  | 编辑部电话：0591-83727542　83726908 |
|  | 发行部电话：0591-83721876　87115073　010-62024258） |
| 出 版 人 | 江金辉 |
| 印　　刷 | 福建省地质印刷厂 |
|  | （福州市金山工业区　邮编：350011） |
| 开　　本 | 710毫米×1000毫米　1/16 |
| 印　　张 | 47.5 |
| 字　　数 | 657千字 |
| 插　　页 | 3 |
| 版　　次 | 2025年1月第1版　2025年1月第1次印刷 |
| 书　　号 | ISBN 978-7-5334-9985-3 |
| 定　　价 | 129.00元 |

如发现本书印装质量问题，请向本社出版科（电话：0591-83726019）调换。

种街头巷尾的传闻是出于害人的用心。然而，这则故事中的诸多情节，却是反映了东汉时期经学教育中的一些真实场景，不能说尽是出于虚构。如：著名经师授徒，常是采用转相授受的方法，弟子得老师亲授的机会十分难得；才华出众的郑玄通过自己的表现而被老师发现，由此可能得到老师更多的亲授；郑玄学成主要靠自己，他既学习老师马融，也向众人学习兼收并蓄，因而能最终超越老师，成为一代经学家。这些情形在当时的经学教育中是普遍现象。

《世说新语》是中国古代著名的笔记小说，上述反映教育现象的材料在书中还有不少，这些材料似乎都可以看成是古代的教育小说。而从教育小说里确实可以透视小说讲述的那个时代的教育真相。

从总体上说，古代早期的小说重在记述，叙事缺乏完整性，不在意谋篇布局，欠缺思想和立意。但在明清时期，早期古代小说的这些不足在相当程度上得到克服，出现了一批可以比美甚至超越近代甚至现代小说的佳作，如《三国演义》《水浒传》《金瓶梅》《红楼梦》《镜花缘》等等，这些中国古代晚期的小说是中国古典小说的优秀代表，在艺术性和思想性方面都达到了很高水平。尤其是如果从教育的视角来透视，这些小说也都有可观之处。而且还可以看出，随着小说问世时代的发展，小说里所反映的教育思想观念也是在发展的；时代的发展改变了小说的思想内容，而改变了的小说又折射出时代的变迁和进步，甚至提出一些超越小说写作时代的超前教育理念，成为人们的理想。试以女性观和女性教育观为例。

女性观和女性教育观是中国近现代教育小说的重要主题，也是社会进步的重要量表。那么，就此主题古典小说又表达了些什么认识？且按上述古代小说经典的问世次序尝试作解读。

《三国演义》中很少女性角色，即使仅有的几位有些描写的，也或是男人政治斗争的工具，如貂蝉、孙尚香；或是男人的附庸，随时可以牺牲，如刘备的甘、糜两位夫人；或被当成"祸水"，尽管作出过奉献，却仍遭鄙弃，如貂蝉。总之，女人一如男人手中的大刀、长矛。

# 序

中国近代意义上的教育小说，大致是出现在清末。而中国传统的教<!--  -->小说却有着十分悠久的历史。试摘录一则：

> 郑玄在马融门下，三年不得相见，高足弟子传授而已。尝算浑天<!--  -->不合，诸弟子莫能解。或言玄能者，融召令算，一转便决，众咸骇<!--  -->服。及玄业成辞归，既而融有"礼乐皆东"之叹，恐玄擅名而心忌<!--  -->焉。玄亦疑有追，乃坐桥下，在水上据屐。融果转式逐之，告左右<!--  -->曰："玄在土下水上而据木，此必死矣。"遂罢追。玄竟以得免。

这则材料出自南朝宋刘义庆《世说新语》的"文学"门，记述的是东汉两位著名师徒学者马融和郑玄的事迹。显然，它并不真实，讲的是故事。尤其是最后部分说到，马融出于对弟子郑玄的忌妒而欲加害于他，无从考证，更属于小说笔法。所以，为《世说新语》作注的南朝梁学者刘孝标认为："马融海内大儒，被服仁义。郑玄名列门人，亲传其业，何猜忌而行鸩毒乎？委巷之言，贼夫人之子。"刘孝标的意思，马融不可能害学生。理由是，他已经是一位名满天下的大儒，名声不是平白无故得来的；郑玄被收入门下，承受其学术，并将以之传播光大，是皆大欢喜的事。这

《水浒传》里女性地位有所改变，不少女人成了可与男人比肩的英雄，一样"大碗喝酒，大口吃肉"，如水泊梁山上的三位巾帼：孙二娘、扈三娘、顾大嫂。然而，却以被丑化的形象出现，被叫做"母夜叉""母大虫"等。

《金瓶梅》第一次以一群女性为小说的主角，展示了一个世俗的女性世界，但她们又是被作践的、为钱为势出卖肉体的、无自尊与人格的。

《红楼梦》里的女性观和女性教育观有了巨大的飞跃：女子能诗能文，琴棋书画，大凡男子所擅也皆擅之；肯定女子应当受教育，也能够受教育；肯定女子也可以有爱情追求；甚至标榜"女清男浊"，对男尊女卑观念有很大冲击。

《镜花缘》描写了百位才女，不仅认定女子可以受教育，还主张开女科，考女进士、女状元，女子也可以去当官，做一番事业。《镜花缘》问世于嘉庆二十三年（1818），距民国建立已不足百年。

由此看来，在明清时代的古典小说中，女性观和女性教育观已悄然发生变化。如同杨柳知春，虽然春寒料峭，但柳枝已绽出点点绿芽。这些伟大的小说家敏锐地感受到社会的点滴变化，将之艺术化地表现在他们的小说中，告诉人们春江已然水暖，成为一群最早报告春天消息的人。显然，这些古代小说经典不仅传递了各自时代的教育真相，而且在思想性上已非旧时笔记小说可以比拟。套用一下王占魁老师的话语，已经在开始着"教育转型的思想实验"。

当中国的历史走进近代社会，同时也意味着社会被迫开始转型。人们越来越将发展教育视为国家救亡图存的不二法门。按照王老师在本书的"编者前言"中所说，对教育的重视与报刊的兴起相结合，就产生了教育小说这一教育史上的奇葩。确实，大众传媒的兴起是现代社会有别于传统社会的重要标志，也是在生存环境和传播条件方面现代小说有别于也优越于传统小说的地方。于是，教育小说迅速崛起、迅猛发展起来，并真正成为小说之林中的一种专门类别。无论是从作者，还是从主题、内容、结构、手法等方面，都与中国古典小说不可同日而语。然而，中国传统小说中的喻世、警世、醒世传统，却在清末民国教育小说中得到继承并发扬光大。因此，今天的人们，依旧可以隔着百多年的时距，通过这些小说去透视当时教育的生动场景，并读到以往在面貌板正的文献史料中所难以读到的细节。

王老师编辑此书也确实考虑给读者提供又一个认识中国近代学校教育转型变革的渠道。编选这本教育小说集的目的，如他在"编者前言"中所表示的，是为了凸显教育转型时期西式学校教育对中国教育的巨大冲击，以告诉当今的人们"有启发性"的事实或道理。例如"教育改革究竟应该如何进行的问题""官僚主义问题""教师队伍的素质问题""教育究竟能不能、在何种程度上能改变社会的问题"等等，这些问题"对于我们今天给出教育与社会关系问题的答案也许有所帮助"。可见，当年叶圣陶、陶行知、许杰、冰心、周瘦鹃、王西彦等知名的不知名的小说家编写教育小说是为了喻世、警世、醒世乃至救世，当今王老师选编他们的教育小说也是如此。

由于小说的艺术特点，使得它在反映历史、走入人心的过程中有着文献史料所无法替代的优势，从小说看历史也意味着历史观念的重要变革。整整70年前，法国人类学家列维-斯特劳斯说："我们是从历史中拾破烂的人，我们在历史的垃圾箱中寻找我们的财产。"（《今日纵横谈：克劳德·列维-斯特劳斯传》，北京大学出版社1997年版，第155页）他所说的"历史的垃圾箱"中的"破烂"，就是指的被"正统"的历史学家所鄙弃的表现日常生活的非正史材料，而斯特劳斯认为人类学所赖以生存的正是历史学家"几乎是不屑一顾的日常生活中的平凡小事"。而小说所描写的正是这样的一些"平凡小事"。

从小说看教育历史当然有其长处，如，使人们看到的教育场景十分生动，教育历史的一些细节被突现出来，有一些教育历史发展的趋势被形象地表现出来，等等。然而，当我们在读小说时也必须时刻清醒地意识到：这是小说！它所反映的虽是历史上的事，但不能认为它就是历史。在这方面，历史上是有教训的。如，为人们常提及的，清初学者王士祯，将话本、小说中周瑜的慨叹"既生瑜，何生亮"当成了历史材料；当代一位著名学者在其讨论李自成成败教训的历史著作中，将民间流传的李岩与红娘子故事当成历史事实写入李闯王的兴亡史。诸如此类，引发人们批评，甚至不乏嘲讽。这就提醒我们应当谨慎对待小说，尤其是在准备通过小说去认识历史的时候。

因此，读小说了解历史，就须始终掌握好一个原则——是从小说"看"历史，而不是将小说"当"历史。毋庸置疑，小说具有认识价值，这种价值来源于小说所表现的人物与所讲述的故事都具有真实性。然而，又必须区分清楚，小说之真与历史之真是两种截然不同的真。小说之真在于所反映的社会现象是真实的，但其中的人物却是虚构的，故事也是虚构的；而历史之真在于所记叙的事件是真实的（曾经发生过的），人物是真实的（确有其人），事件的发生经过也力图是真实的。鲁迅小说《阿Q正传》中的主人公阿Q当然是个虚构人物，世上本找不到一个阿Q，但是，阿Q这个人物是概括自旧中国的无数个社会底层人物，无数个中国人都可以在他的身上找到自己的影子，这个虚构人物就又具有了真实性。这个真实性是就人物所具有的典型性、代表性而言，而不是说史上确有其人。所以，我们读《阿Q正传》，是从阿Q和他的人生去了解他所处的时代、社会和众多像他那样的底层民众，而不是去坐实阿Q这个人物为实有。今天我们通过读清末民国时期的小说去认识中国教育的转型过程，也应该像读《阿Q正传》那样。

王占魁老师为了大学教学的需要，编了一本很有意思也很有价值的参考读本，我很喜欢——既喜欢他编的这本书，也喜欢他做的这件事。他不仅证明了小说还可以有另外一种用途，也提示大家通过小说去认识和把握教育历史有其独特性。他的这本书在理念、方法和材料应用方面给我们以丰富的启示。

杜成宪<br>2022年2月22日

## 编者前言

  中国现代美学的发展，是伴随中国传统社会秩序解体、新的社会秩序建立的时代大背景向前推进的。处于新旧时代过渡时期，中国现代美学家们多选择中西融会之路。如蔡元培"以美育代宗教"的美学思路，王国维借助康德、叔本华的美学观点来阐释中国古典美学的"洋为中用"的美学思路。相比之下，梁启超等人则更加明确地意识到，要真正"改造中国"，唤醒"沉睡的中国人"，就必须从"改造文体"开始，进行彻底的"文体革命"。在这种思想观念的驱动下，他与黄遵宪、夏曾佑、谭嗣同等人先后发动了"诗界革命""文界革命""小说界革命"等文体革命浪潮。由此，作为一种实现某种政治或伦理道德意图的工具的中国现代美学范式逐渐确立。单从工具论的视角看，梁启超的文体革命美学与传统儒家的"立言"和"教化"美学异曲同工。但从教育学的意义上看，这种文体革命却已然吹响了中国近代教育面向世界，用西方进步的思想文化去冲刷和革新中国传统教育的号角。

  在中国，不同时代的文人对"小说"这一文学样式的价值评价迥异。在清末以前，哪怕是在小说创作已经处于"井喷"状态的明朝，大多文人墨客对小说仍然采取轻视的态度，对它的价值定位不过是难登大雅之堂的微言消遣之物。直到近代，梁启超发现了"现代小说"与"传统小说"功能上的差异，才彻底扭转了传统中国学人对小说的歧视，将街谈巷议、道听途说的不登大雅之堂的叙事改造为变法、维新、革命的叙事。在1902年发表的《论小说与群治之关系》一文中，他详细论述了现代小说的社会教化和美育功能：

> 欲新一国之民，不可不先新一国之小说。故欲新道德，必新小说；欲新宗教，必新小说；欲新政治，必新小说；欲新风俗，必新小说；欲新学艺，必新小说；乃至欲新人心，欲新人格，必新小说。何以故？小说有不可思议之力支配人道（按：为人之道）故。①
>
> 小说之支配人道也，复有四种力：一曰熏。熏也者，如入云烟中而为其所烘，如近墨朱处而为所染……小说则巍巍焉具此威德以操纵众生者也。二曰浸……浸也者，入而与之俱化也。人之读一小说也，往往既终卷后数日或数旬而终不释然……三曰刺……熏、浸之力，在使感受者不觉，刺之力在使感受者骤觉。刺也者，能使人一刹那顷忽起异感而不能自制也……四曰提，前三者之力，自外而灌之使入，提之力，自内而脱之使出……凡读小说者，必常若自化其身焉，入于书中，而为其书之主人翁……此四力者，可以卢牟一世，亭毒群伦，教主之所以能立教门，政治家所以能组政党，莫不赖是。②

显然，在这里，梁启超力图将小说的工具性和审美性糅合在一起。在他看来，小说对人性的陶冶主要体现在"熏""浸""刺""提"四个方面。同时，他也将这四个方面称为四种"审美之力"。因此，这实际上也反映了他对现代小说的教育美学价值的深刻透视。在笔者看来，所谓"熏"就

---

① 梁启超. 论小说与群治之关系［A］. 郑大华，王毅，编. 梁启超集［M］. 广州：花城出版社，2010：145.
② 梁启超. 论小说与群治之关系［A］. 郑大华，王毅，编. 梁启超集［M］. 广州：花城出版社，2010：147-148.

是"感染力"，亦即通过生动的故事情节吸引和感染读者，使相应的情感渗透到读者的思想深处，融化为读者自己的精神力量；所谓"浸"，就是"浸润"，亦即小说的审美境界能够浸润读者的心灵，使读者的心灵得到净化，情感得到抚慰；所谓"刺"，就是"讽刺"或"批判"，即指小说发挥的警世、醒世与社会教育作用；所谓"提"，就是"升华"，即指优秀的现代小说能够提升读者对世界和人生认知的境界与高度。由此，中国文人才大大提高了对小说的认识，小说才获得了启蒙思想的教育价值。

从中国文学发展史上看，文体从诗歌主流到戏曲、小说主流的古今演变，昭示着现代文体由"雅"转"俗"的基本趋向，它其实也是现代美学发展的基本趋向。而在当时适应革命和维新需要的时代背景下，这一"俗化"过程就显得更加重要。这是因为，文学要唤起普通百姓的共鸣，就不能太雅，让普通百姓觉得难以理解，而唯有"通俗"才能赢得大众的青睐。适逢其时，在清末民初那个风起云涌的变革年代，教育作为救亡图存的重要措施也受到了学者们的普遍重视。再加上当时报刊业的兴起与蓬勃发展，遂产生了"教育小说"这一教育史上的奇葩。就其内容上看，清末民初的教育小说不仅反映了当时中国教育思想的演变，还反映了当时中国教育发展中的种种问题，既可以为教育史研究提供丰富的材料，也可以为当前教育的健康发展提供启示。因此，本书辑录了清末民初的部分教育小说，旨在为相关研究提供便利。

不过，目前国内外学界对于"教育小说"的确切内涵尚无定论。从源头上看，"教育小说"一词源于德文"Bildungsroman"，这类小说的基本特征是叙述某个人的成长经历，描述其性格、能力、世界观等方面的发展。按照这一宽泛用法，无论是寄托了作者教育理想的，还是反映了现实的教育问题的，抑或分享教育经验的小说，都能够被称为"教育小说"，远非是和我们今天通常所强调的那种有计划、有组织的"学校教育"所紧密相关的小说。为此，本书收录教育小说的首要原则，便是将小说主题限定在"学校教育"的范围内，使其成为今天回望近代中国教育在西学东渐和中西文化交汇背景下，中国学校教育转型变革的一个窗口。其次，鉴于"教育小说"在近代中国还是一个"舶来品"，其中包含大量"译作"和"半译半创"的作品，而这些翻译或半译半创的教育小说创作背景十分多元，不仅很难集中反映中国近代教育界的思想与实践，反而会对我们的判断造成干扰，为此，本书收录作品的第二个原则，便是中国学者在清末民国这个时段的"原创"作品。其三，鉴于"教育小说"一词在中国的首次出现是1903年[①]，因此，本书标题所称的"中国近代"与当代中国史学界通常所指的1840年至1949年这个时段并不完全一致，它实则要求收录作品的出版时间在1903年到1949年之间。

更进一步来讲，确定了"教育小说"和"晚清民国"的内涵，也并不意味着就确定了本文集具体要收录哪些小说。在选编过程中，我们确立了以下几个收录原则，以保证本文集所收录小说的代表性。

第一，考虑重大历史事件对于教育小说的影响。教育小说在1903年诞生，几乎刚一发端就遇上了"癸卯学制"（1904）的公布。这导致当时出现了大量反映学制改革带来的希望与冲突的教育小说，如本文集中的《学究新谈》（1905）等。1911年辛亥革命后，民族平等、民主共和等观念逐渐深入教育界，这也改变了教育小说的面貌，使《五族共和》（1922）、《学校市》（1922）等小说得以出现。1919年，大量学生和教师参与了五四运动，他们在运动中的表现和遭遇促使教育界进行反思，这催生了《斯人独憔悴》（1919）等小说。1937年全面抗日战争爆发，抗日救亡成为时代主题和小说创作背景，于是就有了《一块猪肝》（1938）、《兽宴》（1941）等小说。抗战后，面对着内战和民生凋敝，教师、学生们显示出了不知何去何从的困惑与痛苦，这在《范纯瑕老师》（1946）、《梦的埋葬》（1947）

---

[①] 当时，《教育世界》杂志刊发了一篇被标为"教育小说"的小说《爱美耳钞》（今译《爱弥儿》），这是教育小说在近代中国出现的标志。参见：马勤勤. 知识迁移与本土再造——近代中国"教育小说"的发生与辨义[J]. 中国现代文学研究丛刊，2019（5）：19.

等小说中有所体现。可见，由于历史上的重大事件对于教育小说的创作有着较大的影响，应该择录一些能够明显体现出历史事件影响的小说。

第二，注意在不同时期、不同作者笔下反复出现的小说主题。比如描绘理想教育蓝图的教育小说，不论是在晚清，还是在民国的许多时期都有出现，比如《钟楼之纪念日》（1916）、《古庙敲钟录》（1931）等。再比如揭露教育界落后、腐败、黑暗的小说，在晚清、民国各时期都有出现，如《学究新谈》（1905）、《一个勤学的学生》（1919）、《搭班子》（1926）、《厄运》（1933）和《兽宴》（1941）等。可见，近代教育小说中有的主题是贯穿始终的，这一点同样也成为我们在选择小说时的重要标准。

第三，兼顾非重点作者，突出重点作者。近代教育小说的创作是由许多作者群策群力完成的，但其中也涌现出了一些影响较大、较为有代表性的作者，如叶圣陶等。[①] 考虑到这一点，本文集在广泛收录不同作者的小说的同时，也重点收录重要作者的教育小说。本文集共收录了24篇小说，共涉及20个作者，平均每位作者1.2篇。其中，叶圣陶占4篇，占17%左右。

下面将以时期为准，将本文集所收录的所有小说（包括其名称、出版年份、作者、篇幅、来源和语言）按时期分类，以表格形式列出。出版于同一年的小说按其标题首字的笔画多少以增序排列。

| 时期 | 小说名称 | 出版年份 | 作者 | 篇幅 | 来源 | 语言 |
| --- | --- | --- | --- | --- | --- | --- |
| 晚清<br>（1903—1911年） | 《学究新谈》 | 1905年 | 吴蒙 | 长篇 | 《绣像小说》（1905年第47—52、55—64、66—72期）及《学究新谈》（商务印书馆1915年版） | 白话 |

---

[①] 赵娟. 中国近现代教育小说研究[D]. 促定：河北大学，2011.

续表

| 时期 | 小说名称 | 出版年份 | 作者 | 篇幅 | 来源 | 语言 |
|---|---|---|---|---|---|---|
| 民国中前期（1912—1936年） | 《牧牛教师》 | 1914年 | 搔笑 | 短篇 | 《教育研究》（1914年第12、13期） | 文言 |
| | 《参观员》 | 1915年 | 无际 | 短篇 | 《礼拜六》（1915年第40期） | 文言 |
| | 《钟楼之纪念日》 | 1916年 | 偶然 | 短篇 | 《中华教育界》（1916年第5卷第1期） | 文言 |
| | 《一个勤学的学生》 | 1919年 | 汪敬熙 | 短篇 | 《新潮》（1919年第1卷第2期） | 白话 |
| | 《石笔石板》 | 1919年 | 周瘦鹃 | 短篇 | 《中华教育界》（1919年第8卷第5期） | 白话 |
| | 《秋雨秋风愁煞人》 | 1919年 | 冰心 | 短篇 | 《冰心全集》（海峡文艺出版社2012年版） | 白话 |
| | 《顾氏父子》 | 1919年 | 张铸 | 短篇 | 《教育周刊》（1919年第41、42期） | 白话 |
| | 《斯人独憔悴》 | 1919年 | 冰心 | 短篇 | 《冰心全集》（海峡文艺出版社2012年版） | 白话 |
| | 《五族共和》 | 1922年 | 范焕章 | 短篇 | 《教育杂志》（1922年第14卷第24期） | 文言 |
| | 《学校市》 | 1922年 | 陆洪生 | 短篇 | 《教育杂志》（1922年第14卷第24期） | 文言 |
| | 《脆弱的心》 | 1925年 | 叶圣陶 | 短篇 | 《出版界（上海）》（1925年第70期） | 白话 |

续表

| 时期 | 小说名称 | 出版年份 | 作者 | 篇幅 | 来源 | 语言 |
|---|---|---|---|---|---|---|
| | 《搭班子》 | 1926年 | 叶圣陶 | 短篇 | 《教育杂志》（1926年第18卷第5期） | 白话 |
| | 《抗争》 | 1927年 | 叶圣陶 | 短篇 | 《教育杂志》（1927年第19卷第1期） | 白话 |
| | 《倪焕之》 | 1928年 | 叶圣陶 | 长篇 | 《教育杂志》（1928年第20卷第1—12期） | 白话 |
| | 《古庙敲钟录》 | 1931年 | 陶行知 | 中篇 | 《陶行知全集》第3卷（四川教育出版社2009年版） | 白话 |
| | 《厄运》 | 1933年 | 于琳 | 短篇 | 《教育研究》（1933年第3期） | 白话 |
| | 《默》 | 1933年 | 卓呆 | 短篇 | 《大上海教育月刊》（1933年第1卷第1期） | 白话 |
| | 《心波》 | 1934年 | 潘腾 | 短篇 | 《教育研究》（1934年第4期） | 白话 |
| 全面抗战时期（1937—1945年） | 《一块猪肝》 | 1938年 | 老舍 | 短篇 | 《民意周刊》（1938年第14、15期） | 白话 |
| | 《兽宴》 | 1941年 | 王西彦 | 短篇 | 《新文丛》（1941年第1期） | 白话 |
| 抗战后（1946—1949年） | 《范纯瑕老师》 | 1946年 | 沙汀 | 短篇 | 《现实文艺丛刊》（1946年第1辑新生篇） | 白话 |
| | 《我的三位国文老师》 | 1947年 | 吴广 | 短篇 | 《中华教育界》（1947年第10期） | 白话 |
| | 《梦的埋葬》 | 1947年 | 许杰 | 短篇 | 《新中华》（1947年第23—24期） | 白话 |

倘若将上述各个时段教育小说的篇目数转换成柱状图，则如下图所示：

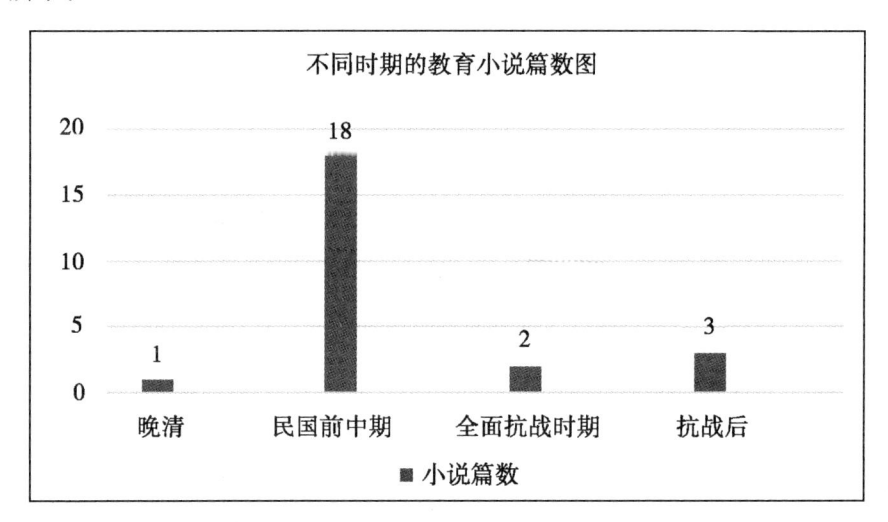

**不同时期的教育小说篇数图**

| 时期 | 小说篇数 |
|---|---|
| 晚清 | 1 |
| 民国前中期 | 18 |
| 全面抗战时期 | 2 |
| 抗战后 | 3 |

总体来看，清末民国最重要的特点之一就是"过渡"。这一特点在教育中的体现就是传统教育向西式教育的转变。反映在教育小说中，就出现了对于传统教育和西式教育的各种态度。本文集中的小说，对传统教育的态度以批判为主，如《顾氏父子》（1919）写道："（顾世杰）到了二十一岁，侥幸弄到一个秀才，但是他的身体已大受亏，腰也驼了、背也曲了，讲话也没有气了，'科举真止是专制君主杀人的好利器啊！'"再如《心波》（1934）中，主人公秋菊从私塾转到洋学堂后，写的文章由于像八股文而被同学嘲笑："当第一次国语教员张先生把作文卷发出来的时候，他的一篇曾被张先生摇头摆尾的高声朗诵过，说他是八股文章引得哄然大笑。"再比如《学究新谈》中，鲁子输不仅抨击了八股文本身，还揭露了科举制下文人求学的目的："……八股的流弊本来甚多，你只想为甚要学八股，都是利禄起见……"但在一片批判声中，也有的人发现了传统教育的一些优点。就如《学究新谈》中，从旧文人转变成新文人的夏仰西，虽然承认传统教育有许多不合理之处，但面对其他的一些责难，也常常为八股文辩护。这里可以看出，小说中至少部分人对于传统教育采取的是一种

批判继承的态度。但是，晚清民国，特别是清末民初，毕竟是新旧过渡阶段，自然也有一些支持传统教育的声音，如《学究新谈》开篇，作为旧文人的殷咄空，在面对科举制即将废除的事实时，发牢骚道："要晓得八股是代圣贤立言，于世道人心极有关系的，如今一旦废掉，世道人心就从此不可问了。"

另一方面，对于西式教育而言，本文集中的小说主要抱支持的态度。比如《学校市》（1922），所描绘的就是一种西式教育的理想蓝图。并且，本文集中的小说，出版年份在1910年之后的，就很少出现有关传统教育的情节。这说明西式教育在当时的小说中已经逐渐被默认为事实，也较少有反对这一事实的声音出现，侧面体现了这些小说对于西式教育的支持态度。不过，话说回来，既然有人支持传统教育，那么他们肯定也反对西式教育。但在本文集所收录的小说中，少有直接发表反对西式教育的言论的。反对西式教育的人多是通过其对传统教育的支持间接体现其对于西式教育的反对的。此外，小说中有的人对于传统教育和西式教育并没有一个明显的"支持"或"反对"的态度，仅仅只是随波逐流而已。如《古庙敲钟录》（1931）中，当古庙村民想要为本村找一位教师时，曾经受过一些传统教育的张胡子说："我这点八股文章现在是有些背时[①]了……""先生要贯通《四书》《五经》。八股现在没用，要会做策论[②]才行。"这里，张胡子虽然也认为教师所教的内容不能完全按照传统教育来，但只是强调八股文现在"背时""没用"，说明其并不真正了解传统教育的弊端，并不是抱着批判的眼光看待传统教育的。如果当时没有废除八股文，相信张胡子就会是另一种看法。因此，在关于传统教育和西式教育的问题上，他实际上是一种随波逐流的态度。

一切历史都是当代史，在教育学研究中也是这样，关于近代教育小说

---

① 背时，指不合时宜。

② 即策问性的议论文。起源于汉代，后世科举考试曾用以取士。清康熙、光绪年间也一度以策论取代八股取士，不久即废。

的研究必须为当代教育所用。在编辑本书的过程中，我们发现，近代小说所提出的一些问题对于今天仍然有启发性。

一是教育改革究竟应该如何进行的问题。按时间顺序去考察本文集所收录的小说，我们就会发现，在西式教育刚刚开始代替传统教育时，很多人都是抱着一种满怀希望的态度来翻译、撰写教育小说的，导致各种各样的理想蓝图涌现出来，但由于这个阶段，教育小说仍然主要是一种舶来品，纯粹原创的这类作品为数甚少。然而没过多久，就有人发现，教育西化并没有完全解决传统教育的问题，一些科举时代就备受人诟病的问题还是发生在西化教育中。比如《顾氏父子》（1919）提出的，西化教育同样摧残学生身心健康的问题；《一个勤学的学生》（1919）提出的，学生只知追名逐利、只求加官晋爵的问题等。这提醒人们，轰轰烈烈的教育西化似乎并没有收到理想的效果，甚至从某种程度上说，教育改革只是换汤不换药而已。反观当下，虽然国家早在20世纪90年代就开始提倡素质教育，但经历了这么多轮的教育改革，我国教育似乎仍然离该目标有不小的距离，这似乎与上述小说所反映的问题有不少的相似之处。我们对于当下教育改革问题的思考，也许可以借由探寻这一历史问题得到答案。因此，这一历史问题，就转变为了现实问题。

二是官僚主义问题。从秦朝开始，中国似乎就从来没能摆脱过官僚主义。清末民国的教育界同样如此。比如《学究新谈》（1905）里，刻画了许多昏庸无能的教育官僚形象；《抗争》（1927）里讲到教师们因为工资被腐败官僚克扣，被迫图谋以罢课进行抗争；《兽宴》（1941）直言"（学校）会计处里上千上万的钱都是校长的赌本……"等。由此可见，官僚主义问题几乎贯穿了整个晚清民国的教育史，成为扰乱当时教育界的一大因素。当下，虽然官僚主义问题不一定有小说中那么严重，但同样也是阻碍教育发展的绊脚石之一。要想改善现状，就需要更多的思考与实践。从这一角度去考察晚清民国的教育小说，也许能为我们提供一些新的思路。

三是教师队伍的素质问题。在《学究新谈》（1905）中，吴蒙为我们塑造了一些热心于教育事业，爱学生，懂教育的理想教师形象，但这往往只能是一个理想而已。在这之后的小说中，我们看到了各种各样的坏教师，如专业知识薄弱的（《牧牛教师》，1914）、道德败坏的（《兽宴》，1941）等等。这些教师队伍中的寄生虫不仅破坏了教师队伍的形象，使得人们对于教育丧失信心（《厄运》，1933），还容易教坏学生，使教育朝着与其目标相反的方向前进（《厄运》，1933）。这说明，教师队伍素质低下的问题在当时就已经引起注意，并引起了有识之士的思考。如果说这一问题在战乱频仍、社会动荡的晚清民国时期还是可以理解的，但到了现在，它就变得难以忍受了。然而，现在仍然偶有一些行为不端的教师被曝光，使教育界蒙羞。这让我们不得不反复思考究竟如何保证教师队伍的素质问题，而一旦意识到这一问题其实已经跨越百年，兴许我们在思考这一问题时能够更好地借鉴前人的经验，或者能更好地从中国历史的连续性上得出相关的结论。

四是教育究竟能不能、在何种程度上能改变社会的问题。这一问题长久以来都是教育界的热议话题。在晚清民国，教育界一开始似乎对于这一问题抱有一种积极的态度，认为教育能够并且能在较大程度上改变社会。这从"教育救国"的思潮中可见一斑，在教育小说中也有不少体现，如《学校市》（1922）、《五族共和》（1922）等。但到了后来，教育小说中的观点就开始互相矛盾，既有如《脆弱的心》（1925）中"教育家应自任为社会的监督者、指导者和改造者"的观点，也有开始怀疑甚至否定教育对社会的改造作用的倾向，如《秋雨秋风愁煞人》（1919）就叙写了一个西式教育下独立且优秀的女学生，在旧家庭的压迫下，只得屈膝服从旧秩序的故事；再如《倪焕之》（1928）就讲述了一个本来坚信教育能够改变社会的青年教师，最终因为现实的困难而被迫放弃教育改革，最终在绝望和疾病中死去的故事。今天，人们同样在杜威式的教育改造社会和"教育只是再生产了当前的社会结构"这两个观点当中徘徊。思考当时人们对这一问题的思考，对于我们今天给出教育与社会关系问题的答案也许有所帮助。

最后，本文集所收录小说，为保留历史原貌，原则上不做改动。在转录过程中，排版方式均改为横排版。在段落的划分方面，除《学究新谈》由于原文没有划分段落，因此由编者划分之外，均依照原文。小说中所涉及的信函以及诗歌内容，必要者均在排版上进行了一定的优化，以方便读者阅读。繁体字和异体字均更改为简体字。标点符号根据《中华人民共和国国家标准标点符号用法》进行了必要的更正和辅助添加。编辑过程中，对错漏繁衍的文字、不合现时写法的词汇，在相应字、词、名后中括号内进行标注，对不合现时通行译法的重要人名、地名和书刊名，以脚注形式标出。本文集各篇目按发表时间排序，读者逐篇阅读，不仅能够捕捉不同时期近代中国教育变革内容与实践上的细节，而且能够一并领略近代中国教育界在现代化转型过程中半文半白、亦中亦西的语言风貌和文化特质。

此外，为了方便读者阅读和拣选资料，本文集将能够集中体现所收录文章主题的，以及对教育的精彩论述进行了加粗标示。与此同时，编者也在各篇首中括号内对小说内容做了简要提示，以便读者明确其中蕴含的教育学要旨。更为重要的是，编者因应"教育美学"课程的教学需要，于各篇尾罗列了一些可供读者深入研究的"思考题"，以此显明其作为笔者另著《教育美学：文艺的进路》的配套教材的课程价值。

王占魁

2024 年 9 月

# 目 录

## 第一编 晚清（1903—1911）

一、学究新谈/吴 蒙 …………………………………… 3

## 第二编 民国中前期（1912—1936）

二、牧牛教师/搽 笑 …………………………………… 215
三、参观员/无 际 …………………………………… 226
四、钟楼之纪念日/倜 然 …………………………………… 230
五、一个勤学的学生/汪敬熙 …………………………………… 235
六、石笔石板/瘦 鹃 …………………………………… 241
七、秋雨秋风愁煞人/冰 心 …………………………………… 248
八、顾氏父子/张 铸 …………………………………… 260
九、斯人独憔悴/冰 心 …………………………………… 265
十、五族共和/范焕章 …………………………………… 273
十一、学校市/陆洪生 …………………………………… 277
十二、脆弱的心/叶绍钧（叶圣陶） …………………………………… 281
十三、搭班子/叶绍钧（叶圣陶） …………………………………… 286

十四、抗争/叶绍钧（叶圣陶）  ………………………… 295

十五、倪焕之/叶圣陶 …………………………………… 311

十六、古庙敲钟录/陶行知 ……………………………… 535

十七、厄运/于　琳 ……………………………………… 622

十八、默/卓　呆 ………………………………………… 632

十九、心波/潘　腾 ……………………………………… 640

## 第三编　全面抗战时期（1937—1945）

二十、一块猪肝/老　舍 ………………………………… 649

二十一、兽宴/王西彦 …………………………………… 658

## 第四编　抗战后（1946—1949）

二十二、范纯瑕老师/沙　汀 …………………………… 685

二十三、我的三位国文老师/吴　广 …………………… 698

二十四、梦的埋葬/许　杰 ……………………………… 706

后记 ………………………………………………………… 735

# 第一编
晚清（1903—1911）

# 一、学究新谈[①]/吴蒙

【内容提要：《学究新谈》集中笔墨讽刺了清末学界在兴办西式新学堂大潮中的种种弊端，反映了当时社会中新旧思想交替之际教育界的诸多怪人怪事。全篇主要反映了当时旧知识分子被迫向近代新知识分子的转变、新学堂的蓝图与困境，也讽刺了一些唯利是图的教育投机者等。】

## 第一回
## 废时文[②]茶楼图恢复　媚高足草稿尽恭维

词曰：

酸态峻毫，腐情弄墨，年年客馆萧条。几度维新，头巾依旧难抛。聊翻三五青春侣，捧西书劝效时髦。尽孤他，独立精神，平等风潮。

而今科学初开悟，惜普通未得，压制徒劳。旧学商量，何堪贻误儿

---

[①] 吴蒙，《学究新谈》，原载于《绣像小说》，1905（47）：1-5、1905（48）：1-5、1905（49）：1-5、1905（50）：1-5、1905（51）：1-5、1905（52）：1-5、1905（55）：1-5、1905（56）：2-5、1905（57）：1-5、1905（58）：1-5、1905（59）：1-5、1905（60）：1-5、1905（61）：1-4、1905（62）：1-4、1905（63）：1-4、1905（64）：1-4、1906（66）：1-4、1906（67）：1-4、1906（68）：1-4、1906（69）：1-4、1906（70）：1-4、1906（71）：1-4、1906（72）：1-3。共三十六回，后十一回因《绣像小说》停刊而未载。本书中，前二十五回是从《绣像小说》中辑录而来，后十一回是从商务印书馆于1915年出版的单行本中辑录而来。

[②] 时文，在此与八股文同义。

曹。从前铸错嗟无及，况错中又错堪嘲。愿诸君，宁尔神经，听我唠叨。调寄高阳台

　　看官，这首词是什么人填的呢？原来是一位老先生悔过有感而作的。这老先生姓夏，字仰西，名时中，浙江杭州府钱塘县人氏。自从十八岁上院试第一名入学，一气赶了十三科乡试，倒堂备过七次，三回额满见遗①。虽然骗不得举人，杭州城里那【哪】个不知道他是位时文好手，争聘了去教子弟读书。他脩金②也并不多要，但不到三百块洋钱一年，那馆是不就的。如是者混了三十多年，没有脱馆。只是他的火性极大，碰着学生背书，要是错了一个字，定然打十下戒尺。幸亏到后来名望大了，教的尽是十八九岁的大学生，用不着背诵那四书五经，只讲几篇小题拆字诀，搭截大观，依着那三六九天的文期，批批课卷便了，因此倒放松了学生许多，师生觉得浃洽③起来。一天正在馆中批课卷时，来了他的一位知己朋友，姓殷名景辂，表字咄空，也是一位名秀才，在杭州城里处着美馆。当下仰西见他进来，连忙将学生课卷向书包布底下一掩，起身让坐。咄空满面怒容，半晌喘定，方说道："老弟，你倒还从容自在的在这里批课卷么？如今天翻地覆，连八股都要废了。"一句话把仰西说得凉了半截身体，正待问个缘故，转念一想道：这事不好，要被学生听明白了，连今年的馆都就不下去，不如拉他到茶馆里去说罢。主意想定，便道："咄哥，你休得大惊小怪，我们出去吃茶罢【吧】。"咄空会意。仰西又嘱咐了学生几句话，两人同到城隍山上四景园茶馆里，泡茶坐下。恰好是午饭后，静悄悄没有多人。仰西凑近问咄空道："怎么？朝廷要废八股，我全然不知道，请咄哥备细说来，还有什么法想没有？"咄空道："呀，你原来还在梦中。"说罢，袖中取出一卷新闻纸，在茶台上一放道："你去看罢【吧】，我也懒得

---

① 额满见遗，即名额被占满了，才出现了遗漏者的名单。
② 脩金，亦即学费。
③ 浃洽，拼音 jiā qià，意为和谐、融洽。

细说。"仰西把那新闻纸看时，原来订成一小本，都是近半月中间的事，看来看去，找不到废八股的实据，只有一位赵侍读的条陈①带着说及，还有李抚台的奏折内说到要废八股的话，又有多少考试的法子。奏折太长了，还没登完。

仰西足足把这报看了半个时辰，方才放下，慢慢说道："看这报上废八股的话，并没见上谕，只怕未必定准。"咄空道："我听见敝东说的，敝东的胞兄，现在京里当御史，他有信回来，说是那赵侍读说动了当今，要大大的变法，还有改服色的那些条陈，八股是一定要废的。你道这人岂不是油蒙了心？**要晓得八股是代圣贤立言，于世道人心极有关系的，如今一旦废掉，世道人心就从此不可问了。**你道我这句话错不错？"仰西道："话是不错，我的愚见，也管不了国家的大事，愁的是我们所靠那劳什子的起承转合，又是什么语半神全这些诀窍混日子，真个废掉了，可不是顽【玩】的。哼，咄哥，只怕你馆地先不牢靠，为什么呢？贵东是位乡绅，京里的信息也灵，要真变了法，他还肯出这样重的束脩请你吗？"咄空听了，着急道："那倒不然，敝东得了信后，合【和】我谈起来，也觉不平，说那【哪】怕不用八股，我的小孩子是一定要教他学作八股的，学好了，各种文章都会做。因此我晓得他仍旧须请我教读。老弟，你的贵东如何？"仰西道："那是更不妨事。他是个生意人，不懂得什么，随便哄过去便了。只是我想贵东的令兄，既在京中当御史，我听说御史是可以上得本章的，贵东那样看重八股，定然合【和】我们同志。你我为什么不约几位同学中人，上个公呈，请他令兄奏上一本，恢复这八股呢？"咄空听了大喜道："到底老弟有主意，人家都说我们二人一时瑜亮②，其实我那【哪】里及得来你。事不宜迟，我一面去探探敝东口气，你就去约几位学中朋友，明儿午饭后，仍在这里聚会。"

话未说完，堂倌来问道："酥油饼做几个？"仰西回他道："才吃饭，

---

① 条陈，旧时下级向上级分条陈述意见的文件。
② 瑜亮，即周瑜和诸葛亮。

不吃。"看看日已斜西，咄空道："我们回馆去罢【吧】，明儿再谈。"做势要摸钱会东①。仰西抢着道："茶东是我的。"当下会钞下山各散。

次日，仰西约了一班学中秀才，在四景园坐了半日，不见咄空来到。大家商量不出主意，只作罢论。后来遇着咄空，问起原由，才晓得他东家劝他不必多事，故而没来。这年赵侍读坏了官，国家仍用八股取士，仰西稳坐皋比，享了两年多太平之福。

谁知废八股的话，既开了端，总要做到的。奇巧，恰值北方的乱事闹过，有些维新的豪杰，当时几道本章奏上去，生生把八股废掉，改为论策经义，小试也不用八股。那时仰西的学生，搭截题做得极有工【功】夫，不但钓渡绾自然，而且很有书卷敷【辅】佐。仰西批他的文章，总是什么融洽分明，有书有笔，试帖诗也做得很好，能够不黏不脱。正待来春应考，一般学着先生，抢个泮元回来。文章是有定价的，同辈中那【哪】个不拜服他？

腊月二十日放了年馆，偶然到朋友家里闲谈，偏偏那朋友是个藩房②书吏的儿子，也系在庠，合【和】他谈起道："明年宗师考试，改了经义策论了，你应该抱抱佛脚才是。"仰西的学生不信，他把他父亲抄录下的公事给他看。仰西的学生细读一遍，就如一盆冷水浇在背上，匆匆辞别回家，告知他母亲道："先生是白请的，工【功】夫是白用的。夏先生教我做八股，如今是考策论经义，我如何做得来？是被先生误了一世，这才冤枉哩！"他母亲安慰他道："我儿不须着急，明儿去请先生来，问问他有什么法子，赶紧用起功来。你有了底子的人，怕什么？只怕泮元还逃不到那【哪】里去。"说得仰西的学生略略放宽了心，便立刻叫人去请夏先生再说。

那仰西解馆回家，就有许多店债要去料理。幸而他一季的束脩多，尚够开销。因思省得他们上门来讨，拣几处要紧的店债，亲自去合【和】他

---

① 会东，在此指付钱。
② 藩房，指藩王的宅邸。

结算结算。这天算账回家，跑了一头的汗，肚里很饿，想叫人去冲壶开水来泡饭吃。跨进大门，忽见馆中伺候的阿三，坐在堂屋的门槛上，合【和】他五岁的儿子吵着顽【玩】哩，心中好生诧异，暗道："莫非他送年礼来的吗？"不免叫声："阿三，你来什么事？"阿三见师爷回家，站起来禀道："我们少爷请师爷过去，有要紧事商量。我已在这里等了多叫，恐怕少爷性急，请师爷就去罢【吧】。"仰西道："这又奇了！你们少爷要用功，我已经出下了几个题目，才只两天。亮来还不曾做好一篇，有什么事这般着急？"阿三道："我也不晓得，只说是为考的事哩。"仰西听说考的事，心上发毛，暗道："不好，前天仿佛听人谣传，明年小试改了策论，莫非被他知道了，来请教我吗？果然如此，这馆是处不成了。"转念一想道："这学生不甚出外交朋友，没什么地方听这般谣言，只怕他自己觉得泮元靠不住，要想我代枪。果然如此，倒要刁难刁难他，多弄几文。"想罢，叫阿三先去，自己随后就到。那【哪】知道这阿三是画一字的朋友，定要跟师爷同去。仰西无法，连水泡饭都没工夫吃，钻入自己房间里，换了件羽缎面子的鼹猫皮马褂出来，阿三跟在后面。

到得馆中，他学生候久，很不耐烦，这时方见先生到来，不免性急些，出言顶撞道："先生，我上了你的当了。"仰西愕然道："你上我什么当？"他道："现在小试，一体改为策论经义。先生，你教我做那牢什子[①]的搭截题、虚冒题、全偏题、偏全题，费了许多年心血，到得如今，一些用不着。人家书房里读的是什么古文文选，还看见我那表兄的馆里有什么《纲鉴易知录》呢。据他说，都是做策论的料子。少见你先生一部书也不准我看，那天我读读《阿房宫赋》，还说我爱读淫词，荒了正经功课。今天时文，明天试帖，弄得我腹内空空，一件故事也不知道。如今时文试帖用不着了，只好留在肚里作骨【古】董。那些大大小小的时文本子，都是烧坯。先生，你要好好的【地】教我做策论经义的法子才是呢！"仰西听

---

① 牢什子，指讨厌的东西。

他这一片顶撞的话，气得面孔铁青道："你这人真是冒失，如今废八股的话还未见明，你那【哪】里去听了谣言，倒来侮慢师长。"他学生道："啊哟！上头的文书已经下来了，我在贾礼房的儿子那里看见的。先生还说没见明文，除非到了场里，题纸下来，是个什么策论，那时一句做不出，交了白卷，这才算见明文吗？"仰西道："我始终不信，这事须待告示贴出，方能定准。那藩房的话如何靠得住？还有一说，即使改策论，你也当他八股做便了。记得我那年考经古的一场，题目是'名实论'，我把秦际唐先生的'先名实者为人也'四句题文改动改动，抄上去交卷，一般取了阖属第七名，策论有何难处？老实告诉你罢【吧】，会做了时文，没有一样做不来的。"他学生听见时文里面有这些好处，心上倒有点活动，本来就很佩服这位夏先生的，总怪自己不好，出言不逊，原意请他来是商量的，如今弄成斗口的样子，实觉不安，就连忙陪笑改口道："先生说的甚是。学生功名心热，一时说话不知轻重，还望先生恕罪。究竟时文好通策论的道理在那【哪】里？学生所读的几篇，只觉着落了纤巧路数，恐怕还不对哩。"仰西道："我呢，也不来怪你冒犯，我们到底好几年的师生了。况且你为的是功名大事，总算是要好的。只是以后说话，总要从容些。程夫子的《四箴》①上说得好，道是'发禁躁妄'。你正犯了这躁妄的毛病哩！你依了我的话，是不给当你上的。我家里有大题汇海，里面选的尽是大题文章，还有一部《史论大全》，一部《空策从新》，一部《经义渊海》，待我一总交给你自己去看。那策论经义呢，容易懂，用不着讲，只拿一部大题文，须拣几篇出来讲讲，懂得法子，也就有用处了。有你这般聪明的，笔下还怕抢不到泮元回来吗。况且初改策论，人家合【和】我们一样，怕什么呢？"他学生经夏先生这般一说，放宽了心，胆壮起来，立刻就要叫阿三跟着先生去取书。仰西道："且慢，我这书还是去年八月里在场中用了，不曾检过。等我明天起个早，检好了，饭后叫阿三来取罢【吧】。"那学生

---

① 《四箴》即宋代大儒程颐所撰视、听、言、动四箴。

只得答应。当下仰西看看没事，便也回家。次日，果然把书检齐，阿三来取去。自此他学生安心用功，不被人言所惑。

光阴易过，又届新春，仰西拣定日子开学，看看县试场期逼近，只得出个论题，叫他学生试做。自己于古文一道，觉得工【功】夫很浅，现在要替学生批改策论，说不得翻出几部文章轨范、古文析义来揣摩揣摩，几篇高古的，虽然懂得一半，却看不出他好处来。幸喜学生聪明，初做策论，就知道化整为散的法子。等到他进了县试头场，仰西捏着一把汗，自己在考篷外打听题目，头排童生①出来，才知道是"管仲论"。仰西暗喜道："这题目倒还容易，记得我在丁守存的课孙草上替他讲过'管仲'二字的，那篇文章题系'器小章'的，倒还用得着哩。"正在独自寻思，阿三来了，问道："师爷，我们少爷出来没有？"仰西道："早哩，他是要鏊元的，那肯早出来吗？你只每放牌时来候他便了。据我看，只怕要到天亮哩。"阿三唯唯去了。仰西看那些童生散完，并没有自己的旧学生在里面，也就回馆歇息。

三更左近醒来，外面有人打门，听得厨子声音去问那【哪】个。一会儿厅上灯笼照耀，果然学生回来了。仰西踱到厅上道："你这时倒已出来了吗？做得这般快，文章定然得意。案元是你的了，快些拿草稿来给我看看。"那学生满腔得意，怀中摸出草稿呈上。仰西戴上初花眼镜，凑近灯笼看时，本来草稿也糊涂些，再且句子很长，一时看不出他的意思，不好批评，怕折了他的锐气，心上却不以为然。那学生见先生不则声②，觉得他定是看不合式【适】，只得说道："学生在场里，遇着一位同号带的《古文观止》，倒碰巧一篇对题文，学生就拿来改动改动钞【抄】上去的。要能像先生那回考经古的样子就好了，也不指望第一名的案元。"仰西听他说出来，再把他的草稿从头仔细一看，原来第一句就是"彼管仲者何以死

---

① 童生，在明清的科举制度下，凡是习举业的读书人，不管年龄大小，未考取生员（秀才）资格之前，都称为童生或儒童。

② 则声，指作声。

哉",心下踌躇道:"这文章起势倒很突兀,只是开首就用了个'死'字,未免叫阅卷的人有些碍眼。"那学生听了道:"这便如何是好?"仰西道:"不妨,场中莫论文,我说碍眼,他倒合式【适】,也未可知。"那学生道:"我用的是《古文观止》上面成句。"仰西忽然记得道:"不错,这是苏文上的。你运古入化,一定可以抡元。这么说来,用的'死'字也不妨的。横竖不是你杜撰的句子。"学生欣然得意,进去安寝。不知考运如何,且听下回分解。

## 第二回
### 遭掷地激恼老迂儒　效怀沙喜逢阔总教

　　却说夏仰西的学生县考出场,满拟取个案元,光光脸面。谁知案发出来,取在扛榜上一名,气得几乎要死,不怪自己没工【功】夫,倒恨先生教不好。从此仰西的馆就难处起来。师生之间,时常闹些意见,他那学生的本事,如何进得学,自然学院按临,一般没取上。仰西是送考接考,勤勤恳恳照应他。无奈他早存了意见,不愿意从这位旧时的先生了。好容易挨到年底放学,总算不曾闹什么大笑话。仰西受的冷言冷语,已经毂【够】了。自己知道杂作不兴,脱了这馆,不比从前还有别家聘请的,说不得老着面皮,托了一位亲戚,走内线向那位东家太太说项。岂知馆事不联,正是学生在里头作祟,女东家决意不请他的,如何拗得转来,只得罢了。次年看看人家依然开馆,受那东家学生的供奉,还有人来请他陪先生吃开学酒,只他冷冷清清的闲坐起来。打听得殷咄空这年也失了馆,左右闲着没事,便去探望咄空意思,结个牢骚的知己。

　　当卜到了殷宅,咄空却早收了几个蒙童,开门授徒哩。仰西打门进去,咄空正在那里替学生背书,见他进来,只得起身让坐。仰西见他小小的一间书房里，倒摆着五张半桌，打横坐了十来个学生，高高矮矮，在那里挤眉弄眼，咄空大声吆喝，催他们快读。一会儿，十个学生一齐直着喉咙，涨红了脸，高声和喊冤枉一般的【地】喊起书来，震得人耳聋头涨，那【哪】里还能谈天。仰西坐不住身子，只得告辞回家。他娘子亲自开门，迎面说道："家里饭米都没有了，你倒自在，还在外面闲逛，隆昌米店里去赊他五升米来，且吃起来再说。"仰西没法，只得趑①到前街隆昌米店。可巧掌柜的在那柜台里算账，仰西不由的【得】卑躬屈节，向他致礼。那掌柜的爱理不理，慢慢的【地】说声请坐，只是不住手的【地】打那算盘。仰西坐了半晌，忍不住问道："如今米价公道些了么？"那掌柜的道："头号白米五元二角一担，次些的倒只要四元八，末等是四元三。夏先生要籴②么？"仰西道："我要想赊一斗，节下还钱。"那掌柜的道："不要说起，去年人家欠的账收不下，弄得小店本钱短少，出二分利，借了一千块钱，把这店撑持下来的。现在一概停止账目，现钱交易。夏先生不信，看看墙上贴的行规，便晓得了。论理，夏先生来赊米，是不好驳回的，账也还得爽利，不比别家拖拖欠欠，总收不着全数。"仰西赶忙接着道："掌柜的说得是，我节下定准还钱。"那掌柜的被他说得不好意思，道："实系我们齐了行，赊米要罚戏的。夏先生分上，先拿二三升米去吃起来罢【吧】，有钱再籴便了。"仰西没法，只得说声多谢。那掌柜的叫伙计把次号的米用粗纸包了二升，交给仰西，自去做买卖。

仰西得了这米，回到家里，胡乱煮些粥吃。看看衣服也要当光了，柴米更自艰难，他娘子天天合【和】他嚷聒。仰西被逼不过，忽然想出一个主意，暗道："我有一部时文稿子，外间都没得刻本。从前好些学生向我借读，我始终没借出去。现在事情急了，说不得姑从割爱罢【吧】。但是要卖这稿子，也须找个学生替我去兜主顾呀，有了，还是周楣生，这学生倒老实些，托他代我张罗张罗。"想定主意，在那破书箱里找出这稿子来。

---

① 趑，拼音 xué，中途折回。

② 籴，拼音 dí，买米。

原来都是念年前翰苑名公的会课旧作，上面浓圈密点，异常夺目。且把来细细展玩，看到那精警的句子，不由的【得】高声朗诵起来。手儿画圈，头儿摆动，几乎忘记了肚里饿，身上冷。还是他娘子叫他吃粥，没法把这稿子放下。粥后又去把来细玩，实在不忍卖去。然而衣食要紧，只得袖了这稿子，踱到周楣生书房，合【和】他商量一番。

那周楣生如今早已改做策论，很有些门径，又且跟人家学算法，那加减乘除已经学会了一半。但他倒很有良心，看见这位旧时从过的夏先生穷到这般田地，连心爱的文章稿子都肯拿出来卖，虽然知道没主顾，也只得替他出点力试试看。当下接了这个稿子，不免开言道："先生，如今时文稿子是没人要的了。好在先生的学生多，总有点师弟之情，待门生出去说说看，或者能得几文也未可知。"仰西道："哎呦！我这稿子好容易觅得来的。从前当他至宝，轻易不肯拿出来给人看，目下饥寒难当，只得拼着他卖来度命。要没有五块洋钱，是断然不卖的。你是我的爱徒，也就则你懂得时文的三昧，你且把这文章细细看看，那【哪】一篇不是敲金戛玉①的么？"楣生微微一笑道："先生的话，那【哪】有错处，门生遵命而行便了。卖得出更好，卖不出原稿送还，再不至失落的。"仰西听了这话，这才放心。

回去过了十日，不见回音，忍不住又到楣生书房，问其所以。楣生道："先生这稿子，大家说是烧坏，再没得人要买。门生为了这事，已跑了三天，人家都把来掷在地下道：'中国总为了这个牢什子，弱到这般地位，好容易废掉了，我们正当欢喜，立誓不要合【和】这宗东西见面。你也要算文明种子，如何倒拿出这浑臭的八股稿子来，倒贴我五千块钱也不要，亏你还讨价五元，真正不要脸！'他们这般骂法，弄得门生不好意思。况且不便说是先生的稿子，叫他们糟蹋坏了先生的名头，一连几处都是一派的口谈。门生实在没法，稿子在这里，只沾上好些泥，还不妨事，先生

---

① 敲金戛玉，指演奏钟磬等乐器，也形容声音铿锵。

收回了罢【吧】。"

仰西听他这一番话，只气得肝火上升，当时两眼发花，坐椅子上几乎仰翻过去。半晌复元，发狠骂道："这班小捉狭①鬼，他们不过年纪轻些，料着还能改手做策论，其实有什么本事，要这般毁谤先贤？我教他们做时文的时候，三天工夫，只读一篇莪园白话的文章，都读不熟的。出书房不到十年，难道就换了一副心肝，登时②聪明了不成？只听得他们开口文明，闭口文明，究竟文明那【哪】里去？我偏不信。我这两本稿子，虽说是时文，其实都是当代名公做的。里面《君子群而不争》两章题文，不是李翰林的手笔么？他如今在京城里当大学堂的差使哩！他谈起西学来，只怕没人懂得。还有《夫子之文章》两章题文，不是有陈探花的一篇么？这陈探花更不必说，大家知道他是学务处③第一等人物，难道不算文明，倒是他们这些童不童、秀不秀的算得文明么？我告诉你，大凡一个人，总要有些根柢【底】之学。这陈探花、李翰林，他的时文做得好，所以维新起来，比别人容易，安安稳稳的不在学务处，就在大学堂。只那班小捉狭鬼，自己没得本事，做不出大事业，就口口声声怨时文不好。究竟时文害了他什么？关国家强弱什么呢？都是一派混说，真要坑死人哩！老弟你是个内行，倒【到】底时文好不好？"

楳生见他先生动气，自然不好再说什么，只得答道："时文是诚然不错，只为如今用不着，所以滞销。门生有个主意，请先生且把这稿子收好，门生代先生出场，要他们伙助④些，或者还有个指望，也未可知。"仰西见他这般出力，把气平了下去道："很好，我只得仰仗你了。"

师生二人约定五日后定准见面。果然楳生想的主意不谬，居然纠集了十来块洋钱，送给仰西。仰西得了这注财饷，省吃俭用，又好过活两个多

---

① 捉狭，意为刁钻，捉弄。
② 登时，即顿时。
③ 学务处，中国近代最早的省级教育行政机构。
④ 伙助，拼音 cì zhù，即帮助。

月。但是无源之水，总有个罄尽的日子，极愿找点事情做做。晓得时文用不着，也不去揣摩他。只可恨自己除却这个本领，没什么别的能耐可以做得来事情。转眼秋闱①在迩，仰西竭力拼挡，筹出数元考费。及至进得场来，偏偏遇着个生题叫做什么"孟洛主意"，左翻不着出处，右翻更没对题。放过二牌，才找着一篇《洛蜀党论》，牛头不对马面的把来钞【抄】上许多，总算完卷。榜发不中。

常言说得好：只有锦上添花，没得雪中送炭。仰西这般倒霉，那【哪】有人去理他。直到水尽山穷，看看一无生发的了，就打了个绝命主意，把自己心爱的两本时文稿子，揣在怀里，到西湖边上去寻个自尽。

正待跳下湖去，背后有人一把拉住。仰西转过身躯，仔细看时，原来是他一位表弟，姓沈名逢时，表字子圣的便是。当下子圣把仰西拉住，见面才知是嫡亲姑表兄弟。正想去探望他的，叫声："哎哟，原来是表兄。"仰西道："正是表弟，我们莫非梦中相会？愚兄是活不成了，在此寻短见哩。"子圣道："表兄快休如此。天大的为难事，有表弟在此承当，决不妨事。"仰西这才放宽了心。子圣拉他到藕香居吃茶，仰西方始细问他来踪去迹。子圣道："不瞒表兄说，我从小流落上海，幸亏先君洋行里个同事，把我送入中西学堂，读了十年书，总算学成本事。后来学堂里出费，把我送到美国，留学五年，如今毕业回来，做了强华学堂里的西文总教习，倒很下得去，每月有三百两的束脩。"子圣说到此际，仰西听了，吐吐舌头道："恭喜表弟发迹了。"子圣道："这不算什么，我们通西学的人，总要这样的馆地才就。我这回到杭州时，第一是扫墓，第二正为着表兄来的。我记得父亲临终时候，还忆着姑母，又提起表兄，只恨当时没问明表兄的住处，找得我好苦。不料在此地遇着表兄，倒【到】底为什么事要萌这个拙见？"仰西道："一言难尽。"就把自己一肚皮的牢骚，细细合【和】他表弟诉说一番。子圣道："原来姑母已不在了，表兄的事不妨，我这里有

---

① 秋闱，即乡试。乡试一般在八月举行，故又称"秋闱"。

洋钱，且把去用起来，我们同到上海找事便了。"言下，手里提的一个皮包钥匙开了，取出十张纸票，交给仰西道："这是个钞票一百元，上面有上海二字，到处通用的。表兄只到大钱店里去兑洋便了，保管不吃亏。"仰西从没见过这般钞票的，心中很觉纳罕①。把来细看，原来那十张纸都有颜色，极好看的，就同缎子一般的厚，上面果然都有拾元的字样，还有些洋字，看不出是甚【什】么字，不由得欣然道谢。子圣又道："我们进城吃番菜去罢【吧】，这里的菜，我是吃不来的。"

二人携手进了涌金门，找着个新开番菜馆坐下，请仰西点菜。仰西一件也不知道，如何点得来。子圣觉着他外行，替他各样点了一分【份】，内中却有一分【份】牛排。仰西吃了几样菜，虽觉着有些不对口味，都还吃得，只这牛排一到口，便觉恶心要吐，连忙放下不吃。子圣叫换了猪排，这才可以吃下去。子圣又替他另外要一分【份】鸡蛋炒饭，这才吃饱。会钞同行，到了子圣寓里，见是两间楼房，外间仆人住着，里间床铺洁净，也没多余箱笼，只一个大皮包，桌上几本洋装书，红的面子，蓝的面子，很是好看。子圣道："表兄现在守定旧法教学生，是不兴的了。就是为着处馆混日子，也要改变改变才是。"此时仰西既经过许多磨折，又见他表弟学了西文，这般得意，心上也有些悔悟，只恨从小学成这一副守旧本事，没得法儿改变。如今听他表弟这般说，不由的【得】悚然起敬道："愚兄也很想改变，只是一部新书都没见过，学堂也没到过，年纪若干大，用功也来不及了。表弟有什么法子搭救搭救才是。"子圣道："不妨，表兄要学西文合【和】科学呢，自然来不及，只大略晓得些科学门径，做个蒙学教习，亮【谅】还容易。表兄试说说，从前教蒙童的时候，是怎样教法的？"

原来仰西生平的本事，是擅长教蒙童的，今听他表弟问及此事，觉着打到拳窠里来了，便欣然答道："不瞒表弟说，愚兄的教授蒙童，合【和】

---

① 纳罕，诧异、惊奇。

人家不一样。第一是坐功好，天天不出书房门的。第二是小书熟，什么《百家姓》《千字文》《神童诗》《千家诗》《三字经》《幼学须知》等类，都通部背诵得来。任他三个两个学生一齐来背书时，愚兄都听得出，包管错不了一个字。记得二十岁的那年上，在启蒙义塾里就馆，他那些学生都是极顽皮不堪的，从来没人教得好，总弄到半途而废。几位绅董①听得愚兄教读有名，特诚到门敦请。其时愚兄本来有馆，只因却情不过，没法儿才肯去。就的束脩倒也下得去，每年是一百廿吊。表弟，你道那顽皮学生，应该怎样教法呢？我叫木匠做了一条厚厚的戒尺，一枝圆圆的小木杆，开学那天，就合【和】学生约定，要有坐立不端的，便打他的腿；要有嬉笑顽【玩】耍的，便把木杆捻他的手指儿。那些学生不知利【厉】害。第二天，愚兄饭后睡中觉时，一个出名顽皮的，外号叫做小时迁②。他趁愚兄睡着，偷偷的【地】爬到梁上去探燕卵，爬下来时，一脚踏在凳子上，没有踏稳，栽了一交【跤】。凳子翻转，把愚兄惊醒了。审问情由，他那【哪】里肯说。愚兄想出个法子，叫别的学生告他，要没人告他时，打个满堂红，这才大家说出底细情由。只被愚兄把他打了五十下腿，生生的制伏下了，以后再没有人犯愚兄的学规。他们读书倒分外认真，一年抵人家两年的功课，一气教了他们五年，果然有两个学生能动动笔，做个把破承题哩。表弟，这个是愚兄教蒙童的效验么？"子圣听了，只是微微的笑，也不赞他，也不驳他不是，又问道："表兄教那大些的学生怎样呢？"仰西道："那要看他姿【资】质怎么样。总之，愚兄只叫他读四书五经，熟书生书背起来，是不准错一个字的。读完了五经，就叫他读八股，只不许看那些邪魔左道的书。虽然听见人家说有什么《史记》《汉书》《文选》《国策》《念二子》等类，愚兄都不许他们读的。**这是老辈先生传下来的秘诀，说揣摩举业的人，要把那八股当作身心性命之学，才有个出头日子哩。要是读那稀不要紧的书，反致荒了正课。**愚兄得了这个真传，果然只考一

---

① 绅董，绅士和董事的合称。泛指地方上有身份、有名声和势力的人。
② 时迁，《水浒传》中的人物，被后世尊奉为盗贼的祖师。

次，便中了个泮元。虽没中举，却也堂备过几次。愚兄教书，那【哪】肯昧良心，自然把自己得益之处，尽心传授，那【哪】知道有今日的报应。表弟，你道可怕不可怕？"子圣听了，哈哈大笑。要知子圣如何说法，且听下回分解。

## 第三回
### 学界开明热肠善导　课堂指点豆眼初开

却说沈子圣听了他表兄夏仰西的话，笑个不止。仰西猜不出他葫芦里卖的甚药，呆了多时，然后子圣开言道："表兄，你的教授法子虽然不错，只是学生得了你的真传，左右不过中个泮元，乡试时堂备几次，足算青出于蓝。中了举，又中进士，点翰林，也只庸庸碌碌，放个什么学台①主考，弄几文钱回家享福，算不得人才，没有本事，分得主上的忧，办得国家重要的事。倘若一国的人都像这样，我们中国岂但还要弱下去，只怕祸事不远。你们这班做先生的人，不是大大罪魁么？还说什么报应不报应？"仰西被他当头棒喝，那羞恶之心登时发现，臊得脸上绯红，半晌勉强答道："表弟，你派愚兄的错处虽是，但天下那【哪】有多少人才？我只收他们的放心，叫都用心在时文上面，也少做几桩坏事，不为无功。"子圣道："这都是不晓得本原的话，你偏重在文章上面，已是大错。我虽没读过时文，也有些知道大约是腐败不堪的一种学问。"仰西道："这算什么话！时文是代圣人立言，那【哪】能骂他腐败？表弟，你是个门外汉，不要胡说。"

子圣笑道："就算我门外汉，也不是胡说，要时文有用时，朝廷为什

---

① 学台，即光绪年间，各省设的提督学政的别称，是一省教育事业的最高长官。

么废了他呢？我且不合【和】你辨【辩】这时文的有用没用，只就你说那教蒙童的法子，已经大错。如今地球上面，不止中国一个国度，这是你晓得的了。为什么人家的兵船出来都是打胜仗，我们的兵船都打败仗呢？这就是人家有教育，我们没教育的讲究。"仰西大笑道："表弟，你虽说出洋回来，倒【到】底还是读书人，不知道世事。打仗关教学什么事，难道叫书房里的学生去当兵不成？"子圣道："岂敢，外国的兵都是学堂里出来的，你没听见如今中国也开了水师学堂、陆师学堂么？这个道理，一时也合【和】你说不明白。我只告诉你，外国学堂的教法虽多，总之不过三件名目：一叫体育，一叫德育，一叫智育。那体育是强硬儿童身体的，德育是诱导儿童道德根性的，智育是开通他智慧的。表兄，你教蒙童的法子，恰恰合【和】这三件反对。小孩子正当发生①的时候，你叫他呆呆的成日坐在书房里，不准动弹，势必至手足拘挛②，气血凝滞，重则至于废疾，轻则怯弱不堪。将来年纪大了，不戴风帽就怕伤风，不穿皮袄就怕受冻，三五里路是走不来的，必须坐车坐轿子，几十斤重的物件休想提得起，处处要人帮扶，腰是弯的，眼是近视的，这样也在世界上做人，有何趣味？推原其故，都是从小在书房里受了先生的酷虐所致。只这般还没够，又要拖他来打戒尺，不顾他的脸面，动不动吆喝呵骂。一副暴戾的面目，被小孩子学了去，将来在社会上就好使出些野蛮的举动来，弄得不好，甚至被了官刑送命。况且学问大都从见多识广成就的，你既然把这些学生关在书房里，读那稀不要紧的《百家姓》《千字文》等书，到得年纪大些，又叫他读不能明白的四书五经，再大些，就是读时文，外间的世情全然不懂，古时的历史呢，史汉是不准看的，现时的历史书固然没有编好，但看看掌故书合【和】报纸，脑筋里也有些感触，偏偏又不叫他看。连个同学有知识的朋友，尚且遇不着。中国的兵败了，地割了，他那【哪】里知道？像这样名为读书识字，还不如那没读书不识字的人，倒在外面走走，晓得些

---

① 发生，在此意为发展。
② 拘挛，指筋骨拘急挛缩，肢节屈伸不利。

故事哩！那【哪】里是开通智慧，直是锢蔽聪明，误人子弟的罪名还小，弄到一国的人怯弱愚鲁，种族都保不住，这罪名还了得么！表兄你试想想，趁早变计罢【吧】。"

仰西听他这一番大议论，有懂有不懂，什么体育哩、德育哩、智育哩，又是什么社会野蛮脑筋哩，这些新名词如何懂得？但他说的话，都是为公的，派定自己的罪名，料想也脱卸不了，只得答道："愚兄老迈无能，只知道从前如此，这时也该如此。好在这错处不在愚兄一人身上，历来的有名师长传下来的。表弟，愚兄也不想吃那教书的饭了。你替我想个法，跳出这火坑罢【吧】。"

子圣道："表兄肯认错，就好设法了。我看现在的世界，守旧的呢，执定了自己的见识，再也不肯回心转意；维新的呢，就欺人不懂得，随意贩些新书作料来哄动社会上的人，骗几文钱过活，那【哪】能讲到热心教育？表兄说的教授法子，虽然处处闹错，却也有几样可取之事。**即如叫学生不敢犯你的学规，这是能定规则第一个好处；叫学生背书不准错一字，也是习练脑筋。叫他们记识的法子。这般讲求，实在有什么不好？而且自己得益之处，都肯传授学生，这就是真有良心，担任得起义务的。**只要你改变改变，足可以做到教育名家。今天时已不早，明儿我再到府，商量定了，收拾行装，且到我们强华学堂看看，大中小学的教法，合【和】那班小学生问难问难，自然你比他们高得许多。却不妨迁就他们，引他们上路去。只预先嘱咐你，千万不要合【和】那程度高的教习学生抬杠，取了辱是徒然的。你牢记我这话，同去不妨，保管你有个安身立命之处。"

仰西听他说到这话，一味为着自己设法，既然感激他这般热肠，兼之他肚里的道理，自己肚里没有的，还能不佩服到地么？只是中国读书人，向来骄傲惯了，心上虽然佩服，嘴里不肯说出，当下只淡淡应道："表弟待愚兄如此周到，还有什么话说？愚兄是一准合【和】表弟同去的了。也不敢劳驾，不瞒表弟说，舍下污糟得很，恐怕简慢了你，待愚兄整理行装，后天来寓同行便了。"子圣本来洒脱，不讲那世俗周旋的，道："既如此，我后日在寓拱候你。上海船是下午三句钟开，我们宁可早些，十二句钟会齐，一句钟下船便了。"

仰西唯唯答应，辞别下楼，跑到钱铺里，把这钞票给他看，问他要不要。那钱铺掌柜的接去一数，整整十张一百元，细细照看，都是的真上海汇丰银行票了，那【哪】有不要的理？却故意问他来历，仰西大略说了。他随即点一百块洋钱，交给仰西。仰西登时得了这一百块钱，喜出望外。当晚回去与他娘子说知，大家欢喜，连夜收拾起行李来。他娘子又嫌他身上穿的衣服太破烂了，做又来不及，只得随他次日到衣庄上买了几件称身的衣服，然后捆扎停当，一宿晚景不提。

次日绝早起来，叫挑夫把行李挑到子圣寓处。子圣早已出外，他仆人替仰西检点行李。仰西问他老爷几时回公寓，他道："老爷到大学堂去的，十一句钟回来。"仰西算计着为时尚早，踅到家里，交代了娘子一番话。十一句钟到子圣寓中，子圣方回。二人吃了午饭，然后发行李出城。

仰西是第一次搭轮船，只听得气管一声呜呜的响，那轮船驶动起来，果然疾如飞鸟。走到第二天下午，已到上海。一路有些机器厂等类，局面比之杭州更是恢张。船到马【码】头，子圣叫那仆人去雇了一辆马车来，二人同坐到堂，行李自有仆人招呼着起坡不提。仰西留心看这上海风景，很有些三层高的洋房，街上的外国人来来往往的，马车、东洋车更是热闹，杭州断乎不及。最奇的是那中国人改洋装的更多了，觉得自己在杭州的时候，很厌恶这种人，叫他是汉奸，如今看他们这种模样，倒觉得入目，并不是什么汉奸，颇像有些读书人的秀气。马车走得快，一会儿到了虹口，远远一座大洋楼，面前一大片草地，洋铁栏杆围着，马车从旁边马路上抄过去，只见大门上一块金字匾额"强华学堂"四个大字。

仰西情知已到。马夫开了车门，子圣让仰西下车，同步到台阶上，便是总教习室。子圣叫人打洗脸水冲茶，就请仰西在房内少坐，自己去拜会了总办，说明同了个亲戚来看学堂的原故。回来领着仰西合【和】总办见面，略叙寒暄，就叫人领他去合【和】各位师爷见面，请吴师爷同到各课堂及各仪器室看一转。

　　来人领命，领仰西一路走去。仰西看这学堂，一色是玻璃大窗，三层的高楼，一间一间都有牌子挂出。转一个弯，便是吴教习室。进去时，这位吴师爷正在那里看外报哩。他见仰西进来，连忙起身让坐【座】，问起姓名，知这吴师爷号兴亚，原来也是浙江嘉兴府人，扳谈起来要算同乡哩。仰西方才坐定，就听见门外有弹指的声音。一会儿走进了五位教习，倒有三位洋装，二位华装，都是仰西要去拜会的。那洋装三位是钱志东、欧仲美、骆乘秋，华装二位是冯子展、褚思翰。彼此道了姓名。只听得吴兴亚替他们谈天，都是说的洋话，一句也不懂得，自然插不进半句话儿。

　　谈了多时，他那五个人各自散去，兴亚才领了仰西去看课堂。到得二层楼上，只见一间一间也有牌子挂出，写的是历史学课堂、算学课堂、舆地学①课堂、地质学课堂，还有什么生理学课堂，物理学课堂，名号不一。仰西走进生理学课堂时，里面挂的图画不少，尽是肖人身体上肢骸脏腑的形状。一位教习在那里说，一二十个学生在那里写，一般说的洋话，一句也听不出。要问兴亚，看他似乎不屑教诲，便不敢问。又同到历史课堂，却是用中文讲的。教习在那里说美洲南北部的战事，赞扬那林肯的好处，说得有声有色。仰西又不晓得是什么故事，摸不着头脑。及至到了地学课堂中，图上绘的什么花刚【岗】石、白粉石、半成煤的石块等类，更难明白，是不必说的了。兴亚还要同他去看别的课堂，仰西不愿去了。兴亚就同他下楼，到了格致仪器室内，各种新奇的物件摆列着。兴亚说那件是化学里用的，那件是电学里用的，那件是重学里用的。仰西只是点头，却见一只小铜船般的器具，一边高处藏着一个铜弹子，仰西不该把他拨动，那弹子"骨碌"一声，滚到中心，有做就的圈子，那弹子在圈子里打个转身，向那头高处走去，就停住了。仰西道："咦，这是什么讲究？"兴亚道："这是重学里的器具，大凡圆重物搁在一边，都有蓄势，就合【和】

---

① 中国古代地理学称"舆地"或"舆地学"。

钟表的法条已开，摆还未动一般，其名叫做存力。略一拨动，那存力变为行力，就如钟摆已动。过了中心，存力用尽，行力始显。到那头极处，行力变为存力，那弹子所以停住了。"仰西很觉纳罕，看完仪器室，便要去会小学堂教习。兴亚道："他们这时正在那里上课，五句钟去会他们罢【吧】。允合【和】他们教习谈谈，再看课堂，似乎看得亲切些。"仰西听了，只得回到总教习室。子圣道："课堂看过了吗？"仰西答道："看过了，实在高深得极，愚兄一些不懂。"子圣道："那也难怪你，只须【需】小学上用意研究研究就是了。你的行李已来，住到我公馆里去罢【吧】。好在离此不远，可以天天来谈谈，学堂是向例不留客住的。"仰西唯唯答应。

两人同到公馆，原来也是一所洋式房子，正对着学堂大门造的。一排五间，连楼房是十间。子圣叫请太太出来，合【和】表老爷厮见。一会儿楼梯上履声橐橐，那太太下楼，原来是西装大脚，倒能说一口杭州话，神气落落大方。合【和】仰西行过礼，问些家常事体，仰西倒不好意思问他来历。子圣早代他背履历，说是留学美洲的女学生，本系杭州仁和县人氏。"我们是自由结婚的。"仰西听了呆呆的，想那自由结婚的道理。家人送上茶来，他刚要举手抓头摸耳，不料碰在那茶碗上面，泼了半身精湿。沈太太骂那家人不小心，叫他赶紧拿手巾来。仰西把手巾在袍子上擦了又擦。他本是穿件半旧的洋湖绉棉袍十，经不起几擦，贾裂缝了，棉花露出来了，然后住手。子圣合【和】他太太商量，把仰西安置在西书房里。原来子圣的公馆，只住了楼房五间，下五间是空的，东书房做了会客厅，故把西书房两间给仰西住下。沈太太亲自督率仆妇，打扫干净，安放仰西的床帐。子圣最喜洁净，嫌这位表兄的被铺太污糟，替他换了一副。方才收拾停当，里面开出饭来，却是外国吃法，尽用盘子装的，刀叉摆了三副。沈太太不用说是一桌吃的了。仰西看他表弟家里，处处合【和】乡风不同，很是诧异，又不便说。自此仰西在沈公馆里住下，不须细表。

再说这强华学堂，本来地大物博，各种人才容纳得进的。内中小学里一位朋友，姓邬名大中，表字孟华，是个绍兴人，向在家里课徒为业，也因废了八股，才托人引进到这学堂里来的。虽然混了半年，却不是自己的本心愿意，也只为没法糊口，见那些同事天天闹舆地①、历史、博物②、生理、唱歌、体操，很不如意。他自己只认了一门国文，不过讲几篇浅近的古文，批改批改课卷，倒也顽【玩】得下去。只是听说总办嫌这个国文课程不好，须得改良，他心上很着急，恐怕馆地不牢靠，要想请沈总教周旋周旋，托他吹嘘两句。偏偏这位总教，又维新不过的，话都说不上去。那天听见沈总教有位令亲来了，是个时文好手，杭州有名的秀才，心中大喜道："这人大可引为知己，还好借此联络总教，岂不一举两得么？"主意定了，只等他来拜望，便可加意恭维。那【哪】知一候三日，不见到来，说不得只好先去拜他的了。当下散课后，慢慢的【地】踱到总教公馆。不知见面如何，且听下回分解。

## 第四回
## 中年好学师范粗成　　梦境闻歌公民启会

　　却说邬孟华到得沈公馆，仆人递进名帖，可巧夏仰西独坐书房，正在无聊的时候，见有人来拜他，且是同乡，如何不见呢？当即吩咐仆人请进，两人见面，各通姓字。原来孟华在外作客久了，挨拉的口音居然改得过来，仍打着官话攀谈。先问仰西一晌"恭喜！在那里？"仰西是初次作客的人，那【哪】知世上人的巧诈，还当是在家乡一般，爱说就说，爱笑就笑哩。听他问到此话，不由的【得】一五一十把肚里的牢骚尽情发泄出来。孟华听了，叹口气道："我说现在的世界改变了，老乡台这般出心教学，那学生就该虚心受教才是。那【哪】里见过学生作得主，驱逐起先生

---

① 舆地，即地理。
② 博物，即生物。

来，这还了得！兄弟是粗直的人，老乡台莫怪，你也太忠厚了，要是我遇着这般不平的事，定然要他认还我三年的束脩。他不答应时，我约会学里的朋友，合【和】他理论理论，好便好，不好便到学台那里告他一状，看他禁得起禁不起。不瞒老乡台说，兄弟有一位舍亲，在敝府的乡里教读，只因内尔指桑说槐的得罪了先生，他连夜辞馆，他东家磕头陪罪不算外，又送了他一年零六个月的束脩，才能没事。学里的朋友谈起来，还说便宜了那东家哩。像老乡台这样极大的冤枉，难道钱塘学里这班处馆的秀才一齐睡着了，没一个人出来说话？奇了，奇了！这也真正奇极了。"

看官，那夏仰西辞馆以来，一直郁结到如今，幸而没人挑拨，他火性一时发不出，那【哪】里禁得住孟华这么挑拨，登时气涌上来，不由得跷起身躯，把手在桌上一拍，嚷道："正是，我错了，错了！我被敝东辞了馆，倒觉着很难为情，不敢去合【和】朋友说知，弄得个无疾而终，便宜了那啬刻鬼了。我实在气不愤的，明早就回去，要替这混账东家算算账呢！"仰西这一拍桌子一嚷不要紧，倒把孟华吓了一跳。后来听他说出心上话来，便安慰他两句道："老乡台这话甚是，但则已经过时了，我替你慢慢设法罢【吧】。"仰西却是不依，要立刻回去。孟华倒捏了一把汗，暗道："不好，我不过口头言语随便应酬的，他偏动了真气。果然他要回杭州时，被沈总教知道，怪我多事，如何是好？这不是来结个知己，倒是来遇着个冤家了。"

正在踌躇没法，忽然门帘掀动，走了一个人进来。孟华定睛看时，原来是个外国妇人。仰西站了起来，请那妇人坐下。那妇人不慌不忙，坐在下面椅子上道："二位的话，我听了多时，尽都知道。表兄的令高徒呢，却也可气，自己没有本事，倒怪先生不好，岂有此理！但是据我妇人之见看来，教育的责分，人人应当尽的，只要有一种本事，都可以教得人。譬如表兄会写字，我不会写字，表兄就教我写字，我到后来也会写字了，表兄不就是我的写字先生么？表兄虽是我的写字先生，却不懂得算学，我就教表兄算学，表兄到后来也会做算学了，我不就是表兄的算学先生么？这样大家传授起来，人人能写字，懂得算学。还有别的学问，也像这般传开去，我们中国尽是有本事、能竞存的人，还会弱到那【哪】里去呢？束脩呢，是小事，譬如我家有余，就给些表兄用，有什么要紧呢？学生家宽余，不妨把些钱给先生；先生家富厚，也不妨周济学生，这是正理。只因中国的人，看得银钱太重了些，把一桩极大的教育事务也当做利薮①一般，纷争起来，自己没有公德，还能教导学生么？像表兄这样，知道难为情，倒是好处。贵友那番话说得太没道理，劝你休去听他。"

这几句话，臊得邬孟华面红过耳，已经悟透他是沈总教的夫人了，那【哪】敢合【和】他辨【辩】驳，搭讪着起身，告辞而去。沈夫人问仰西道："这位贵友是那【哪】里来的？"仰西道："他是这学堂里的小学教习。"沈太太道："这般品行，如何当得教习？这是总办失于检点了，应该辞退他才是。"仰西诺诺连声，不敢多讲，气也吓退了，也不要回杭州合【和】他东家算账了。

当晚子圣回来，后面有个仆人提了一大包书跟着，一直走进书房。仰西不免起身见面。子圣道："多日不见，实因学堂里事忙，不得空儿回来。今天是来复日，照例停课，我特地在蒙学堂里检出一份教科书，给你看的。这是小学，比蒙学的程度又要高些。这书共分八门，叫做经学、国文、历史、地理、格致、博物、笔算、唱歌，都是极浅近的。只三年功课，接得上中学便了。表兄在这里，左右闲着没事，可把他细看一遍，要有不妥处，就指教指教；不懂得的去处，问小弟使得，大约还说得出几句。"仰西道："愚兄于这些上头，实在有限，恐怕都看不懂，总须表弟指示。"子圣道："使得，使得。表兄一天看两课，七天一问难便了。"仰西唯唯答应。自此在子圣书房用起功来，看各门教科书，倒有一大半不懂。幸而子圣不吝教诲，一面说，一面用笔写出。仰西天姿【资】是本来高的，只因被时文拘住了，弄到一物不知。如今年纪虽大，脑力未伤，一般

---

① 利薮，音 lì sǒu，即财利的聚集处。

记得来，悟得出，不到一年，各门教科的理，胸中都已纯熟。子圣又把中学课堂的书，合【和】他讲究，只两年工夫，居然是个教学好手，就只不懂得西文。

仰西既然有了这宗本领，回想起从前读时文的时候，真正把工夫白费掉了，很觉冤枉，因而合【和】子圣商量，要把自己的儿子送到强华学堂里来。子圣道："好了，表兄这时是开通了。我正有此意，要把表兄家眷接来。近地有一所房子，租价倒便宜，却还可以住得。一切食用，都是小弟承当。"仰西感激不尽，接连作了两个揖道："表弟，你待愚兄真算得重生父母，我也没法再谢的了，只不知以后怎样报答。"

子圣道："表兄切莫这样。小弟从不在钱财上计较，遇着贫苦的人，只要他人品好，肯勤力的，都应该扶持他才是。我国的人格，没有一定的评论。有了本事，没人理他；没得本事的人，只要会运动，倒混得很自在，小弟常觉不平。前年在西湖边上，遇着表兄的时候，心中就恻然。为什么呢？如今风气没开，一般是守旧教学，为什么人家便安然就馆，表兄就弄到走投无路，这不是不平的事么？就使我们没甚亲戚，像表兄这般的人，我也要助一臂之力，况且是姑表至亲，还能不顾吗？其实我不消让给一月脩金，表兄已够一年之用，所怕是我没钱的时候，表兄又仗着谁来？所以不问什么人学本事是要紧的。现在表兄就个蒙小学馆，已可混五六年，我便无虑了。待有机会，自当引进。此时把表嫂接来，自己课儿子读书，试办起来，为将来教学生的地步也好。进学堂是要待明年报考哩，半途挿[①]不下去的。"仰西道："表弟替愚兄筹划，是无微不至，照这样办法，好极。愚兄也正要换一种新法，教教子弟，看是如何。只是人家说起来，又道我阴厚其子了。"子圣道："表兄倒【到】底还是旧学读得熟，开口便是朱注，直念出来。"仰西大笑。当下商定主意，子圣独自上楼歇息。

仰西看看时候还早，便写了一封家信，叫他娘子"趁早收拾行李，沈

---

① 挿，同"插"。

家表弟要替我接你到上海来住哩"。这信写完,听见外面的自鸣钟已打十一下,连忙宽衣睡觉,躺在床上,心中感念子圣不已。一会儿又想到家眷出来,应该如何布置,便觉得有许多事攒聚在脑筋里,摆脱不开。一会儿想到前次在小学课堂,听他们讲课,说那海市的理,极其有趣。他道:"亚非利加洲有一片沙漠之地,天气极热的时候,路上行人走得渴了,就看见前面仿佛有湖水迷漫,参差的树木倒映,赶向前去,想呷几口水解热时,到得那里,谁知并没什么湖水,依然一片沙漠,海市的光景就合【和】这么一般。这是甚【什】么原【缘】故呢?只因光经过几层或疏或密的气,变成一种折光,返照他那几层气的上面,还有一层极密的气,就如一面镜子挂在空中,底下的物像一齐返照进去。如不信时,可把一块玻璃平放在眼睛上面,就见底下的物像返照在玻璃面子里,那影子都是倒的。海市就是这个讲究,细想起来,一些不错。外国人研究出来的,那【哪】一样欺人吗?可惜从前不知道,倒还要附和着别人骂他,真是大错了。"想到此际,就觉羞愧难当。一会儿想到,子圣表弟这般待我好,将来得了馆,总要补报补报他才是。就是那位表弟妇一般气量大得很,而且学问上也指点了我许多。难为他一个妇人家有这般见识,真正叫我们男子汉愧死。仰西这时脑筋转来转去,同开动了机器一般,那【哪】里停得住?一直想了三个钟头,听见隔壁打了两下钟,才朦胧睡去。

这一睡就不得醒了。等到次日吃午饭时候,还不见醒。可巧这日子圣在家有事,没到学堂,见这表兄一睡不起,倒替他忧,怕是害病,推门进去看看他兀①是沉酣不醒,叫了他几声,只不答应。摸他心头,倒是温和的,看来没甚病。子圣忖道:"我见中国历史上说那秦穆公梦中听乐的话,总不信有这事。如今夏表兄久睡不醒,莫非就合【和】秦穆公一般?吓!岂有此理!我终不信,待我用心电的法子试验试验看。"当下子圣想用此法,先大声叫"表兄"。时仰西悠悠醒来,半响方睁开眼,叫声:"哎哟!

---

① 兀,在此意为仍然。

好梦！"子圣是处处讲求实验的，向来不多做梦，今天觉得这表兄久睡稀奇，又听他说好梦，倒要问个明白，便接口道："表兄，你梦见什么？"仰西翻转身躯，见子圣在旁，道："呀，表弟起得恁早？"子圣道："快一下钟了，还早吗？"仰西失惊道："我怎么睡得失聪，梦也做得奇怪。"子圣道："正是，表弟【兄】做的什么梦呢？"仰西道："说也话长，且待我起来慢慢的【地】讲。"子圣道："甚好，午饭已预备好了，表兄就此起身罢【吧】。"说罢自去。

仰西一面穿衣，一面把梦中光景细细寻思，觉得很是有趣。盥洗已毕，便到外间吃饭。饭后，子圣同到书房，听他说梦。沈太太也听见有甚【什】么奇梦，一同来听说。仰西道："我昨天晚上本来睡不着，转侧多时，到两下钟方得睡着。一合眼，只听得歌声悠扬清切，自远处渐渐近来，仔细看时，原来是一个牧童，骑在牛背上，一路唱着道：

  当今学界始改良，现出文明象。冬烘头脑莫空忙，先路导西洋。绛帷木铎振琅琅，维新大都讲，分科设教恰相当。弦歌邹鲁乐无疆，图籍纷披百宝光，画得葫芦样。牙籤何事畏曹仓，男儿须自强。中东合平调。

我看这牧童，满头短发，穿件短衣，掩不了两条臂弯，面色虽黑，倒很有神气，不由的【得】问道：'你这唱的歌，是那【哪】个教你的？'他便问我的姓名住址。我一一说了，他道：'我姓辛，名趋士。我们这乡平方五百里，叫做泰平乡。只因十年前太平洋外来了一位士人，传下来好些教授儿童的法子。我们村里几位先生学上了，倒【到】处设立起学堂来，每个学堂只不过三四十个学生，先生是两位。一里地内，随便那【哪】家的小孩子，都可以进去读得书，不要学费，叫做什么义务教育哩。学生早半天放牛，下半天去读书。这唱的歌是学堂里先生教的，恐怕忘记了音节，在这里温习温习。'

我见他不过是个牧童，这般从容大雅，实在没有见过。因想他说的学堂，一定有些道理，不免浼①他同去看看。他欣然道：'老先生要看学堂，一定是位有学问的，领路便了。'看他早已跳下牛背，把牛在路旁一棵树上拴着。我道：'你这牛拴在这里不大稳便，不要被歹人牵了去吗？'那牧童笑道：'我们这村，几乎没得一个人不读书识字，都懂得道理。不要说一条牛能值几何，便千金万银的放在路口，也没人拾取的。'我道：'我不信，天下读书识字的人也多，怎能这样懂得道理？'那牧童道：'老先生有所不知，我们这乡共是十个村庄，每村有十来万人，公举两个大董事管这一村的事。每家都合着人口分派田地，足够吃用，有余便归在公处，置办这村里应用的器物。有紧要的事，大家公议，没有丝毫偏袒的。十村中又有两位大总管，那关系十村的事，就公举些人到大总管那里公议。家家用不着藏私财的，便藏了私财也没处去用。那饮食衣服都有一定的限制，浪费了是要议罚的。既然这般，那【哪】个还贪财吗？'

我听他说到这里，想着小时候读的《礼记》有什么小康大同的说法，只当他做时文的作料，随便说说罢，那知道果有这个世界。可见天下的事，说得到做得到，只在乎人做去。"

仰西讲到此际，子圣只是点头道："表兄学问长进了，这两句话不是没学问人说得出的。"仰西道："表弟休得谬赞，这是做梦哩。再说我跟了这牧童走到一处，却见一座极大的西式房子，树木参差拥护着。细看是座两层楼房，上面嵌着一块横匾，大字写的'安乐村公民会议处'。只见里面像有好些人在那里议事。我要进去看时，那牧童不肯领我进去。他道：'我们村里的规矩，不论贵贱都可以议得事，只学堂里学生是不准与会的，他们的议论也不错。为什么呢？学生出来问事，第一荒了自己的学业，第二自己没有一定的见识，逞着热血用事，往往暴动起来，害了公众安宁，所以永为例禁，我是不敢进去的。'"

---

① 浼，拼音 měi，恳托。

子圣听他说到此,笑道:"表兄,你这话只怕捏造的。你看见现在学生爱管闲事,所以造这些话来讽世么?"不知仰西如何接说,且听下回分解。

## 第五回
### 钦使发言力针弊病　国民演说平惹风波

却说夏仰西说到公民会议,牧童不肯领他进去看时,正在说得高兴,被子圣凭空怪他捏造,心中着急道:"表弟,我何苦造这谣言?我在上海不久,也不晓得这里学生怎么样管闲事,这是梦境迷离,那【哪】能做作得来的呢?"子圣道:"表兄不须当真,我是说顽【玩】话①,请你接着前文讲下去罢【吧】,我也不来打岔了。"沈太太也道:"请表兄说罢【吧】,这梦真是有趣,连我们到过的那天下第一文明合众国,恐怕还及不来表兄梦中光景哩。"仰西听了,扬扬得意,就接着说下道:"那牧童不肯走进会议处的大门,被我再三央求,他没法推阻,踌躇半天,只得说道:'也罢,我虽不可进去,只是今天同老先生来看敝村风俗,当得引进。我且去替他们商量商量,看他们答应不答应再说。'说罢,他独自进去,好一会才出来,欣然道:'老先生进去罢。他们答应了。现时正在开议,没得工夫应酬上客,只请在旁边椅子上坐着听议便了。'当时我大喜,就跟他进去。上了台阶,一转湾【弯】到了一间极大的厂厅,内中摆了几百张椅子,兀自宽绰。只见里面两位乡董坐在一处,余外无数人民,一齐坐着议事。见我进去,大家站了起来,湾【弯】一湾【弯】腰,依然开议。我也听不清楚,只约摸着说是要创立什么藏书楼,须五百万银子的赀本,尚不足百万

---

① 玩话,即嬉笑的言语。

哩。大家商量，情愿节省衣食，攒凑起来，做成这桩公益的事，已经举过手了。正待各人签名，忽然来了一个人，合【和】众人见面过，两位大董事把会议的缘故合【和】他说知。他道：'这事容易，弟认捐百万便了。只因弟在外洋做一注买卖，可巧赚到一百万两。弟既到家，此银用不着了，把来捐入书楼，岂不是一举两得么？'众人听了，俱各拍手称扬，大家散了。我惊叹佩服，说不出的感激，其实不关我事，可见得人心都是同的。"

"那牧童道：'他们散了，咱们去看学堂去。'我跟了他走去。走过许多热闹地方，只不见一个庙宇。转过一条羊肠小路，远远看见一带竹林，环着一道清溪，许多翠鸟在那溪边啄鱼吃。转过溪水，便见一大片草场，无数的年轻子弟聚在那里打秋千，盘杠子，一派好顽【玩】耍。牧童道：'了不得！学堂里吃过饭了，我就要去上课哩。牛还拴在那棵树上怎处？'我便问他道：'你的学堂不就在这里吗？我替你告个假就给了。'他道：'不是，这是一村里的总学堂，里面有三百人哩。我读书的学堂不在这里。也罢，我且陪老先生见了这里的先生，再去上课罢。'他又同了我到那学堂里面一看，大自鸣钟已是一下了。那牧童匆匆忙忙转身便走，我叫也叫不转，只得听他自去。"

"当下我在这学堂里徘徊多时，找不着门路。最奇的是那学堂中的人，分明看见我，犹如没见一般。问他教习住处在那【哪】里，也没有一个人答应，我很是纳闷。但是他们既然看不见我，我便随意乱撞。一会儿走到一处，只见一大间房子里，摆着许多杠杆轮轴，还有一个铁架子，中间挺着大大的一根螺丝圆轴，还有一架挂着几个圆盘盘儿的，边上有凹纹的，内嵌一根铁练【链】，扯来扯去，活动得极。"

子圣道："这个名为滑车。表兄，你说的尽是机器，你平时没见过的，怎样会做这梦呢？"仰西道："我虽没见过机器，也看过些机器的图画，却没这般清楚，件件都是真的，可怪得很。"子圣道："不奇，这是你专心所致，脑筋里有了这个感触，自然形诸梦寐了。后来呢？"仰西接下去说道：

"后来我又到一处,只见里面摆列着许多玻璃器具,有圆长的玻璃管儿,还有方的玻璃片儿,新奇得极。蓦然有个小学生,手里搦①一根鸡毛,放在桌上,随手取根长玻璃管,把块绸手帕擦了半天,靠近鸡毛就吸了起来,料想是电学里的讲究。"子圣道:"不错,这是磨电的法子。凡能生电的物,约有数种,如今单把容易知道的说说,即如人手、猫皮、佛兰绒、玻璃,都能磨出电来,先磨的叫做正电,后磨的叫做负电。譬如我们在黑夜里拂那猫身上的毛,拂到久时,就会听见爆烈的声,再拂去就见有火星迸冒。又如冬天极干燥的时候,脚上着层单袜子,在地毯上拖来拖去的【地】擦,就会浑身发电,他的手指儿能够点得着煤气灯哩。电学的理,最浅近易知,只是用起来,倒有很大的力量。"仰西道:"正是。我不知不觉又走到声学室里去了,见两个学生正在那里试验声浪相叠的法子,这是我明白的。"子圣道:"如何?"仰西道:"声浪有紧层的浪,遇着紧层的浪,他那声音分外大。至如紧层的浪,遇着松层的浪,就会成哑。怎样算紧层浪遇松层呢?就如一声再加一声,那是一定要哑的。"子圣道:"诚然。"

仰西道:"我正看得高兴,忽然有人传说道:'城里的官要来看学堂哩。'就见有总办若干人等,都顶冠束带出去迎接。斗【陡】然起了一阵怪风,飞沙走石,登时觉得天昏地暗,日色无光。我赶紧要想回来,刚才举步,一个滑挞②,跌下台阶。睁眼看时,那【哪】里见什么学堂?原来四面高峰,底下是万丈深潭。我的身体,挂在一株枯树杈儿里,要动一动,就恐怕跌下去,那是没得命的。极声喊救,那【哪】里有人听见。看看夕阳西坠,照着乱峰丛柏,犹如千叠翠屏。我此时那【哪】有心情去观玩这异景?正在没奈何的时候,又听得远远唱歌之声,夹着那砍柴的声儿叮叮的响。一会儿歌声住了,我又喊救,果然有个樵哥来了。见我这般光景,叫声'哎哟险哩!'只见他腰间解下丝绦,递给我兜胸紧好,他轻轻

---

① 搦,拼音 nuò,在此意为拿着。
② 挞,拼音 tà,即光滑。

一拎，居然把我救上山崖。我虽感激他活命之恩，但是日暮山荒，犹恐饱了虎狼之腹。那樵哥道：'不妨，我姓辛，名笑士。我家离此不远，不嫌简慢，就请同归。'我听他说出姓名，就知道是那牧童的哥哥，也不客气，同到他家。果然那牧童迎了出来，叫声：'大哥，怎么遇着这位老先生的？真也有缘的很！'说罢，赶来与我施礼。当下他兄弟二人请我进了柴扉，虽然竹篱茅舍，却也满架图书，十分整洁。他兄弟又去合【和】他父亲说知，就见一位老者扶了竹杖出来，恭恭敬敬的【地】让坐【座】。我都记不得那时应酬的套话，只记得饮膳极其精美，纸窗竹影，一枕酣眠，又入梦乡。"

"这一个梦更是做得稀奇了。只听得耳边有人叫道：'安乐村学生会共和大总统，请先生去草檄文哩！'我心上觉得奇怪，难道学生造反不成？当时不由自主，只得跟着那人去。走不多时，果然到了一片空地，无数短衣窄袖的人，手里都拿了一支快枪，见我到了，大家举枪为礼，让我到演武厅坐下。几个年长的开谈道：'久仰老先生文才绝世，如今我们安乐村中来了一位大专利的官员，叫做柳赛梅，把我们自由的利益一齐搜括了去，心还不足，又要拆我们的学堂，把经费去充他的私囊。我学生气愤不过，结成个团体，推一位陆师学堂卒业生胡铁血做了共和大总统，练成一队义愤兵，合【和】他一决雌雄。这讨罪檄文，定然非老先生大手笔不办，就请倚马属草，磨盾而书便了。'我听他们这般说法，也觉气愤不平，不假思索，挥就了一篇四六檄文。他们最拜服的两句，叫做'撞来自由之钟，惊醒同胞之梦'。其实这句子也平常。檄文传出去，就见学生会里出队，两阵对圆，官兵打了败仗。次日，胡总统在帐内惊忧，说是官兵越添越多了，同胞须得各奋神勇，不可退后。第二次出战，谁知败衄①下来，胡总统被官兵生擒去了。众学生惶惶的【地】商量主意。"

"我见他们这般光景，料定不能成事。正想逃出去时，忽然营门传报

---

① 衄，音 nǜ，意为挫伤、失败。

道：'朝廷命了一位安抚使下来，把柳赛梅撤了差使，放还胡总统，明早要开劝学会演说哩。'次早，果然大众同赴劝学会，我也跟了去。只见上面站着一位钦使，年纪不过四十多岁，一种和蔼的神气，令人可亲可敬。他无非劝导学生谨守学规，不要暴动的话。他说到极亲切的时候，那些话我都牢记在心。他道：'从前的学务呢，太嫌腐烂了，处处把利禄的念头诱导小孩子，弄得圣贤经传做成时文作料，开口就是忠孝，动笔便称仁义，只当口头禅罢了。其实贪图说得好听，中了试官的目，就可飞黄腾达的【地】做起官来。这个弊病，必至上下没一个人才，并且没一个人肯担当国事。如今呢，这面子上的弊病似乎去掉了，那利禄的念头何尝尽去，倒添了一种平等自由的念头。殊不知权力不敌，那【哪】能平等？人格不够，那【哪】能自由？这弊病更大，刻刻想暴动，时时要公愤，侵了人家的自由，自己还不能自由哩。如今要学界昌明，先须除去这两种念头，大家守定规矩方好。这就是个教育的秩序。做了人，不明白道理，虽然专门学业成功，也没用的。即如柳赛梅那般不好，也当公议个是非出来，奏上朝廷，自会办他的罪，何至轻动干戈呢？'这几句话，说得学生人人心服，没有同他做反对的。我正想上去请教他些教育的次第，可巧表弟来把我唤醒了。你道这梦奇不奇？"

子圣合【和】他夫人听得津津有味。那仰西这梦，足足说了一个时辰，只说得唇焦口渴，叫仆人倒了一碗茶来，慢慢的【地】吃着。子圣道："听表兄说这梦，足见跳出旧学界的圈子，而且打破了新学界的魔障，足可当得教师。我正约了几位同志，想开一个蒙学堂，要借重表兄做位总教习哩。不知表兄肯屈就不肯？"仰西谦逊一回，无话各散。

不多几天，仰西的家眷来了，入宅开筵，自有一番热闹。过了一个多月，子圣的蒙学堂亦已举办成功，就合【和】仰西酌定许多课程，各种粗浅科学，主意是注重在国文上面，讲求那识字作文的道理。据子圣的主见，是要叫他们把各字的讲解牢记，以待将来贯通。仰西不以为然道："小孩子的脑力，那【哪】里记得许多字义，既不记得，如何贯通得来？

我的主见,别样学问都可维新,只这国文是维新不来的,还是好好的【地】读书为是。"子圣想了半天,没法驳回,只得依他。

数日开学。自此仰西尽心教育,倒也上下允洽,没得风潮。一天,正在那里督率功课,忽然门丁报道:"有三位客人请见。"仰西请他在客厅上坐着,课毕出来会他们时,原来三个都是旧学生,一个叫做毕重光,一个叫做时改卿,一个叫做何新甫。当下师生见面,那三位旧学生很是谦恭,叙起前情,仰西还合【和】他们有钱财交涉哩。仰西问其来意,重光说道:"学生等三人开了个蒙学堂,真是热心教育,收了四十个学生,教他们些新学问。他家父母都感激得很,说是从前请的先生一味敷衍,弄得三年没一些功效。如今进了学堂,好极了,连地球都知是圆的,总是先生的教法好,因此学生们觉得教法不错,痴心妄想要做个教育家,像亚里士多德一般,岂不是好?那【哪】知现在的政府,名为办学务,其实还不晓得里面的道理。地方官仰承政府的旨意,就有些野蛮的举动使出来。我们是知道其中缘故,一句话也不敢乱说。偏偏同学中有几位好事的朋友,说是要陶成国民哩,什么流血哩,革命哩,闹得来落花流水,七天到我们学堂里来演说一次。渐渐的风声大了,被官府知道,出票拿人。他们原来只敢说,不敢当,听见这个风声,偷偷的【地】逃出外洋去了。我们学堂开在家乡,那【哪】里脱逃得去?那糊涂的官府,只道演说的人就是开学堂的人,要把我们捉去办罪。我们因事情急了,只得弃了学生,连夜搭船来上海躲避。听说先生的令亲,现在管着强华学堂,他是通透西文的,认得外国人亮来不少。只请先生转求他找封外国人的信给那地方官,就把这事弥缝过了。素知先生待学生是极好的,此次急难之中,万望救援才好。"

仰西道:"咳!你们也太得意了,不是我如今说事后的话,那时我教你们做时文时,你三位那【哪】有过人的姿【资】质?我只佩服你们一出书房,便是维新的领袖,教育的名家,这般误人子弟,合【和】我那时教给你们做时文一样,安分些骗碗饭吃罢了,又要撑【逞】英雄、做好汉,拉拢些无知的人来学堂演说,弄得谈新不成,守旧不得,这是何苦来呢?

我那表弟他是个极有道德的人,那【哪】肯替你们做这欺人的事?借着外国人威势,吓中国官长,稍有人心也不肯做!你们如何说出这话来?"臊得三人耳红面赤,口口声声的【地】服罪,只求先生设法。

仰西道:"依我说,你们暂时且不回去罢【吧】。横竖罪不及孥,你们家里的人是没事的。你的学生呢,是蒙学生,年纪都小,加不上罪名。你就在我学堂里住下,替我抄写抄写教科书,这不是两得其便么?等将来冷下场时,换了官府,回去不迟。"三人面面相觑,只说不出话。仰西看他们神气,定有不可告人的事,追问下去。三人知道事急了,不得不说。内中新甫会说话些,当下答道:"先生待学生们一片美意,自然感激的。只是学生们还有隐情,不得不诉说一番。目今住在贵学堂里,固然甚好,只是学生们收的四十个学生,不到一年,学费都没收全,用款是已经赔垫了,不回去是收不到的,还望先生原谅。"要知仰西如何答他,且听下回分解。


## 第六回
### 谈学务师生矛盾　吃馆了土客龃龉

却说夏仰西听了何新甫的话,知道他们闹着开学堂,都要沾光些学费,故意问道:"你们收学生,若干学费一月?"时改卿不知就里,便直言拜上道:"每人八块钱一月。"仰西道:"还有什么公款没有?"改卿道:"只杨观察合【和】朱明府捐二千银子,房子是借寺里的,不消出得房租。"仰西叹道:"教育要普及才是。如今学界中的朋友,也都知道是要普及,只是轮到自己开学堂,不收人家十块钱一月,就收人家八块钱一月。那做学生的,除非他老子赚这么千把块钱一年才好,不然也没有力量送儿子来上学。舍亲也发过一个议论,他道:'国家开学堂的宗旨,原是要人人识字，明白普通学理，出去各执一业，做得来国民，不是造就什么学士大夫的。'照现在的办法，只怕通国中十成的识字人，几年后要减了五成，再过几年又要减去几成。肩挑负贩，本不识字，极而言之，士族宦室，只消家道中落，也都没力量上学，合【和】那肩挑负贩的人一般。办学堂的人，以为不是这么重费，也不够开销。况且人家看得学堂容易进时，就不值钱了。还有一处著名的学堂，更觉可笑。他那学堂里有十万银子一年的经费，不知道那【哪】个上的条陈，要收学生一百银子的押身费，倒说外国有这么一个规矩，足算是有，也何必去学他？现在这个学堂里的学生，统通都是富贵人家的子弟，那光景稍为差些的。那【哪】里去筹这一注的款项呢？虽说卒业后依旧还他，只是有些人借贷无门，逼着他们到那【哪】里去筹措，你道可怜不可怜？幸亏当事的人还明白，把这条苛例改了，收人的百金，仍旧退还，这是目前的事，我很诧异的，中国人倒用不着强迫教育，只听得学堂开出，都要送子弟来读书，不怕收不到学生。但你们留心察看来应考的学生，都是衣冠济楚，问起家世，都是仕宦绅商，从没有农夫小工、肩挑贸易这般人的子弟，你们道是什么道理？"

重光等呆呆听着，一句话也答不上来。新甫是在那里打盹，竟不愿听他这番迂论。仰西晓得他不愿听，依着自己从前教学生的火性，就想把那木匠做的极厚戒尺，狠狠打他几下才好。但是现今师生合【和】朋友一般，那【哪】里容得说句重话，怕的是他们三人一齐打起盹来，自己的一番大道理就说不下去了。所以特地问这一句，合【和】那说书人的醒木一般紧要关节处，拍几下醒木。大家提起精神，分外听得有味儿。

闲话休絮，再说仰西这大声一问，把个何新甫惊醒了。仰西又道："你们试想，我们中国固然是以农立国，也是以官立国。除却穷乡僻壤没有做官的人，其余那【哪】个城里没有官呢？只看人家娶亲的，都有衔灯①衔牌②，即使上辈没有官衔，也要借用个翰林院编修等等。出殡的极少是奉政大夫。人人心里羡慕这个官，直觉得不做个官，几乎不可为人，不可为子。至于穷乡僻壤，以及肩挑贸易、农夫小工，那班人蠢蠢然的【地】吃饭睡觉，自己以为像我这样身家，还配子弟做官么？既然不配做官，为什么花偌大的本钱，送儿子去读书？至于那些缙绅先生的意见，便道官是只合我们这样人家世袭，那【哪】里配别的人去做？子弟便不识字，极少也捐个同通州县给他。至于要好些的子弟，那【哪】有不送他到学堂里去的道理？况且将来出身，都在这里面，咶咶【呱呱】叫的正途，银子都捐不来的。还有那些商人，又有一个主见。他道朝廷从前是看不起商人，如今国家重商，我们就有做官的资格。子弟做官，只要到学堂里去便了。况且经商的多半是官，有的先捐个职衔，有的做了官发了财，再来经商。我所以说中国是以官立国。这么说来，学堂是做官的终南捷径，又是你们这班人的利薮，与国家开学堂的宗旨是不合的。"

重光等人听了这篇高论，那【哪】里还有驳回，只好依他的话，暂时住下。再说仰西把些教科书叫他们抄写，每人给十块钱一月，倒也合得上家乡赚的数目。打听得杭州官司已毕，换了几个极开通的官员，三人又想回家重理旧业，恰好同志有信来招他，重光三人特地至仰西书房里告辞。仰西道："我不愿意你们去办学堂，误人家的子弟。你们立志要办，却也没法。但是此番回去，宗旨须要改才好，休得随声附和，又闹出事来。闹一番事，便替学界添一番阻力。"三人唯唯。仰西每人送他五块钱的川资。

重光、改卿、新甫赶即收拾行李，饭后辞别了仰西登舟，包了小轮船一个大餐间，把行李运到船上。重光把腰一伸，新甫把头一仰，改卿是乐得手舞足蹈，便道："我们小时候在书房里就吃过这夏先生的苦头不小，如今又把我们拘在他书房里过了半年，他真是个魔王，生生的被他魔缠死

---

① 衔灯，署有官衔或某种标记的灯笼。
② 衔牌，署有官衔或某种标记的牌匾，平时插在门口，出行以及举行婚丧礼仪时，拿着前导，以示荣耀。

了。"重光道:"我在他那里,连屁都不敢放一个,怕他扳驳①起来,真正利【厉】害。总只有他说的话,容不得别人张口。"新甫道:"我们那【哪】里是就他的馆,直头是坐的外国监牢。你想他那学堂里,要说不文明,又事事都有规则;要说文明,又生生夺去了人家的自由。世间也有这般利【厉】害的,先生从前是野蛮得利【厉】害,如今是文明得利【厉】害。"重光道:"我从前看过一部小说,他却会说,道是我佛如来,放开慧眼一观,知道南赡部洲②新出了一班子弟,都还了得,个个有三头六臂的本事,专会荡检逾闲③,要好好的【地】制服他,便聚会了一切大众,四大金刚,五百罗汉,还有什么邱尼④、优婆塞⑤、优婆夷⑥等,商量个主意。可巧齐天大圣一个筋斗云跳来,遇着这般盛会,正见我佛为难,不免献策道:'我佛为什么不合【和】地藏王菩萨商议,打那十七层半的地狱里,放出那班混世魔王,托生人间,足足的【地】好收服那一部洲的子弟?'我佛听了大喜,依计而行。果然这班魔王出世,收得他们伏伏帖帖,再也动弹不来,一个个身躯萎弱,神志索然。这些魔王的威力行到东部,那风气也就压了下来,那些子弟渐渐的软弱了,让他们西天的人物强大起来。只怕我们这位夏先生,也是那魔王之一。"说得改卿、新甫二人哈哈大笑。三人说说笑笑,迥然不似在仰西学堂里那般拘束。

　　船还没开。重光叫水手上岸,买了一瓶玫瑰酒,许多熟菜下来。三人一面吃酒,一面批驳夏先生。改卿道:"他说不借外国人的威势来吓本国官长,这句话倒还有点爱国的心。"新甫道:"你休理他,这叫做奴隶性质。他面子上说不慕官势,其实心里爱敬的,就是这些腐败官员。你想我

---

① 扳驳,即批驳。
② 南赡部洲,为佛教传说中四大部洲(另包括东胜神洲,西牛贺洲和北俱芦洲)之一。
③ 荡检逾闲,即行为放荡、不守礼法。
④ 邱尼,即比丘尼,指满二十岁出家,受了具足戒的女子。
⑤ 优婆塞,指信佛但未出家的男子,又称居士。
⑥ 优婆夷,指信佛但未出家的女子,又称女居士。

们借外国人的势力来欺压平民，这不消说是个罪魁，若是借点外国人的势力说个情，免得官员压制，似乎算不得没人心，偏也要说得那班【般】利【厉】害。"重光道："这倒还是我们的错处，下次便宁死也不去求他的了。我只看不起他那些教科书，有一没一的【地】说些迂腐话，什么忠君哩，孝亲哩，从兄哩，敬长哩，闹得孩子们脑子都痛，还有什么兴致去念他？"新甫道："这话一些不错，我们这位老夫子，实在迂阔得极，全亏他那位表弟带领，到了文明世界，还没变换皮毛，已经看不起旧时同类了。"改卿道："我们这番回去，好好的【地】创办个学堂出来合【和】他赛赛看，只要名誉好，他能不佩服我们么？"三人一吹一唱，不知不觉把那瓶玫瑰露消完，都有些醉意。船是已经开了，一宿易过。

次日船抵万安桥，各雇挑夫回到家里。重光妻子对重光道："你走了，就有差人拿着本县大老爷的火签①来提你，说你是头一个造反的人，连我都要捉去问罪。幸亏杨道台知道了这桩事，到县里去说明原【缘】故，这才不来捉我。到底差人还来讹去了十块钱，时伯伯合【和】何阿姆家里，都去讹钱，并且都给他不少。"重光叹口气道："这般的恶世界，还有甚【什】么味儿？我是有厌世的主意了。"他娘子听他说出这句新话，很是诧异道："你说什么现世不现世，这不是现世报么？"重光不则声，停了一会，又问他妻子道："我们开的时新学堂怎样了？"他妻子道："不晓得，只从前常来的何世兄，如今到县学堂里去了。"重光料想学堂早已散伙，虽说同志约他，那都是一班穷汉，办不成事的，那【哪】里还有杨观察、朱明府这样开通的人，去募化他的银子。在家没得事干，长遥遥的日子，如何过活？很后悔不该附和新甫，脱去了夏先生的馆地。

次日去找同志。原来他同志是陆大槐、赵小松、顾玉泉、潘佩瑜，这一班人都是秀才出身，只玉泉是个一榜。当下重光先到玉泉家，推开门进去，就叫玉泉。玉泉在梦中惊醒，问是那【哪】位，重光道："是我。"玉

---

① 火签，旧时官署紧急拘传人犯的一种签牌。

泉听出声音，道："重光兄回来了么？"重光答道："我接着了你们的信，特地回来的。"原来玉泉家里的房子，是一带并排三间，两边都做了卧房，只剩中间会客。那房里合【和】外间，只隔一重板壁，所以叫得应，说得话。玉泉便道："你请坐，我就起来了。你怎么起得恁早？"重光道："太阳快要直了，还早么？"玉泉咳过几声嗽，慢慢的【地】起来。娘姨提了一把茶壶，一个提桶出去，泡茶打开水，半日方回，捧出一碗白汤茶来。重光这天吃了两个肉包子，正在口渴，把来几口吃干了。玉泉洗过脸，出来会重光，彼此叙坐。

玉泉道："我们这个学堂，要开他大大的一个局面出来。"重光道："经费呢？"玉泉道："我们商议多日了，这经费出在和尚身上。"重光道："你又来了，和尚那【哪】肯替你出经费？"玉泉道："我有本事叫他心服情愿的【地】出。"重光道："倒要请教。"玉泉道："我们慢慢再讲，你还吃点么？"重光道："我才吃了出来，你请罢【吧】。"言下，娘姨端出一个圆盘，内里装着一盆年糕，一碗水泡饭，一碟腌芥菜。玉泉吃完，抽过几筒水烟，对重光又道："我们出去走走。"便叫："阿二，你拿我的手巾包出来。"只见一个小孩子，披着头发，蹋着鞋皮，鼻子里拖了一挂鼻涕，拿了一个高丽布卷的手巾包，在桌子上一丢，转身就走了。重光道："这就是二世兄么？长得恁长了？"玉泉道："正是第二个小犬，生来不学好，你看他那落拓的样儿。"重光道："你不要替他过谦，将来都是国民哩。"说得玉泉也笑了。二人踱出门时，玉泉又缩回去，交代道："有人来找我，就说是在同春烟铺[①]上罢【吧】。"二人到得烟铺，玉泉是耐不得了，卷起那箬[②]烟，呼呼的【地】抽过两口，就要掉边。重光让他躺过来，抽空问道："我们开的时新学堂怎样了？"玉泉道："你还提那时新学堂么？你们出去之后，学生一齐散去，差人把些值钱的家伙都取了去，只桌椅碍眼不

---

① 烟铺，旧时供吸鸦片者所用的床铺或出售鸦片并供客人吸食鸦片的店铺。

② 箬，拼音 ruò，本指一种竹子，在这里因为吸鸦片的烟杆可能是用箬做的，因此活用为量词。

敢搬。书籍是不要的。挂钟呢，大小一齐拿去，一架都没留下。次日，县里的太爷亲自出来踏看封锁，杨观察得了这个信息，合【和】本县当面说明，才揭去了封条，把那些书籍桌椅搬出，让还和尚房子，还要追究那些器具，着在和尚身上，指出偷取物件之人。和尚明知差人取去，那【哪】里还敢惹祸，只得认赔六十吊钱，才把这事敷衍过去。"重光道："原来如此。这县里的差人如此可恶，我们何不出首告他一状？"玉泉道："你又来了，我们为什么要得罪他？还要借他用用哩。"重光道："正是。你说和尚出经费的话，究竟怎么办法？"

玉泉道："低声。"他就放下烟枪，凑着重光的耳边说道："这是什么地方，你把这机密重要的事都嚷了出来，还了得吗？我老实告诉你罢【吧】，如今国家开办学堂，本来有把寺院房子改为学堂的这条章程，我们只消连【联】名进个公呈，就说把某寺院充公，做我们学堂的基址。那寺里的和尚没寺藏身，失去了讹钱的幌子，那【哪】能不着急？一万八千都肯拿出来的。杭州城只有和尚发财，那【哪】个寺里不是有田有产？那【哪】个和尚不是积聚了若干钱？我们这样一办，怕他不来求我们？"重光听了大喜道："这么说来，学堂是开得成的了。"

话未说完，时改卿合【和】何新甫来了，玉泉站起来相迎。新甫道："我们到府，才知你合【和】重光在这里，自与我们几个人又聚在一处了，左右要创个事业出来。"玉泉道："怎么不要？我合【和】重光商量了许久，还是老不改行，办我们的学堂便了。"可巧堂倌来取枪出灰，听见他们要办学堂，插嘴道："洋学堂也闹了教了。我听说上海为着学堂闹事，还正法了几个人。顾老爷，你是个举人，还怕没有饭吃，要开那学堂则甚？弄得不好，倒坏了自己的名头。"玉泉尚未答言，新甫怒道："你也配来说话，你们知道什么？我是打上海回来的，那学堂还了得！自从道台大人起，直到上海县，那【哪】个敢不敬重学堂里的人？只要在学堂里，连外国人也不敢欺他的。即如我是在强华学堂里的，走到街上，碰着了外国人，他还为着我脱帽子拉手哩。"堂倌听了，吐吐舌头，低着头，拿了烟枪挖灰去了。改卿在那里暗笑。新甫道:"外面的应酬,总要随机应变,你只看他被我这一说,吓得那般神气的【地】去了。"玉泉道:"我们今儿难得聚在一处,我来作东去吃个馆子罢【吧】。"改卿、新甫道:"我们都吃过饭了。"重光道:"何妨同去谈。"二人应允。玉泉叫堂倌算账,吸了七十二个钱。玉泉道:"上了账罢【吧】。"堂倌咕噜着嘴去了。

四人一同下楼,走到藩司前一个小馆子里,拣张干净桌子坐下。重光是饿过了火,倒不大吃得下去。改卿、新甫实在没有吃饭,那【哪】有不很吃的理?四人饱餐一顿,算下账来,吃了一吊二百个钱。玉泉道:"写了我的账罢【吧】。"堂倌道:"我们不认得你,现今柴荒米贵,一概不赊欠的。"玉泉道:"我是顾玉泉,在你们这里吃过一年多了,是老主顾,你怎么会不认得呢?"堂倌道:"顾先生,你现惠①了罢【吧】,我们不欠账。"玉泉道:"我是举人老爷,你怎么叫起我先生来?我又没教过你的书,为何这样称呼?"堂倌惶恐道:"顾老爷,顾老爷,我们不知,多多得罪,请你老爷惠了账罢【吧】,我情愿磕头陪罪。"玉泉愈加发怒,拍拍桌子骂道:"那【哪】个要你这狗才磕头?你合【和】账台上说明,他自然知道,我还漂了你的账不成?"说罢,站起身来就走。改卿、新甫道声谢,抢先出店去了。

玉泉合【和】重光将近走出店门,那馆子里的管账先生走来,一把拉住道:"你是什么人?吃了饭没惠账,就想逃走?你还要拍桌子骂人,休想出得我这个店门。"玉泉气得面皮铁青,重光也吓呆了。不知后事如何,且听下回分解。

---

① 现惠,指现在将钱款付清。

## 第七回
### 开学堂谋占寺僧基　荐教员密话师生谊

却说馆子里掌柜的拉住了顾玉泉不放他出去，定要他还账。玉泉气极了，重光吓坏了。可巧朱明府家里收租先生陆少川走过，见馆子门口有人吵闹，仔细一瞧，原来是玉泉，本来认识他的，便问什么缘故。玉泉便把这掌柜的怎样可恶，不许他写账的话告知。少川道："欠了多少钱？"玉泉道："其实不过一吊二百钱，偏偏今天没带洋钱出来，他就这般势利。"少川道："这是小事，我来代还。"玉泉道："不必，他这样可恶，我偏要欠他的哩。"少川道："饶他这遭罢【吧】。"肚兜袋里摸出一块二角洋钱道："你这掌柜的，也太瞧人不起了。这位顾老爷，难道会漂你的账不成？他要动了火，定叫你这店开不成。今天幸而遇着我，合【和】你解释了，你再得罪他，他们学里的朋友，告你殴辱斯文，你还要吃官司哩。"那掌柜的听了少川的话，这才着急，连忙向玉泉作揖告罪，洋钱也不敢接。玉泉道："论理不能饶你，看陆老爷面上，恕你个初犯，洋钱拿去，下次我偏要来吃饭，你再冒犯了我，那时休怪。"掌柜的诺诺连声，拿着洋钱进去了。玉泉合【和】少川道谢，又道："我正要过来奉候，只为公馆里不便，不敢冒昧。"少川道："不要紧，但是兄弟事忙，在家的日子少。"玉泉道："少翁今天没事，我们到同春去谈谈罢【吧】，还有事要请教哩。"少川素知玉泉的为人，哪里敢招惹，只得托词道："我还要下乡看荒田哩，实在没得工夫，我们再会。"拱了拱手，匆匆去了。

玉泉只得仍旧拉了毕重光，回到同春烟铺。堂倌是犯恶①他极了，却没法赶他，还要恭维他，才得安静，不然有点儿把柄被他拿住，只消遇着别的官司，呈子上带上一笔，就叫他这烟铺开不成。这样的事，他是办过

---

① 犯恶，拼音 fàn è，即厌恶。

几次的，宜春烟铺就是前车之鉴。闲话休提。玉泉合【和】重光拣个铺子躺下。玉泉道："今天饭馆里的伙计太可恶了，依着我的性子，是要好好的【地】惩治他一番。"重光道："这叫做大人不计小人之过。我们明天再去吃，他再敢这样，我就要给他些苦头尝尝。"烟铺堂倌听得这话，知道他们今天去打抽丰①，吃了点小亏了，暗暗的【地】好笑。玉泉抽过烟，就合【和】重光说道："大槐、小松、佩瑜都在四景园等我们，我们是天天聚会，商议这学堂的事，你也同去走走。"重光道："那自然该去的，这是我们的义务。"玉泉道："可恨改卿、新甫吃着饭，看见要惠账，就溜掉了，真不懂朋友交情。我开学堂的话，以后不许同他谈起。"重光唯唯答应。

同上城隍山，已是三下多钟光景。赵、陆诸人在那里候久了。玉泉是天天见面的，不消寒暄。重光回来后，还是第一次相会，不免彼此问候。小松道："还有改卿、新甫没同来么？"重光道："同回来的。"佩瑜道："为什么不来？"玉泉道："你还提他们哩，到上海去了一躺【趟】，学成一种滑头样子，把从前教育的热心都化为乌有了。"大槐道："我不信，改卿不是这样的人。新甫呢，少觉滑些，只教育界上，他是很能尽心的。"玉泉道："我们再三合【和】他商量学堂的事，他们毫不在意。依我说，不要再惹他们的厌了，各人办各人的事罢【吧】。"大槐道："使不得，我们是要连【联】名上公呈的，巴不得人多些，不知己的朋友还要借重他的大名，况且改卿、新甫本来是我们同志，岂有漏脱他俩的道理？"玉泉聪明人，一听这话不错，便改口道："我错了，你这话甚是，自然是合众为妙。"玉泉便请各人各举寺院，以便采择。有人说海潮寺的，有人说灵隐寺的。玉泉道："你们举的都是大寺院，很是不妥。"小松道："这是什么话呢？"玉泉道："你不晓得，大寺院的和尚手面阔，不说三大宪处，他们恭维得好，连京城的王爷贝子，作兴都合【和】他有点儿交情，动也动不

---

① 打抽丰，也即"打秋风"，意为找借口向富户敲诈钱财。

得。我倒想着了一个寺院,你们试猜着顽【玩】。"大家想了半天,都猜不着,逼着他说。玉泉笑道:"你们记得杭州城里有个赵达官么?他老子是泥水匠出身,挖着一注藏银,登时暴富。娶妻孙氏,生下这个达官,从小多病多灾,医药之费,化【花】过不少,始终到观音大士前求了仙水,才医治好的。他老子过世,他娘因这儿子多病,送他到和尚那里收养。达官落了发,居然做起和尚来。他娘也死了,那家私三十万银子,都归达官之手。达官把来盖了个大寺院,名为南海金光寺。出钱塘门就见这寺,他那大殿的高,几乎赶得上雷峰塔。"大家拍手道:"果然有这个寺。"只重光没见过,却也闻名。原来他出门时还没造成哩。玉泉又道:"这寺新造,十分光彩,他再舍不得给我们开学堂,我们只消捐他十万银子,便放他过去便了。"重光听得有十万银子,不觉跳舞起来道:"这真是学生的幸福,我们的幸福,我要念祝词了。"随口念道:"大清国万岁,顾玉泉万岁!"玉泉把颈儿一缩,舌儿一伸道:"重光,你要送掉我这脑袋么?这是省城里,顽【玩】不得的。"重光道:"怕什么,现在上海的祝词,通是这个套头。"玉泉道:"诚然。杭州的祝词有点儿别致,这个不通行。"大家都笑起来。看看天色将晚,只得各散,约定次日再议。

且说改卿、新甫那天吃了顾玉泉酒饭,正在得意,偏偏堂倌要他惠账,吵闹起来。新甫知事不妥,不要弄到自己身上来,暗中扯着改卿的衣服,招呼他辞别先行。二人一路私议,改卿道:"玉泉今儿只怕要坍台[①]哩。"新甫道:"玉泉也太得意了,自己靠着是个举人,到处横冲直撞。他说开学堂的话,倒有九分靠不住,只怕借此为名,张罗几文是真的。只毕重光的犬子去附和他,你看将来是羊肉不会吃,惹得一身骚。"改卿道:"我们倒该在上海找点事儿的,被玉泉约了回来,没得事干,怎么过日子呢?"新甫道:"你休要着急,我包你有事干。"改卿问计,新甫道:"街上不便谈天,到舍下去细谈罢【吧】。"改卿同新甫到他家里,改卿细看房

---

① 坍台,指丢脸、出丑。

子，合【和】玉泉处是一般格式，只新甫少一个卧房，把对卧房的一间做了书房。二人同到书房，改卿见有一副胡芸生写的对子道："书有未曾经我读，事无不可对人言"，是宣纸绫边，裱得很讲究。再看这书房，收拾得也干净，虽然纸窗泥地，却十分幽雅。书架上还堆着几部书。改卿随手抽一本看时，原来是《纲鉴易知录》，批点过了的。改卿惊道："新甫，你连易知录都手批过一遍么？"新甫道："那【哪】里能够通批一遍，只头上两本批点过了，后来弄了新学，这些书就晾在一旁，也没工夫去看他。"改卿再看他书架上时，果然有些时务策略、新学文导等，都是自己没有见过的。打开来略为看看，都看不明白，暗道："同他顿在一块儿有半年多，从来不曾见他用过这些工【功】夫，怎么他家里有这些书呢？"

新甫道："你休再翻了，我们的学问是在肚子里的，这些书都是表面的东西，看他则甚？"改卿道："你这句话通极。依我说，连这表面都不要的，只消几个新名词，掉弄得转，就是学界中的好教员了。"新甫点头称是。改卿道："你说包我有事干，究竟什么事这样拿得稳？"新甫道："你原来还没知道。"附耳道："如今杭州有一个大绅士，肯拿出四万银子来办一个学堂，只请不到人经理。老实一句话，杭州的文风虽好，但是除了你我，还有那【哪】个知道新学？料他必来请的。不问请那【哪】个，我们彼此拉扯，同在一处办事便了。"改卿踌躇道："新甫，你不要拿得这么稳。现在新学盛行，只怕弄的人多了。况且眼前的顾玉泉他又是个举人，新学下得去，只怕我们的名望还不如他。"新甫道："你又来了。玉泉虽系新学好手，但他究竟是吸烟的人，学界犯忌的。果真聘请了他，我们只消转湾【弯】通个信息，包管他这事不成。"改卿大喜道："要是请了你做总办，那堂里的帐【账】房给我罢【吧】。"新甫故意呕他道："你有教育的本事，为什么放弃责任，要当帐【账】房？那帐【账】房是司事，学生都看不起。"新甫【改卿】道："不然，我教育虽然是好，但清苦不过，我不肯放弃权利，自然要放弃责任了。"新甫哈哈大笑。改卿又问道："这位大绅士究竟是那【哪】位？"新甫道："是在湖南做过藩司的柳仲时先生，现在开了个两浙学会,到各府举办学堂去了。"改卿道:"嗄,原来是他。"新甫吃惊道:"你认得他么?"改卿道:"从没见面,那是人人知道他的大名。"新甫神色才定。

改卿辞归,一路思忖道:"柳仲时是表兄李悔生的拜门老师,只因悔生没中举人,不大看得起他,这番开了这个大局面,我表兄是一定在内办事,我还去求表兄携带罢【吧】。新甫自以为新学有名,人家必要请他,据我看来,是靠不住的。柳方伯门下的人材【才】多着哩。"想定主意,次日去拜他表兄。

他表兄李悔生,旧学极有功夫,年纪已是四十多岁,只屡试不第,灰了心,弄些消遣的笔墨排闷。手里本有万把块钱,闭门谢客,不干预外面的事,要算杭州城里秀才当中的第一高品。当下见表弟时改卿来访他,便请他在书房里坐下,问道:"表弟,你是几时回来的?我听说你几乎吃了官司,很替你担心,叫人到尊府问过几次,后来听说没事,我才放心。"改卿道:"多谢表兄费心,我也是被人带累,其实没甚要紧。"悔生道:"不是愚兄说,你们那班朋友闹得太利【厉】害了,总是大清国的百姓,如何讲出这些背【悖】逆话来?"改卿知道他表兄有点迂腐,不好合【和】他争辩,只得答应称是。悔生又问他上海的情形,回来的光景,改卿一一告知,趁势问道:"贵老师开了两浙学会,到处要开学堂,表兄在里面办事么?"悔生道:"不瞒表弟说,这位敝业师,从前蒙他赏识,道我文章有光彩,必定发达。那【哪】知我屡踬名场,弄到如今,依然一个老诸生,实在辜负了他一片培植的盛意,愚兄所以不去见他。"改卿道:"弟的愚见,倒不是这般设想。贵老师既然赏识表兄,表兄也应该替他干点事儿,帮帮他的忙才是。功名的事,那【哪】里拿得定?表兄屡次委屈,岂是文章做得不好?"悔生道:"惭愧!文章倒也遇着知己,只堂备总不中,提起来就添无限感慨,还是不要再提罢【吧】。"改卿听他越说越远,只在那里说他的功名,未免有些着急,抢着说道:"兄弟的意思,是要求表兄在贵老师面前吹嘘吹嘘,学堂里派件事,借此糊口。"悔生道:"表弟的事,我自当留意，只是敝老师多年不见，冒冒失失去求他，不是徒取其辱么？"改卿道："不妨，表兄是品太高了，贵老师也该知道。如今替别人荐事，也没有不答应的。况且他那里正没人办这学务。老实一句话，杭州城里的新学界，弟也树过一帜。如今又从上海回来，那学界里面的事，知道的【得】多，定不辱命的。"悔生道："表弟学问是大有长进了，愚兄不合时宜，只好抱定了自己的旧学，终老牖下①。这时已有饭时，我们半年不见，多盘桓②些时再去，就在舍下吃饭罢【吧】。"说罢，请他少坐，自己进去交代添菜开饭。改卿看他书房里挂着许多古碑法帖，还有四张条辐【幅】，是《大清一统舆地全图》拼拢来挂的。一排十只紫榆书箱，不知里面装的什么。那书架上是一部《马骕绎史》《王船山③全集》《王阳明集》，还有什么《原富》《天演论》。这些书改卿一部也没见过，不知是新是旧。正待细看，悔生踱了出来，改卿撩开。坐不多时，开饭出来，二人吃完，谈了一会，改卿辞去，临别再三嘱托悔生替他说项，悔生只得答应。改卿自以为这事必成，回家很得意。

隔了几日，重光来找他道："玉泉请你聚会，同志都到齐了。"改卿只得合【和】他到得四景园。谁知只到了十几个人，连悔生、新甫都在里面。玉泉开言道："中国四民④都有执业，只和尚不做一件利人的事，坐食厚禄，欺骗那些愚夫愚妇，弄得一手好钱。那寺院是大厦连云，穷极土木之巧，究竟有何益处？现今圣上英明，上谕屡次颁下来，叫各省府县设立学堂，不论官家私家，都可以开得。我们大家会议，想把钱塘门外的南海金光寺改建学堂。我做了个公呈，在这里请教大众，以为可办的都请签

---

① 终老牖下，音 zhōng lǎo yǒu xià，直到老死都在家里，指一辈子默默无闻，无所作为。牖下：窗下，指代家里。

② 盘桓，即徘徊、逗留。

③ 王船山，即王夫之。王夫之（1619—1692年），字而农，号姜斋，人称"船山先生"，湖广衡阳县（今湖南省衡阳市）人。明末清初思想家，与顾炎武、黄宗羲、唐甄并称"明末清初四大启蒙思想家"。

④ 四民，即士农工商。

名，要有不妥之处，尽管驳回。如不愿签名，我便独自一人出名便了。这学堂是我们读书人应尽的义务，料想没人不愿意赞成的。"改卿暗道："他今天过足了瘾，说几句话，这般爽快，那声音也宏【洪】亮得多了。"

当下除却面生的朋友，都愿签名，只悔生不愿道："我们开学堂，尽管另箅别地，为什么要在寺院里？那金光寺是和尚自己捐钱造的，别的寺院很多，偏要找这个寺院，实在是欺他没势力。这般举动，我不佩服。"玉泉见悔生动气，赶忙凑近他劝道："好哥哥，你不要阻了大众的善举，这事也不是我一人之见，原是大家怂恿，我勉徇他们之请，牺牲其身的，还望你成全了他们罢【吧】。"悔生只微微的【地】笑，不答一言。奈玉泉缠绕不休，悔生道："不在乎我一个人，你们办去便了，我总不来破坏了你的事。就此告辞了。"悔生本意还想拉着改卿同行，被玉泉这一魔缠，急急要走，顾不得拉他了。改卿因悔生已走，就也想辞去。玉泉道："你怎么也不签名，难道这件事也合【和】去年贵学堂里的衍说一般，有什么后患么？"改卿被他说中了心病，料想这事是照定章办的，至多闹不成罢了，没什么后患，就勉强签了个名字，急急辞出，找悔生谈天去了。其余的人，自然都合【和】玉泉联络一气。新甫更狡猾不过，尽管签名，有坏处只推玉泉，有好处也想占【沾】光些。这天的聚会，居然有十三个人签名，玉泉甚是得意，约定后日进呈子。

大众散后，玉泉便按照他自己的主意去办事，先合【和】书差①言明使用，一切都要出在赵达官身上。原来玉泉平日在衙门前讨生活，没一个书差不是知己。当日找着了一位老书办梅伯舆，合【和】他谈起这事。伯舆一面抽烟，一面向玉泉讨呈子看过，低头不语，半晌道："顾先生，你这呈子，怕有什么不是，自然是千稳万妥的。只是我们大老爷生性不喜开学堂，贾二爷传出话来说过，凡是秀才们来进呈子求开学堂，一概替我回绝，不要收他的呈子。我还听得衙门里的人说，太太是一口长斋，最喜拜

---

① 书差，音 shū chà，即书办，指管办文书的属吏。亦泛指掌管文书翰墨的人。

佛看经。你要把寺院改做【作】学堂，恰好背了他的意思，只怕不得成功哩。"玉泉听了这几句话，赛如一盆冷水从顶门浇下。不知后事如何，且听下回分解。

## 第八回
### 和尚有财输学界　豪奴得势辱斯文

却说梅刑房看了顾玉泉的呈子，决定本县不会批准。玉泉道："这便如何是好？"伯舆道："我倒有个主意。"凑近玉泉的耳朵边，低声说道："你也犯不着合【和】赵达官为难，他是个可怜人，我拿这呈子去给他看，叫他出一千银子给你们众位分用就是了，开什么学堂呢？"玉泉道："话虽如此，只是与名的十三个人，都想开成这学堂。一则遵着上谕办事，二则他们这班穷秀才，馆地也有了着落，我倒随便的。公议如此，我不过替他们出头罢了，并不想什么好处。"伯舆道："这就好办了，除却你，他们那班秀才，也做不成甚事，这是我们知道的。"玉泉微笑道："正是，我也情愿做成这桩事，我们总是遵着上谕办事的。县里批不准，我们到府里，府里批不准，我们到学务处便了。"伯舆听了，心上很有些发毛，道："顾先生，你不要性急，这桩事交给我办去，包管不叫你吃亏。"玉泉道："我合【和】你说老实话，赵达官要知道好歹，拿两万银子出来，叫他们开个小学堂，有了安身的地方，也不要他的房子了。"伯舆道："数目太多，只怕做不到，我去说说看。"玉泉道："全仗大力。"伯舆不敢怠慢，挟了呈子便去。玉泉在左近烟铺上候信。

且说伯舆找着了赵达官，说道："有人合【和】你下不去哩。"达官吃了一惊道："我们方外人，谁还合【和】我下不去？"伯舆怀里取出呈子，交给达官道："你自去看罢【吧】。"达官接了呈子，手都颤动起来，半天看不下去，定了一会儿神，这才从头至尾看了一遍道："这还了得！我辛辛苦苦造成了这个金光寺，整整的费了十万银子，又不是募化来的，这都是我自己的家私，他们如何来占我的寺屋呢？"伯舆道："他们是奉旨开学堂，本来好占用寺院。这呈子他们要进，被我捺住了，先来通知你的。如今千句话并一句说，这桩火急的事，你怎么安排罢【吧】？"达官道："我有什么安排的法子，只听他们怎样便了。只要理上说得去，我没个不答应的。"伯舆道："我是合【和】你知己，才来通知，不然干我甚事？你既这样说，我也管不得许多。"说罢，起身袖了呈子辞去。达官着急道："梅先生，我们有个商议，你休这般性急。我还要请教你，这桩事究竟怎么办法？"伯舆道："怎么办法，我那【哪】里知道，只不过到公堂上去说话，那【哪】个说得有理，那【哪】个赢罢了。"达官道："我是不会说话的，你也知道。这事如何是好，你合【和】我出个主意，把来消灭了罢【吧】。"伯舆道："消灭是不能，他们却有言在先，不让房子，便靠着这寺筹四万银子给他们办学堂去。"达官道："这开口就是四万，为数太大了，叫我如何措办得来呀？"伯舆道："可不是，我也劝他们不要闹什么学堂不学堂，你每人送他几文，不就了结吗。谁知他总不依，定要四万银子到手。"达官道："他们拿得恁稳，要是县里大老爷不准，他便怎么？"伯舆道："他说县里不准到府里，府里不准到学务处，学务处不准到京里新设的学部去告，总要告成了这件事。"达官道："阿弥陀佛！这样做去，我是没得活命的了。梅先生，你好歹替我出个主意，你吩咐出来，我没有不照办的。"伯舆道："既然如此，你预备下两万银子再说话。"达官摇头道："实在出不起，我只好出二千银子，认个悔【晦】气罢了。"伯舆道："这话我不会合【和】他们去讲，让你们打官司去罢【吧】。"达官没法，冒冒失失的【地】就答应了一万银子。依着伯舆，还要他再出三千，达官那【哪】里肯出，只得罢休。当下就合【和】达官订定，回去告知玉泉道："我用话恐吓赵和尚，他如今肯出三千银子，另外送你二千金，我办这事也算对得住你了。"玉泉迷瞪着眼笑道："论理我是不答应他的，难为你在里面费心。我是充【冲】着你的面子,去合【和】他们谈起来看。要是大家答应了,我们就是这样了结罢【吧】。"伯舆大喜,凭空得了五千银子。玉泉告别而去。那【哪】里还去通知什么同志,五千金是要独自享用的了。隔了两日,玉泉就想去合【和】梅刑房商量取赵和尚的银子。吃过早饭,正待出门,大槐、新甫来了道:"我们的呈子进去没有?"玉泉怔了一会道:"呈么,不必进了,梅刑房说的,县里太爷不喜开学堂,太太专信和尚,这赵达官天天在衙门里出进,县里太爷听了太太的话,很照顾他,我们进呈子也没用的。"新甫道:"除了本县,还有本府,还有学务处,难道都是帮着和尚的吗?为什么不去进?我听说赵达官应许了梅刑房五千银子,他自然帮他说话,你休上了人家的当。你不肯进呈子时,我们到学务处去进公呈便了。"玉泉听罢,吃了一惊,暗道:我这事被他打探了消息去,大为不妥,只怕要应许他们些银子,才能散场。便附着新甫的耳朵道:"外面的谣言听不得,其实赵达官也是个明白人,我们设法合【和】他商量,叫他送我们些笔墨费,把这事结了罢【吧】,尽闹下去也不是事。如今的官府,那【哪】个诚心办学堂,都还是守旧派,喜听和尚的话。"新甫道:"那倒论不定,学务处有办学堂的专责,公呈本该直递学务处的,犯不着到县里府里转那么个大圈子。"玉泉道:"哈,我说你不知道办事的经络,我们真个想借他的房子么?原不过敲他竹杠,出些经费,来给我们办学堂罢咧。这赵和尚是个怕事的,只消把县里吓唬他已经够了。况且有梅刑房在里面说合,十分倒有六分可成,这事包我身上,总叫你二位不至吃亏。但是别人不必再通知他了。"新甫会意,便合【和】大槐起身告辞道:"这事全仗你好好的【地】做去,我们也不想再多一人,有五百块钱,也就不说别的话。"玉泉道:"在我身上。"当下送二人出去后,偷空找了梅刑房。谁知赵达官的银子早已送到,伯舆拿了一张五千银子的汇票,交给玉泉,照过票子,取了四百块的现洋,回到家中,买些鱼肉菜蔬,阖家庆喜。次日大槐合【和】新甫又来,玉泉道:"谁知赵和尚真刁滑,他打听得学务处总办的太太很相信念佛,去走了内线,如今是安如泰山，再也动不得他分毫。幸亏梅刑房话说在前，合【和】他订明了，如今送出二百块钱，原封在这里没动，我们三人平分便了。"新甫道："你真没本事，这块肥肉到口，还被他滑了出去，说不得我们弄几个现的也好，将来再算计他便了。"玉泉走入卧房，伸一伸舌头，暗道：惭愧，他克允了。当下把洋钱拿出来，每人得了六十六元，还剩二元。新甫道："我们拿去吃馆子。"玉泉说不得陪他们到聚乐园点了五样菜，吃个醉饱而散。只可怜那十同志，白闹了几天，满想事成之后，弄个教员充当充当，却不知道人家得了好处，自己还在那里做梦哩。内中只时改卿信息还灵，知道他们的事有些蹊跷，但是自己本不愿意与闻，只在李悔生身上还他一个馆地便了。因此天天在悔生家里，顾不得他腻烦。原来悔生受了改卿的嘱咐，屡次要去拜柳老师，只是富贵人家，不敢造次。打听得柳老师有个远房族侄，表字长康，替老师管理帐【账】务，恰好合【和】悔生认识，不免打听他老师甚时会客。长康道："每天饭后三下钟会客，有公事时，一概挡驾。"悔生只得候准三下钟时，拿了个受业手本去拜他。门上人回说："大人出门去了。"悔生道："侄少爷在家么？"门上道："那【哪】个侄少爷？我们这里侄少爷，合【和】狗那么一大群哩。你要叫出他的名号来，我们才好去回。"悔生道："就是那位长康侄少爷。"门上道："嗄，原来是他，他是被我们大人赶出去的了。"悔生惊道，"什么事？"门上道："我们不知道，只听说他为着学堂的事，透用了公款，我们大人生气，才拿他赶掉的。"悔生大失所望，只得趑回。可巧改卿来了，悔生满肚皮的牢骚，见了改卿，一齐发泄出来道："我平生认定不求人的，这番为了表弟的事，去求敝业师，不料被他门口说了许多混话，也不合【和】我通报，我自取其辱，还说甚【什】么？"改卿连连作揖道："对不住了，俗语说的好，阎王好见，小鬼难当。我今同你去，包管见着贵老师。"悔生道："我是不愿再见他的了，我不要求他甚事，如今为着表弟，我不惜屈节见他，只他那班豪奴，实在看不入眼。我宁可每月贴表弟若干钱，再不去的了。"改卿道："那是万万使不得，兄弟的馆地倒也随便，只是表兄因此断绝了这个世谊,未免令弟意难安。我们且去试试看,表兄听弟做作,不要理他。弟能叫那班豪奴好好的进去通报,而且贵老爷定然请你进去会面,不要你费一点儿心。"悔生忖道:"我阅历虽多,他们这种法子,倒没亲眼见过,何妨试他一试。"当下答应了,约定次日三点钟同去。到得次早,改卿是换了一身簇新的衣服,踱到悔生家里,吃过饭,抹过脸,看看时候到了,悔生披件马褂,就要同行。改卿道:"表兄,你这衣服就去得吗?"悔生道:"怎么去不得?"改卿道:"你袍子面是复染的,宁绸叉口里还是豁开的;那黑湖绉的马褂,袖子底下一星星的破绽;鞋子又不是新的,帽子边儿也破了。那般豪奴,就知道你是寒酸的朋友,来合【和】他们大人牵缠,不是求荐馆,就是借钱的,通报了进去,设使见面下来,大人心中不自在,把门上叫进去一阵臭骂。如是者只要一二次,他们的饭碗便不牢固,要活动起来了。你道天下那【哪】有这班呆子,肯替人家通报通报,丢掉了自己的饭碗,所以只得托词,不说大人不在家,就说大人有公事不会客。要是一准要他们上去回,他们又不敢不回。却有三等:第一等是他大人的知己朋友,自然来过不止一次,脸貌都认得的。第二等是有来历的阔人,他们眼睛好不的尖,就是穿得破些,到眼也就看出。至于你我,只好算第三等。头一总要穿得齐整,神气来得活动。他们一见,知道是恭维他们大人来的,遇着大人没事时,正盼这样的人来恭维几句开心,因此他们也愿意替你通报。"悔生听他这番议论,暗道:"像我表弟这种人品,也算新学中的人材【才】了。不料他说的几句话,倒叫我恶心听不入耳。"为的是亲戚面上没法,只得又进去换了一身新衣,跟他同去。到了柳府门口,改卿站在一旁观看,只见门上的人果然招呼他进去,半天不见出来。改卿自是得意,回到李府书房等候。再说悔生这天遇着的门上,乃是一个乖觉人,见悔生这么打扮,又是他大人的门生,那【哪】敢不恭维,一直领到花厅上坐了,然后进去通报。大人果然请见。悔生候了多时,方见有人掀帘子,柳老师进得花厅,悔生出座叩见了老师。仲时道:"我们久别了,你为什么不常来走走?"悔生欠身道:"只因老师公事忙,不敢无事便来惊动。"仲时道:"正是,我实在事情多,如今学会里又公举了我做会长,说不定地方上的公事还来找我。就是学务,我虽办得来,只是这班家乡秀才们的议论纷纷,一些不知道办事人的难处。还有一种人,自负为新学朋友,我更不敢请教他,如今正要聘请教员,你笔下我是知道的,你肯帮帮我的忙么?"悔生道:"门生不懂得什么新学,当不来教员。门生倒有一位表弟,他的学问甚好,老师如要请他,待门生去领他来叩见便了。"仲时道:"这学堂的事,我只不过筹款,另外有人管理,但据我知道的人,荐给他一两位,其余都是他们作主。"悔生道:"管理是那【哪】位先生?"老师道:"就是我们舍侄的同年鲁子输,你也应该认识的。"悔生道:"舍表弟是可以当得教员,还求老师给他写封信,吹嘘吹嘘,这事就成了。"仲时道:"如今新学界的子弟,都喜夹七夹八说几句背逆的话,实在学问是一些没有。你这位令表弟,究竟议论如何?不要叫子输为难。"悔生道:"他议论倒很平正,从没说什么背逆话。从小合【和】门生在一处读书,时文做得很倜傥。"仲时喜道:"他是时文出身还好。"悔生道:"正是,他也是夏仰西先生的门下。"仲时道:"夏仰西是时文好手,如今在上海办学堂,很有名望的。既是他的门生,应该下得去,你后天领他来见我取信便了。"悔生道谢。仲时端茶,外面一片声嚷送客。悔生出来,仲时送到轿厅背后,便进去了。悔生回到家中,改卿候久,悔生欣然说道:"你的事居然成功了。"改卿道:"如何?我说表兄总要衣冠漂亮,这些大人先生才看得起。"悔生把他老师的话一一说了,改卿大喜致谢。后日二人同去,可巧仲时有要事到上海去了,悔生没趣,改卿扫兴,只得同回。改卿料想柳方伯答应了写信荐他,这事九分九靠得住,放下了一头心事,闲着没味,便找新甫谈天。这时新甫有了六十六块和尚送的钱,居然也宽余了,二人同到城隍山上吃茶。新甫道:"我听说柳方伯请了一位鲁孝廉办理学务,竟不请教我们,你道奇怪不奇怪?那鲁子输是顽固不堪的,他懂得甚【什】么办学堂?这事我是不依。我们纠合几位同志衍说一场,等他来时,我们不承认他。"改卿劝道:"这是公益之事,地方上添了个学堂,正是好事,犯不着破坏了他。"新甫不依,一定要和他为难,惠了茶东,拉着改卿去找陆大槐。可巧毕重光也在那里,大家谈起这桩事来,重光发话道:"阁着我们这些大教育家不请,请了个无名的人来办学堂,这学务还望有起色吗?"大槐道:"最可笑的,那位鲁孝廉请的教员,都是些老旧不堪的,我们就是不和他为难,那学生如何会服他呢?将来定要起大风潮的。"新甫道:"等不得将来,我们先给他个风潮看看。"大槐道:"不错,我也是这般想,我们何不开会,去请他来,当面挖苦他一场,叫他兴尽而返。"改卿听了,甚是着急,暗道:"我好容易找成一个馆地,被他们这一闹,又要折摊了。"忍不住反对道:"诸位不知道,这位鲁孝廉很开通的,他一晌在天津办过小学堂,北洋大臣甚是赏识。他本不愿意回来,还是柳方伯打了几次电报去请他,他却不过情,才答应来试办三个月的……"话未说完,新甫把桌子一拍,众人吓了一跳。不知后事如何,且听下回分解。

## 第九回
### 鲁子输畅谈学务　　何新甫侵辱名师

却说何新甫听得时改卿帮着鲁子输说话,不胜愤恨,把桌子一拍道:"改卿,你也不像个学界中朋友,如何替鲁子输分辨【辩】起来?莫非他已合【和】你订过合同,请你当什么义务教员么?我们白认了你做同志!大家听听,这是我们学界里的叛逆,不要合【和】他说什么了。"大槐、重光都是气愤愤的。改卿看见风色不佳,只得溜了出去,便找了李悔生,一一的【地】告诉他。悔生道:"这班人要算旧学里的败类,新学里的匪徒,人家开学堂与他什么相干,就般乱闹,开会哩,演说哩,他想搅得人家闻风而遁,才好请教他,那是不见得的。"改卿道:"何新甫自以为现在的新学问,杭州城里要算他第一的了。这回柳方伯开学堂,不请教他,倒去请了鲁孝廉做总办，他平不下这一口气，只想合【和】他为难。还有几位新学先生，也只为不请他们做教员，连成了一党，只怕要起点风潮，倒是通知声子输，免得临场受他们的羞辱。"悔生道："子输是我从前的同砚朋友，后来他得意之后，合【和】我不大会面，这也难怪。他的事情忙了些，交往的都是些名公贵人，我没事也不去请教他，彼此久已生疏了，如今也犯不着去通知他，且他还在上海没回来哩。"改卿道："原来如此，只不知甚时才来？"悔生道："我是合【和】他们隔膜的，如何知道呢？"改卿只得罢休。馆地久坐无味，辞别回家，却天天在柳公馆打听柳大人甚时回杭。那天路过轮船码头，看见一乘绿呢轿子，四人抬上岸来，家人后面跟着。改卿疑心是他，候他走过了，问轮船上的水手道："这是那【哪】里来的官员？"水手道："你管他则甚？"改卿道："是不是柳藩台回来，我要找他有话说。"水手把改卿上下打量一回道："他正是柳藩台。你既找他说话，难道还不认得他？"改卿也不理他，急急赶到李悔生那里，求他再去讨荐信。悔生道："人家才回来，也要歇息歇息，不见得有工夫会客。"改卿没法，又到柳公馆去打听。谁知柳大人并未回家，那上岸的官员，是一位候补道，姓刘，打京城下来的。改卿不但失望，而且觉得骗了悔生，甚是不安，便又去访悔生道："原来柳方伯还没回来，前天是人家谣传的。"悔生这几天正思趁空替人家做几篇寿文诗序，被这位老表合【和】莺梭燕剪①一般，不住的【地】打搅，他很觉惹厌，又因至亲，不好意思拒绝。此次忍不住了，只得说道："表弟，我劝你不必性急，当教员的人要留点身分【份】，人家才敬重你哩。"改卿红涨着脸，讨了个没趣，回家发根道："我如今交了背运，到处碰顶【钉】子，只有关着大门，不要出去，或者倒少受些气。"自此他就在家。过了一天，始终心里发痒，只得又去找顾玉泉，打听他们演说的消息。走到他家，谁知早经搬去，却见门上贴一张告白道："顾宅现移住金洞桥前胡公馆间壁，门上有贴。"改卿想

---

① 莺梭燕剪，指莺燕往来穿梭。

道："金洞桥离此不远，我何妨去认认他的新居？"当下就踅到金洞桥，果有个胡公馆，过去便是"顾宅"两个大字，但见乌漆的两扇大门。改卿诧异道："玉泉怎么发了财，住这样阔气的房子？"不免打门探问。内里一个使女开门出来，问是那【哪】位？改卿道："你们老爷在家么？你只说时改卿来看他。"使女进去半天，才出来说："请时老爷书房里坐。"改卿走进书房，见这房子是三楼三底，一色玻璃窗子，虽不十分华美，比他从前住的房子是好得多了。那书房内也有一张炕床，余下的器具，摆设的虽然及不来李悔生家里，比自己家里整齐得多了。坐候许久，玉泉下楼，一身簇新的衣服，气象迥乎不同。改卿迎面作揖道："恭喜乔迁了。"玉泉道："我是为那边住不下，没法搬来的。这里房租很贵，我也出不起，还想再搬哩。"改卿道："玉兄如今是发财了。"玉泉忙道："那【哪】里发什么财？不过撑起这个穷面子罢了。"二人寒暄一会，玉泉问道："我听说你合【和】何新甫闹翻了，有这事么？"改卿道："有的。他们只想开会，添了学会好些阻力。我是为公益起见，合【和】他们反对的。"玉泉道："也难怪你。只是公议都说柳方伯任用非人，合【和】个人为难，不是合【和】学会为难。我为着子输是同年，不好出头，其实他来办学务，我也不以为然的。"改卿趁势打听道："甚时开会？"玉泉道："我是好几天不出门了，却听说他们演说过几次，到了五六十位同志，只等鲁同年回来，就要请他到会。"改卿打听确实，便自去了。

　　再说柳方伯这次到上海，原为学务的事，自己去迎接鲁孝廉，顺便自己还有些私事。当时见面之下，柳方伯先叙述自己一番来意。子输道："我们开这个学堂，要改良教育。我知道如今学堂有两种弊病：一是放任，一是压制。那放任的总办，自己觉得学问不如后辈，靦然当了总办，就有些教员、学生不佩服他，渐渐的【地】号令不行，只得随他们废弛，贪图薪水优厚，一时不忍弃却那般美馆，一年一年的将就下来，弄得毫无规则，教员不尽义务，学生不上课堂，都是有的。"仲时道："难道不自愧么？"子输道："怎么不自愧？他却有个主意，凑着学生的趣，闹些新式的体操，酬奖起运动来。那体操运动，原都是学堂应该有的，但只算学业里面的一部分，搁不住缺了正经功课，专闹表面的形式。放任的流弊还有许多，譬如放任久了，那些学生都在少年时，血气未定，程度高的，就入流革党①，程度低的，借学界的美名，在外面吃着嫖赌，都是有的。你道这还算得个学堂么？于是后来的人，见学堂这般不妥，不得不一反所为，用些压制手段。初进学堂，便立几条苛例，逼着大家遵守。但是至公无私，人家要骂他，也没可骂处，无奈也藏着一片私心，有些教员学生是自己关切的人，就分外含糊过去，有些教员学生合【和】自己不对，便设法开除了他。那教员既然不佩服他，几个学问好些的，相率去了，柔软的人，要捧牢这个饭碗，只得将顺他，恭维他。一个学堂弄得像官场一般，总办就是上司，其余都是属员。这个来探总办的意旨，那个来拍总办的马屁。总办是越抬越高，教员学生是愈压愈低，其中有排挤倾轧的，有走门路求蝉连【联】的，腐败到这步田地，还拿什么道德来教育人家子弟？所以压制的流弊，比放任又加一等。"仲时道："这么说来，要怎样才好呢？"子输道："这也不难，学堂只消立定规则，大家遵依，倘若违了规则，虽是总办自己的儿子也要开除，自然大众信服，恪守堂章，不至紊乱了。教员是道德第一，学问次之，两样都不足取，就不消延请。我们请教员是要访请的，不是可以徇情受人家荐托的。如今合【和】方伯立下个约，不必荐什么教员，待兄弟去访请便了。"仲时道："这话最通，我也是这个意思，把全权一齐交给你，只要办得好，于人家子弟有益，也不枉我们经营一番。但是那功课是怎样？"子输道："最为难的就是功课，这学堂总要算是中学堂了。考取进来的学生，大约是十几岁的人，那肚里通的，万不能用浅近的学科去教导，那肚里不兴的，年岁已若干大了，倒过来教他小学的学科，这就费了大事。况且还有西文、算学、理化各科。学到中文，时刻有限的，要知做了中国的人，写不出中国文字，就同聋瞽一般，那还了得！"

---

① 革党，即革命党。

仲时道:"高论甚是,兄弟无不遵办。"二人又谈了好些,便约明聘定教员,即行起身。自此子输果然到处访请通人,有的是朋友所荐,有的是自己慕名。不上一月,居然请到了几位教育家,同来杭州。那时学堂的房子器具、书籍各色都已办齐,只待招考。子输既到杭州,就有杭州府里县里请他吃饭,酬应几天,方才清净,正想办招考的事,忽然来了张传单,约他三点钟在宁绍公所聚会。子输不知就里,便去与会。到得公所,就见许多学界中人,也有西装的,也有华装的,大家起身相迎道:"久闻鲁先生是大教育家,这时来办学堂,必然能把旧时流弊,革除净尽,就请演说一番,让大众知道鲁先生的宗旨。"子输暗道:"我是没有预备的,他们分明给我个难题目做,料想这教育的浅法,还能敷衍几句,就说何妨。"当下便弯了一弯腰,居中站着道:"兄弟是受了柳方伯的重托,回家办这个公立学堂,虽然晓得些管理的法子,也是一知半解,还待诸君指教。"话未说完,旁边闪过一位维新豪杰,挺身说道:"鲁先生,你既不知管理的法子,还办什么学堂?现在杭州学界里面,学生的程度,教员的资格,我们大家知道,都能背得出来。鲁先生一事不知,到了杭州,倒有半个月的光景,天天在衙门里出进,吃酒高会,把学务的事搁在一边,直待我们传单到时,方合【和】我们会面。当场就说不懂得管理法,又不肯请教我们,你这学务一定办糟的。依我们说,莫如退位让贤为是。这是全府学界的公共事,我们要得说几句公道话的。"说罢大家拍手称快。子输不动声色道:"原来诸君嫌我兄弟不懂得管理法,但是目下学堂还没开办,就算兄弟不会管理,也无实验。"子输正待畅发议论,有一人起身说道:"不必说了,柳方伯任用非人,我们等方伯回来合【和】他说话,这是阖府公立的学堂,如何敷衍得过去呢?鲁字输这般的人,我们犯不着合【和】他多讲。"摇铃散会,只听得铃声一响,大家呵呵笑着出去了,剩下了子输一人。子输无端受了这场大辱,气愤填膺,恨道:"我在北洋好好的名誉,为什么答应柳仲时回家办什么公立学堂?看来这班人合【和】我下不去,是预先商议定的,要不然,何至不容我说一句话呢?我不难硬着头皮把这学堂办好,只是若干人合【和】我为难,虽办得公允,也难免众论纷乘,不如真个辞退了为是。"主意已定,回到家里,就有李悔生来拜访。子输请他进来,却见悔生领了一位面生的朋友。子输欣然对悔生道:"我们久别了。"悔生道:"正是,我们阔别多年,只为老同学公事甚忙,不敢过来打搅。"子输道,"什么话!兄弟是为着些俗事缠绕,不得工夫奉候。这位贵友是谁?"悔生道:"这是舍表弟时改卿兄,他久仰大名,特地同来拜访的。"改卿扛起了肩膀,做出一副笑脸,连忙作揖道:"老前辈是学界中的山斗,钦慕已久,今日才得会面。"子输谦道:"不敢,不敢。"改卿接着说道:"我们杭府里的公立学堂,全亏老前辈回家整顿,现闻招考就在目前,晚生的意思,恨不能在弟子之列。只为朝廷改了科举章程,晚生就读些维新的书,新学上倒还知道些门径,加上老前辈教训,就好成就学业。只不知如何便可亲炙门墙。"几句话,说得悔生在旁听着,不觉毛骨悚然。幸亏子输不知道他来意,只当他是诚心悦服,并不腻烦,答道:"改翁不用说了,弟一向在外面学界里混,倒还没碰着风潮,千万不该答应了柳方伯,回家办这个学堂。谁知我们杭州有班深明学务的人,今日开会演说,不容弟说一句话,硬派弟不懂得管理法,叫兄弟辞退,另让高明。弟要把愚见申说几句,他们已摇铃散会了,因此灰心。这学务不预备办下去了。明天动身,仍回上海,面辞柳方伯,原到天津去办我的学堂便了。"悔生道:"原来还有这桩事。不是我说,如今那些假维新的人,实在可恨得很,遇事生风,不肯安静。好好的事,有了他们的阻力,就弄坏了。"改卿道:"晚生知道这班人,必是何新甫的一党。"子输道:"正是。有个长长的身体,一脸麻子的,是什么人?"改卿道:"这是陆大槐。"子输道:"有一位瘦小的人,脸上一块青记,鸦片烟气冲人的,这是什么人?"改卿道:"这正是何新甫。"子输道:"那大槐开口派兄弟不是,何新甫当场就叫摇铃。"改卿道:"这班人不必理他,老前辈尽管办下去,他们只能背后胡言,碍不到公事。况且杭州城里都知道他们乱闹惯的人,没人信他们的话。"子输道:"兄弟要办这个学堂,有何难处?也何至闹坏了,受人家的批驳?

只是兄弟不愿意跑到家乡来，合【和】这些朋友呕气，一准辞退为是。"改卿尚欲有言，悔生插口道："老同学识见不错，我碰着这样的事，也是定然辞馆。"改卿望了悔生一眼，暗道："他怎么也说这话？不是代我荐馆，倒是合【和】我回绝了馆地。"心恨悔生，嘴里又说不出，一时脸都变了。李、鲁二人却不知道他心事，闲谈一会各散。子输次早趁了轮船，到得上海，拜见仲时，当面辞道："这学堂是办不来的，请另聘高明罢【吧】。"仲时诧异道："子输先生，为什么事忽然辞馆？我们订过合同的，那【哪】里好辞？"子输道："方伯不晓得，兄弟到了杭州，便是一场大辱，还没招考，已经不洽舆情，办下去还了得吗？"仲时急问怎样，子输把何新甫这干人演说光景，细述一番。仲时大怒道："这还了得！我写信到杭州府去，访拿这一干人，详革他的功名，办他个抗挠学务的罪便了。先生不要辞，学堂的事，始终还要仰仗你的大力哩。"子输道："使不得，兄弟合【和】方伯都是杭州人，义务是都愿尽的。但是得罪了他们，方伯固然无碍，兄弟还想在杭州住家么？将来受害不浅，所以决然辞退，毁了合同罢【吧】。"仲时还欲有言，子输怀里将合同取出，双手奉上。仲时道："先生真合【和】我过不去了，这时叫我那【哪】里请人去。"子输道："不妨，同乡夏仰西先生办的学堂极好，他又在上海，莫如去请他罢【吧】。"仲时信以为真，便不强留子输，那精神全注在夏仰西身上。子输辞退了公立学堂的事，仍回杭州，约了李悔生游了几天湖。这时是初冬光景，湖上树木谢尽，梅蕊未苞，只孤山高峙，雷峰晚照，倒还好看。日暮寒鸦数点，聚噪森林，渔唱遥闻，引人酒思。是日子输大乐，约悔生到五柳居小饮。悔生酒量虽然不佳，只得奉陪。二人酒至半酣，子输叹道："人生世上，为名为利二途都是大累。我从二十一岁出门谋食，至今十有余年，身心受过约束，没一毫宽纵之时，今天才领略到湖山真乐。你想依人风味，有何佳处？忧谗畏讥，也不止一时一事了。最后受到公众的羞辱，更属无味。悔生，你我还不如这西湖上的和尚，能得优游自在哩。"不知悔生如何答，且听下回分解。

## 第十回
## 游西湖旧友牢骚　抵申浦教师会议

却说李悔生听鲁子输一片感慨身世之言，正合了自己的抱负，便道："子输，你话诚然不错。我自己觉得甚愚，从前切实的学做时文，不知费尽几多心血，好容易做得工稳，人人赞叹，个个称扬。只为合不了试官的眼，屡遭摈斥。假如时文不废，我倒情愿攻苦一世。如今再休提起，换了一个新世界，叫我有本事也施展不来。要早些把这个工夫学什么西文、算学、理化等类，怕不是出人头地。出洋几年回来，就是参赞钦差，也做得到，建立功名，岂不是好？仔细想来，一般的分不了主上的忧，办不下交涉的事，处处受政府牵掣，时时受外人刁难，不得不学就一种敷衍搪塞的本领，作为固位的指南方针，垂不下不朽的声名，做不成名臣的资格。国家开学堂，先生掖后进，只养成无数敷衍搪塞的人材【才】，于事有什么益处？学界中人平常犯恶和尚，道他不耕而食不织而衣，以为是四民之蠹，殊不知自己也靦然而生，少了农工商的利益，没一毫有益于世人，合【和】和尚有什么分别？从前我甚看不起和尚，如今再不敢说和尚有什么害人之处，一卷金刚经就同一编教科书一般，大家是得人钱财与人消灾，那【哪】里有什么如来宗旨弥勒真传？不过有此一卷经，好哄骗那愚夫愚妇罢了。即如教科书，汗牛充栋，家家自以为孔丘复出，孟轲再生，其实依样葫芦转相贩卖，叫儿童学习非无速效，鲜有善果，弄得不三不四、不痛不痒，制造成了一种似通非通的文理。编辑的享了盛名，贩卖的获了厚利，无知的受了欺骗。教人的见了这些书，只得依文讲解。儿童开得了知识开不了知识，与他什么相干？幸而西文算学种种都还袭人家的皮毛，可以依题敷衍成篇。国粹一端，渐渐丧失，大树抽心，枝叶虽茂，不久便枯，一定的道理。佛教自印度东来，算不得我们宗教，莫如投顺了他，算作我们的维新罢【吧】。"子输知他发牢骚，举杯在手，一面饮一面说道："悔生，你一肚子不合时宜，我都晓得。只是我合【和】你筹划，犯不着这么样。你有的是银子，虽然不能称为大富，却也算得小康，人家脚靴手版，奔走公卿，伺候势利，受了多少肮脏龌龊的气，好容易积下几文钱，不说子孙百年的算计，只怕连棺材本还靠不住有哩。你不劳而获，俯仰有余，还有什么不足？据我看来，令郎年已十岁，自然叫他学成一艺，将来有口饭吃。至于你的家私，除自己应用外，拿来开几个小学堂，造就些子弟出来，留下我们黄种根苗，不叫他尽做外人的奴隶，倒是件绝大公德。倘然我国持撑不起时，这班后生，果真做得国民，也自能转弱为强的。管不得十八省人心各殊，我们尽一分心力，算一分公德罢了。"悔生道："你才说要做和尚，怎么又想做事业？足见矫情。"子输道："不是这般说。做和尚是慷慨的寓言，开学堂是我们的义务，人都望高处想，到山穷水尽，只得望低处想了。"悔生道："我们放着好酒不吃，好景不看，没来由发这些无谓的议论，岂不令西湖笑人，还是吃酒罢【吧】。"二人畅饮尽欢，各自散归。

子输在杭州耽搁了一个多月，束装北行，路过上海拜望柳仲时。仲时道："先生来得甚好，仰西先生已会过几次，只待先生来面议设立学区之事。"子输道："什么叫做学区？"仲时道："兄弟还没备细清楚，先生合【和】仰西面谈罢【吧】。"次日适逢七曜日①，仲时约了子输去会仰西，还没到他学堂里，只见几位教员，领着一班学生，从学堂里出来，两人一排一队队的过去，果然步伐整齐腰杆挺直。那些孩子不过十二三岁，恰是满脸的诗书气味。仲时看着也觉可爱。二人在马车里评论，仲时道："这班教员学生到那【哪】里去，难道今天还体操吗？"子输道："并不是体操去的。"仲时道："既然不是体操，为什么穿着操衣、带【戴】了操帽呢？"

---

① 七曜日，指星期日。

子输笑道:"学生应该这样的,是叫他们立志要做军国民①,不要把操衣操帽脱换,所以走路都摆着队伍走的。他们今日游散,教员领着走,随时指教。所以学堂办得好的,教员合【和】学生就同家人父子一般,没一刻相离,那学问的磋磨,还有什么不切实么?如今到处开着学堂,都是教员合【和】学生隔膜的。教员呢,只当是寻常就馆赚几文钱养家罢了,学生或是见闻广学识富,教员赛他不过,畏之如虎,那【哪】里还敢近他。学生呢,看准了这些教员一毫没得用处,他要谈新断然谈不过自己,他要谈旧,自己也大半知道。遇着那旧学差些的,连自己还不如。既然学问平等,他如何该做教员?大凡重均的物,才能挂得起,一重一轻,那绳儿是要断的。如今的教员一线维系,快要断了。"仲时道:"这便如何?有法子想没有?"子输道:"怎么没有。"言下车子已到学堂外停下,家人拿帖子回过里面,说声"请",二人下车入内。仰西在客厅外相迎,子输是第一次会面,彼此寒暄。子输道:"久仰得很。"仰西道:"彼此一般渴想。"子输道:"听说仰西先生要立学区,料想分区设立学堂,这是照东洋办法。"仰西道:"正是。我们中国开学堂有许多难处,教员缺乏,是第一层的为难,小学不立,是第二层的为难,教科书没定本,是第三层的为难。那经费的竭蹶,还是小事,但是经费也不能不筹划。如今要靠官家出经费,那些大学堂、中学堂已经成年糜费到几十万数百万了,何以没有人材【才】造就出来?子输先生,你想我们开学堂难道单为造就人材【才】起见么?也应该造就普通的农工商才是哩。"子输道:"正是。"仰西道:"那有形的糜费,就是一个学堂成立,监督若干银子,教务长、庶务长,若干银子,收支若干银子,挂名的提调等等若干银子,倒是教员薪水有限制,中文教员尤分利少些。总之能办事的、能教育的,拿几两薪水银子不能酬他的劳,是学堂辜负他;不办事不教育的,拿着公中雪白的银子,也不觉得自愧,难道还有人心么?然而通中国算计起来,这样的人多,所以有许多无

---

① 军国民,即受过军事知识教育和军事训练的、具有尚武精神的国民。

形的糜费。那班钻营的到处求吹嘘,上头的官员没法推到他底下来,底下的官员,没法安置,就为这些人添出许多名目,开支薪水。学界、翻译界、编辑界,都有食俸不管事的朋友,这就叫做无形的糜费。"子输听他说得剀切,不觉长叹一声。仲时掀起两撇蟹钳胡子笑道:"果然是这个光景。我们做了皇上家的官,那【哪】里肯把他的银子乱用掉他?只是一层层的压下来,叫做面情难却。"仰西道:"正是。怪不得办事的人,自有这班游民在里面混搅哩。这些糜费既然不赀,还有出洋经费,还了得吗?上头只听得派人出洋游学,是件最好的事,就不细细的考求这个学生学问够得上出洋没有,品格够得上到文明国度去没有,只知道多派一个好一个,不免滥竽充数,本事学不成,甚至闹出许多坍台的笑话出来,这不是徒然糜费巨款么。我说派学生出去原该多派的,只是派出一个,有一个的用处,将来回国,果然能教育后进,兴起公益,这项学费就不是白用的了。如今中国办学堂,是合【和】瞎子一般听人摆弄,你说向东他就向东,你说朝西他就朝西,不管走的路错不错,只一味的乱走。目前倒有一个好消息,商界里面出了好些豪杰,都有强中国的思想,一般肯开学会办学堂,这注款子是平【凭】空添出来的。我倒想从此套出法子,拿地方的钱,办地方公益的事。"仲时道:"怎样办法?"仰西道:"我们杭州府偌大一片地,只消分图查案,把从前的图分改为若干区,每区大家小户若干家,量他们的力量,强迫着开学堂,就叫他们在本区里面公举公正耆民,掌管财政,再举读书明理的人充当教员,只不过小学罢咧,没甚难教。况且教科书是我们定的,譬如这区没有教员,再往别区去借,或者这区经费不够,那区经费有余,便须彼此通融。来学的人,不问村佣负贩的儿子,都可入堂的。普通小学毕业,便随他们去做农、做工、做商,要有志向上的,学堂有效,便升他到中等学堂去。子输先生,你道这办法好不好?"子输道:"极好极好,这么办起来,实在是有效验的,怎么不好?只是兄弟的愚见,还要多开几个农工商学堂,连我们的农工商都改良起来,岂不更好?"仰西道:"这句话虽然不错,却不易行。我们农工商的性质也合【和】读书人一般，中了八股的毒，已经深入骨髓。那读书人究竟于道理看得明白，改图尚易，至于农工商，天性愚鲁，守定了一成的法子，再也不肯变计的。"子输道："不然，他们也是一般的性质，不去开悟他，自然一成不变，只消慢慢陶镕，那【哪】有不进步的理。我不是要开什么高等的农工商学堂，只打算开设个小学校，将浅理教道①他们，让他们知道些浅近的理化经济，也就事易功倍了。"仰西道："子输先生思想不凡，确是弟的同志。我们创了这个议论，就要实行才是。"仲时道："子输先生本是兄弟费尽许多心机，打北洋硬夺回来的，谁知我们杭州人，倒不容他办个公益学堂。"仰西道："正是。我听说子输先生回去办学堂，闹了风潮，不知怎会儿事。那些反对的，是什么人？"子输把前后情节一一说了，又把陆大槐、何新甫的姓名说出道："都是时改卿对弟说的，不然，我连他们这班豪杰的姓名都还不知道哩。"仰西恨道："该死该死，这些人都是弟的门下，从前吟几句八股，还弄不来，闹得个上下文不接气。谁知隔了些时，他们倒充当起维新豪杰来了，连我也不放在眼里，背后时常批驳。这也不消再说，我是老旧不堪的人，难怪他们揶揄。最后维新太过分了，闹得官府要拿他，倒来求我，要借外国人的势力开脱他们的罪名，被我一阵痛说才没话讲。我还再三交代，劝他们不要再闹，谁知又出了这桩事。这事于子输先生丝毫无损，只是阻了办学堂人的热心，要算学界的蟊贼了。"子输道："八股的流弊本来甚多，你只想为甚要学八股，都是利禄起见，为甚要闹新学，也是利禄起见。高足不免中了八股的病。"仰西道："也不尽然。八股固然不好，流弊也不至于此。要是学八股的都为利禄，那明末东林党一班人，杨、左诸君子也是为利禄起见了？"子输笑道："仰西先生到底是八股名家，始终卫护的。"仰西笑道："果然不错，弟是沉浸此中二十余年，要算二十世纪有一无二的美术了，实在国家废了八股有些可惜。"仲时道："我家兄不是最好谈八股么？我记得常说道：'北墨太嫌轻佻，总要做得响

---

① 教道，音 jiào dào，意思是教导。

切光坚才算是好，所以南墨合【和】名家文相近。'"仰西道："令兄发解的文章，果然响切光坚，我最佩服他几个出落把题字剔得清清楚楚。"子输大笑。仰西道："子输先生不要笑，我们出身是不好丢掉的。我想我们中国自来没有文法书，何以都能那般通透？后来翻检旧书，偶检出一部路闰先生的仁在堂集子，仔细寻绎，恰好一部文法新书。我还打算照这个法子，著一部文法书哩。这才悟得八股是一条通文义的捷径。"子输大笑不止，仰西也不再多言。子输道："我要请教仰西先生办的学堂。"仰西道："见笑，见笑。今天七曜日，学生都出去了。"子输道："正是我们路上碰见一班学生，都有教员领着的，莫非就是贵学堂的学生？"仰西道："不错，是敝学堂出去的。这里除却强华中学堂没有别的学堂。"子输道："名下无虚，果然深得办学堂秘诀，难得教员都是内行。"仰西道："兄弟那【哪】里请得到这样好教习，都是舍表弟代请的。"子输道："令表弟莫非便是子圣先生么？"仰西道正是。子输道："那是久已闻名。如今在堂么，弟要拜访。"仰西道："他到英国考察学务去了，回来要改良办法哩。"子输甚是钦佩。三人看了课堂卧室，又把章程课程看过。子输道："功课不烦不简，都恰合儿童性质。只是体操、唱歌、顽【玩】耍的时刻太多，倒不怕耽误正课么？"仰西道："譬如我们在这里讲课，学生在那里打盹，有益呢还是无益呢？你只试验学生游息够了，读起书来，声音都响亮些哩。"子输道："不错不错，我在北方办的学堂，只功课太重些。余下的办法，倒合【和】仰西先生不差上下。"仰西谦道："弟也是迂拙之见，内中还有当改良的，望不吝指教。"子输道："实在没有弊病，兄弟见识不到，指摘不出。"仰西留他们二人吃过饭，仲时子输辞归。仰西约定他们次日开会，议定学区的事，仲时问在什么地方，仰西道："就在两浙学会罢【吧】，这事要推方伯做伯理玺天德[①]了。"仲时扬扬得意，方才出门乘坐马车而去。到了次日上午，仲时又坐了马车，到得学会，先忙着叫办事人摆齐演说桌

---

① 伯理玺天德，系英文"president"的音译。

椅，预备茶点。仲时合【和】子输同到了办事室，就有书记吴叔重接见。仲时对子输道："先生也不必到北方去了，就在这里办事。待学区定了办法，替我总办各处的小学堂，我才放心。"子输道："我回来时，傅太守再三相约，藕断丝连的。"仲时道："不妨，你写封信去辞决绝了他罢【吧】，我们学会里事情多，办事的人寥寥几个，那【哪】里撑得下去呢？况且你我为着家乡的事也该尽点儿义务才是。"子输只得答应了他。仲时想起子输说的教员有法想的话，重问个仔细情形，子输道："如今办学务的，总误在师范速成，谁知速成的那句话，不过是教授法罢了。至于实在的科学，总要平时学好普通，有这么五六年的程度，再行出洋，学他们教授的秘诀，回国教学方为合用。现在徒震着东洋速成师范的名目，纷纷出洋学过一年便算卒业，道是师范已成，只怕请他教学还要困难哩。"仲时道："这么说来，那些学究先生岂不是废斥干净了么？"子输道："不然，也有用处。学究先生单通八股的，只怕没得他吃饭的地处。至如中学深的人，历史舆地国文修身，这都是中国的科学，那【哪】一科不用着他们？"叔重听了甚喜，不知子输又说甚【什】么，且听下回分解。

## 第十一回
### 闹义学夏楚施威　问鲁疆春秋诘难

却说吴书重听了鲁子输的话，喜道："原来旧学也有用处，我只道是永锢终身的了。"子输道："我正思集合海内通人，编一种各科完全的教课书①出来，只是没有这么一注大赀【资】本。"仲时道："我们学会里办得到的，就只请不着人。"子输道："那时下的编辑诸君，富于新理，疏于旧

---

① 教课书，即教科书。

学。至如守旧先生,又眼光太短。我们要编辑教课书时,总须新旧合参,另外请人总校,参酌去取方好。"仲时唯唯答应。次日,仰西回拜仲时,同到议事厅,早已发过传单,有些会中人一并到齐。仰西提议起学区的办法,大众拍手赞成。仰西就请诸人公举总理及干事人员,会众都举仰西。仰西辞道:"弟有学堂之责,脱卸不来,另举别人罢【吧】。"大家便举子输。原来子输虽然初入学会,却是学界里人闻名仰慕的多。当下又举了几位干事员,定议后散会。子输只得又回杭州,认真办起学区来。这个风声传到四乡,有些教书先生鼎沸起来了。内中单表无是乡。

有一位贵绅,姓黎名兴富,表字多田,从前一晌出仕,做过河南开封府知府,遇着黄河决口,办过工程,很赚了一笔银子。后来罢任回家,享了几年老福,不幸去世。夫人陈氏,膝下只一个儿子,年方八岁。陈氏夫人想起"丈夫做了一辈子的官,赚尽百姓的钱,难免有些造孽,不如替他做些义举,消消罪过",就会齐了他请的几位管帐【账】先生、收租先生,商议这事,叫他们每月从一千银子内提出一百银子,每年从一千担米内提出一百担米做义举。那米是赈济贫民,那银子是开设义学。不到半年,义学的房子造好了,要请四位先生,收四十个学生。原来无是乡读书人很多,都说钱塘江口一道支河,那水回环淌来,其清见底,风水甚好,所以出秀。那秀才是不消说,每年要中三四个哩。只是文风虽盛,先生的价值甚廉,二十吊大钱一年已经算是美馆。秀才们听说黎府上开了个义学,要请四位先生,大家雀跃起来,转着几个弯,都去说项。谁知黎府请先生却是内东作【做】主,只为荐先生的人来得多了,簿子上都记了名号,大约有几十位光景。陈夫人本是个闺中通品①,不免卖弄才能,要考他们一考,考取的才聘。这话传出,众秀才合【和】童生们求馆的,都愿应考。陈夫人请了四位管帐【账】先生,充当什么点名监场,就在自己那三间大厅上摆齐桌椅,他【她】却面前挂了软帘监试。到了这天,各秀才童生纷纷入

---

① 通品,即通人,指学识渊博又能融会贯通且晓达事理的人。

场，高声应名，领了卷子，依次入座。隔了好一会，题纸下来，问"耒耜①作于何时，试详言其制"。大家看过题目，一齐发呆阁【搁】笔。看看日色斜西，才交下一本卷子。直到天光渐渐的【地】黑暗下来，这才纷纷完场。还有三位先生上堂求给蜡烛，陈夫人没有想到例不继烛这条考规，说不得叫人买了三支大蜡烛。他这三人真不识趣，直闹到二更多天，才把卷子打开，有直笔注写的，有的半天题目写完，笔又阁【搁】下了。陈夫人等得不耐烦，自回上房睡觉。那四位监场先生急了，又催道："先生们，外面已打过三更了，也好完卷了。"内中一位先生道："我们在乡试场里，不到天明，也不肯草率了事，所以每次出房。你们是外行，那【哪】里知道考试的规矩？"四人没得话说，只得打盹等候。一觉醒来，东方发亮，见他们三位先生还在那里振笔直书哩。一会儿太阳到屋脊，三人方才陆续交卷。好容易静场，陈夫人先看童生卷子，有说"耒耜就是莱菔，冬天的最甜"；有说耒耜就是来甫，会唱山歌。看了几本，都是如此。于是重新看那些秀才们的，都知道耒耜是田器，班班可考②。恰恰四本卷子，知道耒耜是神农所作，其制俟考。陈夫人细细加圈，记下四人姓名：一个是蒋洛如，一个是沈耕余，一个是韩砚生，一个是杨书城。发出案去取。这四人做了义学里的先生。外面哄传陈夫人眼睛是瞎的，怎么取了这般不通的人，都有不愿送儿子到义学去读书的。谁知义学又有了章程出来，却有一顿午饭吃。于是大家又纷纷的送儿子进来。这时蒋、沈、韩、杨四位先生，把学生拣择些安静些的，收足了额，请东家选定日子开学。陈夫人在檀香木的书箱里，找出两本《玉匣记》，还有一本万年历，两下对看，恰好明天就是开日，又不犯什么上兀下兀③，传出话去，四先生遵教，果然也有一桌开学酒请先生，每年是三十吊大钱束脩，分为四处读书。韩先生年纪最老，坐在馆里，不大肯出去。其余蒋、沈、杨三位先生，实在坐不

---

① 耒耜，拼音为 lěi sì，是中国古代先秦时期主要的农耕工具，相传为神农发明。
② 指事情源流始末清清楚楚，可以考证。
③ 旧时迷信者认为上兀下兀是不吉之日，忌上官、赴任、临政、亲民、入学。

住,起先还上半日课,教学生认几个字,后来是领到了春季束脩,手里撒泼起来。可巧村东戒珠庵里,遇了一位风水先生,姓叶名效郭,表字子璞,很喜玩牌。蒋、沈、杨三位先生合【和】他莫逆,夜里就是一局,直到四更天才肯歇手,不免住在庵中,还要合【和】尼姑凑凑趣儿。久后尼姑也来入局,更有兴头了,把义学里的学生,忘在九霄云外了。韩先生偶然见面,劝道:"三位既就了馆,须要当件事情做。你们天天不到馆里,学生吵得利【厉】害,只少把房子拆掉,闹得我这书房里的学生都认不来字,不是误人子弟吗?人家都骂做先生的要下十九层地狱,这可要被人家骂了。"洛如道:"我们虽然旷功,只是教他们的时候,也很认真。你老先生只教他们认字,又不讲解,他们那【哪】里会明白?这么说来,谁是误人子弟?"韩先生大怒道:"你讲解甚【什】么?只怕是梦里的事,也犯不着对了真人说假话,这样混搅,我是要告知东家的。"三人听说他要告诉东家,方才有点害怕,只得忍气各回书房。总算学生倒霉,只要书稍微生点,就是一顿打。还有些打错的,学生也会不服道:"我们好好的【地】在这里认字,为甚【什】么要挨打?"洛如道:"我出去是作兴的,你们就该安静些在馆里认字,为什么吵闹,惹得韩先生发话?"学生这才明白,结下了韩先生的仇恨。等他们三人出门之后,三十个人一齐走到韩先生书房里嚷道:"我们玩我们的,干你甚事?你告诉我们先生,大家挨打,今天我们来报仇哩。"内中有个年纪大些的,出主意道:"我们拔掉他的胡子罢【吧】。"大家蜂拥上去。谁知韩先生练过八段筋,力气甚大,一手一个,如捉小鸡,只把他们一挡,二十多个人一齐跌倒,爬起来往外便跑。那手里拎着的两个人,哀哀啼哭求饶。韩先生骂道:"你们这班小贼子,敢来无礼!等我活活的【地】处死你们。这回便饶了你,我去合【和】东家说话。"二人脱身鼠窜而去。韩先生气极了,决计告那三位先生一状,找黎府的管帐【账】先生,都没找着,只得罢了。他自己的学生,被他天天拘在书房里,只认四个块头字,都认不来,动不动要罚跪打屁股,怕这位先生合【和】小鬼怕阎王一般，恨这位先生合【和】犯人恨禁子①一样。可巧韩先生为着他前妻生忌，放馆回去，学生才同遇赦一般。大家跳下书桌，商议怎么顽【玩】法。有一位十五岁姓余的学生，生性最笨，屡被韩先生罚跪打板子的，怀恨更深，早已想定了主意，惩治这位韩先生，就是不得闲隙，好容易遇着这个机会，怎肯饶他过去？听得大家要去顽【玩】耍，他便道："你们不知先生的利【厉】害么？他虽然出去了，一会儿躲进书房查点起来，包管打个满堂红。"几个顽皮学生道："我们不怕，皮肤是打出老茧来了，膝骨是跪软了，不痛的，随他怎样罢【吧】，我们都禁得起，只天天闷在这个监牢里，就要命了，快出去顽【玩】耍。"余学生道："唉，你们只知今儿一天的顽【玩】耍，不知道算计个长久顽【玩】耍的法子。"众学生道："怎样便能长长玩耍呢？"余生道："我有个法子，我们先生喜的是撒溺②，一夜总要撒三四场溺。你看他那便壶，是放号定烧的宜兴窑紫沙【砂】壶，我只把来钻他一个小孔，叫他弄得满床尿，自然天天回去睡觉，不敢再住在书房里了。那时我们岂不好顽【玩】么？"大家拍手道："这话不错，我们就去买针。"余学生道："岂敢，针是有在这里。"言下把针取出，原来上面还有两根绳子绞着，像木匠的舞钻③一般。大家诧异。余学生道："钻是我来钻，只是先生问起来，大家只推不知，随他怎样打，不可招认是我的。"大家答应。余学生又道："我们做了这桩坏事，今儿不好出书房门一步，尽管在书房里顽【玩】耍，听得先生来时，坐在桌上认字便了。"大家也答应了。果然余学生把他先生的便壶左钻右钻，钻成一个小孔，然后替他安放好了。玩耍多时，听得外面脚步声响，大家入座认字。韩先生果然回来了，见学生齐齐坐在那里认字，心中甚喜，忖道："我的法令，果然能叫学生遵守，倒也罢了。"到得晚间，睡足一觉，老毛病发作，要撒溺了，取那把宜兴窑烧的紫沙【砂】泥便壶

---

① 禁子，旧时对看守监狱之人的称呼。
② 撒溺，指小便。
③ 舞钻，一种中国古代的木工用具。

来用。一场溺没撒完,满床精湿,"哎哟"一声,便叫馆中仆役。恰好都在睡梦里,那【哪】个来理他。韩先生没法,只得尿淋淋的【地】爬起来,把汗巾拭去尿痕,穿好衣裤。其时正是隆冬天气,冻得三十六个牙齿打战有声,要想收拾再睡,那【哪】里收拾得干净?原来他这一觉睡得工夫太久,两场溺并做一场,越觉得湿透重衾,忖道:"我这溺壶是结实不过的,用了十几年没漏,这回怎么漏起来?只怕是学生促狭使计害我的。"想罢,便去提溺壶来看,只见渗漏淋漓,臭气触鼻,只得罢了。韩先生半夜没睡,次早唤起仆人,把被铺卷出去晒。一会儿,学生来了,见床上被铺卷掉,知道那话儿验了,大家挤眉弄眼,只不敢笑出来。余学生也来暗地欢喜,只妆【装】做没事人一般,脸儿越觉认真。韩先生看出他们的神气,忽然高声骂道:"你们这班促狭鬼,敢钻漏我的便壶!"大家抬起眼睛望他,都说不知道。余学生只管认字,并不回答。韩先生便取一根粗厚的戒尺在手,走到余学生桌前,一把抓住道:"你好你好!"不由分说,把捺在地,扯下裤子,一阵乱扑,打得余生两脚乱蹬,哭道:"我犯的什么罪?"韩先生道:"你为什么钻漏我的便壶?"余学生哭道:"我不敢!先生自己没留心,一定是把溺撒在外面了。"韩先生道:"糊【胡】说!如今便壶底还在那里漏,你还敢抵赖么?"余学生极口呼冤,韩先生只是打,打得他哭叫不出声,这才罢手。是晚,韩先生依旧在馆里。晚间四场溺不敢再用便壶,只得场场披衣起来撒。倒【到】底年纪大些,受了风寒,有些微寒微热,四肢瘫软,只得雇一部小车子回家养病,学生这才畅所欲为的玩了。年终放馆时,韩先生知道这馆处不来的,只得辞了。

那蒋、沈、杨三个先生,在外面赌钱,被陈夫人知道,也一齐辞却,另外请人。蒋洛如脱了馆,千方百计找觅不到馆地。幸亏姊丈家里有三百亩地,儿子九岁,想请位先生替他开蒙认字,听说这位内弟脱馆,请他去暂课儿子,言明一年六吊大钱,吃东家的饭。蒋先生虽然就过阔馆,现今无路可投,也只好将就得几文钱吃饭的了。外甥倒不难教,一天能认两个方块字。蒋先生教书有个定评,叫做"虎头蛇尾",开首是又认真又利

【厉】害，学生见得他可怕，以后便一天松似一天，脚步散了，又酷好玩牌。但是从前三十吊大钱一年，何等阔绰，如今弄得一吊多钱一季，那【哪】里够输。几场游和下来，不但束脩输完，倒欠了二三四吊，追得利【厉】害，就想一个没出息的主意，做些不干不净的事儿，被他姊丈看出破绽，又辞了他的馆，这才弄得没路投奔了。

　　再说黎府义学另外请了四位先生，却都未曾考取，是从城里请来，都是有名望的秀才，果然功课好得多了。那些学生认字已多，便教他们读百家姓、千字文、幼学须知等类的书，一天到晚的课读，很是认真。陈夫人打听得功课尚好，就把儿子也附在里面读书。原来他儿子乳名慧官，经陈夫人自己教他读书，也读会"四书"的了。到得义学里来，陆先生教他读《诗经》，却不讲解。慧官道："这雎鸠是什么东西？"先生道："是一只鸟。"慧官道："什么鸟？"先生道："是王雎。"慧官道："这王雎是什么样子？"先生怒道："你问得太不通了，书上又没说出这鸟的样子来，叫我如何回答？"慧官道："先生读过《诗经》，应该知道的，那《论语》上不是说的吗，'多识于鸟兽草木之名'，先生如何不记得呢？"陆先生第一天上课，就碰了他这个顶【钉】子。以后被慧官时时问难，陆先生只不则声。慧官下课回家，告诉他母亲道："这义学里的先生，我不要跟他念书。"陈氏问为什么？慧官道："他不讲书，问他也不则声。这书是白念的，有甚【什】么用处？"陈氏没法，只得叫他在家自课。只因经书的文理深了，自己也教不上来，就托人到处延请先生。好容易访着一位名师，是考取策论第一名入泮①的。胡先生到馆开课，却能讲解。打听到从前陆先生教《诗经》时，被学生难倒，他便改用了《左传》来教。慧官问道："春秋说是鲁史，这鲁国是周公的儿子伯禽所封，我都知道。只是这鲁国地方在那【哪】里呢？"胡先生道："在如今山东曲阜县。"慧生道："怎么大的一片地呢？"胡先生道："从前只见方百里，后来吞并了小国，地便大了。"慧

---

① 入泮，指中国古代学生的入学仪式，在此代指入学。

生道:"孟子说的'今鲁方百里者五',便是这个说法么?"陆【胡】先生道:"正是。"慧生道:"当这隐公时,鲁国的地,东边到那【哪】里,南边到那【哪】里,北边到那【哪】里,先生替学生讲讲看。"胡先生听了,目瞪口呆,半晌方答道:"你问的是疆域,另外有书,将来读通了,我便把这书给你看,就明白了。"慧生道:"不是这么说。先生既然有书,为什么不抄下这节,讲到鲁国的疆域,便拿他做证据,岂不明白些?为什么要等学生自己看,费了许多工夫。"胡先生笑道:"你话也是。但则如今先生教书,像我这般,已是十分细到,别人那【哪】里讲得到这些呢?"慧生道:"先生的讲书,学生是极佩服的。义学里的陆先生,连《诗经》上的雎鸠都解说不来。只是像先生这么讲法,再加些证据,学生就更信服了。前番听得人说,有位鲁先生派人到各乡开办学堂,据说这学堂的教法最好,不管甚【什】么书,都有图画,叫人一望便知,而且都有实在的证据,叫人信得过的。"胡先生道:"这话真的么?"慧生道:"千真万真,这是我母舅前天下乡来讲的。"胡先生甚是踌躇,无心再讲下去了。不知后事如何,且听下回分解。

## 第十二回
### 朱监督引用私人　　胡教员夤[①]缘高就

却说黎慧官把鲁子输来杭办学区的话,告知了他的先生胡先生。胡先生甚是踌躇,忖道:"这学区一设,我们用旧法教书的人没饭吃了。"馆课已毕,踱到义学里,找陆先生经邦商议这事。经邦道:"子春兄,你怕什么?你令亲现在上海高等学堂里管事,你去找他,还怕做不到教员么?"

---

① 夤,拼音 yín,在此指攀附。

一语提醒了子春，却故意说道："不妥，不妥。虽然舍亲肯吹嘘，那学堂的教员是要维新人才好当得，我们一派旧法，如何当得来呢？"经邦道："其实不然。我也曾合【和】他们维新的人交往，不过懂得什么平等宗旨、自由真理罢了，别的本事也合【和】我们一般，只消把四书五经的教法，略为变通些，就也算得维新的了。"子春暗自好笑，忖道："四书五经如何变通得来？足见他说话有点七不当八。"情知没甚可谈，辞别回馆，连夜赶写一封信寄往上海，不在话下。如今再说他母舅杜鹿笙，本系在上海经商的，只为买卖不好，亏了本，店都歇了。可巧他舅兄朱鸿儒做了高等学堂的监督，鹿笙闲着没事，只得去找他。鸿儒道："学堂里的事，你那【哪】一件办得来？况且各席都是清苦的，只帐【账】房里还有余利，好分润些，其余只靠几文呆薪水罢了，比不得商务场中，来千去万，可以活动得来。我劝你另图罢【吧】。"鹿笙道："我不过在这里挂个名，就在外面经商，面子上也好看些，说出话去都能响应。"鸿儒道："也罢，只学监一席，如今有了两位，我再把你补上个名儿，一月倒有四十两的薪水，你将就混混罢【吧】。"鹿笙道："学监是甚【什】么职事？办些什么公事？"鸿儒道："学监专管学生起早睡晚，禁止他们不准出去胡闹的。"鹿笙道："这么说来，我是当不得的。"鸿儒道："为甚【什】么当不得？"鹿笙道："我第一是不能起早，第二是天天要到祖界合【和】同行中人在茶会上聚议的，如何干得了这事？"鸿儒道："你又来了，这不过是件名目，借此缘由，每年开支四百八十两银子罢了。你真个要在里面办事么？你只消隔这么几天，到堂里周旋周旋同事罢了。"鹿笙道："不怕人家说闲话么？"鸿儒生气道："你还说在外面久混的，这点诀窍都没知道，我一边的人，那【哪】个敢说闲话？他们还要恭维你才是哩。"鹿笙大喜。鸿儒道："我们老四也在这里，他也是当学监的，你去请教请教他。等一会听得堂里敲钟，那便是饭时，你一径到我公馆里吃饭便了。"鹿笙道："原来安儒四哥也在这里，我还不知道，当他仍旧在木行里呢。"鸿儒道："禁声！这里不好乱说，你须慎言。再者，将来到堂时，须要做出些斯文样子，说几句充内行的话，千万不要露国粹起见。"实在也因目前的中文教员，没一位称职的，就只合【和】钱谦甫莫逆。那钱谦甫也是师范学堂出身，合【和】伯葵是同学，又是同乡，本领不相上下。只因谦甫早膺了教员一席，没工夫去研究科学，只这点不如伯葵。两人的议论、识见差不多，好说得上水乳交融了。这高等学堂，原是一位大商家捐赀【资】创办的，打听着这两位教员本领好，便请在堂中，历换几次监督，都因他们二人教课认真，留着不放。这时开创这学堂的人，经费不敷，另换几位绅董接办，因此请朱鸿儒做了监督，他才慢慢地设法安置私人。伯葵、谦甫见此情形，很不愿意合【和】他共事，早想出来，只为学生合【和】自己沆瀣，很有师生情谊，不忍就去，因此住下的，遇着一位朱安儒，那种目空一切的神气，已觉受不住，又添了一位杜鹿笙，见面倒很谦虚，迟两天也就合【和】安儒联络一气，使出傲慢样子来。伯葵纳闷，去找谦甫闲谈，可巧一位学监陆定安，陪着从前监督刘思梁在那里。伯葵进入房中，谦甫让坐，思梁道："二位倒有耐心，都还在这里。"伯葵道："我们没处去，却蒙朱监督栽培罢了。思翁有什么机会，替我们图图？"思梁别转了头，对定安道："你的事，我倒替你在家乡安排了，明年用不着渡大西洋的了。"伯葵忖道："到底他们是师生，这般关切。"谈了一会，送客出去。定安得意扬扬，走入安儒房里去了。伯葵合【和】谦甫谈了半天，伯葵慨叹这学堂变做了个金人利薮，甚抱不平。谦甫劝道："不必气他，我国人的程度不过如此，便换别人来办，也是一般。只是有暗藏些的，有明摆着照应私人的罢了。"二人正在慨叹，只听得外面几个小学生叫道："王先生不通！王先生不通！"谦甫又是好笑，又是好气，只得随他们搅去。隔了几日，才有人告知谦甫，这王先生讲一句《诗经》，讲错了，被学生找着注疏，据理辩驳一番。王先生认错，因此把不通的声名闹出来了。学生把来做了个口头禅，大家叫着顽【玩】笑，偏偏被谦甫听得，不免有"兔死狐悲，物伤其类"的意思，晚间找到了这位王先生，讽他讲书很须留心预备。王先生大怒道："我在课堂里讲书，是人人佩服的。前天还有个告假学生找我，补给他我编的物理教科书哩。"谦甫没得话讲，只得告别。谁知这位王先生，课堂里又起了风潮，也是为讲书讲错的原【缘】故。当下陆定安、朱安儒做好做歹，把这些学生开导了一番，方才没事。杜鹿笙接连半个月没到学堂，这天惠然肯来了，先到监督公馆里打了一个转身，便找安儒。安儒道："你外甥有信在此。"鹿笙拆开看完，递给安儒看了，便道："我在这里已是勉强得很，那【哪】里还能代他想法。"安儒道："不是这般说，前天合【和】家兄商议，这韩、钱两个人，总要请他出去，只是眼前找不到他们的错处，慢慢摆布他便了。等他们出去后，就把你外甥补缺，不是一举两得么？你写回信去叫他来候着罢【吧】，这是包在我身上可成的，就怕人不在此，费了周折。"鹿笙大喜道："拜托四哥，我也不去合【和】大哥啰嗦了。"安儒道："不消说得。"鹿笙回到自己公馆，连夜写信去叫他外甥胡子春来。子春正因合【和】学生讲地图的话闹错了，说甚【什】么天圆地方，被慧官问到个答无可答，臊的【得】满脸绯红。可巧接着他母舅来信，看完了暗喜，便拍桌子大骂道："你这小小的奴才，倒会冲撞先生么？我要打你！"慧官乖觉不过，见他破口骂人，便逃往上房去了。子春一天怒气发泄不出，就拍台拍凳，大闹起来，当时叫人卷铺盖，要他们送全年束脩。陈夫人痛骂慧官，叫他到先生那里去陪【赔】罪。慧官不肯道："先生骂我奴才，我并没得罪先生，只不过问他地图，他说得不对，辨【辩】论几句罢了。"陈夫人疼顾儿子，只得自己着上腰裙，走到客厅上，请先生相见。陈夫人下了个全礼，只怪自己儿子不好，求先生恕罪，仍旧请先生教诲于他。子春被陈夫人一派婉言，说得入情入理，也没法驳辩，只得说道："令郎实在顽皮，要我教他读书，须用夏楚，照这样混搅，我是不能教他了。快把讲明的一年束脩送出来给我，另请高明罢【吧】。"陈夫人见他执定要束脩，也觉动气，不免说道："先生，那束脩是人家要好送的，并不是先生可以讨得的。我请先生来教书，并不是请先生来惹气的。孩子不好，原该责骂，但他好好用功，只不过多问了几句地理上的学问，先生也犯不着骂他奴才。既然骂了，还要辞馆，先生既有高就，可请自便。"子春被他【她】说出心病,老羞变怒,就道:"你们不敬先生,要指望儿子读书么?好,好,我去约齐了学里的朋友,再凭公断罢【吧】。"说罢,拂袖走出。陈夫人无可奈何,只得请了家里两位管帐【账】先生出来安排。管帐【账】先生道:"那是不能出全年束脩的,是他辞我们,不是我们辞他的。"陈夫人道:"你们合【和】他讲去,他要肯,少送些他;要不肯,只得照数送他。这样的先生,我们下次也不敢请教的了。"管帐【账】先生只得找着陆经邦,请他从中说法。原来子春贸贸然出了黎宅,正愁没处好去,只得找到义学里。经邦送他到一个小客栈里住了。依着子春,就想趁船回城,向经邦借了川资二百大钱。经邦道:"可巧我一个钱都没有,通用完了,待东家的束脩送来,还有四五天之久。"子春没法,不名一钱,如何回得城呢?因此甚为着急。经邦回到义学,黎府的管帐【账】先生来了,谈起送束脩的话来,经邦允为说法,少送些,当下便又去找子春。不知后事如何,且听下回分解。

## 第十三回
### 甥舅相期登学界　师生冲突论蓍占①

却说陆经邦奉了黎府管帐【账】先生之命,找到了胡子春,说那全年束脩不能照付之故。子春执定要他送全年束脩。经邦道:"你执一之见,这事就难说合了。你辞了他的馆,还要他送全年束脩,这话说不过去。我劝你将就些,拿他几个月的束脩做盘缠,到上海去罢【吧】,要闹翻了,大家没味儿。"子春也觉得硬要是做不到的,只得答应了。经邦做好做歹,替子春争到了五个月的束脩,自己干没了他两个月。子春行李也是经邦去

---

① 蓍占,指以排列蓍草来占卜吉凶。

替他取出来的。子春回到杭州，不敢耽搁，连忙搭了轮船，赶到上海，投奔他母舅杜鹿笙。鹿笙却不在家，他舅母留他住下。次日黄昏时，鹿笙回来了，子春叩见，鹿笙道："你来了甚好，这事全亏朱四舅合【和】你吹嘘。你明天须备些礼物去送他。再者监督那里，也该重重的送一分【份】礼。"子春道："不瞒舅舅说，甥儿家里景况不好。虽说连年没脱过馆，只是些微的脩金，不够用。这回来到上海，只带了两只茶腿①、十瓶茶叶、八匣藕粉、六斤天目笋尖，预备孝敬舅舅、舅母的。却没想到朱家大舅、四舅那里，也该送礼。"鹿笙道："你送我也用不着这许多，你把这四种物事派匀了，明天带入学堂去。茶腿呢我不用，你去送他们两位罢【吧】，你只消把藕粉、茶叶留下些给我便了。"子春大喜，当下就送他母舅茶叶两瓶，藕粉两匣，笋尖两斤，余下的四六分派匀了，次日一早起来，问他母舅借了衣帽靴子，就合【和】母舅雇两部东洋车，拉到高等学堂，礼物放在朱监督公馆里。鹿笙替他央了个家人送进去，监督却不在家。太太传出话来道谢，留他两人午饭。子春要见太太，家人上去回过道："太太还没梳洗，午饭时会罢【吧】。"鹿笙就领了子春，叫人提拎了礼物，直到朱安儒卧室。却见他正烧着一炷香，在那里读关圣帝君的明圣经②哩。鹿笙、子春屏息一回，安儒把经念完，掩过了，藏在一个极精巧的紫檀木匣里面，这才下座，合【和】鹿笙、子春厮见。子春磕下头去。安儒弯腰想要还礼，被鹿笙一把拉住了。安儒道："贤甥甚时到此？"子春扛着肩膀，恭恭敬敬的【地】答道："昨天方到。"可巧家人把礼物送上，安儒道谢不迭。子春道："本当多预备些孝敬四舅的，只为轮船上不好带，须些家乡土物，不过聊表寸心罢了。"安儒道："我前次回杭州，也没带些物事送给令堂，你倒这般客气。"三人谈得入港③，鹿笙提起子春的馆事来，安儒道："这时监督的意思倒又活动了。他道韩、钱两位是多年老教员，辞了

---

① 茶腿，一种火腿。
② 关圣帝君的明圣经，指《桃园明圣经》，道教书籍。
③ 入港，在此指投机、意气相投。

他,只怕学生不服。"鹿笙道:"这便如何是好?子春是有馆地的人,我们把他找来,倒害了他了。"子春初见安儒,以为馆事必成,心中甚喜,听他说到这句话,就合【和】一盆冷水浇在背上一般,只得站起身来,对安儒连作了两个揖道:"总要求四舅栽培。"安儒道:"你放心,你的事我们没有不尽心的。"鹿笙道:"四哥的文王课占得最灵,合【和】外甥占个卦罢【吧】,这事到底成不成?"安儒道:"你还提占卦么?我为着占卦,几乎把馆地都闹掉了。"鹿笙诧异道:"占卦关馆地甚事?难道学堂里禁止占卦么?"安儒道:"岂敢。他们这班维新的学生,都是灭天欺祖不信神道的。但是我能占卦,他们学生也不知道,都是韩伯葵那个促狭鬼闹的。他见我有了这副器具,动不动来找我占卦,又说要娶妾哩,问我成不成,又说买了什么发财票,问我能得头彩不能。我倒当他是真的,至至诚诚的合【和】他占卦起来。谁知他故意开了我的房门,被学生听见了单单拆的声音,哄动了,都来看我骂我,什么野蛮,什么迷信,我只好当作不知,把器具都收好了,他们才搭讪着散去。后来被监督知道了,着实怪我。自从这次闹过后,我就不敢占卦。他们还说什么占卦先生也来当学监,这是高等学堂特别的新闻,将来还有堪舆①先生来讲舆地,星学②先生来教天文哩。你说这些胡诌刻毒不刻毒,可恶不可恶?"鹿笙道:"理他呢,他骂他的,我占我的,难道清朝世界通都变了制度,官要怕起百姓来,先生要怕起学生来么?"子春道:"舅舅的话不错,占卦是伏羲、文王、周公、孔子传下来的,读书人应该懂得。学堂里虽然没这一科的学问,难道就禁止世上的人不许占卦么?我们杭州大学堂里一位吴学监,他能圆光③,童监督倒很赏识他,说他圆光果然灵验。后来学堂里的学生遗失了物事,或是被人偷了,监督就请他圆光,几次都验,果然追着了赃。说句良心话,圆光呢,还好说不见经传,那占卦是从古便有,堂堂的《易经》摆在那里,为

---

① 堪舆,即风水。
② 星学,即星命、占卜之学。
③ 圆光,一种民间传说的法术,据称能够显现出物品丢失或人口走失的全过程。

何不可占卦？下次要有学生说话，四舅便这么驳他便了。"安儒大喜道："到底贤甥读书通透，到这里来当个教员真正出色，但不知家兄的意见究竟如何。也罢，我来替你占个卦罢【吧】。"鹿笙、子春大喜。只见他在那清水盆里先净了手，取出一具长方的红木匣子，里面盛的尽是线香。安儒抽出三支燃着，恭恭敬敬的【地】插在一个青龙盘的白磁香炉里。又见他打开一只提篮，取出两部书。子春凑近看时，原来是卜筮正宗，合【和】那金光斗灵经，另外一个圆竹筒儿。安儒揭开盖子，里面三个铜钱，都是"开元通宝"，背面都有杨贵妃的指甲印儿。安儒把这三个钱，一边在那香头上转，一边口中祷告，念念有词。却为着怕学生听见，通传得低，鹿笙、子春听不明白。一会儿卦象已现，就是什么地水师，变个坤为地，两爻都动。安儒戴上他那副阔铜边的眼镜，把那检出来的两部书翻阅一过，写了什么应世父兄等字，判断下来，面有喜色道："恭喜你这馆事，十分到【倒】有九分九必成的。"安儒正要伸【申】说卦象，可巧一个学生要来告假，在外面打门。安儒吓得连忙把器具一一收起，这才开门，准了他的假。又听得饭钟声动，三人一并下楼。依着鹿笙，是要领子春到监督公馆吃饭去，安儒道："家兄今天在一品香请客，只怕没得人陪，还是这里吃饭罢【吧】。"于是甥舅二人都到饭厅，安儒指定位子，请子春坐了，自己还站在那里，看各学生坐定后，这才入座。可巧子春合【和】伯葵同席，彼此通问姓名号称，不通的王先生也来合坐，问起来，他表字偏是"子通"二字。伯葵是知道子春是杜鹿笙的外甥，心里先存了一个鄙薄他的念头，不大理他。子通却也知道子春来历，一面吃饭，一面恭维子春，说出许多仰慕话来，子春甚喜。饭罢无事，大家都聚在学监办事室里谈天。伯葵见安儒来，嘻皮笑脸的【地】问道："这两天的占卦的生意好么？我今儿又有一桩事要请教哩。"安儒红着脸道："伯翁休得取笑，我早已改行，不干那个营生了。"子春插嘴道："其实占卦也是件文明的事。还有人说，《易经》是一部最古的书，外国人都看重的。"伯葵道："《易经》固然是中国的哲学书，但那占卦的事，未免失了易象的宗旨。"子春道."莫说占卦事是子虚乌有,只看敝省一位大乡绅邬孟华先生,他就因信占卦得意的。"伯葵道:"莫非就是做过安徽巡抚的邬其进么?"子春道:"正是。"伯葵道:"愿闻其详。"子春道:"他家世代书香,孟华先生的老太太是最信佛教,毕生茹素念经。孟华自小承了母教,一般也慈祥戒杀。只是偌大的门第,宾朋来往,如何没有酒肉宴会呢?他就想出一个好法子,凡当他厨子的,他预先吩咐不许生物进门,除了猪肉外,那鱼虾都要买死的,不准买来再杀。鸡鸭是非特不买,就是要买也买那宰现成的。"王子通道:"这个办法还嫌未妥。那鸡鸭在人家手里宰,合【和】在自己厨子手里宰,有甚分别?除非不吃他,或是买来放生,才算功德。"安儒道:"这话不错。兄弟家里不买鸡鸭,只年下为着敬神,说不得买一对鸡,那鸭是从来不买的。"子春道:"这都不算他得意的根苗,只一部金光斗灵经,他得力全在这上面,天天要翻看这书,参验阴阳的消息,所以他办的事,没一件不顺手,官运的好,在敝省是数一数二的了。他还得了一个好秘诀,每逢初五、十四、二十三这三天内,定要剃头。据说是月忌,剃了头便把晦气除净了,自然气色鲜明,专走好运。自从他创了这个法子,他一家子侄都照办起来,直头求名得名,求利得利。杭州城里,数到做官的,算他家多,数到科第上,也算他家盛,数到发财上,也算他家发的【得】快,都是信这金光斗灵经的好处。"伯葵笑道:"安翁,你听明白了没有?我见你书桌上也有这部金光斗灵经,我所以说你要做到督抚,这不是确切的证据么?你还说我挖苦你。这样说来,不是贵省老辈已经有了榜样么?"安儒不答。谦甫道:"我就不信这些卜筮星相,人家都说我维新,其实我从小就不信的,不是到了学堂里说这矫情的话。"子春道:"学堂里的人,为什么不该信卜筮星相呢?"谦甫道:"不是学堂里的人不该信那卜筮星相,只为学堂里的人,科学应该明白些,人格应该高些,不比那乡愚似的,迷信了鬼神,还当是真的哩。所以近人都说'文明''野蛮',文明是懂得科学的人,进步没有限量的;野蛮便是乡愚,蠢然一个动物,世界上的事,没一件关心的。正惟他不知道什么,所以迷信鬼神,把鬼神愚弄人,他那个野蛮，也合【和】迷信鬼神的一般。"谦甫只知据理而言，谁知这句话得罪了人不少。那子春、鹿笙、安儒、子通这一班人听了都动气，又没法合【和】他辩驳。到底子春读过几句书，有得话讲，便道："谦翁的话，小弟都佩服，只是说迷信鬼神就算野蛮，小弟不甚佩服。孔子尝说的：'鬼神之为德，其盛矣乎。'这么说来，孔子也是个迷信鬼神的。孔子又赞易，开后世卜筮的风气，不是迷信吗？孔子是野蛮，谁还算文明呢？"谦甫笑道："我说文明没止境，把我们的退步比人家的进步，我便不如他文明；把人家的野蛮比起我们的文明，他又不如我们文明。孔子当周末鬼神正盛的时代，孔子说'敬鬼神而远之'，又说'未能事人，焉能事鬼'，又罕言命。这么说来，人都迷信，孔子已打破这个迷【谜】团。假如孔子生在如今的世界，孔子早比我们醒悟的了，何至于迷信呢？"子春道："迷信究竟有甚坏处？"谦甫道："迷信的坏处也不止一端，最利【厉】害的是人都靠着有命，一事不可为的。"子春道："什么道理一事不可为？"谦甫道："靠着命，就不肯勤于作事，把那事情弄坏了，都委之于命，甚至有人送掉了性命，人都还说是命中注定的哩。我们中国百事振兴，犹嫌太晚了，阁得住上下泄杳，只知道图一己的利禄，蝇营狗苟，迷惑了卜筮星象，如醉如痴，在那惊波骇浪里面，逃性命么？照此说来，学堂里人不至于迷信，是人格比别人高了。"子春没得话说，鹿笙、安儒都气愤愤的【地】出去了。子春见他们已行，只得趑趄着，也出门找他们去。不知后事如何，且听下回分解。

### 第十四回
### 遇同学针砭膏肓　礼学生交通情谊

却说胡子春因钱谦甫说话中间，得罪了朱安儒、杜鹿笙二人，见他们都愤愤而出,便也别了兼甫,找着朱、杜二人,聚在一处商议。安儒道:"他们两个人越发狂妄了,要不辞掉他,我也不姓朱。"鹿笙道:就这么辞他没得名目,只怕他们不服,勾引学生合【和】我们为难,不当顽【玩】的。"安儒道:"怕什么学生呢,是你我的属下,再也不敢多事。你要留他们两人在里面,倒做了学生的领袖,他们勾串一气,有许多不便。通学堂里只碍了他两人,其余都是我们同志,还怕压不住学生么?"鹿笙大喜。子春见众议佥同,自己的馆事,倒有八分拿得稳,自觉欣然。忽见一个门丁来请安儒道:"朱师爷,京里来了一位李老爷,要看学堂,现在客厅上坐着哩。"安儒只得赶到客厅。

再说这李老爷名岘,表字首春,湖北襄阳府人,本在北洋大学堂卒过业,又到外洋去学过政法三年,朝廷用他做了主事,帮着修改法律。这次因事到上海,他合【和】这学堂里的头班生伍仲愚是同学至好,特来候他,就便看视学堂。到得头门口,就见一位老者,约有五六十岁,左手提一只篯青篮,右手把个钓鱼钩儿似的,绕着湾【弯】,沿着墙根,望后面去了。首春诧异道:"学堂里怎么跑出个渔翁来了?"门丁见首春进来,就引他到客厅坐下,请安儒合【和】他厮会,彼此通了姓名,安儒却不知道他的来历。首春开口便问伍仲愚,安儒茫然。首春又叫出仲愚的名字道:"有位伍聪在这里么?"安儒道:"敝学堂没这个姓伍的教员。"首春道:"不是教员,他是学生。"安儒道:"学生是人数更多,兄弟摸不清楚,等我叫个人来问问罢【吧】。"首春道:"阁下不是这里的学监么?"安儒道:"正是。"首春久惯阅历,也就不言语了。一会儿家人已到,安儒叫他领着李老爷到学生卧室去找一位伍聪。幸喜这家人还伶俐,忙道:"不用找,伍少爷是头班学生,住的第一号卧室。"安儒道:"好极,你领去罢【吧】。"首春只得辞别安儒,跟着那家人去。

恰好这时还没上课,仲愚在卧室里抚弄洋琴,见首春来了,多年阔别的同学自然分外亲热。正待接谈,忽听得当当当钟声响亮。首春道:"上课了,我们约定礼拜日再会罢【吧】。"仲愚一把拉住道:"什么话!我们多年不见，好容易会着了，你如何便去？我们这里上课是不打紧的。"首春听了诧异道："怎么上课是不打紧的？你所来何事？"仲愚道："你原来不知道，像那从前北洋学堂规矩极严，不上课便要开除的。我们在这学堂里，起初也何尝不然，那【哪】个敢旷课一天？自从那起风潮闹过之后，我们的势力范围大了，谁敢开除我们？除却西文课，为着自己要读，不好不上，那中文课，有什么道理？中国的书，你我还怕不会用功么？到课堂里去干什么？"首春道："我们别了这许多年，我只当你学问长进了，原来倒反退步。我们中国人所缺的是自治资格，只为不能自治，以至【致】受了数千年的压制。如今世界翻新，正该从这自治做起，你却一人乱了规则。要知你的学问虽好，还有中文不通的同学，他正待先生教导哩。像这样人人效尤，那【哪】里使得。"仲愚道："你只知其一，不知其二。我们学堂里，除了钱先生还肯教导学生，其余都是不教的，却还情愿他不教，同学里切磋琢磨，倒有点儿长进。还有那新近来的教员，试问这种教员，狠狠的【地】要弄掉我们，卖弄出他那里自定的学科，不是人人知道，就是开口便错，有何益处？"首春道："有何凭据？怎见得他错处来？"仲愚道："我要说时，你又道我是下讪上了。"首春道："倒未必然。"仲愚附着首春的耳说了几桩，**首春皱眉道："教员本就好的难找，为何请着这般的人？"仲愚冷笑道："好的受不来监督的约束。这班人只当着是官场求差使，一般大人赏饭吃，随你怎样压力，都受得住，赑屃**①**负石，他身上能驮几千斤之重哩。因此我们约会了，遇着这班先生到堂，我们派几个人去应酬他的面子罢了，好在没人来理会的。"**首春只是摇头道："使不得，使不得！这么说来，你们这学堂是一盘散沙，不久就要顺风扬去的。"仲愚道："岂敢，腐败的事多着哩。"首春道："你要晓得，开创这学堂的人废了许多心力，官商集了多少款子，好容易开得成功，一朝闹坏了，岂不可惜？况且一处学堂闹事，在学界里添了多少阻力，弄得办学堂的人寒心。

---

① 赑屃，音 bì xì，是古代神话传说中龙之九子之一，形似龟，好负重，长年累月地驮载着石碑。

我国本来闭塞,正靠着学堂,将来还有开通的指望。我们是国民的一分子,就该做各处的主人翁。譬如你在这学堂里,便是这学堂里的主人翁,就应该劝导同学感悟办事的人,大家整顿起来。学生有做学堂主人翁的思想,自然各事依着规则,不授人以口实,将就些的教员,也不能觍颜居你们之上了。若照这样,一个学堂,便是一个中国的小影子,监督是一条心,教员又是一条心,学生更不必说,同办事人合【和】教员如雠寇,同学里面还有许多倾轧嫉妒,要这学堂何用?不但不能增进道德,反是败坏了本来的性质。要知道德是自己的,学问也自是己的。人家开了这个学堂,都只为培养我们道德起见,诱进自己学问起见。小学堂专靠教员,大中学堂也靠教员,全靠师生有互相讨论研究的情谊。如外国是按各科程度教的,一个等级,有一个等级的学业;中国是成童后粗知文义,便人人能自己读书,除非兜底翻转,把所有的中文各种,尽按等级编次成科,方有秩序。单照这目前将就的办法,自然师弟之间,彼此问难,那启迪工【功】夫,都在活动处,不在呆呆板板讲授处。如今学堂的杂乱,不问可知,其故都由西文。**譬如你是年纪大了,中文好,论你的中文,做教员有余,你却有志西学,不得不学西文。你必然遇着学堂招考,便来报名,你这中文,那【哪】有不取上的理?及至进了学堂,你中文的本事雄视一切,教员也及不来你。然而你的西文工【功】夫甚浅,打在没班底还嫌不够。**譬如我是从来学惯西文的,中文不通,论我西文的程度,比你高得许多,在学堂里也很体面,不甘在你之下,就要掩饰自己的短处,心里横下个不受人指教的念头,又听惯了你许多议论,都是非薄先生的,因此合【和】先生反对起来,弄得他无从施教,有这些牵掣,以致两误。教员呢,他安分些,用其所长罢了,他偏掇拾些科学门面的话,要来教你,弄得个四不像,你道可怜不可怜呢?所以做教员的人,要知学生所短,因而施教;做学生的人,也要知道教员所长,去请教他,自然彼此获益。学界里面,本是极有味的,如今弄得没趣,这是何人之过?我说大家都有不是。"

仲愚道:"像你这般平心之论,我自然佩服。就恨那执一之见的人,合

【和】他话不通,那气焰才难受哩。"首春道:"你照我的话做去,包管整理好这个学堂。即使教员不得其人,你们这自治资格已是加人一等了。"仲愚点头称是,当下便去告假,领了首春,遍观各课堂。

二人闲步出去,又遇着了那个渔翁。首春道:"这人是干什么的?"仲愚道;"他是监督派的,叫他拣那些散弃的字纸。"首春道:"好极了,你们监督这般积福,将来只怕要位极人臣,入阁拜相的。记得我们襄阳有两位先生,一位是极维新的,一位是极守旧的,二人同学。那极【维】新的就把报纸来揩屁股,道是'化无用为有用'。那极守旧的,见他揩下来的报纸,便不辞污秽,一张张的【地】拣出来洗净了,聚在一处焚化。后来两人都得意了,守旧的做到道台,维新的只做到县丞。有人说他本有督抚的命,都只为这事造孽,阎王拿他罚掉的。幸亏他同学替他积了福,才能做到县丞。那守旧的不消说是个贱命,修到这个地位。以此看来,你们监督不但自己惜福,还替你们造福,应感激他才是哩。"仲愚道:"你说话也太稀奇,只怕被顽旧①的人听了,还当你言过其实,把你的名誉都闹坏了。依我说,那维新的也太做假,那守旧的也太做假,都不是由衷的。"首春道:"这话也错了。守旧的倒是真心,他只因信得神道太过,所以敬惜字纸。维新的信得社会太过,意思是不这般迎合社会,也没得出头日子,一般是利禄熏心罢了。"二人谈有多时,看看日已西斜,首春欲行,仲愚送出门口,自回。

首春本合【和】朱鸿儒在京里认识的,路过他门口,送了一张名片进去。晚间鸿儒回来,见了李首春的名片,问起门丁来,才知他来看学堂,安儒没有好好的【地】接待。鸿儒就踱到学堂,找着安儒道:"今天来的一位李主政,他是极有名望的。京里除了他,懂得学务的很少,因此自王爷贝子以下,都看重他。他来看学堂,你应该好好招接,请他吃了晚饭去才是,为何自己不陪他?后来是那【哪】个陪他看课堂的呢?今儿学生上

---

① 顽旧,即顽固守旧。

课还整齐么?"安儒道:"我原要陪他,只为他要找什么伍学生,我只得叫门丁领了他去,我就上楼照应课堂去了。"鸿儒大惊道:"你千万不该叫学生合【和】他见面,把我们学堂里的内容,通都给他打听去了,这还了得!"安儒吓得浑身抖战道:"这便怎处?"鸿儒只是摇头,默默不语,半响道:"我的事都被你闹坏了!"安儒羞愧万分,只得辨【辩】道:"他合【和】这伍学生本是旧交,那伍学生要走漏消息时,早经通信与他了。料想学生蒙大哥的栽培,知恩报恩,也不至于此。"鸿儒听他这话,倒回嗔作喜道:"那伍学生叫伍什么?在那【哪】一班课堂?你去请他来,我要会会。"安儒道:"使不得!监督这样尊贵的人,轻易不好合【和】学生见面,要被他们看轻了,徒然添出许多话说。这班年轻人,不是好惹的。兄弟是承了大哥的意思,对他们正颜厉色,再也不肯放松。因此弟的威名,人人知道。他们心里虽然恨我,倒还不敢得罪我哩。"鸿儒喜道:"你能这样么?那正是我一臂之助。只是这伍学生又当别论,他既然认得阔人,就合【和】我们平等,可以请他来谈谈的。"安儒见他兄长定要见这个学生,只得叫人请去。家人去了半天,回来禀道:"伍少爷在卧室里面读西文,要等功课完了,才能来哩。"鸿儒道:"他这般用功,可敬,可敬!"安儒心里老大不受用,忖道:"我大哥的脾气,忽然改变了,如何又看重起学生来?被他这么一搅,我们的事便难办了。"意思要想走开,又恐他兄长独坐无聊,只在监督室陪着他。

鸿儒直坐到九点多钟,才见伍仲愚慢慢走来。鸿儒格外优容,起身相迎,细细的【地】问他名号住处,仲愚一一说了。又问他如何认得李首春?仲愚道:"那是从前的同学。"鸿儒道:"你这位贵同学,中西的学问都好,我很敬重他。看来世兄的学问一定也不差,我们没有早些谈谈,是我事忙之故。"原来年轻人喜的是恭维。仲愚听朱监督这般恭维他,心里倒觉舒服,脸上也随和了,不把主人翁的架子摆出来了。鸿儒问长问短,胡缠一会,忽又问道:"今天首春来看过学堂,他说些什么呢?"仲愚窥透了他的隐衷,便道:"他说别的都好,只是官气重些,告示贴满的。"鸿儒听了，顿时色变。不知后事如何，且听下回分解。

## 第十五回
### 加薪水谗言作罢　讲经书妙法奉行

却说朱鸿儒听了学生伍仲愚述李首春的话来得刺耳，勃然大怒，正待发作，却因首春是在京城里有势力的人，得罪不得，勉强捺住了心头的火，敷衍仲愚道："我原要除掉这些官样文章，只是被开通的人说起来，道是文明，被官场中人看见了，道是失了体统。我相沿没改，就只豫备官场中人来看学堂，觉着体面些，并没别的意思。"仲愚还待申说己意，恐怕鸿儒动怒，只得告辞。鸿儒送他出门，安儒接着说道："如何？我说学生是招惹不得的。你听这伍学生的话锋，那【哪】里把监督放在眼里？"鸿儒道："我们只求事情办得妥帖，随他挖苦几句，也不妨事。你下次碰着京里下来看学堂的人，总要好好接待，不论他官职大小。"安儒道："什么原【缘】故，难道中书主事这样的人，在京里也说得响话么？"鸿儒道："老四，你又来了。正惟这班人最不安分，信口乱说，传到堂官耳朵里，就是风波。我是在京里混的日子久，看惯他们行径的，你只小心着罢了。"安儒喏喏连声，又道："那韩、钱两个教员，倒【到】底怎样辞掉他？留在这里，终是不妥当的。"鸿儒道："究竟他们有何坏处？我不好无故的【地】辞退他们。"安儒道："他们的坏处多着哩，鼓动学生合【和】我们反对，那是当顽【玩】的吗？"鸿儒道："既然如此，我趁个便儿辞掉他们。"安儒道："鹿笙的外甥胡子春来了，文才很下得去，好教他接钱谦甫的手。"鸿儒道："这倒不必，学堂里多请一位教员，算不了什么。我明天就下条子，叫他在五班中教授便了。"安儒道："薪水呢？"鸿儒道："那自然合【和】钱谦甫一样。"安儒大喜。鸿儒亟亟要回公馆睡觉，二人分手各散。

次日，鸿儒一早起身，打听了李主政的住处，便去拜他，谁知首春已经出门去了。鸿儒只得又在别处耽搁了多时，便到一品香，当时写下请客条子，请了几位上海的名公作陪客，却专诚请首春吃番菜。等到一下多钟，首春方到。鸿儒十分殷勤，首春却是落落的。饮酒中间，首春道："贵学堂里一位钱谦甫先生，还在里面么？他是深明教育的法子。"鸿儒吃惊道："是的，兄弟见学生很佩服他，所以留他下来。这样的好教员，那【哪】里好放他走开呢？"首春喜道："那就是了。依兄弟的愚见，还要加增些薪水才好。他是贵学堂里有功的教员，就该优待。"鸿儒唯唯。席散回堂，鸿儒忙又请了安儒来道："你说钱谦甫不好，谁知他的名望甚大，连李某人都知道，还叫我加他的薪水。这么看来，那韩伯葵也是旧人，他们都有些名望，也不要辞了。胡教员的条子还没贴么？"安儒道："还没贴，已经招呼鹿笙，叫他贴去了。"鸿儒道："且慢贴，我想加钱教员十两银子一月的薪水，两张条子一起贴罢【吧】。"安儒大惊道："那是使不得的，薪水一加，他们更把这学堂当做世袭的产业，再也不肯走的了。兄弟倒打听得着韩、钱两个人都有去志，乐得等他们自去，省得留在这里碍眼。"鸿儒道："我是为着李某人的情面，并不是真心要加他薪水。"安儒道："李某人又不认得钱谦甫，这是听了伍学生的话，随口应酬的。况且在加薪水的事，在监督作主，只推经费不敷便了。"鸿儒听他这话，也有道理，只得罢休。可巧胡子春把行李搬来，见了鸿儒。鸿儒道："你是我一边的人，要好好的【地】上课，不要落了人家的褒贬。"子春恭恭敬敬应了几声是。当日舒息一天，次日便轮到他上课。原来这五班学生，中文是很有功夫，从前教习讲的《史记》，子春接手，冒冒失失到了课堂坐着。他们见这位胡先生呆坐在书案上，大家的眼光都注射在他身上。子春局促不堪。一会儿有个学生走来说道："请先生讲书。"子春道："讲什么？你们偌大的年纪，只把书看看就懂得了。"那学生道："懂不得，还望先生指教才是。"子春道："我今天没带书来。"旁边又一个学生站起来道："学生这里有书，请先生讲罢【吧】。"言下便就送到一本书。子春细看，原来是一本《史记》。子春虽然知道《史记》是太史公做的，却从来未经寓目①，何从讲起呢？只得回道："我今天没豫备讲书，明天再讲罢【吧】。"学生都哈哈大笑。子春涨得满面通红，举眼看时，幸亏除却学生，没第二种人看见，忖道："还好，要是被监督知道了，这馆就不成；就是被同事知道，也不雅观。"转念一想道："不好，不好，这些学生的嘴，那【哪】肯饶人？替我传出去，是不当顽【玩】的。"一边想，一边把那师严道尊的神气收了回来，透出一种和颜悦色来，想要打起精神，着实慰谕他们一番。偏偏几个学生，高声朗诵，读起《新民丛报》来，弄得子春说又不是，不说又不是，真是进退两难，忸怩不安，坐在那张椅子上，就有几万个针头戳着屁股似的，一刻都觉过不去。好容易坐足那三个钟头，那钟摆慢慢的【地】走完，听得敲钟声响，学生也不理他，一个个出外去了。子春只得等他们过完，这才慢慢踱出。子春既出课堂，实系尿急不过，见小小一个院子，不由分说，拉下裤子便撒溺。不料有十来个学生，手里拿着皮球，要到草场上去踢。经过这个院子，见胡先生在那里撒溺，当着他面齐声骂道："野蛮！野蛮！"子春不知所云，只道他们要来厮打，吓得一场溺只撒了半场，连忙把裤带扣好道："这里不是夷场②上，撒场溺也不妨事，为何骂我？我们同去见学监说话。"学生拍手大笑道："胡野蛮，你不知道学堂的规矩，随便撒尿，要罚三块洋钱，比夷场上要加十倍哩。"子春吓得不敢则声，偷偷的【地】走回卧室，兀是突突的心跳不止。忽听得门上弹指声响，呀【咿】哑【呀】一声，门开处，走来两位同事。子春认得是杨子安、柏尔富，都因为子春是监督一边的人，不免来亲近亲近，觑便恭维几句。子春要想请教他们，又不好意思把课堂里坍台的话露出风来，一时想不出请教的话头。忽听得子安道："我今天讲生理学，说到男女头发的分别，他们不信。我幸亏在教科书里，夹着两支头发，当时把日本带回的三

---

① 寓目，即过目。

② 夷场，指旧时上海的租界。

百倍显微镜给他们照看,果然两样,这才没得话说。"尔富道:"可不是,我今天讲到八大行星的轨道,他们细问起来,我幸亏学过三年算学,把来一一算给他听,这才大家佩服。你说这班学生难缠不难缠?"子春虽不知道什么叫生理学,那男女头发是知道的,却并不知道有甚分别,忖道:"他们的学问这般深,连男女头发都分别得出。尔富更是了得,天文、算学都懂得,还说中文教员只消教中文,原来西学也要他们教的,料他们的薪水,总要比我加倍。"当下便觍颜问道:"二位在学堂里多少薪水一个月?"子安道:"也只不过廿两银子一月。"子春道:"合【和】兄弟一般,为何兼办西学的事?"子安笑道:"我们为的教他们中文,都不要听。因此在监督处上了条陈,教授些西学,他们倒都拜服。"子春道:"兄弟也好改教他们这个吗?"子安道:"为什么不可以?像子翁这般中西贯通的人,那【哪】种学问教不得。"子春大喜道:"正是。但兄弟虽然涉猎过几部西学书,却还不甚熟悉,要请教二位哩。"子安、尔富都道"过谦",起身告辞。子春送客出去,记挂着要去会会朱安儒,问他课堂情形的究竟,便望【往】学监室走去。只见许多学生簇拥着安儒要假单。安儒眼光不足,那假单上的字又很小,一张张写去,一时不得写完。子春等了他半天,可巧又是敲钟吃饭。各人饭罢,子春拉了安儒,走到他卧室,说道:"四舅,我这教员实在当不来,我们换当了罢【吧】。"安儒道:"胡说!我这学监的事,是学堂最要紧的,监督因为我可靠,特特的【地】派我管理。你新来晚到,如何当得来呢?"子春自知失言,连忙陪罪道:"外甥说的不是话。外甥只觉得教员难做,静坐在课堂里,学生又不肯答应,这便怎处?"安儒道:"我只当你是位好手,这才拉你进来,谁知你虚有其名。你把历来教学生的本事拿出来,那怕他们不服么?"子春道:"我历来教学生,只唯我独尊,我爱讲什么,便讲什么。况且学生背书读书写字的时候多,我只消随便预备些,自然不露马脚。如今挤在场面上,他们古文哩、《史记》哩,要我讲,我那【哪】里吃得消呢?又听得杨子安、柏尔富他们讲的什么头发行星,说起来都是西学,还要懂得算法,我一件都弄不来,如何做这里的教员呢？四舅，你替我想个法子，在监督面前吹嘘吹嘘，改派个差使罢【吧】。"安儒道："你这人真是个呆鸟，你听他们说得好听，就不知道子安、尔富二人都在课堂里闹过笑话。子安是讲理学，讲不来，被学生驳倒。尔富讲天文，只会讲个呆法子，学生闹起来，都亏我去替他们排解的。你今天虽没讲书，学生倒没合【和】你为难，还算师生沆瀣一气哩。你倒觉得惭愧么？老实对你说罢【吧】，要怕惭愧，就不要在外面吃饭，那【哪】里有什么实实在在讲究教授的，也不过大家混饭吃罢了。既有这学堂个名目，就是我们的一条路径，他们闹些什么科学，又纷纷的【地】走到东洋，学什么六个月的速成师范，都是为着吃饭起见。你要晓得这个道理，自然没得惭愧，这才可以在学堂里面混饭吃。"子春道："我怕不晓得，只是总得想个法，弄点书来讲讲，方好混过去。我也猜不透，为何学堂里责重教习讲解，不在乎学生读书，难道学生都是天纵的质地，讲了一遍，他都记得，就能通得来文字么？"安儒道："那【哪】里讲得学生过，只不过会说书的一般，大家听得有趣，这就是好教员，我也不甚知道其中诀窍。只听说有位教员会想法子，他讲书学生都喜听；有位教员不会想法子，他呆呆的【地】讲道理，学生听得都要睡觉哩。"子春道："怪不得我见新出的什么《新民丛报》上面，就同小说一般，没事情的时候，把来消遣，倒很有趣的。"安儒道："你那【哪】里见到这种禁报，我曾听得监督说过，第一要禁止学生看这种悖逆的报，要是犯了，他不答应的。"子春道："为何要禁这报？我是在轮船上没事时，有人借给我看的。我自己原没这报，只是今天课堂里，他们十个学生，倒有九个捧着这报，高声朗诵。"安儒道："你该禁阻他，把他这报一齐搜检了来给我，我去禀明监督，包管重重的【地】夸奖你。"子春听了大喜。安儒又道："你明日到课堂，随便把四书五经给他们讲几句罢【吧】。要是他们不服，我自会出来调停，你休得着慌，这是大家弄惯的。只钱谦甫这人不识时务，他偏要好好的【地】讲给学生听，同事里面，没一个合【和】他谈得来。我也劝过他几次，叫他不要占人家的地步，将就些罢【吧】。他只不肯依，倒还说我是什么冷血。我也不知什么叫做热心,什么叫做冷血,随他挖苦罢了。"子春暗道:"我倒听得人说,动物有一种冷血的,就是鱼鳖之类,谦甫是毒骂他的。"却不好说穿,免得他动气,便应道:"既如此,我照着四舅的话办罢【吧】。闹出事来,四舅要合【和】我排解的。"安儒满口答应。子春道谢退出。不知后事如何,且听下回分解。

## 第十六回
### 哄课堂一字起风潮　回监督诸生齐要挟

却说胡子春奉了朱安儒的教,就回到卧室,把两只书箱打开,检【拣】出一部《四书题镜》,一部《五经备旨》,大喜道:"幸亏我这两部书都带了来。陆经邦还说我又不去下乡场,要这夹带何用?哈哈!经邦原来不通,那【哪】知道学堂里当教员的秘诀,他只会处他的村馆度日子罢了。如今我有这两部书,照着注讲起来,学生肚皮里没有这种学问,还能不佩服我吗?"当下把书箱锁上,又把这书部面上的灰尘扑干净了,把那四叉扣的绳子解下来,免不得抱佛脚。先把一本《大学》打开,逐句看去,口诵心维,要想讲下去,那【哪】里讲得通呢?暗道:"不好,这《大学》是从小读过的,只为县府考、学台考、乡试场从没出过这上面的题目,所以未经研究。目前急等着他应用,无济于事的,倒不如《中庸》。我记得有一次会课,是'鸢飞戾天,鱼跃于渊'二句的题,我是分做的,中权两比起句道'一鸢飞而羣鸢皆飞',对比是'一鱼跃而众鱼皆跃'。这起势已经来得突兀了。又妙在股末一个撇笔道'然而天不知也',对的是'然而渊不知也'。先生加上夹圈,批的是'朴实说理,翳障一空',把我取在第一名。这先生是逍鹿泉先生的再传弟子,他既赏识了我,因此薄有文名。我原是靠着《中庸》这部书得名的,如今还要靠《中庸》发迹哩。"

想罢，便把那部《中庸》打开看时，第一节就是"天命之谓性"，细细的【地】寻味这白文，有点意思。再看朱注，是"命犹令也"。自言自语道："吙①，原来命是要说令的。"再看下句，是"性即理也"，不觉诧异道："我记得朱注还有一句话道：'天即理也。'这么讲来，不讲成一个'理令之谓理'么？"再看题镜上面的话，更被他闹得糊涂了。不觉着急道："这真未完。"谁知背后有人叫道："什么未完？合【和】我商量，包你了解。"子春吓了一大跳，回头看时，原来是陆定安。子春道："定翁甚时来的？我被你吓昏了。"定安道："对不起得很，我见子翁在这里看书，不敢惊动，正待退出去，忽然听得你叫未完，有些诧异，特地回来请教的。子翁看的什么书？难道有甚新闻，是未完的事么？"子春连忙掩书道："不是什么新奇的书。"定安眼儿尖，见是一本《中庸》，恰好触动脑筋里一桩故事，忍不住笑道："敝乡一位教书先生，原也是个世族，只因景况太难了，不得已出来教书。有一家聘他去教几个蒙童，这先生年纪虽大，火性未退，东家两个儿子，都只不过七八岁上下，拨一个馆僮伺候。那馆僮名唤'大了'。东家又吩咐先生道：'我这馆僮呢，随便先生打骂都可以使得。只这两个小犬，内人十分爱怜，不但打不得，连骂都请先生捐免了罢。'这位先生贪图他的束脩丰盛，勉勉强强的【地】答应下来了。不上一个月，着实有些气闷，却不敢骂学生，只把大了来出气，叫常要打他，动不动骂他可恶东西。那大的学生读到《中庸》了。子翁，你是个内行，知道这《中庸》是不容易读的。第一，小注多。为什么难读呢？就是这个小注多的原【缘】故。那先生每天教学生三行小注，尚是读不来，生书带书，没一首熟的，背起来，有了上句，没有下句。先生要待发作，又因东家再三谆嘱，不可打骂，每到纳闷的时节，便叫未完。当时有个朋友送他一首头巾诗，中间一联警句，我切记在心，道是'可恶声声叱大了，未完句句说《中庸》'。"说罢，哈哈大笑。子春一腔心事，那【哪】有功【工】夫

---

① 吙，拼音 āo，拟声词。

听他的笑话，只不过略嘻嘻嘴，定安知道他要预备明天功课，只得退出。子春看不透《中庸》的道理，才把《论语》来细细把玩。次日到得课堂，讲起"学而时习之"来。论理学堂中的学生，最不喜听先生讲什么四书五经，只这五班里学生通品多，正要听他讲的错不错哩。子春才讲完一章，就有一个学生走来问道："习鸟数飞也，这么说来，关温理学业甚事？"子春道："学之不已，如鸟数飞也。朱夫子加个'如'字，便把那勤学的人活画出来。"那学生道："朱夫子的注，我原佩服。只是这温理旧学的话头，应该有个字儿贴切他，才显得出习字的本义。原指的鸟数飞不该通融，把来做个温习的习字。"子春不懂得六书有假借一法，被他问得顿口无言。旁边又闪出一位学生道："这个讲究，学生倒略知一二。古人造字是没有造全的，所以有鸟数飞的习字，没有温习的习字。古书里面，诸如此类甚多，其名叫做假借。这是中国人嗜古太深，信古太笃，古人创下一种字，原待后人补正的，谁知后人胆小而识不广，不但不敢纠正古人，并且不敢附益古人所无，那嗜古信古的人，还要算古人的不肖子哩。譬如仓颉以后，造的字也未始不多，却有许多人废而不用，宁写那假借的字，以为古雅。据学生看来，这都是魔道，弄得文理不能普通共晓，就是这种好古的流弊。假如早些订正，补全文字，统归划一，岂不甚好？"又有一个学生道："先生，他说的这句话，实是不错，还有许多字要添造的哩。即如化学里面，硬把金类的'金'字，加上个偏旁，就算是某养。又如汽机的汽字，也不是作水气讲的，就合【和】假借字差不多，这都要改造。总之，有一种外洋的新器新理，输到中国，总须替他造一个字，才能大众一齐知道哩。"子春被他们闹了半天，弄得一句也不敢驳难，只得洗耳恭听。等他们闹完，倒有一点钟的工夫了，这才揭过一章书，先念一遍，再行讲解。谁知学生见他念书，也就高声朗诵起来。最妙的是一个学生，又在那里念《新民丛报》，被子春一眼望见，走上去一把抢过来。那学生问道："我在这里用功，为何先生把书抢去？"子春道："监督有谕，不准看这种背【悖】逆的报。"那学生一怒，便出了课堂。子春大不答应，当时便找学监，要查他的姓名开除。偏偏安儒不在堂里，定安劝道："我们这学堂是隐忍惯的，所以这些年没闹事。子翁要着实整顿起来，只怕要闹风潮。"子春道："既然如此，以后他们读这些犯禁的报，我可不管。"定安不敢则声。子春趁便回到卧室。一会儿安儒来了，子春把这事合【和】他说过，又把那本报交给他。安儒道："这还了得！我去回监督开除他。"子春大喜道："不这么惩创一番，他们那【哪】有一些怕惧？"二人商议既定，安儒回到学监室，忽见二三十个学生一拥进来，道："胡先生把许同学的报抢了一本去，就没到课堂。这样的教员，我们同班的人都不能承认。请先生回明监督，另派他别班罢【吧】。再者，他讲书也讲不来，我们问他习字的讲究，他都讲不出程度，不合我们这一班，须请监督派钱谦甫先生来教。"安儒又气又急道："这——这胡先生是监督派定的，谁敢说话？再者，他也是位廪生①先生，杭州城里有名的，如何你们不服？许学生看什么《新民丛报》，这是犯禁的，监督几次三番戒谕，不准看这样的报，如何他犯起戒来，被胡先生查出，那还了得！"众学生道："怎么了不得！要开除许学生，我们通班退学。"安儒冷笑道："你们倒会恃众闹事，退学便退，这学堂不怕招不到学生。"几个为首的愤然道："既如此，我们便走。"纷纷退出。安儒赶即去找鸿儒，谁知鸿儒不在公馆，打听着才知上南京去了，二日后方回。安儒无可奈何，好在别班都安静如常。安儒请定安商量，定安道："这事闹开来，大家没味。那《新民丛报》是最时行的，上海滩上看的人多，况且没什么悖逆的话，这正是学生的秘宝，叫他不看是不行。如今趁监督未回，我去劝谕他们一番，把这本报交还了许学生，息了事罢【吧】。"安儒勃然道："别的事都可以，这本报是不能还他的，我要惩一警百哩！"定安见不是路，只索罢手。

次日，五班课堂开了演说会，到的人有五六十位，只听得拍手喧哗。安儒大惊，意思要想进去弹压，定安一把拉住道："他们正在那里胡闹，

---

① 廪生，又称廪膳生，科举制度中生员名目之一。明清两代称由公家给以膳食的生员。

我们去，被他们侵辱一场，倒失了体统，以后办不来事。"安儒一想，他这话甚是，连忙退回。安儒恐众学生合【和】子春为难，就踅到子春房里去看他。再说子春自知闹出事来，心里不免着急。听得课堂里面闹开了，愈加畏惧。正想去找安儒商议，忽然有个家人送来一张洋纸片儿，上面只两个"洋"字。子春不解，只当是他们下的战书，倒听人说过的，叫什么"哀的美敦书"，忖道："不好，他们动起蛮来，我这般鸡肋的骨头，那【哪】里经得起这班年轻人三拳两脚呢？"可巧安儒进来，子春连忙把那张洋片给他看，道："这莫非哀的美敦书么？"安儒不懂得这个名词，道："什么叫做哀的美敦书？"子春道："便是我们小说上屡见的那战书了。"安儒道："你倒从容，说这不要紧的顽【玩】话，他们闹到这般田地，祸首罪魁，都是由你而起，只怕众学生闹到你这卧室里来，你招架不住哩。依我说，找个地方避避罢【吧】。"子春听了大惧道："这事须不与我相干，监督叫搜检悖逆书，我奉命而行，怪不到我。"安儒不则声。恰好陆定安走来，见桌上一张小洋片儿，很觉诧异，道："子翁还会写外国字么？"子春道："那【哪】里是我写的，这是学生来的战书。"定安不信，忙叫跟人去请白师爷翻译。一会儿，注了中国字来，原来是"胡屁"二字。子春满面通红。定安道："不瞒你说，学生商量着打你哩。趁这时他们还没议定，赶紧走罢【吧】。"子春吓得面如土色，要待走时，舍不得行李，又且白来几天，一个钱没弄着，很不甘心，还在那里踌躇。安儒知道他的意思，道："你行李不要紧，交给我便罢，作兴事平了，还好再来。只是你出去没钱使用怎处？也罢，你跟我来。"三人同出卧室，定安自去。朱、胡二人反锁了门，跨进帐【账】房。安儒替他支薪水，管帐【账】的知道他们是监督的人，落得做人情，便支给他一个月的薪水。子春拿到银子，慌慌张张打从后门出去，找杜鹿笙去了。安儒自己也觉惊心，恐怕胡子春走了，学生找到自己。等了两日，学生毫无动静，只不上课，终日在课堂里议事，一般有人在外面游散，忍不住合【和】定安商议，叫他们照常上课。学生道："我们要等胡监督回来，答应了三桩事，便照常上课：第一允准我们读《新民丛报》；第二是逐去胡屁；第三是我们五班里请钱谦甫先生来教，这才没事。要不然，我们也不退学，也不上课，搅到那【哪】里算那【哪】里，我们是铁血主义，生死都不怕的。"定安告知安儒，真是弄得束手无策。好容易等到第五天鸿儒回堂，安儒早已打听得他回来，便赶到他公馆，一一二二的把就里告诉了一遍。又道："胡子春真冤枉，分明是钱谦甫指使学生合【和】他下不去。兄弟劝大哥早些辞退这人，要依了兄弟的愚见，也不至于闹出这种大事来。"鸿儒一一听他说完，面皮铁青道："亏你们办的好事！学生也太可恶，有这样蛮缠的么？给我一齐赶出去，我另招学生来考便了。"安儒大喜，正待申说，忽然门丁来回道："通堂的学生来见。"鸿儒听了，也不免登时失色道："快关了大门，说我不在家。"话还没吩咐完，众学生一拥而进，把鸿儒兄弟逼住在书房里，没得出路。不知后事如何，且听下回分解。

## 第十七回
### 良教师不容学界　　守旧党拟课时文

却说众学生一齐拥到监督朱鸿儒书房里，鸿儒大吃一惊，只道他们要动蛮了，吓得不敢开口。倒【到】底安儒是当过学监的人，有主意，站起身来问道："众位有什么事情？"学生有两个代表人，忙答道："非为别事，只要监督去掉个把不通的教员，让我们看些开通的书报。"安儒还没答应，鸿儒连连摇头道："我请的教员，本没有不通的在内。至于书报，本是看得，只是不许在课堂里看。"学生代表一见两桩事监督都不答应，只得回到堂中，只不上课，也不退学。鸿儒托人出来解说，始终依了他们，方才息事。这时韩伯葵、钱谦甫二人在旁私议道："我们要去排解呢，那是正中监督之忌。要是听其自然，又对不住学堂，我们还是辞馆去的为是。况且他们还说我们在内挑弄是非哩。"计议已定，让学生风潮闹过，事儿平定了，这才面辞鸿儒。鸿儒假意挽留，其实恨不得他们赶快出去。安儒得着这个信息，只喜得眉开眼笑道："如今我们有安稳日子过了。"

且说伯葵出了高等学堂，他是当惯西文教员的，那【哪】愁没事做。刚才搬到客寓，正想回家歇息几天，再行出来谋馆，谁知上海本埠就有几处学堂邀他去，杭州又有人来请他。伯葵择肥而噬，答应了上海一处学堂，那馆谷比高等学堂里面丰了一倍。只钱谦甫是个中文教员，虽说中学甚好，可没人请教他。谦甫手中本有些钱，也不在乎就馆。他的家眷本在上海，从学堂里出来，就把行李什物都搬到家中，乐得逍遥自在。一天踱到大马路易安茶居吃茶，忽然遇着胡子春独一个人来找朋友。谦甫胸中坦坦怡怡，本没存心合【和】他们反对，那是朱杜的私意，有心合【和】韩、钱为难，因此见了胡子春，照常招呼。子春本来有些儿佩服谦甫，为的自己是朱杜一党，所以合【和】韩、钱水火。如今是大家散伙了，没什么妒忌，朋友多一个好一个，乐得拉拢，也做个觅馆之助。因此见谦甫招呼他，就挨在他茶桌上坐了。谦甫道："子翁从那【哪】里来？"子春道："从家母舅家里来的。"谦甫道："子翁没有回学堂去么？"子春道："还提起学堂呢，真正气人，我上了朱安儒的当了。"谦甫问起来由，子春道："他不教我讲经书，也没有这番冲突。我在课堂里不讲书，倒也相安无事。"谦甫道："这倒不然。讲书本是应该讲的，只是没有好课本，拿了现成的书去合【和】他们讲，自然没得人要听。假如有好好的课本，他们岂不愿听呢？如今的学堂，除了西文科学，总算普通齐备，至于中学，却一毫没得把握。博雅的人讲出来的话又太高了，浅陋的人讲出来的话又太低了。要不高不低，恰恰合着学生的程度，这不是桩难事么？然而也不难，只消把班次齐一，专门请几位编书的人，就他程度编辑，一学堂有一学堂的性质，是不能通融的，这么办起来，自然允洽的了。如今不是学生不喜学中文，却是办学堂的人不在那里重中文。你看各处小学堂，有些志士互相研究教育的道理，教科书编辑的也多，所以发达。只中学堂里，从来没人提倡编书的事，学生程度高的，只好置之不教的了。依我的愚见，最好是把西人科学译成中文教他们，两不抛荒，都有实益的。那西文别为一科，专备翻译通事之用。这么办来，也是一种速成的法子。"子春唯唯，回头见他一班朋友来了，起身招呼。谦甫举眼看时，原来是两个人。一位脸上满满的烟气，大约吸不到八钱，便是半两，一个手里提着个小皮包，皮鞋黑袜，前流【刘】海留得十分长。一位戴着个绒洋帽子，浑身外国呢的衣服，足登皮靴。子春拉他们旁边桌上坐了。只听那前流【刘】海的人说道："如今学界上愈出愈奇，竟有八股先生来办学堂了。"子春道："什么人？"那人道："就是敝县的吴怀农，我前次合【和】你讲过的。他道学堂一开，有些人抛掉了中国极好的文章，极好的四书五经，学那七不搭八的外国文，弄到后来，文字一道，没得人讲究，直头就是文荒，不得不挽回这个流弊。因此聚集了一班老学究，开了个什么复古学堂。他来请我，我是恨极了。那劳什子的中文，足算我弄得来，也不高兴去当这个教员。"子春道："我倒情愿去，你肯荐我么？"谦甫见他们谈得亲热，也摸不着那两人是什么来历，茶都冲淡了，没甚意思，独自回去不提。

再说胡子春这两位朋友，那前流【刘】海的便是尹子奇，那绒洋帽的便是崔仲亚，都是嘉定人，本来读过几年书，只因上海闹维新，他就入了又明派一党。子奇自信各样都又明得来，就只不改吸了几口烟，还是守旧时上的瘾。如今戒是戒他不掉，少吸些又发吐红旧病，究竟性命要紧，说不得背着人吸。可恨那班文明朋友，开口闭口都说烟不是人吸的，饶骂了人，还要时时考验，说他手指乌黑，只怕卷过烟哩。又说他嘴里有烟气，又说他脸上焦黄，像是个吸烟的人。子奇无可奈何，只得随时分辨【辩】。一天，正合【和】一班文明朋友吃馆子，偏偏叫了一个锅面，味儿实在好吃。子奇不管他瘾发不瘾发，吃了一饱。原来吸烟的人最怕吃面，吃了面，那瘾越发来得快。子奇吃过面，就想辞了他们回去过瘾。谁知一位文明朋友周叔时，使计促狭道："人都说尹子奇吸乌烟，据我看来，实在不吸。"子奇发愤道："叔时的话，一点儿不错，我不但不吸，还深恶那吸乌烟的人，直头是个废人，一件事都做不来。中国四万万人，吸烟的一大半，就是一大半废人。"叔时道："子奇说的【得】很响，果然不吸么?"子奇道："你怎么也疑心我吸烟，我真是不白之冤了。"叔时拍手道："子奇，不瞒你说，我是合【和】他打赌。"言下，手指着一位毕尔虚说道："他道你吸乌烟，我道你不吸，他说他敢合【和】我打赌。"尔虚笑道："叔时，你也太促狭了，别拿子奇开心，让他回去过瘾罢【吧】。"子奇变色道："我不吸！你们到那【哪】里去，我就陪你们到那【哪】里。"叔时笑道："那末【么】我合【和】尔虚赌的东道，我赢稳了，我们明天还好吃番菜去。"子奇话既出口，只得听他摆布。叔时便领了子奇、尔虚到丹桂去听戏。子奇初时还好忍耐，弄到后来，只是打呵欠，清鼻涕合【和】那眼泪直滚下来。叔时分明看见，只作不知。等到八出戏听完，已是十二下钟了，子奇才得脱身。因此叔时、尔虚很佩服他的坚忍。后来子奇思得一法，买了一个什么会的戒烟丸，带在身边，遇着这般为难时节，便背着人吞他几丸，也就过了瘾了。这天合【和】胡子春吃茶，幸亏过足了瘾来的，因此说话也有精神。子春问他复古学堂的办法，子奇道："里面是八股文、古文、御批通鉴辑览、大清一统志这些功课。学生呢，是十五岁起码，至二十五岁为限，须要先考取文笔明通的教员，各认一门。你肯去是好极的了，他们正请不到人呢。如今维新的人多了，这些旧学没得人讲究，老的又嫌他太旧了，连史鉴都讲不来，只你还在不新不旧之间，这事包在我身上，一定可成。"子春大喜，当晚就请子奇、仲亚去吃徽馆。饭罢，子春还要合【和】子奇畅谈，便道："我们再去吃茶罢【吧】。"子奇道："弟还有点儿俗事，要回去办办，改天再叙罢【吧】。"仲亚道："子奇兄也不必回府，我们同上烟铺，躺着谈天可好么?"子奇道："我们文明人，那【哪】好吸烟么?"仲亚道："不妨，惟其文明人才好吸烟。我们受过文明教育的，不至上瘾，不过逢场作戏罢了。"子奇没法，只得同上大观楼烟铺。子奇道："我是不吸，二位请罢【吧】。"仲亚也不客气，躺上去吸了一口，有些儿头晕，就让子春。子春倒是不吸，因他是寒士出身，从小听得老辈说吸烟是小火烧，要把家产败尽的，因此受了戒，再不敢吸这个，把枪接过来，仍让子奇。子奇肚里是到那时候了，只得强颜说道："这烟剩给他，却也可惜，我来喷完了他罢【吧】。"遂即躺下，举起签子，一卷就是一大团。子春道："怎么子奇兄卷起烟来，那般容易，我们不是烫了指头，就是烧枯了。"子奇笑道："我是从前跟人学的，自己虽然不吸，却喜欢替人家装烟。"子奇一面说，一面吸，把一盒烟统通吸完，站起身来，惠帐【账】道："我吸上了瘾，唯仲亚是问。"仲亚笑道："我吸一筒便醉，你吸了这一盒还不醉，只怕是个老瘾头哩。"子奇道："你管我老瘾头不老瘾头，只要有本事便好吸烟。你没见中西并通的大名士还吸烟么？"仲亚没得话说。子奇要行，子春道："且慢，我托你吹嘘的事，几时有回信？"子奇道："敝同乡托了一位汪中干，在这里办书籍，请教员，你我何不同去合【和】他谈谈？"子春大喜道："我们明日同去。"子春【奇】答应，约了一早八下钟，仍在大观楼吃茶，会齐同去。子春合【和】二人作别自回，一宿无话。

次日子春一早起来，净了脸，想要吃些早点去。谁知鹿笙家里都还沉沉睡着。子春等不及，只得带了几角小洋，赶到大观楼。原来上海市面晚，这时才开门，还没得茶吃。子春在近处踱索，见四如春的点心馆倒在那里做包子了，便进去吃了一客汤包，一客汤团，这才走上大观楼。一碗茶直坐到十点多钟，子奇方来。子春道："等得久了，只怕贵同乡业已出门。"子奇笑道："他成日在栈房里，再没别处去的。"子春惠了茶东，二人同赶到栈房，果然汪中干并没出外。子春见他穿着一件乌漆黑的川绸袍子，床上却摆着几包书，是商务印书馆买来的。子春不敢怠慢，很恭维他些话。中干待理不理的，略略应酬几句。子奇对中干道："我这位同学是中西兼通，现在高等学堂里当教员。"中干听说，才肃然起敬道："高等学堂，我也久闻其名，只是规矩坏了，没得从前好。"子春道："也不见得，如今学务是很难办，不问好坏，外间都有谣言的。"中干又对子奇道："敝东开这个复古学堂，一切事都交给兄弟办。如今正要请教员，果然子翁有什么熟识的人，推荐两位也好。"子奇道："请教员本是一桩最难的事，如今半通不通的人多，要出来混这碗饭吃，请的不得其人，就起风潮，不当玩的。"一面说，一面子奇合【和】中干又附耳说了几句。中干方改口对子春道："子翁可肯屈就？莫如合【和】子奇兄一同去罢【吧】。"子奇道："别牵上我，我是弄不来这些旧学的。"中干道："又来了，你前天怎么答应我来？"子春道："弟别的倒不贪图，如今合【和】子奇兄合【和】仲翁在一块儿叨教叨教，倒能长些学问。"中干道："子翁在高等学堂里，是多少薪水一月？"子春道："三十两银子。"中干吐吐舌头道："倒【到】底大学堂局面阔，敝处的学堂，只不过十来块钱请一位教员，子翁那【哪】肯屈就？"子春脸上一呆，只得答道："容再商议。"当下就合【和】子奇使眼色。子奇会意，二人同下楼来。中干送出道："子翁要肯屈就，望三日内给个信儿，兄弟想明后天动身回去。"子奇答应，辞别中干而出。子春肚里饿极，一摸身边，还有三角洋钱，便约子奇道："我们近水台吃面去。"子奇怕的是面，道："不必，我请你吃饭罢【吧】。"于是二人找到一个小饭馆里吃饭。不知后事如何，且听下回分解。

## 第十八回
### 假维新自成腐败　真义举共运机谋

却说尹子奇和胡子春走进一个小饭馆里坐下，堂倌来请点菜。子奇点了一样咸菜肉丝汤，叫他拿一碟咸肉，一盘半段头的红烧黄鱼，烫二两烧酒，二人饱餐一顿，算下帐【账】来，倒是四百五十四个钱。子奇意欲惠帐【账】，在身边尽摸，摸出三角洋钱，不够四百五十四的数目。子春没法，只得凑上两角小洋，找出三十个钱，那十六文算了小帐【账】，二人才得出了店门。子奇要去吸烟，子春道："我们没得钱了，去不得。"子奇道："不妨，我有认识的烟铺，好叫他写帐【账】。"子春只得奉陪。到得一家烟铺门口，子春看时，玻璃窗上写着"楼上五分灯吃"。子奇领子春上了扶梯，子春见小小一间楼房，上面倒安着十来张榻，很觉得拥挤，还有些赤着脚，穿着一件短袄的人，横七竖八，躺在那里呼吸，只空着一张榻。子奇拉子春坐下了，堂倌走来道："尹先生好久不来了。"子奇道："正是，我到苏州去看一位朋友，昨天方回上海。"子春觉得诧异，殊不知子奇是合【和】人家闹惯这一出的。堂倌送上一只甘蔗做的老枪，铜包斗儿，子奇就只吸惯这支枪。子春见他送来的烟，却不是用牛角罐子盛的，是用箸子托的，料想一箸就是五分，共总是四箸，暗道："这子奇的瘾倒也很深的了。"子奇那【哪】里知道子春肚里转的念头，不去管他，翘着一条腿躺下就烧，接连吸过四口，对子春道："你请躺在这边，我烧一口给你吸。"子春忙辞道："我吸不来，这个你知道的。"子奇道："你何必太拘呢？"说罢，立起身躯道："请躺过来罢【吧】。"子春只不肯起身。子奇发急道："不吸不妨，换一边躺躺也不碍事。"子春然后悟到他要掉边，只得起身换躺。子奇吸了多时，才把四箸烟吸完，堂倌自会替他记帐【账】。子奇就合【和】子春下楼，拱手而别。

　　隔了一日，子春到底记挂着馆地，又去找子奇。子奇道："如今我们的馆地有着落了，那汪中丞的事不必就他，我也不愿意你去。我有一班至好朋友，要开一个大大的学堂，今天约在四海升平楼吃茶，我同你去谈谈。"子春大喜道："就同去罢【吧】。"子奇道："你休得性急，约的是四点钟，这时才三点一刻，还早哩。你请坐一会儿，待我把回复汪中丞的信写好了，再去不迟。"子春只得等候。坐了好久，子奇的信还没写完，子春不耐烦，偷眼见他在一张八行书①上，只写了两行，什么"渴想之至"四个字，倒还写得清楚。子春听得隔壁的鸣钟已经打了四点，就催子奇道："你的信写好没有？你听不是四点钟么？"子奇道："这钟靠不住的。"

---

① 八行书，指信笺。旧时信纸大多用红线直分为八行，因此称为八行书或八行。

子春没得话说，又等了两刻钟的光景，子奇站起来吸水烟，道："我们就去罢【吧】，汪中干的信话太长了，我明天去当面说罢【吧】。"于是二人同到四海升平楼。子奇领子春到中间一张桌上，有些人站起来，招呼他们坐下。子春见他们这班人总共五位，都是衣服华丽，知道有点儿来历。他们倒合【和】子奇很熟识的，通问姓名，子春才知道一位疏疏郎朗有几根胡子的，是毕魁光；一位雪白粉嫩的脸儿，是陆小琴；一位黑大胖子，是关大力；一位紫膛色脸，高高儿的身躯，是欧阳亚春。还有两位合【和】子春通了姓名，不记得了。当下子奇开言问道："笑哥儿还没来么？"魁光道："他是从容惯的，约了四点钟，就要五点多钟才到哩。什么学堂不学堂，都是他闹的。自己又不肯早来，倒累着尹先生合【和】胡先生在这里等他。"大力道："笑哥儿文绉绉的，就只知道开学堂。咱的意思，中国弱到这步田地，正经学些拳棒，外国人打进来，还好抵挡一阵哩。"亚春道："可不是，敝同宗北侠先生跟着包龙图，不是大大的建了些功业么？文绉绉的先生是不中用的，肚皮通的【得】像李太白那般，只好请他吃酒，做不成一桩事业。"子奇道："你这话说错了。包龙图不是个读书人么？为什么贵华宗的北侠欧阳春只能为他所用呢？"亚春涨着紫膛色的脸，急道："包龙图要没有南侠北侠这班人，早已被人家刺死了。"子奇道："这都是做书的人造的谣言，休去信他。"亚春道："呋，书上既然都是谣言，读了他有什么用处？"子奇知道执之一见，也不必合【和】他理论。小琴接着说道："欧阳大哥说的话也欠通了。我试问你，不是读书，那【哪】里知道什么包龙图、南侠、北侠呢？"亚春没话回答。子春瞥见一位不高不矮姜黄色脸皮的人，戴着一副双龙金丝边的眼镜，上楼来了。看他情景，很有点儿酸气，倒合【和】教书先生一般。子奇第一个站起来，大家一齐起立招呼。那人坐到桌上，先问了子春姓名。子春也问尊姓，那人道："在下没得姓名，你叫我笑哥儿便了。"子春才知这人便是他们讲的笑哥儿。

不言子春在那里摹神，且说笑哥对子奇道："尹先生，你觉得我这开学堂的事错不错？"子奇道："这是好极的事，有什么错处呢？"笑哥道：

"不是这般说。开学堂呢，人都知道是件好事，但是我们这样的行业，觉得不配。"子奇道："这有什么配不配？上海有钱的人，情愿花天酒地，把钱糟蹋去，叫他办桩正经的事，一文也舍不得。笑哥肯尽这样的义务，我们学界中人尽都佩服，怎么说不配呢？"笑哥得意道："尹先生的话，果然不错。我想做了一个人，不管皇帝合【和】叫化子，都有国家的责任。要是没有热心，只图自己快活，就是皇帝也不能算没有错处。要是有了热心，做几桩有益于人的事，就是叫化子，也不能不算他是个英雄。我说桩故事给列位听听：我们乡里有一位泥水匠，叫做王大傻子。他从小做泥水匠，早就出师了，每工赚人家二百四十钱一天。他除却一天吃三十钱的饭食，每年添置吊把钱的衣钱，不肯乱用，积聚到十吊钱，他就去放利。果然越聚越多，从此发财，手里有十几万银子。他的儿子不学好，读书不成，天天在外闲逛。泥水匠教训他不听，知道他没出息，也就不愿意把这家当给他败去。看看自己老夫妻二人年纪大了，用的钱也有限了，正想做几桩善举，留个名儿。一天到城里去听演说，不知那【哪】位先生说得实在好，恰是说开学堂的话。他回家想了一夜，就决计开办学堂。现在我们城里的自强学堂，就是他的钱创办的，不说别的，单是造房子就用了三万。你说这人不是个奇人么？在他们外国算不得奇，有钱的把几兆银子捐在什么公处的多着哩。我们中国却没这般文明，奇在乎一个大字不识的人，但凭人家一场演说，就肯倾家做这个义举。如今敝县学界中人，替他做了许多碑记，自强学堂里铸下了他的铜像，我实在羡慕，他有这般的荣耀，比做宰相还阔。泥水匠王先生那【哪】个不知道，随他到那【哪】里，都有人恭维他。因此想来，人生不过几十年罢了，自己故了，便有银子成堆，也带不去。儿孙享用，于我何干？苦苦的【地】挣下许多，给他们则甚？倒不如博个名誉，叫人家记念他，有点儿实在哩。要儿孙好，莫如教给他本事，不怕他将来落魄的。所以我笑他们那班富翁都是发呆。"大力道："只怕我们开学堂，就没这样的声名。"子奇道："怎么没有？别说你们认识的都是些阔人大老，听得你们办这学堂的事，都乐于奖成，将来奏请赏给匾额等类,都未可知。单说我们学界里也要替诸位留个记【纪】念,刻碑铸像,应该有的。"笑哥听了大喜,就只陆小琴合【和】笑哥表了同情,其余诸人都合【和】笑哥反对。只因笑哥在他们里面,算是有势力的,不敢驳回。笑哥从怀里抽出一张公启给子奇看,上面写的无非是创办学堂,全亏大家捐助的话。笑哥自己写了五千块钱。子奇起敬道:"笑哥这般慷慨,我们实在佩服。中国人都像笑哥这般,还怕不能强国么?"说罢,把这张单子给子春。子春自然也很拜服,赞扬了几句,还了笑哥。笑哥把这张纸摊在桌上,对众人道:"我这开办学堂,蒙尹先生、胡先生都允准了。他们二位都是学界中的豪杰,他们既表同情,学界中人亮来也没有不然的,我就决意要开了。诸位愿意书捐,就此写上罢【吧】。"陆小琴第一个站起来,写了一千块钱。关大力、欧阳亚春等人面面相觑,只不抬身。笑哥道:"你们四位呢?量力捐助罢【吧】。"四人都不则声。半晌,亚春才开言道:"我们再去商议商议罢【吧】。"笑哥没法,只得合【和】他们约道:"既如此,须三天内给我回信。"四人唯唯答应。四人托言有事先散。子奇、子春也要回去,笑哥拉子奇到旁边桌上,嘱咐道:"我这学堂定准要办的,你先去合【和】我定个章程出来,三天后我们再会罢【吧】。"子奇大喜应诺,当下各自回家。

次日,子春又去探候子奇,子奇接见了。子春道:"昨天那班人到底做的什么行业?那笑哥是什么人?"子奇道:"你休得多问,将来自会知道的。"子春没法,这个闷葫芦一时打他【它】不破。子奇又道:"你来得甚好,我定了学堂章程,你合【和】我代抄一遍罢【吧】。"原来子奇的楷书不堪入目。子春虽然文字欠佳,书法却是好的,料着这学堂开办,自己也有分【份】儿,不好不先尽些义务,便欣然允诺。他只道子奇的学堂章程是已经定好,心中暗服他定得惩快。谁知子奇却有个妙法,把京师大学堂章程合【和】别处学堂章程,东采一段,西取一节,只教子春照抄,字数却甚多,一时写他不了。足足写了一个时辰,方才写完。子奇对过一遍,并无错字,便道:"我们这章程,还要录个副本。"子春道:"我手都写酸了，要录副本，明天再录罢【吧】。"子奇约他明天午前来，子春答应，别了子奇回去。次日，子春只得又来，把副本写好。子奇留他吃过午饭，过足瘾，便对子春道："我今天要去交章程，还有许多话合【和】笑哥商议。你且回去，等学堂有了眉目，再来相请。"子春意欲同去，不好启齿，怏怏而别。子奇送了子春出门，便把章程订成一本，换了一套新衣，走到笑哥家里。进了大门，就见一排五幢房子，四幢厢房，里面妇女笑语之声不绝。子奇咳嗽一声，喊道："有人么？笑哥在家么？"只见一个家人跑出来招呼道："请老爷书房里坐罢【吧】。"子奇跟着他踱进书房，笑哥起身相迎。还有一位面生的朋友，坐在烟榻上，见子奇进来，也起身招呼，彼此通问姓名，子奇才知道他姓吴名强，表字公权。笑哥让他坐下，献过了茶，子奇便把章程一本送上。笑哥接来，从头看去，赞道："书法真好。"子奇谦谢。笑哥逐条细读，一会儿便完，对子奇道："这章程大半采取京师大学堂的，我的意见也是如此，横竖照着大学堂办法，没有错的。"子奇始而听他一句话说中了自己的毛病，倒吃一惊，后来听说合【和】他的意见同的，才放宽了心，便道："我也因为如今学堂多了，各人有一个办法，总觉不对，不如把京师大学堂小学章程，做个底子，把自己做的几条，搀和在里面，虽说没得好处，到底不出毛病。"笑哥点头，就把章程递给公权。公权取出眼镜，也看过一遍，赞道："很干净的，尹先生辛苦了。"子奇谦言不敢，忖道："这位莫非也是东家么？"只听得笑哥合【和】公权商议道："亚春这班人不肯捐助，有什么法儿说到他肯呢？"公权道："怎么没有？明天我来请他们吃饭，我们几个人好好的【地】劝说他一番便了。"笑哥大喜。公权又道："大力、亚春赚的钱，也就不在少处。我替他们算计，比我们差得有限，为何这样舍不得捐钱？只那两位景况为难，我倒不怪他。"笑哥道："正是。我也猜不透他们是什么意见。"不知后事如何，且听下回分解。

## 第十九回
## 尹子奇嘿筹演说费　吴公权大开请客筵

却说笑哥合【和】吴公权商议，要捐欧阳亚春、关大力的钱，公权答应，约笑哥请他们吃饭劝捐。二人评论一回，各自散去。子奇把章程交出，也自回去。走到半路，遇着一位大维新朋友，姓夏名奇峰，表字山子。他是城西女学校的教员，到过东洋，向来负有盛名，子奇最拜服的，连忙合【和】他拱手。山子本是西装，如今把辫发养得长了，他的文明，只在脚下一双皮鞋、头上一顶外国帽子上面看得出来。当下见了子奇，大喜道："久违了，我们喝酒去。"子奇虽说是吸烟的人，与酒无缘，却靠着本来量大，还能喝一斤半斤，难得山子高兴，不得不凑趣儿。二人同到四马路德泰昌酒店坐下。堂倌见山子来到，是他家老主客，分外巴结，挪了两块簇新的毛巾送上，不消说是花雕两小烫好了，摆在夏、尹面前。山子命他到徽馆叫两个过酒碟子来，一蝶醉虾，一碟白斩鸡。山子浅斟低酌，问子奇道："听说你合【和】吴、笑二位商议开办学堂，这是一桩极文明的事。不料他们这班人肯尽义务，却是难得。"子奇道："笑哥本是个读书人，隐于彼业的，他的价值，学界中都能知道，不消小弟揄扬的了。他同行中也就只他肯出钱倡办，其余的人都不甚愿意，还在那里观望，不肯捐款哩！"山子道："原来如此。我来替他们发传单，借张家花园演说，请他们同行中的友都到，包他这事必成。这事不靠演说的热力，那【哪】里会成功呢？你去合【和】他说罢【吧】，学界里的事脱不了我，他只消帮我些传单费，借园包茶费，便好效劳的了。真正惭愧。我们学界中天天说尽义务，尽不了一桩义务，倒不如笑哥这样热心教育，还好不帮忙？"子奇声声应诺道："有山子君出来演说，果然事必成。我明天一早合【和】笑哥说去便了。"山子道："最好他请我去会一会面，这事还有个商量。"子奇道："会面倒很难的，他事儿也忙，不比小弟是合【和】他混熟了的，可以随随便便等他一刻半刻也不要紧。或是他们有什么朋友商议秘密,也不消避小弟的,因此见面倒容易些。他素闻山子君的名,那【哪】敢怠慢,定然要必恭必敬的【地】厮见,所以觉得为难。有甚紧要的事,还是待小弟传话罢【吧】。"原来夏山子维新的名望,虽然比子奇大些,恰也是家况清寒,有缝必钻的,早就听说吴、笑二人要开学堂,尹子奇替他定章程,不觉十分妒忌,对人说道:"他们懂得什么,也要开办学堂,只怕上海滩上学堂挤不下,要开到黄浦江里去了。尹子奇这个人,我就认识他,真是冒充新党,肚子里一点儿新气都没有的。他会定什么章程呢?只好定他戒烟丸的数目,一顿几粒罢【吧】。"他背后的议论如此,及至见了子奇,他又想借着子奇走吴、笑二人的路,不得不赞扬吴、笑,却注重在见吴、笑的面。子奇何等精明,暗道:"我要引他见了吴、笑,有了他地步,没有了我的营生,那还了得!"因此打定主意,不教他见吴、笑,想出这篇话来回复了他。山子没奈何,只得转念头,要在他身上敲吴、笑一个大大的竹杠,便陪笑道:"原来笑哥这般忙,你只把演说的话合【和】他说说罢【吧】。"子奇答应。山子喝了两壶酒,子奇只喝得一壶,瞥见一个堂子里的娘姨,穿件青灰色竹布衫,竹布裤子,一双天足,梳着漆黑光亮的髻,插带着金扁簪儿,金押鬓儿,打从扶梯上来了,劈面就到自己这张桌面前。山子别转头,子奇却把两只色眼的视线注在该娘姨身上。那【哪】知这娘姨更是奇怪,偏偏转到山子面前叫道:"夏大少,为倽①该几日勿到倪个搭去哉?"山子发急道:"我又不姓夏,你认错了人!"那娘姨碰了这个顶子,真正晦气,啐了一口道:"阿是看见子鬼哉?"满面通红,下楼去了。子奇笑着问道:"这个娘姨真是稀奇,怎样知道山子君姓夏呢?"山子道:"有个原故。舍弟前几天贩茧子到上海,作兴到过他【她】堂子里,他【她】看错了,只当是我,我懒得合【和】他【她】说是舍弟,就这般回复了他【她】,倒干净些。子奇道:"山子君真是爽快。但只据小弟意

---

① 倽,同"啥"。

见，这些地方偶然走走也不妨事，山子君也太拘了。"山子正色道："这算什么话！我们当教员的人，第一是道德，须要规行矩步，别说鸦片烟吸不得，堂子里也去不得的。你说偶然走走不妨，要知道被学生取了法去，也说偶然走走不妨，这不是彼此相欺么？我于这些上面的界限甚严，生怕一朝失足。我一人不要紧，害了无数少年的道德，我怎样对得住社会呢？中国的现象如此，我们还敢泄泄沓沓，跟着下流社会混去，岂非是罪魁么？"山子酒已有八分，说这话时，泪随声下。子奇倒被他闹得没法，半晌道："山子君一腔热血，是大众公认的，小弟如今把烟已戒尽，也算得半个完全人格。我们在学界里面，本是最苦的苦业，只不知我们这般心迹，有人知道没有？"山子道："你足算好到极点，也不过几个知己的人知道。你要是吸乌烟、逛堂子，这个风声传出去，只怕通上海滩上都晓得。即如我今天遇着这个娘姨，难说就有人造谣言哩。"子奇忖道："他倒脱卸得干净，我知道他没有兄弟，确确凿凿是他做的倌人的娘姨。我虽没合【和】他同过局，我的朋友谢子兰合【和】他同了几次局的，真人面前话假话，这人实在可怕哩。"慢言子奇肚里菲薄山子，且说山子酒已喝够了，就叫堂倌来惠帐【账】。子奇假意抢惠，山子道："这是你抢不过我的，我这里有折子，可以上得。"子奇只得道声破钞。堂倌把折子呈上，山子抽出来看过，给了堂倌三十钱的小帐【账】。二人一同下楼，拱手而别。子奇回到寓处，只见一副请客帖子。子奇看时，上面写着："谨詹十五日巳刻，洁樽候教。公权、笑哥拜订。"那"公权笑哥"四字，却是双行，还有四个字注在旁边，原来是席设吴宅。子奇掐指一算，暗道："今天是初十日，还有五天，我倒要先去会会笑哥，把山子的话合【和】他说说看，分肥点儿油水也是好的。我这几天的烟资，正愁没有着落哩。"主意打定，次日便去访笑哥。笑哥在吃饭，听说尹先生来了，忙叫请进来。子奇踱进客堂，笑哥起身相迎道："来得正好，就在这里便饭罢【吧】。"子奇道："屡次奉扰不当。"笑哥道："好说。"叫家人添上碗筷。子奇看他饭菜，果然丰盛，一样冬瓜清炖南腿，一样冬菇鸭子，一样炒鸡片儿，一样炒虾腰，还有一样黄鱼羹，一样小白菜烧豆腐。座中并没别人，就只他三个儿子。笑哥叫他们叫老伯，子奇赞了几句，一屁股坐下吃饭，觉得饭软菜香，十分开胃，接连吃了两碗。五人吃完，家人送上手巾，擦过脸立起。笑哥拉子奇进了书房，叫家人添上一盏灯，二人对躺吸烟。笑哥道："请子翁的帖子送到没有？"子奇道："送到了，就是为捐款的事么？"笑哥道："正是。你看我们中国办桩事儿难不难，不知道要费了多少唇舌，贴了多少酒饭，还不知这天能说得下说不下哩。"子奇道："据我看来，怕还未必说得下。这事总要学界里的人开个演说会，鼓动他们的兴致。再者，叫他们挤在场面上，不得不写捐才妥当哩。"笑哥听得这话，把烟枪放下，沉下心想了一会道："子翁，你这话很有道理，怎么能叫学界里的人来演说呢？"子奇道："这个不难，待我去招呼几个同志，只要他们肯出头，这演说会就开成了。"笑哥大喜道："全仗子翁运动。"子奇谦言不敢，当得效劳。笑哥接连呼烟，子奇也吸了几口，满屋里青霞缭绕，紫雾纷腾。二人掉边吸足，又吸水烟。闲谈一会，子奇辞别回去。笑哥再三嘱托邀人演说的事。子奇回去，暗自踌躇道："话便这般说了，亏得他倒深信。只是山子说的发传单包茶都有数目的，赚不到几文，怎样好开花帐【账】呢？"当晚吃过夜饭，一面吸烟，一面打主意，一边五筒烟吸足，精神陡长，计上心来，不觉自言自语道："我立个新名目出来，叫做演说费，有何不可？这是演说铺第一遭开张，收费价目多定点儿不要紧。我定为头等演说名家演说费，洋五十圆三人；二等演说名家演说费洋三十圆五人。这么办法，稳稳的【地】骗他三百块钱到手，我除却烟赀【资】零用，还好添做几身新衣服哩。"当下子奇喜得心花开了，又抽了四口烟以酬其劳，山子一层的话置之不理，却忖道："此举必成，倒也全亏山子，他教了我这个妙法。如今是不客气，叫做'逢蒙学射于羿，尽羿之道，于是杀羿'。古人就有这个诀窍，算不得我的罪过哩。"原来子奇拿稳了笑哥要上他圈套，所以这般喜悦，当晚安心睡觉。次日意欲去会笑哥，转念一想：不好，我说的是运动同志，昨天回来已经不早了，那【哪】里运动得这样快呢？今天是去不得的。主意已定,就在寓里纳闷一天。饭后,山子有书信一函送来,问及演说的话。子奇复信,足足写了两个时辰,内言笑哥已经合【和】公权出帖子请吃饭,且候他们自伙里说了再讲。来人去后,跟手就是胡子春来到。子奇问道:"你这两天在那【哪】里逛逛,为什么不来?"子春道:"不消说起,我这两天发热伤风,很是难过。今天略好些,特来候你。那学堂怎样了?到底开办不开办?我母舅要叫我到行里去管帐【账】哩。"子春道:"母舅叫你到行里管帐【账】,想必薪水是可观的。"子春道:"那【哪】里会可观呢?要是可观,我用不着合【和】你说,早已去了。"子奇道:"到底有几块钱一月呢?"子春道:"左右不过十块八块钱一月罢了。"子奇道:"还有分红等等呢?"子春道:"通统没有,包干净十块钱。"子奇道:"你自己打定主意,要去只管去,我不强留你的。要不去时,这学堂开成,我包你十块钱一月必有。"子春道:"这话果么？"子奇道:"谁合【和】你说顽【玩】话?"子春喜谢道:"全仗你合【和】我为力。你知道我亲戚家的饭,我是不愿意吃的,随他少些,我也愿意就别处。"子奇把大拇指头一竖道:"好汉子,人都要自立,不靠亲戚,就是有志气。好,好,子春兄,我们这学堂开办,你总是个大大的教员。"子春大喜道谢,谈了些闲话自回。子奇一天没有出门,早早睡觉。次日忍不住赶到笑哥家里,只见一客堂的人,子奇一个也不认得。笑哥略抬抬身,请他坐下,自己只顾合【和】那一班人议事。子奇一句也不懂得,插不下嘴,呆坐在那里等着。一直等到日落西山,这班人才散,笑哥匆匆要出门去了,子奇只得告别而归,暗道:"演说费的话,一时倒不便说,况且他们已经请亚春、大力吃饭,料他二人决不肯轻易捐钱,那时我再献计不迟,真是好事多磨。"子奇说不得耐心等候。光阴易过,只隔一天,就是十五日,子奇第一个到得公权家里。那房子格局也合【和】笑哥处大同小异,就只客堂里摆设的古玩多些,还有皇太后御笔赏的一幅行书,王爷中堂赏的书画也不少,客堂里都挂满了。子奇忖道:"倒【到】底是他们阔的【得】多,寻常人家那【哪】有这样气派。"公权穿了一件半节绸衫,从上房出来,合【和】子奇一揖，道："今天劳驾了，请坐。"子奇升了炕，公权献茶，一切气派，都合【和】官场一般。子奇暗觉纳罕，合【和】公权闲谈一会。原来公权比笑哥还要豪爽，子奇便想把演说会的话合【和】公权商量，未及启齿，忽见门帘处走了一个人进来，公权起身相迎。不知后事如何，且听下回分解。

## 第二十回
### 吴公权遍发传单　周子郁往听演说

却说尹子奇赴吴公权的筵席，见一个客都没到，就想合【和】他谈演说会的话。还没开口，忽见有人进来，公权起身迎接，原来就是笑哥。当下笑哥坐下，对公权道："我那同班的人，都合【和】我意见不合，我这学堂的事，不愿意经手了，归你办去罢【吧】。我捐的五千银子，明儿也交给你，劝捐开办，都要你一力承当。"公权道："你是一片美意，创这个义举，自然办下去为是，我不过帮你的忙罢了。他们合【和】你意见不合，随他们去，我们办我们的事。就是他们不肯捐钱，我们两人各捐五千，就是一万。以后的经费，靠着嗓子苦挣下来，还怕不够么？"笑哥道："不是这般说，长年经费，我也乐助。只是他们都说我假斯文，沽名钓誉，把我这一片热心都埋没了。我决意不出头，一样出经费便了。捐簿带在这里，也交给你。"说罢，就要辞去。公权见他主意打定，没得挽回，实在没法，只得接了捐簿，便道："尽管不问这事，何妨吃了饭去。"笑哥道："不妥，不妥。我在这里碍了你们说话，倒觉未便。"公权还欲留时，笑哥业已走出去了。公权只得送别了他回来。不一会，欧阳亚春这班人一齐来到，公权都请他们坐了，看看客都到齐，就叫开席，定了坐。吃过一巡酒，公权不免开言道："今天这一局，兄弟是承笑哥的意思，开办学堂，诸位老哥帮助点经费，成就这桩义举。"亚春道："笑哥也太得意了，他只知道自己是个能人，假斯文的，看不起同事。我自己有钱，也会开办学堂，冒充才子，犯不着拿了银子给他做场面去。"公权笑道："亚兄错怪了他，他并没这样的心思。况且他如今已不管这桩事了，特特的【地】交给兄弟管，捐款经费，他依旧照常出。这样的人，也算得满腔热血，这是义举。据兄弟的愚见，列位随缘乐助些，于自己的名誉上，也很有益的。"亚春等人听了，面面相觑，牙齿缝里，也迸不出一个肯字。子奇淡淡的【地】帮着公权说了几句，也是无益。公权的话，却愈说愈紧。亚春有些动怒。公权也是个大爷脾气，那【哪】肯相让。二人冲突起来，几乎就要动手，被子奇合【和】众人解散了。须臾席终，亚春早已溜之大吉。公权把别客敷衍去了，然后回来合【和】子奇商议。子奇趁势把演说会的策献了上去。公权摇头，半晌，又是点头。子奇猜不透他葫芦里卖的甚药，不敢追问下去，只得告辞而别。

　　隔了这么半个月光景，公权着人来请他去，子奇只得就去。公权接见了，道："我们的学堂，不要捐钱了，我合【和】笑哥合办，你拿三千块钱去办仪器图书，送到学堂里去便了。"子奇诧异道："学堂在那【哪】里？"公权道："原来你还没知道，有一个富翁郑炳如先生，听得我们有这番义举，借给我们一所房子，送我们一块匾额，叫做'优立公学堂'。我本打算写好了关书，过来敦请，郑先生对我说，学堂请总办，是要订合同的，我们就此订定了罢【吧】。"子奇大喜允诺。公权就叫家人搬出文房四宝，讲明三十块钱一月，请子奇写了一张草底。公权把来誊出，送给子奇，又把一张三千块钱的票子交给子奇。子奇那【哪】敢怠慢，接了票子，便去置办图书，却很很【狠狠】的【地】赚了些扣头。次日，把图书运到学堂，子奇就请了三位教员，胡子春也在其内。笑哥荐了一位监学，姓余名昆生，都是十块钱一月，招考告白登了报，报名的人陆续而来，却都是优伶中的子弟。胡子春监考，出的题目本就难做，十成中倒交了八成白卷。**子奇弄得没法，要不取，又都是东家一边的子弟，要取了，却实在**

**教不下去。然而东家脸面要紧，只得一齐取了。**开学那天，公权、笑哥都到，拜过孔夫子，进了课堂，倒都齐整。吴、笑二人大喜，至晚方归。隔了几日，学生的老毛病发作，在课堂里唱起戏来。子春没法禁止，告知昆生。昆生到课堂里喝他们不住，心中甚怒。二人同去禀知总办。子奇道："这班学生，开学时，我就知道有些不妥，如今果然。我们告知东家去。"当下约了昆生，找到公权，正要诉说情由，公权先言道："你们来得甚好，我想我们这个学堂，经费不够，还仗人家捐凑些，方能办得下去。笑哥说，索性发出传单，请上海的几位官绅到场演说，我们班里要是捐钱的，便准入会，不捐的不能入会。这么一激，他们自然肯捐钱了。你替我写传单去。"子奇唯唯答应，趁空把学生难教的话，告知公权。公权踌躇半天道："这些学生都是同伙中人子弟，要斥退了，得罪人使不得的。"子奇道："我倒有个法儿，如今趁这发传单的机会，另外登报招考，要是贵同伙中子弟，捐过钱的，便准进来，没捐过钱的，一起斥退他们。这样一激，他们捐钱分外踊跃了。"公权喜道："你这条陈，倒很可以采用得。这章程合【和】登报告白，你就替我办去罢【吧】。"子奇、昆生别了公权，便回学堂，照公权吩咐的话，把各事办妥。公权又具了几副请帖给上海官绅，一齐都允来到。这个风声传出去，有好几班同行的人都愿与会，或捐三百吊，或捐五百块钱的不等，倒很凑集了一大注款子。欧阳亚春这班人私下商议道："我们只因合【和】笑哥闹过节儿，没肯捐钱。如今他们学堂倒开成了，又请下许多官绅开什么演说会，别班的人尚且一齐都到，这【我】们几个人不得到场，坍台不坍台呢？"关大力道："随他们去阔，我只不捐钱。"亚春道："不是这般说。那吴、笑二人想出种种法子，都只为我们不捐钱，处处奚落我们，要不早些捐助，只怕他们招呼报馆，把我们不肯捐助的话叙上几句，那时坏了名头不必说，只怕连这班子里都站不住，我们趁早要打主意。"当时关大力、毕魁光，还有一位王二瘌子，一位柏锦标，都面面相觑。半晌，魁光道："他们的主意也毒，我们如今捐钱已迟了，况且从前斩钉截铁的【地】不答应捐钱，而今自己凑上去说肯捐，这个台就坍不下来。"亚春道："我认得胡大人的，我见他们请客单子，胡大人也在里面，我把实情告知了他，等他出来转湾【弯】，足算是他力劝我们捐的。这么办法，我们的面子也算过得去了。"魁光喜道："既如此，我也愿捐。"大力道："我也愿捐。"王、柏二人都说愿捐。亚春果然找到胡大人，把意思合【和】他说了，胡大人自然肯成全他们，合【和】吴、笑说通。这一回，吴、笑的同伙齐都捐足了，并且同担责任，长年经费的话也议准了。到得开会那天，吴公权合【和】笑哥先传齐了一班同伙商议。笑哥道："我们这次演说，是各位大人都到的，总要站班迎接，大家预备衣帽才是。"公权道："你我都有职衔，衣帽自然齐备。他们从来不穿衣帽的，那【哪】里会有呢？依我的愚见，也不消一齐去站班，只挑选几位出得场的人去便了。"笑哥点头。魁光、亚春听得这话，知道自己的仪表很下得去，不怕不入选。王二瘸子、关大力一干人，不三不四，心中有些忐忑。笑哥果然挑选了亚春、魁光、余小琴、柏锦标四位，余下的几位都被黜落了，咕哝着嘴背过不提。公权吩咐他们四人赶紧预备衣帽，就要到学堂去了。四人齐都出去预备，有租的，有借的，都穿戴了来。只毕魁光身躯长大，袍褂太短些，稍不登款，只得将就罢了。别班有衣帽的，也被吴、笑二人挑选几个同去站班。其余没衣帽的人，只准到演说场听演说去，别样荣耀的事，概不得与闻。众人倒都佩服他们二位挑选得公道，按下慢表。

再说上海有一位维新的豪杰，姓周名文，表字子郁。他生平醉心欧美，只恨自己力量不足，不能多开几个学堂，畅伸这个欧化主义。忽然听人传说，上海的戏子都开起学堂来，而且还发传单演说，甚为诧异道："中国的维新党，连他们都要算在里面，可喜可喜！这样看来，欧化实在快，也是大家的幸福了。"当下十分得意。可巧有他一位朋友，姓吴名殷，表字子质，本来是优廪生出身，如今学做维新，正因接了吴、笑的传单，觉得诧异，来通知子郁的。二人见面，子质把传单给子郁看道："你看不是桩奇事么？"子郁道："事呢也不算奇，我倒以为必有的。"子质道："你道这事算好不算好？"子郁道："有什么不好？今人生长在黑暗的中国，受惯了重重压制，稍有点权力，就觉得自己的身分【份】高的【得】了不得，看得别人低微。我佛主义最要紧的是平等士绅，算不得怎么尊贵；娼优隶卒，算不得十分下贱。要知道我们中国贵族专制政体行得久了，所以把绅士抬得越高，以下的人，层层贱下去，到娼优隶卒，贱到极点了。做了这个行业，几乎一件公益事都不配他做去，我就很不佩服。他们也是一般的人，假如行为不端，甘心下贱，不必说了。他们既有这般公益的思想，就是绅士尚且不如他们，那人格的高，自不用说了。你想上海官绅不在少处，有了十万几十万银子，只知道赛阔浪费，那【哪】一个肯提这么十分之一二，拿出来开学堂？就只商界中人还有良心，还肯创办个把学堂光光场面。然而收人学费，也就不算少了，每月要人家出十块八块的学费，贫苦的人那【哪】里出得起？名为普及，其实只成就几个富家子弟罢了。他们一个戏子，轮到他开学堂，论理还早到很哩。即便创这个义举，于他们有什么益处？别人还说借点名誉，收回利益，他们用不着名誉的，唱得好，做得好，就有名誉，就有利益，全不在乎开学堂。他们忽然激发了这一片热心，居然创办学堂，活活的把一班富官富商愧死。我所以崇拜他们，不当以寻常的俗见论的了。"子质听了子郁这篇高论，方才开悟。子郁就约他去听演说。子质道："这天弟学堂里有课，不能奉陪。"到了吴、笑演说那天，子郁独自去听，可巧遇着那些官绅到堂，吴、笑诸人穿好大衣大帽，鹄立在马路旁边伺候。子郁认得戴金顶子的二人是公权、笑哥，见他这般模样，老大不佩服，忖道："做的事这般文明，为何伺候起官绅来？到底性质如此，改不过来。"不觉叹息。一会儿，官绅都已进堂，吴、笑诸人也就跟着进去，一直到花厅里去了。子郁看不见他们在内如何光景，在花厅外面徘徊，就有余昆生领他到一班维新中人来听演说的队里去。子郁自然合【和】他们打招呼，杂七杂八的【地】议论一回，也议论不出什么道理。子郁闷闷不乐。一会儿，堂里有人来请他吃点心，子郁辞了没去，却叫人领到演说的三开大厅上看时，椅子倒是外国式样，做得很精致的。等了许久,众官绅才进来。吴、笑诸人合【和】一班听演说的,一齐拥了进来,大家坐定,洗耳恭听。起先是一个戴红顶子的官儿,勉勉强强说了几句,脸都涨得通红。以次就是吴公权上台,大家拍手。公权放出嗓子,说了一句道:"我们开这个学堂!"子郁正要听他底下的话,谁知他干咳了几声,下文没得说了,那脸上红得合【和】关公一般。子郁大笑不止。不知后事如何,且听下回分解。

## 第二十一回
### 谈学务自夸能管理　阅课卷不觉笑胡卢

却说周子郁听得吴公权演说开学堂的事,只说了一句,就没得说了,不觉大笑。公权被他这么一笑,越发臊得无地可容,连前天预备的几句话,要说也说不出了,只得下台。其余的人,更没一个敢上去演说了,只得招呼摇铃的人,把铃摇了几摇,就此散场。幸而这是各位官绅已去,没有被他们看见这坍台的样子,也就罢了。当日公权吩咐尹子奇另外招考,子奇只得再去登报。这回招考没有面情,果然有好些聪颖子弟报名应考,胡子春出的题目也都做得来了。自此这优立公学办成,倒也很有名誉的。子奇十分得意,一天合【和】子春二人在奇芳茶馆里吃茶,会着好些学界中的同志,都恭维子奇管理的学务好。子奇道:"不瞒诸君说,兄弟于这学务上面,是很留心的。从前几位东洋留学的朋友回来,合【和】兄弟至好,都蒙他们指教,因此得着诀窍,再没有办不好的学堂。"子奇正在夸张,不防别张桌上,有一位苏州办学堂的唐文韶,表字舜卿,正因他办的学堂里起风潮,人家都说他学堂办的【得】不好,他不服气,特地来到上海考察学务,无意中听得子奇说很得办学务的诀窍,不觉触动了请教他的念头,忙走过来通问姓名。子奇那【哪】敢怠慢他,连忙让他坐了。舜卿道："方才听说子翁办的学堂好，愿求指教。兄弟在苏州办了一个高等小学堂，自己想想，也没一件事不文明，学生只是不服，动不动合【和】教员学监冲突，这是什么原【缘】故呢？"子奇道："这必是教员学监不好，不然为什么学生要冲突呢？"舜卿笑道："兄弟倒听得一句笑话。前年南京城里办了一个中学堂，每年总要换这么三五个教员。后来请到一位有本领的教员，那是各种学问都能精通的。一天在课堂里囬，出了一个理学题目，学生不懂的，他又不肯细解，学生做不来了，都没交卷。他急了，尽催学生。学生恨极，都说他野蛮。他气极，就到学监那里诉冤去。谁知学生早已告到监督，说他不肯尽心教导，已经立案了。他不知道，还自投罗网去，被监督着实挖苦，说他不尽义务。这人骨气倒很傲的，碰了这个顶【钉】子下来，只得预备辞馆，却气愤不过，把粉笔在课堂黑版【板】上写了八个大字道：'天下无不是的学生'，你道好笑不好笑？如今子翁说起敝学堂来，也道教员学监不好。据这么讲，直头学生合【和】父母一般，天下无不是的父母，那【哪】有不是的学生么？"舜卿说完这话，哄堂大笑起来。原来这奇芳茶店是学界中人聚会之所，别的桌上也有些学堂中的教员等等，听他这话说得入神，自然也好笑了。只尹子奇板着脸不笑。内中有一位鲁筱垣道："舜翁也不要发这个感慨。学生呢，知道什么？他们都是年轻，不曾有过阅历。那性质好的，自然懂得公理，不至合【和】办事人为难。性质差些的，正要尽心教诲。如今有些教员，仗着自己的本领好，看不起学生，自然学生不服。还有那教员的本领不好，也被学生看得轻，容易起风潮。就是这个讲究。要晓得学生是人家的子弟，就合【和】我们自己子弟一般。自己的子弟有了错处，只不过骂几句，极而言之，打几下，也就算了。过了些时，依然待他好的。为何人家的子弟就该两样看待呢？如今办学堂的，动不动开除学生，也不是个正理。一开除了他回去，父兄责备自不必说，甚至自己羞愧难当，郁闷至病死的，也不免有几个，不是造孽么？我说办学堂的，不要把学生当做父母般的看待，却要把学生当做自己的子弟般看待，原来教学生是要教的，不是合【和】学生动怒的事。晓得这个道理,自己的心平,学生的心自然也平了。这么办学堂,那【哪】有办不好的理?等到学生心平,再诱导他学问,这就是造就国民的秘诀。"舜卿听他这一番话,可巧说中了自己的毛病,不觉脸上泛红。原来舜卿在苏州办学堂,恰都是一班同志的朋友,充当学监合【和】教员的,平时很有交情,联成一气。就只学生是新招来的,没一点儿情面,那【哪】肯将就他们。便大家商议,都说外国的学堂,最讲究规则,学生不敢不遵,这才真是文明,我们也要学他【它】才好。所以定的章程,没一点儿放松。起先是年纪小的学生多些,自然被他压服,没得风潮。后来学生大了,又添一个中学预备科,都是一二十岁的学生,就有点儿不受约束。向来学堂里吃饭,是学生合【和】教习分吃的,那学监想出主意来,要监他们吃饭,学生的主意也毒,他们就大家商议,索性在饭厅上吵起来,嘈嘈杂杂的大声讲话。后来竟有人豁起拳来,学监只作不知,教员却看不过,把学生说了几句。学生道:"他不该管闲事。"那教员是最合【和】舜卿知己,就把这顶撞的学生告知舜卿开除了。后来又因中学预备科内有些学生不上课堂,开除了几个,因此学生不服气,会齐了,都求退学。还是舜卿有主意,对学生说道:"你们要退学,尽管退,我也不过一片热心要造就几个国民,所以开这个学堂,并不指望什么好处。你们想想,学费这般轻,还供给你们膳宿,我一年总要赔垫几千银子。你们去了,我落得省这几千银子,不很好么?"众学生听了,没得驳回,心里也感激他的好处,便又愿留下读书,但不肯受他的约束。舜卿没法,这才到上海来考察的,所以听见鲁筱垣说的话有些刺耳,觉得自己也有错处,一时良心发现,脸都红了,半晌道:"这话果然不错,学生是应该爱惜的。"子奇道:"话呢,诚然不错,我也是这个意思。我们学堂里定的章程,本就从宽的,他们倒都遵守。我见别的学堂里定的章程很严,细问起来,谁知没一个学生肯守的。要督责起来,就有风潮。闹到后来,倒不如我们学堂里整齐了。"舜卿道:"领教,领教。兄弟明天到贵学堂看看哩。"子奇道:"明天恭候便了。"当下各散。子奇回到学堂,聚齐了学监教员商议道："我们学堂从没有人来看过的。昨天我在奇芳吃茶，不该夸张我们的学堂好，被一位苏州的朋友听见了，要来看我们的学堂。我想别的都不必说，就只这些学生在卧室里唱起什么'先帝爷三月里来'，不叫他笑滚了么？你们有什么法子求告学生，请他们停一天儿唱，替我一齐上课堂去？能允了就算你们的功劳。"学监道："这不难，包在我身上，待我去说便了。"各教员见他认了去，乐得省事，各自退出。到得晚上，余昆生走到学生的卧室去，只听得唱戏的声，豁拳的声，闹个不休。昆生也是皱眉，不免硬着头皮，进去说道："总办有令，叫你们明天不要唱戏，大家上课，有人来看学堂哩，休得被他笑话。"众学生道："胡说！我们唱戏是唱惯的，上课不上课，看我们高兴，横竖课堂里总有几个人便了。"昆生被他们啐了满鼻子的灰，这才僵哩，晓得这些人动起蛮来，不论什么笑话都闹得出的，不敢合【和】他一般见识，只得垂头丧气，走到总办室内，回覆【复】了他。子奇见昆生不行，又派子春去。子春的话却比昆生说得随和些，学生也不理他。子春覆【复】命时，子奇弄得没法。子春道："重赏之下，必有勇夫。明天要他们上课，只消每人赏给三角洋钱，自然大家欢喜，都来上课了。"子奇踌躇道："话呢，诚然有理，只是这笔款子倒也不少。"子春道："不多，一个人三角，十个人三块。现在我们学堂里统共六十几个人，二八一十六块钱，还有几个告假回去的，扣除一两块下来，只不过十五六块钱罢了。"子奇道："待我请收支上的严又青来商议商议看。"言下，便叫人去请收支上的严师爷。一会儿，那严又青来了，子奇告知就里。又青道："东翁虽吩咐过要节省办，只是这十几块钱，他也犯不着细算的。总办尽管替他用，开销上去便了。这名誉上面的事，他没有不愿做的。"子奇大喜，就叫又青明天出去兑角子。又青唯唯答应去了。子奇又叫子春去对学生说合，又道："明天须要点名上课，下课时也要点名，不到的没奖赏。"子春奉命又去合【和】学生说。学生听说有奖赏，果然个个愿上课堂，而且情愿给他们点名。子春惟【唯】恐他们到了课堂，从中偷懒出去，便道："还要坐足六个钟头，中间有躲避的，只给一半，都归我们记暗号。"众学生吐吐舌头,都说利【厉】害,没法允了。子春又到子奇房里告知了他,子奇大喜。次日照办,果然一个个学生都来应名,齐上课堂。子奇乐得手舞足蹈,拍拍子春的背道:"今天要算你第一件大功劳。"子春也十分得意。子奇又吩咐厨房里预备添菜,留舜卿吃饭。到得十下多钟,舜卿一部马车来了,家人来回,子奇赶忙迎了出去。子春却在课堂里,不能同去迎他。舜卿道:"果然贵学堂规模不小,但是名目不好,太犯实了。我替你们改个名目,叫做'棫朴①学堂'罢【吧】。"子奇大喜道:"好个棫朴学堂!就请舜翁大笔写好,兄弟明日叫匠人去做罢【吧】。"原来舜卿一笔好字,在苏州是有名的,他的字要卖三块钱一副对子哩。当下也不谦逊,就答应了。子奇一面叫人买纸磨墨,一面陪着舜卿到客厅里就坐献茶,又请了余昆生来合【和】舜卿见面。闲谈一会,舜卿便要去看课堂,子奇、昆生领导他一班一班的课堂看过来。到得胡子春的课堂,只见先生坐在那里看书,一个学生嚷道:"我要出恭去了。"子春不理,那学生站起来往外就走。子春见他起来,正待发作,恰好抬头见了舜卿,连忙起身招呼。舜卿跨进课堂,看那些学生,也有面前摆着些《三字经》《幼学须知》的,也有手里拿着一本《天水关桑园寄子》这些唱本的。舜卿很觉诧异,却不便问,略看一遍,就走了出来。子奇、昆生陪他到了客厅,子奇道:"到兄弟的卧室里坐去罢【吧】。"舜卿答应。三人同到总办室,舜卿不免恭维子奇几句,道他学堂里果然整齐,实在应该这样子的。子奇非常得意,就把月考的卷子检了一大捆出来,请舜卿看。舜卿只得略为翻阅。忽见一个题目,却是《白帝城论》。那学生更妙,就把白帝城的唱本直抄了好些,还写了几个错字。那先生不问他抄不抄,把来单圈了几句,有的句子捉不定,就没有圈。舜卿忍不住好笑。子奇坐在一旁吸水烟,见他失笑,料想这本卷子实在做得好,他看着得意,所以笑的。舜卿把看过的卷子理好,仍旧替他捆了起来道:"已见一斑,果然耳闻不如目见。子

---

① 棫朴,源自《诗经·大雅·棫朴》。棫,拼音 yù,指一种树木。

翁的高徒，有这样文才，将来都是圣朝的供奉哩。"要知这几句话，是舜卿挖苦他的。供奉呢，就是戏子的职分。子奇那【哪】里得知，觉得他口气是赞这些学生的文章好，不免谦道："那【哪】里会做到供奉？不过胡乱诌几句罢了。"舜卿暗笑道："原来这人也是个不通的。"一会儿有人来请吃饭，照这学堂规矩，总办是另外开的。子奇要献出自己管理的好处来，叫把请客吃的一桌饭也摆在饭厅上。三人同上饭厅。舜卿忽听得"哗啷"一声，吓了一跳。不知后事如何，且听下回分解。

## 第二十二回
### 易教员改良械朴　　讲舆地陡起风潮

却说尹子奇留唐舜卿在饭厅上吃饭，正待举箸，忽听得哗啷一声，舜卿吓了一跳。子奇、子春、昆生齐都起立看时，第五桌上一位学生把菜碗砸破了一只，撒得一地的菜。子奇问其所以，那学生嚷道："帐【账】房里只知道扣钱，叫厨子弄出这样的菜来给我们吃，还有公理么？这学堂本是我们家里出钱开的，养着你们这一干人，也该在我们身上尽点儿义务才是。"子奇被他说得哑口无言，昆生认得他是公权的外甥卢尔榆，不好得罪他，只得拉他到僻静处，劝道："你不要动气，我去叫厨子来，给你添上一样好菜罢【吧】。"尔榆道："不稀罕！你叫厨子下次当心些，要再拿出这样的菜来，我们连桌子都要掀翻的。"昆生唯唯答应，尔榆才平下这口气，回到桌上吃饭去了。昆生告知了子奇，三人重复入座。舜卿问道："到底为什么事？"昆生道："学生合【和】厨子斗口，砸起碗来，被我骂了几句，就没事了。"舜卿点头道："不错，应该骂的。"饭后，墨已磨来，舜卿拉起一支大笔，写了"械朴学堂"四个大字。子奇、子春、昆生齐都赞好。舜卿起身告辞，子奇送他上车去了，自回，便请昆生来商议道：

"学生这样闹皮【脾】气,还了得!今天偏偏落在人家眼里,传扬出去,不是个笑话么?你快替我查出这个学生的名字,我要斥退他。"昆生摇头道:"使不得,这位学生就是吴东家的外甥,少爷要斥退了他,得罪东家,我们在这里也站不住了。"子奇呆了半晌,叹道:"现在的学生也实在难办,既如此,只得罢了。"次日,子奇检点学生的课卷,看到几篇不妥当的文章,觉得难堪,暗道:我也试冒失了,这样的课卷,怎么给人家看呢?怪不得唐舜卿看了只是笑,又说什么供奉之才。我听说东家也授过供奉之职,莫非他说我们的学生只好做个戏子么?再者,胡子春出什么《白帝城论》,也太粗俗了。这样的教员,我就不佩服他,倒要访请几位好教员,才能教出好学生来,有点儿功效,我这馆地方能牢靠哩。主意已定,便到吴公权公馆里去说这桩事儿。可巧公权还没出去,当下请进子奇坐定。公权问道:"学堂里还安静么?"子奇道:"倒很安静,只是教员不好,没什么功效。我想把现在几位教员,一总辞退了,另外请高明的来教导他们。"公权道:"这事你有全权,看是怎样好,便怎样办去,不消告知我的。"子奇道:"不是这般说,他们都是开办时聘下来的,如今要辞退他们,总得公翁写封信给他们,多送几文盘缠,人家才没得话说。要就是这么辞退,恐怕他们不肯走哩。"公权皱眉道:"这么办法,不是我来得罪他们么?使不得,使不得!他们都是读书人,只不过景况难些,来我们学堂里当个教员罢了。其实他们身分【份】比我高得许多,我正该敬重他们才是。若是写信辞退他们,这不是挫辱了他们么?不比你是学堂的总办,辞个把教员不妨事的。"子奇道:"公翁过谦了。如今的世界,有什么身分【份】高低,只要有钱有势,就好拿出些威风来。管他什么读书人,都是公翁用的教员罢了,如今用不着他们,尽管辞退,包在兄弟身上,没得意外的岔子。"公权听了,胆壮起来,便道:"话虽如此,也要访请到了好教员,再辞他们。"子奇大喜道:"包在兄弟身上。"说罢,别了公权,便往他那几位维新朋友处访请教员。果然谋教员馆地的多,不上三日,已经访到了三位好教员,都是新学界中赫赫有名的。子奇告知了公权,合【和】

他们订定三年合同，这才请公权出信，自己替他起稿，就说学生没得功效，应请辞退另图。公权到底待人宽厚，每位批了二十块钱的盘缠，叫帐【账】房照发。子奇接了公权的信合【和】批单，别了公权，回到学堂，叫严又青照单封好盘缠，连信送给胡子春这干人。别人倒还没得话说，只子春接了这封信，大为诧异，赶到子奇书房里嚷道："你既请了我来，为何半途而废？如今不请我也好，送还我全年的束脩，我便去。不是这样，我却不管课堂的事，束脩要照数送的。我就住在这里，我们是老朋友，东家呢，决想不到辞退我们。都是你闹的鬼，好好还我全年的束脩来，万事全休。你要不肯，我合【和】你拼一拼罢【吧】！"子奇见来势不妙，只得赔笑道："你休动气，我们原是好朋友，我不知道东家听信了那【哪】个的谣言，今天交给我这封信，你看不是东家的亲笔么？干我甚事？你要全年束脩，请到东家那里要去，这学堂须不是我开的，我作不得主。"子春没法，只得答道："好，好，我们就同去。"子奇道："这却不能奉陪，你自去罢【吧】。"子春愤火直冒，掳起衣袖，便要动手打他。子奇知道他力气大，那老拳是吃不住的，便回过口道："老兄请住手，我陪你去，我陪你去。"子春一把拉着子奇便走，飞奔的到了吴公权公馆里。子奇走得喘不过气来，公权正要到茶园里去，见他们两人揪扭而来，情知出了事故，当下请他们坐了，问子春有何见教。子春道："贵学堂请我来当教员，还没到半年，就把我辞退，我有什么错处？这都是尹子奇进的谗言，我只问他要全年束脩，他说要你作主，我特特的【地】拉他来见你，听你判断。你连他也辞退了，我便一文也不要你的。"公权呆了一会，看看子奇，只见他气得面皮铁青，一言不发。公权想了想，便道："胡先生，你闹错了。子奇并没有进什么谗言，倒是学生说的。因为合【和】胡先生不甚投契，兄弟也没得法子，只得请胡先生另图高就的了。兄弟也很知道胡先生的景况为难。既如此，待兄弟另送先生半年束脩罢【吧】。"子春还待开言，公权吩咐家人封六十块钱送给胡师爷，站起来道："对不住，兄弟要出去了。"说罢，一揖而去。子春无可如何，只得拿了六十块钱自去。子奇也回学堂，新聘的教员陆续来到，子奇一一接待，替他们安置好了，就商议定功课。内中一个无锡人，姓周名灵，表字子晋的，向来当惯教员，知道初级小学的程度，只应该读些新编的国文、历史、舆地等类教科书，便合【和】子奇商量，照最文明的办法，定了修身、国文、历史、舆地、算学、唱歌、体操各门。子奇甚为佩服，依他的法子，立下一张表来，又定了好些课堂规则，不准学生私带别的书籍进课堂来。起初稍有些冲突，到得后来，大家也就服他，安心用功，很有效验，果然课卷也像个课卷了。一天恰逢礼拜，子奇正想出门去逛逛，忽然外面来了一位朋友，姓叶名琛，表字蘅芳，投进文明名片，子晋连称请他进来。一会儿，蘅芳踱进子晋的卧室。子晋道："久阔了，我们有一个多月不会面了。"蘅芳道："可不是，兄弟因为学堂里功课忙，没得工夫出来。"子晋道："正是。兄弟听说你们学堂里要起风潮，到底为的什么事？"蘅芳道："不要说起，我们这学堂本来甚好，学生的西学程度倒很不低，就只中学差些。自从去年来了几个同文馆里的学生，一味胡闹，幸亏总教习白损轩先生管理得法，把这风潮压下去了，至今安然没事。我们的监督，本来很信这损轩先生，谁知提调陶评书接着了什么学生的公禀，借此兴波作浪，闹得损轩先生站不住了，想要辞馆而去，被监督留住。如今请了一位庶务长杨稊①生，一意合【和】损轩为难。我们气愤不过，也想辞馆，看来是站不下去的，不过眼前敷衍罢了。"子晋劝道："辞馆也不是事，你既在里面，就该补救才好。"蘅芳道："补救不来，那稊生不但合【和】损轩为难，看得我们这班旧教员，就如眼中钉一般，恨不能一总拔去才快活哩。"二人正在谈得热闹，忽然一人跑进来道："叶师爷，我找了你半天了，原来在这里。白老爷叫小的来请叶师爷去谈公事，现在学堂里等着，师爷就去罢【吧】。"蘅芳呆了一会，只得别了子晋自去。

原来蘅芳就的馆，就是尚武学堂。这学堂附设在船厂内，船厂的总办

---

① 稊，拼音 tí。

姓褚名执敬，表字克家，本是个秀才出身，捐了个中书科中书①，在京供职。可巧他一位同姓不宗的抚台进京面圣，克家使尽千方百计，合【和】他认了同宗。后来褚抚台调任江苏，克家借了一注银子，捐个三品衔候补道，指省江苏。褚抚台那【哪】有不照应他的理，因此委了他做这个船厂总办。克家在京城里，曾经替人代庖，充当过三个月的京师大学堂教员，因为教错了历史上一桩故事，把赫连建都的统万城，误做平城了，被学生哄堂大笑，为此没趣，辞了出来。只因有代庖大学堂一节，他就以为懂得学务，见了学界的朋友，总要说几句办学堂的内行话。此次既然做了船厂总办，不必说找出前任总办许多弊窦，上条陈给抚台，要怎样怎样的整顿。抚台大喜，自然批的【得】甚好。只这时克家一心在船厂上如何革弊，如何弄钱，还没工夫理会到学堂哩，所以尚武学堂中倒还安静。谁知褚抚台不上半年，为着一桩公事诖误，革职留任。褚公气愤不过，告病回家。后任是方模，字子楷，湖北人，现任安徽抚台调过来的，合【和】褚公本有些意见不合，接印后一反其所为，把褚公委派的人员撤掉了许多，只褚克家的船厂差使还没撤哩。克家时刻耽心②，打听着这位中丞最讲究办学堂，因此想从学务上面联络联络。只因白损轩是礼部主事出身，到过东洋，深明学务，这才特特的请来做尚武学堂的总教习，注意在要他改良，上个把条陈，夸张他办的学堂好。损轩呢，本就在上海城南同文学堂里做个监督，只因彼处学生不受约束，辞馆出来。如今到得尚武学堂，可巧又遇见了同文学堂里几个学生，心里就觉踌躇。幸而这几位学生打听得褚总办很信任他，不敢违拗，都听他的约束，损轩始克安心就下。损轩有点儿名士派，办事上不大起劲的，克家托过他几次，要上条陈，损轩虽则答应他，却不肯动笔。克家事不遂心，暗暗地恨他。只因自己公事忙，没工夫理会他，就这么含含糊糊的【地】过了半年多。也是合当出事，一

---

① "中书科中书"系官名。捐官，即允许士民向国家捐纳钱物以取得官职的制度。

② 耽心，即担心。

天，学堂内一位舆地教员余仲钧，教了学生一大篇政治舆地，又画了一个图，叫他们记熟了，明天要考问的。这些学生散诞惯的，那【哪】个理他。到得明天，这先生上课，果然考问，学生一个都对答不出。那先生发话，说他们太不用心。学生当时自知理屈，没得话说。下课后，大家聚在自修室里，同文学堂里考取来的一位齐贤思，一位庄中，一位庄左，一位未大全，都恨这余教员。贤思发话道："这余教员算什么东西？他自己的舆地工【功】夫本来有限的很，倒在我们面前充内行。我明天上课时，总要驳他几句。"庄中道："驳他几句，他倒不怕，就是他回答不来，也不过一时坍台。他怀恨在心，暗中给我们苦吃，倒要提防着。据我说，不如把他这种腐败样子禀给监督，等监督辞退了他，乐得眼前清净。"庄中说罢，齐贤思、庄左、未大全一齐拍手。不知后事如何，且听下回分解。

### 第二十三回
### 喜出望外得闻新乐　言听计从招足逃兵

话说齐贤思、庄中、庄左、未大全要上禀给监督，辞退舆地教员余仲钧，当时就由贤思主稿，禀帖上去。余仲钧知道了，不安于位，便趁早辞馆走了。从此这个船厂里的学堂，更加腐败得不成样子了。

回头再说唐舜卿看过械朴学堂，又有人请他去看移风学堂。说起这移风学堂，原来是妓女们聚集资本开的。当初将开未开的时候，学界中人个个反对此事。幸喜这个学堂开在租界上，华官权力便有些办不到的地方，只得任其消长。又喜得这些捐钱的妓女，略略有点坚定性格，果然把这件事办成了。但是这学堂课程，除了识字、解释字理之外，只有女工、乐、艺三项专门。因为女子们不能不识字知理，并不能以自己处了下位，便自甘于下流，不应读书知理，所以定了课程以识字知理为第一级专门，其余西文东文①,亦不过预备,任便这些学生考习。第二级女工,因为女子没有女工,并无生活可做,女子即寸步难移,针头线脚不齐,即永远不能作女子分内之事,所以定女工为第二级专门。这个学堂原是乐户开的,因为中国国乐失散,久已无传,大家就请了音乐会专科高等学生,编造了四等中国国歌,把中国旧乐器节繁去简,留了些精华,再参入西方军乐,合为一般的声音,也将西国繁重的声音删了,并到中国乐器之内,一齐发响,非凡高华浏亮②。比到中国旧乐乐声,但只有激裂【烈】鼓舞的声音,并无一些萎靡凄切的音韵,使人听了,个个有发皇蹈厉③的心思,人人起发愤有为的勇志,决不致使人听了沉昏欲睡,流荡忘返。所以这个学堂开了,社会亦颇欢迎。这一次,唐舜卿来看这个学堂,大家业已预备好了,并不致【至】于和械朴学堂一样措手不及,诸事业已派定。等到唐舜卿马车到门,学生军队列队奏乐,即用寻常迎宾乐章,洋洋盈耳,已觉分外好听。等到办事人引唐舜卿同入讲堂,学生已排班唱歌,学员奏风琴同和,以述仰慕之意。经办事人告知此意,舜卿愧不敢当,谦逊了许久。学生唱歌已毕,请入客厅,然后请献新戏。第一出是秦如云的《招国魂》,第二出是陆绮霞的《侠女子》,第三出是金云娇的《勇丈夫》,第四出是李咏的《美社会》。歌喉一串,檀板入云,两旁军乐大作。秦如云扮一美妇人入场,两手执中国龙旗,满身淡黄衣服,细腰阔裙,短襟窄袖,蹁跹而舞,说不出那一种惨淡经营的样子。只听如云首唱,大众和道:

> 我国东海兮东海之东,泱泱大风兮雄中之雄。飞翔昊天兮奔游龙,横压大地兮搏云鹏。首出世界兮作主人翁之翁。

---

① 东文,即日文。
② 高华浏亮,指高峻瑰丽、明朗清亮。
③ 发皇蹈厉,又作"发扬蹈厉",意指手足发扬,蹈地而猛烈;比喻精神奋发,意气昂扬。

舜卿大乐，拍案叫绝。一时台下众人，亦复拍掌如雷。以后舜卿便目迷五色，自己也说不尽种种好处。做书的人也无从揣摩，只得搁笔，等到调查清白，后面再续。此时四戏将完，办事人又来告道："这是本学堂要想改良戏曲的苦心，究竟能行得出行不出，亦未可知。"舜卿道："有志者事竟成，只要坚定，天下事断无不成的。"办事人颔首会意。一时戏完各散，也不请舜卿会食，馨献茶点而已。舜卿回去，耳中犹有余音，袅袅可听，不觉神移者累日。一日，正要出门访客，忽然接着一个苏州电报，催他回去。舜卿遂打点第二日一早附火车巡行。恰好这日有一位阮知府，要去到苏州举办征兵。舜卿听见"征兵"二字，是文明强国种子，不觉心动，倒要顺便考察征兵内容。一则以为征兵是关乎全国进步，二则以为征兵也是学生影响，心中动了念头，断乎强压不住的。第二日一早，到火车栈【站】等候，等得一个不耐烦，方见四个人抬了一乘破轿，到火车歇着。后面两个家丁带了烟枪烟灯，各色具备，坐了东洋车跟在后面。大轿一停，东洋车跟着就停。两个管家走近轿边，揭开帘子，岂知这乘轿里的人，竟自睡着去了。叫了几声，方把他叫醒。两个家丁使劲的【地】拉出轿来，跨出轿杠，尚是闭着眼睛，俨如尸首一般，一脚绊倒了轿杠，几乎跌了一个倒栽葱。幸亏有两个家丁扶着，不致栽觔斗。两个家人好容易搀扶上了火车，寻了一间头等房间坐【座】位，让他睡着。两个家人手忙脚乱，连忙打开了烟具，点上了烟灯，抽出许多烟枪，烧了好几口烟，请这位轿里抬来的老爷吃了，方听见这老爷说："快开车了，他们黄老爷、英老爷、胡老爷到那【哪】里去了。"家丁说："早哩，他们只怕还没有起身呢。"说【话】犹未了，只见车栈门口接连有四部车子车到，却是三个男的，一个女的。四个人眼泡都是肿的。三个男的，更是面色发黑，满脸烟容。一个女的，虽有几分姿色，却是大脚，嘴唇发黑，像是新上烟瘾的，多半是堂子里大姐样式。舜卿无心理会，只听那个家人笑道："好了，好了！来了，来了！我们阮大人在那里着急呢！胡老爷，你怎的还要带一位姨太太去征兵吗？"胡老爷说："我们三个人，昨夜在他【她】家抽了一夜的烟，抽到这时候才来。他【她】也一夜未睡。他【她】是来送我的，并不到苏州去。"舜卿听了，恍然方知前头来的是阮知府，这三位来的就是咨调来的练兵随员。舜卿不免暗暗纳闷，心中踌躇道："如此看来，苏州征兵，又是糟糕了。弄了这一班烟鬼到苏州，只好去练烟枪烟炮，那【哪】有功【工】夫去练洋枪洋炮？"姑且不提，看他到了苏州再有什么举动。一时开车，阮大人已经摆出一副烟盘抽烟。一时间，黄老爷、央老爷、胡老爷三副烟盘也齐齐摆出，却好两边两个，两边对吃，呼拉呼拉，好不热闹。过了两钟，到了苏州，各人跟人收拾烟具，跟了就去打听，说住在盘门丝厂里面。舜卿急于调查这四位行踪，也跟到盘门一个客栈住下。果不多时，四乘轿子一直进城，半夜方回。次日打听，方知是到小陈家吃花酒。这也官场应酬应有的举动，也不为怪。再用心细访消息，幸得练兵新章，带兵官非由学生出身，不得分派。这几位烟鬼，只得派为收支文案，终日鬼混。列公，你道阮大人是谁？原来是军机大臣阮嗣泰的嫡堂兄弟。这黄老爷由西崽出身，当过外国人那里的露天通事的。英老爷，不用说了，本是一个有名的大流氓。胡老爷做过报馆经理，现在叫化【花】子没猢狲弄了，就跟着阮大人当当篾片。这几个烟鬼自己又不知道自己丑处，每每想出花样生发发。四个人每月要吃四十八个公板大土，还要到"成信"木帐清算，有人代他预算，每日至少也要烧到三十两膏子一天。这话暂搁。话说各省征兵，原为提倡军人资格起见，当过征兵之后，地方官遇事保护，不得轻视，所以大众倾心，方肯投身军界。这等军人，原非前几年募兵可比，竟为世界上至尊至贵的人格。这几位烟鬼，就应该知道，这事非同小可，不是轻容易可以乱动的。谁知这几位烟鬼，平日只顾抽烟，并不讲求时事，以致连"征兵"二字不解作何说法，也当作寻常兵勇看待，照例扣月钱。谁知征兵不服，接二连三吵了好几十次，幸而没出大事。一日，忽然奉到抚台严札，要派出本队军队，前往南京会操。各营征兵因为平时统领只顾吃烟吃花酒，并不十分注意在操练上用功，以致各征营兵娇养惯了，竟致操练阵法、步伐一些儿也没有，不免内愧生惭，因惭生忿，尽行归罪在统领教练不善，又因跋涉长途，吃不起这种苦处，不免有两个私逃的，始而每日不过一两人，继而大众看看统领也不追究，由渐而入，遂至每日有三四起人逃走。阮大人看看自己队里逃兵日多，若到了南京，竟至无人可以会操，面子上不好看，心中又不免着急，就请了三位老爷来商量此事。黄老爷就出主意道："以军法从事，教他几个，看他们再敢逃不逃。"阮知府道："不好，现在的征兵，和娇养的儿子一般，打也不敢打他一下，那【哪】里还可以杀吗？"胡老爷道："如此说来，只得随路再招几个叫化【花】子，添补人数足了就完了。"阮知府道："叫化【花】子没有操过的，到了会操的时候，却又怎样？"英老爷道："要是要操过的人，除非就在这里私盐贩子请两个出来，那是操起来没有不好看的。而且这班人收了，依我看起来，到【倒】比征兵有用。"阮知府想了一会，道："这个主意好却好，只是露不得风声，一露风声，前程莫保。"英老爷道："这个自然。那【哪】个自己搬了石压自己的脚？"阮知府道："如此就照办。仔细些，不要弄出事来，大家脸上不好看。"说毕退出，便与黄老爷、胡老爷一路暗中乱招私盐贩子充补逃兵之数。谁知一招就招出一件新闻来。要知后事如何，且听下回分解。

## 第二十四回
### 大胜关征兵受激刺　南京城烟鬼乐逍遥

话说英老爷暗中代阮知府招募盐贩以补逃兵之数，谁知招来的人都是要想借此做一笔私盐生意。起先的带私盐，尚是偷偷摸摸，不敢声张。这一回营里，自带私盐，自称军盐，却是堂而皇之，闯祸越卡，没有人敢查他一查。又不知那【哪】一个不识时务的，暗地里却通信把南京大胜关厘局①委员，说是新来会操的营头，内中夹带私货。这位委员也是有大脚路的，却不怕得罪阮知府。等他一到，便带了线勇巡丁，不由分说，一涌上前，将征兵拦截，见物即搜。这班带私盐的贩子，早已见势头不佳，逃走净尽，只剩下一半真的征兵与他对敌。这带的私盐，只有几位，收支文案是明白的，除此以外，又无人知道。就是同行的真的征兵，都是一班少年，平生没有受过风波、出过远门的人，并不知道可以借此夹带私货。看看厘卡巡丁，过于恃强欺侮，个个都要当面受辱，回想当初征兵时候，一切尊贵军人的话，都成了空话，不由的【得】众心不服，激成大变。内中有个征兵，姓名叫许报国，年纪不过十七岁，也是读书士子出身，看见厘局巡丁强压征兵，如搜盗贼，不觉怒发冲冠，要想舍身一战，既而一想，一个人怎能敌住众人？却好事有凑巧，看见一枝大令，正插在行军马前，遂走近守令的军官前说道："这事愈弄愈大了，非用大令弹压不可。"守令的军官怕事，听了许报国的话，看他年纪甚轻，料他干不出甚【什】么事来，遂瞪目大声道："我是不去，要没【么】你去！"一手拔出大令，向许报国脸上一戳。许报国正在火头性子上，也不管事大事小，顺手夺了过来，立即跑在乱人队里，高声嚷道："巡丁欺侮征兵，情形可恶！我有了令箭了，你们打呀！打呀！"这一班征兵，全是好事少年，看见有人捧了令箭叫打，大众都以为统帅叫打，遂人人抖擞威风，个个不顾性命，横冲直撞，一阵乱喊，从自己营里打出去。打到大胜关，把个大胜关关卡捣毁净尽。关上的人幸而知风逃避，没有人敢来阻挡，任他们拆的拆，捣的捣。这里阮统领和收支文案黄老爷、英老爷、胡老爷，个个都没有吃烟，发了瘾，一动也不能动，竟没有一个人敢出来说句话。那里征兵正打得高兴，这许报国又拿着令箭高声嚷道："这是个总局，他们还有分局哩！我们趁着今日，一气拆了他的罢【吧】，也可替数十年商民出气！"说罢，大

---

① 厘局，旧时管理征收厘金的机关。厘金系当时的一种商业税。

家哄然一跑，又跟着许报国去打第二厘卡。早已有人知风报信，把一切要紧物件拿了逃去了。许报国统率乱兵，又到第二个厘卡，虽是巡丁，人人手中都有兵器，却看见征兵手中个个都有洋枪，没有人敢舍身出来放一个屁，尽其任性乱拆乱打。只听这里乒乒乓乓，那里哔哔拍拍，满天的灰尘，翔舞空中，竟致对面看不出人。连屋上瓦片，他们也要拉过精光，不许他有一片完全瓦片。果然造一所房屋要一年，拆一所房屋只一天。厘卡上房屋向来是不结实的，那【哪】销一刻功【工】夫，遂拆成平地。许报国督率众人拆完第二个，又去拆第三个。自从午前拆起，一直拆到傍晚，拆到了朱雀桥，共总拆了七个。大家筋疲力竭，尽兴而回，一路说说笑笑，好不兴头。走回大胜关，刚要寻自己营头安歇，不料行营前有一大队人马拦住了，不许进去，为时已晚，也看不出那【哪】一营营兵。这一大队人马中有一个军官走来说道："两江制台①有令，要缴还军器，方许放回营中。"看官，你道这队兵是那【哪】里来的？原来征兵当初在大胜关的时候，此时南京地方渐有进步，早已举办了德律风，彼此都可以从电话中通信。这时候厘局总办早已从电话筒禀报厘金总局，厘金总局禀报两江制台，制台方派兵出来弹压。几个周折，已经挨了时候，又况派来弹压兵丁的，从城里由南而北，这里乱兵是从城外由北而南，两面竟不斗头。论理这桩事纯是带兵官办理不善，究与征兵无干。要是半路不招私盐贩子，那【哪】个会带私盐，那【哪】个会受厘卡凌辱。就是厘卡上明知有夹带私货的兵丁，也应该先和带兵官商量，大家合力严查，也就分出青红皂白，到底是征兵不是征兵，犯罪那【哪】有含混糊涂，一笔抹煞，逢兵必搜。就是守令的军官，事到临头，只有挺身出来办事，或是排解，或是弹压，那【哪】里有用急激的言语的。总之此事，一则误于办事的终日抽烟，不顾公事；二则误于这班烟鬼，不知时事，混招盐贩，贻害好人。弄到后来，带私货的反逃去了，倒连累了真的征兵。这不是城门失火，殃及池鱼

---

① 制台，即总督。

吗？就是这许报国，起初无非想宝贵自己军人资格，不许他人侵犯，并非有意闯祸，等到后来，振臂一呼，也无非想泄泄胸中闷气，究于本心是无丝毫不光明的。俗语说的好：做官总要详情。那【哪】里可以偏听一面之词的。谁知近来世上的人，都和糊涂虫一般，竟没有一个明理的。当时制台派来的兵丁，收了乱兵军火，派来的统领就入营盘查，问谁是捧令号召的人。许报国气冲冲的【地】走近前，高声答道："是我。"派来的统领道："制台要请你去呢。"许报国道："去就去，那【哪】个还怕事不成？"派来的统领道："好男子，你就是捧令的军官吗？"许报国道："不是。"派来统领道："你不是捧令的军官，这令箭怎会到你手里？"许报国道："是捧令军官送把我的。"派来的统领道："这样说来，这位捧令军官要请他同去的。"说罢，便叫跟来兵丁，请到了，一起同行，也不去拜会阮知府，大家遂簇拥着派来的统领，上马而去。不多一时，到了制台衙门，制台传出话来，说是发在营务处审问。于是又带了许报国到营务处。此时营务处已散，只有一个空衙门，因为制台发下来的大案，连忙到各处当营务差使候补道公馆，去请到营务处会讯。南京地方又大，走了半夜，方将各位当营务处差使候补道请齐。大家又要吃烟，又要吃点心，方能在公馆起身。等到在营务处会齐，业已东方大白，早已沸沸扬扬，满城传遍了。这一起征兵，吃苦不打紧，丁是满城的征兵，大家动了公愤，要与巡丁为难。好容易大家劝住了，静听制台发落，再行商议。那【哪】知大关上委员只顾私财，不顾公论，这一次被许报国等打坏厘卡，不免于他自己出息有损，恨如切骨，日夜在制台跟前托人进言道："南京地方征兵又多，要不照军令行事，以后人民岂能安居吗？非杀不可。"制台听了这话，也是有理，遂批饬营务处讯问。营务处早已听得征兵起斗，为了这事大动公愤，不敢十分严办，不过定一个永远监禁的罪名。大关上委员听得这个风声，以为自己出不得这口怨气，不好再在南京称强，遂暗地出个主意，叫通省厘卡巡丁全行罢役。果然次日各关卡巡丁不去检收商税，声势汹汹，不可终日。制台得知这个消息，以为这是全省财政所关，一时情急，竟忘其身为两江制府,这些委员巡丁,都是受他的节制的,马上即批出一张朱标到营务处,立刻将许报国就地正法。可怜这许报国年纪不过十七岁,当初原想以身报国,故取了"报国"二字,做了名字。岂知一腔热血,瓦解冰销,身子到【倒】没有报国。这一次因为勇于任事,要想保全公众体面,倒反做了刀下冤鬼。又不料营务处极其腐败,连个杀人刽子手也寻不出一个,倒反请出地方官上元县,做了监斩官,将许报国剥去衣服,竟和杀强盗一般,周身捆绑,送到向来杀囚犯地方去杀。一时南京学界大为不服,全省征兵,大动公愤。先是大家已有蠢动之势,各处派人劝住,都说听制台发落,以为必可平允,那【哪】知道是这样结局。于是军营界的人各发传单,要向厘局巡丁报仇。人人摩拳擦掌,处处打草惊蛇。南京制台也无可如何,弄得满城不得平安,大家纷纷逃避,也有搬家的,也有收场不做生意的,甚至连秦淮河里妓女也不敢出门,一种萧条的气象,居然是个逃兵荒的样子。还是营务处委员有计策,连夜赶忙上院禀见制台,自己做了条程,一时看也看不清楚,说也说不上来。制台说:"你到这时候,不用做文章了,你赶快拿个主意,弹压他们就是了。"一句话打动了这委员聪明窍,忙即回悟过来,随即面请道:"还是大帅发令,各处要路,不许征兵过桥,挨过几天,就可淡下去了。"制台也回悟过来,忙叫中军再派营官,东西南北各城门,各街口,均叫人派了人,拿了令箭,禁止征兵来往。果然登高一唤,群下皆应。制台的命令,自与别官不同,霎时间大令一传,顿时把个南京城压得静静的,鸡犬无声。又亏得南京学界里连夜发出了传单,奉劝征兵,"不可妄动,不可自己失了军人资格,使外国笑话"。这面征兵,得了这个传单,到底读书知理人多,就此平和了结。后来学界又觉得巡丁太无情理,大家又递了公禀,再把厘局委员差使撤了,又把向来滋事巡丁拿到几个监禁起来,方为公允,制台也允照办。就是便宜了一位阮知府、三个烟鬼文案和一个捧令军官,首先发难,人都置不问。这件事总算平定了。不料不多时,南京城又出一件学界风潮,把监督剪了辫子。要知后事如何,且听下回分解。

## 第二十五回
## 窃名誉忝附时流　截辫发难为监督

　　且说南京有个昌明学校，在城里钞库街，本是私立的。这昌明学校的发起人，姓沈名荫墀，号凤林，是六合县人。从前做秀才的时候，一样也念八股，念试帖，等到朝廷变法，废了科举，沈凤林也改弦易辙了。他家里向称富有，开着好几座当铺，还有分到上海、天津各处的绸缎铺子。沈凤林有样本领，是一生专在名誉上做工【功】夫，有的是钱，把来结交官府，今天请某观察，明天请某太守。见着稍为有些声望的，年纪大的，就拜他做老师，四时八节的孝敬；年纪轻的，就和他换帖拜把子，如兄若弟，十分亲热。有几个有骨气的，看他这种样子，觉得卑鄙，都不去理他。其余那些穷候补以及奔走风尘的志士，却当他是个"孟尝君"。久而久之，人家晓得沈凤林是名士，他又把平日诗文之类刻了专集，到处送人。等到朝廷变了法，还不上两三个月，他又把著作刻了送人，就换了什么《天下大势论》《卢梭学说》《孟德斯鸠学说》。人家都诧异说：沈凤林虽五官并用，两三个月里也看不完这些书；就算看完这些书，非平素有心得的，也发不出这种议论。又过了些时候，朝廷诏令各省设立学堂。沈凤林首先捐输一万吊钱及一所大房子，作为蒙养学堂，就是这昌明学堂了。禀帖到了学务处，学务处大为奖励，说他"能毁家兴学，培植人才，洵属热心"各等语，更把他兴头的了不得。有班慕浮名的学界朋友，都来恭维他。沈凤林日日被他们恭维，恭维得自己也忘其所以然，居然是大英雄大豪杰了。此时沈凤林又在捐局里报捐了个试用道，便红顶花翎起来，有时也夹在乡绅队里，随班行礼。这年两江高等学堂为着起了风潮，监督自行辞退了。沈凤林便托了许多人来钻谋这个缺，先在里面运动好了。过了几日，果然奉到高等学堂监督一差，查有"沈绅荫墀，堪膺是选"云云。沈凤林登时上院谢委，制台不过勉励了几句，择了吉日，便去到差。那【哪】里晓得两江高等学堂肄业诸生，是各府各州县所立中学堂申送来的，学问程度有极好的。他们初以为沈监督必是非常人物，所以大家遵守规矩，没有一个不恭顺。时候久了，渐渐觉得沈监督到处外行，便有瞧不起他意思。沈凤林有些明白了，想用法子去羁縻学生。他本来在南京花牌楼开了一座大书局，连着编辑所的，上至教科课本，下至小说，无一不收。他便在书局门口贴了一张红纸，说是"本局兼收外来撰译各稿"。又暗暗嘱咐总理人，凡是高等学堂学生拿来的稿件，无论如何不通，总得收买，而且价钱较平时从丰。高等学堂学生得了这个风声，个个人在自修室里无明无夜著起书来，一脱了稿，就拿到沈监督开的书局子里去。经理人得了东家的吩咐，自然来一样收一样，不上两个月，就收了无数若干的稿子，帐【账】上开销到两万多块钱。高等学堂的学生，从此便歌功颂德了。后来沈凤林见学生们贪得无厌，烦不胜烦，他的书局里每天送稿子来求售的，挤破了大门，渐渐的【地】用出挑剔手段来，十种里不过收个五六种。又过了些时，书局里经费支绌了，十种里不过收上两三种，到后来爽性不收了。学生们从前是歌功颂德，到了现在却是骂不绝口了。沈凤林装做不听见，也只索罢了。那年十二月里，高等学堂照各学堂例放了年假，有些学生过不了年的，便来想弄沈监督的钱。内中有个上元县的廪膳生，叫做李抟鹏的，为人极其刁猾。还有一个柳绍元，一个张亚禹，平日是和李抟鹏一鼻孔出气的。抟鹏为着看上了钓鱼巷一个姑娘叫做五子的，每逢礼拜放假，必去嫖一夜，前前后后，所化【花】也不少了。到了年底，还有百十块钱的局包没有开发，穷极无聊，约了柳、张二人，写了一封信，送到监督公馆里去，说每人要借二百块钱。沈凤林看了没有理会。李抟鹏又写了封信去，沈凤林恼了，把信丢在地下，叫把送信的人赶出。抟鹏从此恨极了沈监督，鸭蛋里寻骨头似的，到处找他的错儿。明年正月照例开学，沈凤林仍旧做他的监督。这些学生便不似从前那样的驯谨了，动不动打盘砸碗。有时在饭厅上把菜泼了满地，监督走出去申斥他们，他们早已一哄散了。这盘那【哪】个打的，这碗那【哪】个砸的，值饭厅虽知道，却不敢说出姓名。沈凤林也拿他们无可如何。一日合当有事，沈凤林正在监督的休息室里，忽然门铃一响，一个面生的走了进来，把了一封信望【往】写字台上一丢，回身跑了。沈凤林拆开一看，原来是封情书。沈凤林大怒，正待唤人，查究这送信的人是那【哪】里来的，这封信是谁人寄的。暴跳未了，李抟鹏等三人忽然闯了进来，看见这封信，伸手抓了去，出了监督的休息室，嘴里大嚷道："请看监督情妇之书！"一路嚷了出来，即有许多学生围着要看。抟鹏索性拿到讲堂上，当着大众朗诵一遍。众学生一齐鼓噪道："监督是我们的表率，现在监督犯了淫行，当如何处治，以儆官邪？"讲堂上登时大声忽起，沈凤林气得目瞪口呆，自己不好意思出去，叫监起居的去约束众学生。监起居的去不多时，跄跄跟跟跑了回来，说："他们要拿这封信去告诉制台呢。"沈凤林道："奇了，我非但没有这回事，并且不认得这个人。他们明明做了圈套来诬蔑我，他们不去告诉制台，我还要去告诉制台。务须澈【彻】底清查，把主使的人斥退他们一两个，以儆效尤。"监起居的得了这句话，又跑将出去，照样说了一遍，众学生方始散了。沈凤林有个脾气，吃了中饭，必须睡午觉的。刚才躺下，便昏昏沉沉的【地】睡着了。等到醒来，唤服伺的人进来打脸水，一眼看见桌上亮晃晃的有样东西，原来是把剪刀，心里想：这样东西是那【哪】里来的。正在疑惑，服伺的人端了脸水进来了，沈凤林站起来洗脸，服伺的人失惊道："大人，你自己的辫子呢？"沈凤林伸手一摸，辫子已经去了大半截了，怪不得头颈里乱蓬蓬的。沈凤林这一急非同小可，一面喝叫拿人，一面吩咐提轿子上院去。说是拿人，这人那【哪】里去拿呢？况且是监督的休息室，除掉教习、学生之类，没有一个外人，明明是学生弄的鬼了。沈凤林当时暴跳如雷，及至轿夫把轿子端整好了，沈凤林匆匆坐好了，抬出学堂门。刚出二门，有许多人围在那里看。沈监督的辫子高高挂在那里，旁边还有一张字，大约写的是"沈监督私通荡妇，擅自往来书简，不顾廉耻，不惜声名，加以割辫之刑，以期儆戒"云云。沈凤林上了院，诉明了原委。制台也没有法子想，只叫把李抟鹏、柳、张等三人斥退了罢了。沈凤林一条辫子，可是白白的贴了。欲知后事如何，且听下回分解。

## 第二十六回
## 真文明初入劝学会　　大教育先开国语科

却说沈凤林被学生剪去辫子，也叫没法，只得听了制台，革去三个学生，就算了事。论起辫子来呢，本来剪的人也不少了，只要改着外国装，跑到上海去，人家倒当他是一个维新人物，无奈自己是长在官场上混的，没得辫子要算是话柄。况且政府里正要查拿革命党，专在这没辫子上起讹头。凤林想到此处，一发骇怕，猛记得《新闻报》上面，登过专装假辫的告白，就想到上海去试试。主意已定，即日告了假，趁着长江轮船到得上海，叫家人王升把行李下了四马路石路口吉升栈，自己雇一部马车坐着。刚到栈房门口，正要下车，就遇着了一位朋友，连忙拉下眼镜，作揖招呼道："吉翁，好久不见了。"那人作揖还礼，说道："凤翁才到么？从那【哪】里来的？"凤林道："从家里出来。吉翁是江西回来么？"那人道："是的。"那人把凤林打量一回，道："凤翁截了发么？怎么没有辫子？"凤林脸上一红，支吾道："不必说起，我们再谈罢【吧】。"那人又道："凤翁住在那【哪】里？"凤林道："就住在这个栈房。"那人道："好极！我们要算得巧遇，又在一个栈房里，早晚好请教哩。"说罢，拱手自去。你道这人是谁？原来他姓孙，名文光，表字吉羽，从前举过优贡①，原是凤林家

---

① 优贡，科举制度中由地方贡入国子监的生员之一种。

里的西席①，宾东要称莫逆。后来吉羽学到了文明教育的秘诀，要想办点学务，就到江西去混了四五年，倒还得意。这回也是为学务到上海来的，谁知合【和】凤林不期而遇。再说凤林一面叫家人打开铺盖，吩咐去找装假辫的薙发匠，半天才来，开口就要六块钱，凤林还了个半价，那薙发匠转身便走。幸亏王升从中说合，还到四块钱，这才勉强答应，足足装了半个时辰，凤林照着镜子，勒着辫子，倒还没有痕迹。当天没出栈门，直到夜里十一下多钟，吉羽回来了，踱过凤林房里，凤林起身让坐，吉羽道："凤翁没有出去么？兄弟在这里瞎忙，几乎弄得晚饭都没工夫吃。"凤林道："吉翁为着甚事，这等贵忙？"吉羽道："就是开官话学堂那桩事儿了。自从七月十三日有了预备立宪的上谕，各处开的学堂更多。兄弟在江西合【和】一班同志说起，这预备立宪，必定要国民先有普通学问，这个普通学问，那【哪】样的输入呢？必定先要有普通的说话文字，方才容易下手哩。可巧一位观察公赞成，所以要在上海办一个官话学堂，叫什么国语科专修学校。此地同志也以为这意思极是的。今儿兄弟到中国劝学会里头，想和那班职员商订开办式，可巧劝学会又要开大会，他们正忙的了不得，反要拉兄弟帮忙，直到十下多钟，方才各散。又到陈陶庵观察那边谈了半天，所以到这时才回来。"说罢，就叫茶房："你到四如春去叫两客水饺子来。"凤林连忙说道："叫王升去便了。"一面笑道："吉翁，我们五年不见，你越发了得。这些学界的事情，除了吉翁，也没第二个人办得到，实在佩服得很。但是这官话学堂，总得是有做官资格的人才去学他，怎么叫小孩子的去学起来？兄弟倒很不明白这个意思。"吉羽晓得他在教育里头是外教，怕一时合【和】他辩论，也不会明白，将机就机的【地】说道："陈观察的意思，因为各地方有各地方的口音，同国的人要说几句话，也多弄得不懂，所以交通往来，很觉烦难。如今是立宪了，学务、商务、工务、农务，那【哪】一样不要交通起来？交通是要从说话上着手的，拿官

---

① 西席，旧时家塾教师或幕友的代称。

话做普通的话,这交通上头便省了许多纠葛。所以叫小孩子自小就学些官话,然后再做文字,将来不致受言语不通的委屈了。这就是想办学堂的意思,并不是专为做官的人要撇半句蓝青话,开这个造官厂哩。"说罢都笑了。凤林还将信将疑的,也就不说下去了。吉羽忽然像想出什么事来的样子,急问道:"正是,我们谈了半天,还没有问到凤翁的贵干,现在得意在那【哪】里?到上海有什么要事?"凤林道:"没甚得意,今年承办省城一个昌明学校,兄弟虽说略懂些学务,却搁不起。如今学生里头不纯正的多,要办得好是很难的。特地来看上海的学堂办法,回去想整顿整顿。"吉羽道:"办法很难说的。学生呢,总是少年负气,什么自由咧,主人翁咧,听惯说惯了,不问事情是不是,总要放出些脾气。至如办学堂的,当教习的,实在那个是内教,凤翁是不见气的。可不是我们都要算是半瓶醋,不比那从小进过学堂,学过师范,自然本事高强了。前几年里头办学堂的,那【哪】一个不用压制手段?如今闹怕了,就索性放宽些,学生却又得陇望蜀,弄得办学堂的没有法子对付他们。兄弟从前在江西办了几处学堂,虽从没闹过乱子,总觉得不是脚踏实地。所以兄弟到上海来,要合【和】一班教育大家仔细研究研究,多想些改良方法。凤翁,这不是一时可以看得出好处的,莫怪兄弟瞎说,凤翁要是走一躺【趟】上海,看一看学堂,就得着了回去整顿的方法,那不是同迷信佛菩萨的,叫什么烧一炷香,就好求财得财、求子得子一样顽【玩】话吗?依兄弟愚见,现在有绝好机会,就是后天中国劝学会开会,会里头研究教育的人,却也不少。凤翁且去听听演说,也是研究作料,不过是一样。凤翁你入会没有?"凤林道:"兄弟常在南京,此处声气不很相通,所以还没入会。"吉羽道:"这会应该入的。后天开会,明天要去报名缴费,兄弟就做凤翁的绍介不妨。"凤林道:"这会里头章程是怎样的?要纳多少会费?"吉羽到袖子里去一掏,掏出个手巾包来,解开了一张纸,递给凤林道:"这就是兄弟带来章程,请凤翁细看罢【吧】。"说时,听隔壁打了两下钟。吉羽道:"天已不早,睡觉罢【吧】。"次日,凤林看了章程,知道要缴会费,便取了二十块龙圆①，交给吉羽去报名入会。到了会期，吉羽先去约凤林到南京路外国议事厅上中国劝学会会场见面。凤林挨到午后，自叫马车向南京路来。到了小菜场面前下了车，只见门口的马车、东洋车，一直排到泥城桥为止，拥挤的了不得。会场门口有两个印度巡捕站门，进得门来，晓得会场是在楼上。上了扶梯一望，却见人头簇簇，坐得一大间洋房，几乎水泄不通。凤林拣后面一张椅子坐下，望见上面桌边站两位中年的人，略有儿根胡子，旁边陪着许多少年人，也有西装的，有中国衣服的。有一个鼻架金丝边眼镜，身上着元色海虎绒马褂，身子是高高的，把一张纸对着下边宣读，读了几声才住口。那排坐的档里，有一个人站起来说话，听不明白，只听得一句道："这怕是分省界了。"原来凤林虽办学堂，这上海会场从没经过，今天到了此处，觉得没有什么好听，悁悁坐着罢了。坐了多时，看看天色渐黑，还见人丛中有站起来的，说什么"三年一任太长久，连举连任，这更不妥"那些话头，凤林决意不听，独自走出。刚到门口，忽然一个胖子一只脚是跷着的，过来拦住道："现在不好走，须停一刻儿，等得摇铃散会，才好听便。这是会场的规矩。"凤林只得退了几步，站在一旁，指望有人摇铃。等了半天，并没铃响，恰见那班人都站起来，嘻嘻哈哈的【地】蜂拥而出。凤林心中诧异，要找那个胖子，问他为什么不摇铃？找来找去，竟没找到，只得闷闷的上了马车，自回栈房。家人送上一张条子，晓得是有人请他吃番菜，又留了一张外国式的名片，姓名上面有两行小字，写什么"强华学堂国文教员，中国全国劝学会会员，庆祝立宪会干事员"。凤林看了，愣了一愣，道："原来如今要把这许多做官衔，并且好摆到名片上去的。"一面换了衣服，出去应酬，回来已是十下钟。又过了一下多钟，才见吉羽回来。凤林连忙走过打讯。吉羽道："凤翁此时还没睡，今天会场上为甚【什】么走得恁早？没有等得到散会吗？"凤林道："怎的没有？天也黑了，看见一班人出去，兄弟方才走的。"言下就把胖子

---

① 龙圆，即龙洋，一种清末的银币。

说摇铃的话问吉羽。吉羽晓得凤林是少见多怪的，就道："不相干，明天还要开会，这才不拘常例。"凤林没得说，就道："我明天想回南京了。"吉羽就劝他："等官话学堂开演说会过了再行回去，一则听听各人议论，二来也好看看官话学堂的办法章程，且须仰仗凤翁助些捐款。"凤林果然允诺，又说道："吉翁兄弟，有一小事，要烦吉翁。兄弟此地是生疏的，所以不得不打搅吉翁。"吉羽道："什么事？"凤林道："就是那外国式的名片，恳求代向印刷馆里印出二百张应用。如今到上海来应酬，是不能不用这种名片的。"说罢，到帖袋里去找出一张红纸来道："就照这底子，费心。"吉羽一看，笑道："凤翁倒已经换了新官衔么？"凤林也不禁失笑。当下，各自安眠。次日早起，凤林出去拜客，吉羽就搬到学堂去住了。不多一会，凤林拜客已完，想到官话学堂里去候吉羽。原来这官话学堂，自从孙吉羽运动陈观察认了三千银子的开办费，就在新马路永年里左近，租得一所洋房，布置一切，打算就要招学生开办，章程已都印刷好了，止缺教习几位，那也不必管他，且就已聘定的几员讲授起来。他的科目是修身、官话、官音、语学、简字、体操，附设东文、英文为随意科，倒也很新鲜的。开办的第一日，已准备请极有名誉的人演说，如庄近德、羊叔良、程伍达、云蔚然、陆明仪、杨大炎、王之纯、伍大魁等，俱三日前发了传单。这天凤林到学堂里，想看看形式，又好合【和】吉羽一谈，却遇吉羽在东边办事室里头，预备那演说会场的家伙，写得纸条儿一条一条的【地】拉杂满地，什么会员席呀，来宾席呀，会场规则呀，演说次第呀，又派定职事员的名单，也一一写好。凤林忽然闯入，见吉羽正写得有劲儿，且不惊他，一面向地上看字。吉羽猛回头看见是凤林，便叫道："凤翁来得好，也不招呼我一声。"凤林笑道："这是紧要的公事，不好打岔的，平白地扰乱人家文思，怕要犯罚跪记过的罪名哩。"吉羽道："凤翁休这样取笑，被人家听得，要叫我们一派酸气未除呢。"凤林笑而不语。忽然听差送进来一个柬帖，是商会里庆祝立宪，请陈观察及孙明经去演说的。吉羽看了，摇一摇头，把柬帖搁在一旁。凤林不懂他的意思，走近桌边，瞧见那个柬帖，正要拿过来细看，忽然吉羽"嗤"的一声道："他们今天庆祝，明天庆祝，庆祝个不了，究竟在预备立宪的实际上有什么关系呢？"凤林道："吉翁意思到底怎样？"吉羽道："依兄弟愚见，想合【和】陈观察商量，演说里头，痛陈一番，叫他们都研究些实在学问。譬如官话，就是国民普通应有的学问，要大家在这上头着点力，也是说得过去的。"凤林道："吉翁言不忘本，真是善于取题。"说罢，就合【和】古羽散步出来，看了课堂膳堂的款式。时候差不多要开饭了，凤林连忙辞别回栈。两日无话。第三天就是官话学堂开办演说的会期，凤林果然午后自到。刚进了门，见两个人好像面善得很，仔细一看，原来都是同乡，一个叫方东皋，一个叫王国栋，晓得他们从前是坐村馆的，今儿怎么会到此地来听演说？只听二人唧唧哝哝的【地】谈话，不知道说些什么，也就只作没有看见，拂袖过去，耳边刮得两句道："官话也好算得学问，怪道人家说有磕头请安的教习哩。"凤林暗想道："这人更比我说话尴尬了，倘然被吉羽遇着，不知又是怎样的对付哩。"一面想，一面走进中间会堂，忽然旁边房里走出一个人来，笑笑嘻嘻的【地】道："请阁下先在此处签名。"凤林只得走进，刚把簿子写好自己名字，又一个人伸手递过一本簿子来。凤林接了一看，不觉色变。未知后事如何，且听下回分解。

## 第二十七回
### 言语科独标新义　　捐助款具见热心

却说沈凤林到了演说会，只见有人送上一本簿子。凤林打开看时，上面写着："为开国语专修学校，劝学界资本家捐助"，后面书捐的人很多，有捐五百圆的，有捐三百圆的，至少的也捐到一百圆或八十圆。凤林吃了一惊，半晌说不出话。那人道："凤翁就请签名罢【吧】。"凤林忖道："我说为着甚【什】么演说，原来为的是钱。我既到此间，退不出去，只有摆个阔，写他几百块钱，横竖我要到别处去的，那时他们要找我，也找不着的。"主意打定，便提起笔来，要写五百圆。转念道："不好，真个他们向我要钱，我那【哪】里拿得出呢？不好，不好，写了五十圆罢【吧】。"当下落笔，写到五字，那人眼睛里放出电光，急忙看时，却见他底下写个十字。那人不觉发话道："凤林先生是学界巨擘，大家仰慕的，捐款似乎太少些。"凤林道："阁下贵姓台甫？"那人道："弟姓余，贱号锵甫。"凤林道："久仰，久仰。兄弟于学界的事，没有不尽心的。只是目下财政支绌，捐不起整百块钱，将来补捐罢【吧】。"余锵甫只得罢了。凤林写过捐，匆匆走到会场上，只见孙吉羽已到。合【和】他谈起捐款的事来，吉羽道："你只捐五十圆，似乎觉得少些。"凤林默然。一会儿会员陆续来到，吉羽便叫摇铃，手里捏一张演说底稿，交给一个人。凤林苦于不知名姓，然而前番经过劝学会，懂得些规则，当时见大众坐下，肃静无声，自己也拣张椅子坐了。恰好近着演说台，只见那接吉羽稿子的人，向下面弯一弯腰，走入桌子里面站着，高声说道："兄弟是承吉羽先生之托，有一番意思，要向诸君宣布。吉羽先生在我们学界里最有热心，最能担任教育，此次想开一个国语专修学堂。诸君不要看轻了这个国语，要晓得一国的人，总有个团体，这团体如何结合呢？仗的是语言文字，交通情谊。团体固，虽有外来的强种，无如我何。团体不固，外族乘【趁】机而来，夺我们商务上的利益，工业上的利益，铁路矿务上的利益。及至财政权既失却了，国民愈穷，国势愈弱，人家就来干预我国的政权。到那时只怕要限制我国的练兵，破坏我国的教育，弄得人人不识字，不当兵，做了别国的属国，自己还不知那【哪】处受了害的。英国之待印度，俄国之待波兰，不是前车之鉴么？"凤林听他说到此，就有下面一片拍手之声。凤林只得跟着把手掌拍了几下，却拍不响。又听得他说道："诸君莫看轻了这个语言。要晓得国家之有国语，就如人体之有脑筋，有灵魂。人有这脑筋、灵魂，才能有知觉，有运动。人的身体，断不能取别人的脑筋、别人的灵魂以为知觉、运动的。这么说来，一个国里的人，也不能借别国的语言，习别国的文字，以为日用交接的。"说到此，又是一片拍手之声。那人又道："我们如今学东语的人倒不甚多，学东文的人觉得多些。为什么呢？东语难些。至于学西语的人最居多数，学西文的人也就不少。以理而言，生在如今交通的世界，不论欧、美、亚、澳、非各洲，那【哪】处不该交通，那【哪】一国不该合【和】我国交涉？要不懂得他语言文字，别说科学上我们没有进步，就是交涉上面也将处处吃亏，不但关系国家的事，我们要吃人家苦头，就是个人的交涉，我们遇见西人，总为其所愚，丧失了赀【资】财权利。这么说来，西语西文是不能不学的。但学西语西文的人，自己要拿定主意，要知道我们学他们的语言文字，为着学业上起见，为着交际上起见，并不是他们的语言文字比我们讲究些，应该舍却我们的语言文字，用他们的语言文字，只不过懂得西语西文的，也算一种技艺，并不是通国都要崇尚西语西文的。通国国民都要知道保存、知道爱惜的，却是国语国文。这是我们的灵魂，我们的脑筋。虽如此说，那国文自然有浅深，有雅俗，要待专修这国语，是人人从小会说，修什么呢？我如今要创办这个国语专修学校，岂不是骇人听闻么？其实不然。要知我们国里的语言最为杂乱，有南北的分别，有闽广的分别，有苏杭、宁徽、淮扬的分别，川汉、湖广、江西又都言语不同，这是杂乱的大概。至如每省中间，各府与各府不同，各县与各县不同，甚至城里的语言，合【和】乡间又不同。单就江浙两省而论，常州人说'我'，上海人说'倪'，宁波人说'挨拉'；常州人说'你'，上海人说'耐'；常州人说'他'，转音为加太切，苏州人说'俚奈'，宁波人说'俚拉'。这样有声没字的语言，不一而足。自然是北方人爽快些，你就是你，我就是我，他就是他。然而还有人说，语言随声音而异，声音里面有许多讲究。上古之世，没有脱却野蛮的气习，那声音重浊，且亦甚简。近世文明进步，声音轻清，音也渐渐增多了。我们读诗，要晓得古人押韵没平仄的分别，到齐梁时才发明四声，如今才晓得声虽只平上去入四种，音却有五有七。又古时音没甚【什】么舌头舌上的分别，也没甚【什】么轻唇重唇的分别。如今翻出康熙字典来一查，就知各类分得清清楚楚。再如读书时，同一个字，先生把来东边角上加了个小圈，就换了音；西边角上加了个小圈，又换了音。这不是闹着顽【玩】么？要知并不是顽【玩】，换了音就换了义。古时一字止【只】有一音，虽然换了义，并不换音的，音近的字转好通用，后世才有五音。如《隋书·经籍志》，梁有五音韵一卷，其后李寿据孙氏唐韵，编为音韵谱。怎样的五音呢？把平声分为阳平、阴平，加上上、去、入三音，便是五音，配得上宫、商、角、徵、羽五声。本朝毛先舒《韵学通指》又说：'平、去、入皆有阴阳，唯上声无阴阳'，这么说不是有了七音么？一班研究韵学的人，都觉得古人的音单简，后世的音繁复；又觉得北方的音单简，南方的音繁复。把这个作为文野的比较，这话极有道理，却还未得根源。为什么呢？百种科学，有了秩序，有了阶级，才能依着做去。如今的音学，虽经许多名人研究过，那阶级秩序还未分明，且普通社会也难合【和】他说明我们的意思。且从极普通的语言上教授，先把名词定准，叫他划一，这才讲到动静各字，这才讲到助叹各字。如今语言的不同，名词上先经分异了。即如一个筐，北方人说'筐子'，南方人说'篮'；一个'马'，南方人说'马'，北方人说'牲口'；一只船，普通的都说是船，广东人偏说是'艇'。'荸荠①'不是普通名词么？上海人偏说是'甜梨'。'茄子'不是普通名词么？上海人偏说是'落苏'。诸如此类，一时也说不尽。我们走出家门，几十里或整百里，两下交易，就是言语不通，有入国问俗的光景。至如语助，更无从通得来的了。所以我说要划一语言，先从名词上划一起。只是现在的名词，不比从前的名词。譬如一件东西，南方有的，北方没有的，北方就没有这个名词。还有那【哪】件东西，外国有的，中国本来没有，如今才输入的，通商埠头有，内地没有，就不知道这个名词。况且新输入的外国东西，名词多有未安，件件加上个洋字，先就不对。煤气

---

① 荸荠，拼音 bí qí，一种多年生草本植物，可作蔬菜或水果。

灯叫甚【什】么'自来火'，燐寸也叫'自来火'，又叫'火柴'，北方又叫'洋取灯'，以意会之，都失其真。这一类的名词，也该早定为是，语助更是难讲。'咱''我'杂陈，'你''耐'并说，还是显而易见的。试把各方的语助，依着他【它】声音，要找个字去贴切他【它】，就怕一百年也找不着哩！有人说：我们的语言，都是天籁。即如'我'字是发语的声音，声音从喉咙里出来，都带着"我"字的音，古人就把这个字作为己身的称呼。日本字母，第一个是'ア'字，'ア'字音'阿'，是'我'字的变音。'你'字也是发语的声音，我们要指示一桩事，嘴还没说，喉咙舌头的中间，先含有'你'字的音，古人就把这个字作为他人的称呼。日本字母，第二个是'イ'字，'イ'字音'伊'，是'你'字的变音。我们称父亲，多数都称'爹爹'。试听小孩学说话，嘴里不时发出一个'爹'字的音，所以叫父亲就用了'爹'字。小孩啼哭，嘴里发出一个'妈'字的音，所以叫母亲多半用'妈'字。西国人叫父母的音，也颇和中国的音同，这个叫做'天籁'，因音造字，大有道理。现在我们要添造些字出来，怕人说是甚【什】么非天子不考文，我们何敢？只把已有的字着实编次，依着字音去教语言，依着语言去教文字，怕不文言合一么？及至文言既然合一了，那方音的不同，自然消归乌有，这才能令挑葱卖菜的都知道认字，都能晓得时事，都能结合团体。国不怕弱，民不怕贫，就是兄弟要办这国语专修科的宗旨，指望诸君热心欤助。"说罢，大家拍手，那人退下。吉羽合【和】他作揖道："费心得极！"忽见后面椅子上站起一个人来，说道："这国语专修学校，也止能收到数十个学生，或百来个学生，况且限在一隅，不能普及。再者收学生时，还是收国文程度高的呢，低的呢。若是收国文程度高的，怕这些学生为着国语来专修；若收程度低的，又怕教不好。这是困难的问题。"那演说的人只得又上去说道："蔡君发这个问题，果然有理。只是现在除了我们，没别处注重国语，今日要算国语萌芽的时代罢了。我们的意思，要在一传十，十传百，百传千，千传万，这样传开去，庶乎可以遍及。至于学生，自然是收国文程度高的，好待他教授别人，以求速效。这风气一开，怕不人人研究么？即如广东省的人，兄弟知道他们出仕的、经商的，都须先学官话。那官话固然算得国语，但我们的意思，还要调和南北，再加普通些才是哩。"又见后面站出一个人道："道年先生、吉羽先生这一番话，句句着实。我们都是中国人，都有爱国思想，像这样的大问题，那好不赞成么？我助一千块钱，诸君量力欨助罢【吧】。"那演说的人道："仲屏先生真顾公益，就请书捐。"说罢，就见那余锵甫把簿子呈上，那表字仲屏的，手捏一枝【支】铅笔，把簿子来写，果然写了助洋一千圆。大众面面相觑，没法也都写捐。有捐三块钱的，有捐五块钱的，总算起来，还凑不上二百块钱。当摇铃散会，吉羽约了那代演说的人，合【和】捐一千块钱的人，并拉凤林回到一枝香番菜馆里。凤林问那两位姓名，才知那代演说的姓陆，表字道年，是美洲留学生，卒业回来的。那捐一千块钱的姓张，表字仲屏，是做过广东潮州府知府，为着合【和】外国人冲突，罢职回来的。二人也问知凤林姓名，都说久仰。当下点菜吃酒，仲屏道："吉羽先生创办这个学校，正是中国国民的幸福，只不知这学校怎样办法？捐助的经费有了多少？"吉羽道："经费只三千多块钱，办法正待商议。兄弟的意思，须各省请几位懂官话的，大家研究出个公例来，方好着手。"道年道："这却不妥。那各省的人，聚拢来已非容易，再者各府各县，还有口音不同的，如何聚得到这许多同志？依我说，这学校要成立，必须先编一种国语教科书，把切音转音定准了再说。就仿初级西文的格式，一排是官话，注上各处土音，待人把土音去合官话，那土音注不出的，姑从缺略，或招人注解，这事方有头绪。依兄弟的愚见，那官话的字眼，大都写得出，但这后面还须区别名代动静状介连助叹，为通文法的那条路，才无遗憾哩。"吉羽道："这学校成立，须仗道年先生大才。兄弟虽然发起这事，却也知道其中有许多难处，但是我们不好因难办而生阻力的。"仲屏点头称是。饭后各散。次日吉羽来找凤林，问他要五十钱的捐款。凤林只得婉告道："兄弟这次来上海，本没预备多耽搁的，带的钱只够客寓零用，连盘缠都还不敷哩。等我回南京后寄来罢【吧】。"

吉羽无奈应允。次日凤林起身回南京去了，吉羽去送行，款子的事，又再三叮嘱而别。吉羽送别回来，路上遇见一位朋友。不知后事如何，且听下回分解。

## 第二十八回
### 精国语新编教科书　　述学区大有开通象

却说孙吉羽送了沈凤林回来，半路上遇见一位朋友，忙叫车夫把车子停下，那人也停了车。吉羽道："子输兄，久违了，我们找个茶馆叙谈罢【吧】。"那人道："吉翁住在那【哪】里，兄弟明天过来拜访，现在为着学区的事，要去采办书籍，没工夫谈话哩。"原来这人就是鲁子输，前回表过在杭州办理学区的，此次特来上海办书，合【和】孙吉羽不期而遇。当下二人说明住处，弯腰而别。次日，子输套车来到白克路，只见转湾【弯】角上，果然挂了一块黑铁皮牌子，上面白字写着"国语专修学校"六个大字。子输下车问孙先生时，却见一位文绉绉的先生，从耳房里踱出来招接，领到楼上，合【和】吉羽会面。子输见这楼上一排三间，确系西式房子，非常宽大，外间有几位先生在那里编书。子输道："我们一别有三年没会面了。"吉羽道："可不是，兄弟也闻得子翁在学界上的名誉甚好，只是不知道子翁耽搁在那【哪】里，没处通信。"子输道："兄弟本没一定的踪迹，只因学界上几位朋友，公推兄弟回去办这个学区。不瞒吉翁说，敝省社会上虽说开通，像这样文明的事，还有人反对哩。幸亏抚院一力主持，总算有点儿效力，好容易各乡绅董都承认了。"吉羽道："这学区怎样办法呢？"子输道："这学区须先查图，分每县划成多少区，责成公正绅耆捐款兴办学堂，或半日学堂，或初级小学，总叫没一乡没得学堂。这是开通民智的第一桩要紧事儿哩。吉翁办的这个学堂，是甚【什】么宗旨?"吉羽道:"兄弟的意思,在叫我们中国人语言合一。"子输道:"语言合一,果然要紧,只是很难,怕一时教不明白。"吉羽道:"且试办起来。兄弟的意思,先开风气,风气开了,慢慢有人传开去,自然有了头绪。"子输道:"怎样教法呢?"吉羽道:"我们先编教科书,有了书,那教法就易于研究了。"子输道:"这书就很难编。"吉羽领子输走出外间屋里,合【和】那编书的人会面,问起姓名,才知他姓邝,表字霭人,原籍广东南海县人,寄籍在厦门的。子输对吉羽道:"吉翁,你有这位帮手,这学堂是不难办的了。"吉羽笑问道:"怎样讲?"子输道:"这位霭人先生占了两个难懂话的省分【份】,国语上面已经思过半矣。"吉羽道:"子翁还没知道,霭人先生足迹半中国,除了云、贵、四川没到过,其余各省都走到的,或是住三年,或是住两载,着实研究过方言哩。"子翰大喜。三人交谈一会,子输听那霭人说话,一口京腔,非常圆亮,幸亏自己到过京城,言语上面总算留心,所以还应付得来。子输见桌上摊着一本《扬子方言》,便道:"霭人先生这书太古,用不着的了。"霭人道:"这是参考书,也很有些说话合【和】如今同的。再者说话的口音同不同,须待各人体会。至于名目的不同,显而易见。广东省说吃茶叫做饮茶,说走叫做行,这不是很古的么?兄弟想起来,古人的说话,也因时而变。汉朝人的说话,必和晋朝人不同,晋朝人的说话,必和唐宋朝人不同。试想汉高祖往往自称乃公,称人叫做若,与周时人称吾、称尔汝,固觉不同。后世史上这称若、称乃公的话,轻易不见,足见史、汉是摹写刘季的声口的。明明一句俗语,还有灌夫传,灌夫说:'生平毁程不识不值一钱,今日长者为寿,乃效女儿曹呫嗫[1]耳语。'这三句话似乎极文,其实不值一钱。及'长者为寿','女儿曹呫嗫'等字,都是当时口头俗语。后来读的人尊重史、汉文章,不敢当他【它】俗语读,是为古人所欺。但掩着书细想,这一类的话,如今却万万没有了。到了晋朝,俗语又是不同。《晋书·王衍传》:

---

[1] 呫嗫,拼音 tiè niè,形容低语。

'举阿堵物去,何物老妪,生此宁馨儿?'这'阿堵''宁馨',定是当时俗语,没什么可疑的。但是这类的俗语,史书上止一见,以后就不再见。以后有没有?这话虽不敢断定,然细看历朝史书,只唐宋以后,词气相仿,汉晋人的词气,却和后世迥乎不同。因而有人说文气厚薄,时代为之。其实当时说话,就合【和】后世不同的文字,总跟着语言走,这是一定的道理。一字不识的人,连语言都说不齐全,却甚可怜。所以兄弟的意思,要从语言上研究,透出文字的机关,方才有用。再者,兄弟还有一个拙见,觉得我们中国的语言文字,原是合一的。我试说语言文字合一的道理,譬如有了太阳,古人才造出一个日字;有了月亮,古人才造出一个月字;有了人,古人才造出头面手足、身体发肤、股肱、胫踝各类的字。今人但知道西人文字美备,身体一门,节节完全;中国人只知头面手足,没细细的【地】分类造字,殊不知造字的人早已造的差不多个个多有,自己不去留心细看罢了。这是闲话不说,只说造字的定是先会说话,再会造字,那造的字必然就是说话的,断然无疑。那【哪】有字话不合一的道理,不过方音不同,念岔了音是有的。即如古人咏驴,连用'得得'两字,我们在京城里常听得人说什么'得嘞',及至北路上,听那骡夫呼骡叫做'搭','搭''得'一声之转,看来这个字音,古今大约相同的。总之要审得清声音,就能叫字话合一,又能叫五方的音都能合一。这个学问很大,兄弟井蛙之见,担当不起,这责任还望指教指教。"子输、吉羽齐道:"霭人先生的名论,佩服极了,果然悉心研究起来,是我们四万万人的幸福。"霭人谦言不敢,子输起身要行,吉羽道:"我们好容易会面,多年朋友,何妨畅叙一天,就在兄弟这里便饭罢【吧】。"子输应允。一会儿开出饭来,四盘两碗,虽然不甚丰富,却也清洁适口。当下吃过午饭,吉羽约了子输出门散步,顺脚到颐园,在草地上踱了一回。吉羽道:"我们上楼吃茶罢【吧】。"子输只得陪他二人同上扶梯。堂倌送了一碗雨前茶来,二人凭栏而望,只见远远的来了两部脚踏车,吉羽认得是志高大学堂里的学生,不觉发了感慨道:"东西洋学生都是守定规则,独我国学堂弄成一个放任主义，未免却行求前了。"子输道："现在学界的风潮，倒觉得平静些。"吉羽道："这也有原【缘】故。从前学界所以容易闹风潮，为的是办学务的很有几位老先生，又喜借着官场势力，压制学生，两下冲突，也是情理上该有的事。如今学堂里出来的教员也多了，办学务的也渐渐文明起来。学生程度也比从前高了，都有求学的意思，轻易不为着一点儿小事，就起冲突，两下调和，所以风潮少些。只可怪的，一班办学务的，不趁此时多办些学堂，好好的【地】诱道【导】学生，却听人家考优考职，纷纷的找别条出路去。这么看来，我国的学界，终究没有发达的日子哩。"子输道："考优考职，也怪不得人家。你想做了我们中国的读书人，最是清苦不过，要不找条出路，单指望学堂当教员，如何容得下这许多人？再者，还有一班思想老旧、性情迂拙的人，一入学界，就要起冲突的。只有叫他去考优考职，找一条出路去。"吉羽道："这个自然。只是学堂的出路，闹了这许多年，始终没有着落。出洋的学生，一班一班的【地】送出去，将来学成回国，那【哪】有这许多事给他们办去呢？依旧仗着各人的路子营谋钻刺去。这么看来，不是要另开一个新学界的营谋钻刺场么？到那时的竞争淘汰，就目不忍睹了。"子输道："世界上的事，我们猜不透，且到了那时再看罢【吧】。天色不早，兄弟要拜夏仰西先生去，我们再会罢【吧】。"吉羽道："仰西先生，兄弟也久闻其名，只是无缘会面，学界里没有个团体，终是不妥的。我们虽说设了个劝学会，有些大教育家都还不能入会。兄弟的意思，还须在会上面设法，破除了界限，弄个广义，好不好呢？"子输道："甚好，我们再谈罢【吧】。"吉羽只得起身，二人同出园门，吉羽自回学堂。子输上车，望【往】强华学堂赶去。一会儿到了虹口。子输细看那学堂的规模，又经改换，匾额上不是金字，已换了黑字了，草地前面几棵树长得更高，忽听得一片声的读洋文。车夫停下车子。子输下车，抬头一望，道："错了，我是到小学堂去的。"车夫问了管门的，才知小学堂系新造的房子，要出大门转过去。子输重复上车，到小学堂停车，问夏师爷，学堂里一个茶房，领他到客厅坐下，道："夏师爷代骆师爷上课哩，请老爷宽坐一会，还有一刻钟下课呢。"子输只得耐心守候，茶房送上茶来。等了许久，只听得"铛铛、铛"，钟声敲动起来。仰西下课，便到客厅。子输道："仰西先生久会了。"仰西笑容满面道："子输先生辛苦了！听说先生办家乡的学区，办得很好，要算家乡人的幸福。"子输道："休提这话。仰西先生那般大才，偏不肯担任这个义务，叫他们找到兄弟，闹得稀糟。"仰西诧异道："仲时先生前天还有信来说起的，家乡的学区办得妥帖，有几处已经开课了，这不是子输先生的力量么？为何这样过谦？"子输道："不是兄弟过谦，家乡的事也实在难办。前年兄弟到家的时节，还没出门拜客，就有人来告知兄弟道：'学里一班秀才恨极了你，都说是好好一个杭州城的学务，被你来闹坏了，办学堂不成，又来办什么学区，也不留人家一寸地步。'他们大家商议，要拉兄弟到明伦堂羞辱一番；又有人发议论，要把老拳奉敬；又有人发传单，要阻止这学区的事。兄弟一概置之不闻不见，但也不能不防。不瞒仰西先生说，兄弟到了杭州，韬声匿迹①的，从没和那班秀才们会面。幸亏几位开通的绅耆，萧仲颖先生、许维屏先生、钱子实先生，大家都说这学区是应该办的，在学务公所集议，请了兄弟去。那天到的客倒很多，总算议定，这才约了各绅董来城，把这办法宣讲给他们听。原来那班绅董，虽说守旧，却反比学里的秀才明白。许维屏先生只演说个大概，他们已经赞成，当天签了字，算是定局。这才讲到办事那天，到了一乡秀才最多的，兄弟倒没防备，谁知他们聚拢来，把兄弟围住，你一句，我一句，指指摘摘，随口乱说。兄弟只得开道【导】他们。幸而说得好，直把嘴唇几乎说破，这才解散。要说错一句，只怕就被他们打到半死。那粗蛮的拳脚，可是我们经得起的？谁知事情没办之前，大家汹汹的吵闹，事已定局，他们又是一番情景，都来走路子，送文章，要谋那教员一缺。仰西先生，你说这班人的程度，可能当得教员么？兄弟却顾不得情面，把来一概回绝了，又结下一重怨望，幸而没出花

---

① 韬声匿迹，又作"销声匿迹"，意指隐匿音信踪迹，形容隐藏起来，不被人所见闻。

样。"仰西听了笑道："你真合【和】孙行者似的，遇着了蜘蛛精，被他们缠住了，后来的事如何办法呢？"子输道："说也奇怪，我因他们学区里要开学堂，不免下乡调查调查。谁知乡里读的书，十分诧异，有什么绘图《百家姓》、改良《千字文》、最新增图的《幼学须知》、特别《千家诗》附教授法。这些旧法翻新的教科书，也不知是那【哪】位书业里的名公编印的，闹得来又是叫人恶心，又是叫人喷饭。"仰西正色道："这也难怪他们乡里的先生，能够教学生认几个字，就是莫大之功了。"子输道："且慢着忙，兄弟找那几个年纪大的、读书久的学生，考问考问，大约认满十个八个字的，也就不多哩。"仰西道："所以这学区不可不设。"子输道："仰西先生原来还没知道这学区的难设处哩。那时开学的日子近了，东乡没有教科书，西乡缺了教员，这事说不得是我们的责任。一面替他们办书，一面替他们访请教员。那【哪】里请得着，只有招考一法，告白贴出去，果然来应考的不少。兄弟不由分说，充当了大主试，比较好坏，短中凑长，总算取足了额。"仰西未及回答，只听得"铛铛铛"钟声又响。仰西道："我们吃饭去罢【吧】。"不知后事如何，且听下回分解。


## 第二十九回
### 戒躐等①夏仰西讽世　识公益陆静甫誉儿

却说鲁子输同夏仰西谈那回杭州办学区的事，正说得高兴，忽听得钟声响亮，仰西道："我们吃饭去罢【吧】。"子输把表看时，已是六下钟，起身道："兄弟告辞了，今天约定了人，七下钟会面，不可失信的。"仰西只得送他出去，又合【和】他约了七曜日会面。子输坐车来到四马路奇芳

---

① 躐（liè）等，指逾越等级。

茶店，那位朋友还没到来，子输找个空桌坐下。只见奇芳吃茶的人，闹哄哄的，或上或下，纷乱不堪。举眼见窗子外面，凭着栏杆吃茶的，还有两个学生，不知是那【哪】个学堂里出来的，都穿着直脚袴子，散着脚裤管，以示学外国人的意思。那头上的短发，披到眉头上，望去却很像个南洋狮子头儿似的，足蹬皮靴，脸上漆黑，眼光散漫，没什么精神，衣服上污旧得很，知他家里是穷的，手里捏着一张报，露出"风月"两字。子输忖道："可叹中国少年，好的那【哪】敢说他没国民思想、科学进步，不好的，像这两人打扮得一种中不中、西不西、滑头不滑头、文明不文明的这个怪现象。看报呢，那【哪】种报不好看，原是最文明的事，他偏喜看那有花丛的报，闹得眼中的神光，迷离恍惚。可见他心里只慕上海浮华，并不是诚心求学、诚心做国民的。都像这样的性质，随他遍地开了学堂，教育到一百年也是无用的。"心里正在踌躇，却见他友人走上楼来。子输起身招呼。原来这人姓邵，表字杞如，是子输少年时的朋友。他是从东洋回来的，只因前天在路上合【和】子输遇着，约定时刻，在奇芳吃茶叙谈。当下子输问道："杞翁在东洋耽搁了几年？学些什么？"杞如道："不要说起，愧死人哩！兄弟初到那里，好容易托人说项，进了宏文学院。第一学期，每六天内三十三个钟头，倒去了二十七个钟头，去学他们日语。第二学期，每六天内，有五个钟头的历史舆地，五个钟头的算学。到了第三个学期，六天内又添了五个钟头的理科示教。这些学问都不难，难的倒是日语。"杞如一面说，一面把手抹着胡子道："子输兄，你想我们偌大年纪，舌头掉不转了，如何当得来呢？我去了很是后悔。那费用不必说，就是饮食上，我也弄不惯，每天吃些腌菜饭，又是扣准了吃，多吃了，人都笑话我们。他那里上等的好饮食，叫做甚【什】么哈嘻垆，只不过一个小炉子，加上个小铁锅儿，烫那生牛肉、生鸡片吃罢咧。这在我们中国也不为奇，他们觉得非常贵重，轻易没人肯吃，其实花费不多。我有时吃不下饭，就去买个哈嘻垆吃。他们猜我是中国的贵族，又说中国人实在有钱，怪不得一次赔款就是几百兆，你说可气不可气？我好容易学会了日语，能和他们会话,谈到科学上,我应付不来,他们便笑我说:'你们中国人只会吃哈嘻垆,没别的本事。'这话就合【和】我们上海骂人家饭桶一般,把我臊得没法,只愁没个地洞钻下去。然实在自己的学问不兴,那【哪】里敢和人家反对?那学院里规矩非常认真,到十下钟一律熄灯。我有时功课没温熟,或须写封家信,私下点一枝【支】洋烛,照着看时写时,他们就有人巡查到来,不知不觉的【地】被他吹熄了,那【哪】敢喷声,只得睡觉。我在那里学了三年,卒业后想进高等师范学校,遇着取缔的事,没见成功,闲住在那里没味儿,只得回来了。"子输道:"如今打算到那【哪】里去?"杞如道:"也没一定的地方。中国的学堂,我是不愿意进去,这胡子也不好再剃。"子输笑道:"还是当教员罢【吧】,我在杭州办学区,正缺少教员,像杞翁这样深通教育的人,那【哪】里去找呢?这不是来得极好么?"杞如却甚踌躇。子输道:"杞翁为什么不应允?莫非为着太小就么?不要紧,可以扩充的,这是公益的事,杞翁也该尽一半义务。"杞如道:"且回去定了主意再说。"子输就请杞如到江南邨①吃饭去,直吃到九下多钟,尽欢而散。到了七曜日,仰西来拜子输,可巧孙吉羽也来了。吉羽不认得仰西,子输绍介,彼此说了一番仰慕话头。谈起学务来,吉羽又说国语如何紧要。仰西道:"但是学务里的事,没有不紧要的。只是我们中国听得外洋办学堂,我们也办学堂。幼儿园没办,家庭教育没整齐,如何冒冒失失的【地】开小学堂?小学堂没开,南北洋的大学堂早经成立,这不是个大蔽么?有人说从前没人注意学堂,先开风气也是好的,如今却不在乎开风气了,正要在这学务里研究究竟怎样的程度,才好进初等小学;初等小学怎样及格,才好进高等小学;高等小学应该用怎样的教科书教,教授到怎样地位,才好进中学堂。如今开学堂的,都知道程度不合,不可误人家的子弟,无奈却不过情,到招考时,冒冒失失的【地】收了。即如我们强华学堂,要算开得最久,是个科学完备的学堂了,然而据我看

---

① 邨,同"村"。

来，学生的程度太觉不合。初级小学的程度，也有高等小学的程度，也有中学的程度，自不必说。这学堂本算是中学，其中学生应该够得上中学程度，才算合格，为什么有初级、高等两种小学程度的学生呢？只为招考时没法应酬面情收下的。如今叫他们补习，那【哪】里补习得及。还有一最苦的事，是西文好了，中文不及格，中文好了，西文又不合格。教授的人弄得一无主意，只有看那程度高的多数，就教他高等；程度低的多数，就教他初级。以致一个课堂里面，高的不愿意听讲，低的听了不知道讲些什么。然而教员都喜讲高的。为什么呢？讲了高的，那高等学生对付得过名誉就好了；那低的学生，甚至茫无头绪，又不好把初级小学的功课教他，所以永远没得个贯通的希望了。有人说现在的学堂，好比一样物件，叫做网篮。西人初到我们中国，见了人家上路时带的网篮，甚为纳罕，只见他酒瓶、菜罐、钉靴、洗脸盆、纸匣、面巾、饭碗、茶壶、筷子，都装入里面，甚至书籍、便壶，也向里面塞下去，闹成一个牛骥同皂。西人不觉佩服，叹道：这法儿倒绝妙的。如今一个学堂里，有初级小学，有高等小学，有中学，有西文好的，有算学独擅长的，有国文历史独精的，这不是网篮里的器具一般么？就叫做网篮学堂罢【吧】。我看网篮学堂，遍国都是，不须讳言的。"子输道："仰西先生又没倒【到】处去调查学堂，如何知道遍国都是网篮学堂呢？"仰西道，"既然进两等小学的，没受过家庭教育，程度就不齐；进中学堂的，有没受过两等小学教育，还指望他程度齐么？你试用理想，现在的学界，不是这般现像【象】么？"子输道："现在我们既办学区，推广出去，普及的教育就有基础。各府县既奉明文，两等小学和中国学堂以次开办，教科书也渐渐出板【版】多了，将来按着阶级办去，不怕这些弊病了。"仰西道："兄弟说的是。现在景象，将来改良未可限量，然而还在办的人、合法教育的人尽心，才能挽回。要不甚经意的办去，这弊病依旧免不了的。"子输道："仰西先生谈的学务，都从大处设想，这番议论，兄弟佩服极的。"吉羽也赞扬了几句。仰西谦道："兄弟也是个人的意见，还望二位纠正才是。只因现在进学堂的学生，总觉得学堂不好，不能虚受业，这都是越了阶级的原【缘】故。不但教授的人须评准学生程度，连编教科书的人，也须合着程度编辑。譬如没见过山，就合【和】他们讲岩石，讲峰峦，讲峭壁；没见过水，就合【和】他们讲波涛，讲潮汐，讲江淮河汉，他们如何懂得呢？相准了他心理里面有这一层开悟，慢慢的【地】一层进一层去开悟，他就同缫丝似的找着了丝头，顺势抽出来不难的了。如今的教科书，也有没找着头绪乱抽的，也有找着了头绪却不肯顺着抽下去，中间断了几节，化出许多头绪在那里尽抽的。有几种过于雅，有几种过于俗，偏注俗的就骂雅的。其实教科书都是教人通国文的，那【哪】里用得着俗语，只要用的字眼好，把俗话讲明，没什么阻隔，不要转几个湾【弯】子才能说明，这就是极合用的教科书了。至于一层层的阶级不乱，只怕现在学界上还没这等程度，就有人编出这种书，未必大家信用他哩。"仰西说完一番话，把一个孙吉羽先生佩服到五体投地。子输道："这时已有十二下钟了，我们找个馆子吃中饭去。"仰西道："我正要请你吃饭哩，我们到一枝香去吃番菜罢【吧】。"子输也不推辞，当下约了吉羽同去。正在吃饭的时节，仰西的车夫上楼对仰西道："东洋去的陆少爷回来了，他看见小的，知道老爷在这里，他说两下钟在张园①吃茶等候老爷，有话说哩。"仰西点头。三人吃饭后，各自散去。仰西叫车夫拉到张园，果然见陆凯明独自一个坐在那里。原来这陆凯明是南汇人，表字伯旋，系沈子圣的外甥，合【和】仰西时常会面的，所以车夫认识。他在中兴学堂卒过业，家里又富有田产，立志要增进社会知识，办了一种白话报，每年折阅②本钱五千块钱。他索性跌价，跌到三个大钱一张，买的人倒多了，并不折本，也不赚钱。伯旋为的是开通社会，本不在乎赚钱的。后来听得仰西谈学务，谈得井井有条，就动了个开学堂的念头，回家合【和】父亲商议。他父亲是富而好义的，平日于诗书上面工【功】夫欠些，听得人赞他儿子学问好，不觉满心欢喜。有时考问伯旋两句，不但对

---

① 张园，系清末民初上海著名的娱乐性花园。
② 折阅，音 shé yuè，在此指亏本。

答如流，还能够推论出去，说的话都是自己肚里没有的。老人家喜极儿子，转生出一种佩服儿子的感情，从此天天誉儿。有人不服气，说："世界上有儿子的也多，从没见这般夸奖。难道你家世兄千般都好，没一件不会的么？"老头儿道："我这儿子，自然没一件不好的，只我就找不出他一点儿错处。"后来伯旋开了白话报馆，两年折本一万元，又有人和他老子说："你只纵容令郎，如今把你的钱糟蹋了这许多，也是他的好处么？"老头儿不嘖声，回家叫了伯旋问道："你开的报馆停止了罢【吧】，有人对我说闲话哩。"伯旋早知就里，答道："父亲积下几百万银子，将来不是给孩儿用的么？譬如生下一个败子，把父亲的钱吃着嫖赌去，随他铜山金穴，也用得尽的。这辛苦来的钱，白花费了，自然觉得可惜，至如孩儿办的报馆，是有益社会的事，总然折本也买了个名誉来。父亲试想，我们见一件稀奇的宝贝，随他要几万银子，也肯拿出去买。这名誉是世上最贵重的一件暗宝，孩儿替父亲买名誉不好么？"他父亲大喜。看官要晓得，有钱的人，喜的是名誉，要有钱的人，名誉都不喜了，世界上的公益事更没有人办。只看如今各处办些公所，各处开会，各处多少也办几个私立学堂，无非仗着那几位富翁为着名誉上，还肯破费些悭囊哩。陆伯旋的父亲陆静甫，听得儿子说开报馆有名誉，自然满心欢喜，再折几年本也情愿的。闲话休提。再说陆伯旋既被他父亲信用，这才能讨出学费，前赴上海学成了，又志在开学堂，合【和】仰西商议，要到东洋去调查学务，说不得又回南汇，禀知他父亲。这时静甫早知学堂的好处，况且他夫人沈氏，又是大教育家沈子圣先生的姊姊，那学务上是内行的，听说儿子要开学堂，不觉喜动衷怀道："我儿，这事着实可做，你赶紧到东洋调查去。只是南汇地方，男学堂倒有几个，女学堂一个没有，我的意思还要开个女学堂，这是不可再缓的了。"静甫道："开学堂也不是容易的事，只怕经费很大呢。"他夫人道："你休管他，孩儿自有主意。"伯旋忙道："经费不至十分浩大，我们是要收学费的。"静甫放心应允，因此伯旋能到东洋。如今回来了，特找仰西商议办法，恰好遇着他车夫，约在张园等候，当下二人见面。不知后事如何，且听下回分解。

### 第三十回
### 餐舍有规因陋就简　学堂难办校散生归

却说夏仰西在张园会见了陆伯旋，谈起办学堂的话。伯旋道："外甥见日本学堂，比我们中国多了几十倍。从前还说他们穷，为何办起维新的事业来，就不穷了？"仰西道："我却没到过日本，只听人说，日本却系穷的人多，只是人家肯耐苦，所以办事容易。我们中国人骄贵惯的，一天苦也吃不来，不论新旧事业，那【哪】一件办得好呢？即如学堂，第一讲究房子，第二讲究饮食。房子呢，我原不说不该讲究，俱是空气透，光线准，修造得坚固，住在里面，觉得轩敞，也就算了。争奈都要仿造洋楼，工料一切，都十分昂贵，甚至一所小学堂，造屋费花到十来万银子。假如我们把这十来万银子，化分十处使，不是多开了九个学堂么？再不然，化分五处使，也还多开四个学堂。我想现在创办私学堂的富翁，都是非常人格，尊翁有这样美意，那人格的高，在我们中要算是数一数二的，见直有些欧西文明人的模范。你本是学务内行，又到东洋去过的，那【哪】一件不知道，不用我赘说的了。我应该说的，只劝尊翁预备多少造房子的款项，把来摊派开，应开一处，不如开两处。至于饭食，第一是洁净，不在乎丰盛，厨子呢，知道甚【什】么？我却听得一句笑话。有一位文明先生，办了一个小学堂，却事事合着文明的格式。一天踱到饭厅，见饭桌上有一碗宁蚶①，当下大怒，忙传厨子来，骂道：'你不知道这蚶子是吃不得的么？'厨子道：'厨子实在不晓得。'文明先生道：'蚶子是有碍卫生的。'

---

① 蚶，音 hān，指蚶子，一种软体动物，生活在海底泥沙和岩石缝隙中，肉可以吃。

厨子道：'甚【什】么叫做有碍卫生？'文明先生就把这有碍卫生的理，备细合【和】厨子说。厨子笑道：'要是厨子也知道这些原【缘】故，再不来做厨子，也去办学堂了。'所以我说饮食里面的事，总须自己检点，切莫等厨子端出一碗蚶子来，有碍学生的卫生，这是最要紧的。"伯旋笑道："表舅说的话极是，只是外甥见东洋学堂里，也有吃半生不熟的咸鱼的，难道不碍卫生么？"仰西道："这就显出中国人的怯弱来了。不但带生的鱼肉等品，中国人吃不来，即如冷开水，中国人又何尝喝得来呢？你只看上海工部局的医院里，不是把冷开水给病人吃的么？中国人吃了这水，怕要病上加病。虽如此说，以后却不可叫生下的孩子这般娇养，总要叫他耐得住风浪，新鲜的空气叫他多吸受些，冷水洗澡叫他洗惯了，冷开水也叫他吃些。跳绳、踢球、荡秋千，他到了这个年纪，有这个气力，尽管叫他去，切莫保护着他，看顾着他，爱惜着他，处处防他吃亏，或是防他伤了身体。要知道娇养惯的孩子，将来要做废人，四万万人的里面，多一个废人没甚【什】么益处，少一个废人没甚【什】么损害。依我说，生下个儿子，没学问，没本领，将来做废人，分众人的口粮，倒不如没这个儿子的好。教育上的事，总须在这些上面注意。体育是各事的根本，且叫国民身体强健了，个个人当得来兵，这就是强国的秘诀。贤乔梓[①]能在上面注意，就是莫大之功了。"

伯旋道："人说表舅深明学务，外甥还不很信。今天请教这一番，顿开茅塞，句句话都可实行的。待外甥回去告知家严，准用这个宗旨办去罢【吧】。只是一件，男学堂没甚疑义，女学堂倒很难办。"仰西问其原【缘】故，伯旋道："内地风气，还没开通，中国的旧法，表舅是知道的，做了个女子，就同罪人一般，终身拘禁起来，不得出闺门一步，轻易不可同男子谈话。寻常人家的女子还好，至于自命为乡绅家里的女子，尤其拘禁得利【厉】害，有点儿诧异，人都混造谣言，说这女子邪气。那女子自己也

---

① 乔梓，即乔木、梓木两种高矮不同的树木，比喻父子。

很远嫌，宁可耐着性子，躲在家里，不敢出门。如今叫他【她】天天上学堂去，街上行走，难保没人指着讥诮。再者，女教师那【哪】里找去，就是请着几位，科学都不完全，不能不搀【掺】用男教员，这里面就大起冲突了。有些乡绅老辈，都道风俗太坏，偌大的女孩儿，给男教员教授，万一有了暧昧的事，这便如何是好？有这些为难之处，外甥甚觉踌躇，意欲不办女学，奈家慈却注重在女学上面。我们中国女学欠缺，论理是要多办才是，加以家慈这番美意，外甥那【哪】敢驳回？表舅有甚【什】么好法子，叫女学办得好，又不致惹人闲话没有？"

仰西道："这是社会使然，我那【哪】有好法子呢。依我说，闲话，随他闲话，我们只管办。好在官场也在那里提倡女学哩。你们只管呈请，只要地方官批准了，人家自不敢乱说。只是女学又与男学不同，不在乎多通外国文，也不在乎通甚【什】么精深的科学。你看外国科学专家，到底是男子多，女子很少。为什么呢？女子有女子的天职，注重在持家、育子、针黹①、烹饪，所以东洋的女学堂，总有家政一门。我们中国却须变通其法办理。为什么呢？中国的弱，都从女子先弱起。粗蠢的女子，脑筋不灵，遗传到儿子，也就是个粗鲁的坯子，难施教育。灵秀的女子，却怯弱非凡，不是病肝，就是病肺，体力是更不必说，弱不能胜衣，怕大风吹倒了，遗传到儿子，也就娇怯起来，动不动伤风咳嗽，差点儿的读书辛苦了，还有许多危险的症候。所以我说女学应该注重体育，能叫女子有了体力，身子强壮，加之受过教育，智识既富，生下儿子，还怕不是伟大的国民么？上海几个女学堂，办得极有道理，都在这上面注意。虽如此说，女子的教育，修身、国文也是极当注重的。至于应请男教员，尽管请，只请时须细访人的道德，大约受过教育的男子，也万不至忽起邪心。况且众目昭彰，教授时那几个小时，有甚【什】么苟且的事该防闲呢？社会上的浮言，决【绝】不要为其煽惑才是哩。"伯旋听了，这才决意回去办女学堂。

---

① 针黹，音 zhēn zhǐ，指缝纫、刺绣等针线工作。

当下二人谈了多时，看看日光已淡，仰西要回学堂，伯旋也要到他舅母那里去。二人一路同行，到得虹口强华学堂，仰西要到小学堂里查点学生回堂的数目，不能奉陪，伯旋直到子圣公馆。可巧，他舅母从城南女学堂回家，见面行礼。伯旋道："母舅有信寄回来么？几时回来呢？"他舅母道，"前天有信来的，他说年底也要回来，我也很盼他回来，商议几桩要事。第一，强华学堂代馆的人，要到美国去，他不回来，没个交代，也对不住人家。第二呢，今天城南学堂里会议，要在我们家乡开一个女师范学堂，他们公推我去办理，我那【哪】里走得开呢？你的表弟虽说在学堂里读书，到底年纪还小，总要有人照料，我盼他回来了交给他，我就好脱身而去。好在他们的女师范要明年开办哩。"伯旋道："表弟既在学堂，自有学堂里的人管理，这倒不消担忧。只是母舅既当了学堂里的西文教员，久在外洋，就该脱却这一席才是。如今代庖的要走，不是这学堂缺了一位教员么？"他舅母道："正是。他早就打算脱却，无奈辞不了，所以倩人庖代的。现在即便回来，我也劝他不必再就了。"伯旋道："这却为何？"他舅母道："这学堂的名誉，实不好听。起先本是好好的一个学堂，科学也很完备。你只看这样的房屋，这样的体操场，在我们中国，只怕也是数一数二的。学生呢，高等的也有，粗通的也有，不通的也有，西文却都是很读得来的。规则呢，从前极整齐，课堂里，卧室里，饭厅里，不乱一丝儿。谁知日积月累，闹到这步田地。人说他们办事的，只知道捧牢着自己的饭碗，还要倾轧别人，都有个挤却别人，自己便出色的意思。这也众恶所归，辨是辨不清的。我们虽说知道一二，却也看不透其中内容。面子上看，固然是好好的一个学堂。我听得你母舅的同事说起，现在学生极肯用功，虽然没得规则，他们倒也有自治的能力，偶然来个把败类，也还不至害群。**然而据几个学生说起，里面的腐败情形，又多着哩。总之，彼亦一是非，此亦一是非，要彻底根究，只怕烦难。我又听说有人创议，要把校员通统辞退，另换个有名誉的人整顿，不知是真是假。横竖你母舅不在这里，随他们去搅便了。**"伯旋听了，也是纳闷。谈了一会，告辞要去。他舅母留他吃了晚饭再走。伯旋道:"怕道路不太平。"他舅母道:"怕什么？你又没银钱,谁来抢劫呢？要实在怕抢劫时,就住在这里也不妨。"伯旋只得应允。

忽见一个小学生,穿着一身操衣,戴着操帽,脚下蹬着皮鞋,连走带跳的【地】跳了进来,那身体要用量身计量起来,也还不过三尺,却是英气逼人,嘴里叫道:"母亲,我今天运动,得了好些赏赐,我跳高是第一,盘杠子是第二,哑铃又是第一,只秋千后些,排到第五。"一边说,一边从腰里皮带上解下一包玩具来,呈给他母亲看,原来是制造的小汽船、汽车、东洋信笺、小地球等类。他母亲道:"这位是你陆家大表兄,快来鞠躬致礼。"那小学生果然对着伯旋鞠躬,很从容的。伯旋还礼不迭,拉着他手,问他名字。他道:"我叫英人。"伯旋道:"表弟这个名字不好,外甥斗胆替他改了罢【吧】,叫做华人。"他舅母笑道:"你休上他的当,他那里叫甚【什】么英人？他学名叫做国英,乳名叫做阿新。"阿新靠在他母亲身边,回头婉告道:"母亲,我年纪大了,不要再叫我阿新,叫我国英罢【吧】。"说得伯旋也笑了,道:"表弟这般玲珑,读书上面是一定聪明的。"他舅母道:"总算下得去,就只顽皮些。"国英正色道:"孩儿并不敢顽皮,见着母亲,就有说不出的快活,所以弄成个疯疯癫癫的模样。"伯旋考验他学堂的功课,他把高等小学国文、历史、地理各种教科书,言其大概,又背西文,说甚【什】么别掰哑克司,也是很熟的。算学更是学过开方,尤其会做,年纪才只十二岁。伯旋大喜道:"表弟这样聪明,将来是出色的国民。学生都像这样,办学堂的人也就踊跃了。"他舅母道:"你这话说得不通。办学堂的,原是为着人家孩子没知识,要开通他的知识,那【哪】里能拣定聪明的孩子才施教育呢？我说笨的孩子,越发该受教育哩。"伯旋唯唯道:"这是外甥失言,舅母的话不错的。"当晚伯旋就住在沈家。

次早才只七下钟,伯旋起身洗脸,听得大门上的铁环响了几下,家人正在后面料理早点,没人听得打门。不一会,铁环又响起来,伯旋只得出去开门，原来是夏仰西来了。伯旋大喜，请进书房里坐下。仰西道："表嫂起来没有？"伯旋道："只怕已经起身，国英已上学去了。"仰西略坐一会，见家人送出早点，仰西问道："太太起来没有？你上去说，我有话要面谈。"伯旋自用早点，仰西是吃过的了。约摸等了半个钟头，子圣夫人下楼，合【和】仰西会面。仰西道："强华学堂的名誉不好，表嫂是知道的了。如今有人创议，要把这学堂停办，又有人说不如请一位大教育家来整顿一番。但是这学堂本来是几位富商捐钱办的，现在富商连年折阅，财政上渐渐支绌起来。办学堂呢，本是他们名誉所关，没法赔钱罢了。既是办得不好，还不如不办。昨儿晚上商会里寄来一信，内中说的是学堂一节，已经会议过，决计停办，房子卖外国人。我们趁早打算搬家罢【吧】。"子圣夫人道："好好的一个学堂，停办了不可惜吗？"仰西道："我们说好不中用，人家都说不好。"子圣夫人道："他们说怎样不好呢？"仰西道："他们说办事的人不办事，教育的人不教育，学生太自由，规则太不守。这个老大学堂，留他有甚用处，还是停办了为是。"子圣夫人道："学生怎样遣散呢？"仰西道："学生不要紧，他们停办了，学生自然散去。"子圣夫人道："小学堂也停办么？"仰西道："这倒没有提起。他们指名说的是中学堂。"伯旋插嘴道："这是甚【什】么原【缘】故？"仰西道："这也有个道理。表兄出洋去后，学堂里实在没人合【和】学界联络，自然公论难容的。"伯旋怔了一会，道："原来办学堂的，也要合【和】人联络，不是容易的事，闹得不好，徒然坏了名誉。这么说来，外甥也觉灰心了。"仰西道："你办学堂不要紧，是自己出钱办的，只要认真办去，怕没名誉么？"略谈一会，仰西匆匆别去。子圣夫人只得托伯旋去替他租房子，一面写信给子圣，说其原故。

伯旋走出大门，只见三三二二的学生，齐都携着行李书籍出门去了，脸上都现出一种凄惨的神色。迎面忽来三个学生，是合【和】自己在中兴学堂同学过的，一位是潘仲华，一位是王起卿，一位是毕志鲁。伯旋见面招呼，仲华道："伯旋君甚时来的？为何到了这里不来看我们？"伯旋红着脸道："我倒忘记了，三君都在这里，没去拜访，荒唐已极。"起卿道："伯旋君现在是阔了，中兴学堂里卒过业，东洋又去过，人格比我高了几倍，要来看我，这就辱没了，伯旋君所说是'贵人不履贱地'。"几句话，说得伯旋脸红过耳，只得勉强答道："实在是忘记的，我们学界里的人，有甚【什】么阔不阔，这句话你也说得过分了。"志鲁道："别这么呕着顽【玩】罢【吧】，我们多年好朋友，会着了，也该叙叙旧交，这里不便说话，我们到奇芳去。"于是四人同到奇芳坐定，伯旋道："正是。你们学堂为什么停办？"起卿正欲开言，仲华愤道："停办是应该的，只是苦了我们全体学生。"伯旋道："这话怎讲？"仲华道："能来办事的，我们学生不能佩服他，我们学生佩服的人，又不能来办事。学堂里的事，没人来办，不停办也没法儿办，所以只有停办一法。至于我们全体学生，里面自然有能自治的，有不能自治的。既然没有人来治，我们就靠着自治的能力发达。无如害群的人，也很有几个被他们把名誉闹坏了。人家说起来，一总是强华学堂的学生腐败，其实腐败的居其少数，不腐败的居其多数。又坏在平时没有团体，各人有各人的意见，硬仗的吃亏，软熟的得意。这风气相沿已久，自爱的学生，只好闭着嘴，不管闲事，各人自己用功。谁知弄到如今，又得着了个腐败的恶谥。**别处学堂里的学生，纵然腐败，倒不著名，只强华学堂著名，我们学生，不是受了冤屈，还没处申辨【辩】吗？**"伯旋听了长叹一声。不知后事如何，且听下回分解。

## 第三十一回
### 苦学生商量候考　自由会颠倒迷花

却说陆伯旋听他同学潘仲华谈强华学生遇屈的事，十分叹惜，半响道："你们学堂里那班人员，既不管事，为甚【什】么几百个学生都听其自由，不与他冲突呢？如今他替他们分谤，这又何苦来？"仲华道："我们也有此意，只是现在学堂里的冲突，弄成习惯，闹出笑话来，上头的人还怪学生不好，甚至为此冷了办学堂的心。我们宁可隐忍着不冲突，倒不料隐忍到如今，依旧起了个大冲突，给怕办学堂的做了话柄，索性停办起来，往日的功效，一朝尽付东流，岂不可惜！"伯旋道："虽如此说，你们几位程度高的，很可以结个团体，我来助些经费，开个共和学堂，省得受人牵掣，不好么？"仲华道："这事从前也有人办过，就怕经费不够，弄到半途而止，倒是坍台。不如各奔各路，有钱的我们自费出洋，没钱的我们等别处学堂里招考再去应考便了。"起卿道："你这是一派胡说！你看这许多人，那【哪】几个有钱能够出洋？虽然别处招考，也招不下这许多人。再者，现今中国的学堂，就如一件珍贵的破坏宝器。你说他不好，诚然有点儿破坏；你说为着他破坏，就此丢手，却使不得。为什么呢？这倒【到】底是一件宝器，丢掉了要找第二件，就有些为难。我为何说这句话呢？只因中国人实在穷的多，每年学费、膳费、操衣费，不是一百两银子，就是一百块洋钱。有志向学的，即便西文有了基础，不怕考不上。但是这几百两银子，或是几百块钱，那【哪】里去张罗呢？幸而遇着个慷慨的至亲好友，还肯移挪；要是遇见了吝啬的朋友，两个换他一个，饶借不到钱，还要受人家的糟蹋。我有一位同学，他只为没钱上学，到他亲戚家里借钱。他亲戚道：'你不好好的【地】在家里读书，也要学那些亡命之徒，赶到学堂里去顽【玩】耍，白糟蹋人家的钱干什么呢？'我那同学道：'我家里请不起先生，除了学堂没处去读书，怎么见得学堂里是顽【玩】耍的呢。'他亲戚道：'怎么不是顽【玩】耍？我是亲眼见的。学堂里的学生，成日价踢球打秋千，还有跳的，跳到屋脊般高，不是些亡命之徒么？我家里请了一位极高明的翰林先生，你来伴读罢【吧】，只不要引诱坏了我家少爷。'我那同学听他说出这一篇鄙谬的话来，头也不回的【地】去了。你们试想，如今社会里面还有这般顽固的人，学界那【哪】里昌明得来？学生的路子更窄小了。如今抄近说强华学堂，学费膳费倒【到】底比别处减了一大半,科学还算讲究的,一朝停办,求学的人又有点儿为难了。"志鲁道:"起卿的话,固然甚是。据我看来,也不要紧。现在学堂里的高等生,科学不必管他,西文却是很熟很好的,不怕没处学本事。那程度低的,也有十二三岁的人,也有二三十岁的人,也有用功的,也有胡闹的,并拢起来,一箍脑儿,各人竞争去,自然淘汰出一个优胜劣败来。我们莫替别人担忧,各谋各的学堂去罢【吧】。"伯旋道:"这又奇了,怎么中学堂里有十二三岁的学生,那二三十岁的倒还在情理之中。为什么呢?中国的学界幼稚,有些少年失学的,中年求学,要算他们有志,十二三岁的,正该进小学堂。你们不是有个附设的小学堂么?为何不叫他们进去读书?"仲华笑道:"这个内容外面的人是不知道的。他们二三十岁的人,西文的程度倒不见得高,这十二三岁的学生,虽说各事不知,那西文程度却很高,只怕小学堂里好去当教员哩。"伯旋这才明白,忖道:"现在国家开学堂的宗旨,并不是单叫人读西文的,谁知风气一变,闹成一个西文世界,这也无可如何。但望他们从西文里学出科学,再能通了中文,也还有用处哩。就怕除了西文一物不知,那就完了。"四人谈了一会,仲华【伯旋】急欲去替沈家找房子,告别去了。仲华道:"我们回堂收拾行李去罢【吧】。"起卿道:"忙什么?难道他们敢撵我们吗?我还打算宽住几天。听说我们长沙吴子贵先生,打算在上海创办一个旅学,要是课程定得好,我们应考去罢【吧】。好在我们原籍湖南,他没有不收的。"仲华、志鲁都道:"这话是真么?我们怎没听说?"起卿道:"前天柏毓生和我讲的,千真万真。"仲鲁道:"子贵先生的学问,大家佩服,但是他那【哪】里去筹经费呢?"起卿道:"现在的通病,就是有学问的人,没经费办不成学堂,能出经费的,没学问又不知道开学堂。我一人的意见,知道旅寓上海的富人,各省都有,各府也有,只每一府纠成一个同乡会,开办一个旅学,自然学生都有了读书的地方,犯不着东奔西走,像从九谋差,秀才求馆似的,到处托人情觅八行书了。"话未说完,只听得"镗"的一声,茶桌震动,两只茶碗从桌上掀了起来有一寸来高。起卿吓了一跳,只见仲华满面怒容，大声说道："直头把我气死！为着社会腐败，所以要进学堂，学成了，好救同胞的腐败。谁知求学的时代，自己先腐败起来，托人情觅八行书，学那官场的恶习，这事岂是我们学生做的？真正把人气死！"志鲁道："你莫动气，十个指头伸出来，岂能一般儿长？学生里面，自然也有好的，也有不好的。我们只须【需】自己不腐败，慢慢的【地】去劝化同学便了。"仲华兀自动气。起卿又道："刚才的话还没说完，子贵先生本来没有钱捐助学费，幸亏他的学问大，名誉好，长沙富商都信用他。现在议定每年公捐二万块钱，从小学办到中学，这不是一桩公益的事么？我还听说他们借着湖南会馆的偏院先行招考，一面租房子哩。"仲华、志鲁听说，便道："既如此，我们同去找柏毓生，问个备细。"起卿道："甚好。"三人同出茶馆，从宝善街走到西门，找着普庆里，只见"湘乡柏公馆"五个大字，打门进去，可巧毓生在家，延他们到书房里坐下。起卿问毓生道："你学堂里的行李书籍，已经搬了回来么？"毓生道："搬回来了。那个瘟学堂，我也急急早要出来，停办了倒也很好。"起卿道："你这话也说得太过，我觉得这学堂也还下得去，只怕别处学堂还没这般认真哩。"毓生道："怎么你也说这话，全都不知国粹。那学堂虽说认真，只西文罢咧，国文呢？"起卿道："国文我便不敢说，只是教舆地的舆地，历史的历史，国文的国文，也没见缺了一样。教员呢，讲的讲，不讲的不讲，各人有各人的家数，并没甚【什】么腐败。"毓生道："嘎，照你这般说平，就暗藏着'腐败'两个字在里面了。你倒会说话，我是冲口而出，不知道忌讳的。"起卿道："已过的事，我们也没工夫来细说。我倒问你，长沙的旅学，倒【到】底几时开办？"毓生道："你这人怎么这样性急，人家才创了这个议，那【哪】里马上就会开办呢？"起卿道："不是这般说。你们家住在上海的，自然不着急。我们停了学回去，是很不容易，住客寓又没旅费。要是这旅学果真办的，我们决计住在这里静候。要是不打算办呢，我们只得回去。你好歹替我们打听个确实，我们明天来讨回信。"毓生唯唯答应。四人闲谈一会，仲华、起卿、志鲁便要告辞回堂，毓生留住道："就在舍下便饭罢【吧】。"仲华道："老伯回来不便。"毓生道："家严在洋行，吃了饭就要出去应酬，两三下钟才得回家哩。即便遇着了，也不要紧，我还要请教起卿西文哩。"仲华等三人只得坐下。毓生拿出一本西文，四人同看，问了几处难通的文法，起卿一一告知。原来三人里面要算起卿的西文第一。学生聚在一处，真是谈天说地，很有乐趣的，那【哪】肯相离。一会儿，毓生静中生动，想出去踢球。仲华道："这里又没体操场，那【哪】里去踢球呢？"毓生道："这里的体操场很好，我同你们去便了。"于是真有兴头，毓生走进里间屋子，拿出一个大皮球，两个小皮球，四根棍子，一条长绳，大家走出普庆里，转到后面，果然一片草地，合【和】绿毯一般，就只比学堂里的草长些。四人划清了界限，分门踢去，要算仲华第一。原来仲华本有军国民的资格，兵操运动，件件皆精，三人齐都佩服他的，踢完了球，又是打球，又是拉绳。说也奇怪，仲华走到这面，便这面赢，走到那面，便那面赢。毓生道："怎么你的气力恁大？"仲华道："这不是我的气力大，你看我的身体，比你们壮实，地心吸力重，自然被我拉过来了。"四人直耍到晚间，这才回到公馆吃晚饭。里面送出来的菜，是一碗清炖鸭，一碗鲗鱼，一碗蚕豆子，一碗苋菜，一碗辣子炒鸡片，一碗辣酱。仲华等三人本来喜吃辣的，在学堂里却没得吃，这时如逢故我，竟每人吃了三大碗饭。盛饭的老妈子都诧异起来。饭后匆匆回学堂去，正打算睡觉，只见监学走来道："诸位要回府时，明天就请动身罢【吧】。这里的房子已经买【卖】给英国人，要把来做天主堂哩，议定三天内出屋。诸位走了，我们还要替他们打扫房子，用药水熏洒，诸位住在里面不方便。"起卿道："好好的房子，为甚【什】么用药水熏？我们住进来时，为何不熏呢？再者，卖出的房子，从没替人家打扫的规例。搬呢，自然要搬的，让我们明天去找到了客寓再搬罢【吧】。"学监道："我说诸位不通世故，须知这房子是卖给外国人的，他们何等爱干净，不好好的熏洗，他也不要买，停办了学堂，自然大家搬出去，没什么留恋的。"起卿道："可怜可叹！中国的学堂开不起，把房子卖给外国人，还要替他打扫洁净。不要说他，不要说他，我们明天一早搬出去便了。"仲华怒目而视，要想开口，监学已经走出去，三人痛骂一场，这才睡觉。次日果然一早起来，催了车子，搬动行李，堂中的人早已走空了。三人押着行李到宝善街文明旅馆住下，饭后就去找柏毓生，告知就里。毓生道："我早就料定的，你们不搬，他们那【哪】里容得？"起卿道："实在这监学不成人格。"毓生道："那【哪】里怪得他呢，他也是有激而言罢了。"起卿道："你去打听旅学没有？"毓生道："我今天一早就去的。据他们说，只须助款交到，便当开办。"仲华等三人都觉放心。等候座谈一会，日已西斜，大家又打算去踢球，忽见从前的同学骆伯言闯了进来，大声嚷道："你们好乐，也不来约会我！"毓生呆了脸，不甚睬他。原来骆伯言合【和】他们不能合群，为他有点儿腐败，喜和顽【玩】笑场中的人来往的原【缘】故。当下伯言见众人不甚睬他，觉得没趣，搭讪着坐了一会，即便辞出。可巧求是学堂里的诸蔼人，惜音学堂里的袁春帆打衖门口走过，伯言遇着了，正是沆瀣一气。蔼人道："你在这里干什么？"伯言道："我来看一个同学。"春帆道："吓！你定是去看柏毓生的。你在强华学堂里开除了出来，他们并不来看你。如今他们停了学，你倒去看他，耽误了我们正经，何苦来呢？"伯言红了脸道："我们有什么正经？"春帆道："昨儿晚上我和你说的，你怎么又忘记了？今天五下钟张园的自由会，你为什么不去？"伯言拍手道："真是笑话！我脑筋不灵了，连眼前一桩大事业，忘记得影响那没有了。了不得，你看我表上已过了四下半钟，我们快走罢【吧】。"伯言见蔼人[1]穿着一件夹熟罗衫、夹纱马褂，足蹬万利洋行的皮鞋，头戴草边凉帽，忖道："蔼人那【哪】里去借到了一笔款子，穿着得这般时髦，我今天是赛他不过了。我这件夹衫还是去年买的，已经龌龊了，鞋墨又没搽过，这样腐败的样子，如何好去与会？春帆虽说穿件竹布衫，他倒是很洁净的，嵌肩儿的袋里，又挂着个打簧金表，就胜似我们几倍了。"不言伯言肚里踌躇，

---

[1] 原文如此，下同。

再说三人一路紧走，看看到得跑马厅口，霭人满头是汗，气喘吁吁的【地】叫道："春帆、伯言，慢慢的【地】走，我腿筋转不过来了。"伯言道："你从前赛走的本事那【哪】里去了，怎么转了腿筋呢?"霭人道："我今天走了几十里路，实在吃不住了。好兄弟，慢慢的【地】走罢【吧】。"春帆、伯言只得依着他慢走。霭人好容易一步一拐走到了张园，果然约会的人齐都到了。原来这时正值跑马，张园里非常热闹，有些倌人都怒马高车的【地】赶来，罗绮缤纷，兰麝馥郁，弄得这班学生神色迷离，心魂颠倒，不知如何是好。伯言和霭人就如一对蛱蝶，在花丛中穿来穿去，春驹不系，游骑无归，这才算得自由。欧洲文明各国的人，拿出死力来竞争的，其名叫做自由，原来有这些乐趣在里面哩。闲言少叙。当下春帆一转脸找不到了霭人。伯言急得没主意，独自一个站在安垲地①的走廊上面背阴之处，留心张望。那【哪】有他们两位的影儿。却见一位同学衣襟上插了一朵白蔷薇花，视线注在一个极时髦的倌人身上，忙叫道："梧卿，你见诸霭人没有?"那同学把手一指道："不是站在那里的。"春帆一眼望见，果然霭人手扶着伯言的肩，呆呆看那来的马车。春帆暗暗地走到他的背后，把象牙骨的扇子在他肩上很【狠】命打了一下。霭人吃惊，回头见是春帆，骂道："你个促狭鬼，我早猜定是你。"春帆笑道："你们也须顾些儿公德，人家被你看得不好意思，你们还在这里细看，我们回去罢【吧】。你没见你们先生在那襄吃茶么?"霭人回头看时，果见安垲地茶台上坐着一位教员，穿着天青色的羽绫对襟单马褂，阔袖子的竹布大衫，头戴夹纱小帽，手里搦着一柄竹骨子尺来长的折扇，眼戴玳瑁边眼镜，昂头四望。霭人、伯言都吃一惊。不知后事如何，且听下回分解。

---

① 安垲地，系张园中的一幢建筑。

## 第三十二回
## 抱热诚捐躯殉学　慕义风革面皈真

却说骆伯言、诸霭人见他先生也在安垲地吃茶，十分惊讶，绕着湾【弯】子走到池塘沿上，商议道："这位先生也太古怪了。平时教导人家道德，说什么学生不该在外面冶游，怎么自己也走到张园来？我们都被他侦探了去，这还了得！"春帆道："怕什么！你们也太胆子小，二十四[①]世纪的学生，势力膨胀到极点了，那【哪】还有个怕先生的理？"霭人道："不是这般说，我们何尝怕他？你不知道这位先生，脾气十分古怪，说出话来尖酸刻薄。他不时借文明国的规则讥刺我们，不好合【和】他驳辩。几次三番，要指名骂他一场，又怕违背了公理。他在上海学界里，又很有名誉的，人都帮着他说话，我们抵敌不过，只得守着服从主义。"春帆道："原来你们也只这点本事，只敢侮弄几个外行先生。要是我，决不服从他，越是有本事的先生，越要把他治倒了，才定我们的世界哩。"伯言道："这话我不佩服。有本事的先生，如何治得倒他？你须找不着他的错处。"春帆道："我说你们不中用，人都有错处，找着他一桩，就把他治倒了。即如今天他在这里，你们就好编一段笑话出来，糟蹋他一场，他下次就知道警惧了。"霭人道："这却不妥。我们就怕弄巧成拙，闹得不好，吃了苦头，倒【到】底真是真，假是假，不要想陷害人，陷害不着，反葬送了自己，不当顽【玩】的。"春帆丧气不语，三人也就一路出园。原来他们这位先生，确系上海一位新学界的名士，姓陶名造时，表字悃华。自从上海设谈西学的时代，他早已研究起格致，书院里的人，那【哪】一个不佩。陶悃华先生借着这点声光，在学界里混了二十多年，正是一帆风顺，到处欢迎的。他却有一种特别的好处，满嘴谈新，服食起居，没一样改却旧时的习

---
[①] 原文如此。

惯。官场人见他体貌来得古朴，都信他是一位守旧的班头。学界里听他议论开通，又都敬重他是一位维新的志士。此次来到张园，并非为游玩起见，他却约着一位大热心人朱颂便先生，来此提议学务的，眼里并没见他那班高材生在这园里嬉游。诸、骆出园门时，可巧朱颂便先生也来了，悯华起身相迎。颂便走得满头是汗，把一顶外国帽子脱下，放在桌边上，慢慢坐定，叹道："我这么东奔西走，受人家许多肮脏龌龊的气，从无可设法中运动到若干经费，开成这个学堂，难道是自己图利不成？原为着外国人的势力天天增长，我们同胞还不开悟，有知识的人，一天少似一天，都由没受教育的原【缘】故。我既生在世界上，又不幸生在这亚洲的中国地面，叫我脑里感触这无数离奇幻变的现象。我要放下手来不干，我这血轮里的热力，由不得我做主，我单尽我这一部分的责任，也只不过创办个学堂，教育几个有精神的国民，我死也瞑目了。谁知我一片热忱，被人家看做凉血，屡屡劝导不醒。我还办什么学堂，讲什么教育？停办是极易的，左右对不住出赀【资】本的人，也是我教育无方，以致偾事，我无颜再生于世的了。"悯华道："颂便先生办的学堂，数一数二，并没甚【什】么不规则的事，为何发这一篇慨叹？"颂便道："好是表面罢【吧】，社会上的褒贬，也不足据为定评。我意中指望学生的，却不如此。"悯华问其原故，颂便不肯细说，只得罢了。天色将晚，颂便自回学堂，悯华也就回寓。次早，忽听得打门声急，走进两位西装的少年，悯华接见时，却不认识。那两人自通姓名，方知一系周少美，一系张陈华。不及叙谈别话，急忙问道："悯华先生，知道颂便先生寻了短见么？"悯华大吃一惊道："这是什么话？昨儿下午，我们还同在张园吃茶的，他虽然发出一大篇感慨，却没大不了的事，为何要寻短见，难道性命是不值钱的？"少美道："颂便先生的心事，我们两人倒知道一二。他说：'现在学堂的程度还是幼稚，担任教育的人，却也新旧参半，良否参半。学生不算没知识，没进步，只能恪守规则的，百中拣一，总看办学堂的立法如何。这却也难怪他们，我们这个学堂立法是简要不烦的，执法的人却守法划一，自然碍着他们自由，因此不时要起冲突。这是学生程度不高，不能体谅执法人的美意所致。看似不甚紧要，其实关碍学界前途不小。我并不要束缚学生，叫他们奄奄没气，只是冲突看甚【什】么事。课程不好，该冲突；校员尸位，该冲突；赏罚不公，野蛮令下，都该冲突。除却这些错处，学生便当谨守法律，专心用功。如今我这学堂里，小小的冲突不止一次，都有无理取闹的。这般著名的好学堂，尚且如此，别处可想而知。这个风潮既长，必致敷衍的施其放任主义，鲁莽的拿出压制手段。学堂里的笑话愈多，学界的前途愈形黑暗，这是我日夜忧心的。'他话只说到此。我们两人本是这学堂里的斋长①，早把先生的意见代表同学，同学也有感激的，也有冷笑的，我们无可如何。前天因议课程，又小小有了冲突，先生满肚皮的不愿意，却并没斥责学生。谁知昨天晚上回来，就伏案写了好几封信，交给仆人发出去了，一夜没什么动静，今天早点时还不起身。他天天都是绝早起来料理校务的，今天忽然起晚，我们都有些疑心。吃过早点，推门进去看时，见他直挺挺的【地】躺在床上，眼睛里鼻孔里都是血，登时堂中鼎沸。大家猜不透为着甚事，料想是服毒身死的。我们这学堂都亏颂便先生在外面运动经费，他既死了，只得全体解散。同学的人，都失了倚赖，悲泣不止，我们两人更加凄惨。再者先生又没家属亲人在这里，殡殓一切还殁【没】人料理，几个校员都担不起这事。听说悯华先生合【和】我们先生是一人之交，还望先生看平日交情分上，过去照料照料。"悯华慨然允诺。三人同到学堂，只见一群校员学生围着桌子，不知道看什么。一人手里捏着封信道："诸君休得忙乱，待我来宣读。"众人齐都分排站定，听他宣读出来，原来是朱颂便留别校员学生的话，无非要他们守定规则，认真用功，发抒爱国的忠心，担任国民的义务。这人宣读已毕，大众垂泪，这才和悯华招呼，叙些原委。悯华兀自凄怆，只得替他们打电报，办殡事，忙了几天，才得清楚。有些好义的人，把这事传扬开去，送挽联祭文的，不一而足。

---

① 斋长，原为宋代学校职事名，大致相当于班长。

他家眷来时,空无所有。访问起来,才知颂便先生运动的赀【资】本,不够校用,每年总须在自己家里提出千来块钱,维持校事。他家里的存钱罄尽了,便把五十顷田抵押着应用。学生听得这话,齐都感奋,情愿改悔力学,以副颂便先生的期望。公议替他铸一个小铜像,垂型千古。这是周少美、陈梦华创议的,大众赞成。只是大家都是学生,那【哪】里来的钱呢?却因颂便的教育热诚,深印入众学生的脑筋里,因此志在必行,并都回去和父兄商议,称家有无,凑成一大注款子,这铜像才能铸就。那时又感动了上海几位商家,并都捐钱把这学堂维持下去。恰好骆伯言、诸霭人生怕陶悯华指摘他的错处,天天与袁春帆那一班人商量主意,意欲先下手为强,攻去了他,乐得耳根清净。霭人道:"我们多写几张匿名揭帖,贴在课堂里,他受不住了,自己会去的,这是暗中逐客的法子。"伯言道:"你休拿得这般稳,这人脸皮最厚,像橙子皮儿似的。你没见么?匿名揭帖,别说没人送给他看,即使他看见了,还当是耳旁风,决不着意的。他要怕人闲话,早已去了,也不等到今天。"霭人细想,这话果然不错,只是无计可施。春帆道:"你们总要听我的话,才能请你这辈师出校哩。"诸、骆二人洗耳恭听。春帆道:"你们只把他劣迹汇拢来写一封信,投到报馆里去。报馆里要肯登出,你这辈师即便舍不得出校,校东也该请他走路了。"霭人大喜,伯言也拍手赞成。背后闪来一个学生,冷笑道:"你们别高兴,这事徒劳无功,还有后患哩。"霭人问其原【缘】故,他道:"来函一门,报馆虽说不担责任,但也不肯毁坏有名誉人的名誉。陶悯华的名字,上海滩上人人知道。难道报馆里的人不知道?怕不肯登,倒去通知了他,反受其害。"霭人、伯言惊呆了脸。春帆道:"这话不确。从来报馆只帮着学生一面说话,没有回护校员的。不然,我们的势力范围,那【哪】有这门大呢?你们快休惊疑,尽管写信送去,保没后患的。"霭人、伯言将信将疑,还没决定,忽见两个朋友来了,春帆认得是王子坪、侯琴轩。子坪是象棋国手,赢了彩,便随意吃喝使用,却没余钱。琴轩弹得一手好琵琶,人都称他琵琶大王,也是游戏世界中最欢迎他的。当下各人见面,通了姓名，正是大家同志，十分亲热。子坪道："你们在这里议事么？都绷着一张面皮，为的什么？依我说，此刻也该吃饭的时候了，我们吃九华楼去。"春帆道："今天我们拼个公局罢【吧】，屡次奉扰是不该的。"子坪道："这有甚【什】么要紧，我有钱便扰我，你有钱便扰你，还是一样。"于是大家并不客气，同到九华楼，拣个雅座坐定，各人点菜吃酒。霭人的豁拳，内中要算第一，大家都推他做拳界里的拿坡仑①。当下技痒难熬，要打通关。春帆道："霭人要打通关时，我们预备吃酒便了。"子坪道："我不信。拿坡仑虽说善战，还有我惠灵吞②在这里。"春帆道："既如此，你们两下先交手罢【吧】。"春帆提起酒壶，满满的斟了十大杯。二人豁到十拳，恰好各五的平拳。大家都道："工【功】力悉敌。"接连豁了三十拳，霭人多输了一拳。大家拍手道："倒【到】底拿坡仑敌不过惠灵吞哩！"自此又唤子坪做拳界惠灵吞。拇战了半天，都有些酒意。琴轩叫堂倌去借一面琵琶来，叫子坪唱，自己弹。伯言敲着碟子，春帆拉着胡琴，堂倌都站在门口听热闹。正在兴高采烈的时候，又来了两位同学，一是白楚公，一是高朗山，跨进来就蹙着眉眼。楚公道："诸君这般快乐，没听见朱颂便先生的事么？"子坪愕然道："甚【什】么事？"楚公从头至尾讲述了一遍，子坪不觉凄然。琴轩放下琵琶，春帆丢下胡琴，都觉脑筋受了一个大激刺。伯言、霭人也觉感动。霭人道："像这样的先生，我们就跟着他，死也情愿。"春帆道："我自己想起来，实在不合学生的资格，要被颂便先生知道了，只怕也要动气。"伯言道："不说了，是人都有错处，能改悔就是上等人格。我只不服那老旧先生，人没错处，他便逆料着人要做坏事，处处防闲。"琴轩道："老先生还有一个毛病，人有了错处，他却永远把这人弃绝了，不许他改悔，逼得人家没路走，索性做坏人。他倒不如不管，用了放任主义，倒还能成全人哩。"子坪道："老旧的先生，还有一

---

① 拿坡仑，即拿破仑一世（1769—1821）。
② 惠灵吞，即英国威灵顿公爵阿瑟·韦尔斯利（1769—1852），曾在滑铁卢战役中击败拿破仑。

个鬼胎，他胸中的黑白全然颠倒。有志气有见解的学生，他说他桀骜不驯，轻则记过，重则开除。那圆熟软媚的学生，当着他面，恭维得很好，说几句旧话，迎合他的意见，背后却只管骂他，只管做坏事，他都不来管理，因此酿成许多恶果。"朗山道："学界是一件吸新吐旧的有机动物，本不好容老旧人滥厕的。如今学堂里的校员，新的苦于国学不够，不能不参用旧的，因此有旧校员。他那心理合【和】我们的心理，就如水火一般，暗中起了冲突。他还指望拿出他的旧学问来唬吓我们，压服我们。殊不知早被我们看透，他的旧学工【功】夫也不见得深沉，所以思想不能发达。我们见到的，他还见不到哩。能如朱颂便先生的学问，我们自然佩服，不在新旧上论的了。"楚公道："佩服是一句空话。我们既然佩服他，就当他先生，服从他的教育。先生是死了，我们应该照着他的遗嘱，自己管束着自己，赌唱、吃喝、冶游，一概屏绝。我们索性立个自治会。从今日起，立下规则，有人犯了法律，我们会里大家把他逐出，不准入会。诸君如表同情，我们就结个团体罢【吧】。"子坪道："楚公的话甚是，但须多约几位同志，我们这几个人，可巧赌也会赌，唱也会唱，吃喝也喜吃喝，冶游不敢说，也有时去走走，不要到后来不约而同，齐都破坏了规则，不是白费一番举动么？我想多约几位规矩的同学，我们有了榜样，被他管束住了，再不至于邪念复萌了。"楚公道："能有规矩的人入会，果然甚好。只是我们的名誉不佳，怕人家不肯入会。据我愚见，不如先从自己立法，真能不犯戒律，名誉渐渐的【地】好起来，那班正人君子，自然也来入会了。到那时筹点款子，办些图书，我们学堂放假时，便聚在一处用功，也是一种快乐，省得秽尘烈日中跑来跑去的【地】游耍，不但损了名誉，还糟蹋坏了身子。人在世上，不论士农工商，那【哪】一行都该尽自己的义务。我们除了吃馆子、闲逛、打茶围之外，一些义务不尽，将来做那【哪】一行呢。我情愿把这自治会趁早成立起来，大家都有公益。"琴轩道："我也赞成。"蔼人、伯言诸人并都拍手称庆。正待订规则，却好伙计递上账来，是子坪惠东的。不知后事如何，且听下回分解。

## 第三十三回
## 保安宁片言息事　说权利数语解疑

却说王子坪惠了钞，众人离了九华楼，白楚公约他们到得自己家里。原来白楚公富有家资，住在威海卫路，有一座小小花园，园里的植物不下三四百种。楚公却喜研究植物学，每见一种花草，都须亲自剪来，做了标本，又必须觅着种子来，种在自己园里。楚公并懂得接花木的法子，他把那树枝割了下来，接在这树上，封上些肥土，把来包裹好了，时常灌水滋润。久而久之，两下长成一处，开花结果，异常繁盛。楚公从学堂回来，便做这些事业，觉得十分有趣。这时引众人来到园里，随意游耍，辨别些雌蕊雄蕊、花冠花帔，只他说得来头头是道，别人都对答不来，越觉得学问须随时研究，闲宕着白过了日子，殊觉可惜。那图书馆应该早办的了。当下定议，楚公捐了壹百块钱，东拼西凑，有了三百块钱光景，就借楚公花园里的藏修室，作为陈列之所。自此这几个学生都潜心好学，不再去游荡了。原来陶悯华却不知道这班学生要和他过不去，自从送了朱颂便的丧回来，正逢暑假，在家歇息。后来听人传说，他那一班高足，结了个自治会，设下了一个图书馆，专心研究学问，十分欣喜，暗道："这还像个学生，中国前途还有可望。"正在得意，只听得打门声响，悯华开门，见一位学界中的老辈，须分八字，戴着一副金丝边眼镜，身上穿件湖色熟罗长衫，足蹬学士鞋，头戴软细草边洋帽，背后拖着一条辫子，脸上七分儒雅气，三分官气。悯华猛见他，想不起是那【哪】里会过面的，那人脱帽合【和】悯华握手道："悯翁，你不认得兄弟了么？"悯华忙让他入室坐下道："兄弟实在眼钝，一时记不起我们那【哪】里会过的。"那人道："悯翁忘记了么？那年愚园大会，我们还畅谈过一番的。"悯华隐约记得他姓卫，表字蹇夫，南京学务处的委员，来上海调查过学务的，当下便道："真真该打，我们要算至交，兄弟实在荒唐，这是蹇翁，如何不认得了？"蹇夫道："这却难怪，那时兄弟还没留须哩。"悯华道："我们一别两年，听说吾兄总教尚湖师范，为何来到敝地？"蹇夫道："不要提起。官场的学堂，那【哪】有不出风潮的。兄弟自从接办尚湖后，想起师范一事，是全省教育的命脉，要极力整顿一番。到堂后考察他们功课，倒也罢了，只是精神上差些。"悯华忖道："这人守旧不过的，为何说到精神上去，倒要请教。"便道："怎样精神差呢？"蹇夫道："我见他们学生，只知道矻矻的【地】埋头用功，宗旨在卒业后得馆，所以说他精神差。"悯华心里诧异，看不出这老头子果然说出来的话很有道理，便道："蹇翁后来怎么整顿呢？"蹇夫道："兄弟也不用别的法子，就和他们演说演说过几次，他们倒还会意。只是其中还有两种弊病。"悯华请教那两种甚【什】么弊病？蹇夫道："一种是年轻的人，单在科学上用功，国文太不讲究；一种是年纪稍大的，国文到【倒】还下得去，科学的进步却迟。我就改定下章程，把那科学好的加重了国文功课，国文好的加重了科学功课。悯翁，你道这办法错不错？"悯华暗地佩服，极口赞道："这是极好的办法，现在的师范，就吃亏不能两下兼全，都像这般造就起来，自然学界发达了。"蹇夫道："哼，谁知这主意是我打错了，弄得新旧两党的学生，个个同我反对。上台知道了，很怪我办理不善，只得告辞而去。幸亏学务处的差使，并没撤委，着我仍回学务处当差。这回是调查要件来的。"悯华问甚【什】么要件，蹇夫却不肯说，只探听上海学界现象如何。悯华道："上海学界十分发达，官办的学堂也能改良，蠲除[①]了官场习气；私立的学堂，有些富商大贾，极肯热心扶助，也晓得现在商人自己的学问不够，指望造就人才，帮助自己。甚至学界里有几位热心人，呼号奔走，提创办学堂的话，把公益的事，当做自己的事一般干去，力量不及，便性命也不顾的【地】殉起学务来。因此

---

① 蠲除，拼音 juān chú，在此意为清除、去除。

学界里倒还人心固结。"蹇夫道："学生倒还安静，不倡什么邪说么？"悯华道："官办的学堂，学生极守规则，却没有奴隶性质。私立的学堂，管理教科，都极文明，所以风潮不起，不比从前那般冲突了。"蹇夫却不很信。原来蹇夫这次来到上海，是有意搜查学界的，听悯华说学界这般安静，将信将疑，告别而去。**悯华送客回来，忖道："官场合【和】学界始终联络不来，各存了一条心，学务那【哪】能办得好呢？"不题【提】**悯华独自在那里发感慨，且说他的学生伯言、诸霭人等，合【和】白楚公、高朗山同在一处，久而久之，自悔从前太觉荒唐，现今才知用功，已觉抛弃了光阴，听人家谈起学问来，自己竟是门外汉一般，十分内愧。一天，楚公又谈植物学，说甚【什】么解剖的法子，因知植物的本体，都具有许多极细的囊，叫做"细胞"。这细胞渐渐的【地】长老了，胞外面那层膜变化出来，或成为木质，或成为木栓质，或化做【作】黏液质。木质呢，就是木材。木栓质呢，就是树皮。黏液质呢，就如海藻类里的昆布、海苔、石花菜等类。言下把细胞集合的模型，指给各人看。这时诸、骆二人都觉得有兴趣，不愿再去闲逛，情愿研究学问了。楚公又道："统计我们中国人的学问，敌不过东洋人十分之一。不要说欧美大国，我们进一步，人家已进了十步几十步，兼程赶去，都赶不上。即如西国现在已发明电学，我们的汽机学，知者寥寥，将来电气制造，布满世界，我们难道再去仰人鼻息讨生活做么？你说我们人类聪明，一学便会，殊不知学的途径十分纡曲，越不得阶级，普通没学过，万不能就学专门。我们费却十年八年工夫，连普通学都学不完全，加上几年专门，年纪已是不小，况且贫寒的多，急于谋食，谁还能悉心研究学问呢？现观社会上的状况，凡自西国专门学堂回来的人，已觉欢迎信仰，殊不知专门学虽说毕业，还须自出机杼，组织一番新学识来，方能应用不穷。譬如五金，起初是矿质，熔炼已成，才分为五金。这就像专门学一般，成了家数。至于制造成器具，那却在乎各人运动心机。学业也是如是，要把自己所学的出而应世，必须运动心机，不然，便如一块美玉，没经雕琢，只好当他古玩看罢了。我们前途负了这么重大的责任,那【哪】有工夫闲逛?汲汲求学,还怕日不暇给哩。"朗山道:"这话诚然不错,只是世界上也不是个个人都须学专门的,即如欧美,难道通国里的人都学过专门来?一般也有没学问的,只不过普通知识比我们好些罢了。"楚公道:"话虽如此,只是他们有几位好学问的在上面提倡,国家信用他,出一新法新器,都能施诸实用,因此越富越强,天天进步。没学问的,各有职业,被有学问的芘【庇】护着,势力也就膨胀起来,都做了有知识的国民。**我们中国难道没二三专精学业的人?只是上面没人信用,甚至枯槁山林,那【哪】个去理会他?一知半解的【地】迎合社会,倒占了优胜的地位。**有学问的,别说没人信用,单这么劳劳生事,尚且不能过活,以至灰了心,也没工夫再求精进了。虽然如此,但我们不好不自策励,到底学问进一步,知识高一层,做个独醒的人,也是好的。总之,各人有各人的地位,有各人的担任,有各人的执业。我们既然处了学生的地位,就该担任将来的教育,或是担任别的事,我们的执业,总跳不出学界圈子。要不早些把自己的学问修治好了,别说外国人,单这学界里几个本国人,都竞不过,从此处于劣败地位,岂不可耻!"说得朗山、琴轩、子坪、伯言、霭人一齐拍手。伯言赞道:"楚公的话,句句是我们针砭。我记得六岁上学,先生把孝悌忠信四个字摊在我面前,教了几遍,强迫着我认,我那【哪】里认得来,直急得要哭。先生见我不肯认时,便写他的字,看他的书,不来睬我。我要走却不敢,便呆呆坐着。有天要撒溺时,先生又在那里教我认字了,我熬不住了,撒了一裤裆。后来年纪大些,先生便教我读《大学》。那《大学》这部书,有大字小注,大字还易读,小注却难读。我跟先生的声音读去,倒还勉强读得来。读到《中庸》,天天吃打,打得头都昏了,因此脑气不足,常常患病。及至后来,父母送我到学堂里去,谁知学堂里很好顽【玩】的。我爱的是两件事:一件事是唱歌,一件事是草地上顽【玩】耍。妙在到了课堂,没人责罚我的。那教科书爱读便读,不爱读便不读。明天不熟时,先生叫我面壁,我就对着墙壁呆呆站着,拿出六岁时呆坐的本领来。到底站着比坐着难些,好在为时不久,散课时我和大众一同出了课堂,又好去顽【玩】耍了。听他们说学堂里的规矩,书不熟便要记过,那是稀松不要紧的事,他记几百个过,也不干我事。我父母是极爱我的,开除了就这么走回去,有何不可?谁知倒没开除。我毕业后升到中学堂,更觉得有趣了。我从前结交几位同学,也是好顽【玩】耍的,大家商量着去吃酒,苦没钱钞,就做了个车轮会,抡到那【哪】个,那【哪】个作东。抡到我时,我两手空空,那【哪】里有钱。我想出一个法子,回家去对母亲道:'我要买书,须得两块钱使。'我母亲见我买书用功,欢喜得了不得,常时向我父亲讨了两块钱给我,我便请他们吃酒,用不了,还剩下八角钱,我们便下象棋,赌输赢。自此没钱使时,便回家去,指东划西,讨了钱来应用。我才知世界上最快活的事,都是钱买来的,这才爱重钱文。但是人家的钱来得烦难,我的钱来得容易。"楚公不解道:"怎么你的钱来得容易呢?"伯言笑道:"我见他们寻钱的法子,须把西文译成中文,拿出去卖钱。有时人家不买时,便丢搁下了,白费了心血。我却不消费心,没钱时家里去取,直到如今没断钱使。我这样舒服的日子,昏昏沉沉的【地】过下去,倒也罢了。偏偏遇着甚【什】么朱颂便先生的事,把我提醒了,又遇着你方才一篇话,说得我毛骨悚然。细想起来,果然一个没得点儿学问,是站不稳脚步的。将来父母过后,没人给我钱使,那便僵了。倒不如他们译西文的人,虽说费了心血,弄钱烦难,倒【到】底自由自便,靠得稳些。"楚公大笑道:"伯言同学,你如今悟澈了么?虽然话都有理,只是你的宗旨还不对,求学岂专是为钱的么?"伯言道:"这又奇了,不为钱为什么?"楚公道:"所以家庭教育是我们一世的根本,你早就闹岔了。你府上的钱多,你又为父母钟爱,没一件事不依你。你要知道,你父亲弄来的钱,不是容易。有这般想头,固然是好,但是高一层想去,学问好了,不怕没钱使,却要做些公益的事,或是热心教育,或是开通社会,或是提倡清议,有益国家,或是开悟工商,令其发达。这许多事业,都是我们将来愿尽的义务,都从学问中出来。尽了义务,再享权利,方不是人群的蟊贼。要义务不尽，单知道仗着本领，驱人家的钱使，这就是蟊贼了。因此推说下去，那学问不深，处处误人的，通都是社会的蟊贼。所以就学的人，先要端正了自己的宗旨，不但不可存心想出身做官，连金钱主义都不可有。"朗山道："楚公这话，陈义太高。我道现在的人，都须他动力，激发他求学的心。红顶金钱，都是学生的鞭策，为何你叫人家不可爱钱合【和】想做官呢？这不是个消极主义么？"楚公道："你这话就是腐败的代表。你想我们中国为何腐败？只因人人心里仰望那个红顶子，希幸戴那个红顶子。那红顶子为甚【什】么这般贵重呢？只因戴了他，必然有钱有势。以致学界里的人，嘴里口口声声不屑戴，心里却时时想戴。商界里的人，甚至把钱去捐来戴，只农工两界的人不能指望罢了。学生抱着这个主义进学堂，先生抱着这个主义教授，科举改了，这主义却还没改。所以我国官场中人员分外拥挤，分利时患人多，做事时又叹才少，酿成这一个鱼烂的世界，更没改革振兴的希望。略有见识的人，总须破除那红顶金钱的主义方好。各人听了，才能明白。"朗山也道："楚公的话，却是正论，我从来没听见过的。"当时各人议定，因天气炎热，只早起之时披阅图书；饭后游耍，只拣那空旷的地方树阴【荫】多处憩息；日斜时踢球拉绳作乐。一天旅行到了一处乡间，只见远远地几株杨柳，两只鸥鸟回翔树顶。楚公赶紧走去，见是一湾清水，杨柳之外，还有无数竹枝棕树夹生两岸。一会儿，诸、骆各人都到。楚公想起外国人都喜海水洗澡，说是最健身体，我虽没有洗过，何妨借这湾水试试。定了主意，便脱却上下衣服，跳下水去。蔼人道："不好了！楚公投河自尽了，我们快救去！"朗山笑道："他是洗澡的，这冷水洗澡，最健身体，我们何妨试试。"说罢，也就脱却衣服，泅下去打了一个猛子。诸、骆诸人只在岸上站着，没一人敢下去。只见他们在水里跳荡回旋，十分快乐。直泅了一下多钟，这才上岸，揩干身子，穿上衣服，徐步而归。走过辛家花园，只见黄公益、徐保义穿着军操衣服，跑得满头是汗，面红颈赤的【地】来了。楚公道："公益，你们到那【哪】里去？"公益道："我们两人赛走，从梵王渡走起，走到这里，也计不清里数，才只三十分钟。我在前，他在后，总只差十来步。"楚公拍手道："真是工【功】力悉敌。"公益道："甚【什】么叫做'工【功】力悉敌'？"楚公红着脸道："这是旧学界说惯的名词，'工【功】力悉敌'，就是说你二位脚力差不多的意思。"公益道："原来如此，怪不得人家都说楚公的华文好，这些名词，我们都不知道。"楚公道："惭愧！我是半开的国民，那【哪】及你们西文好，科学深呢？"公益道："休得过谦。"楚公道："你们快请竞脚力罢【吧】，休得耽误了正事。"公益道："我们走了这些路，也想歇息一会，咱们找个地方去坐谈罢【吧】。"朗山道："最妙不过是这园里的草地上，我们便去坐谈。"当下各人走入辛园，恰好太阳光已过去了，地下渐凉，诸人不由分说，见直坐在草上。楚公道："我最爱这片草剪得齐整。"保义道："坐下去细软得极，比席子还好。"公益道："绝不沾泥。"霭人道："不见得，我觉得这草地很不干净。"保义道："你不信，把你的鞋底在这草上擦一回，保管干净，泥都落去了。"原来霭人误踏了一脚泥，连皮帮上都黑了，听了保义的话，果然在草地上尽擦，一会儿泥都落尽，比板刷还刷得干净，因此放心坐下。公益、保义竟横身躺下。楚公道："你们走得太猛，难怪要困倦了，赛跑赛走，也须有个限制，别过了度，走出病来，不是当顽【玩】的。所说习练，原须缓缓习练去，不说是一两天就要突过人的。"公益没话回答。不知后事如何，且听下回分解。

## 第三十四回
### 补运动诸生高会　应考试旧学商量

却说黄公益、徐保义听了白楚公的话，公益不则声。保义道："我们也知道走急了，要出毛病，只是到得走时，都有个争胜的心，不由自主的【地】过了度。"楚公道："竞争的念头，是人人有的，但须随时抑制，不要太甚了。"公益道:"后天礼拜六,我们学堂和强华学堂、富国学堂三处学生,开特别运动会,借强华学堂做运动场。你们愿意到会时,我这里有入场券。"说罢,身边掏出十张入场券来,交给楚公。楚公分给各人,便问道:"我听说强华的房子,已经卖给外国人了,怎样借来的?"公益道:"原来你还没知道,强华因商家折本,预备停办,一位德国人,很愿意买这所房子。差不多议定了,就要起草约,忽然出来一位大实业家华托辣斯,上前阻挡。"众人听到这里,齐都拍手道:"好一个华托辣斯,他是商界里的巨擘,替国民争回利权不少,这桩公益事,又让他做去了。华托辣斯真好,究竟怎样阻挡的呢?"公益道:"幸亏草约还没起稿,华托辣斯邀齐了商家会议,照卖给外国人的价值,打了个八扣①,随时定议,立了契约,独力买回。听说仍旧要开学堂,不久便须招考。现正在那里商议办法,大约要仿东洋规则改良的了。"楚公道:"似此还好。我说这般一所学堂房子卖给人家,我国还有体面么?再者文明国的学堂,是有增没减的。现在我们中国学堂,本属寥寥,其故都缘经费支绌。我听说内地有好些民立学堂,都因开支不够,有的减少学生,有的甚至于停办,有家私的绅商,不肯出头扶助。倒是一般寒畯②,还有兴办小学竭力支撑的。强华却是个中学堂,停办了甚觉可惜。华托辣斯又能热心学界,我们大家感激的。只是这时盛暑,开运动会不甚相宜。"公益道:"可不是,只因春季运动会没开得成,这时补开的,好在这两天还觉凉爽。我们又是七时到九时,不至于感了暑气。"楚公点头。看看日光渐不见了,两下各散。到得礼拜六,楚公一早起身,胡乱吃些早点,约齐了高、王、侯、骆几位同学,走到虹口强华学堂,只见龙旗飘飐,不下百来个学生站在场上。楚公走进会场,有人招待。这时天气清凉,浮云蔽日,只见两位高大的学生在那里比力,臂膊对臂膊,想翻转来,却翻不转。相持有十分钟光景,方才放手。又见两双四位学生站齐,有人发出号令,便都拔脚跑出去,绕着会

---

① 八扣,在此意为八折。
② 寒畯,拼音 hán jùn,意为出身贫寒但能力杰出的人。

场尽跑，兜了百十个圈子，发令的叫他们止，便都站齐。两个高的反在后，两个矮的转居前。一会儿是跳高，一人特地把挡子移上了两尺，离地足有七尺，撑着篙子，居然跳过去了，大家拍手庆贺。盘杠子倒是几个年纪小的利【厉】害些，那身体就如一条长虫，盘旋曲折，无不如志，戏台上的股【鼓】上蚤、时迁料也不过如此。楚公、朗山啧啧称羡。王、侯二人持痒难熬，恨不能插进去显他的本领。散会后，公益、保义同了强华学堂里的学生潘仲华、王起卿、毕志鲁来，大家会面，谈了一会。正待分散，仲华忽对楚公道："我听说你们设了一个图书馆，我久已想来找你谈谈。"楚公道："好极了，既如此，大家同到舍下去会话，就在舍间便饭罢【吧】。"仲华大喜，却谦道："打搅不当。"朗山道："难得楚公家老伯分外开通，不厌恶我们，我们就去罢【吧】。"言下各人到了白家花园。仲华四处游览一回，又看看他们办的图书，虽没齐备，却也眼前的都有了。当下楚公便问仲华强华的事，仲华道："华托辣斯情愿捐入一千顷沙田，给我们办这学堂，现在请了一位经理人，正在清理这事，听说要电催沈先生回来驻堂监督哩。"楚公道："我也听说沈先生好，到底怎样？"仲华道："也没别的好处，就只各事内行，他出的号令，自然叫人信服。"楚公道："这就难得的了。"仲华见诸、骆诸人都很正气的【地】陪着白高谈论，倒觉诧异，故意挑逗一句道，"伯言兄，这样凉爽的天气，为何不到热闹地方逛去？陪着我们是最没味儿的。"伯言脸上涨得通红，楚公正色道："伯言这时改良了，不但不去闲逛，还分外留心学问。这几天工夫已经读完了一本植物学教科书，倒背都背得出。"仲华十分钦敬道："古人说：染于苍则苍，染于黄则黄。伯言染于楚公，登时便有进步。所以学堂里不但须教员好，第一须同学好。教员只能面子上施教育，同学倒在骨子里施教育。面子上的事，除非长我们些智识；骨子里的事，连道德性都渐摩好了。只可叹我们强华。考取学生进来，从不问他品行，只知西文强华文下得去，就取进来了，以致具着劣根性的学生，混迹其间，酿成一种腐败的现象。沈先生回堂时，我第一个须进堂。"楚公道："学生进得来言么？"起卿接口道："沈先生在学堂，虽屡次叫我们守规则，不许多管闲事，然而他却具一种共和国民的性质，绝不肯师心自用的。"仲华道："别的倒不怕，就怕沈先生偏重西洋方法，有些不合宜之处。"起卿、志鲁也都说是可虑。大家谈论一回，开饭出来。吃过了，都到池边柳阴树下钓鱼去。只见园丁领着一个人进来，众人认得是柏毓生，都拍手道："好极，好极，毓生也来了！"毓生脱下草边帽子，挂在树枝上，蹲着双腿，在草地里坐了下来，道："有我们一位同学，闹得不像样，差不多要寻短见了。我想救他一救，又没这个力量。今午我请他在饭馆里吃了饭，打算领他来见楚公，他觉得惭愧，不肯同来，我只得独自来走一趟。楚公，我们大家凑几个钱送他回去罢【吧】，省得坏了我们学界里的名誉。"楚公道："那【哪】一位同学呢？"仲华道："我猜着定是储伯如。"毓生道："一些不错。"楚公道："你且说他怎样腐败的历史。"毓生道："伯如的爱嫖，是我们大家知道的，十天倒有九天不到学堂，告假的条子，要算他多，这也不消再说。这时暑假期内，他便畅所欲嫖，东移西借，弄得水穷山尽。堂子里还欠了八九十块钱，他家里更是一钱都不肯寄来。他还把他老子寄他买参的钱五十块，齐都用完，所以不敢回去。如今堂子里是走不进了，住在一个小客寓里，别的债都不要说起，只买参的五十块钱有了，就好回去。川费①是有限的，我预备借给他廿块钱，其余三十块钱，楚公也凑上廿块，各同学再一块半块的【地】助上些，救他一命罢【吧】。"楚公道："这也算义举么？中国人把性命看得太值钱了，这人如此荒唐，不死他死谁。不比那没知识的人，逢场作戏，花几文倒还说得去，没见伯如这人，当做学生时代，就在花丛中过日子的，真正腐败到极点了。随他去，我却不捐助，死一百个伯如也不见得可怜，这是天演淘汰，应该死的。"毓生呆了脸不则声。仲华道："楚公的话虽是正理，但伯如正在青年，西文科学也还有点儿进步，或者一时迷惑，聪明人改悔是极易的。我们看同学分上，搭救他一次，以

---

① 川费，即路费。

后再有出岔，决计不管便了。"楚公只不应允。朗山道："楚公的脾气是划一不二的。他既说出这话，亮来不肯更改，我们却看同学交情分上，大家凑些钱送他回去便了。"毓生道："好极！倒【到】底还是你们二位义气些。"楚公怒道："这么说来，显见得我没义气。"毓生道："可不是，凡事总有一个理。我们深恨伯如，从此与他绝交，或是责骂他一顿，这是我们执法，原该如此。如今他已弄到这个地位，深愧我们不能早些劝诫他。况且他自知改悔的了，只要我们扶助他这遭，便可生全。论起情分来，似乎不当漠视的。"楚公转过脸道："毓生，你莫怪我，我最恨的同学里有这般腐败的人，不觉说得过分。细想起来，我从前虽劝过他，却没苦口相劝。事已如此，我倒【到】底不忍坐视，准依你的分付【吩咐】办理罢了。"众人拍手称好。楚公立刻回到屋里，取二十块钱，交给毓生。于是一块两块，大家拿出来，凑足三十之数，还多五块钱。毓生大喜道："倒【到】底楚公还是个侠客，能急人之急。"楚公谢称不敢。毓生道："我回去总须合【和】伯如说知，叫他以后警戒，不可再萌故态的了。"楚公道："这倒无须，你只把我不肯出钱的这番话，告他知道便了。"毓生辞别自去。这日大家聚会了一天，踢球拉绳作乐。原来这时虽是暑假，上海住家的学生自然各归家里，外府县或外省的学生，多半回去。那不回去的，不是有心补习功课，便是译书卖钱，聚拢来人还不少。恰好有人开了一所学界寄宿舍，房金分外从廉。这时仲华、起卿、志鲁因文明旅馆实在嘈杂不堪，近时又来了一班东洋留学界中的人，宗旨不对。一天，志鲁起得甚早，想到外面去吸些新鲜空气，擦过脸，徐步下楼。可巧楼底下住了一班东洋留学生，足有一二十人，也没床帐的，大家都是席地而卧，那股臭气直冲脑门。志鲁掩鼻走出，只因走得急些，皮鞋尖儿碰着了一个学生的头。那学生梦中惊醒，骂道："那【哪】个亡【王】八羔子，大清早起来碰老爷的头。"志鲁道："对不起，自我要出门去，误碰了老兄的尊头。老兄嘴里放文明些，这些话不是我们学界里人骂的。"谁知那学生是个北方人，生性粗卤【鲁】，嘴里本是粗言俗语闹惯的，听得志鲁说话来得俏皮，更加发怒道："你们这般奴才，知道什么？我们是东京弘文学院卒业的，难道不文明，倒是你文明么？"志鲁最恨的是中国奴才太多了，今听得人家骂自己奴才，不觉无明火发，道："你才是个奴才，不知走了那【哪】处官场的路子，送到东洋去，学了点儿不完全的普通学回来，就敢夜郎自大，逞你的凶锋么？"志鲁是无心抵制他的话。谁知这人却系走了路子官费送出洋的，虽说在弘文学院半年，没学到一点儿本领，要算是最劣等不及格的学生，偏被志鲁说中了他的心病，不觉挺起身躯，就对准志鲁一巴掌打去，被志鲁一手接住，只一扭，那学生直叫起来。大众惊醒，见他二人打架，便齐来帮助。志鲁洒【撒】开脚步，一直出了店门，到白楚卿家里去了。那学生穿好衣服，满店里找，找不着也就罢了。仲华、起卿睡醒时起来了，不见了志鲁，听得这桩故事，料想是志鲁干的，当天就去找楚公，商议个善后之策。可巧遇见志鲁在金鱼缸边观玩金鱼，仲华道："你干的好事，留学生告到新衙门，要派巡捕来捉你。"志鲁冷笑道："我怕他呢！那【哪】个是曲，那【哪】个是直，自然有个公理。"仲华道："倒【到】底你们为着甚事启衅？"志鲁说其原【缘】故。仲华道："这样的留学生，也太腐败了。"正在说这事时，楚公合【和】朗山走来，问明原【缘】故，楚公道："我正诧异，家人来说毕少爷来了，我还当是随意来闲逛的。有伯言住在图书馆里，尽可相陪。我合【和】朗山在那里实验一种砒毒，试验完了，来到图书馆，却不见了伯言。谁知你们倒在这里。留学界的气焰不消说了，我们那【哪】里敌得过，还是远避他为是。"仲华道："正是，我听说有人开了一个学界寄宿舍房子，不知究竟怎样，我想搬去住下再说。强华的开馆还早哩，我们又不好回家，恐怕他们重复招考，我们也须应考去，省得往返了。"楚公道："甚好，我劝你们见直住寄宿舍罢【吧】。我听说那房子极干净，对着前面一片草地，空气也好，房价也还便宜些。"仲华听说大喜，当下便去看了房子，只见五幢房子，门户开得极其曲折，走到这一间，看不见那一间，其实是毗连的。仲华、起卿、志鲁都很合意。当下议定仲华、起卿回去搬取行李，志鲁在寄宿舍等候。幸亏一班留学生都出门去了。潘、王二人算结了房饭钱，把行李运到寄宿舍来。妙在这寄宿舍合【和】白家花园相近，天天聚在一起，研究图书，或是运动作乐。打听得强华沙田业经调查清楚，每年收入租银，除了各项开销，约有七万多银子，只等沈子圣到家，便议开学。看看暑假期满，仲华、起卿、志鲁盼望开学，几乎眼都望穿了。一天正想出门打听消息，忽见柏毓生走来道："沈先生回来了。"仲华大喜道："我们同去找他。"毓生道："且慢，沈先生前天回来，我听得人说，华托辣斯合【和】他商议办法，沈先生道：'这学堂年代久了，积成一种腐败的习惯，必须淘汰一番。'"仲华吃惊道："这么说来，我们都在淘汰之列了。"毓生道："也不见得。沈先生的意思，打算另行招考，华文、科学、道德、西文四项并重，严定去取，认填考试，不容情面。取中的才能入学读书，不论新旧学生都许应考。"仲华道："这和我的意见相同，他果然想得周到。既如此，沈先生与我们最有感情的，须去会他一面。"毓生道："他因避却请托，所有堂中旧学生一概不见，这是同学传来的话，料想不假。"仲华没法，道："为何沈先生也拘这些俗见，只得静候招考的了。"毓生匆匆自去。仲华次日见报，果然强华招考。潘、王、毕、柏都去报名，注明是堂中第几班的学生，填了愿书①，回寓静候，说不得各自打开书籍，抱佛脚的温理。到得应考那天，各人起早赶到强华学堂去。不知后事如何，且听下回分解。

## 第三十五回
### 经验已深改良规则　　教授无法未了风潮

却说潘仲华等四人走到强华学堂，只见两面龙旗飘飐，不觉心目为之

---

① 愿书，即写明志愿的文书。

一爽。那些应考的学生,也有马车来的,也有东洋车来的,络绎不绝,都站在廊下等候。一会儿人到齐了,有学监领他们到一间最大的房子里坐下。华文先生原来是夏仰西,出题考试,交卷后有五分钟的歇息,就是科学考试。沈子圣到堂,题目到【倒】不很难,潘、王诸人对答得一毫不错。西文也是子圣监考,程度也还浅近。三项考毕后,四人踌躇暗道:"这道德怎样考法呢?"谁知又是夏仰西到堂,他的考法极妙,出了几道问题,都是凭空设想,关紧道德的事,遇着疑难情节,应该如何办法?潘、王、毕三人倒都有主意,一一对答,合了宗旨。毓生实没主意,对答不来,急得满头是汗,敷衍完卷。整整的【地】考了一天,方才散场。隔了两日,报上登出来,潘、王、毕三人取得极前,柏毓生殿尾。开学那天,拜了孔子,子圣、仰西、华托辣斯到场演说,只子圣说得最为恳切。他道:"我自从到得西洋,那【哪】一天不记挂着这学堂,想出许多该整顿的事,屡次写信回来,无奈办事人都置之不理,果然弄到破坏。现在华先生一片热诚,捐助这些经费。华先生的意思,并不是借这办学堂采取名誉的,实因我们中国办学堂的人,殊觉寥寥,一是苦于没经费,一是安心不做公益的事。华先生知道学界合【和】商界大有影响,同是国民,应该彼此扶助,方能共保安宁。不然,一盘散沙,欧风美潮,都能卷刮了去。我们既受了华先生的赐,就该努力前进,不负他的期望才是。我们这学堂,是私立中学堂,但是学业没止境的,扩充起来,还要开私立大学堂。我听说美国的蟹罢特,创设蟹罢特大学,爱而创设爱而大学。我们华先生如今创设这学堂,就叫做华托辣斯中学堂,将来创设大学堂,就叫做华托辣斯大学堂,不好么?"说罢,大家拍手。子圣又道:"将来大学堂开办了,自然要求政府优与出身,合【和】官立学堂,享一般的权利。学界中有一班自命为高尚的,都不在乎出身,其实也是一偏之见。要晓得国民既然爱国,就须看得国家的事,合【和】自己的事一般。将来果然改了立宪政体,下面有议院,有公民主持,上面政府里难道不容我们学生参与?这才上下一气,办起事来,反对少些,较为容易。所以兴学的宗旨,固然须普及教育，养成无数公民，还当用精神教育，养成若干豪杰。现在政界中，就苦于没有豪杰任事。要任事的都不愧为豪杰，那立宪竟实行了，有何不可？为什么呢？豪杰之士，居心光明磊落，不顾个人的私利，也不顾得罪同寅①。总之，开诚心，布公道，事事替国家谋划实益，政府里要有这般人主持，决没有闹坏了国事的。这时你们求学的时代，也说不到这些话，只为要破除你们的成见，所以这般说。至如学堂规则，自当共守，不但学生须守规则，教员、办事人都当守定规则；不但教员、办事人须守规则，连监督也须守定规则。要知规则是公共的，虽说如今学堂规则不像国家法律那般细密，但是既做了学生，自然人格比寻常人高了一级，不须形式上拘拘绳尺，要在精神上摩【磨】励【砺】道德的进步。即如各科学业，固然全在教师，然而我国的师范，成材有几？聘来各位教师，未见得教授法都能纯熟圆全，但我已配准程度，大约教师的程度，总比学生高两倍。外国的教员，却比学生高两倍还不止哩。善学的于记忆力外，须有感悟的本领。一隅三反②，是在善学诸生了。大凡小学教授，就如领瞎子走路一般，东湾【弯】西拐，全在领导的人扶持。中学教授，却有点儿不同。譬如这人已会走路，只消指点迷津，不专靠着领导的人扶持，诸生须要自勉。"说完后，大众拍手散会。子圣就约仰西合【和】几位教员商议课程。华托辣斯辞别回去。课程议定，合【和】规则一并宣布。学生看罢，早聚了若干人，窃窃私议。有的极赞成这规则，有的却反对这规则。内中有三个学生，一是柏毓生，一是侯大忻，一是孙叔雨，最主张反对。毓生道："沈先生从前在学堂倒很文明的，为何出洋回来，反倒变了宗旨，拿出他那专制手段来？规则里别的都不用说，只扣分这事太利【厉】害了。常假不算外，遇着告假，每月过三次的，就要扣分，叫我们不得自由，这是第一不妥。"大忻道："可不是，除了礼拜各假准我们出门外，寻常不得过雷池一步，门禁也太严了，这一桩又侵人的自由权。"叔雨道："最利【厉】害的

---

① 同寅，即同僚。
② 一隅三反，意思与"举一反三"相近。

是禁止我们买食物。你想学堂里的早点不够吃饱的,全亏半中间吃些食物充饥。难道外间买来东西,都是有碍卫生么?一般也有干净的。被他这一禁,只得天天挨饿了。这规则我们不能遵守,须合【和】他理论去。"原来柏毓生、侯大忻、孙叔雨是这学堂里的老学生,自由惯的,忽然拘束起来,那【哪】里能服从呢?当下约齐了一班旧学生,约有一二十人,走到监督室,要求权利,合【和】子圣辨【辩】论起来。子圣道:"学堂里的规则,那【哪】里能破坏呢?"大忻道:"功课比较,优劣自分,用不着扣分数。如今因告假的细故,扣起分来,太不公道。"子圣道:"你说怎样不公道呢?"大忻道:"用功的人,难免没疾病,或有事故告假出堂,虽误了功课,也是没法的事,他得闲补足,并不至于荒功,然而执法的人,倒因他告假过三次扣分。荒废的人,他虽天天在学堂,并不用功,他倒被扣分的衬托出来,忝居前列,岂不是不公道么?"子圣道:"你误会了,没看清规则上的西文小注。这条原说除了疾病合【和】有事故外,那告假出堂游玩的学生,应该扣分的。"大忻没话回答,这问题已通过去了。毓生道:"我们散课时,就在学堂左近闲行,也是运动一方面的事,没甚不合,何为禁止我们不准出门一步?这条却妨碍我们自由。失却自由,毋宁不学,这学堂太野蛮了,我们同学都不愿服从。"子圣笑道:"既立了愿书,来到堂里,就不能不服从规则。学堂四围都是店铺合【和】住家户口,空气极不清洁。你们既在学堂,我们管理的人都担了责任,你们尽管出去闲逛,染了疾病,不是又怪到我们么?推诿固是不可,但我却防备得早,不叫你们吃亏,原为你们卫生上立下这条,怎好反对呢?再者,堂里一片空地,尽管运动,为何要到外面去?况且隔了一两天,体操教员领着你们,须走两英里的路,那时自然在校外走的了。"众人听了,也没话驳回,这问题又解决过去。叔雨道:"第十八条,学生不得私买食物。我们学堂里早起的点心,每人两个包子,或是一个鸡蛋,吃粥吃不饱。课堂四点钟的功课,饥肠万转,那【哪】里耐得过呢?全靠吃些私买的食物充饥。先生这条规则定得太利【厉】害了,我们实难从命。"子圣道:"我国处于列强逼近的时代，国民该卧薪尝胆，耐苦力学才是。没见日本学生吃的是几根腌菜，两盂饭，不能果腹，他们的身体倒反强健。现在我们学堂，荤的素的，粥饭尽量吃，只愁太饱了，有碍卫生，那【哪】里还好私买食物。要知外面买来的食物，总有点儿不洁，蝇钻蚋嘬，龌龊异常，一人吃了，致生疾疫，传染开来，同堂遭殃。那规则不是为知识完全人定的，原是为知识没完全的人定下。知识完全，尤该兢兢守定，做知识不完全人的表率，这才团体坚牢，不出意外的事。你们诸位都是受过教育的人，知识高明，不该反对规则，还当劝导同学共守规则才是哩。"众人听了，面面相觑，没得话说。第三个问题又解决过去了。毓生、大忻、叔雨只得合【和】一班同学退出去。子圣正待招呼舍监，叫他仔细查察宿舍，恰好仰西走来，子圣把学生的问答合【和】他说知道："人说强华难办，果然不错，学生的要求这么利【厉】害。"仰西道："你答得真好。要不然今天就起风潮。"子圣道："起风潮的机会很多，我们只能尽心办事，但求自己无愧，他们也就原谅我们的苦心。假如有点儿破绽，被他们指摘出来，休想安宁。"仰西道："可不是，不善管理学堂的，并非才能不足，立法不好，只为立身行己，道德久缺，以致被学生指摘，那【哪】能不起冲突呢？"子圣称是。恰好两位舍监走来，子圣道："学堂里的宿舍最关紧要，务请二位小心照料。第一，地板要时常拖洗，淡盂要常涤，床帐被铺要监督学生勤濯，帐门要常开，床上不准学生乱堆书籍玩具。学生的衣服，叫他们七天一换，天热时三天一换。晚间十下钟一律息【熄】灯，如有抗违，定当记过。学生书箱盖篮，须得不时查察，不许他们私藏无益的书玩各具。这重任通都付与二位，千万慎重。"二人唯唯答应，退下去，私相商议道："监督出了这个难题，我们怎样能照办呢？"一位道："我们从前不是敷衍惯的么？平安没事，何等快活。今监督虽说加了我们薪水，要我们做这做不到的事，我们只好辞职而去。"一位道："辞职也不必，中国人的事，总是来势凶，头阵过了以后，仍是稀松的。我有两个办法，监督逼得紧，我们就认真查察，闹起风潮，只不过大家同走。监督放得松，我们面子上做出些勤谨的样子,骨子里还他一个各事不管,你看如何?"那人大喜。二人议定,同心欺瞒,说不得时常到学生宿舍里去巡逻。学生见这两位舍监来,本就玩视的,却因他是执法的人,不好得罪他,随他巡逻去,倒也相安没事。只晚上的熄灯是一律遵照的,其余有的服从规则,有的尽管胡为。可巧子圣这两天为着添聘教员,四处找人访问,除了督察功课外,没工夫管到宿舍,只以为两位舍监是靠得住的。后来教员请着了,堂中各事都有了就绪,便专心致志督察一切。一天走到学生宿舍,只见满地的字纸,痰盂里秽气触鼻,床上的帐子都垂着,揭开看时,原来西文书也有,中文书也有,铅笔日记簿也都横七竖八藏在枕边。看此情形,不觉大怒,忙叫人请了舍监来道:"二位请看,这是谁之咎?"舍监相视而笑道:"这班学生实在不听话,我们也是没法,记过簿子都有名姓,请监督看罢。"言下,袖子里取出一本簿子来,给子圣看。子圣没得话说,又同到一处,只见地板上擦得非常洁净,痰盂里一汪清水,帐子被褥雪白,床上十分整齐,书箱衣箱齐都关锁着,衣服尤其整理得清楚。子圣大喜。说也奇怪,那间宿舍不洁的,便一齐不洁,这间宿舍里,偏个个人洁净。子圣道:"人的性质,为何这样悬殊?可见得学校管理,不能不认真办。听其自然,好的显不出,没规矩的永不肯改变。"言下,便把这间宿舍里学生的姓名齐都记下。这天走遍了各处,是好的都记下,是不洁的也都记下。到晚,便会同舍监传齐好的学生,着实奖誉了一番。又传不洁的学生,着实开导说:"以后再不改过,便当开除。"内中有几个学生,却是中西学业都好的,在各班里要算年纪最大。众人去后,子圣特留他们细谈。子圣道:"舍监是司法的人,宿舍里的事,应该遵他的教,并不是服从舍监,是服从法律的。人都要有服从法律的思想,才能做立宪国民,文明国的百姓,都是如此。破坏法律,算不得高尚,适形其野蛮罢了。东西各国学校中的规则甚严,并非单讲自由。我们中国农工商各界,偏都不懂自由,放弃权利,自由两字,单单印入学生的脑筋。在那不当自由的时代,偏要不顾一切的【地】自由起来,却有点儿不对。你们几位都是程度高的,不要把自己懂得的新理，当做口头禅，务须实行，还须劝导同学、规谏同学才是。现在你们卧处这般狼藉，连一身的自治都做不到，殊出我意料之外。我今提醒了你们，只看后效罢了。"那几个学生嘿嘿无言的自去。这时潘仲华、柏毓生等一班人，见子圣这般认真办理，倒也佩服，私下议道："沈先生的话，句句是正当的，我们何尝不知。只因自来办事人，没有肯赤心①的，我们乐得欺他个外行。沈先生在这里，我们总不可犯他的规则。"于是大学生约束小学生，处处守了规则。学监等都觉诧异，都道："人说中国人不能自治，其实不然，只因没人提倡诱导的原【缘】故。这班学生原是聪明不过的，一说便改，何等爽快，我们不怕再起冲突的了。可愧我们学问不足，劝诱不动他们。"不说学监等私相欣幸。再说夏仰西被沈子圣拉来中学校内做了教员，天天上课，远不如在小学堂的自由。而且自己教授的程度到底差些，费尽脑力，编纂了两种教科书，宗旨失于太旧，文法失于太奥，篇幅失于太长，字句失于太繁。子圣于此道却不甚明白，随他教授去。几个华文好的学生，却是内行的，见他殷殷教授，不便明驳，背后来请教他，分明指摘错处。仰西还算虚心，敬谢不敏。那学生道："现在编华文，须拣我们肚子里没有的教授才好。"仰西气得失色。不知后事如何，且听下回分解。

## 第三十六回
### 一时现象都入梦中来　　千古伟人总待洪钧铸

却说夏仰西听了学生的话，不觉变色，正待出言抵制，那班学生更加作恶，不等他开口，早已一哄而散。仰西一肚子的闷气，没处发泄，只得

---

① 赤心，在此指心志专一。

去找子圣，想要辞职。偏值子圣有事出门，不曾会见。仰西回到自己公馆里，躺在床上，一言不发。他妻子只道他有病，问汤问水。仰西分【吩】付【咐】道："你快走开，让我歇息一会儿便好了。"忽听得外面打门声急，有客来找仰西。仰西问知是蓝兆保，向来替报馆里访事的。仰西不愿见他，托言有病。兆保道："有紧要新闻，必须面谈。"仰西只得出外会面。坐定后，仰西问有甚【什】么新闻？兆保道："原来你还没知道，现在朝廷停办学堂，复开科举了，快整理举业，我们同去应试。"要知兆保本系落第秀才，写得一笔好字，向就村馆糊口，实因停了科举，没处设帐，这才流寓上海，借着报馆访事混日子的。他既在报馆，信息灵通，所以知道这开科举的消息，又合【和】仰西至好相关，特来招呼他的。仰西听他所言，不觉心中一动，连忙收束住了，凝一凝神答道："这话不确，我国停了科举，兴办学堂这许多年，外国人都知道这是一桩大事，那【哪】能说办就办，说停就停，当着儿戏似的闹去么？"兆保道："这事千真万真，是我们报馆里接着北京访事的电报，那【哪】有假的，明儿就见报章。你不信，等着看罢【吧】。"仰西道："即便是真，这要算得朝廷的秕政[①]，我们当了这许多年的国民，那【哪】还好去应试。出尔反尔，做这极腐败的事儿，我是决计不去的。"兆保听他话不投机，拱手而别。仰西送客出去，回到屋中，仍复躺下，忖道："我一生吃科举的亏，几乎送了性命。学堂却没辜负我，只是目前起了冲突。恐怕学堂里站不住了，倒不如依了兆保的话，仍理旧业，纵然不得科名，但是科举既开，一班下场子弟，总要请教我的，怕什么呢？横竖有饭吃就算了。"转念又道："慢这般拿稳，此番是复科举，不是复时文，策论上的工【功】夫，我却有限，再加之以科学，我敢告不敏，只好让他们后辈得意，我是无望的了，也没这老脸重整旗鼓，抗颜为师。"想罢，长叹一声，昏沉睡去。妻子走来，替他盖上一条被窝，只听得仰西大声叫道："还说甚【什】么立宪，连学

---

① 秕政，意指不良的政治措施。

堂都要停办了!"原来这时仰西又入梦乡,见得一个甚【什】么会里邀他去议事,不觉大喜,便忙上车到会。只见子圣也在那里,许多人不认得。一人发言道:"个人的意见,趁这复科举的上谕还未宣布,我们会里上书政府力争,这是正办。"一人道:"我的意见却不如此。我想复科举停学堂的折子,虽说交学部议奏,究竟是照例的办法,料想学部里那班文明堂官,断然不准他的。况且以时势而论,外国人眈眈虎视,那【哪】容你再复科举?"一人道:"所说学部不准,这话倒有道理。说外国人不容中国复科举,这话正未必然。外国人何爱于中国,必要叫中国人学好了本事,合【和】他竞争去?你没见法国人统属了安南,仍听安南国行他的科举政策,何尝改革他的旧制?我堂堂中国,到底不比高丽①、安南②,早已把科举废了,开办学堂,外国人到底有点儿敬重中国,为是见机得早。这回复科举的谣言,只不过因学堂有几桩背【悖】逆的案子,被揣摩时尚的官儿乘机进言罢了。我知道这科举是复不来的,不关外国人的干涉不干涉?"仰西梦中气愤愤的【地】嚷道:"我不信!我不信!明明报章上说的复科举,停学堂,你们还在这里做梦,还道上书与政府力争,只怕你们的书没上去,上谕早就下来了。"只见子圣微微的【地】笑,不则一声。仰西梦中仗着一股热血,不觉又对子圣道:"这样关系重大的事,老表弟怎么一言不发?"子圣笑道:"这事用不着我们担忧,他停他的学堂,我尽我的义务。"仰西梦中冷笑道:"这话欠通。政府既然叫停学堂,那【哪】容你尽义务呢?"子圣道:"你这话又迂了,难道义务必须凿定了在学堂里尽的么?真正有教育的热心,遇着子弟都可施教育,见着人都可演说宗旨的。况且政府要停学堂,只不过停那有形式的学堂罢了,那【哪】能禁止人家不读书、不学西文、不习科学么?以此说来,停学堂就如不停,且比没停时的教育好些,还未可知。甚【什】么原【缘】故呢?现在所开的学堂,大半坏在只重形式。求学的人怀着两个念头,一个是出洋的念头,一个是

---

① 高丽,旧时对朝鲜的称呼。
② 安南,旧时对越南的称呼。

出身的念头。有了这出字的念头，那人字的念头就分去不少，学问入得浅，道德入得更浅。其实出洋的念头，就是出身的念头，出洋回来，出身更易，出身既易，升官愈快，发财愈多，明明是新开辟的一个西法科举世界。我倒愿意他停办，停办了学堂，索性把那班迷信科举的人，让他们去赶科举。人心不至死尽，自然有些志士，不为利禄所动的人出来加意提倡，有愿诚心就学的，受了这种文明教育，一传十，十传百，百传千，这才叫做普及，并不在乎束缚着百十个学生在学堂里苦苦压制的。"仰西梦中忖道："我这表弟要算第一名滑头，人家闹得认真，他却说来冰冷。"正在无言回答的时节，忽见鲁子输走来入会，坐定后，浩然长叹道："我们杭州的学务，要算得难办，好容易把绅学两界调和平服了，又出许多惊天动地的大事，丑秽难言的历史，幸亏一桩桩的【地】过去了。这时学界里渐渐来了些正派的人，学务颇有起色。谁知朝廷有停办学堂的意思，弄得监督踌躇，教员傍【彷】徨，学生鹘突。看这光景，不论停学的话是真是假，只怕我们学界先受了影响，风潮冲突，在所不免。我早想跳出这个学界圈子，诸君公断道是好不好？"众人都没则声，仰西梦中艇【挺】起身躯答道："这却使不得，这却使不得。"话未说完，忽又见一个和尚慌慌张张的【地】闯了进来，嚷道："好好的，我释界里千年不拔的基业，都是被你们学界里的人闹坏了。我们辛辛苦苦，餐风宿露，东家太太长，西家奶奶短，好容易募化了几个钱，买地基构寺院，不是为自己，为的是我佛如来。谁料你们学界里的人，乘风纵火，今天要我们的房子，明天要我们的产业。我们气不愤的，乐得自己开办学堂，堵住你们的嘴。如今好了，大家停办，你们还能借着这个名目，经官动府的来夺我们权利么？我寺里开的那个瘟学堂，教员被我们驱逐了，学生被我们全堂斥革了，你们为什么不动公愤进禀单、登报纸，合【和】我们为难呢？哈哈哈哈！"仰西梦中听得他言，不觉大怒，正待辩论，那和尚倏忽不见，却见一位先生，穿着川绸袍子，一脸的道学气，手里拿着一本书儿似的，却又不是书，面子是竹纸做的，上面还写着两个字儿。仰西仿佛记得这人是汪中干。只见他从从容容的【地】说道:"列位不要动气,兄弟有一句不中听的话,办学堂到底要讲究国粹的。兄弟办这个复古学堂,被学界里笑破了嘴。如今既然得了这停办学堂消息,我们禀到提学使那里,蒙他批得十分体面,说别的学堂或许停办,我们这复古学堂,本是旧学,正人心,息邪说,距诐①行,正赖这种学堂,万古不磨的。列位请看我们学堂里这本窗课②,那【哪】有半句犯忌讳的话头,真是经经纬史,有口共赏的。"说罢,把那本书在桌上一摆。仰西真个取来过目,只见簿面上写着"窗课"二字。正待披阅,只见一位面熟的朋方尹子奇走来道:"再休提起,到底是优场中人,不讲道理,好好的一个械朴学堂,无端闭歇了。"仰西梦中对他道:"这事并不为奇,现在政府里差不多要停办学堂,难怪他们收歇。"子奇道:"说也可笑,他们大家会议,有人说开学堂本是为着社会上欢迎起见,即使政府要停,我们犯不着首先停歇。有人道:'我是为着上宪看重学堂,这才举办的。如今政府既要停办,难道督抚还来多事不成?管他呢,早些儿停了,倒也爽快,省得许多经费。'就只这人一句话,大家拍手赞成,各自把他们的子弟叫回去学戏了。却有一位名优不服气,说了许多冠冕话头,其实孤掌难鸣,只得相因作罢的了。"仰西梦中听他所言,付之一笑。尤其诧异的是来了一班学堂里的学生,都因着停学的事前来会议。有的道:"我们递公呈请都察院代奏。"有的道:"不管他停学不停学,我们学了这许多年,出身是要给我们的。"有的道:"我们也不指望出身,此时卒业,只须送我们到西洋去留学。"纷纷扰扰,闹得头昏。忽听门外马蹄声响,一部马车停下,一个红缨帽子的家人打开车门,车中下来两位官员,都是一色的开气袍子方马褂,头上项着水晶项子,踱进门来,宣言道:"诸位在这里会议甚事?"主席把几个问题告知了他,两位官员不觉哈哈大笑道:"我说你们到底是草茅之士,不知道政体。煌煌上谕,开办了学堂这许多年,那【哪】有停止的道理?"主席道:"莫说没这事,折子是有人上的

---

① 距,在此同"拒"。诐,拼音 bì,意为"偏颇,邪僻"。
② 窗课,旧称私塾中学生习作的诗文。

么？交学部议奏，是有这道上谕的么？"官员道："折子是不能禁人家不上的。你们都说言论自由，难道做了言官，就不许他言论自由么？他说要停办学堂，也只得由他说去，交学部议奏。这是照例的一桩事，更不足奇。政府里的举动，虽说有一层面子，一层骨子，但是行出来的事，不离大体，也就罢了。必要一件件的【地】研究他的用意，这就上下相疑，融和【合】不到一处，必至激成事变，大家不得安宁了。再者，朝廷现在正要调和满汉，试办立宪，这是你们国民极愿赞成的事。好好的安分守己，等那立宪实行之后，各人有各人的权利，通国人民个个安享荣华，不好么？闹决裂了，于自己也没好处。依我说，这些会少开几个也好，等朝廷颁布下实行立宪的章程，那时奉旨开会不迟。"众人不觉哄堂大笑。仰西梦中厉声道："还说甚【什】么立宪，连学堂都要停办了！"就此一声，不觉徐徐醒来，蹶然而起道："我这梦做得奇怪！"妻子道："你病好些么？学堂里打发人来请你。"仰西道："我没甚【什】么病。"说罢，整顿衣冠，要到学堂。他妻子送上一碗燕窝汤给他吃了。原来仰西自从进了学堂，十分辛苦，只怕身体吃不住，时常买些补物调养。当下吃了燕窝汤，忙披衣走到学堂。原来子圣回堂，请他商议事宜。仰西气愤愤的【地】把那学生得罪他的话，告知子圣，就便辞退。子圣也怒道："这学生太不虚心，他自以为中学好，就请表兄明天特别提试，问他几条中国科学，他要对答不来，即便除名。"仰西听了大喜。这个风声传出去，那班学生面面相觑，大家商议，托了旁人说法，请仰西息怒，情愿赔礼。仰西也是久惯在学堂的人，那【哪】肯为已甚的事，况且师生的感情要紧，不免答应了他们。这日那班学生，果然到仰西卧室，行了鞠躬的礼，这才没事。背后却切切私议，仰西只作不闻不见一般，上课尽心讲授。仰西忆及梦中光景，便把这月里的报纸，张张翻阅，果然停学堂复科举的话，被学部议驳了，暗道："这更奇怪，我脑筋那【哪】里会印入未来的事。以此看来，大凡未来的事，在精神上都有可以预知的道理。"正在自言自语，不料被子圣走来窃听个明白。子圣道："表兄这句话来得突兀，意思却深，还请说明这精神上那【哪】里有个预知的道理。"仰西道:"我是偶然说这句话,其中的道理,并未从学问上研究出来。但是我们的脑筋,总算灵颖,但看如今现象,每能触悟到将来,即如学界情形,照这么混下去,可决其不会十分发达。上面的人办学务,都有无可如何、不得不办的意思;下面的人就学,又挟着一种利己的主义,供人指摘。有了国民知识,又都轻生舍命,热血用事,枉葬送了身体。况且这种人究竟不多,十分中还不过一二分,其八九分是昏昏沉沉,想图身家安逸,财利充盈的。以此推看,我们这辈子,恐怕不及见振兴气象了。我梦中所见所闻,都是我平时意中欲言没言、预料没到的事,印在脑中,幻出这个梦境来。虽有些未来的事,简直像我已经阅历过来,看似奇怪,其实平常。你道我这话有理没理?"子圣拍手赞道:"怎么理?你说得这道理甚深。但是我们不比佛子禅家,犯不着把这脑力用在空处去。你说学界现象,果然不错。只是学生原待教员指点,仗你生公说法,开通他们知识,变化他们气质,造成一群大国民来,不好么?矿里的铁,没经熔炼磋磨,那【哪】里来的锋芒呢?即如英、美、法、德、日本,难道他们的人民,生下地来,就具国民知识么?也是慢慢地陶熔训练到这般地步的。所以学生知识差不要紧;教员知识差,学界就永无发达的希望了。无论大中小各学堂,所说精神都在教员身上。校长只不过操选择教员之权,监学只不过辅助教员,纠督学生一时的迷失罢了。"二人讲完这一篇话,却被一位笔健的学生记下了。这学生又追记当时学界里种种情形,积成一大堆的稿子,却被做书的人看见了,便就他的事实,编成了这一部小说。无奈做书的人也是个极腐败的学究,所以叫做《学究新谈》。正是:

热闹名场难插脚,

新奇学界著闲评。

胡【葫】卢【芦】画出凭君看,

休问胡【葫】卢【芦】怎样生。

【思考题】

1. 本文中，夏仰西前后所持有的两种教育精神各自具有什么特征？又各自潜藏了什么样的审美原则？又是什么因素造成了这二者的差异？

2. 本文中，新式学堂的教具有什么样的特征？这背后又是什么样的审美原则？

3. 清末民初，教育西化给人们带来了不少希望，同时也带来了许多混乱。本文即表现了这种混乱与希望的并存，具有极其强烈的时代特征。但是，小说中所提出的不少问题似乎也通过某种方式延续到了现在。请问你在阅读的过程中，发现了小说所提出的哪些问题在现在的教育界也同样存在着？

# 第二编
# 民国中前期（1912—1936）

# 二、牧牛教师①/揆笑②

【内容提要:《牧牛教师》聚焦于民国初年的一些教育乱象,通过一个品行不端的牧牛郎获得教师资格,当上教师,到最后放弃教师职位重做牧牛郎这段时间内发生的一系列故事,反映当时乡村教育事业的艰难、教师和学生的素质低下等问题。】

余有友人葛龙·迭克者,一日由培登致余一函,谓渠有私立学校,在倚登左近之克利克,邀余同理是业。顷③余正在故乡司牧牛之职,余之业主为一半开化之印度人也。余得余友来函,召余就此清要职务,自必欣然应命。余与迭克于二年前邂逅于孟丹拿,当时乃由英吉利及爱尔兰飘【漂】泊至是,落泊穷途,囊中初不名一钱,餐风饮露,深入窭乡矣。

嗣为糊口计,因亦分道谋生,各事其事。顾余友迭克者,曾毕业于都伯【柏】林大学,本为爱尔兰之伟物,今兹小试牛刀,滥竽教席,良不足异。盖当日吾国之法律,正在提倡私立学校,有人愿为之倡者,在政府固无不允许也。余又因思如吾辈之材【才】能,欲图立业进身,惟有两途,盖即牧师与讲师也。特晚近牧师之职,已成强弩之末,业之者动入窭人道。以余之私见,颇以讲师生涯为不恶,虽不能立致丰盈,而温饱可以无虞。余得迭克函后,即与吾半开化之牧牛主人辞别。牛主人乃以十元相赠,并殷殷致颂词。顾余所需之钱孔多,此区区十元,曷足光我行色,顾却之不恭。余即受之,因与道别而去。

---

① 揆笑,《牧牛教师》,载于《教育研究》,1914(12):5-10、1914(13):27-32。
② 揆是汤增璧,笔名揆郑;笑是包天笑。《牧牛教师》为二人合著。
③ 顷,音 qǐng,意为当时。

徒步二十余里，至一停车场，待乘运货之事。计培登距此约二百英里之遥，余旅行之资，仅此牛主人所赠之十元，尚不足购一票。且余行装至简，图画颜料及画器，皆实诸里衣囊中，肥皂面巾香油等，皆藏诸外衣袋内，除此以外，别无长物。时当春初，道行滋适，顾余非健步者流，徒行二十里外，则已生气几绝，故颇思娱乐以消积郁。**当余在车站待车时，见二三游手，围赌甚乐，余乃技痒，因亦入局。其结果则余乃大负**，计耗去银元八枚，大衣一袭。**至次日晨间，适一货车至站停下，余即爬入满贮竹竿之车箱内**，不幸为司机者所见，余即出银元一枚授彼，彼乃许余搭坐于车箱之末端，惟只得乘至培登之半。而彼司机者乃与余恶作剧，车适行至三十里许，乃即卸下，停于荒凉之境，四无人烟，我乃大窘。

车停后，即来蕴怒蠢俗之旅客四人，互谈彼此之不幸事，而我入其伍中。此时吾辈五人，虽系同旅，而亲密实逾于手足，彼此落魄穷途，互相感慰，因结伴同行五十英里。欲至第二之停车场，吾辈乃知是处有管护路线之守屋，足以栖止。行至半途，雨乃大作，吾辈五人，在此雨霖泥泞中度一日夜，并将随带之食品，分而食之。**至夜半，有一客车停下，余即爬登瞎眼之车，而同伴四人，不幸皆被驱去**。读者诸君，须知瞎眼车为何物乎？盖即行李车也。行李车首尾无门，岂不如人之无目？然余上车后，颇觉不安，幸车上夫役尚未觉察耳。

余每至车停时，屡欲他避，不料为车头火夫所见，彼频以煤块掷余。余坐瞎眼车之月台上，饱受煤块无数，然彼则绝不驱余，不知与余识耶否耶？车行如电，万象皆瞥眼而过。至黎明时，已行抵哈佛里，距培登尚有一半之遥。迨天曙时，彼火夫已得清晰见余，因以水管击余。幸余着有陈旧之雨衣，盖即管护路线室内之妇人赠余者。故余于彼之以水管击余，及以水灌余，余乃不之惧，惟掬笑容以对之耳。

此时车已行至哈佛尔货场，彼火夫亦作其正当之事矣。迨车行已缓，余即一跃而下，奔入一小逆旅中，将身体大加洗濯，并理余蓬蓬之发。当膳时，余坐之傍，即为车上之火夫。幸彼火将军未会识余。嗣余闻有一人，因伤其腿骨，滞留此逆旅中。彼同伴之友，欲倩人伴彼至培登之医院。余闻此讯，力陈愿任斯役，嗣竟谋得此差。彼受伤之人，因为余购一至培登之票，另又给余一元。诸皆妥协，余二人即上道。

未几，即抵培登。到后之次日，余徒步二十五英里，以至克利克。至则见吾友迭克在木屋内与老农论教育原理。吾友告余，彼之任事时间为上午九时起，迄下午四钟止，一星期内足有五日之工，月薪为每月七十五元（在西洋为微极矣）。余闻之，已觉优渥之甚。迭克曰："此事汝必优为之，惟须在培登考验后，得有证书，方能任事，今且在此待考验也。"余思余于数年前，曾在英国应印度民政长考试一次，其考验手续至为严酷。且余素不爱希腊腊【拉】丁法文及算学等等，故闻友言，初不敢自行保证。因问曰："今者应考何目乎？"迭克曰："读法、书法耳，在汝必可得最优之百分。至如地理，汝可阅美国之地理，历史，即美国之历史，是为汝之新资料。又有美国之宪法及数学，亦系初学之算术耳。其余则为物理学及教授实验法。"余闻言，乃大声曰："**尚有乎？此皆为余所未经学及者。**"迭克曰："甚易甚易，余可假汝一小手册，汝即将书中秘术纳诸脑中，当可应考。尚有一门为生理学。"余讶曰："生理学我最厌之，斥为学科中之恶鬼。"迭克曰："亦不过科学之一种，惟门类至为繁杂，即如烟草之后，患酗酒者易入鬼箓①、人之骨骱②、乡村之新鲜空气、血之系统，此又最易明者也。下星期将举行教员考验，当时君可大展君所抱负之学问，以博高标。"

三星期后，余乃受考试于某学堂监督。**监督为一女教育家，躯大如肥豚，胸腹高逾喜马拉亚【雅】山**，或谓饱学者其腹便便。我见此女监督之硕腹，即足证其才学屯积之富。余穷搜枯肠，为时甚久，始得缴卷。实则此问题非难，余已有大半早纳诸吾脑，考时不过将存货下卸而已。其余一半，余乃出以奇策构造而成，故此工程不能不稍延时刻。监督阅余卷即

---

① 鬼箓，即鬼录，指迷信者所谓阴间死人的名簿。
② 骨骱，是人体各关节的总称。

毕，乃极赞余于伦理及教授实验等学，颇有根基。惟生理答案乃遍考群籍，初无此精深之论调，似文不对题。幸该监督为善性之五十岁妇人，余考卷虽不佳妙，而彼竟予余九十分数。**余得此不禁喜出望外。晚近二十年中，应教员试验者，恐无有过余之高者也。**

余既幸列高标，实大足纪念。嗣余竟得二等之文凭。至一二年后，余复应考代数、几何、物理、民法等学，乃竟得一等文凭，此后事也。余得此女监督之文凭后，即挟之以应克利克高等小学之聘。该校为是村老农独力创办之私立学校，生徒亦大半皆农家子弟，校舍乃在庄屋之外，此即余设帐处也。余之摇床即设于讲堂内，实则非摇床，因床短而狭，与小孩用者不相上下，余以精巧之故，因以"摇床"名之。诸君试思，余乃成人，安能蜷伏此身，纳于摇床之内，惟极言其较常物稍小耳。月脩六十元，膳资自备，余因以二十元为膳金，**所余者尚有四十。生徒年龄参差不齐，幼者六龄，长者乃逾二十。**余将十余人分为六学级。居停为一多才之老爱尔兰人，其自修功夫最深，对于学校教育兴味尤浓，每至校中，必坐观一小时之久，口衔烟斗，鼻架巨大之眼镜，烟云缕缕，绕满教室。生徒因书为烟蔽，致目力与句读大是为难，则极力吹之使散，书声与吁气声并作。余自履此教师席后，倾筐倒箧，力竭余之所学，以授余徒。余尤精论理及教授实验，故学生受益尤多。

尤奇者，凡此野蛮之少年人，经余陶冶，其进益至为迅速，其得力处乃在余之热心职务，殷殷善导，故其成效奇速，不可思议。惜余授徒之期，至四月后乃中断，余立即谋得一他校位置。该校相距几五英里，校舍以木材建筑，生徒二十人，月脩七十元。校外即山溪，溪中多鱼类。在校司教五阅月，初无可记之事，惟有一事，顾亦有趣，不可不表而出之。一日，**由尘积之屋顶堕下一响尾蛇，蛇适落在学生之案上。学生见之大骇，即拟以生理书击彼蛇首，余乃狂奔而逸。**尝读博物学，知此蛇甚毒，遇之者必无幸，然而此学生后乃无恙也。

至第二校时，供应至为丰美，但不幸骤出意外事。有学生卡道德者，颇钟情于女生潘的脱，因另与一学生名伐尔罗者，争起醋海风波，致伐尔罗与卡道德两人决斗。未及一月，而卡道德乃与潘的脱女士结婚矣。余尝思在此学堂三阅月，未尝有尺寸之功，且该校乃在距培登三十里之村间，村中多牛，固产牛之游牧国也。牛多而童少，盖以牧牛之余，乃得入学肄业。吾校生徒为数十二，然来去自由，如梁上之燕子，初无有常期留学者。设今日天气佳，则生徒必去其大半，因放牛须晴明，故学生皆往承乏也。

总之，吾校之学生，大多数为半牧半读，若纯粹求学者，数只五人耳。当开学之日，三四伟硕之学生，跳跃而来，年皆二十以外，御制服履革靴，望而知为牛场中之伟器。顾牧牛儿之衣，原非国定之制服，惟牧场通例，牛童衣多特制，料必取其坚实者为之，靴多革制，通长过膝，以护其腿，虽为学生，盖仍不脱牧场风趣也。以与牛为伍者久，颇染牛习，亦多牛性耳。

余前述之潘的脱女郎者，若辈中颇为注目。女郎实为此村之尤物，故每遇女郎过市，一般作苦者，必停工注视。杂货肆之伙，见女郎过，必齐伸其颈，如燕子待哺状，以视女郎。理发匠见女郎过，不惜刀触顾客之面，注目以视女郎。总之，女郎之一举一动，莫不足惹起村人之注目，而女郎容色，乃不如流俗美人之洁白，鼻峰平坦如牧场，樱口不逾半方寸，眼巨可纳一桃，长胫盈尺，躯矮而硕，适成立方体，年事可十七。如此妙年艳质，安得不颠倒村人之魂梦哉！

潘的脱女郎在班中，乃读第二籍之读本。女郎颇自好，每遇书中难句，即凌躐而过。除同班少年数人外，余多八九龄稚子。学生中大半系半法半英之杂种。当第一日授课时，牧牛童子皆抽吸淡巴菰①，并在炉次任意涕吐，是乃大违余之规则。余力禁止之，幸若辈尚不群起而哗然。余以为课堂规则一坏，若辈必且轻余，且必起将来之革命，势不得不先事预

---

① 淡巴菰，音 dàn bā gū，即烟草。

防，以警将来。余即以教习宝座之木椅柄，击彼中最顽劣之一童。童受击，应声而踣①。此时若辈方知余之难与也，且被击之童初不因此以恨余。

卡道德即向余要求习算，此为彼之奢求，盖彼志愿颇高，欲习得算术以应银行写字。惟彼何由出此大望，则余不得而知。一日晨间，正在牧场舞蹈，陡闻潘的脱女生室中，有奇声发现，颇似枪声，则奇祸作矣。因知此一女郎乃肇祸于卡道德与伐尔罗间。盖因卡道德乘马至女郎之室前，遽见仇人之马系诸篱间，由窗穴内窥见伐尔罗在内，正与女郎闲谈，卡道德即由鞍鞘内出手枪，一面呼伐尔罗速出。适伐尔罗行至门际，卡道德即举枪击之，女郎闻声出视，则以一木桶掷卡道德。卡道德之马受伤而踣，卡道德即改乘伐尔罗之马避至他处。

未几，余适至此，见彼飞驰而来，余不知彼辈何事，即曰："卡道德，汝何迅驰乃尔？"卡道德曰："余骑迅耶？"渠即叱咤一声，举鞭风驰而去。数星期后，彼凶悍之牧牛儿乃被捕于福来德警察，嗣即解回培登，受法庭之审讯矣。法官亦会邀余观审，彼潘的脱女郎亦在法庭旁听。惟伐尔罗无伤，至一月后，案结无罪，而卡道德乃与潘的脱女郎结婚矣。

**余在校数日，颇多不满意事，且学生过劣，三人中几有二人不能书算**，有数人因家中扩允牛业，须其协理牛政，因亦舍学就实业。校内有书记善骑，余本与其老母同寓，彼有一马一鞍颇佳，余设法向其购得之，马为棕色，甚钝类牛。顾余骑术不精，则亦初无大碍。不意自我购后，马性大发，屡乘不能安臀，如马戏中之俳优状，纵横跳跃，几破吾颅。此马初不知其性劣难御有如此也。**嗣余转卖与诚实之牧者，彼竟不知余马大名，欣然购去，盖取其价值廉也**。嗣余见此马屡横行于牧人之羊群中，群羊被踖②，皆散避之四方，牧者倾跌地上。厥马名"生姜"，顾不知取名者何所用意。彼见主人跌时，则仍左右驰骤，以为战胜大军，扬扬得意，举行其凯旋之行列也。

---

① 踣，音 bó，跌倒。
② 踖，音 jí，践踏。

余为人师，初不应屑屑谈牛羊事，我将仍宜举余之教育实验以饷阅者。余在斯校，本非所愿，前言已述之详矣。今学生已去其大半，所留者合【和】余只成二人，此种学校，举世恐无是例，且于余之名誉亦至有关系，余因去而之他。嗣余觅得较前校略佳之学校一所，设法坐拥皋比。是校生徒皆黄发绛面之村农子，与前校难驯之牧牛儿，无可伦比。惟其天资乃为天真所胜，在此智识关头，虽益以百万之师，恐不能破关直入，盖其脑门坚也。顾虽城坚防固，余屡出背城借一之血战，其结果竟为余军战胜。余于战胜后，方得长驱直入，因之余声名大振，村间多儿之家，无不箪食壶浆以迎王师矣。

此时迭克亦与同事。吾辈因声誉佳，村校争先聘用，以是吾二人乃大忙，往来于各校间，终日乃无宁晷①。村长因吾辈得村童家长之欢迎，颇亦不相干涉，不然，又奚能终日仆仆，专利于此教育之贸易场哉？是处名"松林村"，群山围绕，景物天然，山多松林，故名。余月薪为七十元，学堂支店收入为四十元。**总发行所学生，系男女混合，年龄参差远甚，大者二十余岁，小者六七龄。**试思以一教员而牧此年岁不齐之男女生，岂非极困难之事？故忙乃特甚，并吸烟茶之暇，乃竟无之。每上课时，彼年届标梅②时之女学生，正在演习算学，一面以六七龄之村童，又须导以幼稚园之课程，而野心家之大学生，尚须教以银行簿记学，顾此失彼，有目不暇给之劳也。

须知此松林村者，本有难施教育之名，盖程度高低最杂也。村董名倍尔基者，有一黄发之子，经多数教员之训练，竟未成材。余之前任为一忠厚长者，曾为黄发之小倍尔基挤入溪流中。此事余在前校未曾接任前之宴会中早有所闻，村董亦曾告余。**小倍尔基之党徒众多，嘱余戒严，如稍一不慎，必为倍党所苦。** 余闻此语，故防备至为严密，励【厉】兵秣马，严阵以待。倍尔基之父大声语余曰，彼深望余对于小倍尔基大施鞭策。当松

---

① 宁晷，指安定的时刻。
② 标梅，指女子已到结婚年龄。

林村校第一日开学时，来宾至夥，黄口①骀背②，几塞屋而满。在例，当新教员就任时，必空巷来观，故教员之于第一回就任时，乃如新嫁娘成礼后，为恶客所嬲，且各种礼节骤加束缚，心意至为所困。余圜视众徒，乃排班而立，于众中见颅顶秃然，神气荒伧③者，即揣知其为倍尔基。倍尔基躯至伟硕，年在十八九之间，肩阔无伦，掌巨如扇，望而知为勇武强有力之人物。至晨间之课大部分完竣后，学生对于新教员之课法，至为欣悦，故施教亦觉易易。惟至午间而奇事出矣。

斯时也，倍尔基于先生之性情，已稍窥其一二，而彼之故态，亦已渐萌。余思此不得不先事禁制之方可，**余即密呼其至案前，告其必须服从于余，否则先须革退。彼乃岸然大声曰："余必为余意所欲为者。"余闻其语，即一跃而起，力捆彼颅，推出于教室之外，并屡摇其颅不已。彼为余所撼，头晕脚轻，遂摇摇不能直立。至此余愤稍泄，彼本为一顽强恶劣之童子，为余挥诸门墙之外，亦自取之辱**。倍尔基乃大号如牛吼，其余众童见之大笑，一时号声与笑声合拍并作。余欲大声呼止，终乃无效。嗣倍尔基起立，两手握石子各一，向余肆其不堪入耳之恶詈。时余窘甚，幸此时距午假未远，因即摇铃散学。尔时彼战败之顽生，尚大闹未已，余即至室外，命男女生各散。未几，倍尔基汹汹来，见余即力掷二石子击余，幸未击中，否则殆矣。因此彼军威大振。当余正在开导诸生时，渠竟以巨掌击余左目，余猝出不意，遂致大负，顾与敌军肉搏时，则亦旗鼓相当。盖我初受微创，继乃转败为胜，一鼓直趋前敌，而敌之锐气转杀，我既得势，决不让敌得势。而倍尔基自经此挫，决不敢再作螳臂当车之举矣。自后彼遂求和，我亦以为征讨有功。至二次见倍尔基之父时，彼竟赠余雪茄烟一枝。**此物虽微，殆可以犒【犒】赏我军，足证教法善，学问博，因得受此上赏**。余在该校，为期可八阅月，至此而吾席又不暖矣。然较在前数校，

---

① 黄口，泛指儿童。
② 骀背，音 dài bèi，指因年老而驼背；年老寿高的人。
③ 荒伧，音 huāng chen，指卑微粗野之人。

则以此为久长耳。

嗣余得一函,为村校学董寄余者。校在宝塔村,系一矿区所在。函中叙有一两等之学校,需一重要之教员,须学茂德高,富有经验者为之师资,遍觅村中,无有一当,惟足下乃当其选,故力为劝驾,以启村民之茅塞云云。已而始知该校为三家村之学校,学童三四顾皆奇黑不辨口眼,蠢蠢如原人①。是间多煤矿,运煤为村人之大职业,学童之面与煤炭相接近,故致熏染至此。校中余为正教员,尚有一村妇为余之助教,薪资较减于前校。然余初不计此,因其规模宏大,教员非一人也。余得此,为意滋满。第该校虽以火车往,尚须乘七十里之合马车,山路崎岖,道行颇苦。余独行初无同伴,惟御者一人侣。余坐于车箱之上,顾余为学堂中姆姆(西人呼母曰"姆姆"。"学堂姆姆"为小学教员之别称),体制何等隆贵。彼印度野人与余并肩而坐,则其光荣极矣。未几,**御者出酒一瓶授余,当余接受时,彼顿现疑虑之态。余知状因即璧还,仍出余自携之酒饮之,兼饮御者。车停,余即下车,往购雪茄,并与御者同吸之,顾此御者别有烟肠,不愈数分钟,烟卷已告罄,且其吸时,初无缕烟外泄,诚奇技也。御者饱余烟酒后,与余颇亲密,因喃喃道琐事不止,间乃告我以聘余之理由。**彼谓:"宝塔村之所以聘汝外乡之人为教员者,有不得已之苦衷。此校声名颇劣,因其学生之蛮横,校董之顽固,前任各教员皆引避而去,因之本村人皆视该校为畏途,无有轻就该校之职者。"余闻其言,陡觉如梦初醒,前以为此校较优于前校者,今则希望全付诸流水矣。

已而车抵村,余即径赴新任,因与助教荸里脱女郎相见。女郎貌美出群,可称村间之尤物。上课后第一星期,学生及学董,初无与余为难事。诸生于数学几何,颇能容纳脑中。尤有一女生,竟超出侪辈,其作诗之佳,余所不及。学生三人,一为医生之公子,年只九龄,其余为已嫁之女郎。因伉俪笃,家事集,故于求学之道,初不为重。荸里脱女郎教室中,

---

① 原人,即原始人。

有一四十岁之少年，及一二十余岁牛肉色之肥汉，此二人系就女郎学者。牛肉色之少年，颇钟情于女郎，故女郎命读即读，命书即书，初无反抗拒命之事。**惟女郎与牛肉色之少年，初无情愫，谅系胃弱，未克饱啖牛肉故耳。就任未数日，而风潮起矣。**

学卡尔达有二子，一名佛来特，一名佐治，新入余校就学。佛来特曾以裁纸刀乱刺前任教员之腕，前任教员被创，因向其父人兴问罪之师，其父袒子以抑先生，先生因是愤而辞职，此前任事也。佛来特年已十六，乃弟较幼，一日又以小刀刺余，余力避至林后始免。余遇此愤极，因将二生送回其家，并附一书，大意谓仆正在校外摇铃，召集学生上课，佛来特不从余命，余即斥其违命。而佛来特突飞一裁纸刀，自窗间射出，越余颅而过。余即探首内窥，尚见其手持气枪以恐余，余命将为所夺，长此不惩，其何以堪。故将两公子专人伴送还府，惟望检束，至祷至感云云。至是日夜间，**彼父乃邀集村董多人，迫余即行收回其子**，否则迫余辞职。余思大丈夫可杀不可辱，毋宁去位为宜，因即告辞出校。回思屡任各校，初无美满之结果，则教员之风味，余已尝之矣。顾余前此弃牧牛之书记，而图教员之职者，本图致身青云，归傲乡里，今乃求荣反辱，再四思维，不如仍操旧业为佳，因即徒步回去，任余牧牛场之本职也。

【思考题】

1. 本文中学生和教师的形象各自是怎样的？其背后有着怎样的审美原则？和前面文章中的师生形象相比，它具有什么样的特征？造成这种差异的因素是什么？

2. 本文中的师生对话、同学对话中所使用的语言是怎样的？其背后有着怎样的审美原则？和前面文章中的语言相比，它具有什么样的特征？造成这种差异的因素是什么？

3. 本文中的师生关系、同学关系又是怎样的？其背后有着怎样的审美原则？和前面文章中的师生关系、同学关系相比，它具有什么样的特征？造成这种差异的因素是什么？

4. 本文提出了农村教育的问题，你认为，农村地区教学条件差、城乡教育发展不平衡的问题，我们可以采取什么样的措施？

## 三、参观员[①]/无际

【内容提要：《参观员》主要通过讲述一个教育参观团在上海一些学校参观的过程中发生的令人哭笑不得的事情，反映当时中国社会对新教育的不理解，表现了新教育与旧社会之间的撕裂。】

  一霎阴风过鬼车，天罗地网乱如麻。
  虬[②]髯黑脸谁家子，也戴缂[③]红一簇花。

  此某圣裔甫抵申江之即景诗也。

  孔子大教育家也，奕世相承罔敢坠其先绪？故某不工不农而献身教育界，第为时才两月耳。今世教育家之言曰：思为良师，首务切磋。于是各地咸组参观团，舟车往还，互为观摩。某遂随其乡人五参观沪上之学校。

  某目细于鼠，虽启而如翳。沪地初游，繁华在目。徘徊顾盼，诗思如潮。才一吟哦，而一章遽就。孔门诗教，渊源攸自，乃有此七步才也，末句云云，其眼光之程度堪以想见。

  沪上有名学校，指不胜屈。参观团先议定一表，某日至某校，庶不致临时彷徨，消磨时日。某虽同列会议之席，而大聪若聋，无所容心，所议云云，曾未领略。翌日，诸人共至某女学，既纳刺，阍人[④]导进。行经运动场，其时适当课后，女学生三两，联肩携手，笑语而来，睹客则止步鞠

---

① 无际，《参观员》，载于《礼拜六》，1915（40）：32-36。
② 虬髯，音 qiú rán，蜷曲的胡须，特指颊须。
③ 缂，音 xuān，丝缎类高级丝织品之一种。
④ 阍人，即守门人。

躬，致敬礼。某闻莺娇燕婉之声，并觉有袅袅婷婷者蹀躞于前，**顾语其伴曰：" 沪上风化究属不堪，学校之中乃有女郎。"其伴皆笑，微语嘲曰："如先生意，女学校宜居男生耶？风化将益不堪矣！"某闻语惊喜曰："世乃有女学校耶？君辈胡弗前告，今得到此，斯行不虚矣。"**言次，探囊出目镜，架之鼻际，晶片之广，可掩一银币而有余也。

诸人入应接室，校中男职员款待甚殷。某首问曰："某闻他处学校，有教师与学生同室寝者，起居之事，关系卫生匪细，一为之监督，则罔不中节。此法至善，不识足下亦与学生同室寝耶？果尔，则芗①泽微闻，粉痕欲浣②，个中艳福，某不得不羡足下几生修到也。"职员心恶其言不逊，然亦弗欲慢客，则正容答曰："此间寝舍之内，别有女职员管理，非鄙人所当问也。"诸人见某妄言不惭，殊失同人颜面，因暗牵其裾，止毋复语。某觉之而弗顾，更张口欲有他问，突闻铃声铛铛，作于室外，职员起言请观授课。诸人遂随学生之后，以入教室。

时教室中授粘【黏】土细工，女教师先为示范，诸生各团泥仿作。教室后方列参观席，诸人坐焉。某坐少顷，意殊不耐，心念如花诸女，吾乃徒相其背，未免太杀风景。女教师虽面我，距又最远，看来亦同雾里，乃弃座而起，绕至学生之前，一一端相，形同老饕之逢盛馔，第恐至味易逝，更俯躬而平视之，得意忘形，渐自摇曳其躯，如村夫子读书状。小女子最善笑，某博衣广袖，巨镜高架，已足令人发噱，今复观其佝偻如橐驼，摇曳如秋草，摘须根以吟哦，状同疯而若醉，于是千金笑颜，齐为君开，不啻褒姒观举烽矣。前列一幼女，尤笑不可仰，手中方团泥，一笑泥脱于手，适着某面，橐然有声，为之哄堂。女教师忍笑不能，强以辞责幼女。男职员笑请盥洗，以涤泥污。**某神态自若，徐纳面上泥于怀曰："此泥洁净，如此间诸女郎，适中吾面，亦不可多得事，少留痕迹，正一绝妙纪念，何待盥洗？即此一团泥，吾且珍为纪念品也。"**其伴睹此丑态，意

---

① 芗，在此同"香"。
② 浣，音 wò，指染。

各局踳不安，无心更观，即相引去。职员复导观校舍，一一指点。某复挽问曰："适见课程表列唱歌一科，吾聆男生唱歌，殊不悦耳。此间之唱，当至曼妙。吾昨宵观剧丹桂茶园，妙舞清歌，令人意醉。彼中歌者，盖亦女儿也。"职员曰："此间唱歌，亦同男生，何得以歌伶相拟？"某曰："足下抑何过谦，诸女郎歌喉，定不让丹桂，第不知今日须唱歌否？"职员冷然曰："君岂不能解课程表耶？表中土曜日有唱歌，今非土曜日耳。"某闻言状至扼腕，顾其伴曰："可惜吾辈不以土曜来。"

诸人既离女学，咸咎某曰："先生何不明事理，一至于此？所为所问，胥成笑柄，独不为吾诸人名誉计耶？"某辩曰："吾先祖至圣之言曰，疑思问，所贵乎参观者，正以集思解惑耳。适吾所问，均吾所疑，君辈无得相咎也。"诸人知莫可理喻，因公推一人专司问疑，以告某曰："今后质疑，有此君在，先生更无须喋喋矣。"

次至某师范学校参观，已让入应接室，具茶点款客。某虽圣裔，却与缙云氏不才子同嗜。随取盆中饼饵，次弟狂嚼。时校中职员适坐其右，职员旋顾问曰："贵团来沪，已历几日？"某不应，第伸臂攫饼，亟纳诸口。职员再问曰："来沪之后，已参观几校？"某亦不答，而一饼复尽，更伸手取其次。职员大异，心念是岂聋哑学校校长耶？时彼五人者，偕此顽友，咸怀羞愧，视盆中陈饼十八，彼已食其十六，因代答职员所问，匆匆与辞而出。甫出门，某遂揖其伴曰："此际幸未辱诸君命，自入该校，遽作金人缄口。惟诸君何亟亟，尽二饼之光阴能有几秒，乃弗少延伫耶？"

无际曰，某圣裔自沪归，其伴述其笑史，好事者遂步其即景诗以嘲之曰：

目镜巨同脚踏车，参观女校意如麻。
一团粘【黏】土翩然着，犹说此泥洁似花。

【思考题】

1. 本文主角的形貌、语言和行为有什么特征？这背后是什么样的审美原则？

2. 本文中主角的形貌、语言和行为特征与其他文章中相似的不良教师有什么差别？造成这些差别的因素有哪些？

## 四、钟楼之纪念日[①]/倜然

【内容提要:《钟楼之纪念日》主要通过一个小学生捐款建钟楼的故事,告诫读者办学要不怕艰难困苦,反映了当时中国教育界在艰难中摸索前进的事实。】

长江自川藏奔腾澎湃,蜿蜒而下,东注于海。其注海之处,有一洲特起,连于大陆,名曰扶海。洲之起始,盖不知其几千百年矣。有居民,有城市,抑且庶物蕃滋,气候和适,风景宜人,民俗淳厚。昔之谈地理者,目为世外桃源、淮南道院。而今则地当江海要道,挟鱼盐棉豆之富,以竞于世界商战之场,隐然有江北上海之观。其间尤以文明著称者,则有毗连之二市,一曰崇川,一曰大闸。钟楼纪念,即发生于此二市间。

时则庾岭梅放,黍谷阳回,此温和文雅之崇川市中。倏而国徽高举,灿五色之光华;笳鼓悠扬,祝千秋之福利。盖一年容易,又到新正也。晨钟甫动,但见黄童白叟,胸佩彩花,兴高采烈,联翩夹道。询之,乃知此日为本市崇德街大钟楼之十周年大纪念日,市民既于钟楼公开纪念大会,并延此楼之倡始人大闸市模范初等小学校主任教员师可法先生演说创设钟楼之历史。故今日合市之人皆欲瞻仰先生之丰采,并聆其最有兴味之演说也。

余亦忝为市民之一,敢不捷足争睹其盛?故于是日质明,趋起栉沐,匆匆晨餐,奔赴会场。既至,会场中之中西来宾之莅止者,已不下百千人,因趋近讲坛旁之一席安坐,以俟开会之时至。

---

① 倜然,《钟楼之纪念日》,载于《中华教育界》,1916,5(1):1-7。

未几而开会之铃鸣矣,乐作矣。顷之,又报告师先生演说。

琴调谐畅,国乐悠扬,会场之中,肃静无哗,讲坛之上,几净花香,若有一种和蔼温润之气,袭人心脾。引领而望,则我至可亲爱之先生已登坛矣。

先生年可三十六七许,身材适中,秀眉炯目,隆准①丰颐,颏②下微蓄须髯,衣服质素,神采清华,意态闲适,且沉着之中又有和雅之度,温恭之中复具凝峻之气。

居无何,先生乃骋其粲花之妙舌,讲演此钟楼之大历史,曰:

"余与诸君同居此无上之乐土,同逢此大好之新年,且得对此巍绝霄汉之钟楼而永留纪念于天壤,微特诸君愉快无极,即余亦同感欣幸焉。余何人斯,乃蒙诸君不我遐弃,与此盛会,惟既承诸君敦促,余宁能无一辞以答诸君之厚意?

"诸君固知余一穷教师也,糊食于村校者,十有一年于此矣。而此十一年之中,诸君莫不奋其长材,膨胀其爱国热度,以为桑梓尽力。余也年龄日增,智虑日荒,顾犹侈称十年前之旧事,不亦甚惭。惟在座诸君,于建筑钟楼之举,尚有未历者,值兹十周纪念之日,就此一段历史,演讲其大概,或亦诸君所深许乎?

"诸君欲详知此事实,请先述大闸市之沿革与吾闸校之历史。距今三十年前,所谓大闸市者,不过一荒镇耳。自今万国实业总会会长张公营实业于吾邑,相土度宜,便经营工厂,而大闸市乃始崭然露头角于世界,吾闸校亦从此诞生。吾至可纪念之钟楼,亦不瞀于是播其种子。

"初,张公营工厂于大厂市,以职员工役之子弟愈聚愈多,未便任其终日嬉游也,乃设学校以教之。既历数年,又以学额不广,复聚市民之子弟而同教之。吾校为完全之初等小学,实始于此,时中华民国二年事也。余出就今役,亦在斯时。越一年,张公拟建钟楼于市中,延至民国三年十

---

① 隆准,指高鼻梁儿。
② 颏,音 kē,指下巴。

月告成。吾校学生骤睹此巨大之建筑，颇触动其好奇心，殷殷向教师质问。于是此至可纪念之钟楼，开其第一幕。

"一日，诸生环聚运动场，听余讲说钟楼之利用与建设之必要。有许生者，向余质问曰：'敢问先生，吾乡类于如此之建筑，尚有几座？'余曰：'除本市外，天生港、南通市亦各有一座。崇川市今正在集款，观成未知何日。'诸生曰：'以吾乡地方之大，胡只此二座？'余曰：'建筑钟楼，需费不赀，地方宁有多款？'诸生曰：'何不捐之各绅富？'余曰：'今者吾乡沿江筑楗①需款，教育又需款，经县知事竭力劝募，犹不能十分踊跃，诿其责于地方绅富，于事曷济？'诸生曰：'既为国民，便当为国家谋公益。地方之事，关于吾人尤切，抑何悭吝乃尔。敢问先生，建一钟楼，至少需钱若干？又吾辈学生能负担此义务否？'余曰：'建一钟楼，至少须银币三四千圆。学生果有此志，又何难集腋成裘。'

"余语至此，有姚生者欢呼而前曰：'先生不云崇川市欲筹款建钟楼乎？吾等虽不属是区，但同是国民，即无界限，何不以学生之力，集资三四千元助之乎？'众皆拍手称善。余方欲有言，一幼稚生骤进前而言曰：'先生不尝教我以宜儿储钱助饷之事乎？又不尝言储蓄之益能使小款成大款乎？吾等盍各储钱以助之。'余曰：'甚善，惟须行之有恒耳。'诸生闻余言，皆拍掌称善不置。

"时有一年龄最小之生曰傅尔逵者，牵余衣，且扬其柔荑之小手而言曰：'先生，我母每日给我买饼饵钱十文，我自此不买饼饵，储之以造钟楼，先生其许我乎？'又一生曰：'我前日在外祖家，外祖给我钱二百文，我存在父亲处，我将以此钱助造钟楼。'又一生曰：'我前日读国文庄儿畜鸡课，因请于我兄，买一小牝②鸡养之。近日生卵颇多，售之于市，得钱数百文。我将逐日储此售卵之钱，以助建钟楼。'又有一贫苦之生曰：'我放学归家，每晚至工厂作【做】工，可得银数分，愿以一半奉母，一半储

---

① 楗，音 jiàn，在此指河工以埽料所筑的柱桩。
② 牝，音 pìn，雌的鸟或兽；与"牡"（雄性动物的泛称）相对。

之，作建楼之费。'诸生纷纷藉藉，各炫其所以储蓄之法。余此时答不胜答，惟频颔其首而已。

"夫以如许之童子，而其热心又千百倍于成人，至可敬也。然一任其自己储蓄，将遂无统一计划。

"诸君乎，今日学校之储金，不几风行全国乎？而十年前所谓学校储金，不过存于一二提倡实用教育者之想象中，学校殆无此实现也。余当时尝以为我国人民绝乏储蓄心，必当于初小教育时代养成之。学校储金者，固养成儿童储蓄心者也。得此机会，余夙抱之愿望，乃不禁跃跃欲试。

"于是集诸生而诏之曰：'汝等欲节省用费储为建设钟楼之用，诚为义举，余不惟赞成之，抑更愿为汝等预筹储蓄之方法，俾汝辈之义举早观厥成。为汝等谋，与其分而各各储之于家，不如合成大款，存储一机关。'诸生闻余言，皆曰：'愿听先生之命。'余遂约诸生于本日下午商定储款之一切方法。

"学校储金，其手续正不易易。此际余幸遇一好机会，足以助余之成功，此实诸生之福，亦斯楼之幸也。盖储各生之零钱，积为整数，又且为之生息焉，则非有可靠之钱庄，或殷实之校长不可。若如余之穷教员，固不易负斯巨任，然畸零琐细之款，节节为之存储，必钱庄所不乐为。无故而为诸生权子母之利，则又校长之必不乐为。此时适张公为提倡一般社会储蓄，特设储蓄处于纱厂内，余之学校储金政策，因得通行无阻。

"次日为诸生定储蓄之方法，先于校中设学生储蓄处，余任总理，司事则以四级之级长任之，专司每日收入。每日收入之款，由储蓄处设储蓄箱而储存之，并结一日共进之款若干，另记于一簿，积一星期，更移储纱厂储蓄处焉。既为诸生规定储蓄之方法，余此后乃日从事于学校储金事业。"

先生演说至此，乃举几上之茶饮少许，复言曰：

"余拙于辞，讲演殊少兴味，诸君得无厌苦乎？虽然，此实一至有趣味之事实也。请终其说。

"自学校储金之事业兴，诸生有日储数文者，有日储数十文以至一二角者，即诸生之父兄亦颇有乐预其事而助储巨数者。将及期年，所储之款，计其本息，竟逾二千元。

"会张公自欧洲归，闻闸校诸生热心如此，深奖许之，允将此款从丰付利，且谋先以此二千余元购置木石。请之县知事，县知事亦奖励有加，更助以巨金，采江南石建楼七层。不及二年，而庄严壮丽之钟楼，乃诞生于我乡，为世人瞻仰。

"吁，诸君乎！今瞻此矗立云表之钟楼，其有不想望当日诸生之热心乎？夫小学生，一幼稚之童子耳，有何能力？然积小成大，竟能合力以成此巨观，信乎事无巨细，惟有志者乃能成耳。余至此可为一结论以忠告于诸君：凡世界巨大之事业，皆世界热心家巨大之毅力所结成，鼓其毅力，万难可排。世人动曰'失败失败'，不知合群力群策以办一事者，常立于不败之地位，而不办事者，则常立于失败之地位。成败云者，决未可就目前论定也。"

言已，众皆拍手歌呼，斯时也，乐声，欢呼声，拍掌声，与楼巅铿铿之钟声，互相应和，一若表示斯会之愉快者，而余亦就此遄归笔述所闻，以告我爱读中华教育界之诸君子。

【思考题】

1. 本文所体现的教育精神是怎样的？其背后是什么样的审美原则？

2. 学校建"钟楼"有何象征意义？你能否为自己的观点找到文中的细节支撑？

3. 在你看来，小说中学校向学生展开募捐并且学生积极参加的故事在现实生活中有可能吗？如果有，这种可能性是建立在什么基础上的？如果没有，那又是为什么？

## 五、一个勤学的学生[①]/汪敬熙

【内容提要:《一个勤学的学生》用诙谐嘲讽的笔调刻画出旧教育制度培养出来的所谓的"好学生"。小说中的主人公一味追求的是"受官拜爵"和"刮钱纳妾",认为这才是人生的要义。小说批判了以培养追名逐利的利己主义者为目的的教育。】

在高等文官考试末一次出榜的头一天的夜里,丁怡躺在他学校宿舍里的床上,翻来覆去的【地】睡不着。直到了打过四点钟,他困极了,方稳能合上眼,朦胧睡去。早晨打六点钟的时候,他却又醒来,掀开帐子一看天已经明了,他便急忙穿上衣服,下了床,喊校役。他喊了一大会儿,才来了一个衣服不整刚起床的校役,替他舀脸水。他洗完脸,也没有吃点心,就往学校去了。

学校同宿舍一样,也是才开了大门。丁怡进门之后,一直走到教务处,看见教务处内只来了一个职员,他就向这个职员要请假簿。这个职员听他要请假簿,立刻现出诧异的神气,问道:"丁先生!你从来不告假的呀!为什么今天大清早儿,就跑来请假呢?"丁怡红着脸啊啊了几声,才慢慢的【地】答道:"因为……因为有点要紧的事,一早就要出去。"丁怡拿到了请假簿,看了一会,请那职员教给他写法,草草的【地】写完了,把笔一丢,便离了教务处。

丁怡出了学校的大门,雇了一辆洋车,到国务院门口去看榜。起初他总嫌车子走的【得】慢,他同车夫说道:"快快的【地】走,多加你两个

---

[①] 汪敬熙,《一个勤学的学生》,载于《新潮》,1919,1(2):245-251。

铜板!"继而他心里想起考的时候的种种不得意的事体,惟【唯】恐不取,怕去看榜,就叫车夫慢一点儿走。后来他心里跳的【得】七上八下,甚是不宁,觉得还是早到国务院门口看看痛快,便又催车夫快跑。

车快到国务院了。丁怡坐在车上,觉得心跳的【得】更利【厉】害了。他恍如前清时大车拉着往菜市口的囚犯,走的【得】越近,心里越难过。离国务院门口约有四丈远,他在车上已看见墙上没有贴榜。他立刻焦燥【躁】起来,叫车夫把车停下。他下了车,多给车夫四个铜子。车夫接钱的时候,一面发喘,一面不住的【地】用眼打量他,露出惊奇的样子。

下车之后,他就在街上低着头踱来踱去,候着发榜。他踱了两个钟头,榜尚未张。他正在那里心里发燥,忽然听见一个人高声叫他道:"小峰,你到那【哪】儿去?你怎么不坐车呀?"他吃了一惊,抬头看见他的一个旧同学刚刚在国务院门口下车,便连忙说道:"伯成,你几时来的?你也是来考文官么?"

"不是!我一个中学毕业生,那【哪】能同你一样有资格考呢?"

"那么你到北京来做什么呢?"

"在高等文官考试委员会里有点儿小事。"

"恭喜!恭喜!你知道今天什么时候发榜?"

"下午四五点钟。你一定是高中的。贺喜!贺喜!"

"那【哪】里的话。我这考不过碰碰罢了。……啊……啊……你也该进去了。我们分手罢【吧】。再见!再见!"

"改日再见!"说罢,两人相对深深鞠了一躬。

那个人进了国务院。丁怡叫了一辆洋车,拉他到前门。下车之后,他走到前门门洞里关帝庙恭恭敬敬的【地】求了一枝【支】签。签上面写着:

"疑是复疑非,只恐心事违。

若逢丙与午,定能见光辉。"

他看了这枝签不甚懂的【得】。他又到亚柳康那里占了一课。这课占的【得】却是甚好。他便高高兴兴的【地】回了学校。

吃过午饭，丁怡仍然拿了书去上堂。在讲堂上，他满心想着照平常的样子听讲和写笔记；他心里却是无论如何总是想考试的事情，闹的【得】他讲既不能听，笔记也不能写。起初他还想用力使他的心不想关于考试的事，却是压不下。到后来他简直忘记是讲堂内了。他低着头，对着书，心里直想，他拟的那篇内务部咨各省巡按使饬县知事提倡林业的咨文当中的第二段，文章既不好且又有一点儿不合公文体裁；他恐怕看卷子的人以为他公文不熟，是个没有经验的学生，就不取他。他心中着实后悔，他深恨当时不改这一段，以致为一篇精心结撰的公文之累。他心里又接着想，口试的时候，朱总长问他一句话他一时答不出，幸而朱总长又说了一句，他方才答出。他只怕朱总长以为他人不机警，少给他口试的分数，以致使他落第。想完了这件事，他的心又跑到求签占课去了。

他照这个样儿上了三堂。下了堂，就四点钟了。他就慌慌忙忙的【地】到国务院去。到了门口，他看榜已经贴出来了，有许多人围在那里看。他到的【得】晚，身体又不高，站在后边，简直是看不见。他心里急燥【躁】异常，遂拼命往里挤。好容易挤到榜前，他站的地方，恰恰是丙等末尾，看看没有他的名字，他就横着往右挤。他遂挤，遂看。挤到榜首，他看见许多同学都取了，榜上偏偏独没有他自己的名儿。他心里就发起慌来了，脸上显出失望的样子，头渐渐的【地】低了，面色渐渐的【地】白了，挤的【得】也渐渐的【地】慢了。他心里却还以为看的【得】不的确，便又用力往左挤。他一直挤到榜尾，仍然看不着"丁怡"两个字。他知他确是落第了，头越法【发】低了，脸越法【发】白了，腿软了，几几乎蹾①在地下，他定了一定神，不知不觉的还是慢慢往右挤。正挤着，他耳朵里忽然听着背后有人叫："老丁，你中了乙等第十一名了！"他回头一看，看是取在丙等的同学郝振基，便冲口问道："真么？"郝振基

---

① 蹾，同"蹲"。

立刻拖他挤到贴乙等前一二十名的地方，叫他自己看。他看见乙等第十一名写的是："丁怡二十八岁，□□省，□□县人。"念了三遍，他方才知道，这确是他自己的名字！他的的确确是中了！他心里即时大喜，他眼里泪都落下来了。他喜的【得】把嘴微微的【地】张着，翘起两撇仁丹胡，露出黄牙，挤的【得】两腮上围着嘴凸出一道一道的纹，显出满面的笑容，几乎笑出声来，并且也几乎手舞足蹈起来。郝振基笑嘻嘻的【地】同他说道："从前我们两个打赌，谁取了请客。现在我们都中了！你取在乙等，我取在丙等。你取的比我高，今天你先请我！"丁怡也笑迷迷【眯眯】的【地】答道："好！好！我们这就去！"他们两个就挤出这一群人之外，往前门外去了。

已经夜里七点钟了。丁怡住的宿舍里的人都去了，各房间里全是黑越越的，没有一点儿灯光。**丁怡请客回来，走入他的房门，便才痛痛快快的【地】手舞足蹈的【地】放声大笑了一会儿。笑的【得】跟他进屋的那个校役大为惊骇。**校役点起灯来之后，就连忙走出去了。丁怡见灯点了，立刻躺在他放在书桌前面的藤椅上，用手捻着仁丹胡，嘴微微的【地】张着，满面都是笑容。过了一会，他的手垂下去了，嘴也闭了。他反而蹙着眉，额上显出几条深皱纹，低着头，眼直直的【地】向下看。他这个样躺了一点多钟之后，渐渐的眉头开了，接着嘴也张开了，脸上又显出笑迷迷【眯眯】的样儿。不到三分钟，他忽然长叹一声，把脸沉下，仿佛像遭了大故一样，又把头垂着，将手搔着头，皱着眉，呆着两只眼睛，又在那里出神。

在丁怡住的房间左近的一个学生来贺他取了高等文官。那个学生进了门，走到丁怡背后一拍他的肩膀说道："恭喜！恭喜！"丁怡吓了一跳，转回身来，向那个学生不知不觉的【地】冲口说道："乙等，乙……"丁怡急忙改道，"侥幸的【得】很！侥幸的【得】很！"那个学生接着说道："你这回考高等文官，同学那【哪】一个不说你是一定取的，你何必自谦呢？"丁怡答道："实是侥幸！末一场口试的时候，朱总长问我一句话，我一时记不起，不能回答；幸而朱总长提了我一句，我才能答出。险的

【得】很！险的【得】很！……"那个学生插着说道："大概朱总长看你少年老成像【相】，是甚【什】么有经验，有心提拔你，所以这个样吧？"丁怡捻着胡子得意的【地】笑着说道："不要闹！……"丁怡撬了几撬胡子往下说道："还有一层侥幸之处。我们学生考文官，最怕的就是公文程式那一场。学生作公文最容易犯的毛病就是空议论发的【得】太多，失了公文的体裁。考公文的那一天，我同王礼贤坐的【得】甚近。我远远的望见他作了约有一千多字的时候，我还正在肚子里头打稿子，没有动笔。我知道他一定是作【做】起大文章来了，然而我又不能同他说话，我直替他发急。后来我看他作了二千多字，我方才动手写，写了七百多字我就交了卷子。我出来的时候，我看见礼贤，还在那里不住的【地】写，我立刻知道他是一定糟了。然而我出场之后，想起，我作那篇咨文的第二段用了些史汉的笔法①，虽又合公文的体裁，又有古文的义法，然而文辞过于高古，恐怕不中试官的眼，我也着实后悔了一番。今天上午，我到了前门洞里关帝庙求了一根签。看上面有两句是"若逢丙与午，定能见光辉"，我就知我这本卷子落在桐城马先生手里，一定是不要紧的。实在侥幸！……实在侥幸！"那个学生听了这话，甚是羡慕，便竭力恭维了丁先生几句。谈到十一点多钟，那个学生才回他自己的房去。丁怡等他去后，也就睡了。

丁怡上床之后，同昨晚一样，仍然是睡不着。听见打了两点钟，他用尽了种种的法子，才渐渐睡去。**他忽然模模糊糊地觉得自己仿佛是在家里开贺。他自己耀武扬威的【地】在那里走来走去；来贺的乡下老对他都露出一种恭而且敬的样子。庭上挂起种种自己写的对联；庭下唱着戏。庭上庭下的人声，加着唱声，和锣鼓声，十分热闹。他耳朵里听见来贺的人，没有一个不称赞他，他更觉得高兴，越发仰起头，挺出肚子，撬着仁丹胡子，面上略带笑容，显出做了大官的气度。正高兴着，他迷离恍惚的【地】觉着像是垂着手、低着头，恭恭敬敬的【地】站在一个将军面前。**

---

① "史汉的笔法"即《史记》《汉书》的笔法。《史记》《汉书》二书均用了许多古字，十分难读，如无专人传授，不能明白。

那将军甚夸奖他的办事的才能。将军愈夸奖他，他愈做出足恭的样儿，满口不住的【地】说："蒙大帅过奖！……蒙大帅的过奖！"后来将军说叫他到天海关去作【做】监督，他急忙叩头谢委。他回到寓所，同学的接二连三的【地】来贺他受了简任官。他自己也竭力将将军待他的天高地厚的恩表白一番。属僚听了他的话都附和着说。……他觉得手中已经有了数十万元了。他拿三万元买了一个妾。妾进门那一天，非凡闹热。妾的颜色是甚标致，举止也甚风骚。他心中甚是高兴。那【哪】知道到了戏唱完，客散了之后，他的乡间的夫人忽然现出来了。署内立刻闹的【得】大乱。夜里也没有能同他新纳的妾做成好梦。他一个人孤孤凄凄的【地】睡在外面花厅里。正在躺在那里心里难过的时候，他忽然听见人喊："救火呀！……救火！"他走出花厅，看见他乡间的夫人住的那座屋正在那里烧着。他乡间的夫人也不见了，他并且闻见烟里有一股甚重的臭味。他心里却是不慌、不急，也不害怕。忽然他脑后"铛，铛，铛"打了几下救火钟。他不觉大吃一惊，开眼一看，见窗上的阳光已经满了，听得学校里正打下堂钟。他却不理他【它】，仍然卧在床上，默默的【地】温他的好梦。

这时候，他的一个素日要好的同学走进他的屋里，高声叫道："小峰，第三堂都下了，你还不起来么？今年你的不旷的分数加不成了！你的'勤学'的好名声儿也坏了！"

丁怡仍然卧在被里，默默的【地】把脸儿望着他！


**【思考题】**

1. 本文抨击了当时教育培养出来的都是只懂得追求高官厚禄的人的情况。它是如何做到这一点的？在这些方式的背后又隐藏着什么样的审美原则？

2. 本文发表的时间是在1919年，此时无论君主制还是科举制都已被废除，"新"教育已经实行了一段时间，可社会上仍然存在仅以功名利禄为目的的教育，那么所谓的"新教育"究竟是不是新教育？究竟怎样才能真正使教育摆脱只知培养追名逐利之人的怪圈？

## 六、石笔石板[①]/瘦鹃

【内容提要:《石笔石板》以1919年五四运动抵制日货为背景,讲述一个小学的抵制洋货运动从开始到失败的过程。通过小主人公从不妥协,自始至终坚持抵制洋货,提出了只有良好的教育才能够培养有血性的国民的观点。】

一天姚邦华清早起来,愁眉不展,脸色阴沉,好像很不快的样子,漱洗过了,慢吞吞趱下楼来,照常往客堂中洒扫。不一刻,小婢阿兰从厨房中走出来低声唤道:"小主人,粥已烧好,可就要吃么。"这当儿邦华地已扫完,听得阿兰问他,便回头答道:"好的,你少盛一点,我立刻就来。"邦华心中虽不快,但是对小婢说话口气却很和婉,和平常没有两样。因他常常听父亲的教训,说做婢仆的人和我们本是平等,不过因他们生计不足,或者他们赚钱当家的人忽然遭了病故,没人扶养了,为了吃著两事不得不出来服侍人家,把气力来医他们口腹。邦华年纪虽只八岁,听了这种教训却便领悟在心,牢牢不忘。有时他一个人坐着独自思量,想穷富的景况本不一定,譬如我家赚钱的人只父亲一个,倘父亲有病或有他变,我家家况岂不是就有变动么?我一家的人,像母亲和妹妹,又谁来养活呢?想到这里,他就明白了推己及人的大义,所以对着婢仆们总是和声怡色,虽在生气时也从不使性子。有时他见了同学中一班没思想的孩子,动不动就把下人们乱喝乱骂,扮起小主人的面孔来,邦华不但不愿仿效,反暗暗地为他们惭愧咧。因此他今天心上虽觉着不快,回答阿兰时却竭力忍耐着,

---

[①] 瘦鹃,《石笔石板》,载于《中华教育界》1919,8(5):1-9。

等阿兰一出客堂，面色忽又变了，把两手托着腮子，呆坐不动，一壁定了眼向长台上的书包瞧着，接着却又低下头去，仿佛有甚【什】么深思似的。他在平日，清早起身，便做他例有的公事，抹桌扫地，一一做到。等到公事完毕用过早餐，便背了书包兴兴头头的【地】上学去。天天如此，除了害病放假，从没有退缩不前之意。但看他今天的模样，却和平时截然不同。他所以不同的缘故，待在下做书的打起精神表解出来，列位便能知道这小学生的心事了。

邦华自从六岁进学堂后，今年已升到三年级了。他读书非常用功，并且十分聪明，有时候教师上了一节功课，他总能举一知三，发出种种疑问来请问教师。很有几次，教师几乎被他弄窘，后来等他要发问时，就沉着脸睁着眼，现出一种不许他开口的神情。邦华知趣，便也不敢再问。列位听了这些话，定以为这种教师不过是在下理想中的人物，决【绝】不是实在的事。然而我们倘去细细的【地】考察便能知，目下中国的小学教师，专门讲究死板法教授的，恐怕居其大半，他们教书好似教鹦鹉一般，说一是一，说二是二，对于开发儿童本能的工【功】夫，绝对不讲。平日，教师口讲，儿童耳受，就算是无忝①厥职。倘使儿童记忆力强些，讲解咧、背诵咧，到了考试日子，能毂依样葫芦背答不错，这教师的本事必定大受欢迎、人人称赞，教育家的头衔也就能稳稳安享。但是经这种教师培植出来的儿童，除非天性聪慧，或者到年长时候因为有了经验渐渐觉悟，但这"思想灵敏"四个字的考语可断断加不上的。邦华既受了这种死板法教师的训练，论理他的智识思想和常儿不能有甚【什】么分别，幸而他父亲母亲都是很有学问的人，他受着家庭教育的补助，却得益不少。平日放学回家，他母亲总要对他讲故事、练歌唱，或者教他做种种活动思想的游戏。休息日子，也得同他顽【玩】顽【玩】，或者买些有益的图画照像回来，逐一指点他看，并且替他解释。于是，不知不觉的【地】就把那诚信咧、

---

① 忝，音 tiǎn，常见字义为辱。

仁爱咧、忍耐咧种种关于儿童的美德渐渐儿都灌输到邦华心里。他母亲又讲起爱国的意义，邦华先还不大明白，后来他母亲便用一家做比方，推到一国，说小孩子没有不爱家的，因他偶然害了病、受了伤、吃了亏，总要家里的人替他调治、替他看护，若是进一步想，家和国的关系也能明白，家就是小孩子，国就是保护小孩子的保护人。若是没了国家，就失了保护，也就是小孩子失了保护。所以，比较起来，爱国和爱家，爱国更是要紧。邦华听了这番解释，心中就大大彻悟，心想，爱国两个字，从进了学堂的门早已听得烂熟，但这两个字实在的意义究竟该怎样解说，先生既没有明白说出，同学们更是模糊不过，大家随口喊喊就算了事。邦华觉得这般口头叫喊没甚意思，因他常记得父亲说过，没理解的教训不中用的，不能持久的，虽有记性强的学生能彀历久不忘，但他所记着的，和鹦鹉的话一样，毫没价值。所以邦华在他母亲没有解释以前，对于这爱国二字怀着疑团，如今一明白，可就非常快活，立志也非常坚决，和旁的人不同。

从五四运动起后，抵制风潮竟波及到小学校里。邦华年纪虽小却分外热诚。这时他学校中校长，刚有更动，新来了一位姓瞿的先生来接任，这瞿先生曾在外洋教过书的，很有些新思想，经验也很充足。趁着这抵制风潮中，就把抵制的真义讲给学生们听，说现在有一个国度常把我们中国欺侮，要占我们的地方，夺我们的金钱，后来又要把我们人民做他们的奴隶，这个国度难道我们还要同他们交易、买卖，被他赚我们的钱去么？并且他们赚了钱除了供养自己百姓外，还要造快枪咧、大炮咧、战舰咧，用来欺吓我们，你们请仔细想想，我们到底还是仍旧同他交易，让他赚我们的钱好呢，还是抵制他的货物，使他不能赚钱，绝他的生机好呢？学生听了这番演讲，没一个不拍手赞成，同声喊道："抵制……抵制……"于是抵制的声浪渐渐高唱起来，瞧他们爱国的热度仿佛达到沸度以上。邦华在这个当儿，爱国思想原也十分激烈，但他并不乱喊乱叫，比了同学们，态度上略略沉静一些。

且说抵制风潮起了以后，大家就想立刻实行。但是说到实行二字，劈面就来了一个难问题,因为学校里的用品大半是那个国度的货色,甚【什】么石笔石板咧,天然墨咧,颜色和颜色笔咧,还有练习簿、图画纸,许多东西一时也说他不尽。这些东西学生们天天应用,便利惯了,一朝抵制不用,未免有些不便,但是为了这爱国的大题目,关于个人的便利,自然不得不决心牺牲。所以大家立定主意,不论怎么样,以后永远不买他国的货物。可是这种事还是关于将来的,现在既要实行如此,那已头他的许多货物应该怎样,可不能不想个方法。这就是刚才所说的难问题了。

大家对于这个问题有两种见解,第一种说既要抵制,就应该完全把已买的货物一齐烧他个干净,省得放在眼前引起羞恨,这倒是一个直捷【接】痛快的办法;第二种说从经济方面着想,就批评第一种的意见未免太不打算,说我们抵制的真义,是要不使那国再赚我们的钱,但是已买的东西,钱已花了,白白烧掉他干他人甚【什】么事,反而自己吃亏,这又何苦来呢?并且学生的家长里面,难免有不明事理的人,或是很经纪的,若唤学生们把某货烧了,另换别的,又要取钱出来买,内中又多了一番纠葛。为了这个问题,瞿校长再三斟酌才得了个圆通的办法,说以后一切用品不准再买某货,至于已经买的,或是用或是搁起不用,听各家长的自由,不过不许烧掉已买的,用尽为止,大家不要再买就是了。众学生得了这个办法,连忙各各回去禀告,邦华也回家请他父母的示下。

他父亲听了,就趁着这机会要试试儿子的思想,说道:"邦华,你先生想这个法子果然圆通,但我也不便一个人作主,用不用听你自己良心上主张罢【吧】。"邦华立刻答道:"爸爸既然许孩儿作主,孩儿可要把他一起搁起不用呢。"他父亲笑着说道:"邦华,你今年已八岁了,我常常和你说,从意识的举动是不中用的。今天你这样回答,想必是凭着一时气愤,还没有子【仔】细思量过。我劝你别太急,静静想想,明天再回我话不迟。"邦华听了,当下原没有回答,到了夜分,脑儿里头翻来覆去的【地】想着,果然想出一个很妥当的解决法来。等到第二天早上起身,邦华就到他父亲跟前高声说道:"爸爸,孩儿已有了办法。"他父亲道:"当真么?

你的办法怎样。"邦华道："孩儿的办法，要把某国人的货物一齐藏起来才是。"他父亲道："你已打定了主意么？"邦华决然道："正是，已打定了。"他父亲道："既然如此，你且把理由说给我听听。"邦华道："孩儿想了又想，如今要抵制某货，一时绝他根，果然很难。目下，惟【唯】有把他藏起来，做个眼不见为净。记得去年孩儿和张椿麟交好的时候，爸爸唤我不要和他往来，为他是个爱说谎、不诚实的学生，恐怕沾染他的习气，也变坏了。孩儿受了教训，很以为是。但是，第二天和他见面时，觉得忽然间和他断绝，有些过不去，因此想不如面子上暂和他交好，往后再慢慢和他绝交，也没有甚【什】么。不料，一星期后，这绝交的念头全然忘掉，面子上的交好，因为天天要见面敷衍的缘故，倒似乎很亲密，竟和从前没有两样。那时被爸爸知道了，大大的受了一番责备，爸爸又说外国有一句格言叫做'拒恶于始，不则将为所制胜'，说着这句话就应该立时拒绝他。孩儿想，这回抵制和拒恶比较，意思大略相同，也应该立刻拒绝才是，不然怕也要渐渐忘怀呢。不过烧毁一事，孩儿却不敢赞同，因为内中似乎含着暴殄天物的意思。"他父亲听了，不由的【得】笑逐颜开，拍拍邦华的肩膀道："小孩子有这样的见解倒很难得。但你可曾想到，不用之后就有许多不便么？"邦华道："这也顾不得了，孩儿以为，爱国的事大，不便的事小，不能两面顾到。"说到这里，他父亲忙道："好，好！你的办法原不错，现在照你的意思做去就是了。"

邦华听了他父亲的赞许，很是得意，就把某国所制的石笔石板和天然墨等，装了个木箱，一起藏将起来，上面还贴着封条，写着"国耻纪念品"字样，表示他抵制的决心。到第二天上学的时候，见同学当中果然也有十分之七八，齐心不用，邦华见了更是欢喜，私想自己幸而早定主意，没有落在人家背后。**但是这兴高采烈的抵制热度，到了两三日后就不觉渐渐有些减色。为甚【什】么呢，实因仇货之中有两种东西和学生们有密切的关系。你道是甚【什】么东西，便是石笔石板，无论抄书、默书咧，做算学咧，作文造句时起草稿咧，都要用着他【它】。除了石笔石板，就须改用纸笔,并且天然墨铅笔等也大半是某国的出产,又不能不用砚石磨墨,所以学生们一经困难,就觉得费时费力甚是不便,到星期四造句的日子,抵制热度竟减了十分之一二。有少数小学生为了造句要起草稿,用纸笔实在不便,便把前日藏过的石笔石板拿出来暂时应用,有的虽已摔碎打断,到此连碎的断的也取出来了。邦华却坚持不变,依旧吮毫磨墨,慢慢儿的起稿,起完了稿,重新誊清。这么一来自然要多费时候,等到誊好交卷,铃声早铛铛的响了。若在平日,邦华交卷最快,铃声响时,他已在操场上。如今虽然这样,他却也并不抱怨,情愿在课堂中多坐一刻,牺牲他游戏休息的工夫。但是星期五那天是算学日期,邦华见了算学就要头痛,每作一题总得改改涂涂,更觉废时。这天,既不用石笔石板,那就益发吃苦。亏得算学的钟点,在最后的一点钟,他等摇铃过了,仍能留在课堂里,不过做完了出来,回家去不免迟些。

这样过了两星期,邦华受了种种困难,终不变他的初志,虽听得人说中国自造的石笔、石板也有出卖,但他走上仪器店去一看,心里就有些疑惑,因为他前几天看见橱窗里陈列的石板,和现在放着的似乎没有不同之处,不过板上加了国货两个字,是用粉笔写的。他心想,近来不规矩的商人很多,往往把某货混充国货,我不如暂时守着我的老法,免得上当。所以他一天一天忍耐着做去。这时,别的同学们大半已把某国的旧货勉强应用,到处向人剖白①,就是出于万不得已。也有几个不管真假,已经买了新的国货石板。至于老守着抵制的主义,像姚邦华这样的学生,简直找不出第二人来了。


**【思考题】**

1. 本文中,父亲和邦华的关系是怎样的?这背后是什么审美原则在支持它?与后文如《脆弱的心》中的那种亲子关系相比,其特征是什么?

---

① 剖白,即剖析辩白。

造成这种差异的因素有什么？

2. 本文既提倡了一种爱国主义，但是又提出了这种理想的爱国主义所必须面临的现实问题，这种理想与现实之间的差距说明了什么？文末，全学校只有邦华一个人坚持着理想的爱国主义的结局，似乎是在暗示良好的教育就可以培养出这样理想的公民。结合教育史，你认为这样的理想行得通吗？

# 七、秋雨秋风愁煞人[①]/冰心

【内容提要：《秋雨秋风愁煞人》讲述了一个在新教育下成长起来的活泼、志向远大、成绩优异的女青年英云，在暑假回家后受到陈旧的家庭女子教育观念的折磨，变得瘦削、孤僻、消极、成绩下滑，凄凄惨惨毕业离开。反映了新型女子教育推行的艰难，提出了在整个社会观念陈旧的情况下，新教育究竟能不能有效地培养出"新人"的问题。】

一

秋风不住的飒飒的【地】吹着，秋雨不住滴沥滴沥的【地】下着，窗外的梧桐和芭蕉叶子一声声的【地】响着，做【作】出十分的秋意。墨绿色的窗帘，垂得低低的。灯光之下，我便坐在窗前书桌旁边，寂寂无声的【地】看着书。桌上瓶子里几枝桂花，似乎太觉得幽寂不堪了，便不时的【地】将清香送将过来，要我抬头看它。又似乎对我微笑说："冰心呵！窗以外虽是'秋雨秋风愁煞人'，窗以内却是温煦如春呵！"

我手里拿着的是一本《绝妙好词笺》，是今天收拾书橱，无意中捡了出来的，我同它已经阔别一年多了。今天晚上拿起来阅看，竟如同旧友重逢一般的喜悦。看到一阕《木兰花慢》："故人知健否，又过了一番秋……更何处相逢，残更听雁，落日呼鸥……"到这里一页完了，便翻到那篇去。忽然有一个信封，从书页里，落在桌上。翻过信面一看，上面写着"冰心亲启"四个字。我不觉呆了。莫非是眼花了吗？这却分明是许久不知信息的同学英云的笔迹啊！是什么时候夹在这本书里呢？满腹狐疑地拆

---

① 冰心：《秋雨秋风愁煞人》，选自《冰心全集》，海峡文艺出版社2012年版，第29-40。

开信,从头到尾看了一遍。看完了以后,神经忽然错乱起来。一年前一个悲剧的印象,又涌现到眼前来了。

英云是我在中学时候的一个同班友,年纪不过比我大两岁,要论到她的道德和学问,真是一个绝特的青年。性情更是十分的清高活泼,志向也极其远大。同学们都说英云长得极合美人的态度。以我看来,她的面貌身材,也没有什么特别美丽的地方。不过她天然的自有一种超群旷世的丰神,便显得和众人不同了。

她在同班之中,同我和淑平最合得来。淑平又比英云大一岁,性格非常的幽娴静默。资质上虽然远不及英云,却是极其用功。因此功课上也便和英云不相上下,别的才干却差得远了。

前年冬季大考的时候,淑平因为屡次的半夜里起来温课,受了寒,便咳嗽起来,得了咯血的病。她还是挣扎着日日上课,加以用功过度,脑力大伤,病势便一天一天的沉重。她的家又在保定,没有人朝夕的【地】伺候着。师长和同学都替她担心,便赶紧地将她从宿舍里迁到医院。不到一个礼拜,便死了。

淑平死的那一天的光景,我每回一追想,就如同昨日事情一样的清楚。那天上午还出了一会子的太阳,午后便阴了天,下了几阵大雪。饭后我和英云从饭厅里出来,一面说着话便走到球场上。树枝上和地上都压满了雪,脚底下好像踏着雨后的青苔一般,英云一面走着,一面拾起一条断枝,便去敲那球场边的柳树。枝上的积雪,便纷纷的【地】落下来,随风都吹在我脸上。我连忙回过头去说道:"英云!你不要淘气。"她笑了一笑,忽然问道:"你今天下午去看淑平吗?"我说:"还不定呢,要是她已经好一点,我就不必去了。"这时我们同时站住。英云说:"昨天雅琴回来,告诉我说淑平的病恐怕不好,连说话都不清楚了。她站在淑平床前,淑平拉着她的手,只哭着叫娘,你看……"我就呆了一呆便说:"哪里便至于……少年人的根基究竟坚固些,这不过是发烧热度太高了,信口胡言就是了。"英云摇头道:"大夫说她是脑膜炎。盼她好却未必是容易呢。"

我叹了一口气说："如果……我们放了学再告假出去看看罢【吧】。"这时上堂铃已经响了，我们便一齐走上楼去。

## 二

四点钟以后，我和英云便去到校长室告假去看淑平。校长半天不言语。过了一会，便用很低的声音说："你们不必去了，今天早晨七点钟，淑平已经去世了。"这句话好像平地一声雷，我和英云都呆了，面面相觑说不出话来。以后还是英云说道："校长！能否许可我们去送她一送。"校长迟疑一会，便道："听说已经装殓起来，大夫还说这病招人，还是不去为好，她们的家长也已经来到。今天晚车便要走了。"英云说："既然已经装殓起来，况且一会儿便要走了，去看看料想不妨事，也不枉我们和她同学相好了一场。"说着便滚下泪来，我一阵心酸也不敢抬头。校长只得允许了，我们退了出来，便去到医院。

灵柩便停在病室的廊子上，我看见了，立刻心头冰冷，才信淑平真是死了。难道这一个长方形的匣子，便能够把这个不可多得的青年，关在里面，永远出不来了吗！这时反没有眼泪，只呆呆的【地】看着这灵柩。一会子抬起头来，只见英云却拿着沉寂的目光，望着天空，一语不发。直等到淑平的家长出来答礼，我们才觉得一阵的难过，不禁流下泪来，送着灵柩，出了院门。便一同无精打采地回来。

我也没有用晚饭，独自拿了几本书，踏着雪回到宿舍。地下白灿灿的，好像月光一般。一面走着，听见琴室里，有人弹着钢琴，音调却十分的凄切。我想："这不是英云吗？"慢慢地走到琴室门口听了一会，便轻轻的【地】推门进去。灯光之下，她回头看我一眼，又回过头去。我将书放在琴台上，站了一会，便问道："你弹的是什么谱？"英云仍旧弹着琴，一面答道："这调叫做'风雪英雄'，是一个撒克逊的骑将，雪夜里逃出敌堡，受伤很重，倒在林中雪地上，临死的时候做【作】的。"

说完了这话，我们又半天不言语。我便坐在琴椅的那边，一面翻着琴谱，一面叹口气说："有志的青年，不应当死去。中国的有志青年，更不应当死。你看像淑平这样一个人物，将来还怕不是一个女界的有为者，却又死了，她的学问才干志向都灭没了，一向的预备磨砺，却得了这样的收场，真是叫人灰心。"英云慢慢地住了琴，抬起头来说："你以为肉体死了，是一件悲惨的事情。却不知希望死了，更是悲惨的事情呵！"我点一点头，也不知道她是什么意思。英云又说道：**"率性死了，一切苦痛，自己都不知道不觉得了。只可怜那肉体依旧是活着，希望却如同是关闭在坟墓里。那个才叫做……"**这时她又低下头去，眼泪便滴在琴上。我十分的惊讶，因为她这些话，却不是感悼淑平，好像有什么别的感触，便勉强笑劝道："你又来了，好好的又伤起心来，都是我这一席话招的。"英云无精打采地站起来，擦了眼泪说："今夜晚上我也不知为何非常的烦恼焦躁，本来是要来弹琴散心，却不知不觉弹起这个凄惨的调来。"我便盖上琴盖，拿起书籍道："我们走罢【吧】，不要太抱悲观了。"我们便一同步出琴室，从雪花隙里，各自回到宿舍。

## 三

春天又来了，大地上蓬蓬勃勃地充满了生意。我们对于淑平的悲感，也被春风扇得渐渐的【地】淡下去了，依旧快快乐乐地过那学校的生活。

春季的大考过去了，只等甲班的毕业式行过，便要放暑假。

毕业式是那一天下午四点钟的。七点钟又有本堂师生的一个集会，也是话别，也是欢送毕业生，预备有游艺等等，总是终业娱乐的意思。那天晚上五点钟，同学们都在球场上随意的【地】闲谈游玩。英云因为今晚要扮演游艺，她是剧中的一个希腊的女王，便将头发披散了，用纸条卷得鬈曲着，不敢出来，便躲在我的屋里倚在床上看书。我便坐在窗台上，用手摘着藤萝的叶子，和英云谈话。楼下的青草地上玫瑰花下，同学们三三两两的【地】坐着走着，黄金似的斜阳，笼住这一片花红柳绿的世界。中间却安放着一班快乐活泼的青年，这斜阳芳草是可以描画出来的，但是青年人快乐活泼的心胸，是不能描画的呵！

晚上的饯别会，我们都非常的快乐满意。剧内英云的女王，尤其精彩。同学们都异口同声地夸奖，说她有"婉若游龙、翩若惊鸿"的态度。随后有雅琴说了欢送词，毕业生代表的答词，就闭了会。那时约有九点多钟，出得礼堂门来，只见月光如水，同学们便又在院子里游玩。我和英云一同坐在台阶上，说着闲话。

这时一阵一阵的凉风吹着，衣袂飘举。英云一面用手撩开额上的头发，一面笑着说着："冰心！要晓得明年这时候，便是我们毕业了。"我不禁好笑，便道："毕了业又算得了什么。"英云说："不是说算得什么，不过离着服务社会的日子，一天一天的近了。要试试这健儿好身手了。"我便问道："毕业以后，你还想入大学么？"英云点首道："这个自然，现在中学的毕业生，车载斗量，不容易得社会的敬重。而且我年纪还小，阅历还浅，自然应当再往下研究高深的学问，为将来的服务上，岂不更有益处吗！"

我和英云一同站了起来，在廊子上来回地走着谈话。廊下的玫瑰花影，照在廊上不住的【地】动摇。我们行走的时候，好像这廊子是活动的，不敢放心踏着，这月也正到了十分圆满的时节，清光激射，好像是特意照着我们。英云今晚十分的喜悦，时时的【地】微笑，也问我道："世界上的人，还有比我们更快乐的吗？"我也笑道："似乎没有。"英云说："最快乐的时代，便是希望的时代。希望愈大，快乐也愈大。"我点一点头，心中却想到："希望愈大，要是遇见挫折的时候，苦痛也是愈大的。"

这时忽然又忆起淑平来，只是不敢说出，恐怕打消了英云的兴趣。唉！现在追想起来，也深以当时不说为然。因为那晚上英云意满志得的莞然微笑，在我目中便是末一次了。

暑假期内，没有得着英云的半封信，我十分的疑惑，又有一点怪她。

秋季上学的头一天，同学都来了，还有许多的新学生，礼堂里都坐满了。我走进礼堂，便四下里找英云，却没有找着。正要问雅琴，忽然英云从外面走了进来，容光非常的消瘦。我便站起来，要过去同她说话。这时有几个同学笑着叫她道：

"何太太来了。"我吃了一惊。同时看见英云脸红了，眼圈也红了。雅琴连忙对那几个同学使个眼色，她们不知所以，便都止住不说。我慢慢地过去，英云看见我只惨笑着，点一点头，颜色更见凄惶。我也不敢和她说话，回到自己座上，心中十分疑讶。行完了开学礼，我便拉着雅琴，细细的【地】打听英云的事情。雅琴说："我和她的家离的【得】不远，所以知道一点。暑假以后，英云回到天津，不到一个礼拜，就出阁了，听说是聘给她的表兄，名叫士芝的，她的姨夫是个司令，家里极其阔绰。英云过去那边，上上下下没有一个不夸她好的。对于英云何以这般的颓丧，我却不知道，只晓得她很不愿意人提到这件事。"

从此英云便如同变了一个人，不但是不常笑，连话都不多说了，成天里沉沉静静地坐在自己座上，足迹永远不到球场，读书作【做】事，都是孤孤零零的。也不愿意和别人在一处，功课也不见得十分好。**同学们说："英云出阁以后，老成的【得】多了。"又有人说："英云近来更苗条了。"**我想英云哪里是老成，简直是"心死"。哪里是苗条，简直是形销骨立。我心中常常的替她难过，但是总不敢和她做长时的谈话。也不敢细问她的境况，恐怕要触动她的悲伤。因此外面便和她生分了许多，并且她的态度渐渐的【地】趋到消极，我却仍旧是积极，无形中便更加疏远了。

一年的光阴又过去了。这一年中因为英云的态度大大的改变了，我也受了不少的损失，在功课一方面少得许多琢磨切磋的益处。并且别的同学，总不能像英云这样的知心，便又少了许多的乐趣。然而那一年我便要毕业，心中总是存着快乐和希望，眼光也便放到前途上去，目前一点的苦痛，也便不以为意了。

## 四

我们的毕业式却在上午十点钟举行，事毕已经十二点多钟。吃过了饭，就到雅琴屋里。还有许多的同学，也在那里，我们便都在一处说笑。三点钟的时候，天色忽然昏黑，一会儿电光四射，雷声便隆隆地震响起来，接着下了几阵大雨。水珠都跳进屋里来，我们便赶紧关了窗户，围坐在一处，谈起古事来。这雨下到五点钟，便渐渐地止住了。开起门来一看，球场旁边的雨水还没有退去，被微风吹着，好像一湖春水。树下的花和叶子，都被雨水洗得青翠爽肌，娇红欲滴。夕阳又出来了，晚霞烘彩，空气更是非常的清新。我们都喜欢道："今天的饯别会，决不至于减了兴趣了。"

开会的时候，同学都到齐了。毕业生里面，却没有英云。主席便要叫人去请，雅琴便站起来，替她向众人道歉，说她有一点不舒服，不能到会。众人也只得罢了。那晚上扮演的游艺，很有些意思。会中的秩序，也安排得很整齐，我们都极其快乐。满堂里都是欢笑的声音，只是我忽然觉得头目眩晕。我想是这堂里，人太多了，空气不好的缘故，便想下去换一换空气，就悄悄的【地】对雅琴说："我有一点头晕，要去疏散一会子，等到毕业生答词的时候，再去叫我罢【吧】。"她答应了。我便轻轻的【地】走下楼去。

我站在廊子上，凉风吹着，便觉清醒了许多。这时月光又从云隙里转了出来。因为是雨后天气，月光便好似加倍的清冷。我就想起两句诗："冷月破云来，白衣坐幽女。"不禁毛骨悚然。这时忽然听见廊子下有呼叹的声音，低头一看，玫瑰花下草垫上，果然坐着一个白衣幽女。我吃了一惊，扶住阑干再看时，月光之下，英云抬着头微笑着："不要紧的，是我在这里坐着呢。"我定了神便走下台阶，一面悄悄的【地】笑道："你一个人在这里做什么？雅琴说你病了，现在好了吗？"英云道："我何尝是病着，只为一人向隅满座不乐，不愿意去搅乱大家的兴趣就是了。"我知道她又生了感触，便也不言语，拉过一个垫子来，坐在她旁边。住了一会，英云便叹一口气说："月还是一样的月，风还是一样的风，为何去年今夜的月，便十分的皎洁，去年今夜的风，便吹面不寒，好像助我们的兴趣。

今年今夜的月,却十分的黯淡,这风也一阵一阵的寒侵肌骨,好像助我们的凄感呢?"我说:"它们本来是无意识的,千万年中,偶然的和我们相遇。虽然有时好像和我们很有同情,其实都是我们自己的心理作用,它们却是绝对没有感情的。"英云点首道:"我也知道的,我想从今以后,我永远不能再遇见好风月了。"说话的声音,满含着凄惨。——我心中十分的【地】感动,便恳切地对她说道:"英云——这一年之中,我总没有和你谈过心,你的事情,虽然我也知道一点,到底为何便使你颓丧到这个地步,我是始终不晓得的,你能否告诉我,或者我能以稍慰你的苦痛。"这时英云竟呜呜咽咽地哭将起来。我不禁又难受又后悔,只得慢慢地劝她。过了一会,她才渐渐的【地】止住了,便说:"冰心!你和我疏远的原【缘】故,我也深晓得的,更是十分的感激。我的苦痛,是除你以外,也无处告诉了。去年回家以后,才知道我的父母,已经在半年前,将我许给我的表兄士芝。便是淑平死的那一天下的聘,婚期已定在一个礼拜后。我知道以后,所有的希望都绝了。因为我们本来是亲戚,姨母家里的光景,我都晓得,是完完全全的一个旧家庭。但是我的父母总是觉得很满意,以为姨母家里很从容,我将来的光景,是决没有差错的,并且已经定聘,也没有反复的余地了。"这时英云暂时止住了,一阵风来,将玫瑰花叶上的残滴,都洒在我们身上。我觉得凉意侵人,便向英云说:"你觉得凉吗?我们进去好不好?"她摇一摇头,仍旧翻来覆去的【地】弄那一块湿透的手巾,一面便又说:"姨母家里上上下下有五六十人,庶出的弟妹,也有十几个,都和士芝一块在家里念一点汉文,学做些诗词歌赋,新知识上是一窍不通,几乎连地图上的东西南北都不知道,别的更不必说了。并且纨绔公子的习气,沾染的【得】十足。我就想到这并不是士芝的过错,以他们的这样家庭教育,自然会陶冶出这般高等游民的人材【才】来。处在今日的世界和社会,是危险不过的,便极意的【地】劝他出去求学。他却说:'难道像我们这样的人家,还用愁到衣食吗?'仍旧洋洋得意的【地】过这养尊处优的日子。我知道他积锢太深,眼光太浅,不是一时便能以劝化过来的。我姨母更是一个顽固的妇女，家政的设施，都是可笑不过的。有一天我替她记账，月间的出款内，奢侈费，应酬费，和庙寺里的香火捐，几乎占了大半。家庭内所叫做娱乐的，便是宴会打牌听戏。除此之外便不知道世界上还有什么乐境。姨母还叫我学习打牌饮酒，家里宴会的时候，方能做个主人。不但这个，连服饰上都有了限制，总是不愿意我打扮得太素淡，说我也不怕忌讳。必须浓装艳裹，抹粉涂脂，简直是一件玩具。而且连自己屋里的琐屑事情，都不叫我亲自去做，一概是婢媪代劳。'戏罢曾无理曲时，妆成只是熏香坐。'便是替我写照了。有时我烦闷已极，想去和雅琴谈一谈话，但是我每一出门，便是车马呼拥，比美国总统夫人还要声势。这样的服装，这样的侍从，实在叫我羞见故人，也只得终日坐在家里。五月十五我的生日，还宴客唱戏，做的【得】十分热闹。我的父母和姨母想，这样的待遇，总可以叫我称心满意的了。**哪知我心里比囚徒还要难受，因为我所要做的事情，都要消极的【地】摒绝，我所不要做的事情，都要积极的【地】进行。像这样被动的生活，还有一毫人生的乐趣吗？**"

## 五

我听到这里，觉得替她痛惜不过。却不得不安慰她，便说："听说你姨母家里的人，都和你很有感情的，你如能想法子慢慢的【地】改良感化，也未必便没有盼望。"英云摇头道："**不中用的，他们喜欢我的缘由：第一是说我美丽大方，足以夸耀戚友。第二便是因为我的性情温柔婉顺，没有近来女学生浮嚣的习气。假如我要十分的立异起来，他们喜悦我的心，便完全的【地】推翻了，而且家政也不是由我主持，便满心的想改良，也无从下手。**有时我想到'天生我材必有用'和'大丈夫勉为其难者'这两句话，就想或者是上天特意的【地】将我安置在这个黑暗的家庭里，要我去整顿去改造。虽然家政不在我手里，这十几个弟妹的教育，也更是一件要紧的事情。因此我便想法子和他们联络，慢慢的【地】要将新知识,灌输在他们的小脑子里。无奈我姨父很不愿意我们谈到新派的话。弟妹们和我亲近的时候很少,他们对于'科学游戏'的兴味,远不如听戏游玩。我的苦心又都付与东流,而且我自己也卷入这酒食征逐的旋涡,一天到晚,脑筋都是昏乱的。要是这一天没有宴会的事情,我还看一点书,要休息清净我的脑筋,也没有心力去感化他们。**日久天长,不知不觉地渐渐衰颓下来。我想这家里一切的现象,都是衰败的兆头,子弟们又一无所能,将来连我个人,都不知是落个什么结果呢。**"这时英云说着,又泪如雨下。我说:"既然如此,为何又肯叫你再来求学?"英云道:"姨母原是十分的【地】不愿意,她说我们家里,又不靠着你教书挣钱。何必这样的用功,不如在家里和我作伴。孝顺我,便更胜于挣钱养活我了。我说:'就是去也不过是一年的功【工】夫,中学毕业了就不再去了,这样学业便也有个收束。并且同学们也阔别了好些日子,去会一会也好。我侍奉你老人家的日子还长着呢。'以后还是姨夫答应了,才叫我来的。我回到学校,和你们相见,真如同隔世一般,又是喜欢,又是悲感,又是痛惜自己,又是羡慕你们。虽然终日坐在座上,却因心中百般的纠纷,也不能用功。因为我本来没有心肠来求学,不过是要过这一年较快乐清净的日子,可怜今天便是末一天了。冰心呵!我今日所处的地位,真是我做梦也想不到的。"说到这里,英云又幽咽无声。我的神经都错乱了,便站起来拉着她说:"英云!你不要……"这时楼上的百叶窗忽然开了一扇,雅琴凭在窗口唤道:"冰心!你在哪里?到了你答词的时候了。"我正要答应,英云道:"你快上去罢【吧】,省得她又下来找你。"我只得撇了英云走上楼去。

我聆了英云这一席话,如同听了秋坟鬼唱一般,心中非常的难过。到了会中,只无精打采地说了几句,完了下得楼来,英云已经走了。我也不去找她,便自己回到宿舍,默默的【地】坐着。

第二天早晨七点钟,英云便叩门进来,面色非常的黯淡。手里拿着几本书,说:"这是你的《绝妙好词笺》,我已经看完了,谢谢你!"说着便将书放在桌子上,我看她已经打扮好了,便说:"你现在就要走吗?"英云说:"是的。冰心！我们再见罢【吧】。"说完了,眼圈一红,便转身出去。我也不敢送她,只站在门口,直等到她的背影转过大楼,才怅怅的【地】进来。咳!

数年来最知心的同学,从那一天起,不但隔了音容,也绝了音信。如今又过了一年多了,我自己的功课很忙,似乎也渐渐的【地】把英云淡忘了,但是我还总不敢多忆起她的事情。因为一想起来,便要伤感。想不到今天晚上,又发现了这封信。

这时我慢慢地拾起掉在地上的信,又念了一遍。以下便是她信内的话。

> 敬爱的冰心呵！我心中满了悲痛,也不能多说什么话。淑平是死了,我也可以算是死了。只有你还是生龙活虎一般的活动着！我和淑平的责任和希望,都并在你一人的身上了。你要努力,你要奋斗,你要晓得你的机会地位,是不可多得的,你要记得我们的目的是"牺牲自己服务社会"。
>
> 二十七夜三点钟
> 英云

淑平呵！英云呵！要以你们的精神,常常的鼓励我。要使我不负死友,不负生友,也不负我自己。

秋风仍旧飒飒的【地】吹着,秋雨也依旧滴沥滴沥的【地】下着,瓶子里的桂花却低着头,好像惶惶不堪的【地】对我说:"请你饶恕我,都是我说了一句过乐的话。如今窗以内也是'秋雨秋风愁煞人'的了。"

**【思考题】**

1. 本文中的英云是一个怎样的学生形象？在她的形象背后又是什么样的审美原则？与本书中的男性学生相比,她的形象有什么样的特征？造成这种差别的原因是什么？

2. 本文写了一个在学校里意气风发的进步女青年受到家庭的打击变得忧郁、颓唐的故事。类似的故事在我们的日常生活中似乎也不少见。这似乎又给教育改变社会的理想泼了一盆冷水：不是受过教育的进步学生改变社会，而是社会改变曾经在学校里朝气蓬勃的青年。在你看来，社会改变人的机制是怎样的？这其中有没有一些地方是教育者们能够利用起来实现教育改变社会的理想的？

## 八、顾氏父子[①]/张铸[②]

【内容提要：《顾氏父子》讲述了一个家庭两代人都因为不合理的教育受到了身体和心灵的双重摧残，父亲甚至因此英年早逝的故事，抨击了科举制、家庭教育的缺失和当时学校教育的不合理之处。】

顾儿蒲涛产，他的父亲名世杰，在科举的时候，狠用了一番苦功，想得一个功名，屡次下场，总难得如愿，后遂日夜吟诵，对于八股更加用功。到了二十一岁，侥幸弄到一个秀才，但是他的身体已大受亏，腰也驼了，背也曲了，讲话也没有神气了。（科举真正是专制君主杀人的好利器啊！）

世杰有一个亲眷，名曙光，也是一个忙功名的人，可惜那时候科举刚刚被人废去，所以他就是一个秀才，也没弄得到。这个时候，外边到处传说办学堂，许多忙功名的人，走进学堂里边去读书。曙光就向世杰说道："我们不如也到学堂里边去罢【吧】？"（少年人模仿性狠【很】富，曙光要进学堂是一种有意的模仿。）

世杰听了曙光的话，心里边也赞成，不过家道清寒，难能如愿，他因而同他夫人商议。那【哪】知道他的夫人不愿他出去，所以他【她】身边虽有几文也不情愿拿出来帮助他。（现在妇女恐怕要较他【她】好些。）

---

① 张铸，《顾氏父子》，载于《教育周刊》，1919（41）：1，1919（42）：1。
② 张铸（1885—？），江苏江浦（今南京浦口）人。早年就读于南洋公学中院，1905年奉清朝商部委派到英国格拉斯哥大学专习造船专业，获政学士学位。1921年4月至同年夏任交通部上海工业专门学校代理校长，1921年夏至1922年6月任交通大学上海学校主任。交通部上海工业专门学校及交通大学上海学校均系目前上海交通大学前身。

曙光晓得世杰的难处，就向他自己父亲借了百余元，送给世杰作求学的费用。世杰见了曙光这样热心，就决定和他外出求学。那时候一般人都说"师范学堂不丑"，毕业后还可以谋到一个教员做做。他们就考进一个当时顶有名的师范，就在那里读书。

在他们进学堂的那一年，顾儿才出世了四五个月。世杰的家中本属平平，但是他的夫人有一种好胜的心，看见东家养个儿子，雇了乳妈，西家养个儿子，雇了乳妈。他【她】就趁世杰出去的时候也雇了一个乳妈。这个乳妈是乡下人，不懂什么教【叫】个卫生学，什么教【叫】个生理学。他【她】常常把顾儿的手足包裹得紧紧的，恐怕他受了伤。（把婴儿手足包裹起来，是把他当囚犯。这种风俗有的地方很多，就是因为我们中国妇女缺乏婴儿教育知识的缘故，所以我希望中等女学校的学生，要个个看看《爱美尔》①。）

顾儿在家里所受的痛苦渐渐来了。且说世杰外出求学的事。他自从到了学校里边，所学的功课，多和从前忙功名时候不同，他就回想道："我在科举的时候，用了七八年的苦功，到这地方，也不觉得有什么用处。这真真把光阴空费了。"（不独讲这话的人觉得他从前所学的没用处，恐怕那些达官伟人在那做官的时候，也不觉得八股词章有什么用处吗?）

世杰从此就专心在学校功课上研究，暑假寒假，皆不回去，春假更不必说了。他在学校中五六年，顾儿也有五六岁了。这五六年中，顾儿受的痛苦实在多。他到了六岁的时候，他的母亲代他请了一个先生。先生是谁？就是顾儿的母舅。这人在学界中算得一个有声名的人，因为他教学生的规矩好，学生看见他没有不怕的。今天到了妹妹家教外甥，他的用心还要说吗？

他上来就拿《大学》把顾儿读，且带驻字。顾儿天天读，总觉得难熟（这种学习的法子，就是一种强记忆法，是顶坏的，现在那些私塾里边还

---

① 即卢梭的《爱弥儿》。

行处呢。)他的心就渐渐不在书上了,因为书上的东西没兴味。(效果原则已为近世教育家所公认,可惜现在的人晓得的很少,我希望他们看看才好。)

一天,顾儿的父亲由校里边寄一个皮球给他,他就在先生面前把玩。先生心中以为怎能在先生面前玩皮球,这不是没规矩吗,就把他的皮球夺下来,藏在家中,不给他把玩。顾儿没法想,哭了一番就罢了。

又有一天,他和左右邻居儿童同在门前拿些芦柴竹头没有用的东西,装假做些木匠建筑房屋,正在那块想心思,用什么可以做梁,用什么可以做础,用什么可以做屋里边的装饰。他的先生匆匆的【地】走到那边说道:"你的书还没甚熟,你在这儿做下等的事,我要打你了。"顾儿吓得不敢说话,急急忙忙跑到家中不敢出来。

还有一天,先生把他的侄子带来,同顾儿说道:"你这无用的东西,他比你好得多呢,他不要把玩玩物,不好去架房子,他晓得害怕,晓得服从,你就不知道这样,单晓得游戏,可恨,真可恨。"[把玩、试验、害怕、服从全是儿童天然的倾向(Nature Tendency),**教人的人,应当利用他【它】们,怎能摧残他【它】们呢?**]

顾儿在这时候,身体精神两方面都感不快,他的父亲出去了多年,也没回来过,一天他睡在床上,听得外边孃[1]和母舅哭的声音,顾儿只听着,不敢言。(这就是先生教育的效果吗?)

**哪晓得他的父亲已在校里边死了。怎样就死的呢?因为校里边功课太多**,时而算术,时而英文,时而历史地理,时而手工图画,把他一天忙到晚,天天吃三次饭好像都没有消化的时间。(我国学校里边功课大都太多,恐怕如顾儿父亲的人,已经不少了。)他就得了一个胃病,不多时就死了。世杰临死的时候,心里想到他的儿子,就向曙光说道:"我请你教导儿子可么?"曙光心里很以为然,他们两人从此分手了。

---

[1] 孃,拼音 niáng,指姑、姨。

按世杰死的原因，一部分固由于学校不好，但是他在科举时代，已经把他的命送去一半，这时候虽要不死，也不能够。顾儿的先生，真正是不懂教育的，他完全不知道利用儿童的天性。他如还在世，我就不得不请他把桑戴克教育学①从第九十页到第九十四页"Education Thorndike Pa, 90-94"仔细看看，免去再把人家的孩子弄得不安。

**【思考题】**

1. 文章旗帜鲜明地抨击了科举制和不合理的家庭教育，它主要是通过哪些写作方式和手法达到这一点的？

2. 人们常说废除科举制是中国教育的一个进步，但是，顾世杰在进入新学校之后，没有真正从以前把他折磨得"腰也驼了，背也曲了，讲话也没有神气了"的"杀人教育"中解放出来，反倒把自己的命搭了进去。即便是目前，学生的压力也非常大，学生身体羸弱、近视等现象越来越严重。经过了上千年的发展、数次社会大变革和不同程度的教育改革，中国教育似乎从来没能摆脱这一症结。在你看来，这种情况是合理的吗？而它又是教育中的哪些东西所导致的？如果你认为这多少是不合理的，那么如何才能够摆脱它呢？

3. 顾世杰感叹，"我在科举的时候，用了七八年的苦功，到这地方，也不觉得有什么用处。这真真把光阴空费了"，似乎八股文确实没有什么用处。但为什么这样，八股文还是被用作选拔人才的标准呢？再比如如今的中国教育，很多人批判它所传授给学生的东西"没用"。这似乎又是一个中国教育想要摆脱但从未成功摆脱的症结。但是，对于这样一种"病症"的不断批评和这一"病症"的雷打不动本身是不是在提示我们，这种"无用的标准"本身有必然性呢？如果你认为有，那么这种必然性在哪里

---

① 桑戴克（Thorndike），现通译为桑代克，似乎并没有名为"教育学"的著作，只有《教育心理学》，以及其他一些与教育学有关但并不叫做"教育学"的作品。此处疑为作者之谬。

呢？如果你认为没有，那么如何去解释上述矛盾呢？在这一个问题上，可以结合上世纪杜威式实用主义教育在美国的实践经历来回答。此外，请结合你对上述问题的看法，思考一下，对如今中国以"素养"为目标导向的基础教育改革，我们又应该如何去看待？

## 九、斯人独憔悴[①]/冰心

【《斯人独憔悴》写了来自封建家庭的两个青年受到五四运动的号召，积极投身爱国运动，但却被家庭中的落后封建势力（主要是他们身为军阀政府官僚的父亲）阻止。两青年空有爱国热情，却无能为力。小说告诫青年，想要真正投入到社会运动的浪潮中，必须要和封建文化心理彻底决裂；同时也揭示了新教育下，满怀改变社会的热忱的新人，在面对整个旧的社会时的无力。】

一个黄昏，一片极目无际茸茸的青草，映着半天的晚霞，恰如一幅图画。忽然一缕黑烟，津浦路的晚车，从地平线边蜿蜒而来。

头等车上，凭窗立着一个少年。年纪约有十七八岁。学生打扮，眉目很英秀，只是神色非常的沉寂，似乎有重大的忧虑，压在眉端。他注目望着这一片平原，却不像是看玩景色，一会儿微微的【地】叹口气，猛然将手中拿着的一张印刷品，撕得粉碎，扬在窗外，口中微吟道："安邦治国平天下，自有周公孔圣人。"

站在背后的刘贵，轻轻的【地】说道："二少爷，窗口风大，不要尽着站在那里！"他回头一看，便坐了下去，脸上仍显着极其无聊。刘贵递过一张报纸来，他摇一摇头，却仍旧站起来，凭[②]在窗口。

天色渐渐的【地】暗了下来，火车渐渐的【地】走近天津，这二少爷的颜色，也渐渐的【地】沉寂。车到了站，刘贵跟着下了车，走出站外，

---

① 冰心，《斯人独憔悴》，载《冰心全集》，海峡文艺出版社，2012年版，第21—28页。

② 凭，在此指倚靠。

便有一辆汽车，等着他们。呜呜的响声，又送他们到家了。

家门口停着四五辆汽车，门楣上的电灯，照耀得明如白昼。两个兵丁，倚着枪站在灯下，看见二少爷来了，赶紧立正。他略一点头，一直走了进去。

客厅里边有打牌说笑的声音，五六个仆役，出来进去的【地】伺候着。二少爷从门外经过的时候，他们都笑着请了安，他却皱着眉，摇一摇头，不叫他们声响，悄悄的【地】走进里院去。

他姊姊颖贞，正在自己屋里灯下看书。东厢房里，也有妇女们打牌喧笑的声音。

他走进颖贞屋里，颖贞听见帘子响，回过头来，一看，连忙站起来，说："颖石，你回来了，颖铭呢？"颖石说："铭哥被我们学校的干事部留下了，因为他是个重要的人物。"颖贞皱眉道："你见过父亲没有？"颖石道："没有，父亲打着牌，我没敢惊动。"颖贞似乎要说什么，看着他弟弟的脸，却又咽住。

这时化卿先生从外面进来，叫道："颖贞，他们回来了么？"颖贞连忙应道："石弟回来了，在屋里呢。"一面把颖石推出去。颖石慌忙走出廊外，迎着父亲，请了一个木强不灵的安。化卿看了颖石一眼，问："你哥哥呢？"颖石吞吞吐吐的【地】答应道："铭哥病了，不能回来，在医院里住着呢。"化卿呲的一声道："胡说！你们在南京做了什么代表了，难道我不晓得！"颖石也不敢做声，跟着父亲进来。化卿一面坐下，一面从怀里掏出一封信来，掷给颖石道："你自己看罢【吧】！"颖石两手颤动着，拿起信来。原来是他们校长给他父亲的信，说他们两个都在学生会里，做什么代表和干事，恐怕他们是年幼无知，受人胁诱；请他父亲叫他们回来，免得将来惩戒的时候，玉石俱焚，有碍情面，等等的话。颖石看完了，低着头也不言语。化卿冷笑说："还有什么可辩的么？"颖石道："这是校长他自己误会，其实没有什么大不了的事情。就是因为近来青岛的问题，很是紧急，国民却仍然沉睡不醒。我们很觉得悲痛，便出去给他们演讲，并劝人购买国货,盼望他们一齐醒悟过来,鼓起民气,可以做政府的后援。这并不是作奸犯科……"化卿道:"你瞒得过我,却瞒不过校长,他同我是老朋友,并且你们去的时候,我还托他照应,他自然得告诉我的。我只恨你们不学好,离了我的眼,便将我所嘱咐的话,忘在九霄云外,和那些血气之徒,连在一起,便想犯上作乱,我真不愿意有这样伟人英雄的儿子!"颖石听着,急得脸都红了,眼泪在眼圈里乱转,过一会子说:"父亲不要误会!我们的同学,也不是血气之徒,不过国家危险的时候,我们都是国民一分子,自然都有一分热肠。并且这爱国运动,绝对没有一点暴乱的行为,极其光明正大;中外人士,都很赞美的。至于说我们要做英雄伟人,这也不是一件容易的事!现在学生们,在外面运动的多着呢,他们的才干,胜过我们百倍,就是有伟人英雄的头衔,也轮不到……"这时颖石脸上火热,眼泪也干了,目光奕奕的【地】一直说下去。颖贞看见她兄弟热血喷薄,改了常态,话语渐渐的【地】激烈起来,恐怕要惹父亲的盛怒,十分的【地】担心着急,便对他使个眼色……

忽然一声桌子响,茶杯花瓶都摔在地下,跌得粉碎。化卿先生脸都气黄了,站了起来,喝道:"好!好!率性和我辩驳起来了!这样小小的年纪,便眼里没有父亲了,这还了得!"颖贞惊呆了。颖石退到屋角,手足都吓得冰冷。厢房里的姨娘们,听见化卿声色俱厉,都搁下牌,站在廊外,悄悄的【地】听着。

化卿道:"你们是国民一分子,难道政府里面,都是外国人?若没有学生出来爱国,恐怕中国早就灭亡了,照此说来,亏得我有你们两个爱国的儿子,否则我竟是民国的罪人了!"颖贞看父亲气到这个地步,慢慢的【地】走过来,想解劝一两句。化卿又说道:"要论到青岛的事情,日本从德国手里夺过的时候,我们中国还是中立国的地位,论理应该归与他们。况且他们还说和我们共同管理,总算是仁至义尽的了!现在我们政府里一切的用款,哪一项不是和他们借来的?象【像】这样缓急相通的朋友,难道便可以随随便便的得罪了?眼看着这交情便要被你们闹糟了,日本兵来的时候，横竖你们也只是后退，仍是政府去承当。你这会儿也不言语了，你自己想一想，你们做的事合理不合理？是不是以怨报德？是不是不顾大局？"颖石低着头，眼泪又滚了下来。

化卿便一叠连声叫"刘贵"，刘贵慌忙答应着，垂着手站在帘外。化卿骂道："无用的东西！我叫你去接他们，为何只接回一个来？难道他的话可听，我的话不可听么？"刘贵也不敢答应。化卿又说："明天早车你再走一遭，你告诉大少爷说，要是再不回来，就永远不必回家了。"刘贵应了几声"是"，慢慢的【地】退了出去。

四姨娘走了进来，笑着说："二少爷年纪小，老爷也不必和他生气了，外头还有客坐着呢。"一面又问颖石说："少爷穿得这样单薄，不觉得冷么？"化卿便上下打量了颖石一番，冷笑说："率性连白鞋白帽，都穿戴起来，这便是'无父无君'的证据了！"

一个仆人进来说："王老爷要回去了。"化卿方站起走出，姨娘们也慢慢的【地】自去打牌，屋里又只剩姊弟二人。

颖贞叹了一口气，叫："张妈，将地下打扫了，再吩咐厨房开一桌饭来，二少爷还没有吃饭呢。"张妈在外面答应着。颖石摇手说："不用了。"一面说："哥哥真个在医院里，这一两天恐怕还不能回来。"颖贞道："你刚才不是说被干事部留下么？"颖石说："这不过是一半的缘由，上礼拜六他们那一队出去演讲，被军队围住，一定不叫开讲。哥哥上去和他们讲理，说得慷慨激昂。听的人愈聚愈多，都大呼拍手。那排长恼羞成怒，拿着枪头的刺刀，向哥哥的手臂上扎了一下，当下……哥哥……便昏倒了。那时……"颖石说到这里，已经哭得哽咽难言。颖贞也哭了，便说："唉，是真……"颖石哭着应道："可不是真的么？"

明天一清早，刘贵就到里院问道："张姐，你问问大小姐有什么话吩咐没有。我要走了。"张妈进去回了，颖贞隔着玻璃窗说："你告诉大少爷，千万快快的【地】回来，也千万不要穿白帆布鞋子，省得老爷又要动气。"

两天以后，颖铭也回来了，穿着白官纱衫，青纱马褂，脚底下是白袜子，青缎鞋，戴着一顶小帽，更显得面色惨白。进院的时候，姊姊和弟弟，都坐在廊子上，逗小狗儿玩。颖石看见哥哥这样打扮着回来，不禁好笑，又觉得十分伤心，含着眼泪，站起来点一点头。颖铭反微微的【地】惨笑。姊姊也没说什么，只往东厢房努一努嘴。颖铭会意，便伸了一伸舌头，笑了一笑，恭恭敬敬的【地】进去。

化卿正卧在床上吞云吐雾，四姨娘坐在一旁，陪着说话。颖铭进去了，化卿连正眼也不看，仍旧不住的【地】抽烟。颖铭不敢言语，只垂手站在一旁，等到化卿慢慢的【地】坐起来，方才过去请了安。化卿道："你也肯回来了么？我以为你是'国尔忘家'的了！"颖铭红了脸道："孩儿实在是病着，不然……"化卿冷笑了几声，方要说话，四姨娘正在那里烧烟，看见化卿颜色又变了，便连忙坐起来，说："得了！前两天就为着什么'青岛''白岛'的事，和二少爷生气，把小姐屋里的东西都摔了，自己还气得头痛两天，今天才好了，又来找事。他两个都已经回来了，就算了，何必又生这多余的气？"一面又回头对颖铭说："大少爷，你先出去歇歇罢【吧】，我已经吩咐厨房里，替你预备下饭了。"化卿听了四姨娘一篇的话，便也不再说什么，就从四姨娘手里，接过烟枪来，一面卧下。颖铭看见他父亲的怒气，已经被四姨娘压了下去，便悄悄的【地】退了出来，径到颖贞屋里。

颖贞问道："铭弟，你的伤好了么？"颖铭望了一望窗外，便卷起袖子来，臂上的绷带裹得很厚，也隐隐的现出血迹。颖贞满心的不忍，便道："快放下来罢【吧】！省得招了风要肿起来。"颖石问："哥哥，现在还痛不痛？"颖铭一面放下袖子，一面笑道："我要是怕痛，当初也不肯出去了！"颖贞问道："现在你们干事部里的情形怎么样？你的缺有人替了么？"颖铭道："刘贵来了，告诉我父亲和石弟生气的光景，以及父亲和你吩咐我的话，我哪里还敢逗留，赶紧收拾了回来。他们原是再三的不肯，我只得将家里的情形告诉了，他们也只得放我走。至于他们进行的手续，也都和别的学校大同小异的。"颖石道："你还算侥幸，只可怜我当了先锋，冒冒失失的【地】正碰在气头上。那天晚上的光景，真是……从我有生以来，也没有挨过这样的骂！唉，处在这样黑暗的家庭，还有什么可说的，中国空生了我这个人了。"说着便滴下泪来。颖贞道："都是你们校长给送了信，否则也不至于被父亲知道。其实我在学校里，也办了不少的事。不过在父亲面前，总是附和他的意见，父亲便拏我当做好人，因此也不拦阻我去上学。"说到此处，颖铭不禁好笑。

颖铭的行李到了，化卿便亲自出来逐样的【地】翻检，看见书籍堆里有好几束的印刷品，并各种的杂志；化卿略一过目，便都撕了，登时满院里纸花乱飞。颖铭颖石在窗内看见，也不敢出来，只急得悄悄的【地】跺脚，低声对颖贞说："姊姊！你出去救一救罢【吧】！"颖贞便出来，对化卿陪笑说："不用父亲费力了，等我来检看罢【吧】。天都黑了，你老人家眼花，回头把讲义也撕了，岂不可惜。"一面便弯腰去检点，化卿才慢慢的【地】走开。

他们弟兄二人，仍旧住在当初的小院里，度那百无聊赖的光阴。书房里虽然也全着满满的书，却都是制艺、策论和古文、唐诗等等。所看的报纸，也只有《公言报》一种，连消遣的材料都没有了。至于学校里朋友的交际和通信，是一律在禁止之列。颖石生性本来是活泼的，加以这些日子，在学校内很是自由，忽然关在家内，便觉得非常的不惯，背地里唉声叹气。闷来便拿起笔乱写些白话文章，写完又不敢留着，便又自己撕了，撕了又写，天天这样。颖铭是一个沉默的人，也不显出失意的样子，每天临几张字帖，读几遍唐诗，自己在小院子里，浇花种竹，率性连外面的事情，不闻不问起来。有时他们也和几个姨娘一处打牌，但是他们所最以为快乐的事情，便是和姊姊颖贞，三人在一块儿，谈话解闷。

化卿的气，也渐渐的【地】平了，看见他们三人，这些日子，倒是很循规蹈矩的，心中便也喜欢；无形中便把限制的条件，松了一点。

有一天，颖铭替父亲去应酬一个饭局，回来便悄悄的【地】对颖贞说:"姊姊,今天我在道上,遇见我们学校干事部里的几个同学,都骑着自行车,带着几卷的印刷品,在街上走。我奇怪他们为何都来到天津,想是请愿团中也有他们,当下也不及打个招呼,汽车便走过去了。"颖石听了便说:"他们为什么不来这里,告诉我们一点学校里的消息?想是以为我们现在不热心了,便不理我们了,唉,真是委屈!"说着觉得十分激切。颖贞微笑道:"这事我却不赞成。"颖石便问道:"为什么不赞成?"颖贞道:"外交内政的问题,先不必说。看他们请愿的条件,哪一条是办得到的?就是都办得到,政府也决然不肯应许,恐怕启学生干政之渐。这样日久天长的【地】做下去,不过多住几回警察厅,并且两方面都用柔软的办法,回数多了,也都觉得无意思,不但没有结果,也不能下台。我劝你们秋季上学以后,还是做一点切实的事情,颖铭,你看怎样?"颖铭点一点头,也不说什么。颖石本来没有成见,便也赞成兄姊的意思。

一个礼拜以后,南京学堂来了一封公函,报告开学的日期。弟兄二人,都喜欢得吃不下饭去,都催着颖贞去和父亲要了学费,便好动身。颖贞去说时,化卿却道:"不必去了,现在这风潮还没有平息,将来还要捣乱。我已经把他两个人都补了办事员,先做几年事,定一定性子。求学一节,日后再议罢【吧】!"颖贞呆了一呆,便说:"他们的学问和阅历,都还不够办事的资格,倘若……"化卿摇头道:"不要紧的,哪里便用得着他们去办事?就是办事上有一差二错,有我在还怕什么!"颖贞知道难以进言,坐了一会,便出来了。

走到院子里,心中很是游移不决,恐怕他们听见了,一定要难受。正要转身进来,只见刘贵在院门口,探了一探头,便走近前说:"大少爷说,叫我看小姐出来了,便请过那院去。"颖贞只得过来。颖石迎着姊姊,伸手道:"钞票呢?"颖贞微微的【地】笑了一笑,一面走进屋里坐下,慢慢的【地】一五一十都告诉了。兄弟二人听完了,都半天说不出话来,过了一会,颖石忍不住哭倒在床上道:"难道我们连求学的希望都绝了么?"颖铭眼圈也红了,便站起来,在屋里走了几转,仍旧坐下。颖贞也想不出什么安慰的话来，坐了半天，便默默的【地】出来，心中非常的难过，只得自己在屋里弹琴散闷。等到黄昏，还不见他们出来，便悄悄的【地】走到他们院里，从窗外往里看时，颖石蒙着头，在床上躺着，想是睡着了。颖铭斜倚在一张藤椅上，手里拿着一本唐诗"心不在焉"的【地】只管往下吟哦。到了"出门搔白首，若负平生志。冠盖满京华，斯人独憔悴……"似乎有了感触，便来回的【地】念了几遍。颖贞便不进去，自己又悄悄的【地】回来，走到小院的门口，还听见颖铭低徊欲绝的【地】吟道："……满京华，斯人独憔悴！"

**【思考题】**

1. 本文中的亲子对话、行为和关系有什么样的特征？这些特征体现了什么审美原则？与诸如《石笔石板》等小说里的亲子对话、行为和关系的差别在哪里？造成这种差别的原因有哪些？

2. 小说中的颖石被父亲训斥后，"手足都吓得冰冷"、眼泪也滚了下来，最后怨恨自己生在了"这样黑暗的家庭"。在你看来，本文的这一悲剧发生的原因在于什么？

# 十、五族共和[①]/范焕章

【内容提要：《五族共和》倡导了一种民国刚刚建立不久时提倡"五族共和"大背景下的爱国主义教育。】

桃溪县南境有乡曰"盘中",东临大海,西南北三面环山,泉甘土肥,草木蓊茂[②],居民多捕鱼为业,乐生送死,怡然有世外桃源之概。自共和告成,一般志士,殚精竭虑,谋普及教育,造福乡人。虽属穷乡僻壤,莫不弦诵声闻,风涛所布。该乡亦设立一盘新国民学校。校之南,相距约三里许,有华其姓、自雄其名者,三世居是乡,亦持捕鱼为生。一家衣食措置裕如,得鱼沽酒,抱膝长吟,忘怀得失,优游自乐。生一子名曰汉强,天资颖悟,禀性聪明。年事已居入学之期,而父母爱子心切,不忍使其离家就学,一任其与童辈嬉戏。汉强活泼成性,辄于青天白日之下,偕群儿集草地,仿效捕鱼运动,或蹲地作饮酒之势,或抱膝唱自然之歌,夕阳在山,人影散乱,与犹未艾也。

一日,随母诣舅家,道经盘新,趣闻清脆之音出自其中,驻足谛听,手舞足踏,牵母衣求入观。母不获已,挈之入校。汉强双目炯炯,注视不瞬,已而曰:"母乎,此非小儿窝乎?据台高坐,手按方器者,非儿部首领乎?方器为何?母其详以教我。"母曰:"此乃学校也。据台高坐者,老师也。手按之器,名曰风琴。唱歌时,歌声与琴声相和,则高低有法,疾徐有度,清脆之声,颇堪悦耳。"母语已,汉强作不豫[③]色,曰:"母乎,

---

① 范焕章,《五族共和》,载于《教育杂志》1922,14(24):1-4。
② 蓊茂,音 cóng mào,意为繁盛。
③ 不豫,在此意为不高兴。

儿今年事已长,曷不就此校学?"母曰:"论汝年岁,固当入学,第以朝而往,暮而归,道途奔走,不无困苦,二年后,始能送汝来此就学焉。"汉强曰:"儿今年六岁,再增二年,非八岁耶?母亦知他人六岁入学,儿则八岁入学,儿比他人后学二年乎?此二年中,他人之学识与年俱增,儿则羌无所得,诚非儿愿,母以为然否?"母笑语之曰:"儿意云何,不妨直陈。"汉强色然喜曰:"母盍请命于老师,遵儿明日入学。且儿能邀儿之友张满谷、李蒙正、王回生、赵藏拙作伴,一以免父母悬念,一可解儿之寂寥,而四儿缘之得应有之学识,两利之道也。"

言至此,铃声当当,盖报下课矣。一群儿童步出教室,前后照顾,挨顺走来,陡见左脚右脚,同起同落,一字雁行,排立廊下。侪辈中有年齿较长者,旁立而呼曰:"立正散队。"群儿或东或西,或拍皮球,或踢毽子,有三五成群,散步于庭中者,有二三相处,喁喁①然作私语者,无奔走之态,喧扰之声。汉强仰首,若有所思,瞥见老师掠身而过,蔼然可亲,趋叩母曰:"速与老师谈判,偿儿志愿。"母如其言,老师掀髯笑曰:"何物老妪,生此宁馨儿?予得此英才而教育之,诚大快事。准于翌日同张、李、王、赵四儿来此就业。所幸开学以来,为日无多,所缺功课,不难补就。"汉强聆师语,乐不可支,即随母欣辞出。及抵舅家,舅母欢迎,舅父候门,表兄表姊握手入室。汉强未暇归座,即详述校中所见,及明日就学事,口讲指画,滔滔不休,宛似一演说大家。舅父、舅母笑不可仰②,表兄表姊为之动容,坚恳其亲,愿附之入学。饭后言旋,载欣载奔。张满谷、李蒙正、王回生、赵藏拙已久候于衡宇,遥见之各争先谈心,且邀嬉戏。汉强备述就学事,四儿俱诺之,各归家中,禀明汉强相邀入学事,家中之人各各俯允。明日朝暾③甫上,宿露未干,活泼泼之五个儿童,由华自雄送至入学。林鸟喧喧,晨鸡喔喔,似颂五儿童曰:"前程无量,后生

---

① 喁,音 yóng,鱼口向上,露出水面。
② 笑不可仰,指笑得直不起腰来。
③ 朝暾,指刚升起的太阳。

可畏。"行行重行，宫墙巍峨，突映眼帘。汉强顾张等曰："此即学校也。"相将入，迎面一双儿女款步而来，与汉强相与问话伊何人耶？汉强之表兄表姊也。华自雄既晤教师，敬托汉强辈之肄业事。老师温而不怒，一笑颔之。

是日适值水曜①，下午第二时，为全体训话，集全校儿童于讲堂，肃坐无喧。见老师手执方旗五面，色分红黄蓝白黑，诸儿童注目直视，不知爰何作用。老师徐徐言曰："本校开学以来，倏②已一周，学子之来此肄业者，日见增加。兹为鼓励汝等勤学起见，设此五方小旗。自下周起，凡一月中完全出席，及品学兼优者，给奖旗一方，以褒荣。汝等知此旗之易得否耶？"见一儿高举左手，表示能答先生之问，老师首颔之。该儿起立曰："既要一月中日日到校，矢志研求，又要遵守校规，事诚大难。"老师曰："苏国难之言，汝等以为然乎？"一儿起立曰："生以为不然。谚有之：'天下无难事，事在人为。'此亦何难之有？"众视之，新入学之汉强也。老师哂③曰："此儿虽少，其志可嘉，诸生勉乎哉！"

是日放学归，华汉强与张、李、王、赵四儿约，务期各自奖旗一方，以符老师之盛意。光阴如箭，瞬息间又是第六周之水曜日矣。训话时，老师仍执小旗五方，蔼然曰："自发表鼓励勤学后，迄今一月，核算《出席比较表》《操行考查簿》《儿童成绩表》，应得此五旗者，为华汉强、张满谷、李蒙正、王回生、赵藏拙五人。"语毕，将旗一一分拨之。于是五儿列整肃之队，红黄蓝白黑五色争晖【辉】，全体同学齐声祝之，呼曰："中华民国万岁！五族共和万岁！五同学万岁！"

焕章曰："作小说难，作教育小说尤难。"盖教育小说之难，难在当重积极，而不当重消极。即叙至消极处，亦当以积极之笔出之，夫然后与教

---

① 水曜日，即星期三。日、月、星皆称"曜"（yào)，日、月和火、水、木、金、土五星合称"七曜"，旧时分别用来指称一个星期的七天，如"日曜日"是星期日，"月曜日"是星期一，其余依次类推。这一称谓现在日本和韩国仍然使用。
② 倏，音 shū，意为突然、极快地。
③ 哂，音 shěn，在此意为微笑。

育之旨，不致背道而驰。华自雄之溺爱其子，而不令就学，消极也；其子汉强请命就学，而得其允许，积极也。就学后竟冠全军，更积极也。稿成，老友鸿荪见之曰："此纯粹的教育小说也，宜可以付梓。"爰①缮写以灾枣梨②焉。

【思考题】

1. 本文中的师生关系、同学关系具有什么样的特征？这背后蕴含了什么样的审美原则？

2. 本文末尾，作者说，写教育小说不应该写得太消极，即便是写到消极的地方，最后也应该"以积极之笔出之"。你同意作者的这种观点吗？作者又为什么会持有这种观点呢？

---

① 爰，音 yuán，表示顺承关系，相当于"于是"。
② 灾枣梨，语出成语"灾梨祸枣"，意指古时印书用梨木或枣木刻板，形容滥刻无用的书。

# 十一、学校市[①]/陆洪生

【内容提要:《学校市》讲述了一个学校,受民主共和思想影响,组织学生自治,由学生自己来维持秩序、裁决学生之间的纠纷、号召捐款等的故事,体现了当时教育界一股支持学生自治的思潮。】

中华民国有竹里县焉,其东北境有伊耕者,一市集也。镇上人烟稠密,风俗循良,交通便捷,商业发达。镇北一处,垣墙修洁,屋宇整然,虽非美轮美奂,而廊曲栏碧,别饶幽致。此何地耶?此该乡童子之社会,雪壤其校名也。

群儿集于庭中,或携手偕行,或对阵角力,或斗草拈花,或唱歌拍手,或谈家庭之乐事,或论朋辈之短长。其一片天真烂漫之情状,令人见之生无限欢愉。时则有儿童三四,或鹄立廊下,或逡巡场中,胸悬红色徽章,曰勤诚市第一二……号警察。盖该校鉴于教育潮流,实行德谟克拉西以养成儿童自治能力,而发挥共和精神,于是仿照市自治制,组织学校市,市名"勤诚"。市内设议会、政厅、裁判所,三权分立,规律井然。警察亦学校市事业之一端也。

三年生傅福根、二年生朱开基,同在庭隅作抛纸球戏。球固傅生物,不知何故,朱生将纸球撕破。傅责令赔偿,朱不从。傅愤击其颅,朱泣。于时适第四号警察张民治行经是处,力为排解。傅怒形于色,必欲得朱而甘心,于是具诉裁判所,冀得公平之判断焉。须臾,裁判所正式开庭,庭长居中坐,左为判事,右为书记,两旁各设一桌,为辩护者席,具诉人与

---

① 陆洪生,《学校市》,载于《教育杂志》1922,14(24):4-8。

被诉人俱立于中间，俨然一法庭之形式。时庭长讯问具诉人、被诉人以当时之事实毕，即判曰："被诉人朱开基撕破原诉人纸球，按以本市法律第十四条之规定，责令赔偿。原诉人傅福根当朱君撕破纸球后，可责令赔偿，朱如不服，可用正当手续在本裁判所起诉，乃傅君一意逞蛮，痛击朱之头部，实属法外行动。按之本市法律第十一条之规定，应处以一小时内之留止，兹姑从轻处罚，停止休息一刻钟以儆。"判毕退庭，而旁听诸生咸称道庭长之判决公正焉。

是日适为本月之第四日曜日，下午功课少一时。钟鸣三下，铃声大作。市议会之议事室中，坐儿童十余人。中间二人，左为议长，右为副议长，余则对坐两旁，盖议员也。议长出议案，起立致词曰："今日为本会第四次常会，诸君交来议案二件，一为黄华裔、张民权二君提出之弹劾市政厅长案，一为马千里君提出之捐助北五省赈款案。今照议事程序，应先议第一案，诸君对于第一案之意见如何，请各讨论。"时由黄华裔君起立，陈述市政厅长种种处置不善之情形毕，王者师君谓市政厅长敷衍塞责，致本市事业不能积极进行，议会处监督地位，对于旷职之市政厅长提起弹劾，自是正当手续，应请成立。陈国宝驳称市政厅事业繁多，即有不善，亦断非厅长一人之咎，本席主张不成立。议长以成立不成立付表决，赞成成立者多数，遂通过。第二案议长谓："今年北五省灾荒情形，观于吾校之学校新闻，已可概见。捐款助赈，吾同学岂可独后？不知诸君有何卓见？"议员孔成仁云："捐款助赈，系属慈善事业，决无反对之理。鄙见请议长通知市政厅，于日曜日上午开一助赈会，俾易凑集。"议长云："诸君倘赞成孔君之说者，请起立。"全体起立，遂又通过。时已三点四十余分钟矣，乃振铃散会。

翌日，自治总长接得议会之弹劾书一通，措词如下：

> 为弹劾事，勤诚市市政厅长齐民蠹玩视市政，不思进行，特提出弹劾，呈请惩戒。此呈

自治总长谈

勤城市市议会

我书至此，当一述助赈会之情形矣。钟鸣九下，群儿已端坐于大教室中。市议会议长沈景山，衣蓝布衣，从容登坛，发清脆之声曰："诸君乎！恻隐之心，人皆有之。今岁北五省饥荒，居民流离载道，惨不忍闻。诸君易地以处，其苦痛为何如？现在各处人士，多踊跃输捐，良以济困扶危，人之天责，固未可效杨子之一毛不拔也。诸君饱食暖衣，我代灾民恳求诸君节省饼饵之费，捐作赈款，当仁不让，见义勇为，诸君其昧之。"说毕，掌声雷动。时群儿中，有愿取平时储蓄之款以助振【赈】者，有愿节饼饵之费者，卒捐得大洋一圆，小洋二十七角，铜元二百八十四枚，交由自治总长转交义赈会。

**鸿声曰**：观与雪壤学校学生之能力，而知学校市之价值矣。盖学校教育，宜使学生有自治能力，已属不刊之论。而学校市者，养成学生自治之机关也。其目的在个人方面，则使之自己约束自己，自己教训自己，发展天赋本能，增高活动能力。一言以蔽之曰，使成一健全之个人而已。在团体方面，使有服务社会的习惯，共同生活的精神。一言以蔽之曰，使成一健全的国民而已。上海市立日华校，本县松市十三校，均已办有成效。他若浦东中学附小等名学校，闻亦有继起仿行者，诚以养成学生自治能力，固莫善于组织学校市也。诸教育家苟以可行而行之，则是篇之作为不虚矣。

**【思考题】**

1. 本文所体现出来的师生关系和同学关系的独特性在哪里？这背后有什么样的审美原则？与一般的，或者前面的文章中所体现出来的师生关系和同学关系相比较，其差异在哪里？造成这种差异的原因在何处？

2. 本文描绘了一个"学校市"的美好蓝图，可是，和文中学生自治机构的权力结构相似的西方政治一直以来就面临着各种问题。学生与学生之间的权力不平等似乎也很容易滋生腐败。这一系列问题的根源在何处？这些问题和目前备受指责的学生会"官僚化"有相似性吗？

## 十二、脆弱的心[①]/叶绍钧（叶圣陶）

【内容提要：《脆弱的心》叙写了一个因为对教育的作用产生怀疑，浑浑噩噩地混日子的教师，虽然听了某教育家的演讲，一时心潮澎湃，但一回到教育实践中，就又变得烦闷和怀疑的故事。反映了当时部分教师对教育理想、教育的社会意义产生怀疑的现象，以及教育理论界和实践界之间的割裂。】

学校里放暑假，本来喧闹的地方觉得格外地寂静。譬如一个深密的树林，原是小鸟的世界，他们跳跃着，歌唱着，都在那里。一朝小鸟去了，绿沉沉的树林便满被着静寂，这个静寂是异样的，使人疑想：这还成个树林么？学校是小孩们的树林，小孩们是学校里的小鸟，现在彼此判离，很容易引起人同样的疑想。

徐先生和莫先生，学校里的两位教师，他们坐在办事室里乘凉。办事室开着南北窗，爽利的风在室内通过，吹得他们清凉无汗。然而寒暑表的水银线已升到九十一度；猛烈的阳光笼罩着窗外一切景物，似乎各个分子都在那里膨胀和蒸发。

莫先生打了个呵欠，随即举手揩着眼睛，夏令的天气竟像催眠的药剂，使人终日如在醉梦。

"转眼暑假一过，又要上那陈旧和枯寂的轨道了。我们究竟为了什么？我们的趣味在那【哪】里？"他似自语似问询地说。

"我们有我们的趣味，我们是有所为而为。"徐先生很沉静地回答，仿

---

[①] 叶圣陶，《脆弱的心》，载于《出版界》1925（70）：6-13，16。

佛教士说教的态度。

"请你给我解释，止【只】说个'有'字不能使我明白。"

"我们的事业刻刻活动，刻刻创新，若是真努力去做，趣味将超于我们的希望呢。我们接触无数的儿童，他们纯洁且自然。他们将心赤裸裸地呈露，我们因而认识他们各异的个性，辨知他们各异的天才。这是何等的趣味！"

"那些自然是教育家应当说的话，"莫先生带着嘲笑的神态说，"我若作论文，或者在什么地方演讲，也止【只】有这么说。但是想到实际，我就怀疑，我就烦闷。那【哪】一个儿童是可爱的，是驯良的！他们的形容肮脏且卑贱，他们的行动狂跳而乱叫，他们的性质愚蠢和顽皮。他们虽是不同的父母生下来的，我止【只】觉是一个模型的产物。那【哪】里有什么个性？又那【哪】里有什么天才？"

"这不尽然。如你所说，有的确是他们的本真，我们应当拿来做根据，发展我们的事业的；有的原【源】于他们的环境的不良，并非他们的过失，我们更当加意研究，希求渐次改造的。所以我们最丰富最终极的趣味乃在改造社会。社会若是一个太阳系，我们就是太阳，我们的光无微不照，我们要运转一切使活动。这还是盲目的干燥的事业么？"

"那些话，"莫先生还是嘲笑的神态说，"可谓习见习闻的了，那【哪】一类报纸杂志。那【哪】一个社会改造家不是这么说。可是我不信！我觉得一个人没有这么伟大的力量。我极端承认我的微小。我们当了十多年的教师，我们的成绩在那【哪】里？止【只】目送一班一班的毕业生跟着社会的步调走去！谁能说这个不是确实且普遍的事实？我们从不甘心屈服，然而事实使我们屈服了。徐先生，还是给我个新鲜且实在的解释罢【吧】！"

徐先生答不来，仰首沉思。窗外银杏树上两蝉对鸣，一个发急迫且尖利的声音，那一个的却舒缓且清扬，使人感觉四围的空气是不协调的。

★　★　★

　　消息传来，大学者许博士假期旅行，经过本地，将有一个公开的演讲。这个震荡了莫先生的心。许博士是哲学的名家，他的关于哲学的著作重印过几十版。他的通俗的论文常见于有名的报纸杂志，人家看见署着他的名字，便不自主地留心细读。一般人的谈话或论文里，往往有"许博士怎么说""许博士的意思怎样"那些话，可见他是维系人心的一条索子。像他这样的人更引起人家钦敬的爱慕的相思，他是怎样一个人，长的还是短的，清瘦的还是肥硕的，多须的还是没有胡子的……都是刻刻萦绕的问题。现在他来了，满怀的相思将有所着落，一切的问题将得到解答，怎不惊喜欲狂而使心异常地震荡呢？

　　一所广大的会堂满坐着听众，不知是多少，莫先生和徐先生就杂在听众之中。全堂的空气非常严静，大家是好奇且虚心的样子，准备受领那先觉者的提撕①。莫先生看着黑版【板】上大书的字——但止【只】有"许博士"三字入他的视官——在那里出神。他觉得这三字非常伟大，每一笔画都含有神异的力。他又想：隔不到一会工夫，被这三个字称代的本体就与我有一见之缘，这是先前没有梦想过的；他究竟是怎样一个人？他又将发怎样一番言论呢？快要如愿的期待心使他有一种似乎颤抖的感觉。

　　一阵鼓掌声里，许博士高高立于讲台向听众致礼。这一刻全堂的目光齐注于他的一身。他是瘦削而微现苍白的面孔，目镜里显出近视的眼睛，顶部的发已稀疏，上唇有浓黑的须。他的身材不高不矮，穿着夏布长衫是最普通的式样。

　　"他为着学问，为着群众，致这么瘦弱；顶部的微秃更表示他的多思。这就可以钦敬了。他的目光何等地沉定！这应是哲学家独具的目光。"莫先生这么想，他的心境已入于被催眠状态了。

---

① 提撕，在此意为教导、提醒。

许博士的演讲大概是以下的意思："今天在座的大多是教育界人物，大多是小学教师，所以我的讲题就取个'小学教师的趣味'。小学教师的趣味最多，而且很真实，但不在按时到校不缺课和逐课教完一本书。真的趣味在超乎那些的地方。诸位有很亲密的小伴侣，他们就是趣味的泉源。他们有各各不同的个性和天才，诸位以科学家试验的态度把那些逐一发见出来，从而想方法利导他们，那在诸位的事业上一定是长进和成功。真趣味就在这个地方！但是诸位还当扩大你们的世界，不宜限于学校的范围。真有修养真能活动的教师，他影响社会的势力常同影响他学校的一样。现在的社会何等黑暗呵！教育家应自任为社会的监督者指导者和改造者。须知我们不改造社会，社会就要改造我们。我们若是被改造了，还有什么教育可言？所以我们要不怕一切，我们要做，使我们成为动的原力，运转社会使它上改进的道路。更丰富的真趣味就在这个地方！"

许博士的演讲对于莫先生有一种吸引的伟力，使他无思虑，无回忆，如听动人的音乐，竟体陶醉，唯有合着抑扬徐疾的节奏而为呼吸。许博士下台了，听众纷散，莫先生跟着徐先生回校，他还是全心浸润在小学教师的趣味里。他觉得这是新鲜而又实在的意思；至于和徐先生所说的差不多，他是无从想起了。他的精神异常兴奋，似乎全身的细胞都在跳动，渴望做一点事，这"做"字里就包含着他无限的希望和趣味。他向徐先生说："他的话不错呢，小孩子不是一个模型里产出的！把他们当做艺术品，鉴别他们，欣赏他们，已是无穷的趣味。况且谁都有运转社会的可能，谁都应改造黑暗的社会，一个人若是社会的中心，社会的光，又是何等具有意义的生活！"

"我们有我们的小伴侣。我们运我们的心力总可以影响到社会，譬如投小石于河，激起的波圈是无穷大。全部分的权柄，可以享受人生至乐认识人生真义的，都在我们的掌握，因为现在我们正为小学教师。我们能不安慰，能不快乐！"徐先生很诚挚地说。

徐先生的话提醒了莫先生，使他退出被催眠状态，自思道："原来我先前已为且现在正为小学教师!"怀疑和烦闷的细菌又侵入他身体的不论那【哪】一部分,兴奋是退败了。

【思考题】

1. 本文中,许博士的形貌特征是怎样的?为什么许博士会有这样一种形貌特征?它背后潜藏着什么样的审美原则?

2. 本文所体现的教师与教师之间、教师与以许博士为代表的"明星学者"之间的关系是怎样的?

3. 本文所提出的部分教师对教育的理想失去信心的问题无论在空间还是在时间上都具有普遍性。在你看来,教育究竟有没有改造社会的作用?如果有,那么为什么还会出现部分教师对它失去信心这一情况?如果没有,那么为什么包括许博士在内的许多人都吹嘘说教育有这样的作用?

## 十三、搭班子[①]/叶绍钧（叶圣陶）

【内容提要：《搭班子》讲述了一个本来满怀雄心壮志，想要搭建一个全新的"教育班子"进行教育革新的教师，受到各种"人情关系"的阻碍，其雄心壮志在冷冰冰的现实面前陷入失败的故事。一方面，体现了在当时进行教育变革，革新者必须要有坚定的意志；另一方面也反映了在一个旧的社会中实行新教育的困难重重。】

泽如磨浓了一砚的墨汁，从抽斗内取出朱阑[②]八行的信笺一叠，放下了，就执笔在手，预备开头写。但是绵延的思索立刻涌上心头，使他暂时忘了开头要写这回事，执笔的手不自觉地去托着下颔。

他想：——要干就得着力地干，妈妈【马马】虎虎，那就不如不干。固然，有些人自夸的"教育是特别清高特别神圣的事业"的话，未免近乎虚浮；可是凡是事业，也决没有希望它卑污，希望它胡乱过去的道理。一个小学校，一个包容两百多学生的小学校，将要隶属于一个人的处理之下，生活着，发展着，这实在不是一件细小的事业。这里头可以倾注无限量的心力，从一个孩子的一啼一笑到全体孩子的长育进步；这里头也可以收领无限量的愉悦，从每时每刻的努力工作到三年两载的颇有成绩。宝贵的生命要消费得有意义，做这事业不是大有意义么？——他吻着嘴唇微笑了。心头觉得异常地舒快，简单而明鲜，有如春晴的原野，只有青天，只有阳光；在其间摇动着的，只有鲜花同绿草，这是比喻对于将来的希望。

---

① 叶圣陶，《搭班子》，载于《教育杂志》1926，18（5）：1-7。
② 阑，在此同"栏"。

这是初伏①的朝晨，太阳光不曾射到庭中的墙上，几挂帘子还高高地钩起。蝉儿正在享受早凉，不想开口。一只花猫睡着没有醒，蜷在书桌脚边，仰起的半面胸腹徐徐升落，这小生命正作【做】和悦的梦呢。庭中临墙挂过来的柳枝析析地一阵轻响，泽如就感到一阵新鲜的凉风。

他咬着拇指，继续想：——这事业难说隶属于一个人的处理之下，却决不是一个人独力干得来的。不比机器，机器只消有一个人管着总机关就行。这事业须得各个人都有原动力，原动力的总和愈大，成效也愈大。那么，眼前最要紧的当然是邀集同志了。譬如唱戏，单单一个角色好不相干，必得生旦净丑各各角色都好，才唱得成完美的戏。哈哈，眼前切要的事乃是搭个戏班子。

同志，这也得详细解释。自然，研究过教育学的，是一个不祧的条件，可是尤其重要的，却在对于这事业有信心，能爱好。有信心自不肯妈妈【马马】虎虎，能爱好当然会终身以之，这样的结果，必然无疑是成功。

想到这里，正要写信去招来的乐水的印象就浮现于眼前。他看见乐水的明活的眼睛，庄严的鼻子，慈爱的嘴唇，以及富有诗意的一头微鬈的发。他又看见乐水这样凝着眼光沉思，这样开着嘴唇微笑，这样浪漫地昂起头来，一手按着头发。——阿【啊】，可爱的教师，儿童的天使，非把他拉了来不可；他在那边本来也不得意，几个同事全是教书匠。——几个月前乐水来信里的一番话鲜明地显现于他的意识中了。这一番话是乐水告诉他带着学童出游郊野的愉快。讲起活泼泼的春水，柔和而干净，教人仿佛觉着堕入软美的梦里。讲起新绿丝丝的垂柳，这绿色非画家的颜料所能配合，非诗人的字句所能摹拟，乃是天地间特有的新鲜艳丽的一种颜色。讲起这柳色堆在四围，映入水里，几乎满望都绿，教人把什么都忘了，只怀着同样鲜绿的生意同希望。讲起一条没篷的船载着学童们，在柳丝下春

---

① 初伏，指夏至后的第三个庚日，是三伏中头伏的第一天。

水上徐徐行动，没有一个孩子不眉飞色舞，没有一个孩子不和悦善良。讲起孩子们情不自禁唱起歌来了，个个都唱，比平时格外地协调，格外地清亮。末了讲起他自己这当儿的感动，说人间纵使是罪恶的，但因有这歌声，已够教他恋着不舍；这歌声是爱的化身，是灵的表现，是……是不可说；他感动得周身发麻，眼里不禁滴下泪珠来。泽如想着这些，有如正喝新泡的"龙井"。——阿【啊】，宝贵的泪珠，那【哪】得天下作【做】教师的都有这样宝贵的泪珠！想得一点不错，非把他拉来不可，假如少了他，还说什么搭班子。自然，宛也是一定要找的。她这样地慈和，这样地灵慧，单只笑一笑，已教孩子们终身受用不尽，何况她对于儿童素有研究，又立志要将生命奉献于儿童的。一定找她，她同样地是一个要角。——这时候泽如索性把笔放下，下颔帖【贴】着臂腕，臂腕阁【搁】在书桌，这样地吟味那存在意想中的短发红颜的女郎。他觉得前途有更多的光明，只待自己大踏步走去，什么都是自己的。——阿【啊】，走上前去，勇敢地走上前去！校园一定要把它弄得顶好，不单是玩赏园，简直就是个丰美的自然，让儿童们生活在里头，有如鱼生活在水里。操作是必须训练的，可以教他们种花、剪树……

"有人么？"故意温雅恭敬的这语声从庭前门口送过来。

"谁？"泽如站起来走到窗前，这才惊醒了那只蜷卧的花猫。它望着它的主人叫了一声，举起脚爪来摩着面，便懒懒地踱开了。

"是我。"跨过门限走进中庭来的是一位瘦瘠的中年人，头发已有点灰白，两块颧骨特别地突出，鹰嘴似的鼻尖上挂着一滴水珠，两片眼镜片很厚而凹，犹如两个鼻烟盆；穿着白夏布长衫，离开浆洗已经有好几天了，软敝敝地，不大像是麻织品。他望见了泽如，急速而又轻雅地走前几步，曲起两臂，似乎要作揖的样子，说："足下就是泽如先生吧？"

"是的。请里面坐。"

"不敢。兄弟是第三完全小学的级任钱松如。昨天到教育局里去，听得先生将被任为三校的校长，故而特来奉访。"

"喔，是钱先生。"泽如恍然如悟地说，仿佛早先不曾想到三校里原有一班旧教员。"里面请坐了谈罢【吧】。"

钱先生表示不敢玷污了新校长的书室的庄严的神情，才很逊顺地跨了进来。泽如让他脱了长衫，他执意说早上并不热，不用脱。泽如让他坐那只靠墙的大藤椅，比较舒服一点，他又连连说"这里很好"，就在书桌侧边的一只椅子上坐下，只搭着一角。

泽如没有心思多让，就在自己的椅子上坐下。"钱先生在三校里多年了？"

"连头搭尾十年了。"钱先生想这正好个机会，应该把要说的话立刻跟着说出来。但对于泽如是所谓青年派，有一种莫明所以的畏怯，话到了喉际，重又咽了下去，只无聊地说："我进去时，校长是一位方先生，方先生后是李先生，现在作古了，李先生后就是现在的杜先生。"

"是很久的历史了。"泽如悠然地想了开去，以为十年的教师生涯很了不得的。"当然消费了不少的心血。"

"那【哪】里！那【哪】里！"钱先生的上半身只是往前佝动①，似乎要从椅子上跌下来的样子。

"我说实在的话，并不同先生客气。"

"真是，那【哪】里！那【哪】里！"钱先生感到无形的压迫，似乎周身不很自由，颇想马上走了出去。庭中的西墙上已涂着半截炎炎的阳光，温度升到了八十一二度②的样子，又加他心头一阵燠热，汗水便渗出来了。但是既然上了庙，那【哪】有不把心愿祝祷一番的道理？只得干咳一声，聊以振作勇气；近视的眼睛不敢直望那握有权力的新校长，只从眼镜底下这么溜过去，于是颈间的喉结显著地突出，像一个小瘤。"不瞒先生说，一向没有别的路走，所以糊糊涂涂就耽了十年。其间说不上什么心血，可是还能自信，也没有什么错失。讲到新教育，那是惭愧得很，不十分明

---

① 佝动，即佝偻着向前动。
② 为华氏度，相当于27摄氏度左右。

白；不过很愿意受新教育家的指导，学着去做，比方自动的教育哩，启发式教育哩，都是顶有道理的，兄弟都相信，都勉力试着照样办。现在，现在更好了！"说到这里，上身凑前一点，脸上呈不大自然的笑容，语音转低而微颤，"不知先生容不容兄弟问一声，今后允许兄弟受领先生的指导么？"

"哦……"泽如眼看钱的喉结这么一上一下，仿佛觉得自己的喉际梗着什么东西，不很舒服；对于钱的话，又不得要领，不知他将归根在什么地方，突经他询问，一时答不出来。

钱先生用手心抹了额上的汗，恳求似地继续他的祝祷，他觉得比刚才轻松得多，话语很滑溜了。"请先生原谅，这些话是不该来麻烦先生的，但是没有法子，不得不麻烦先生，真要求万分原谅。兄弟境况不好，生活程度却潮水那么越来越涨，又有一点点的亏空，真是雪天走独木桥那样地小心过活，才不至闹出什么笑话来。然而，也就十分可怜了！"他伤心地摇着头，一手去摘下颌的短髭。

泽如不想说什么话去接应，他照旧带着不舒服的感觉望着钱的喉结。

"兄弟想，先生接手校长之后，大约还用得到兄弟领受先生的指导吧。但是不曾蒙先生亲口提及，总是放心不下。万一，万一那个呢，……那就不堪设想了！所以冒昧地特来拜访，要求先生亲口给兄弟说一声。为了这点小事麻烦先生，真要请先生万分地原谅！"说罢，两手支在膝盖上，呆着多皱的脸儿等候答复。

泽如的脸渐渐泛红了，泛红的缘故也像是害羞，也像是含怒，总之感情被激动了。乐水的眼睛和鼻子，宛的短发和红颜，同时在他意念中一晃而过，使他用力睁眼去认那多皱的瘦脸。——这也是他们的同伴么！太滑稽了！太可笑了！噜噜苏苏的一套，不晓讲些什么，一定只会给孩子们受罪罢了！——他一向游心于理想的境界，对于钱先生的话不免感得生疏，因生疏而诧怪。

但是这一双僵鱼眼似的眼睛正等着答复。——怎么说呢？戏班子非齐整不可,老实不客气,只有对他说请另觅高就罢【吧】。他要维持一家的生命,我要发展一校的生命,两全是不成的。——想定下来,已历好一会的静默,开口说:"这个……"

"怎么?"钱先生不禁抢着问,因为命运的判决书立刻要宣读了。虽然料度新校长未必不用旧人,对于自己的请求大约能够答应,然而也说不定会来个"不"字。这就有点惴惴然了,因而再加一句,"先生总能允许兄弟吧?"

"泽如先生在家么?"这当儿,门口又送来颇响亮的声音,从这声音可以想见这人是个胖子。

"在。"泽如便站起来走到窗口。钱先生懊丧地望窗外,也慢慢站了起来。

"喔,逸民先生,里面请坐罢【吧】。"泽如迎了出去。

从容地踱进来的果真是个胖子,白纱长衫,玄纱马褂,手里摇着鹅毛扇,作揖说:"很巧很巧,特来拜访,竟得碰到。近来忙得怎样?"

"不忙什么。"泽如把新客延入室内,指钱说,"这位是钱松如先生,三校的级任教师。"又介绍新客给钱说,"这位是周逸民先生,县议会议员。"

"喔!喔!"周先生若有所悟地把头顿了两顿,作揖说,"钱先生,久仰久仰。"

钱先生照例还敬了"久仰久仰",却感到来了一重新的压迫,自信再没有坐下去探问口气的勇气。就此退出去,固然十分可惜,但是除了咒诅时辰不吉利,竟会这样不凑巧以外,还有什么法子呢?于是尴尬着脸儿向泽如说:"兄弟失陪了。"

"刚才谈起的,明天写信去答复先生,请留下尊府的地址罢【吧】。"泽如颇觉得计,这才不须用嘴说那不大好说的话。

但是钱先生听了,盎——脑子里这样作响。——完了,一定是不再继续四个大字!——直到被送出大门,也不曾明白自己怎样表白了住址,怎样同新校长及县议员作了别。——他没有说话呢，那该死的县议员就突然来了！这是我说得太多了的不好，我少说几句，他就说了。也许他有很多的话向我说呢，要我教他收支的过门节目，要我帮他全校的文牍庶务，都说不定。这些话一句那【哪】里说得完，只好写在明天的信里了。——同时他又带了这样的希望回去。

周逸民满满地坐在钱松如不敢坐的大藤椅上，长衫马褂是卸去了，大袖白官纱衫的口袋里，引出一条金表链，连在胸前的纽扣上。当谈了一阵天气之后，他就堆着笑脸开端说："听说三校将要归老兄办理，有这话么？"

"有是有的。"泽如心里忽然一动，仿佛觉得来的又是刚才这一套，"但只是教育局里同我谈起，还不曾正式接手。"

"这是迟早的问题罢了，敬贺敬贺。"

这敬贺两字似乎有刺的，教泽如听了，周身感着微微的不安适。"笑话了，担一点事务，有什么可贺的！"

"我有一个亲戚，"逸民把本来展伸的两条腿钩了进去，为的是上身好前一点，作开始谈主要话的表示，"他在五中新毕业。这样的时代，教他没有力量再去求学，而且照他的家境，最好要他谋一点生活。老兄将要接手当校长，定能给他在校里设法这么一个位置；不论教什么功课，请你裁酌，你以为什么适当就是什么。我们的交情，想来毂得上承你答应吧？"说着，带笑的肥脸斜对泽如，浑圆的颔下皱起几圈的颈肉，鹅毛扇则扇那左手的手心。

什么！——泽如心头掣电似地想。——不论什么，只要别人以为适当！人应该自量才能然后去找事，他却见了事硬把人凑上去，多么颠倒！

但是在当前的究竟不是平时无所不谈的青年朋友，虽然颇有反感，却不想如实地说出来。搭班子的意思不免跟着涌现，因想像这样搭班子，还不如奔到闹市地方去拉一批人来的好。要搭就得搭纯粹可靠的班子！于是想到除了乐水同宛究竟还有谁，又想到旧教员中不知有几个可称同志的，最好立刻去会着他们，就顺口说："我今天本想去看一看校里的情形，假若须得找人的话，一定找令亲。"

"噢，那就是了，费你的心。"逸民也就觉得满足，本来是随便碰机会的，听到这样的答复，总算不是无望了。

隔墙的柳树上一个蝉儿悠扬地唱起来，触动了逸民的感兴，说："这是你们当教员的好处，有这么长一个暑假，可以舒舒服服在家里耽着。别的人就没有这福气了。"

"这是各人兴趣不同，在我就觉得耽在家里并不见舒服。"

"但是我又不赞成有这暑假。"逸民径接自己的话，"小孩子放了暑假，天天在家里闹，满头满脸都是汗，教大人也心烦起来，真是讨厌。"他皱起眉头，两眼挤得极细。"为想免除他们的闹，我宁愿化【花】十块钱请一个先生，给他们补习功课，从早上直到傍晚。你想，可不是暑假亏损了我？"接着就哈哈地笑。

"从早上直到傍晚！时间不太多么？"泽如觉得怅然，随即想到以后要想法子利用暑假，决不让孩子们死坐在家里。又想乐水同宛，他们一定也这样主张，决不会贪着耽在家里的。

"并不太多，我本来嫌学校里的时间太少了。一天只有四点钟五点钟，一点钟又只上四十分五十分，读得出什么来！我好久要向你们教员先生上条陈，一天至少上八点钟，这才于学生们有点益处。现在就上给了老兄罢【吧】。"他故意作诙谐的语调说。

"这个……"

泽如正想把学习能力同年龄的关系来回答，外面走进个汗气蒸腾的邮差来，投递一封信。接着看时，信封下首印着鲜红的"教育局缄"字样。开封抽出信笺，先看署名处是娟秀的行书三字，是局长的姓名。回上去把开头的套语跳过，就是——

"……有友人陈君，任教三年，赋闲兼岁。兹特为之介绍，务望相宜录用。以彼往昔之经验，必能胜任愉快，为先生良辅也……"

"嘘！"泽如不禁漏了这一声。

"什么？"逸民望着泽如的手里。"教育局请你过去商量事情么？"

"是的。"泽如随便答应了，抬起眼光来端相逸民带紫的肥脸，——你们是一丘之貉！

【思考题】

1. 小说中先后出现了几个教师形象，这些形象各有什么特点？或者说，泽如有什么特点，其他教师又有什么特点？这背后是什么样的一种审美原则？造成这两种教师形象特点不同的原因是什么？

2. 本文中，泽如一开始是想要搭建一个全新的教师班子，但后来因为其他教师的求情而心软了：如果泽如坚定地拒绝了这些旧教师，那么他们就面临着失业风险；而如果他心软了，那么他搭建新班子、推进教育改革的目标就无法实现。现实的教育改革往往面临相似的两难境地。在你看来，这种两难境地是什么造成的，我们又应该如何去避免这种两难境地，或者至少能够做到两害相权取其轻呢？

## 十四、抗争[①]/叶绍钧（叶圣陶）

【内容提要：《抗争》通过写一些教师联合讨薪，但由于彼此之间不够团结而失败的故事，反映了当时教师以及教育发展的困境，提出了在一个腐败、陈旧的社会下，教育应该如何发展的问题。】

一

清早起来改了二三十本学生作文簿的郭先生阁【搁】下笔抬起眼来，只觉乌鸦似的一团团的东西在前面乱晃。闭了眼，用手指按了按眼皮，一会儿，再张开来，乌鸦似的一团团的东西没有了，便翻开刚才送来的当天的地方报。一阵青烟从后屋浮进来，烟火气刺入鼻际几乎欲打嚏，同时听得"塌塌塌"劈木柴的声响。

"唉，该死！"他把报纸一丢，激怒地说。

"什么事？"妻在里面担心地问，声音是故意地柔顺。

"还有什么！他们要把我们饿死呢！"

"怎么了？"

"报上讲，今年的欠薪说不定发不发，明年不是打对折，就是学校关门！"

这真是太凶恶的一个消息，妻不自主地离开灶门来到前面，睁着眼看定他的沉郁的面孔，一时也说不出什么。心头是沸水一般，几日来时刻翻腾的一些想头又涌上来了：到年底只差一个多月了，有的是这家那家的账；母亲那里，姑太太那里都得去一副年盘；棉袄太不像样了，至少添一

---

① 叶圣陶，《抗争》，载于《教育杂志》1927，19（1）：1-10。

件新布衫；——这些且不讲，最要紧的是眼前只剩两块光洋①几十个铜子了！明年打对折！要不然，就是学校关门！——她想到这里，兼之早上起来还没有吃东西，便觉一阵头眩，把旧有的肛肠病引起来了。于是醉人似地在一把椅子上坐下；干瘦的颧颊泛着淡红色，用冻红的手支着。

"能同他们商量商量么？"她想来想去只有这一丝的希望。

"商量！也不知商量过几多回了，他们总是一句没有办法。同他们商量还不如同墙头去商量！"

"教人家当教员教书，总不该让人家没饭吃饿死的。"她想这样一句就尽足以折服他们。

"谁管你有饭吃没饭吃！谁管你饿死不饿死！你不愿意当，他们会说本来不曾一定要你当！"

"那末【么】，怎样呢？"她怅然了，感得前途是无边的空虚。

"我们当然要寻生路。"他挺一挺胸说，脸上微露高傲的笑意。

"你讲。"她用探试的口气说。

"生路不是没有，就在不再同他们商量。是软弱的东西才商量！是没用的东西才商量！商量由你，睬你由他们，还不是吃一辈子的亏？现在作梦作醒了，没有什么商量！"

"那末【么】怎样？"她完全茫然。

"他们干的那些谁不晓得。为什么军费就有钱垫付？为什么局长就有钱造洋式房子？为什么委员们就有钱吃花酒、打马【麻】将？——你明白了么？总之一句话，实际上这地方大可以不欠薪，不打折扣；所以弄到这地步，都是他们的荒唐。还商量什么；只有教员一齐联合起来，去同他们算账！"

她想象不清楚这个办法就是一条生路，仿佛觉得这里头总有点不妥当，直望着他问说："谁这样想起的？"

---

① 光洋，即大洋。

"是我，我这样想起的。"他坚定地承认。

**"将就些，不要出什么主张吧！"** 她相信这样会弄掉现在的位置，虽然是个欠薪而且将要打折扣的位置，究竟比无薪可欠无折可打好一点，所以用母亲谆嘱儿子似的调子说。

"为什么？"他准对她的眸子看，似乎要看透她的心。

"听我说的为是；我不相信这样会有好处。"她把底里的意思掩藏着。

"怎样没有好处？算盘是死的；教育费该有多少，历年用了多少，到现在该不该欠薪打折扣，他们能偷拨一粒珠么？"

"为什么向来没有人同他们算过？"

"因为怕。谋到一个位置不容易，怕把它失掉了。"

"你倒不怕么？"

"我原说要许多人联合起来；单单一个人出来同他们对抗，自然吃他们的亏。你要知道，联合起来是我们的法宝。"

"他们不睬你们的法宝呢？"

"那末【么】我们全体辞职！"他激昂地说，似乎她就是他正要对抗的人。

这一句正回印到她藏在心底里的忧虑，她想今后的命运，总得上这条路吧！倏地转念，又想到仅剩的两块光洋几十个铜子；一缕心酸，几滴泪珠抢着掉下来了；头脑里更见得昏昏。闭了闭眼咽了口唾沫凄然说："总之我不赞成你这样做。"

"你懂得什么！"他瞪着眼，有点发怒。

"我不懂么？凡事谨慎小心为妙。"

"还要多说！有我在这里就是了。你看什么时候了，煮的粥呢？"他简直大声呵斥了，对于她的絮聒鄙夷得像一滴污泥，又细微又讨厌。

她伤心极了，眼泪继续下滴，怨恨他全不了解她的衷肠，明明为着他，却得到这样的酬报；那末【么】就是景况万一好一点，又有什么意思。可是一想到他就要上学校去，便站起来阴影似地移向后屋去。

他用余怒未消的目光望着她蓬松发髻、青灰破绸袄的背影，几年来她种种的苦辛立刻涌现于脑际，禁不住闭着眼，皱紧眉头，"唉！"

二

教职员联合会是去年就成立的。所有的成绩是一份油印的章程，宗旨项下当然是"研究教育，联络感情"一些话；一本开成立大会时的签名簿，龙蛇飞舞的墨笔字同蝇头小楷的铅笔字都有；一本记事录，记着那天票选出来的职员的名字。

郭先生是会里的干事员。他跑去对会长说，眼前的事情与全体教职员有切身的关系，须得召集临时全体大会，妥善对付方法。那会长最怕的是开会，踱进会场就要打瞌睡，可是这一次却捻着髭须连连点头说："不错，不错，非开临时全体大会不可。"

发出的通告句句打入教职员们的心坎："为自己的利益，为教育的前途，必须大家团结，取一致的步调。所以召集这个临时全体大会。会场在市立第三小学。"

第三小学在关帝[①]庙内。大殿东侧有一个厅，作为教室；殿庭就是运动场。殿庭里本来有两棵杏树，着花时就像两大个锦绣球；因为树干常常撞着学生的额角，致涨起胡桃大的块，便都被齐根截去了。这一天是星期日，朝阳照在殿顶的瓦楞上，夜来的霜渐渐融化，浮起一层淡淡的烟。庭中还阴暗，有几只蜷缩的麻雀停在地上。这时候，已经有到会的人向殿东侧探头窥望了。

"今天开这个临时会员大会，诸位都已知道，是为的经费的事情。"会长先生虽然极愿开这个会，却并不能增进发言时的轻松畅快，说了一句，还得照例咽一口唾沫。在他前面坐着七八十位同业；学生的座椅太低了，使他们大都伛了背心，用手托着下颔，臂弯支在膝上。从玻璃窗外射

---

① 关帝是对关羽的尊称。

进来的斜方形的阳光,历乱①地印在他们的头上身上腿足上,大家感得温温地有点春意了。

会长先生说完了开会的意思,一手在髭须尖似捻非捻着地等待大家开口。可是大家给他一个沉默;只听得些零落的咳嗽声。

"诸位以为应该怎样?"会长先生略微有些窘,尴尬着脸儿从左边相到右边,要相出一个能够提出意见的。

果然,一个头发已经花白,但是还没留须的瘦小的教员勇敢地站起来了。他用沙糙的声音说:"开会的意思,刚才会长已经说过了。但是郭先生是这个大会的原动议人,我们也得领教领教他的意见。"说罢,向两旁都看了看,然后坐下。

大家正在踌躇怎样对付会长先生的问语,听这样说,觉得这就最妥当,不由地拍起手掌来。

郭先生坐在最前的一排,抱着满腔的热忱,几乎要握着一个个同业②的手说:"为学生,为自己,我们真诚而坚固地团结起来吧!"现在看见会长先生望着自己,不等他开口,就立到教台前面真挚地说:

"会长先生!诸位先生!我们当教员的往往会堕入一个骗局:这个骗局把我们捧得非常之高,结果却使我们弄得非常之窘;骗子从中得了好处去,还要在旁边暗暗地好笑。这是什么?就是说教育是神圣的事业咯,教员清高不同凡俗咯,那一套。这些话的骨子里,简直就是干教育事业的无妨不吃饭;你如要计较吃饭的问题、生活的问题,那就是污了神圣,失了清高!是一种事业,是干一种事业的人,那【哪】一项不清高?那【哪】一个不该看自己的事业是神圣?然而这只该自己想着,自己信守,决不能让人家拿来当饵,自己却作【做】吞饵的鱼。诸位,我们今后的道路,第一要看破这是一个骗局!"

---

① 历乱,即凌乱。
② 同业,即同事。

大家等不及他说完篇，热烈地拍手了。

"既然看破这一个骗局，当然会明白为自身的利益而说话并不是不神圣，不清高。——如其我们教出学生来，一点不像人，一点没有用处，那才是我们下贱，我们卑鄙。但是，我们也同其他的人一样，生来就有生存的权利。为什么我们该特别牺牲？为什么我们的薪水该打折扣，维持不了生活？这有理么？这有理由么？何况实际上并不至于如此，而乌烟瘴气的人物和事势竟然弄到如此！"

一阵的拍手声更其沉着了，一声声都代表各人涌到喉际的一语"痛快！"

郭先生顿了一顿，用感激的眼光望一个个对着自己的脸，继续说："我们现在出来说话，也不是要压倒了谁，只是拥护我们固有的权利。岂但我们的权利，也是拥护学生们固有的权利。不听见明年或者要停办学校么？从我们信仰教育的人看来，停办学校就是杀害学生的生命！

"我们出来说话，应该坚强我们的力量。融合各人的意思，结成个团体的意识，这是坚强不过的。如其各自分散，你就是满腔悒悒①，也终于满腔悒悒而已。唯有团体的意识，到底必能贯彻，得以化各人的悒悒为欢畅。教职员联合会，不是我们的团体么？兄弟要召集今天的会，就希望诸位各表意见，结成个团体的意识，来应付我们眼前生活上事业上的问题！"

郭先生在掌声中归了座。一堂的空气早已紧张起来了；这究竟是大家切身的问题，不像讨论教授法那样地无聊。喳嗻②的语声起于四处，调子是沉郁的、迫切的。会长先生又从左边相③到右边；虽然不觉得疲倦，却张大口腔打了个呵欠。

"我的意思，"刚才发言的那位花白头发的教员站起来说，"我们推举四个代表去见局长，无论如何，请他尽年内把欠薪发清了；明年的方针，

---

① 悒悒，音 yì yì，意为忧愁、郁闷。
② 喳嗻，音 shà zú，低声细语。
③ 相，在此音 xiāng，意为观看。

也请他好好地定一定，打折扣同关门都不是办法！"他说得颇愤愤，坐下去时还鼓起发红的两颊。

"四个不够吧？我的意思是六个。"这声音发于后排，并不见有人站起来。

"不要单讲薪水的话，"一个高高的人挺立起来急促地说，"应该同他们算账！为什么要欠薪了，为什么要打折扣，教他们算给我们看，我们也同他们算一算！"

"好算账！"本来是含意未伸，现在有人说穿了，好些人就一齐喊出来。

"他们回说不用算，年年的预算决算都登报的，我们又怎样呢？"说这话的带着冷峻的口调，显出他比别人来得精细。

"预算决算谁相信！"好些人呵斥说。

"不相信，有什么凭据去驳他们？"那个人冷然回问。

一堂爽然了，大家觉得手头的确没有现成的凭据。有些人连带想起全县的教育费不知究是多少，仿佛想问一问；却有点不好意思，只得闷在肚里。

"要什么凭据！"高高的人又倏地站起来了。"谁不晓得他们从中弄的玄虚？什么预算决算，相信他们的鬼画符！"

大多数人听说，又觉得自己并不空虚，也就无所用其爽然；于是场中复呈哄哄的气象。

郭先生开口了。"账不是不能算；我们要把本县的教育引上光明的大路，这一着尤其必要。但算账必须有靠得住的材料，就是所谓凭据。从今天起，我们不妨做准备的工【功】夫，完密地搜集材料。到材料充足时，然后正式提出去。现在可先依刚才这位的话，推出代表去见局长，传达我们的必欲达到的期望：一、尽年内把欠薪发清；二、好好地确定明年的方针。是教育，是全县孩子们的教育，马马虎虎不当一回事是不成的！"

"那末【么】，到底推几个代表呢？"会长先生尽他主席的责任。

"我主张六个。"发于后排的声音又来了，算是维持他的初意。

"两个尽够了。这几句话要用许多人扛了去么？"

"哈，哈，哈！"

"诸位注意，推出代表这一个提案还没有人附议呢。"这当然又是个冷静的头脑。

"哈，哈，哈！"

"我附议！"好些人哄然喊出来，同时历乱地举起手臂，像江上的船桅。

讨论人数的结果，多数赞成两个。推举出来的，一个是那说话很急促的高高的人，大家觉得他最激烈，激烈就好；一个是会长先生，其意无非会长先生是全会的代表，会长去了，差不多全体都去。

"我们的后盾是什么？"那"冷静的头脑"乘人不提防，徐徐站起来说，闭了闭眼，"换一句说，我们说是必欲达到的期望，他们却回我们个不睬，我们又怎么办？"

这话语把大家松弛了的心情又拉紧了。

"我们一致罢教！"

大家没有注意这是谁说的，只觉这办法真实坚强的后盾，一齐来不及地拍着手心。

"限他们一星期！一星期没有好好地答复，一致罢教！"大家混在掌声中呼喊。

**郭先生心里很感动，起来带着微抖的声音说："今天我们有个团体的意识了！我们要用所有的力量来贯彻它；决不让它渐渐消散，终于没有。这是我们生活上事业上的生死关键，不是轻微的事。我们一定要贯彻这个团体的意识！"**

"大家一致，一星期，没有答复，全体罢教呀！"这呼号是报答郭先生的。

于是会长先生宣告散会。全体的教职员哄地站起来；桌椅被推动，一阵乱响。大家的脸给阳光晒得红红的；心里尤觉活跃，仿佛前途挂着很好的希望。有几个人竟至于想自己差不多是"革命党"了。

## 三

"诸位先生的意思，兄弟没有不尊重的。"局长答复两位代表说，照例是又尊严又谦和的脸，眼光时时从眼镜上边溜出来。"从前兄弟也当过教员，教员的况味那【哪】有不晓得。再说到教育，教育不好好儿办，中国还有希望么？所以，诸位先生的意思，爽直说，就是兄弟的意思。"

那位高高的代表听说，不由得坐来更偏一点；仿佛嫌自己的身躯太高了，只想教背心尽量地弯弯弯。再发表些意见吧？这似乎可以不必；因为局长的意思就是教职员们的意思，那末【么】"咱们一伙儿了"。会长先生是本来不预备挡头阵的，现在看先锋尚且不多开口，落得托着下巴静听。

"不过，"局长轻咳一声，意思是重要的话来了，"当局的也有当局的难处。能够想法的地方，决不会不去想的。然而想尽了还是没有办法，这就不能一味地责备当局的了。是不是呢？是不是呢？"

两位代表不自主地都点头了。

"不过，"局长再来一个转笔，"兄弟是当过教员的，对于教育又有极端的信念，现在还得从千困万难中去寻一个好办法！待有成功，当赶快报告诸位先生。"

"限你一星期！"那位高高的代表仿佛想这样说，但立刻觉得这样说太不文雅了，便换个腔调说："希望在一星期内听到局长成功的消息。"

"如其有成功的话，"局长笑了，这笑里藏着好许多的恩惠，"今天就今天，明天就明天，何必一星期？"

再有什么话说呢？两位代表就辞别了出来。

这地方教员们聚集的所在是茶馆，接洽一切在这里，商量什么在这里，休憩、打瞌睡在这里，说笑话、约打马【麻】将的赌伴在这里；假如把教职员联合会的会所定在茶馆，那就不至于成立会之后只开一次会了。

两位代表去见局长以后两三天，茶馆里就有人同教职员们谈论起这件事情来了。这些人无非是教育委员会正式绅之类，平时本来混在一块的，彼此有什么话不谈呢？

"你们去见了局长了？"

"是的，我们推代表去见了局长了。这是我们全体的问题，教育前途的大关键，不得不严重地提出。而且，我们要他在一个星期内有个解决。"

"局长怎么说？"

"他说总得从千困万难中寻出一个办法。"

"万——一个星期过了，还是没有解决呢？"

"那是早经决定的了；我们作坚决的表示，一致罢教！"

"好，这方法顶好，因为它彻底。——不过……"

"不过什么？"

"你们须得像工人罢工一样组织纠察队，有谁私下里上课的就打，有谁敢接受教育局的新聘任的也打；这才显出你们的力量，最后的胜利一定归入你们手里。"

"这是难办到的。纠察这字面何等难听；而且，怎么能动手就打呢？"

"难办到么？那末【么】你们的最后胜利在不可知之天了。哈哈！"

"未必吧？"

"不要太乐观了。还是趁早去组织纠察队的好。哈哈！"

教职员们虽然说"未必吧"，心里却不免有点儿动摇。自己的情况当然知道得最清楚的。四块钱用一个本校毕业生，教他代了课，自己再去什么局什么处弄兼差，领干脩；或者八块钱雇一名师范毕业生，把一班的"国""算""手""体"①等等完全包给他，再也不用费心。外边空着一双手，想当"八块钱的""四块钱的"的人正不知有多少呢。欠薪，打折扣，都不是他们的问题；他们只要有饭碗，那【哪】怕是破的。如其一致罢

---

① "国""算""手""体"都是当时学校课程的简称，分别是国语、算学、手工和体育。

教，不刚好给他们一个顶好的机会么？于是，抗争完全失败，徒然牺牲了自己。这那【哪】里是聪明人干的事！

同时，好几种地方报纸也特地为此事作起社评来，都不偏不倚地专为教育着想。举个例，地方公报这样说：

> 近闻教职员联合会代表谒见教育局长，请于年内发清积欠；明年教费亦望妥为筹划。夫小学教员多寒酸之士，八口嗷嗷，亟待薪资以为赡养。当局者诚宜及早设法，全其利权，俾得乃心乐育，无复他顾。
>
> 惟风闻教职员方面早有拟议，果所请不遂，即同盟罢教以为挟持：此则断乎不可者。教育原属神圣事业，为三乐之一，从事于此者，不可不具牺牲之精神；且其满足快慰，固非饱餐一顿所可伦比者也。苟以区区欠薪问题而相率罢教，置神圣事业于度外，人其谓之何？窃为吾县小学教育界不取也。

**这尤其使教职员们烦闷。明明是一个骗局，是一顶很高很高的帽子。但是，记者这样说了，读者点头赞同了，不就是非常普遍的舆论么？**

四天没有回复，五天没有回复，直到第七天的晚上，还是没有回复。明天早上，教职员们都怀着异样的心情到学校里，好似畏怯的旅客临到艰险的栈道，走又不好，不走又不好，简直无可奈何。

第一小学的先生没精没采地望着一场乱蚂蚁似的学生，吩咐校役说："你到二校去问一声，今天上课不上？"

校役跑到第二小学，两位先生正在踌躇，低低地议论，说坏在当初不曾约定，用一种什么方法作一致行动的信号。

"先生你们今天上课么？"校役毫不顾忌地问。

"今天放学了！"在近旁的学生听说就喊起来。

"咄！"一位先生喝止说，"谁胡说！"于是回答一校的校役，当然只得说,"我们今天上课。"

"你们怎样?"另一位先生想起了问。

"我们因为没定规,所以来问的。"

校役回到一校,报告说二校是上课的。先生想失约不自我始,无论如何可以不负责任,便决意向校役说:"没有什么,你依照时刻摇铃就是。"

二校的先生经过一校,一转念便跨进门去,想探听一点消息。但当望见奔驰叫喊的学生们时,仿佛觉得已经明白,再不用探听什么,于是死心塌地跑到关帝庙里。

高级小学是装有电话机的了。一面取下听筒来问:"怎样,你们今天?"

"我们从众,"一面回答,"刚才派人出去打听,各校还是照常地开门呢。"

"那个的话大概是作罢的了。"

"大概是作罢的了。哈哈!"

这一天,郭先生起得特早,踏着满街的浓霜历访六七个学校。有几校的先生还没有到;遇见的几位先生都呈冷冷的面孔说只怕有人乘机讨好,独个儿上课。

"不用问别人,只消问自己。是上星期一致通过的决议案,到底要不要实行呢?"郭先生的感情颇激动了。

答话却仍是软绵绵的。"实行固然顶好。有利益的事体,谁不愿意干?但是,我们的力量薄弱呢。会不会像吃砒霜药老虎,是我们应该考虑的。"

郭先生碰了一鼻子的灰,心里是说不出地感慨。已经望见了的前途的光明,原来只是一撮虚幻的火焰;现在消散了,依然是漫空的漆黑!

到了学校,竟想向学生们宣告,今天不教课了。但是,独个儿表示,谁觉着你的厉害呢?没有意义的事情,做他也是傻。

当他捧着一叠算草簿进教室上第一课时,看见一个个冻红的小脸上一对对的眼光射准自己,不禁诅咒似地想,讨厌的东西!

但是，一缕内愧立刻直透心头，便垂下眼皮默祷："请你们宽恕，这是我待你们不好的仅有的一次！"

## 四

学期终了，一切事情都安然过去，虽然教职员们想望的完全没有消息。

但是，郭先生已经接到免职的通知了。为的什么，并没有叙明白。他自己总该知道吧。

于是，有不少的心在私下里庆幸，没有真个做出来，到底占便宜；不然把本来破了的再摔一下，那就粉碎了。

这是这学期末了一课。郭先生给孩子们温理教完了的课本，也毕了，凄然的感觉渐渐上涌，终于激动地说："告诉你们一句话，你们料不到的一句话，下学期我不是你们的先生了！为什么呢？你们一定要这样问。唉，你们只晓得在学校里玩，抽出时间来做一点功课，那【哪】里懂得世间各色各样的事情。如果曲曲折折地告诉你们，徒然教你们心里糊涂，还不如不说的好。总之，下学期我不是你们的先生了！但决不是心愿离开你们的！"

"下学期谁来教我们呢？"冬日的下午，教室里已漫着昏暗，在那最暗的屋角一个孩子悄然问。

"自然是一位新先生，我不知道是谁，所以不能告诉你们。"

"我们跟着你先生去，你还是教我们，好不好？"另一个孩子含着离愁的眼光说。

"那不好；并且，我暂时也不作【做】先生呢。"郭先生嘴里这样说，心里是莫名地难过。自念入世以来，愿意赠与自己的心力的是这班孩子，相与得最坦白而没有隔阂的也是这班孩子，现在却被迫地离开他们了！

"作【做】先生的没有不爱学生的。你们的新先生一定会欢喜你们，保护你们，同我一模一样。你们准备一颗很好很好的心欢迎新先生罢

【吧】!"郭先生又想到孩子们的前途,这样恳挚地说。

教室里十分寂静,好似所有的脉搏同气息都凝止了。一对对的眼光集注在郭先生的身上,仿佛嫌平日还没有看得仔细,看得足够。

"新先生虽好,你不要去不更好么?"这一句带着真诚地埋怨的口气,破了一堂的沉寂。

"这没有法子!"郭先生的声音带颤而且有点沙哑了,"现在我们要散学了。给你们说,这人教那人教都不成问题,最要紧的是你们自己努力,自己要好!我希望明年你们进步更多,大家成个更好的学生!"他不能再多说,连忙点头招呼,因为滚出来的泪珠快要给学生看见了。

学生懒懒地散出去,好似腿上系着铅条。郭先生在一个个的背影上都着力看认,就把逐个的性格、癖好、学力等等重又温理一过。

末了是寂然,死样的寂然。

"完了!"郭先生觉得现在真成两手空空了,没有凭借,没有归宿,什么都没有!他颓然走下教台,不自主地回头去看。"呵,我的舞台,几年来在这里演呕心沥血的戏,现在被撵下来了!"转头来看见呆板的几排空桌椅。"呵,看惯了的红润的、黄瘦的、干净的、龌龊的面孔,再没有福分在这里一齐看见了!"墙上一列画幅,是今年秋间带着学生到野地游散,诱导他们自由写生的成绩。"这种乐趣,怕梦里也不会再得的了!"

他理清自己的书物,带着,一溜烟跑出了校门。西风吹得很紧,行人都呈萧瑟之态。暮色已十分下沉,似乎把他的心也压得非常沉重,两脚机械般移动,心里只是迷惘地想:"回去,回去怎么呢?还不是看她的流泪的脸!还不是听她的怨恨的话!不应该不听她咯,到底谁的话对咯,总是这几句。倒霉的事实自会证实她的话,那有什么法子!她又说,衣服没有几件好当咯,只剩几个铜元几个铜元咯,真讨厌!不晓得人为什么一定要吃饭!"

心思像一缕游丝般漾了开去,"假若没有她,也就没有家,岂不自由自在。"肩担行李头戴棕笠悠然来往的行脚僧的印象浮现于脑际了。但立刻感觉自己太自私了。"她怎能不怨呢?她嫁了过来,简直是嫁给了愁苦;一切的辛苦,一切的焦心,都有她的分【份】,独没有片刻的安适。难道还不让她畅快地怨几句么!"

"还是这班同业实在岂有此理!"愤恨便移了个方向。"他们没有识见,没有胆量,只晓得饭碗!饭碗!饭碗就是他们的终生唯一的目的!饭碗也得弄得牢固一点,稳妥一点;但他们不想!饭碗以外还得好好地做事业;但他们更不想!说什么教育,教育,一切的希望都系于教育!把教育托给这些东西,不是筑屋在沙滩上么!"他连平日的根本信念也动摇了,深觉当初以为唯这一条路是值得走的,其实只是浮泛的认识;这一条路的荆棘充塞,并不亚于其他的路。于是不但两手空空,心头也空空了。空空的心感到的一种况味,说是悲哀并不像,说是痛苦也未为确切,总之,只望立刻消【销】毁了这个心才好;但怎能得便消【销】毁了呢?

"铮!铮!"是铁铺里发出来的声音。郭先生不经意地看过去,在墨黑的小工场里,三个铁匠脸上身上耀着鲜红的光;铁椎【锤】急速地起落,有力而自然;炉子里的火焰一瓣瓣地掀动,像一朵风翻的大莲花:这幅引人的活的图画,似乎是向来不曾见过的。

"呵,他们是神圣!要买钉的,要买铲的,自然跑来求他们;而他们绝不求人家。他们只须【需】运用自己的精力,制成有用的东西,就什么问题都解决了。"

"怎么能跟得上他们呢?"他收了欣羡[①]的眼光回向内面想,只觉异样地怅惘,仅有的是个空空的心,配跟谁!

不知又走了多少步,身体突地给别人一撞,才转过头去。在电灯杆上贴一张告白,两三个人凑着灯光在那里看,也不知电灯什么时候亮了的。看那告白文字,说的是新开织袜厂,招请勤谨女工,工资从优的话。

他心头一动,不禁凝想,"她……"

---

① 欣羡,亦即爱慕。

【思考题】

1. 本文既描绘了一个勇于抗争的正面教师形象，又刻画了一些只顾私利、缩头畏尾、不懂得团结的反面教师形象。这样的形象是如何被建立起来的？这些用于建立人物形象的方法背后又隐藏了什么审美原则？

2. 本文所刻画的反面教师在本文中是反面的，但是，在另一个场合，他们又可能是正面的，被称赞为"明哲保身""考虑周全"等，这种差异的背后是什么？

## 十五、倪焕之[①]/叶圣陶

【内容提要：《倪焕之》讲述了一位热心投身教育事业的知识分子倪焕之由积极探索教育改革到在失望和痛苦中死去的故事，体现了：1. 教育工作者对待教育事业要充满热忱；2. 教育要顺应儿童的本性；3. 学校教材要结合实际；4. 教育内容应该贴近社会；5. 对待学生应该诚意感化的教育理念，以及应该为社会、为革命而教育，而不是为教育而教育的教育思想。同时，倪焕之的悲剧结局也反映了当时为革命而教育的艰难，反映了当时革命教育者的困境。】

一

吴淞江上，天色完全黑了，浓云重叠，两岸田亩及疏落的村屋都消融在黑暗里。近岸常常有高高挺立的银杏树，西南风一阵阵卷过来涌过来，把落尽了叶丫的树枝吹动，望去像深黑的鬼影，披散着蓬乱的头发。

江面只有一条低篷船，向南行驶。正是逆风，船唇响着汩汩的水声。后艄两支橹，分在两边，年青的农家夫妇两个摇右边的一支，四十左右一个驼背摇左边的。天气很冷，他们摇橹的手都有棉手笼裹着。大家侧转些头，眼光从篷上直望黑暗的前程；手里的橹不像风平浪静时来得轻松，每一扳动须用一个肩头往前一掮，一条腿往下一顿，取以助势；急风吹来，紧紧裹着头面，更从衣领往里钻，周遍贴着前胸后背。他们一声不响，只

---

① 叶圣陶，《倪焕之》，载于《教育杂志》，1928，20（1）：1-14、1928，20（2）：1-12、1928，20（3）：1-13、1928，20（4）：1-14、1928，20（5）：1-12、1928，20（6）：1-12、1928，20（7）：1-11、1928，20（8）：1-14、1928，20（9）：1-15、1928，20（10）：1-15、1928，20（11）：1-16、1928，20（12）：1-12。

鼻管里粗暴地透着气。

舱里小桌子上却点着一支红烛，风从前头板门缝钻进来，火焰时时像落花瓣一样弹下来，因此烛身积了好些烛泪。这红烛的黄光，照见舱里的一切。靠后壁平铺的板上，叠着被褥，一个二十五六的人躺在上面。他虽然生长在水乡，却似乎犯着先天的晕船病，只消踏上船头，船身晃了几晃，便觉胃里作泛，头脑也昏晕起来。这一回又碰到逆风，下午一点钟上船时便横了下来，直到现在，还不曾坐起过。躺着，自然不觉得什么；近视眼悠闲地略微闭上，一支卷烟斜插在嘴角里，一缕青烟只从点着的一头袅起，可见他并不在那里吸。他的两颊有点瘦削（冻得发红），端正的鼻子，不浓不淡的眉毛，中间加上一副椭圆金丝边眼镜，这就颇有青年绅士的风度。

在板床前面，一手倚着小桌子坐的，是一个更为年轻的青年。他清湛的眼睛凝视着烛焰，正在想自己的前途。但与其说是想还不如说朦胧地感觉来得适切。他感觉自己烦闷的生活完全过去了，眼前闷坐在小舱里，行那逆风的水程，就是完篇的结笔。等候着在前头的，是志同道合的伴侣，是称心满意的事业，是理想与事实的一致；这些是必然的，犹如今夜虽然是狂风阴霾的天气，但不是明天，便是后天或大后天，总有个笑颜似的可爱的朝晨。

初次经行的生路往往觉得特别长，更兼身体一颠一荡地延续了半天的时光，这坐着的青年不免又感到一阵烦躁；移过眼光望那躺着的同伴问道：

"现在应该快到了吧？"虽然烦躁，他的神态已然非常地温和、率真；浓浓的两道眉毛蹙紧些，这是他惯于多想的表征；饱满的前额承着烛光发亮，散乱而不觉得粗野的头发分披在上面。

"你心焦了，焕之。"那躺着的用两个指头拈着嘴里的卷烟，眼睛慢慢地张开来。"真个不巧，你第一趟走这条路就是逆风。假若是顺风的话，张起满帆来一吹，四点钟就吹到了。现在——"他说到这里，略微仰起身，旋转头来，闭着一只眼，一只眼从舱板缝里往外张，要想辨认那熟识的沿途的标记。但是除了沿岸偶有几株深黑的树影外，只有昏暗一片。他便敲着与后艄相隔的板门问道："阿土，陶村过了么？"

"刚刚过哩。"后艄那青年农人回答，声音里似乎辨得出他与猛烈的西南风奋斗的那种忍耐力。

"唔，陶村过了，还有六里路；至多点半钟可以到了。"那躺着的说着，身子重又躺平；看看手里的卷烟所剩不多，随手丢了；拉起被头的一角来盖自己的两腿。

"再要点半钟，"焕之望他的同伴的左腕，"现在六点半了吧？到学校要八点了。"

那躺着的举起左腕来端相，又凑到耳朵旁听了听，说道：

"现在六点半过七分。"

"那末【么】，到学校时，恐怕蒋先生已经回去了。"

"我想不会的。他知道今天是逆风，一定在校里等着你。他想得你急切呢！今天我去接你，也为他催促的缘故，不然，等明后天息了风去不好么？"

焕之有点激动，讷讷然说：

"树伯，我只怕将来会使他失望。不过我愿意尽心竭力服务，为他的好意，也为自己的兴趣。"

"你们两个颇有点相像。"树伯斜睨着焕之说。

"什么？你说的是——"

"我说你们两个都欢喜理想，这一点颇相像。"

"这由于干的都是教育事业的缘故。譬如木匠，做一张桌子椅子的，用不到理想，或者是泥水匠，砌墙头只消把一块一块砖头叠上去，也用不到理想。教育事业是要养成'人'的——'人'应该把他养成怎样？'人'应该怎样把他养成？——这非有理想不可。"

焕之清朗地说着，仿佛连带代表了蒋先生向一般人宣白。他平时遇见些太不欢喜理想的人，听到他的自以为不很理想的议论，就说他"天马行空""远于事实"，这往往使他感到抱了冤屈似的不快。现在树伯提起了理想的话，虽不是鄙夷他，不禁也说了以上的辩解的话。

"老蒋大约也是这一个意思。"树伯闭了闭眼，继续说："所以我曾经告诉你他做好一篇对于教育的意见的文章。这篇文章就是他的理想。"

"你记得他这篇文章里怎样说的？"焕之的眼里现着热望的光。

"他起先辨别什么是'性'，什么是'习'，又讲儿童对于教育的容受与排斥，又讲美育体育的真意义——啊！记不清楚，二十多张稿纸呢。反正他要请各教员看，尤其巴望先得你的商酌，等一会一登岸，你一定立刻拿着他那份一刻不离身的稿纸了。"

"有这样热心的人！"焕之感服地说。便悬拟蒋先生的容貌、举止、性格、癖好，一时复入于沉思；似乎把捉到一些了，但立即觉得完全茫然。然而无论如何，点半钟之后，就将会见这悬拟的人的实体；这样想时，不免欣慰而且兴奋。

风似乎更大了，船头汩汩的水声带着呜咽的意味；烛焰只往下窜，烛泪直淌，堆在锡烛台的底盘里；船身摇荡也更为利【厉】害，这见得后艄的三个人格外在那里用力。

树伯把两腿蜷起一点，更把盖着的被头角掀了一掀，耸耸肩说：

"事情往往不能预料。早先你当了教员，不是常常写信给我，说这是人间唯一乏味事，能得早日脱离为幸么？"

"唔，是的。"焕之安顿了心头的欣慰与兴奋，郑重地答应。

"到现在，相隔不过一二年，你却说教育里头有最好的趣味，情愿把它作终身事业了。"

"似乎曾给你写信过，"焕之现出得意的笑容，续说，"我后来遇到一个同事，他那种忘记了自己，忘记了一切，只知为儿童服务，只知往儿童的世界钻去的精神啊！我说不来，我唯有佩服，唯有羡慕。"

"他便把你厌恶教育事业的心思改变过来了？"

"自然改变过来了。不论什么事情，当机的触发本不必特别重大；譬如我欢喜看看哲学的书，只因为当初曾经用三个铜子从地摊上买了一本《希腊三大哲学家》，我又向往社会主义，只因为前五年报纸上登载了一篇讲英国社会党工党的文章，而这篇文章刚刚被我看见了。这一个同事给我的也就是个触发。我想：我何必再从别的地方去寻充实满意的生活呢？这个同事就觉得自己的生活很充实很满意，而我正同他一样地当着教员，难道我不能得到他所得到的报酬么？能，能，能，我十分地肯定。观念一变，什么都变了，围在身边的学生不复是龌龊可厌的孩子，四角方方的教室不复是生趣索然的牢狱。前天离开那些孩子，想到以后不再同他们作伴了，心里着实有点难受。"焕之说到这里，眼皮阖了拢来，追寻那存在记忆里的甘味。

"那是一样的，"树伯微笑说，"那边当教员，这边也当教员；那边有学生，这边也有学生；说不定这边的学生更可爱呢。"

"我也这样想。"焕之坐直了身体，精采地望着前方，似乎透过了中舱头舱的板门，透过了数里浓厚的黑暗，已望见了正去就事的校里的好些学生。

"像蒋先生这样，也是不可多得的。"焕之从未来的学生身上想到他们的幸福，因为他们有个对于教育特别感兴趣欢喜研究的校长蒋先生，于是这样感叹说。他共事的校长曾有三个，认识的校长少说点也有一二十个，那【哪】里有对于教育感兴趣的呢？研究自然更说不上。他们无非只为吃饭，看教职同厘卡司员的位置一个样子。他也相信任教职为换饭吃，但以为除了吃饭还该有点别的；若单为吃饭，就老实去谋充厘卡司员，不该任学校教师。现在听说这蒋先生，似乎与其他校长大不相同，虽还不曾见面，早引为难得的同志了。

"他没有事做。"树伯说得很淡然。"田，有账房管着；店，有当手管着；外面去跑，嫌得跋涉；闷坐在家里，等着成胃病；倒不如当个校长，出点主意，把小孩子弄着玩。"

焕之看了树伯一眼；他对于"弄着玩"三个字颇觉不满，心想树伯家居四五年，不做什么，竟成玩世的态度了。当年同学时，有所见就直说出来，这习惯依然存在，便说：

"你怎么说玩？教育事业是玩么？"

"哈哈！你这样认真，"树伯狡笑说，"字眼不同罢了，你们说研究，说服务，我说玩，实际还不是一个样？——老蒋若换处了我的地位，他决不当什么校长了。你想，我家里琐琐屑屑的事都要管，几亩田的田租也得磨细了心来收，还有闲空功【工】夫干别的事情么？"

树伯说这一句时，焕之觉得他突然是中年人了，老练、精明、世俗，完全深刻在眉宇之间。

"老蒋他还有一点儿私心。"树伯又低声说。

"什么？"焕之惊异地问。

"他有两个儿子，他要把他们教得非常之好。别人办的学校不中他的意；自己当了校长，一切都可以如意排布，两个儿子就便宜了。"

"这算不得私心，"焕之这才松了一口气说，"便宜了自己的儿子，同时也便宜人家的儿子。从实际说，不论何种公益事里边都含着这样的私心；不过私了自己，同时也私别人，就不是私心而是公益了。"

"我也不是说老蒋坏，"树伯辩解说。"我不过告诉你事实，他的确这样地存心。——蜡烛又快完了，你再换一支吧。"

焕之便从桌子抽屉里取出一支红烛，点上，插上烛台；把取下的残烛吹熄了，刺鼻的油气立刻弥漫在小舱里。新点的蜡烛火焰不大，两人相望，彼此的面目都有点朦胧。

"嘘，碰到逆风！"树伯自语；把头颈缩紧一点，从衣袋里摸出一只卷烟盒来……

换上的红烛点到三分之二时，船唇的水声不复是汩汩地呜咽，像小溪流一样活活地潺潺地了。风改从左面板窗缝里吹进来，烛焰便尽是向焕之颠头。

树伯半睡半醒地迷糊了一阵，忽然感觉水声与前不同，坐起来敲着板门问阿土道：

"进了港吗？"

"进一歇了，学堂里楼上的灯光也望得见了。"阿土的声音比刚才轻松悠闲得多。

"我上船头去望望！"焕之抱着异常兴奋的心情，把板门移开，两步就站在船头。一阵猛风像一只巨大无比的手掌，把他的头面身体重重地压抑，呼吸都窒塞了。寒冷突然侵袭，使他紧咬着牙齿。

这阵风过去了，他开始嗅着清新而近乎芳香的乡野的空气，胸次非常舒爽。犬声散在远处，若沉若起，彼此相应。两岸离船身都近，沿岸枯树的黑影，摇摇地往后退去。前面二三十丈远的地方，排列着浓黑的房屋的剪影。中间高起一座楼，楼窗里亮着可爱的灯光。灯光倒映河心，现出一条活动屈曲的明亮的痕。

"啊！到了，新生活从此开幕了！"焕之这样想着，眼睛凝望着楼头的光。一会儿，那光似乎扩大开来，挡着他的全视野，无边的黑暗消失了，他全身沐浴在那明耀可爱的光里……

## 二

倪焕之的父亲是钱庄里的伙友，后来升了当手。性情忠厚方正，同他的职业实在不大相应。他的妻是个柔顺的女子；但有点神经质，操作家务之余，常常蹙着眉头无端地发愁。他们的生活当然不很优裕，可是男的俭、女的勤，也不致怎样竭蹶。

焕之出生时，他的父亲已经四十多了，母亲还不到三十。父亲想像自己这样做到了当手，还只是个敷衍过去；儿子总要让他发达，习商当然是不行的。这时还行着科举，由寒素而不多时便飞黄腾达的，城里就有好几个。他的儿子不也可有这巴望么？到焕之四五岁时，他就把焕之交给一个笔下很好，颇有声望的塾师去启蒙，因为他不单预备教焕之识几个字，记记账目。

十岁时开笔作文，常常得塾师的奖赞。父亲看着文稿上浓朱的夹圈，笑意逗留在嘴角，捻着短髭摇摇头说：

"奖励得太利【厉】害了，太利【厉】害了！"

不上两年，作经义作策论居然能到三百字以上。这时候，科举却废止了，这使父亲颇为失望。幸而有着学堂，闻说与科举异途而同归，便教焕之去考中学堂。考上了。

学堂生活真如进了另一个又新鲜又广阔的世界。排着队伍习体操，提起喉咙唱风雅或秋雨的歌，看动物植物的解剖，从英文读本里得知闻所未闻的故事；从国文课里读到经义策论以外的古人的诗篇：在焕之都觉得十二分醉心。他又同着同学吟诗、刻图章、访旧书摊；又瞒着父母教师打牌、喝酒、骑马。他不想到自己的前途与父母的期望，只觉得眼前这样子就是最适意的生活。

当三年级生的那一年，有一天，父亲忽然向他说起他意所不料的话来。父亲说在中学堂毕业还得两年多；毕了业，不升上去，没有什么大巴望；升上去呢，怕没有这样的力量来栽培：不如就此休止了罢【吧】。

父亲这样说，并不是他不希望焕之发达起来了，乃因为发见了比学堂更便当的捷径。这捷径便是电报局。是终身职，照章程薪水逐渐有得加，而且开始就比钱庄当手的薪俸大，假若被派到远地去，又有特别地增加：这不是又优越又稳固的职业么？

父亲说了一番不必再读下去的理由以后，就落到本题，要焕之去投考电报生；并且说，中学堂三年生的程度去应考，是绰乎有余的了。

"这事情有什么干头！"焕之劈口就回答，心里有点生气。他不曾参观电报局，只从理化实验室里见过电报机的模型，两件玩具似的机关通了电流，这边一按，那边搭【嗒】地一响；这边按，按，按，那边搭【嗒】！搭【嗒】！搭【嗒】！他也没有细细地想，只仿佛觉得在这"搭【嗒】，搭【嗒】，搭【嗒】"声中讨生活，未免太没出息，太难为情了。

"事情都由人干的，有什么有干头没干头！"父亲意外地碰了钉子，也动了感情。

"这事情没出息！"焕之不自主地把仿佛觉得的意思漏出了嘴边。

"为什么没出息？你倒要同我说个明白！那【哪】些事情才是有出息的？你说！乱说乱批驳，我不许！"

"打电报不消用思想，是呆板的事。而且干这事情不能给多数人一些益处。我想，要干事情总要干那于多数人有益处的。"

这样的观念，在焕之的心头萌生已有一二年了，不过并不清晰，只粗粗地具这么一个轮廓。现在经父亲追问，欲爽性完全吐露，好教父亲了解他。但是没有说得透澈。

"唔！"父亲顿了一顿，续说，"你欢喜用思想，教人家得益处，那么干什么事呢？要高等学堂大学堂地升上去，总为难。我也老了！"父亲近来的身体衰弱，使他醒悟了当初存心把焕之一径栽培上去，只是个虚幻的梦想。他急于要见焕之的成立。他说到老字，心头酸楚了。

母亲坐在旁边，当然垂注着眼光鸾①远地惊怯地发愁。

焕之听父亲这样说，非常感动；刚才的意气消释了，只觉父亲可亲又可怜，很想投入他怀里撒一阵娇，让他忘记了老。但已入青年期的焕之又颇看不起那种孩子气的撒娇，他只把声音故意发柔和一点请求说：

"让我在中学堂毕了业，再想法干事情罢【吧】！到那时，什么事情我都干！"

在焕之虽是不自觉的，这说法依然是对于投考电报生这拟议的反抗。

"就依你的说法。"

父亲一转念，觉焕之的话没有什么不是，而且很有点志气，不免感到满意、安慰。投考电报生的拟议就暂时自行撤消了。

到后年的中秋节后，报纸上突然传布着震动人心的消息：武昌新军起

---

① 鸾，音 diào，意为深远。

事，占领火药局，直攻督署。总督瑞澂和统制张彪都仓皇逃走。于是武昌光复。不到几天，汉口、汉阳也就下来了。

是民军，是反抗清政府的，占据的地方又是全国的枢纽，取给、运输，色色都便利：这使昏昏然的民众从迷梦中警醒，张开眼来看一看自身所处的地位，而知的确是在泥潭里、火坑里；同时带着感动惊讶的颜色望长江上游那班新出场的角色，相信他们演来一定是出伟大的戏剧，虽然还只看了个序幕。各处城市依然是平时的样子，晨光唤起它们的响动，夜色送它们归于沉寂；但与平时不同的，里边已经包藏着无量数被激动的心，不安、忧惧、希望、欣幸，——一致地相信大变动正在大踏步而来。

中学堂里，当然也包藏着被激动的心。学生们仿佛这样想：现在革命了，还上什么功课呢！这意思是革命这事情非常之重大，把学堂里功课同它去比，简直微细不足道了。

这一天下午，焕之这一级上西洋史课。那个西洋史教师是深度的近视眼，鼻子尖而高，看书等于嗅书。他教了十几年的历史，有个不可更改的习惯，就是轮流地嗅讲义同札记本。讲义是正文，学生也摊着看的，所有的穿插则在札记本里。他讲一句正文，连忙要看附带的穿插，便放下讲义，拿起札记本；尖鼻子在札记本上嗅不多时，穿插完了，便又换上讲义来嗅。这样，人家只看见他的右手一上一下地移动。这就取得他的第二个绰号，叫做"杠杆作用"，（他的第一个绰号是"闻讲义"。）他讲解得很响，有好些字因为读来响，致失了本音。学生们说他这也有意思的：一来是安慰自己，上一课就听见自己的声音足足响上五十分钟，决不能算溺职，薪水当然不是白拿；二来也是安慰自己，耳朵里塞满了自己的声音，学生们谈话嬉笑的声音就听不见了。

"上海光复了！"焕之挟着一份报纸趱进课堂来，一只手挡在嘴侧边，表示这是私语，其实连提高喉咙讲说的教师都听见了；他脸上显着兴奋的红晕，气息咻咻地，见得他是跑回来的。

这几天里，上海报特别地名贵，迟钝一点的人，往往只好看报贩子的空布袋。因此，同学中间定了个约束，每天轮流派人到火车站去买报；买到了赶回来，大家比闲坐在家里的绅士们知道新消息还来得早，落空看不着报纸，当然决不至于了。教师方面，自然并未表示准许；但买报专使出去了，既而进来了，甚而至于跑进正在上课的教室，教师也回转了头，只作不曾看见。这一天，这差使轮到了焕之。

"啊！上海！上海光复了！好！哈咯！"一阵故作禁抑，其实并不低微的欢呼声出自许多学生的嘴里，少数的人便趸到焕之的坐【座】位旁边，抢着看他买来的报纸；其余的人则耸起点身躯，伸长点头颈，向焕之那里望，仿佛看见了径尺的大字"上海光复"，同时也看见好些迸出火星来的炸弹。

西洋史教师心里也是一动；但立刻觉悟教师的尊严与功课的神圣，无论如何是必须维持的，便按一按心头，把喉咙提得更高点念一句正文，连忙又由"杠杆作用"取起札记本来上下地嗅。

"这里也快了！"

"说不定就是今天晚上！"

"那末【么】，明天市面上要插满白旗了！"

"哈咯！大家今天立刻把辫子剪掉！这猪尾巴，谁要留着的谁就是猪！"

学生们你一句我一句地说，简直把西洋史教师忘了。

西洋史教师似乎是不取干涉主义的，教室里这样地骚动，他只把鱼眼似的眼睛在讲义上头透出来，瞪了两瞪，同时讲说声转为尖锐，仿佛有角有刺的：这是他平时惯用的促起学生自省的警告法。

这警告法向来就不大见效，这一天尤其等于没有。学生们依然哄哄地讨论革命党该从那【哪】一门进来，他们的炸弹该投在谁的身上等等问题。有几个看教师演独角戏似的那种傻样子，觉得可厌又可笑，甚而至于像嘲讽又像自语地说：

"讲给谁听呢？大家要看革命军去了！除非讲给墙头听！"

这天，焕之放学回家，觉得与往日不同，仿佛有一种新鲜强烈的力量袭进了身体，周布到四肢百骸，急于要发散出来——要做一点事。一面旗帜罢【吧】，一颗炸弹罢【吧】，一支枪罢【吧】，不论什么，只要拿得到，他都愿意接到手就往前冲。但是，在眼前的只有父亲同母亲，父亲正为着时局影响到金融而发愁，母亲则恐怕兵乱闭市，在那里打算买点腌鱼咸肉；他们两个什么也不吩咐他，给与他。他在室内来回踱了一阵，坐下来；翻出课本来看，一行行的字似乎都逃了开去。忽然想作一首七律，便支着头凝思。直到上了床，时辰钟打过一下，五十六个字的腹稿才算完成，中间嵌着"神州""故物""胡虏""汉家"那些词儿。

那时候学生界里流行着一些秘密书报。这人是借来的，后来借与那人，那人当然也是借来的；结果人人是借来的，不晓得谁是分布者。焕之对于这些书报都欢喜，而于《复报》的封面题字故意地印反，尤觉含有深意。

他对于那个校长的演说，也深深地感动。那个校长是日本留学生，剪了发的，出外时戴一顶缀着辫的帽子。他的演说并不怎么好，冗长又重复；但态度非常真挚，说到恳切时眼角里亮着水光。他讲朝鲜，讲印度，讲政治的腐败，讲自强的要素，实在每回是这一套，但学生们没有在背后说他"老调"的。

种族的仇恨，平民的思想，这样地燃烧了这个青年的心，现在霹雳一声，眼见立刻要跨进希望的境界，教他怎能不振奋欲狂呢？

但是他随即失望了！这个城，也挂了白旗，光复了。他的发辫，也同校长一样剪掉了。此外就不见有什么与以前不同的。身体里一种新鲜强烈的力量，像无数的小蛇，只是要向外钻；又仿佛觉得如果让钻出来时，一定能够作出许多的不同来，——他对于一切的改革，似乎都有把握，都以为非常简单、直捷，——然而那【哪】里能得机会呢！毕业期是近在眼前了，倘若父亲再教去投考电报生，只有拿着毛笔钢笔就走，更没别的话说。于是，搭【嗒】，搭【嗒】，搭【嗒】，平平淡淡的一生……

他开始感觉人生的悲哀。他想一个人来到世间，只是悲角的登场，捧心、皱眉、哀啼，甚而至于泣血，结末深黑的幕落下，什么事情都完了！不要登场吧，自己实在作不得主，因为父母早把你送到了剧场的后台。上去演一出喜剧吧，这舞台就不是个喜剧的舞台，你要高兴，你要欢笑，无非更加你的失望和寂寞。他想自己现在到了登场的时期了，装扮好了，怀着怯弱的怨抑的心情跫上去，那【哪】知等着在场上的是一个青面獠牙的魔鬼，还是一条口中喷火的毒龙。魔鬼也吧【罢】，毒龙也吧【罢】，自己要演悲剧是注定的了。

这可说是一种无端的哀愁；虽说为着不见什么重要的改革，以及耽心着父亲的重提前议，但仔细自剖，又并不全为这些。这哀愁却像夏雨前的浓云一般，越堆越厚，竟遮住了所有心头的光明。有一天，独个走过一个古废园的池塘；看淡蓝的天印在池心，更横斜着饶有画意的寒枝的影子，两头白鹅并不想下池去游泳，只悠闲地互相顾盼着，他觉得这景色好极了。忽然心头一动，发生了跳下池塘去死的强烈的欲望，似乎只有这样做，是最爽快最解脱的办法。但一转念想到了垂老的父亲，慈爱的母亲，以及好些的同学，这欲望便衰退了，眼眶里渗出两颗心酸的眼泪。

但他并不是就没有兴高采烈的时候；只要处在同学群中，同大家看报纸上各地次第光复的消息，以及清廷应付困难的窘状，他还是一个"哈咯、哈咯"的乐观主义者。

同学中像焕之这样的，自然也有，他们要让体内那新鲜强烈的力量钻出来，便想到去见校长；校长这时候是一省都督府的代表，想来分配些事情与学生做当然不难。焕之听到这计划，一道希望的光在心头一耀，就表示愿意同去。

这一晚，校长从南京选举了临时大总统回来，五六个学生便叩他的办公室的门。焕之心里颇怀着羞惭，以为这近于干求，不免有点卑鄙。但同时自尊心也伸出头来，以为要求的是为国家办事，尽一份义务，校长又是光明磊落的人，这里头并没有什么卑鄙。希望的心，得失的心，又刺枪似的一来一往，不禁惴惴然，两手感觉冰一样冷。

校长把学生迎了进去，彼此坐定了，预先推定发言的一个学生便向校长陈说各人的请求。说是为力量所限，不能升学，又看这时势，事情正等人去办，也不想升学；大家有的是热心，不论军界政界，不论卑微细小，只要能够做的，值得做的，都愿意去做；末了自然是说校长识人多，方面广，请为着实留意。

这学生说完了，几个学生都屏着气息，把眼光垂下。只听见书桌上小时辰钟札札的声响。

"军界政界，你们完全不相宜。"校长捻着颔下的长髯说。灯光照着他的冻红的脸，柔细的眼显得非常慈祥。

"在南京，什么事情都是乱糟糟地。各处地方，还不是一个样。你们从未进过社会，在这变动的时期，骤然投进最难处的军界政界，决没有好处。"

校长接续这样说，学生们热望的心冷了一大半；大家脸上有点发热，自然，眼光垂得更低了。

"你们不想升学，要做事情，也好。配你们做的事情却有，我可以给你们介绍。"

学生们的心又热转来了；有几个不免轻轻抬起眼来，望着校长的围生着浓须的嘴。

"你们可以去当小学教员。"

"小学教员"这四个字刺入焕之的耳朵，犹如前年听见了"电报生"，同样地引起强度的反感。刚才叩门的时候，抱着的希望何等阔大；而校长答应的这样地微小！虽然不是搭【嗒】，搭【嗒】，搭【嗒】，一世的"猢狲王"未见得就好了多少！

他在回家的路上这样决定：如校长果真给他介绍教职，他不就，即使同学们都就，他也不就。无端的哀愁照例又向他侵袭，而且更见利害。他望见前面完全是黑暗，正像这夜晚的途中一样。

但是到了家不免把校长的意思告诉了父母；自己的决定则暂不吐露，因为校长还没有介绍确实，犯不着凭空表示反对。

"这很好呀！"父亲满脸欢喜。"你去当教员，一定合你的心思。教那些小孩子，就是给人家益处的事情。"

"这事情怕很烦心辛苦的吧。"母亲看见小学堂里的先生猫狗样叫跳着管教学生，不禁起这样的忧虑。

焕之想辛苦是不在心的；这也是给人家益处的事情，父亲却说得有点对。同时曾经看过的几本教育书籍里的理论同方法涌上心头，觉得这事业仿佛也有点价值，至少同搭【嗒】，搭【嗒】，搭【嗒】，打电报是不能比并的。可是尚没有愿意去干的意思，哀愁当然依旧萦绕着。

但是十余天之后，他就怀着一半好奇、一半不快的心情，去会见第六小学校的校长了。

## 三

那第六小学校的校长是两颊丛生短胡的中年人；身躯不高，却颇粗大，远看像个墨水瓶；两眼鹘落鹘落只是转，似乎一转就产生一个新机变；脸面的皮肤板扎扎地，仿佛老练的侦探，专事等人家的疏失。他任第六小学校的校长有四五年了，这就是说他享受这份产业已历四五年。他想尽方法招徕主顾，学生倒也不少；他又想尽方法减少支出，增加自己的赢【盈】余，所以每一学期学生只领得一支新毛笔，写坏了时便要父母去买，否则就在石板上练习书算。现在他听得有个新伙计来了，不免略微上一点心事；这新伙计纵不能帮着自己经营，至少也要不有什么阻碍，这能够如愿以偿么……

"初次担任这事情，什么都不很明白。这事情非常重大，不是随便弄弄的，却颇有点晓得。一切愿先生随时指教，请不要客气。"

焕之初次看见校长的形貌，就觉得生疏、嫌厌，他不曾预料世间会有这样的人；但陈说以上的话，却怀着绝对真实的心情，以为没有经验如自己,来同这四五年的老经验家合伙,多少是抱歉的。

"那【哪】里的话!不过我所晓得的,自然没有不肯说的。"

校长这样回答,板扎扎的脸皮上居然荡漾着一痕微笑;这是他看出这新伙计完全是个易与的小孩子,心里放松下来了的标记。他于是带领焕之去看校舍。是一所阴森而破旧的庙宇。大殿是一个课堂,两庑各是一个课堂。中庭便是运动场。两株桃树底下,零乱散置着几个木哑铃上掉下来的木球。还有一些甘蔗渣,不晓是学生还是校役的儿子吐在那里的。

三个课堂里一律是黑漆转为灰白的桌椅,墙上的黑板显露着横条的裂纹。沉寂、幽暗、寒冷。尤其是那大殿上,高高的藻井,纠结着灰尘同蛛网,好像随时可以掉下一个鬼怪或者一条蛇来的。

焕之用疑怪的眼光望着大殿上的课堂,心里想:

"这里,将是我耗费精神、消磨岁月的地方了!在一刻钟以前,再也不曾想到这地方是这么个样子。至少有玻璃窗,有明快的阳光,有可以坐下来看书的预备室——这些,现在知道完全是梦想了!这里的生活,难道是有价值、有趣味的么?我即使要勉强这样相信,也忘不了我在这里自己骗自己!"

他不自觉地回转头来望校长,只见校长的眼睛对他转几转,像躲在树丛中的猫头鹰,于是又想:

"这个人将是我共事的伙伴了!想象中的教员,总以为是和颜悦色的。这个人的脸,几时会放松来呢?难道因为现值放假,故把和善的脸暂时收起,待开学再显出来么?而且,这个人似乎没有三句话可以谈的,讨论、商量,怕不是他喜欢的事。那末【么】,一校三个课堂,还得各自独立门户呢!"

他辞别校长回家时,抱着一种冤屈的心情,眼前没有别的,准备做牺牲而已,好像美丽贞洁的处女违心地嫁给轻薄儿一般。夜间在床上,半夜没有好睡。起先是温理那旧习的哀怨;继而转为达观,以为一个人藐小得很,就是牺牲了,也没有什么;末了想到生与死的分别,想到古废园的池塘，想到《大乘起信论》……

新春时节，学校开学了。焕之第一天当教员，正是个阴沉的雨天。走进那庙宇，只见许多孩子在课堂里前庭里乱窜。衣裳东一摊西一搭地湿，泥浆的鞋印一个个留在砖地上。有好几个十五六岁的学生，并不比焕之幼小了多少，正站起在教桌上唱不成腔的京戏，这是他们新年游乐的余兴。

经校长的介绍，认识了另一个伙伴。这人是第二期的肺病患者，两颊陷下去成两个潭，鼻子像一片竖放的木片，前额耀着滞暗的青白的光，发音很低，嘶嘶地像喉咙头网着丝。

焕之不禁一凛，一只手举了起来，要按住自己的口鼻；但立刻觉得不好意思，仍垂下了手，只把脸偏向一点。心里想：

"这个人也是学生们的教师么！教育的学说虽然深奥万端，也可以一句包括，就是要学生'生'。怎么却给他们一个'死'的化身呢！不过看了这庙宇，这个人当教师倒也配。不然，就不调和了。但是我……也成了'死'的化身么！"

关于登台授课，焕之没有一点把握；虽看过一些讲教授法的书，到这里忘记得干净了。好几天以来，他只有看两个伙伴的样，跟着他们做。他们教课是拉起喉咙直喊的，就是那个肺病患者，居然也迸出还算响的哑音。喊的大半是问句。问时不惮一而再，再而三，直到听见了他们预想的答语方才罢休。譬如问：我们天天吃什么东西的？回答说：粥。于是又问：粥以外，吃什么东西呢？回答说：饭。于是又问：饭以外，又吃什么东西呢？回答说：面、馒头、大饼、油炸桧。于是只得换个方法问道：我们每天不是吃茶么？回答说：真的，我们天天吃茶。这才算满意，开始转入本题说：我们今天就讲这个茶。

问以外，大部分的功【工】夫就是唱。一课国文讲罢了，一种算法歌诀教过了，教师开始独唱，继而学生跟着教师合唱，继而各个学生独唱，继而全体学生合唱。这调子有点像和尚拜经忏，又有点像水作工人悠长的"杭育"声。这是一校的"校粹"，它自有它的命脉；新加入的教师同学生一开口唱就落在它的范围里,却没有力量左右它。

焕之除了照样喊照样唱,还有什么法子呢?但是他实在看不起自己这样作。二十将近的年纪,自问尚不曾堕落过,现在却开始堕落了。街上卖唱的盲女、癫叫化子,站定了朝着人家就喊就唱,为的是一个两个铜子。自己的情形,与他们有什么两样!而且比他们更坏;他们也许有一两句很好的腔调,一两段动人的唱白,能使听的人颠【点】头称赏;而自己与那些小听众,简直漠不相关,喊着唱着的既是不知所云,坐着听的也无异看大猩猩指手画脚长噪。

他又觉得那些小听众太不可爱了。他所教的原是低级,最大的学生也不过十几岁光景,有又粗又高的殿柱在作对比,更见得他们的微小。但是儿童的爱娇、活泼、敏慧,仿佛从来不曾在他们身上生过根,他们有的是奸诈、呆钝、粗暴。街头那些歪戴着帽子,两手插在对襟短衣的袋里,身体一斜一转地,牙齿紧咬着,预备一放开时就吐出一句恶毒的骂语的流氓的型,在他们里头似乎很寻得出几个。

焕之起初也想,别的不用管,自己教的是学生,就从学生里头寻点安慰罢【吧】。但立刻证明这只是妄想。他叫他们静听着不要响,他们却依然说笑、争骂;他听见自己求救般的讲说的声音,同时总伴着各种的噪音,甚至自己的声音反而消沉在噪音里。他没法,只好停嘴。学生们起初觉得异样,夏雨收点似地【的】零落地住了声。但随后就是一阵含着戏弄意味的笑。这使焕之发怒了,把教鞭扬了起来,想在不论那【哪】一个身上乱抽一顿(两个伙伴常常这样做的,似乎当时颇有点效验),然而手还没有这一种习惯,抽下去仿佛很不顺,半中里便缩住了。愤慨又悲哀的眼光瞪视着前方蠢然而动的许多小头颅,喃喃地说:

"讨厌的小东西!"

下了课的时候,耳朵里是茶馆般喧嚷,眼门前是全武行戏般扰乱。晴天,灰尘飘进口腔里,上下牙齿磨着,只觉悉剌悉剌;雨天,路上同庭中的烂泥被带进教室,各处都周遍,踏一步看了三四看,还是不得地方落脚。简直没有个可以安顿的所在！到预备室里坐坐吧（实则是中庭前二门后的一落后轩，狭长的一条，钉一点板，开几扇窗，算是预备室了），又怕听校长背诵隔夜的马【麻】将牌，以及肺病患者咻咻地喘气。不知为什么，他同他们好像言语隔阂的两个国度的人，很困苦地说，只说得一两句日常短语，就没有了。同坐在一起而彼此不理睬，不好，又加不欢喜旁听他们的，就只好站在阶沿数那殿顶的瓦楞。

庭中两株桃树。着花的时候，阳光带着醉人的暖气，这陈旧的庙宇居然也满蕴着青春。焕之两眼望那浮着锦样的光的繁花，四肢百骸酥酥地【的】，软软地【的】；忽觉花枝殿影都浮动起来——眼泪渗出来了。

他开始独个儿上酒店去喝闷酒。带了七八分的酒意回家，矜持着吃夜饭，同父母说话。到一躺在床上，仿佛什么东西在头顶一盖，再也作不得主了，便轻轻地呜咽地哭。

"人间的苦趣，冠冕的处罚，就是教师生活了！什么时候脱离了呢？什么时候脱离了呢！"他一边哭，一边迷惘地说。

他实在不敢公然说出"脱离"两个字。父母正在欣慰，儿子有相当的职业了，当然不好把逆耳的话，伤他们的心。此外，又仿佛对谁负了一种责任，突然间说不负了，良心上万分过不去。于是当一学年终了时，设法换了个学校。意思是希望新境界能好一点，虽然不是脱离，总不致如沉沦在那可厌的庙宇里那么痛苦。

然而还是一个样！只不过庙宇换了祠堂，同事学生另是一批姓名不同的罢了。

这年里，他的父亲因旧有的肾脏病去世了。摧心地伤痛，担上家计的负荷，所事又十二分不如意，他憔悴了；两三年前青年蓬勃的气概，至此消逝得几乎一丝不剩。回家来与母亲寂寂相对，一个低头，一个叹气，情况真是凄惨。

过了两年，他又换过学校，却遇见了一个值得感服的同事。这是个诚朴的人，担任教师有六七年了，没有江湖气一般的教师习气；他不只晓得教学生识几个字，随时留心着学生的一举、一动，以及体格、心性；他也不这般那般地多所指说，只是混在学生一起，同他们呼笑，同他们奔跑。

有一次，一个学生犯了欺侮同学的过失，颇顽强，那教师问他，他也不认错也不辩解，只不开口。那教师慈和的眼光对着他，教他平下心来，想这样的事情该不该。那学生忽然露出流氓似的凶相说：

"不晓得！随你怎样罚就是了！"

"不要这样，这样了你以后会自觉懊悔！"那教师握住那学生的颤动的手说。"错了点没有什么要紧，用不着蛮强；只要自己明白，以后再也不会错了。"

这谈判延长到两点钟之久。结果是学生哭了，自陈悔悟，教师眼角里，也留着感激的泪痕。

"你太辛苦了。"焕之看在眼里，不禁这样说。

"并不辛苦，我欢喜这样做。"那教师满意地微笑说，"而且我很感激他，他相信我，结果听了我的劝告。"

这似乎是十分平常的话，然而当了三数年教师的焕之向来不曾听见过。这一听见教他的心转了个方向。他原以为自己沉沦在地狱里，谁知竟有人严饰这地狱，成为天堂。自己的青春还在，生命力还丰富，徒然悲伤，到底有什么意思！就算所处是地狱，倒不如也把它严饰起来吧！

他于是检出从前看过的几本教育书籍，更购买了一些；仿效着那个同事的态度来教功课，对待学生；又时常与那同事讨究教育上的问题，眼面前的事实：从这些里头得到了好些新鲜的深浓的趣味。有如多年的夫妇，起初是，不相投合，后来真情触发，恋爱到白热的程度，比自始就相好的又自不同了。

金树伯是焕之中学时代的同学，颇说得来的。他毕业后就回乡间去处理自己的田产，彼此难得见面。但隔一个半个月总通一回信，也与常常晤见无异。到这时候，焕之去信里，论调忽然一变，由忧郁转为光昌；接着又描写好些的理想，有的是正待着手的，有的是渺茫难期的。树伯看了，自然觉得安慰，但不免斜掀起一面颧颊自语道：

"不料焕之要作教育家了！"

树伯的同乡蒋冰如是日本留学回来的，又是旧家，在乡间虽没什么名目，却人人承认他有特殊的地位。当地公立高等小学的校长因事他去时，他就继任了校长。他为什么肯出来当小学校长，一般人当然不明白，但晓得他决不为饭碗，因为他有田有店，而且不是少数。

这年年初，学校里要添请一个级任教员，树伯便提起了焕之，把他最近两年间的思想行动，描状得又仔细又生动。冰如听得高兴极了，立刻决定请他，并促树伯放船去接，说这点点对于地方的义务是应该尽的。

## 四

"啊！倪先生，欢迎欢迎！"蒋冰如站在学校水后门外，举起一条臂膀招动着，声音里透露出中心的愉快。一个校役擎着一盏白磁罩的台摆煤油灯，索瑟地站在旁边，把冰如的半面照得很明显。他的脸略见丰满，高大的鼻子，温和而带聪慧的嘴唇，眼睛耀着晶莹的光。

"今天刚是逆风，辛苦了。天气又冷。到里边坐坐，休息罢【吧】。"冰如接着说，一手拉住刚从石埠上小孩子样跳上来的焕之的衣袖，似乎迎接个稔熟的朋友。

"就是蒋先生！"焕之的呼吸有点急促，顿了一顿，继续说，"听树伯所说，对于先生非常佩服。此刻见面，快活得很。"他说着，眼睛注视冰如的脸，觉得这就完全中了意。

"树伯，怎么了？还不上来！"冰如伛了身躯望船舱里。

"来了。"树伯从船舱里钻了出来，跨上石埠，一壁说，"知道你还没有回去，一定等在校里的。我这迎接专使可有点不容易当，一直在船里躺着，头都昏了。"

"哈哈，谁教你水乡的人却犯了北方人的病。倪先生你不晕船的吧？"

"不。"

焕之并不推让，嘴里答着，首先跨进学校的后门。

走过一道廊，折入一条甬道。这境界，在焕之是完全新鲜，有一些渺茫莫测的感觉。廊外摇动着深黑的树枝；风云撼着门窗发出碎乱的声响，却更见得异样地静寂。好像这学校很广大，几乎没有边际，他现在处在它的那【哪】一方、那【哪】一角，实在不可捉摸。

煤油灯把从后门进来的几个人引进了休憩室。休憩室里原有三个人围着一张铺有白布的桌子坐着（桌子上点着同样的煤油灯，却似乎比校役手里的明亮得多），这时候一齐站了起来，迎到近门处。

"这位是徐佑甫先生，三年级级任先生。"冰如指着那四十光景的瘦长脸说。

那瘦长脸便用三个手指撮着眼镜脚颠【点】头。脸上当然堆着笑意；但与其说他发于内心的喜悦，还不如说他故意教面部的肌肉松了一松；一会儿就回复到原来的呆板。

"这位是李毅公先生，他担任理科的。"

"焕之先生，久仰得很。"李毅公也戴眼镜，不过是平光的，两颗眼珠在玻璃里面亮光光地，表示亲近的意思。

"这位是陆三复先生，我们的体操教师。"

陆三复涨红了脸，右颊一个创伤的瘢痕显得很明白；嘴唇动了动，却没说出什么；深深地鞠个躬，犹如在操场上给学生们示范。

"这位是倪焕之先生，各位早已听我说起的了。"冰如说这一句，特别带着鼓舞的神情。同时重又凝着神把焕之全身端相，像看一件新到手的宝物。他看焕之有一对敏锐、清澈的眼睛；丰满的前额，里面当然储着决不俭约的思想；优秀的嘴唇，吐出来的定是学生们爱悦、信服的话语吧；棉布的长袍，不穿棉鞋而穿皮鞋，又朴素，又精健……总之，从这个青年人的身上，一时竟想不出一句不好的批评。他不禁带笑回望着树伯颠【点】头。

"诸位先生，"焕之逐一向三个教师招呼，态度颇端重，眼睛不瞬地看着他们,似乎要读熟他们的魂灵,"今天高兴得很,同诸位先生见面。此后同在一起,要请教的地方多着呢。"

"我们彼此没有客气,什么事情都要谈、都要讨论。我们干这事业该是这样子的;一个人干不成,必得共同想方设法才行。"

冰如这么说,自然是给焕之解释同事间不用客气的意思;然而不自觉地,却透露了对于旧同事的希求。他要他们同自己一个样子,抱起热诚,怀着完美的理想,一致努力,把学校弄成个理想的学校。但是他们却有意无意的,他说这样,是的,他说那样,不错,没有商酌,没有修正;而最使他失望的,是他们中间似乎没有一点精健活动的力,松松懈懈,像大磨盘旁疲劳了的老牛。他感觉孤立了。是许多孩子教育的事情,一只手怎么担当得来!于是热切地起了纠合新同志的欲望。对于旧同事,他还是希望他们能够转化过来。他想他们只是没有尝到教育事业的真味罢了;一旦尝到了这人间世再也不能超过的滋味,那是硬教他们淡漠也决不肯的。他于是动手做文章,表白自己对于教育的意见;他以为一篇文章就是一盘精美的食品,摊在他们面前,引得他们馋涎直流,他们一定会急起直追,在老职业里注入一股新力量。那时候,共同想方设法的境界自然就涌现了,什么事情都要谈、都要谈论,比较每天循例教教课显然是两样,学校那【哪】有不理想化的……

他重又把焕之贪婪地看了一眼,得意的笑便浮现在颧颊嘴角间。

"我做了篇文章,倪先生,要请你看看。"

他说着,伸手到对襟马褂的口袋里。但随即空手回了出来。

"还是草稿呢,涂涂改改很不清楚。等一会拿出来,让先生带回房里去仔细看吧。"

"我就知道你有这么个脾气。何必亟亟①呢?人家冒着风寒坐了半天的船,上得岸来还没有坐定,就要看文章!"

---

① 亟亟,在此意为急躁。

树伯带着游戏的态度说；一壁先自坐了，点一支卷烟吸。

焕之却觉树伯的话很可以不必；给风吹得发红的面孔更见得红，几乎发紫了；因为他有与冰如同等的热望，他急于要看那篇稿子。他像诚实的学生样向冰如说：

"现在看也好。我很欢喜知道先生的意思。树伯同我讲起了，我恨不得立刻拿到手里看。"

"是这样么？"冰如仿佛听到了出乎意料的奖赞，"那末【么】我就把它拿出来。"

焕之接稿子在手。是二十多张蓝格纸，直行细字，涂改添加的地方确是不少，却还保存着清朗的行款。正同大家围着桌子坐下，要开头看时，校役捧着一盘肴馔进来了。几个碟子，两碗菜，一个热气蓬蓬的暖锅，还有特设的酒。

桌面的白布撤去了，煤油灯移过一边，盘里的东西都摆上桌子，杯箸陈设在各人面前，暖锅里发出吁【嗞】吁【嗞】的有味的声响；一个温暖、安舒的小宴开始了。水程的厌倦，寒风的侵袭，在焕之都已消失在阅读那篇文章的兴致里。

"倪先生，能喝酒吧？文章，还是请你等一歇看。现在先喝一杯酒。"

冰如首先在焕之的杯子里斟了，以次斟满各人的杯子。

"我们喝酒！"冰如高兴地举起杯子。同时各人的杯子一齐举了起来。焕之只得把稿子塞进长袍的袋里。

"教育不是我的专门，却是我的嗜好。"

冰如喝过一杯以后，一抹薄红飞上他的双颊；他的酒量原来并不高明，但少许的酒意更能增加欢快，他就这样倾心地诉说。

"我也没学过教育，只在中学校毕了业。"焕之接着坦白地说，"我的意思，专门不专门，学过没学过，倒没有什么大关系。重要的就在这个'嗜好'。你若是嗜好的话，对这事业有了兴趣，就是不专门，也能够胜任愉快。小学校里的功课到底不是深文大义，没有什么难教。小学校里有的是境遇、资质不同而同样正待长养的儿童，要同他们混在一起生活，春到夏，秋到冬，这就不是一般人能耐的事。假若不是嗜好着，往往会感得干燥厌倦。"

"所以我主张我们当教师的第一要认识儿童！"

冰如僻处在乡间，觉得此刻还是第一次听见同调的言论，不禁拍着桌沿说。

徐佑甫的眼光从眼镜侧边斜溜过来睨着冰如，他心里不免好笑：——当教师那【哪】有不认识儿童的，就是新学生，一个礼拜也就认得够熟了；亏你会一回两回地向人家这样说！

李毅公是师范学校出身，他本在那里等候插嘴的机会，便抢着说：

"不错，这是顶要紧的。同样的儿童，却各有各的个性；一概而论就不对了。"

冰如点点头，抿了一小口酒，又说：

"要认识儿童就得讨究到根上去。单单对一个一个儿童看是不行的，至多知道谁是胖的，谁是瘦的，谁是白皙的，谁是黝黑的罢了；我们要懂得潜伏在他们里面的心灵才算数。这就涉及心理学、伦理学等等的范围。人类的'性'这个东西是怎样的，'习'这个东西又是怎样的，不能不考查【察】个明白。明白了这些，我们才始有把握，好着着实实发展儿童的'性'长养儿童的'习'。同时浓厚的趣味自然也来了；比较种植家，有同样的切望而含着更深远的意义，那【哪】里再会感得干燥、厌倦。"

"是这样的！"

焕之本来能喝酒的，说了这句，就端起杯子一呷而空。冰如的酒壶嘴随即伸了过来，他拿起杯子承受，又说：

"兴味好越要研究；越研究兴味越好。这是人生的幸福，值得羡慕而不是侥幸可以得到的。我看见好些的同业，一点也不高兴研究，守着教职像店管伙计一样，单为要吃一碗饭；我只代替他们难受。就是我，初当教师的几年，也是在这样的情形中度过的。啊！那个时候，只觉教师生涯是人间唯一乏味事，如果有地狱，这就差不多。不料到今天还在当教师，而心情全变了。"

一种怀旧的情绪兜上他的心头，似乎有点怅然，但决不带感伤的分子。

"我也常常说的，当教师不单为生活，为糊口。"冰如的声音颇为宏【洪】亮，"如果单只为糊口，什么事情不好做，何必定要好些的儿童陪着作牺牲！"

他们这样一唱一酬，原来是无所指的，彼此心头蕴蓄有这样的观念，谈得对劲，就尽情透露出来。不料那位似粗鲁又似精细的体操教师却生了心。他曾经为薪水的事情，同冰如交涉；结果二十点钟的功课，作为二十四点钟算，他胜利了。但同时受了冰如意若讽刺的一句话："我们干教育事业的，犯不着在几块钱上打算盘；陆先生，你以为不错吧？"当时他看定冰如的笑脸，实在有点窘；再也想不出一句适合的答话，只好赧[①]颜颠【点】了颠【点】头。现在听冰如的话，显然是把当时的话反了过来说；面孔一阵的热，眼光不自主地落到自己的杯中。**近乎愤恨的心思于是默默地活动起来：——你有钱，你富翁，不为糊口！我穷，不为糊口，倒是来陪你玩！这新来的家伙，看他模样就知是个等着糊口的货色，却也说得这样好听，嗤！无非迎合校长的意思。**

在喝了一口酒咂着嘴唇，似乎尝味酒的真趣的徐佑甫，对于这一番话又有不同的意思，倒不在糊口不糊口。他觉冰如同这个年轻人说得浮泛极了。什么"性"哩，"习"哩，"研究"哩，"嗜好"哩，全是些字眼儿，有的砌在宋儒的语录里才配，有的只合写入什么科的论文；总之，当教员的完全用不着。他们用这些字眼描绘出他们的幻梦来，这样地起劲，仿佛安身立命的根本大法就在这里了；这于自己，于学童，究竟有什么益处呢？

---

① 赧，拼音 nǎn，指因羞惭而脸红。

原来徐佑甫对于学校的观念,就认她【它】是一家商店。学生是顾客,教师是店员,某科某科的知识是店里的商品。货真价实,是商店的唯一的道德,所以教师撒烂污①是不应该的。至于顾客接受了商品,带回去受用也好,半途里失掉也好,甚而至于才到手就打碎也好,那是顾客自己的事,商店都可以不负责任。根据这样的见解,他教授他的国文功课:预备是必须十分地充足,一个字,一个典故,略有疑惑,就查《辞源》(在先是《康熙字典》),抄在笔记簿里;上堂是必须十分地卖力、讲解、发问、笔录、轮来倒去地做,直到听见了退课铃;学生作了文,必须认真给他们修改,如果实在看不下去,不惜完全钩去了,依自己的意思重行写上一篇。他这样做也有十四五年了;他相信就是整个的教育。此外如有什么教育的主张,教育的理论,不是花言巧语,聊资谈助,就是愚不可及,自欺欺人。

不当教师的树伯,却又有各别的想头。他有二斤以上的酒量,一杯连一杯喝着,不客气地提起酒壶给自己斟。他想今夜两个聪明的傻子碰了头,就只听见些傻话了。世间的事情何必认真呢?眼前适意,过得去,什么都是好的,还问什么为这个、为那个。一阵高兴,他举起杯子喊道:

"你们三句不离本行,教育、教育,把我门外汉冷落了。现在我的'将令',不许谈教育,违背的罚三杯!这一杯令杯,大家先喝了。"

"哈!哈!哈!"

"有这样专制的'将令'?"冰如凝眸对树伯,表示抗议;但酒杯也已端在手里。

"'将令'还有共和的么?喝吧,不要多说!"

树伯说着,举杯的手在众人面前画了个圈,末了凑近自己的嘴唇。

"今天倪先生初到,我们理合欢迎。这一杯就欢迎他吧。"

李毅公笑容可掬地这样说;执着酒杯在焕之面前一扬,也缩还自己的

---

① 撒烂污,意为不负责任,搞坏了事情。

嘴边。

大家呀【嗞】地一口干了酒。酒壶在各人面前巡行。暖锅里依然蓬蓬地浮着热气；炽红的炭块仿佛盈盈的笑颜。手里的筷子文雅地伸入盆碗，又送到嘴里。酒杯先先后后地随意吻着嘴唇。

他们谈到袁世凯想做皇帝，谈到欧洲无休无歇的空前大战争。焕之表示他于政治冷淡极了。在辛亥那年，曾做过美满的梦，以为增进人人福利的政治立刻就实现了。谁知开了个新局面，只把清朝皇帝的权威分给了一班武人！这个倒了，那个起来了；你占这里，他据了那里；听听这班人的名字就讨厌。所以近来连报纸也不大高兴看了；谁耐费脑费力去记这班人的升沉成败。**但是他相信中国总有好起来的一天；就是全世界也总有一天彼此不用枪炮相见，而以谅解与同情来代替。这自然在各个人懂得了怎样做个正当的人以后。养成正当的人，除了教育还有谁能担当？一切的希望悬于教育。所以他不管别的，只愿对教育尽力。**

冰如自然十分赞同这意思。他说有昏聩的袁世凯，有捧袁世凯的那班无耻的东西，帝制的滑稽戏当然就登场了。假若人人明白，帝制是过去的了，许多人决没有臣服于一个人的道理，谁还去上劝进表？并且，谁还想、谁还敢想做皇帝？再讲欧洲的打仗。他们各有各的正义，自称为什么什么而战，承认错误全在敌人的方面。这就是很深的迷惑。实际全是些野心的政治家、贪狠的财阀在背后牵线。相信为什么什么而战的正是登台的木偶！假若多数人看穿了这把戏，晓得人类共存是最高尚的理想，种界、国界是不必要的障壁，德国人不能丢下枪来握着法国人的手么？奥国人又何妨搭着英国人的肩同去喝一杯酒？不过要人人明白，人人看得穿，培养的工夫真不知要多少。尤其是中国，教育兴了也有好多年，结果民国里会串出帝制的丑戏；这可知以前的教育完全没有效力。办教育的若不赶快觉悟，往新的道路走去，谁说得定不再有第二回第三回的帝制把戏呢！

"你们犯令了！"

树伯抢着酒壶把冰如、焕之的空了一半的杯子斟满，得意地喊道：

"快喝干了！再有两杯！"

"这不是教育的本题，是从袁世凯转到教育的，似乎可以从轻处罚，每人喝一杯也就够了。"

李毅公用公正人的口吻，向树伯这样说，然而有媒妁那样软和。

"好的，就是一杯吧，"徐佑甫说，呆板的瘦脸上浮着一层微笑，"况且大家也没有正式承认这一个号令。"

"'将令'也有打折扣的么？"

树伯把金丝边眼镜抬了抬，哈了一口酒气，庄严的样子说：

"既是你们大家这样说，本将军也未便故拂舆情；就是一杯吧。不过要轮到我说话了；你们只顾自己滔滔不绝说，不管别人家喉咙头痒。"

因为斟酌得最勤，他显然是半醺了。冰如、焕之依他的话各喝了满满的一杯。冰如今晚是例外地多喝，只觉酒到喉间很顺流地下去，而且举起杯来也高兴；但头脑里是岑岑作跳了。

树伯从袁世凯想起了前年本乡办初选的情形，开始说道：

"你们讲正经话，我来讲个笑话吧。讲的是那年办初选，冰如你是不睬这件事情的，我却欢喜去看看，随随便便投一票也脱不了什么身分【份】，蒋老虎拼命出来打干；客居外边的，不高兴投票的，那些选民的名字他都钞【抄】了去（冰如，说不定你的名字也归了他），已有足够的数目。但是轿夫不多；每个轿夫出来了又进去，至多也只好三四回，选举监督到底不是瞎子。他就在茶馆里招揽一些不相干的人，每人给一张自己的名片，教他们进去投票，出来吃一餐两块钱的和菜①。那些临时轿夫在杯盘狼藉的当儿，大家说笑道：'真难得，我们今天吃老虎了！'这不算可笑。有一个轿夫奔出来对他说道：'你的大名里的镶字笔画多，写不清楚；我就写了蒋老虎，横竖是一样的。'这话把蒋老虎气得鼓起颊腮，像河豚的肚皮，一把拉住那轿夫，定不许他入座吃和菜……"

---

① 和（hè）菜，江苏南通地方小吃，一种由粉皮、蛋皮、韭菜、瘦肉丝、绿豆芽等五样荤素搭配炒制的什锦菜。

树伯说到这里，忍不住噗嗤地笑了。大家也都笑了。而冰如的笑里，更带着鄙夷不屑的分子。他向来看不起这个同姓不宗、绰号"老虎"的蒋士镳。蒋士镳颇交往一些所谓"白相人"；他是如意茶馆的常年主顾，是赌博的专门家；而镇上的一般舆论，往往是他的议论的复述。冰如有时想起本乡将怎样革新，自然而然就想到蒋士镳；以为这个人就是革新的大障碍，真好比当路的老虎。彼此见了面是互相招呼的；但没有话可以谈，只有立刻走开。在宴会酬酢中遇见时，仿佛有一种默契，他们避不同席，曾经有了什么深仇阔恨似的。其实连一句轻微的争论也不曾有过。

酒罢饭毕以后，大家又随便谈了一歇。谈起后天的开学，谈起初等学校升学来的学生的众多。窗外虽是寒风怒吼，春的脚步却已默默地走近来了；在酒后的人们，都有一种燠①暖的感觉，这不就是牠【它】的气息么？春回大地，学期开始，新学生不少，又得一位生力军似的新同事；冰如只看见希望涎着脸儿在前头笑了。他走回家去，一路迎着风，仿佛锋利的刀在皮肤上括【刮】削，总消不了他心头的温热、高兴。

焕之看冰如、树伯回去，各有一个用人提一盏纸灯笼照着，人影几乎同黑暗融和【合】了，只淡黄的一团光一摇一荡地移去；觉得这景象里很有诗意，同时又似乎回复到幼年的时代。街头的火把、纸灯笼，在幼年总引起幽妙而微带惊怖的有趣的情绪，自从城里用了电灯，这种滋味就没有了；不意今夜在这里又尝味到。

"在事业上，我愿意现在是幼年，从头做起。"

这样想着，他同住校的三位先生回进来。李毅公就招呼他，说他同他一个卧室，在楼上靠东边的一间。徐陆两位先生同室，就在隔壁。过去就是三年级的教室。楼下本来是两个教室，此刻升学的新生多，要开三个教室了，好在房子还有。

走进卧室时，校役已把带来的行李送了上来；一只箱子，一个铺盖，

---

① 燠，音 yù，即热。

还有一网篮书。铺位也已布置好,朝着东面的窗。窗下一张三抽斗广漆的桌子,一只榉木的靠椅。桌子上空无一物,煤油灯摆上去,很清楚地显出个倒影来。桌子横头有书架,也是空着。李毅公的铺位与焕之的并排;一只大书桌摆在全室的中央,则因他有些时要弄动植物标本、理化试验器之故。

"水根,你替倪先生把床铺好了。"毅公吩咐了校役,回转身来亲切地向焕之说:"倪先生你坐了逆风的船,想来很疲倦了,可以早点儿休息。这里是乡镇,夜间都安歇得早,你听,这时候也不过十点钟,风声之外就没有一些别的声响。"

焕之经他一点醒,开始注意耳际的感觉确与平日不同。风从田原上吹来,挟着无数的管乐器似地【的】,呜呜,嘘嘘,嘶嘶,间以宏放无比的一声声的哗——。这样却更见得夜的寂静。似乎凡动的东西都僵伏了,凡有口的东西都封闭了;似乎立足在大海里块然的一座顽石上。如果在前几年,焕之一定要温理那哀愁的功课了,因为这正是感伤的境界。但是今晚他从另一方面去想,以为这地方这样安静,夜里看书作【做】事倒是很适合的。他回答毅公道:

"现在不疲倦。刚才在船上确有点疲倦;上得岸来,一阵地说话,又喝了酒,倒不觉得了。"

水根刚把铺盖捧上了床,手忙脚乱解开绳子,理出被褥来,焕之和蔼地阻住他说:

"这个我自己来,很便当的。"

那拖着粗黑大发辫的乡下人缩住了手,似羞惭似惊奇地看定这位新来的先生。一会儿,露出牙龈肉一笑,便踏着他惯常的沉重的脚步下楼去了。

焕之抢着铺叠被褥,被褥新浆洗,带着太阳光的甘味,嗅到时立刻想起为这些事辛劳的母亲,当晚一定要写封信给她。而衣袋里的那篇文稿,又非把牠【它】看完不可。这使他略微现出匆遽的神态。

"何不让他们弄呢？"

毅公似乎自语般说。

"便当得很的事情，自己还弄得来。就不必烦别人了。"

焕之收拾定当了，两手按在头顶，往后梳理头发，舒一口气。再把床铺有味地相了一相，便带一种好奇的心情，坐上那只将要天天为伴的椅了。他从衣袋里珍重地取出冰如那章文篇，为求仔细，重又从开头看起；同时想，书籍等东西只得待明天理出来了。

## 五

夜来风转了方向，而且平静得多了。曙色启发时，田野、河流、丛树、屋舍，显呈在淡青色的寒冷而清冽的大气里；小鸟开始不疾不徐地叫；早作的人们合凑成跃动的人籁。

焕之突然醒来，一鹘落爬起身，直望对面的窗；想着天气晴好，两条臂膀不禁高高举起，脸上浮现高兴的神色。一会儿，重又把卧室环视一周；角落里，桌子底下，以及不甚工致的白垩的天花板，都加上个新的记认。看李毅公的床，帐门垂着；他还没有醒，便轻捷地披衣起床，去开那窗子。

窗下是校里的园地，种着菘菜。围墙之外，迤斜地躺着一条明亮的小河，轻风吹动，绉起鳞鳞的波纹。一艘没篷船正要出发；竖起桅杆，拉上白布帆，就轻快地前去了。河两岸是连接的麦田。麦苗还是沉睡的一般，但承受了初阳，已有欣欣的意思。田亩尽处，白茫茫的一片，那是一个湖。几抹远山，更在湖的那边，若有若无，几乎与天色混和【合】了。

"啊！可爱的田野。在这里，人家若说世间各处正流行着卑鄙、丑陋、凶恶、残暴等等的事情，又说人类将没有希望，终于是长不好、教不灵的动物，谁还会相信。这轻快地驶去的船里的人物，他们多么幸福，来往出进，总在这自然的乐园里。我对他们惭愧了。"

他除了城外去扫墓、几趟近地山水的旅行以外，简直在城圈子里禁锢了二十多年。现在对着这朴素而新鲜的自然景色,一种亲切、欣慕的感情禁不住涌了起来。已而想,此后将同这可爱的景色朝夕相亲了;便仰起了头,深深地吸入一腔清新的空气。他从没有这样舒快过。他似乎嗅到了向未领略的田土的甘芳气息。

他走下楼,水根正在庭中扫地,大发辫盘在帽沿【檐】,青布围裙裹着身,带着惊异的样子说:

"先生,你这样早。他们几个先生,这两天放学,起来还要好一歇呢。"

"我是早了一点。"

焕之随口说。回身望那座楼,是摹仿西式的建筑,随处可以看出工匠技术的不到家。却收拾得干净;白粉的墙壁,广漆的窗匡【框】同阑干,都使人看着愉快。庭前一排平屋是预备室、藏书室以及昨夜在那里谈饮的休憩室。预备室的左侧,引出一道廊。沿廊一并排栽着刚透出檐头的柳树;树枝上头,欢迎晴朝的麻雀这里那里飞跃。一片广场展开在前面。五棵很高大的银杏树错立在那里,已经满缀着乳头般的尚未发放的新芽。在靠东的一棵下,有一架秋千;距秋千二十步光景,又横挂一根浪木。场的围墙高不及头顶;南面墙外正是行人道,场中的一切,从墙外都能望见。

一种幻象涌现在他的眼前:阳光比此刻还要光明而可爱;银杏同柳树都已绿叶成阴,树下有深林幽壑那样地美妙;不知什么地方飞来些美丽的鸟儿,安适地剔羽、顾盼。其间跳跃着、偃卧着、歌唱着的,都是天真纯洁的孩子,体格壮健而优美。墙外行人则停足观看,指点笑语。

"这不就是神仙境界么!"

他低下头来,一缕快感似乎直咽到肚里;两手反剪,互捏着关节作响。他记起昨夜的谈话同仔细看完的那篇文字来,便忖量自己的前途道:

"其他的同事固然没完全看见,即看见了的也不晓得他们怎样;而据蒋冰如的表示,他总是个有良心、肯思想的教育者。一个人既愿尽力于教育,就是孤立无助,也得往前做去;何况确有同志,而且他正引我为同志。我应当比去年更用心力，凡可能的地方总要尽其极量，这才对。明天开学了，我愿未见面的许多学生受到我丰盛而有实惠的贡献。啊！未见面的学生！我已经看见你们在这里游戏了。"

两点钟以后，他同李毅公在市街上了；他急于要投寄给母亲的信，带便认识邮政局。市街是头东西的①，有三里多长。这时候早市还没有散，卖蔬菜、卖鱼虾的担子常常碍住行人的脚步。谈话的，论价的，拣选东西的，颇有点攘攘之概。各色的店铺也是城市风，不过规模都见得狭小；一二个伙友坐在店柜里，特别清闲似的。

市上来了个面生的人，大家不由得把好奇的眼光注视他一会。有的看了也就完了；有的却指点着他同别人商论，是学校里先生的朋友呢，还是上头派来查学校的。焕之觉得自己引起了别人的注意，虽然没有什么羞惭，总觉有点不自在，只垂眼看着脚面前的路。

邮政局是极小的一个店面，短短的、字迹已认不大清的一块牌子隐藏在檐下，若不是毅公招呼说："郭先生，邮包没有封吗？"谁也要错过了的。

"没有，没有。现在正要封包呢。你先生有信？"

斜射的阳光只照在这小店屋的屋面上，屋里是非常地暗；焕之闭了闭眼，再睁开来细认，才看清柜台里一个人正在包扎一叠叠的信件。

"不。是这位倪先生有信。他是我们学校里新聘的先生。你又多一个主顾了。"

"好的，好的，欢迎得很。"

那邮局长看寄信的人走了，便抬起头朝对街茶叶店里的伙计喊道：

"喂！这个面生人姓倪，是高等里的新先生。"

"是先生？"茶叶店伙计似乎爽然，"年纪这样轻。我看他至多二十几呢。"

---

① 头东西，指东西朝向的。

停一会，他又找机会去告诉了邻近的店家。在有些人的心头，便引起了轻微的、绝不狠毒的一种敌意。若问他们何以有这意识，他们也说不来，只仿佛觉得自己又给别地方人拔去了一根头发似的。……

焕之、毅公两人走完了市街，转弯上一座很高的桥；当年的石工很工致的，现在坍坏了，石级缝里砌满了枯草。回身朝来的方向望，就是一排市屋后面的一条河。各式的船停泊了不少，也有来往行驶的。一个个石埠上蹲着青年女子或者老妇人，洗濯衣服、菜蔬、碗碟，鳞鳞的屋面一直伸展到天际；白粉墙耀着晴明的光；中间耸起浓绿的柏树之类，又袅起几缕卷舒自如的炊烟。

对着这一幅乡镇生活的图画，焕之又沉入优美的沉思。他想今晨看见的这些人，他们的内心似乎都非常之安定、非常之闲适；就是一个卖菜的老婆子，她同人争论价钱，也仿佛随意为之，一点不紧张。几年以来，在城市的社会里混，看见的大部分是争夺、欺骗的把戏。这里，大概还没有传染到这病毒吧。

他想隔一些时候，可在这鳞鳞的屋面下租定两三间房子，把母亲接了来；于是教学生以外，仍得陪伴着母亲。这样，就是从此终身也很好，当教师本来应该终身以之的。

恬适的笑浮上他的颜面了。

"过桥去不远，就是蒋先生的家。"

毅公指点桥的那边。那边房屋就很稀，密丛丛地，有好几个竹林；再远是一望无尽的麦田，这时候全被着耀眼的阳光。

"我们去看他吧？"

"好的。"

毅公引导，走进冰如的客室。这是一间西式的屋子：壁炉上面，横挂一幅复制的油画，画的一个少女，一手支颐，妙慧的眼儿微微下垂，在那里沉思。两只式样不同、安舒则一的大沙发，八字分开，摆在壁炉前面。对面是一张玲珑的长桌；雨过天青的花瓶里，插几枝尚未开放的蜡梅。里面墙上却挂四幅郑孝胥行书的屏条，生动而凝炼【练】，整个地望去尤比逐个字看来得有味。墙下是一个茶几，两只有短短的靠背的椅子。中央一个圆桌，四把圆椅围着。地板上铺着地毯。光线从两个高阔的窗台间射进来，全室很够明亮了。右壁偏前的一只挂钟，的搭的搭【滴答滴答】奏出轻巧、温和的调子。

毅公很熟习【悉】地替焕之拉出一把圆椅，自己又去拉另外的一把，同时用努嘴来示意，随说道：

"造这房间，都是蒋先生自己给匠人指导的。你看这天花板同墙壁接触处装饰的花纹，也是他打了图样，教匠人依样涂饰的。"

焕之坐下来，抬起头看，说道：

"我看出他有这样个脾气：什么事情都要通过了自己，才认为满意。他那篇文章里，中国古人的、今人的、外国教育家的、心理学家的、社会学家的种种的言论都采取；但是他说，并不为他们是某人某人故而采取，乃因为他们的话有理，所以采来作为自己的话。这不是靠傍，他自己有一个系统。"

"这些话，他平时常常说起的。他简直是个哲学家。"

毅公说着，松快地笑了。

这时候，冰如走了进来，意外地高兴说道：

"我本要到学校去了，两位却先来了。我的文章看了吧？"他用期待的眼光看定焕之；轻轻地，也拉出一把椅子坐下。

"看了，仔细地看了。"

"最要紧，有什么不对、不周到的地方？"冰如的脸色很庄重，声音里显露心头的顾虑。

"没有觉得。"焕之说得极沉着，表示不是寻常的敷衍。"老实说，我所知关于教育的，也有这么些，不过我没有把这些材料组织起来，成一种系统的见解。现在看了先生的文章，再自己省察；的确，从事教育的人至少要有这一点认识。我从先生得到不少的益处了。"

他又接续说：

"我极端相信先生的意思，就是说：我们不能把什么东西给与儿童；只能替儿童布置一种适宜的境界，让他们自己去寻求、去长养，我们至多只从旁给他们一点儿帮助。现在的教育太偏重书本了，教着、学着，无非是文字、文字！殊不知儿童是到学校里来生活的；单单弄一些文字，就把他们的生活压榨得又干又瘪了。"

"所以我一想改变。醒悟了不改变，比不能醒悟还要难受、还要惭愧。可是我没有——"

他简直当焕之是多年的知友，这时候他不比昨晚喝酒时一味地高兴，眉头略微皱起，要对这位知友诉说向来没联手人的苦处；但是猛想起有毅公在旁边，话便顿住了，干咳了一声续说道：

"可是我没有具体的办法，一时无从着手。以后同各位仔细商量，总要慢慢改变过来。"

他又特别叮咛地向毅公说：

"你的功课是最容易脱离书本的；张开眼来就是材料，真所谓'俯拾即是'。用得到文字的地方，至多是研究、观察的记录同报告。"

毅公误会了，以为他含有责备的意思，连忙说道：

"这，这不错。我从前太着重记诵了。以后想多用乡土的材料，不教他们专记教科书。"

冰如又问焕之，他这篇文章有没有感动人家的力量。焕之不晓得他作这篇文章有特别的用意，只说说理文章不比抒情文章，纵说得确当、透彻，还是一副理智的面孔。

"不。我说经我这样一说明，看见了的对于自己的事业，会不会更为高兴起来？"

"高兴呀；譬如我，就觉得更认清了自己的道路，唯有昂着头向前走去。"

用人轻轻走进来，呈上一封信。冰如拆开来看毕，自语道：

"他要免费!"

他露出略微不快的脸色向两位客人说:

"就是昨晚树伯讲起的蒋士镳,他的儿子要免费入学,托王雨翁写信来说。收学生,固然不能讲纳不纳得起费;但是他,那【哪】里是纳不起这一点点学费的!"

## 六

三个谈了一点多钟,就一同到学校去。冰如带了自己的两个孩子。大的十二岁,在高等小学修业了一年;头脑宽大,眼睛晶莹有光,很聪颖的样子。小的十岁,刚从初等小学毕业;冰如拉住他的红瘴①的手授与焕之道:"这位倪先生,现在是你的级任先生了。"郑重叮咛的意思溢出于言语之外。那孩子含羞似地【的】低了头,牙齿咬住舌头。他似乎比较地拙钝,壮健的躯体里仿佛蕴蓄着一股野气。

他们不从市街走。市河南岸两排房屋的那边就是田野,他们就走那田岸。两个孩子跳呀跳地走在前头;温暖的阳光唤回他们对于春的记忆,时时向麦叶豆苗下细认,看有没有倦翅试飞的蝴蝶。毅公反剪着手独个子走,眼光垂注于脚面前的泥路;他大概在思索他的乡土教材吧。焕之四望云物,光明而平安;不知什么小鸟在空间唧呤地一声掠过,仿佛完全唱出了春之快乐;他挺一挺胸,两臂向左右平举屈伸着,感叹说:

"完全是春天了!"

冰如看出青年人的高兴,自然也怀着远大的欢喜,略回转头问道:

"你看这个地方还不差吧?"

"很不差。清爽、平静,满眼是自然景物。我住惯了城里,今天早起开窗一望,阿!什么都是新鲜的。麦田、小河、帆船、远山,简直是一幅图画展开在面前,我的心融化在画里了。"

---

① 瘴,音 zhǒng,在此指浮肿。

"你也看见了这里的市面了?"

"市面也同城里不一样。虽然简陋些,但简陋不就是坏。我觉得流荡着一种质朴而平安的空气,这教人很舒适的。"

"这可不尽然。"冰如不觉摇头。"质朴的底里藏着奸刁,平安的下层伏着纷扰,将来你会得看出。到底这里离城里不远,离上海也只一百多里呢。"

"这样么?"焕之微觉出乎意料,脚步便迟缓起来。

"自然。不过究竟是个乡镇,人口止【只】有二万。你若是有理想、有计划的话,把它改变成个模范的乡镇也不见得烦难。现在有我们这学校,又有五个初等小学,一个女子高小;只要团结一致,大家当一件事情做,十年、二十年,社会上就满布了我们的成绩品。街道狭窄呀,河道肮脏呀,公共事业不兴盛呀;只要大家明白、需要,那末【么】把那些凌乱、简陋的房屋(他举起手来指点)通体拆掉了,从新打样,从新建造,也不是办不到的事。你看,这里的田有这么多,随便在那【哪】里画【划】出一块来(他的手在空中有劲地画一个圈),就是一个很大很好的公园。树木是现成的,池塘也有;只消把田改作草地,再搭几个茅亭,陈设些椅子,费得了多少钱;然而大家享用不尽了。"

焕之依着冰如所指的方向凝望,仿佛已经看见无忧又无邪的男女,往来于绿荫之下;池塘里亭亭地立着荷叶,彩色的水鸟在叶底嬉游;草地上奔逐打滚的,都是自己的学生……心头默诵着"一切的希望悬于教育",脚步又提得高高地,像走在康庄大路上。

"所以我们的前头很有希望,"冰如接续说,"我们的力量用多少,得到的报酬就有多少。空口说大话,要改良国家,要改良社会,是没有一点效果的;从小处、切近处做起,却有确实的把握。倪先生,我们一同来改良这个乡镇吧。你家里有老太太,不妨接了来同住。你就做这个镇上人,想来也不嫌有屈。"

"刚才我也这么想过。我愿意住在这里,我愿意同先生一齐努力。事业在那【哪】里，家在那【哪】里，那【哪】里就是我的家乡；做镇上人当然没有什关系。"

"那好极了！"冰如欣快地拍着焕之的背心；忽然省悟自己的步调恰与他的齐一，又相顾一笑，接续说："我同你留心。这里的房子很不贵。"

"有三间也就够了。"

这时候，前头两个孩子立定了，望着前方招手，叫道：

"金家姑姑！金家姑姑！到我们家里去么？"

焕之注意望前方，一个穿黑衣裙的女子正在那里走来；她的头低了一低，现出矜持而娇媚的神情，回答两个孩子道：

"是的，我去拜望你们母亲呀。"

声音散在大气之中，轻快、幽雅；同时她的步态显得很庄重，这庄重里却流露处女所常有而不自觉的飘逸。

"她是树伯的妹妹。"冰如告诉焕之。

焕之就知道她在城里女师范读书，不是今年便是明年毕业；因为树伯曾提起过。类乎好奇的一种欲望促迫着他，使他凝睛直望，甚至带点贪婪的样子。

彼此走近了，冰如介绍道：

"金佩璋小姐。这位是倪焕之先生，树伯的同学，新近来我们校里当级任教师。这位是李毅公先生，以前见过的了。"

金小姐两手各拉着一个孩子的手，缓缓地鞠躬。头抬起来时，玉琢般的双颊泛上一阵薄红。眼睛这边那边垂注两个孩子，柔声说：

"明天你们开学了。"

"明天开学了。"大的孩子颠【点】头，望着她微露的两排细白的牙齿。又说道："今年弟弟也进高等了，就是这倪先生教。"

小的孩子听哥哥这样说，抬起查察的眼光看焕之。

昨天晚上，金小姐听哥哥回家带着酒意说道："他们两个可称小说里所说的'如鱼得水'；你也教育，我也教育，倒像教育真有什么了不起的。

其实，孩子没有事情做，就教他们读书；譬如铁笼里的猴子没事做，主人就让它们上上下下地爬。教育就是这样而已。"她虽不回驳，心里却不赞同，教育决不能说得这么简单；同时对于这个姓倪的，起了几乎非意识的、要想看看他这个人是什么样子的一种意思。当然，过了一夜，这微淡的意思完全消散了。不料此刻在路上遇见，要想看看的欲望又比昨晚强烈得多；终于禁抑不住，偷偷地抬起睫毛很长的眼皮来，里面黑宝石似的两颗眼瞳就向焕之这边这么一耀。

焕之只觉非常之快适，那两颗黑眼瞳的一耀，就宣露无量的神秘的美。再看那出于名手雕刻一般的鼻子，那开朗而弯弯有致的双眉，那钩【勾】勒得十分工致、动人的嘴唇，那隐在黑绸纱皮袄底下依然明显的、圆圆而不滞钝的肩头的曲线，觉得都很可爱。除了前额的部分，再没有可以看出她同树伯有兄妹关系的地方。焕之从前曾听树伯说起，妹妹是继母生的，继母已不在了。因而想这就无足怪；就是同母兄妹也往往有不很相像的。

与女性交接，焕之正同金小姐之与男性交接一样，没有些少的经验。这没有别的原因，只是这种经验不曾撞进他的生活而已。异性的无形的障壁界划在一男一女中间，彼此说一句话，往往心头先就震荡起来；同时呼吸急促了，目光不自在了，甚而至于两手都没有安放处，身躯这样那样总嫌得不好。现在焕之想同金小姐说话，一霎间就完全感到上述的情形。但另一方面却觉与金小姐颇亲近似的，因树伯是自己的旧友；便鼓起勇气，略带羞怯地说道：

"令兄在府上吧？我应该到府上去，看看他在家庭里的生活。"

金小姐的头微微晃动，似乎踌躇的样子，终于轻清地回答道：

"到舍间去，很欢迎的。不过哥哥有惯例的，早上起来就出去吃茶，午饭时才回，这歇工夫他不在家里。"说罢，审玩似地【的】拿起小的孩子的手来看，意思是怜悯他生了冻疮。

毅公便颠【点】一颠【点】头，抢着说道：

"是的。金先生每天必到如意的。就在市街转北，还算敞亮的一家茶馆。停一歇我们不妨去看看。"他无微不至地尽指导的责任。

冰如却最恨那些茶馆，以为茶馆是游手好闲者的养成所；一个还能做一点事的人，只要在茶馆里坐这么十天、半个月，精力就颓唐了，神思就昏浊了；尤其难堪的是思想走上了另外的一条路，讪笑，谩骂，否定一切，批驳一切，自己却不负一点责任，说出话来自成一种所谓"茶馆风格"。现在听毅公说不妨去看看，颇感没趣，马上想把话题转换，便对焕之说：

"这位金小姐是将来的教师。她在城里女师范念书。"

"我知道的，树伯曾告诉我。"

"她颇用心教育功课；曾经对我说人家看教育功课只是挣分数的功课，她却相信这是师范学生最需要的宝贝。将来毕了业，不是一个当行出色的好教师么？"

冰如这样说，仿佛老年人夸奖自己的儿女，亮光光的含着希望同欢喜的眼光不住地在金小姐身上打量。

金小姐脸上的薄红显得更鲜艳了，而且蔓延到耳后、颈间，仿佛温熟甘美的肉的气息正在蒸发出来。她的身体翩然一侧，笑说道：

"我没有说过，你同我编造的。我很笨，只怕一辈子也当不了教师。"

焕之看这处女的羞态出了神，不自觉地接着说：

"那【哪】有当不了的。有趣味，肯研究，必然无疑是好教师。"

金小姐心头一动；但对于冰如所说似的辩解不知怎么竟说不出来，只脸上更红了一点。这红说像苹果，苹果那【哪】有这样灵活？说像霞彩，霞彩那【哪】有这样凝炼？实在是无可比拟、处女所独有的色泽，就在这点色泽，她们已够骄傲一切。

"不是么？倪先生也这样说，可见不是我随便赞扬了。"冰如说着，两脚轮替踏着泥地，略带沉思的样子，"我们镇上还没有出过女教师呢。教小孩子，当然女子来得合适。一晌【向】用男教师，只是不得已而思其次、应急的办法。将来你们女师范生出来得多了，男教师应该把教育事业让还你们的。"

金小姐忽然想起了，看定冰如问道：

"听哥哥说，你做了一篇关于教育意见的文章。我想看看。"

"你要看么？"冰如有点忘形的样子，两臂高举，脚跟点起，身体向上一耸，像运动场中得了优胜的选手。

毅公插不进嘴，略觉无聊，走前几步到一个池塘边，看印在池心的淡淡的行云。两个孩子似乎也嫌站在那里没事做，从金小姐手里挣脱了手，跟毅公到池边，捡起砖片在水面飞掷比赛。大的孩子第一片飞出去时，水面倏地起了宝塔样的波痕，塔尖跟着一跳跳滑过的砖片越去越远；终于砖片沉下了，云影在水里荡漾着。

这里冰如接续说道：

"就要印出来了。印出来了我给你寄到学校里去。原稿在倪先生那里，他也很要看，同你一样地要看。"

"是一篇非常切实、精当的文章呢！"焕之已解除了对于异性的拘束；只觉在这样晴明的田野中，对着这具有美型的人儿说话，有以前不曾经验过的愉快。"里头主张替儿童布置一种适宜的境界，让他们生活在里面，不觉得勉强、不自然，却得到种种的好处。这是一切方法的根本。它的反面，就显示现在通行的教育的贫乏、不健全。根据这个见解，我们来考核我们所做的，就很有应受批驳、讥议的地方。乐歌为什么只在教室里奏唱？作【做】事、念书到兴致浓时，为什么不也弹一曲、唱一阵？身体为什么只在限定的时间内操练？晨晚各时为什么不也伸伸臂、屈屈腿？习理科为什么只对着书本？习地理为什么反而不留心自己乡土的川原同方位？……总之一切都不合适，一切都得改变。"

焕之说得很激昂，激昂之中却含着闲雅、率真；优秀的嘴唇翕张着，由金小姐看来仿佛开出一朵朵的花，有说不出的趣味。她不禁走近一步，用鼓励的调子说：

"你们可以依据这主张来做呀！"

"要的，要的。你刚才谦虚，现在自己表白是我们的同志了！你毕了业，我要你到我们校里去任事。男学校用女教师，还没有先例，我来开风气。"冰如真欢喜这个年轻的女郎，不意从她的口里，能听到老教师所不能说的话！

一种舒适的感觉通电似地在金小姐心头透过，似意识非意识地想"如果有那一天啊——"；然而嘴里却谦逊地说：

"我那【哪】里配当你们校里的教师。"

同样的感觉，同样的想头，使焕之燃起了希望的火焰。青春的生命中潜伏着的洪流似的一股力量，一晌【向】没有泻注出来，只因未经触发而已。现在，小小的一个洞孔凿开了。始而涓涓地，继而滔滔地，不休不息泻注着，自是当然的事。他透入底里地看定这可爱的形象，承着冰如的话问道：

"在女师范里还有几时？"

"还有一年，今年年底算完毕了。"

"明年你一准来同我们合伙吧！"冰如这样说，一种新境界一霎间在他心头展开，这比较以前拟想到的更为完善、优美，差不多就是理想的顶点。他咀嚼了一会，更端说道：

"现在到我家里去？她在那里裹粽子，预备过冬至呢。"

"好，我去帮同裹。"金小姐把皮袄的下缘拉一拉挺，预备举步的样子，两颗黑眼瞳不由主地又向焕之一耀。

"你也高兴弄这些事情么？"冰如略觉出乎意料。

"为什么不高兴？逢时逢节，弄一些应景的东西，怪有趣的。我们住在学校里，也太不亲近那些家庭琐屑了；回家来看看，倒觉得样样都新鲜，就是剪一个鞋样也有滋味。"

她小孩子样憨笑了，因为不意中说出了小孩子气的话。

焕之也笑了，他几乎陶醉在那黑眼瞳的光耀里，接着说：

"的确有这样的情形。譬如我们不大亲近种植的事情,一天种了一畦菜,就比种田人有十倍以上的滋味。"

"这样说,事情做惯了就会减少滋味么?"冰如想了开去,不免引起忧虑。"我们当教师,正是一件做得惯而又惯的事情呢!"

"那不是这样说的。"焕之恳切地给他解释。"说难得做的事情有新鲜的滋味,不就是说事情做惯了滋味会减少;不论什么,要尝到深浓的滋味,一定在钻研很久之后;音乐是这样,绘画是这样,教育事业何独不然。"

"唔。"冰如颠【点】头。

金小姐比刚才略微简便地鞠着躬,含笑说:

"那末【么】再见了。"又回转身来,举手招动,喊道:

"自华,宜华,我到你们家里去了。——李先生,再见。"

两个孩子抬起头,拍去两手的泥,就奔了过来。毅公也踱过来,殷勤地颠【点】头。宜华请求道:

"让我们同金家姑姑回去吧。"

"好的。"自华赞成弟弟的意思,像赛跑者一样手脚划动跳了几跳。

金小姐也欢喜两个孩子伴着走,冰如便答应了。第一步发动时,裙缘略微飘起;右手自然地荡向前面;眼睛薄醉似地张得不十分开,垂注着优美的鼻子;鼻子下面,上下唇略开,逗留着笑意:这个可爱的剪影,纤毫不漏地印在焕之的眼里,同时也刻在他的心里。

"我们走吧。"

焕之听冰如这样说,才觉醒一般提起脚,踏着自己的影子向前走去。

太阳当顶了,田野、丛树、屋舍,都显在光明、静穆的大平面上。

## 七

金小姐在十二岁的时候,就死了母亲。虽然读书不多,捏起笔干只能造简单的句子;而丧母就是一课最严重、最亲切的功课,使她对于生活有了远过于读写程度的知识。兄嫂待她固然没有什么不好，但她知道应该处处留心，心想要一件什么东西，一转念便抑住了，让欲望沉埋在心底，终于消灭；一句话几乎吐出来了，眼睛一顿又复缩住，只留存在胸中忖量：时时提醒自己的总是一句话，"现在不比母亲在世的时候了！"她很注意听镇上各家的所谓"家事"，财产的增损，器物的买卖，父子、兄弟、妯娌、姑媳的纠纷，不但不惮烦地把它们弄明白，还前前后后、这边那边地想，仿佛要参透里面的奥妙。尤其注意的是女郎出嫁以后的故事。某家小姐嫁了一个有钱的青年，大家赞颂说是美满的姻缘；但是那青年吸上了鸦片，耸起肩膀像路上的乞丐了。某家小姐嫁了一个中年的绅董，谁也相信可以依靠终身；但是那绅董另外又纳了宠，把正式夫人当作路人看待了。种种的方式，数也数不清，然而一句话可以包括：女子嫁人就是依靠人，依靠人只有苦趣，难得快乐。而且，就是那些"家事"也够麻烦得人心烦意乱。从这里，自然而然兴起了独立自存的想望。

她在女子高小校毕业的那一年，树伯时常看得很轻忽的样子说道：

"女子高小毕业了，好了。再升上去，有女子中学，没有女子大学，有甚意思？若说女师范，我们又不争一个小学教员做。况且——"

他的没有说出来的意思自然是她有父亲传下来的奁田，她要出嫁，她将担负一切女子避免不了的天赋的责任。

正当发育时期，又抱着永远不能磨灭的、失母的伤痛的她，多愁善感，偏于神经质，实是当然之事；听着哥哥这样的话，仿佛硬被拖往黑暗地狱似的，除了长时间的哭泣，再没有别的称心的事。哭得畅了，对于未来的幻想跑出来督促她，使她鼓起坚决的勇气，与运命奋斗（虽然她碰到的并不是怎么凶恶的运命）。她对哥哥说：

"我要做一种事业，我要靠事业自立。教员，我觉得还近情，也不是无聊的事。故而我要去考女师范。"

"自立么？"从学校里出来不久的树伯，处理了一些时的家务、田产，更相信一个人不能不有点儿凭借，听妹妹说这样全不知轻重的话，不免露

出轻视的笑容。踌躇了一会,从牙齿间发出唏——的声音接续说:

"你的志气,我也不该阻止你。就去考女师范吧。不过外边去住学校苦的呢!"

"我受得来苦;况且住学校也说不上苦。"

她相信依自己的意志,就是真说得上苦的,譬如冒风雨,耐饥寒,还是愿意去,只要能够达到自立的目的。

在女师范里,她是一个几乎可为模范的学生。她不像城市里一些绅富人家的女儿,零食的罐头塞满在抽斗里,枕头边时常留着水果的皮同核,散课下来就捧住一面镜子。她也不同许多同学们一样,两个两个缔结朋友以上的交情,因而恋念、温存、妒嫉、反目,构成种种的故事。她对于一切功课都用心;方程式念熟,历代系统念熟,英文拼法也念熟;作文时时得先生的密圈,且有历来用惯了的未免夸大的批语;第三年上加了教育功课,就成为她的新嗜好,心理的情状,思想的形式,伦理的范畴,教育的意思,她都觉得滋味津津的,越咀嚼越深长,比较英、国、算等仅为记号、机械的功课又自不同了。

这样,她很感快乐,从前神经质的倾向,似乎减轻得多了。前途虽不知道是怎样个境界,然而差不多已望见了影子,恬适、自由、高贵、成功是那边一些树石花草的名字。有时想起或者谈起一班沉沦在家庭的苦狱里的女子,她们琐屑、愚笨、劳困、郁闷,便一半同情一半骄傲地想道:

"这怎么受得住呢?这怎么受得住呢?"

青春的年龄把她蕴藏着的美表显出来;像花一般,纵不是珍奇上好的种色,当苞儿半放、瓣儿微展时,总有一种可爱的姿态和色泽,教人家看着神往。她的美可以说在乎匀称;面部的器官,躯干同手臂,好像天生配就是这么一副;分开来看也没有甚【什】么,合拢来就觉得彼此相呼应、相帮衬;如其中任何一件另换个样式,就要差得多了。微可憾惜的是两条腿短了点,否则还能增加几分的飘逸。然而她把裙裁得长一些,上衣则故意减短半寸或者三四分,也差不多弥补了过去。此外,似乎皮色太白了点；除了颧颊部分，即没有什么羞或喜，也晕着一层薄红外，平时皮肤底层的血色竟不甚显著。她常常笑，但不过分地狂笑，只到两排细白的牙齿各露一线为度。她又常常凝思，睫毛下垂几乎不见眼球，端正的鼻子神秘地静定着；想到明澈时，眼皮开幕一般倏地抬起，晶光的黑眼瞳照例这么一耀。

同学们都同她好，亲而不至于昵。有什么事情商量，如置办一些衣物，陈设一个会场等，人家总说"找金佩璋去"。她能给别人计划、指点，结果弄得很满意。功课方面，她又是大家的顾问；笔记没有钞【抄】哩，算题解不出哩，去问她总能偿所欲而回。因此得到个很爱娇却不狎亵的称呼："我们美丽聪明的金姊姊。"称她姊姊，未必个个比她年轻，实在还是比她长的多；只是说她有姊姊的风度而已。

这一天她在田野间遇见冰如焕之谈了一阵，仿佛心头黏住了一些什么。这感觉当然不是忧愁、烦闷，可是也并非喜悦、快适之类；只轻轻地、麻麻地，一种激动袭着她，简直忘不了。在蒋家吃过午饭，又尝了新鲜的粽子，回家时已是下午四点。不意识地告诉嫂嫂道：

"刚才看见了哥哥昨天去接来的倪先生。"

待说了却觉这大可不说。嫂嫂虽毫不注意地答应着，自己的脸禁不住红了。便回到楼上房里，坐下来结红绒绳的围巾。手指非常灵活地扭动着；视线下垂，但并不看针指。她把路上的谈话一一回想起来；自己说的，别人说的，连一个语词都不让漏掉。又特别把自己的话仔细衡量；好像有些说得不很妥当的，衡量过后可又没有。既而想到那个青年的风度；眼光流利而庄重，眉毛浓黑而文雅，口鼻的部分优秀而不见柔弱，……那种温和亲切的声调，那种昂一昂头、顾盼自如的姿态……

"我怎么想起这些来了！"

仿佛做了什么不道德事似的，一阵羞愧包围住她，便紧紧把眼睛闭起。直到差不多心里没有想了，才再张开来。放下绒绳围巾，走到左壁旁，把壁上一扇小圆洞窗开了，眺望沉在夕阳光中的田野。天上浮着山水画样的白云。落尽了叶的树枝上,已栖了乌鸦。还有些没栖定的,飞飞转转不停地叫。晚风拂面,着实有些寒意。有几个农家妇女,臂弯里挂着篮子,急促的步子在田岸上经过。她对这些全不容心,模糊地想后天要进城到学校了。一会儿,心头又这么一闪,很有诱惑力地:

"如果有那一天啊——"

## 八

学校里开学了。静寂了几天的楼屋、庭院、走廊、旷场间,又浮动着纷杂的声音与闪晃的人影。虽然通行了阳历,而阳历的年假没有给学生多少的兴致;只同平常星期假一样,假后到校,不起一种新鲜而又略微厌倦的感觉,像暑假、寒假后常感到的。一种希冀却已在学生心头萌生,就是不到一个月就要放寒假;那时候关于阴历过年的种种有味的故事将逐一举行,跟着新年的嬉游便将一片鲜花似地展布开来。

焕之认识了其余的同事。冰如把他介绍给那些同事时,总带一副特别郑重的神气,仿佛表示这是唯一能唱好戏的角色;却不省与他对面的人正就是同班的演员。同事见冰如这样子,噎了气似地【的】,用惊异、生疏的眼光把焕之上下打量;一句声气不大好的话语各藏在心里没有吐出来;"这样一个人,我认识他了!"

当然,介绍焕之给学生的时候,冰如尤其不肯轻忽。他真爱学生;如果有什么方法,能教学生飞跃地长进,无论如何他总肯跟着走。无奈一时不大有方法,他觉得对学生非常之抱歉;把不可追回的学生的光阴空空消费了,若论罪孽,这那【哪】里是轻微的;即使后来有了好的方法,那受用的也只是后来的学生,眼前被延误的终于被延误了;所以他总想做到对于每个学生都对得住。现在,这种希望似乎很接近了。他不自掩饰地向学生说,以前的办法只是循例做去,外貌看来固然是个学校,实际上于学生没有多大好处。他接着说,学校要使学生得到真实的好处,应该让学生生活在学校里;换一句话,学校不应是学生的特殊境界,而应是特别适宜于学生生活的境界。他说以前也不是不想慢慢改变，因为有种种的关系，竟没有改变一点儿；这是非常疚心的。"从今以后，"他的声调很兴奋，"可要着手改变了。我们新请来这位倪焕之先生，他对于教育极有研究；为谋你们大家的真实利益，一定能提出许多宝贵的意见……"

这位新先生在学生眼中似乎一亮；他虽然并坐在十几个教师中间，仿佛正在扩大，高高地超出了他的同伴。同时，同伴的心中各浮起一阵的不快；冰如固然接着就说"各位先生也抱有决心，一致尽心竭力，打算今后的改变"；但并不能消释他们的怏怏。

几天以后，焕之看出乡间学生与城市学生的不同点来。乡间学生大体上可以说是谨愿的。虽然一些绅富人家的子弟，因他们的家庭欢喜模仿都市式的时髦行径，不免有所习染；但究竟不至于浮滑、轻率；无意之中，往往流露出自惭形秽而正复可爱的一种情态。此外的学生，大部是手工业者、小商人的子弟，最容易被感觉到的，就是他们的鄙陋、少见多怪。焕之想这不是什么本身的病症；他们的境界这样地狭窄，当然不会广知博识。只要给他们展开一个广博的世界，这病症就消除了。何况关于自然景物，他们所有的比城市学生十倍地丰富；要是指导得当，什么都属于他们了。

值得憾惜的也有，就是学生之间存着一种门第的观念；虽不显著，却随时随处可以看出它的痕迹。绅富人家的子弟常常处于领袖的地位，不论游戏、上课，仿佛全是他们专有的权利，唯他们可以发号令，出主张。其他的学生，一部分是袖手缄默，表示怕同有权威的同学们争竞。又一部分则显出顺从的态度，以求分享有权威的同学们的便宜与快乐；这种顺从态度几乎可说是先天的，无可怀疑的，一笑，一颠【点】头，都足以透露此中消息。

在学校里，犹如在那些思想家所描摹的极乐国土、大同世界里一样，应该无所谓贵贱、贫富的差别的。而现在竟有这样的现象，不能说不是疵病。焕之想这必得医治，那【哪】怕用最烦最细的工【功】夫。药剂该是相反而相成的两色,"自己尊重"与"尊重人家"。他一毫也不存鄙夷的心思;他知道这种疵病自有它的来源,社会与家庭实在是养成它的,学生们不幸染着罢了。

有一天,就遇到一件根源于这种疵病的小纠纷。

他坐在预备室里批阅学生的文课,听得一阵铃响,随着就是学生们奔散呼笑的声音,知道一天的功课完毕了。突然间,体操教师陆三复先生气愤愤地,拉着一个面孔涨得通红、眼光灼灼的学生,闯进室来;后面跟着一大批看热闹的学生,到门口都站住了,只伸长了颈往里望。这被逮的学生就是免费入学的蒋士镰的儿子蒋华。

"他真岂有此理!"陆先生把蒋华往焕之桌子边一推,咬了咬嘴唇说:"要请倪先生问问他。"说着,胸脯一起一落很剧烈;他气极了。他认定每个学生都是级任教师的部属,级任教师有管教他的部属的全部责任;至于自己,只是教教体操而已,更没有旁的责任;遇到学生不好,反而可以出来责备级任教师,因为这一定是管教上有了疏忽了。那末【么】他的愤愤不仅止对于蒋华,也就可想而知。

蒋华的头用劲地一旋,面朝着墙;两肩耸起;挺挺地站着:这正是"吃官司"的老资格的态度。

"为了什么呢?"焕之一半惊讶一半慰藉地说,站起身来,看着陆先生那抿紧嘴唇、睁大眼睛的可怕的形相,既而又回转头端相蒋华的倔强的背影。

"他欺侮别人!他不听我的话!"陆先生右颊的伤疤像小辣椒似地突起,前额隐隐有汗水的光,拖开一把椅子,一屁股坐下来说。

事情是这样发生的:徒手操了二十分钟之后,陆先生拿个大皮球给学生们,教他们随便踢高球玩。一会儿,那球落在蒋华的面前;他刚要凑上去捧住了,畅快地踢他一脚,却不料很活溜的一个小身体窜过来,一下把它接去了。

"授给我!"蒋华看见接球的是那个戴破的红结子帽子的方裕,毫不思索地用命令口气这样说。

方裕的脚自然痒痒地，看看亲手取来的球更有说不出的欢喜；但是蒋华的"授给我"三个字仿佛含着不可违背的威严，只好咽下了热烈的游戏欲望，显出无可奈何的笑脸，把球授给蒋华。

蒋华摆起架子踢球，却是很不得力的一脚，不高又不远。这就引起些零零落落的笑声。只见那破帽子的红结子往上一耸，那球又安安耽耽睡在方裕的胸前。

"再给我！"蒋华感觉失败的懊恼，又用主人似的声口发命令。

方裕倒并不留意蒋华的声口怎样，只是游戏欲望实在按捺不住了；他一壁自语"这一回让我踢罢【吧】"，一壁便举起右脚"蓬"地一脚。那球笔直上升，几乎超过银杏树的高顶，方才下落。在场的许多学生禁不住拍手喊好。

"你这小木匠！"蒋华恨极了，奔过去就把方裕的破帽子抢着往地上掷；接着又拉住他的青布袍的前襟，审问似地【的】喊道："教你给我，为什么不给我？为什么不给我？"

那些学生任皮球跳了几跳，滚在树脚下休息；他们团团围拢来，看这出新开场的小戏剧。

方裕扭转了头，起初一声不响，羞愤的眼光注视着地上的破帽子。既而格格不吐却是无所惧惮地说：

"先生给我们的球，大家能踢的。为什么一定要给你？"

"你配踢球？你木匠的儿子！只好去搬砖头，挑烂泥桶，像一个小乞丐。看你这副形相，活活是一个小乞丐！"

蒋华骂着，还觉得不足以泄忿，就举起左拳直击方裕的肩头。

"打！打！"几个不负责任而爱看热闹的学生这样似警告似欣幸地喊。

陆先生走近来了，他看得清楚，就判说蒋华的不是：一不该抢别人的球；二不该丢弃别人的帽子；尤其不该打人、骂人。他教蒋华先把地上的帽子拾起，给方裕戴好，然后再讲别的。

出乎意料的是蒋华放松了拉住方裕衣襟的手，旋转身来，要走开去的样子；对于陆先生的处置似乎并没听见。这使陆先生动怒了，一把抓住这昂然不顾的抗命者，厉声说：

"教你把帽子拾起来！听见没有？"

蒋华也扭转了头，一声不响，正像刚才的方裕；不过涨红的脸上，浮现着傲慢的神色，是与方裕不同的。

"教你把帽子拾起来！听见没有？"陆先生的声音更为高亢了。

"我同他拾起来？"蒋华倔强着项颈问。

"自然呀。你把它丢了的。除了你，还该谁拾起来！"

"我不能拾！"

"为什么？"

"他是木匠的儿子，是小木匠！他的父亲叫我们'老爷''少爷'！只应该他同我们拾东西！"

"满口瞎说！那【哪】里来这种道理！"

"一点也不瞎说。你只消问大家，他的父亲是不是木匠。"

"我不许你再说！只问你到底拾不拾？"

"已经说过了，我不能拾！"蒋华用悠然的腔调说；随带一个表示能干、藐视的眼色，从陆先生脸上起，回过来向围着的同学们画一个圈子。

"哈！哈！哈！"小半的学生忍不住出声笑。

猛虎似的凶狠的气势突然主宰了陆先生，他拖着蒋华就走，像攫住一只小鸡；全忘对手是一个学生，用呵斥仇敌的声音喝道：

"你这一点不懂道理的家伙！我没有这么空闲来同你多说！把你交给你们倪先生去，待他来问你！"

……陆先生把事情的经过错杂地讲述，说一句透一阵气；末了向蒋华的背影投了狠毒的一眼，说：

"他不听我的话，不守我的规矩；也不要紧，以后不用上我的课！"说罢，从裤袋里掏出烟卷、火柴，顾自吸烟。他以为已把犯罪的部属交给了头目，训诫、惩罚，自有头目去负责；自己仅有从旁批判那头目处理得得当不得当的事情了。

"蒋华！"焕之用非常柔和的声气唤；同时坐下来，感动地，执住蒋华的右手——那右手正紧捏着拳头。

"我非常地代你忧愁，你说了太看不起自己的话了。你的意思，以为方裕的父亲做木匠是卑鄙，是下贱。你实在没有想，木匠能够做怎样的事。这椅子，我们坐的，桌了。我们靠的，这屋子，我们住的；那【哪】一件不是木匠的成绩？你试想来：如果没有木匠，我们只好坐在空地上，要写字不便，要读书不便，要做事也不便；那时候我们将怎样地难受？木匠给我们种种的便利、安适；这那【哪】里是卑鄙、下贱的人的行径？你想，你要细细地想！……我告诉你，木匠实在是可敬可尊的人。世间能用心思、气力做点事情，教人家同自己受到好处的，都是可敬可尊的人。木匠用的是自己的心思、自己的气力，一点不靠傍别人，却帮助了别人，养活了自己；这何等地光荣、伟大！其他如铁匠、农人等等，都同木匠一样，也都同木匠一样是光荣、伟大的人物。世间最卑鄙、最下贱的人是谁？有钱有势的人总不是了吧？那倒不一定。一个人若没有一点能力，做不来一件事情，虽然有钱有势，还免不了是最卑鄙最下贱的人！……你们到学校里来学些什么？你们对于将来希望些什么？无非要求有能力，能做事情，成个光明、伟大的人，不致做卑鄙、下贱的人罢了。你刚才却说出看不起木匠的话来；这就仿佛告诉别人说，你愿意没有一点能力，愿意不做一件事情！总之一句，愿意做个卑鄙、下贱的人。告诉你，你的质地很不坏啊！你为什么要这么看不起自己？把不对的心思丢开了吧，永远永远地丢开。作这么想：方裕的父亲是木匠，是用自己的心思、气力做事情的可尊可敬的人；他的儿子方裕当然是可亲爱的同学。你能这样想么？你刚才是一时迷糊了；现在在这里静静地听我说，我晓得你一定能依我所说的想。"

蒋华的紧张的心情与肢体因着这一番话语不由得都弛松了；他似乎听

着平淡、匀整的催眠歌,一种倦意、一种无聊慢慢地滋长起来,周逼到全身。他的右手早已放开了拳头,汗湿的手指搭在焕之温暖的手心里。

室门口挤着的学生见没有什么悦耳动目的事情出现,渐渐地走散,回家去了;有几个耽爱运动场上的秋千、浪木,不肯便回去的,则于运动到疲劳时踅到门口来望望;见没有变化,便毫不关心地依旧奔到场中去。

陆先生已吸完了一支烟;右臂阁【搁】在桌上,左手支着膝头,眼光无目的地瞪视着,像等待什么的样子。

焕之见蒋华不响,捏动他的手,更为和婉地说:

"你告诉我,木匠是不是可尊敬的人?"

"是的。"蒋华自己也不明白,怎么从嘴里会轻轻地漏出这样的声音。

"那就是了。"焕之透了一口安慰的气,接着说,"再同你说帽子的事情。你不听见说过么?一个人能帮助人家,给人家服务是最愉快的事情,最高尚的品行。别人挑着重担,透不过气来,最好是代替他挑一程。别人肚里饿了,嘴里渴了,最好是给他做一顿饭,烧一壶茶。你想,你如果做了这些,只消看看受你帮助的人的满足的脸色,就有什么都比不上的高兴了。你有做过这一类的事情么?"

蒋华摇头,他想的确没有做过。看看窗外的白墙头暗淡起来了,室内的人与物更是朦胧,不觉感到一缕淡淡的酸楚。

"唔,没有做过。那末【么】应该打算去做啊!你反而给人家损害;好好戴在头上的帽子,你却抢着丢在地上,这算什么?自己动手丢的帽子,你却不肯把它拾起来,这又算什么?你要知道,损害别人结果也损害自己。你这样一来,就告诉人家你是曾经欺侮人的人了。……郑重地拾起帽子来,掸去了尘沙,亲手给方裕戴上,恳求他说:'我一时错失,侵犯了你,现在说不出地懊悔。希望你看彼此同学的情分,饶恕了我;而且不要记着我的错失。依旧做我的很好的朋友!'你唯有这样,才能抵赎这回的错失。以后更要特别尊重方裕,就是无意的损害也不给他一丝一毫;他才相信你的话是真的,肯永远做你的好朋友。你愿意这样做么?"

"他这时候一定自己拾起帽子回去了。"蒋华回过尴尬的脸来说。

"不要紧的,"焕之笑了一笑说,"你的话明天还可以向他说的。"接着就教蒋华对于陆先生先承认自己的不是,不应该违抗很有道理的命令。

蒋华见天色几乎黑了,心里颇有点慌乱;听听这学校里是从未经历过地寂静,仿佛陷落在荒山里一样,就不问怎样照办了。

"你自己认错,那末【么】明天准许你上我的课。"陆先生带着不好意思的情调说。随即颓丧地站起身,摇摇撼【晃】撼【晃】走出了预备室。

## 九

吃过了晚饭,陆三复还是觉得不高兴,一步一顿,用沉重的脚步跨上楼梯。就在前廊来回踱着,时或抬起忿怒的眼来望略缀几颗星点的深黝的天空。他对于焕之的居然把蒋华治服了,能使他自己认错,发生一种被胜过了的妒意。

"一套不要不紧的话,一副婆婆妈妈的面孔,反而比我来得灵验;这真是什么道理!他一句也不骂。这样的坏学生还不骂,无非讨学生的好吧【罢】了。讨好,自然来得灵验。我可不能讨学生的好!坏学生总得骂。蒋华这小坏蛋也气人,看见级任就软了。难道级任会吃掉你的!你对级任也能倔强,始终不认错,我倒佩服你呢。"

他这样想,似乎刚才把蒋华送到焕之跟前去的初意,是要让焕之也碰碰自己所碰到的钉子,因而下不落场的。但如果焕之真碰到了蒋华的钉子,没法叫蒋华给他认错,他此刻或许又有另外的不满意;他将说焕之身为级任,一个本级的学生都管不来,致使科任教员面子上过不去,实在荒唐之至了。

"这样的态度对付学生总不对!"

他仿佛曾有这样一个愿望,就是焕之看见被控到案的蒋华时,立刻给他一顿打,至少是重重实实的十下手心。于是,蒋华见双方严厉处置的难以反抗,便像俘虏一般哀求饶恕了自己。但现在看见的几乎完全相反;焕之那声气,那神色,说得不过分一点,就像看见了自己的亲弟弟。这不使别人对付学生,要让学生畏惮,更其为难么?

他咬着嘴唇走进了房。

徐佑甫坐在那里看一叠油印的文稿,难得笑的平板的脸上却浮着鄙夷不屑的笑意,这就是说从鼻侧到嘴角刻着两条浅浅的纹。

这一叠油印的文稿就是冰如所撰对于教育的意见书。

"陆先生,这份东西已经看过了吧?"

佑甫抬起头来望着三复,这样地说,不过用作发议论的开端,故不等三复回答,便接着说:

"我总算耐着性儿看过一遍了。冰如的文章还不坏,不枯燥,有条理,比较看报纸上的那些社评有趣得多。你说是不是?"

三复原是"学书不成"去而学体操的,听见这评衡文章的话,正像别人问起了自己的隐疾,不禁脸又红了。他来回走着,吞吐地答道:

"这个,这个,我还只看了两三页呢。"

"阿,你不可不把它看完,看完了包你觉得好玩,仿佛看了一幅《仙山楼阁图》。我这比喻很确切的呢。你有看见过《仙山楼阁图》么?山峰是从云端涌现出来的。这些云就可爱,一朵一朵雕镂着如意纹,或者白得像牛乳,或者青得像湖波,决不教你想起这就是又潮湿、又难闻的水蒸气。山峰上生着树木花草,没有一张叶子是残缺的,没有一朵花是枯萎的,永远是十分的春色。楼阁便在峰峦侧边、树木丛中显露出来,有鬯[①]朗的前轩,有曲折的回廊,有彩绘的雕饰,有古雅的用具。这等所在,如果让我们去住,就说作【做】不成仙人,也没有什么不愿意,因为究竟享到了人间难得的福。只可惜无论如何也住不到的。画师题作'仙山楼阁',明明告诉人说这是空想的、不是人间实有的境界,只不过教人看着好玩而已。冰如这一篇文章就是一幅仙山楼阁。"

---

① 鬯,音 chàng,在此同"畅"。

"这话怎么讲？"

三复站定在佑甫的桌边，趣味地望着佑甫的脸。

**"就是说他描写了一大堆的空想，说学校应该照他这样办；这给人家看看，或者茶余酒后作为谈助，都是很好玩的；可是实际上就没有这回事。"**

佑甫说到这里，从鼻侧到嘴角的两条浅浅的纹早已不见了，转得更严肃地说道：

"他的空想非常多。他说学校里不只教学生读书；专教学生读死书，反不如放任一点，让他们随便玩玩的好。**嗤！学校不专教读书，也可以说店铺不只出卖货物了。他又说游戏该同功课合一，学习该同实践合一。这是多么美妙的空想。如其按着实做，结果必然毫无成效。**功课犹如补药；虽然是滋补的，多少带点儿苦味，须耐着性儿才咽得下去。他却说要同游戏合一；那末【么】嘻嘻哈哈，那【哪】有不把含在嘴里的补药吐了的？学习，是因为不会的原故；不会写信，所以学国文，不会算账，所以学算学；学得会了，方才能真个去写、算。他却说学习同实践要合一；你想，写出来的会不是荒唐信、算出来的会不是胡涂账么？"

"只怕一定是的。"

三复听佑甫所说，觉得道理的确完全在他这一边，便顺着他的口气回答。

"他又说"，佑甫说着，取一支烟卷点上，深深吸了一口，"为要实现他这些理论，学校里将陆续增添种种设备：图书馆，疗病院，商店，报社，工场，农场，乐院，舞台。照他这样做，学校简直是一个世界的雏型，有趣倒怪有趣的。不过我不懂得；**这些事情里，有的连有学识的大人也不一定弄得好的，他叫一班高小的学生怎样弄得来！而且，功课里边有理科，有手工，有音乐，还不够么？要什么工场，农场，乐院，舞台！难道要同做手艺的，种田的，唱戏的争夺饭碗么！**"

"他预备添设舞台？"

三复的心思趣味地岔了开去；他悬想自己站在舞台上，并不化装，爽亮地唱出最熟习的《钓金龟》；等到唱完，台下学生一阵的拍掌，一对对的眼睛里放出羡慕、佩服的光，都集中在自己身上，——他露出牙齿笑了。

"说不定他会一件件做起来的。他不是说的么？以前因为有种种的关系，没有改变一点。我很明白他所说的种种关系是指什么。现在请到了诸葛亮了。"

佑甫说到这一句，特意把声音放低，向东壁努嘴示意。

"他在预备室里，还没有上来呢。"

三复点醒他，意思是说用不到存心顾忌；一半也算是一个开端，表示自己正欲谈论到这一个人。

"阿！这个诸葛亮，"佑甫用嘲讽的调子接着说，"真是个'天马行空'的家伙，口口声声现状不对，口口声声理想教育。垃圾聚成堆，烂木头夼在一浜里，说得好听些，就是'志同道合'；自然两个人要吹吹打打做起来了。我从来就不懂得空想。但是十几年的教员也当过来了，自问实在没有什么不对，没有什么应该抱愧的。任你说得天花乱坠，要怎样改变才对，无奈我不是耳朵软、心气浮的一二十岁的小伙子，我总不能轻易相信。意见书也好，谈话会也好，我看看、听听都可以，反正损伤不了我一根毫毛。若说要我脱胎换骨，哈哈，我自己还很中意这一副臭皮囊呢。——你觉得么？冰如这份意见书同平时的谈吐，着实有要我们脱胎换骨的意思。——我只晓得守我的本分，教功课决不撒烂污；谁能说我半个不字！"

这些意思，佑甫早就蕴蓄在心里，每逢冰如不顾一切、高谈教育理想的时候，就默默地温理一过，算是消极的反抗。刚才读完了那份意见书，更觉意识得强盛起来。现在向三复尽情倾吐，正是必需要的发泄；仿佛这就把冰如欢喜教训别人的坏脾气教训了一顿，同时冰如便省悟他的意见仅仅是一大堆空想。

三复本来没有这么多的想头的。改革不改革,他都没有成见。但另有一种成见,就是冰如的话总是不大入耳的,因为在争论薪水的时候,冰如曾对自己说过一句不大入耳的话。固然不用说,他没有耐性去看那份意见书;就是有耐性,还不是多读一大堆的废话?因此,他对于佑甫的意思深表同情,实在是十二分当然的事。他举起两手,翻转去托着后脑,用沉重的声调说:

"你这话对!我们的本分是教功课;教功课不撒烂污,还能要求我们什么呢?谁欢喜玩新花样,谁就去负责任,关不到别人的事。"

"嗨!你讲诸葛亮,我来告诉你诸葛亮的事。"三复见佑甫把不能再吸的烟蒂从烟管里剔出来,又卷起纸捻来通烟管,暂时不像有话说;便抢着机会接上说熬住在喉头半天了的话。"从没有看见用这样的态度对付学生的!是打了同学、顶撞了教师的学生呢!他却软和和地,软和和地,像看见了亲弟弟。他怕碰钉子,不敢露严正的面孔,只用一些伤不了毫毛的话来趋奉,来哄骗那个小坏蛋,自然咯,落得给他个过得去的下场。"

"是怎样的事情?"佑甫的询问的眼光从眼镜上边溜出来。

三复便把事情的始末像背诵书本一样述说了;在犹有余怒的处所,当然免不了恨恨之声。

佑甫却又嘲讽地露出微笑了。他别有会心说:

"这倒是你冤枉了他了。他并不是怕碰钉子,也不想趋奉学生、哄骗学生。的确有这样的一派的。"

"怎样?"三复退到自己的椅子前坐下,眼光始终不离开佑甫那两条从鼻侧到嘴角的纹。

"这一派的主张就是诚意感化。无论学生怎样顽皮,闯下大大的祸,总不肯严厉地惩罚,给一顿打或骂。却只善意地开导;对于犯过者表示怜惜、劝慰。以为这样做,迷蒙的良心自然会清醒过来;良心一清醒,悔悟、迁善,当然不成问题的了。这一派最宝贵的是学生犯过后的眼泪,承认一滴眼泪比一课修身课文还要有力量。"

"当然的，这一派也是主张理想教育、欢喜高谈阔论的那些人物。"

"我是不相信那些的。学生是什么？学生像块铁，要它方，要它圆，要它长，要它短，总得不吝惜你手里的椎子；椎子一下一下打下去，它准会如你的意。他们却说要感化！感化譬方什么？不是像那水，那柔软到无以复加的水么？要把铁块铸成器，却丢开椎子而用水；你想是多么滑稽可笑的事！"

"徐先生！"三复高兴得几乎从椅子里跳起来，"话语这样爽快，比喻这样巧妙，真是少有听见的。我自己知道是粗人，对于一切事情不像你这样想得精细、确当，然而也明白对付学生应该取什么态度；凶狠固然不对的，威严总不能不保持。"

"吓！"佑甫发声冷笑，"我再可以告诉你，这位倪先生判断了这件案子，此刻一定在高兴着自己的成功，以为那孩子受了他的感化呢。假若我猜得不错，那末【么】可怜就在他这一边了；因为这样的结局，大半是他受了那孩子的骗，那孩子未必便受他的感化。"

"这才有趣呢！"三复像听见了敌人的恶消息那样愉快，惟恐这消息的不确实；又想如果这样，焕之就没有治服那小坏蛋，也就没有胜过了自己，妒意当然是无所用之了。因催问道：

"怎样的讲法？我非常喜欢听。"

"四五年前，我在一个学校里，那个校长就是这一派的人物。他从来不骂学生，口口声声说学生没有一个不好的，小过大错都只是偶然的疏失，学生犯了事，不论是相骂，相打，功课不好，甚而至于偷东西，偷钱，他一律好声好气同他们谈话，这般譬，那般讲，那【哪】怕延续到两三点钟。学生的性情原是各色各样的；有的倔强，有的畏怯，有的死也不肯开口，有的拼命抵赖自己的过失。但这些都没有用，因为无论如何，他还是絮絮不休地谈下去。只有几个当场肯认错的或者流出眼泪的，却出乎意料地得到他的奖许，好像刚做了一件非常光荣的事。尤其出乎意料的，是他对于这不掩饰和悔悟十分感动时，会陪着站在面前的悔过者一同滴眼泪。

"后来，所有的学生都明白了这个诀门了。遇到被召去谈话时，无论本来是倔强的，畏怯的，死也不开口的，专事抵赖过失的，一律改变过来，立刻对他认错或者下泪。这最是轻而易举的呀，但效果却非常之大：一不至黏住在那里，耽误了游戏的工夫，二又可以听到几句虽不值钱、可是有点滋味的奖赞。'端整眼泪'，这一句甚至于挂在几个老'吃官司'的嘴边，仿佛他们的消灾经。而尤其狡滑的几个，走出室门来，眼眶里还逗留着泪痕，便嘻嘻哈哈笑着逗引别人的注意，好像宣告道：'那个傻子又被我玩弄一次了！'

"然而校长先生的眼里只看见个个都是好学生！"

佑甫说到这里，扭动嘴鼻扮了个鬼脸，又接上说：

"今天那个学生，你保得定不就是这一类家伙么？"

三复抵【抵】掌道：

"是呀！那个蒋华来得虽不久，但我看出他不是个驯良的学生。刚才他大概觉察他的级任爱这么一套的，所以扮给他看了；出去的时候，一定也在想'那个傻子被我玩弄一次了'呢。"

三复这时的心情，仿佛蒋华是代自己报了仇的侠客；而他曾经傲慢地顶撞自己，不肯听自己的话，反而像不妨淡忘的了。

"所以，什么事情都不能只知其一、不知其二的。"佑甫抬一抬眼镜，瘦长脸显得很冷峻，"一味讲感化，却把学生感化得善于作伪，无所忌惮，起初谁又料得到！"

"这真成教育破产了！"三复觉得这当儿要说一句感情话才舒服，便不顾帖切不帖切这么说。

"回转来讲改革教育。布置适宜的环境呀，学校要像一个社会呀，像这份意见书里所说的，听听又何尝不好。但是如果实做起来，我料得到将成怎么个情形：学生的程度是越来越坏，写字记不清笔画，算数弄不准答数；大家'猫头上拉拉，狗头上抓抓'，什么都来，但什么都不来。学校是成了个杂耍场,在里边挨挨挤挤的学生无非是游客;早晨聚拢来了,傍晚散开去了,一天天地,只不过趸①批消磨大家的光阴。唉!我不知这种方法到底有什么好处。不过我也不想明白地表示反对。这些学生又不是我的子弟。我教功课只须问心无愧,就……"

这时候楼梯上有两个人走上来的脚步声,佑甫听得清是倪焕之同李毅公,便把以下的话咽住了。

二复连忙抱过一本《游戏唱歌》来,左手托着下颔,作【做】阅览的姿势。

就在焕之给蒋华开导的时候,英文教师刘慰亭带了一份冰如的意见书到如意茶馆去吃茶。

"什么东西?"邻座一个小胡子便伸手过来检【捡】起那份意见书看。他坐了小半天,很有点倦了,然而还不到夜,照例是不该就回去的;见有东西可看,就顺手取来消遣,譬如逐条逐条地看隔天的上海报的广告。

"教育意见书,我们老蒋的。"慰亭一杯茶端在口边,嫌得烫,吹了一阵;见问,便带着调侃的腔调这样回答。又接续说:

"我们的学校要改革了呢,要行新教育、理想教育了呢!你自己看吧,里头都有得讲起,很好玩的。"说毕,才探试地呷一小口茶。

"新教育,理想教育,倒没有听见过。"小胡子叽咕着,抖抖索索戴上了铜边眼镜,便两手托着那份意见书,照墙一样竖在眼面前。

"他在那里掉书袋。"小胡子的眼光跑马般跳过前头的几页,自语道:"什么孟子、荀子、德国人、法国人的话都钞【抄】进去了,这谁又耐得看!"

"你看下去就有趣了。你看他要把学校改成个什么样子。"

"嘻!学校里要有农场、工场。"小胡子继续看了一歇,似乎趣味渐渐

---

① 趸,音 dǔn,在此意为成批地。

地浓厚起来了，"学生都要种田，做工。这样说，种田人同木匠司务才配当校长、教员呢；你们穿长袍马褂的，那【哪】里配！"

"我也这样说呀。况且，家长把子弟送进学校，所为何事？无非要他们读书上进；得一点学问，将来可以占好些的地位。假若单想种种田、做做工的，老实说，他们就用不到进什么学校。十几岁的年纪，即使送出去给人家看看牛、当个徒弟，至少也省了家里的饭。"

"怎么老蒋想不明白，会想玩这新化样？"

"由于他的脾气。他不肯到外边看看社会的情形，——你看他，茶馆就向来不到，——只是家里学校里，学校里家里，好像把自己关禁起来。关禁的人往往多梦想；他便梦想学校应该怎样怎样办才对，造出种种的花样来。当然，他自己是不认为梦想的；他叫作'理想'。"

"那末【么】，把孩子送进你们的学校，犹如供给你们玩弄玩弄一样，老实说是吃亏。凑巧我的小儿就在你们学校里；'理想教育'果真行起来，吃亏就有我的份。这倒不能妈妈【马马】虎虎的。"

小胡子的心情由趣味的转为严正的，加倍注意地把意见书看下去。他仿佛以为学校里一晌【向】通行的教育方法就是最好、最完善的方法，正像一个雕刻得毫无遗憾的模型；学生则譬如泥土；只要把泥土揿进模型，拿出来便是优良的制造品。现在，这毫无遗憾的模型将要打破了，对于此后的制造品自然不能不怀疑；又况制造品是属于自己的，只希望它优良而决不许劣陋的。

"你这样认真？"刘慰亭看定小胡子一笑说，"我是相信妈妈【马马】虎虎的。孩子们进学校读书，冠冕点说，自然是求学问；若讲实在，还不是在家没事做，讨厌，家里又有口饭吃，不至于送去看牛、当徒弟，故而到学校里消磨那闲岁月？所以，据我看，要行种田、做工也好，反正消磨岁月是一样，只消不喊骨头痛、让斧头砍去了指头。"

"你说得轻松，恐怕只因为你现在还没有令郎。"小胡子侧转头说，眼光仍斜睨着纸面。

"哈！"小胡子忽然受着刺痛一般喊起来。"还要有舞台！要做戏文！这像个什么样子！"

四五个坐在别座的茶客本来在零零星星谈些什么，听见了小胡子的喊声，便一齐走过来，围着问是什么。

"是他们学校里的新花样！"小胡子向刘慰亭歪歪嘴，"要造戏台，学生要做戏文。你们听见过没有？"

"好极了！我们不必再摇着船出去三十里、四十里，赶看草台戏了。他们学校里会让我们过瘾。"一个带着烟容的后生快活地说。

"他们做的是文明戏呢，不是京班戏。"一个中年人表示颇有见识的样子说。

"文明戏也有生旦净丑的，"一个高身材、近视眼的接上说，便弯着腰把头凑近小胡子手里的印刷品，"这上边有得写着么？"

"这倒没有写着。不过新花样多着呢。他们还要有什么工场、农场、音乐院、疗病院、图书馆、商店、新闻报社……简直叫小孩子胡闹着玩；一句话，就只不要念书！"小胡子的眼睛在眼镜下光光地看着众人，又加上一句道，"并不是我冤人，这上边蒋冰如自己说的，学校不专教学生念书。"

"他来一个'三百六十行'，哈哈！"烟容后生自觉说得颇有风趣，露出了熏黄的舌尖笑了。

"哈哈！有趣。"其余几人不负责任地附和笑着。

"蒋冰如出过东洋，我晓得东洋的学校不是这样子的。他又从什么地方学来这套新花样？"中年人用考虑的腔调说。

"什么地方学来的？他在那里'闭门造车'。"小胡子说着，把手里的印刷品向桌子上用力一甩。

十

镇上已出了好几夜的灯会。这一天，听说将更见热闹；东栅头有采莲灯船，船头船梢各有一个俊俏青年装扮的采莲女子，唱着采莲歌，歌辞是镇上的文豪、前清举人赵大爷新撰的；西栅头则有八盏采茶灯，采茶女郎也是美貌青年改装的，插戴的珠宝是最著名几家的太太小姐借出来的，所穿衣服也是她们最心爱、最时式的新装，差不多就像展览她们的富藏：这些是前几夜没有的。因此，尤其震荡所有的人心；大家几乎忘了各自的生活、谋划、悲哀、欢乐……从早上张开眼睛起，就切盼白天赶速跨了过去，马上看见那梦幻似的狂欢的景象。

赛灯的事情不是年年有的。大约在阴历新年过所谓"灯节"的时候，几个休了业尚未开工的手工业者以及不事生业、干些赌博之类的事情的人便开始"掉龙灯"。这是很简单的，一条九节或十几节的布龙灯，一副"闹元宵"，在市街上掉弄着、敲打着而已。如果玩了几夜没有人起来响应、竞赛，大家的兴致就阑珊了，终于默默地收了场。一连几年，差不多都是这样子，所以一连几年没有灯会。

这一年却不同了。有人说是去年田里收成好的原故；大家想表达对于丰饶的欢乐。但是细按起来就见得不很对；因为那些高兴参加的，并不是种田的农民，也不是有田的地主。又有人说是镇上的气运转变了，故而先来兴旺的朕兆。将来的事情谁也不能前知，当然没法判断这话对不对。可是事情的经过是这样的：起先一批人出来玩龙灯；另一批人看得高兴，也扎一条龙灯来玩。及到龙灯多至四五条，大家因为想取胜，便加增种种的名色；如扮演戏文，制扎各种灯彩，都刻意经营地弄起来。这就开了赛灯的局面了。全镇的人惟恐这一团火热的兴致冷淡下来，致失了难得的游乐的胜会；便一致鼓动着、怂恿着，要把它弄成无可再加地热闹、繁盛才快心。某人的面貌、神态适宜于戏文里的某角，那【哪】怕用了种种的方法，务须把他拉了来；某人能够别出心裁计划一盏新巧的什么灯，就是不经人推举，也会自告奋勇地贡献出来：这样地，大家对于熟识、亲近的一组赛灯者尽着力。绅富人家玩那些宴饮、赌博本来玩得腻了，这不是年年有的灯会，却觉有特殊的刺激性，似乎在灯会这题目之下宴饮、赌博，便又新鲜、有趣；于是解开钱袋来资助灯彩、蜡烛以及杂项开销。太太小姐们则毫不吝惜地检【捡】出珍贵的珠宝、时新的服装来；因为这比较自身穿戴更其合适，得以从容观察那些对于自己的富藏惊诧和艳羡的眼光。这样，灯会自然弄得异常热闹、煊赫；每夜有新的名色，每夜有麻醉观众的荡魂摄魄的景象。然而大家似乎还不满足，总想明晚应该有更可观、更乐意的。

中午时候，镇上人便涌来涌去地看当晚将是中心人物的角色。小孩子一群一群奔噪着，从人丛中、从不很高的市屋檐下窜过；因为看了好几夜的灯会，不免摹拟灯会中最动人的人物的身段、神态，嘴里更唱着锣鼓的节奏。喝了早酒的短衣服朋友，脸上亮光光染着红彩，眼睛湿润地泛溢着色情的表情；对于连夜看见的男子改扮的女郎，感到超乎实际以上的诱惑力，时时刻刻，无可奈何地想着，想着，想着。茶馆里散出来的先生们，也把平常稳重的脚步走得轻快点；狂欢的空气已把他们的血液激动了。欢快的笑声带着戏谑的话语不断地在空间流荡；短短的人影一簇一簇在街上梭过。这种盛况，近年来简直不曾有过；现在，回复到记忆里黄金色的繁华时代了！

装扮采茶女郎、采莲女郎的早已给一些主持的人、奉承的人包围着，在那里试演身段，练习歌辞。当然，指点同批评是那些具有风流雅趣的先生们的事情。女郎的步子应该怎样把两腿交互着走咯，拈着手帕的那只手应该怎样搭在腰间咯，眼光应该怎样传送秋波咯，声音应该怎样摇曳生姿咯；他们都一丝不苟地陈说着，监督着；他们有他们的古典，说从前某戏班里的某名旦就是这样子的，十几年前那次最热闹的灯会，某人扮采茶姑娘，就因这样子而出了名的，这自然叫人家不能不欢喜、信服。那些试练者，就是所谓俊俏青年，不是裁缝的徒弟，便是木匠的下手；虽然面目生得端正些，乌漆的项颈，粗笨的手足，那是他们的通相。现在却要蜕化体态，模仿女郎们的娇柔、细腻，更要傅粉涂朱，穿戴梦里也不曾想过的美衣珍饰；真有点恍恍忽忽，如在梦里了。这里头，又夹杂着不自意的骄矜心情；胜利的希望，全镇的心目，突然间集中在自己身上，便觉自己扩大了，扩大了，像吹足了气的皮球，于是享受旁人的伺候，穿衣打扮，斟茶，绞面巾都同阔人似地看作当然的事。然而想到自己装扮的是女郎，女郎而又得作动人的情态，禁不住怀着羞惭，现出掩掩缩缩的样子；就从这掩掩缩缩的样子，大家觉得他们真是绝顶妖姣的女郎了。

地方自然并不大，不是什么绅富人家的厅堂；围着看的人越来越多，只好关起门来拒绝那些后来者。但门外的人并不灰心，挤塞得几乎水泄不通，嚷嚷地等待那门偶一开，便可有一瞥的希望。"到夜大家有看的！""这一刻没有什么好看！""房子都要挤坍了！"主持的人这样带恳求带呵叱地喊着，而门外的人挤塞得更多。

东栅头那两个扮演采莲女郎的，则在一家铜锡店的内屋练习。因此铜锡店门前塞满了人。矮矮的围阑禁不起多人的挤轧，铁钩儿早已断了，现在是用指头般粗的麻绳捆绑着，以免跌倒。店内柜台边也挤塞着人，那是些到得早的，或者是对于挤轧的工【功】夫特别擅长的。然而他们并没有看见什么，正同伸长着项颈挤在街心的人一样；这因为通到内屋的门关得比他们到时还要早。手掌同拳头不免有点耐不住了，三三两两就在门上敲打；嘴里自然叽咕着一些怀着热望而以调笑的风趣出之的讥讪。

"藏在里边做什么？标致面孔得让大家看看！"

"歌儿迷人，我们也得迷一迷呀！"

"他们关起了门，谁知道在干些什么事情！那两个标致面孔的小兔子……"

"干事情……要知道现在是青天白日呀！"

"开门啊！我们要看看那两只小兔子！"差不多所有挤在那里的人同声喊出，同时人丛中起了剧烈的波动。

门倏地开了。群众只觉眼前一亮；因为门背后是天井。在光亮中站着个身材高高的人；大家看见了都咽一口气、在肚里念道："蒋大爷！"

这人就是蒋士镳。玄色花缎的皮袍子，两个袖口翻了转来，露出柔软、洁白的羊毛；两手都撑在腰际，右手执一朵粉红的绢花，右腿伸前半步，胸膛挺挺的，站成个又威风又闲雅的姿势。他的脸作紫褐色；额角、颊腮、眼眶、耳朵，都教人感觉异常之饱满；换一句说，一件件都像个球，而一件件并合起来的整个头颅，更像个滚圆滚圆的大球。

他起先不开口，用满不在乎的眼光团转转地向外面的许多面孔这么看着。好像有魔法的，经他一看，所有喊噪的嘴、挤动的身躯都静定了；一时店门前、店堂里见得异样地寂静。

"吓！"他冷笑一声，"你们要看，就等不及半天工夫么？——况且不消半天，只有几点钟了。你们要知道，看灯要看得眼里舒服，心里酥麻。现在里边正把采莲姑娘细心打扮，细心教练，就为要大家到夜来舒服一下，酥麻一下。你们挤闹些什么呢？"

他说这些话有一种特别的调子，带着煽动但又含禁抑的意味。右手从腰际举起，两个指头拈着粉红绢花向外一挥，又接上说：

"现在去吧！把晚饭吃个饱，眼睛揩个透亮，然后看天仙降凡一般的采莲姑娘吧！"

群众虽然不立刻退个干净，往里挤的趋势却没有了；对于这几句"挡驾"的话，也觉得并不刺耳，而且似乎甜甜的，比真个看见了尚未成熟的采莲姑娘还要有味。渐渐地，有些人就走了开去，预备早些做晚饭吃，泡起菊花水来洗眼睛了。

学校里虽然并不曾经蒋大爷的劝告，吃晚饭却也提早了。太阳光还黄黄地抹在远树顶的时候，住校的四位教师已经吃罢晚饭，结伴出门看今夜更为繁盛的灯会。

这时候传进耳朵的是一起一起的锣鼓声。有的似乎表示高兴得要跳跃起来的热情；一声紧似一声，一声高似一声，那些参与者的脉搏一定也在这样地剧跳。有的离得远些，声音悠扬地忽沉忽起；这可以叫你想起一个柔和的笑脸。总之，在这一片锣鼓声中，全镇的人把所有的一切完全忘记了；他们只觉沐浴在快乐的海里，欢笑、美色、繁华、玩戏，就是他们的全世界。

并不宽阔的市街当然早挤满了人，再没有空隙容人径直地通过。来来往往的只在人丛中刺左刺右地穿行。嚷嚷之声以及笑语声、小儿啼哭声纷杂着，像有韵律似的，仿佛繁碎的海涛。两旁店铺已点起特地把罩子擦亮的煤油挂灯；药材店却保守古风，点了四盏红纱灯；而洋货店为欲显示自己的超越，竟毫不吝惜地点上两盏汽油灯，青白的强光把游人的眼睛耀得微微作酸。店铺的柜台照例是女人、小孩子的位置，不知什么时候已经满了座，因为凳子不够，也颇有点【踮】起脚站着的；好像所有的店铺今夜作同样的营业了，只要看它们摆着同样的陈列品！玫瑰油、春兰花的香气一阵阵招惹游人的鼻子。回头看时，啊！彩色的大大的综合，诱惑性的公开的展览。于是，大家觉得这快乐的海更丰富、更有意思了；于是，运动全身的骨肉，鱼一般地，带着百分的高兴游来游去。

焕之本来走在第三，前面是三复、毅公，后面是一步一看脚下的佑甫。但是走不到街市的一半，前面后面的同伴都散失了；走前退后去寻找，又停了步等，再也不见他们的影子。这时候一阵哗噪声起来了："来了！是西栅头的一起！"群众个个兴奋得挤动起来，伸长项颈往西头尽望。焕之便站定在一条小巷口；背后也挤着十几个人，而比较店铺门前，已算优越的地位。

他看了这热闹的景象，想到民众娱乐的重要。一般人为了生活，皱着眉头，耐着性儿，耗着力气，流着血汗；能得笑一笑，乐一乐，正是精神上的一服补剂。因为有这补剂，才觉得继续努力下去还有滋味，还有兴致。否则单作肚皮的奴隶，即使不至悲观、厌世，也必感人生的空虚。有些人说，乡村间的迎神演戏是迷信又糜费的事情，应该取缔。这是单看了一隅的说法；依这说法，似乎农民只应该劳苦，劳苦，一刻不息，直到埋入坟墓为止的！要晓得一场的迎神演戏，可以唤回农民不知多少的新鲜的精力，因而再高兴地举起他们的锄头。迷信，果然；但不迷信而有同等功效的、可以替代的娱乐在那【哪】里？糜费，那更说不上了；消耗而有取偿的，那【哪】里是糜费？今年镇上的灯会，也有人说是很不好的事情：第一，消费的钱就要多少多少，第二，一些年轻女郎受歌词、艳色的感动，几天里跟了人家逃往别处去的已有三四个。这确是事实。然而给这样的狂欢所鼓动，全镇的人心一定会发生一种往年所无的新机。这些新机譬如种子，从这些，将有无限丰富的收获；那就不能说灯会是不好的事情了。当然，灯会那种粗犷、浮俗的"白相人"风是应当改革的。要使它醇化、优雅、完全艺术味。这又是教育的肩膀上的事了……

他于是想到国庆日学校应当领导全镇的人举行比这完美、盛大的提灯会；又想到其他的公众娱乐，像公园、运动场等，学校应当给全镇的人预备；让他们休养精神，激发新机……

锣鼓声已在身旁了，焕之才剪断了独念，抬起眼睛来看。挤立在街中的观众一阵地涌动，让出很窄的一条路，打锣鼓的乐队就从这里慢慢地通过。接着是骨牌形的开道灯，一对对的各式彩灯，一颠一荡地移过，把执着它们的人的脸照得很明显，每一张上堆着几乎要溢出来的笑意。随后是戏文了：《南天门》里那个老家人的长白胡子向左一甩又向右一甩，项颈扭动得教人代他觉着发酸；《大补缸》里的补缸匠则随意同同演者或观众打诨，取笑了王大娘几句，又拉弄站在街旁的一个女郎的发辫；也有并没特殊的动作，只是穿起戏衣，开起脸相，算是扮演某一出戏，一组一组走了过去的。他们手里的道具都是一盏灯，如扇子、大刀、杏黄旗之类。接上的是细乐队。十几个乐手一律玄色绉纱的长袍，丝绒瓜皮小帽；乐器上都饰着灯彩，以致吹起来显出矜持的神态。乐音是柔媚极了；胡琴、笛子差不多算是主音，琵琶、三弦、笙、箫和【合】奏着，声音像小溪一样轻快地流去，仿佛听姣媚的女郎在最动情的时候姿情地昵语。——然而，这些都同前几天没甚差异。

"采茶灯来了！"

观众情不自禁地喊起来。似乎每一对眼睛都射出贪婪的光。店家柜台上的女客，本来坐的全站了，苇草一样弓着身，突出她们的油鬓粉脸的头。女子看女子比男子看女子更为急切、深刻；在男子，不过要看可喜爱的形象而已；而女子则第一要看是不是胜如自己，因而眼光常能揭去表面的脂粉，直透入底里，如果被看者的鼻子有半分的不正，或者耳朵背后生一粒痣，那是无论如何偷漏不过的。采茶姑娘虽是男子，但既称姑娘，当然与女子一例看待了。

一个个像舞台上花旦一样，以十二分做作的袅娜姿态走过的，与其说是采茶姑娘，不如说是时髦太太小姐的衣装的模特儿。八个人一律不穿裙；短袄与裤绝对没有两个人是相同的色彩，相同的裁剪，而短袄的皮里子又全是名贵的种色，羊皮的简直没有。他们束起发网，梳成时行的绞丝髻，闪光的珠花、珠盘心便簪在上面。因为要人家看得清楚，每人背后跟着两个人，提起光亮的煤油提灯，凑在发髻的近旁。这样，使所有的眼睛只注着珍珠，所有的心都震骇于发髻上的财富；而俊俏的面庞、脂粉的装点，特地训练起来的身段、步态，以及每人手里一盏雕镂极精工而式样各不相同的花篮灯，似乎倒不占重要的位置了。然而大家很满足、乐意，因为已经看见了喧传众口、切盼终日的采茶姑娘，——只要看他们都现出忘形的笑，一大半人的嘴巴不自觉地张开，时时还漏出"啧！啧！"的叹美声。

"倪先生一个人在这里看灯？"

焕之正在想这样炫耀的办法未免杀风景，听得有人喊他。这是熟习【悉】的声音，很快地一转念便省悟是金佩璋小姐。

他回转头，见金小姐就挤在自己背后十几个人里，披着红绒绳围巾，一只手按在胸前，将围巾的两角团住了。

"出来是四个人，此刻失散了，剩我一个。金小姐来了一歇么？"

"不。才从小巷里出来。实在也没有什么可看的。我就要从原路回去。"

"容许我同走么？"焕之不经思索直捷地问；同时跟着金小姐挤往十几

个人的后面。那十几个神移心驰的人只觉身体上压迫宽松了点，便略微运动，舒一舒肩膀胸背，可是谁也没觉察因为走了两个人。

"那很好，可以谈谈。"金小姐露出欣跃的神情。

无言地走了半条巷，锣鼓声不复震得头脑岑岑作跳了，群众的喧声也渐渐下沉；两人的脚步声却显明起来。

金小姐略侧转头问道：

"前天倪先生在我家谈起，教育界的黑暗看得多了。到底教育界有怎样的黑暗？"

"啊，一桩一桩据事实来说，也说不尽许多。总括说吧，一句话：有的是学校，少的是教育。教育是一件事情，必得由人去办。办教育的人当然是教员。而教育界的黑暗就在于教员！多数的教员只是吃教育饭，旁的不管；儿童需求于他们的是什么，他们连一丝也不曾想过。这就够了，更不用说详细的子目。"

"外面这样的教员很多么？"

"尽多尽多，到处满坑满谷。"

"那岂不是——"

"是呀。我也曾经失望过来；懊恼到极顶的时候甚至于想自杀。"

"倪先生曾经想自杀？"金小姐感得奇怪，"为什么呢？"

"自己觉得混在一批不知所云的人物中间，一点意思也没有，到手的只是空虚同悲哀，倒不如连生命都不要了。"

"唔，"金小姐沉吟了一忽，接着问，"后来怎样转变了？"

"一个觉悟拯救了我自己，就是自己正在当教员。别人不懂教育，忘了教育；我不能尽心竭力懂得它，不忘它？这样想时，就望见希望在前头招手，就开始乐观起来。"

"我想这希望一定把捉得到；尽心力于本务的人应该得到满意的报酬，因而乐观也必贯澈【彻】他的全个的生命。"

"我也相信这样。金小姐，我自己知道得清楚，我是个简单不过的人。

烦恼的丝粘在心上时，那【哪】怕只是蛛丝那样的一丝，我就认为捆着粗重的绳索。但是，希望的光照进我的心窗时，什么哀愁、烦恼都消散了，希望就是整个的世界。"

"我可以说，这样简单不过的人有福了；因为趋向专一，任何方面都可用全力去对付。可惜我就不能这样。"

这当儿两人已走出小巷，折向右行。一边是田野。下弦月还没有起来，可是有星光。夜气温和而清新。焕之畅吸了一腔新气，更觉心神愉快，他接上说：

"金小姐比我复杂多了；我们接谈了几回，我看得出。"

"我就欢喜转弯地想；可是没有坚定的力。这也是境遇使然！"

无母的悲哀兜上她的心，话语就顿住了。

"功课做得非常之好，立志要从事教育事业，还说没有坚定的力么？"焕之觉察境遇使然的话含着什么意思，这样地说来安慰她；但确是由衷的话。

"不是这样说。譬如教育事业，我是立意想干的；但能不能干得好，会不会终于失望，这些想头总像乌鸦一般时时掠过我的心窗。我也晓得恬适、自由、高贵、成功一齐在前头等着我，只要我肯迎上去；然而乌鸦的黑翅我也难以忘却。"

"这只是幻象而已。"焕之的心情有点激昂，"理想的境界展陈在我们的前途，犹如旅行者的目的地那样确实。昂着头，挺着胸，我们大踏步向那边走。我们歌呼，我们笑乐，这更足以激增迈往的勇气。那【哪】里来什么乌鸦的黑翅，我们将接近希望的金身！"

"我但愿能这样。"金小姐低声说，心头在默默地体会。

"这并不难；像我一样简单不过，就得了。我现在好像不认识迟疑、瞻顾的面目，那是些引诱人往失败的路去的阴影！什么是好，什么是欢喜干的，唯一的方法就是径直干去，别的都不管。"

金小姐颠颠【点点】头，把红围巾张开，从肩头褪下了一点，却不说话。

"一个好消息，金小姐，你听着一定也高兴；昨天学校里决定开辟农场了。就是背后那块荒地，不小呢，有十七八亩，每个学生都可以分配到。"

"这是十分有味的事情。"

"也是十分根本的事情。从一粒种子，看它发育，看它敷荣，看它结果；还可以看它怎样遭逢疾病，怎样抵抗天行。因此而晓悟、了知的，岂只【止】是一种植物的生活史；生命的秘奥，万物的消息，也将触类而旁通。"

"耕种的勤劳也有很高的价值呢。"

"是呀。学习与实践合一，就是它的价值。而且，它把生活醇化了，艺术化了；试想，运用腕力，举起锄头，翻动长育万物的泥土，那个时候的心情，一定会喜悦到只是流眼泪。"

"新教育，新生活。"金小姐这样念诵。

"实施以后的情形，我可以写信告诉金小姐。"

"这个，"金小姐踌躇了一忽，"还是待我回来时面谈吧。我们学校里，学生收到的信都先经舍监拆看。虽然谈论教育的事情没有什么，总觉得——"

在微明的星光中，焕之看见金小姐的一双晶光的眼瞳向自己一闪烁。

"侵犯人家书信的自由！我晓得这样干的女学校很不少。这也是教育界的大黑暗！"焕之忿然说。

这时候，前街的锣鼓声、人声一阵阵地沸扬起来，中间碎乱地杂着丝竹的吹弹，女人、小孩尖锐的喊笑，以及结实的爆竹的声响。大概东栅头的同其他几起的灯会会合在市中心，几条龙灯在那里竞赛地掉弄起来了。

## 十一

三四个雇工在春季的阳光中开垦那块荒地。棉布袄堆在一旁，身上只穿青布的单衫，脸额上还流着汗，冒着热气。

地里全是些砖块瓦屑，可见以前曾在那里建筑过房屋，有人生息在里边。又有好些突起得并不高的无主的坟；有的砌着简陋的砖椁，有的就只泥土抱合了棺木，腐朽的木头显露在外面。现在最初步的工作是把砖块、瓦屑捡去，让长育万物的泥土得以尽量贡献它的储能。那些坟头阻碍着区域的划分，而且也损伤美感；生意蓬勃的农场里，如果点缀着死寂的坟头，多少不调和呢，所以必须削平人的枯骨与树木的枯枝没有什么两样，随便丢弃本不是有关紧要的事；世界上有好些地方把尸骨来烧了，认为极正当的办法。但因中国人看待枯骨不是那么样，总觉应该把它保存起来，所以决定了迁葬——就是把所有的棺木聚葬在别一处地方，即使棺木破烂了，也捡起里边的骸骨来重葬。

近十天的工作已经把砖块瓦屑捡在一起了，两尺高的一大堆，占有两间屋子那样大的面积。不燥不黏的泥土经了翻动，错杂地堆压着新生的草芽，又可以看见尚未脱离冬眠状态的蚯蚓。坟头是削平了好几个了，几具棺木摆在一旁；有的棺木是破烂了的，不能整具地掘起，就把骸骨捡在一个罐子里；烂棺木还残败地镶嵌在旧时的洞穴里，潮湿，蛀蚀，使人起不快的感觉。

雇工们听见有人走近来了，并不回头去看，依旧机械一般地，一锄一锄锄着一个蔓延着枯藤的荒头。但是他们都知道来的是谁，因为接触的回数实在不少了。

这是冰如同焕之。

冰如同平时一样地，一看见农人工人，露出筋肉突起的臂膊从事劳动，便感觉不安，好像自己太偷懒了，太僭越了，同时对于对手发生很厚的敬意。曾说过好几回的一句话不觉又脱口而出：

"辛苦你们了；不妨歇歇再做。"

"那【哪】里，那【哪】里；不，不。"

**受宠若惊的雇工们照例这样回答，几双眼睛同时向冰如丢一个疑惑、**

怪异的眼光；拿你的工钱，怎么说起辛苦来？歇歇，不是耽延你的事务么？你，大爷们，有田有地的，大爷们的架子到那【哪】里去了呢？——这些是含蓄在眼光里的意思。

焕之四望云物，光明而清鲜；一阵暖风吹来，带着新生、发展、繁荣的消息，几乎每一个细胞都传达到。湖那边的远山已从沉睡中醒来，盈盈地凝着春的盼睐①。田里的麦苗犹如嬉春的少女，恣意舞动她们的嫩绿的衣裳。河岸的柳丝，透露鹅黄色的叶芽。鸟雀飞鸣追逐，好像正在进行伟大的事业。几簇的村屋，一样地，屋瓦鳞鳞可数。在这些屋里住的人们，男的，女的，老的，少的，看见春天降临，大地将有一番新的事业，新的成功，他们也欢欣鼓舞，不贪懒，不避劳，在那里努力工作着吧。

焕之于是想向近处。农场已在开辟，学校里将有最有价值的新事业了；现在脚踏着的一块土，将是学生们的——岂仅学生们的，也是教师、校役的——劳作、研究、游息、享乐的地方，换一句说，简直是极乐世界；这样想时，将入胜境一般的快乐荡漾在心中了。他问道：

"你们几时可以完工呢？"

"快的，快的；再不消十天工夫了，连田畦都能做好。"

一个长脸的雇工这样回答，简朴的笑意浮在他的颧颊上。

"我们可以种麻种豆种棉花。"焕之发亮的眼瞳注定展开在面前的乌黑的泥地，这样地自语。

那长脸雇工停了锄，轮替地向左右手心吐一口唾沫，然后再举起锄头工作；一壁矜夸地说：

"这里种西瓜才出色呢。生地的瓜，比白糖还鲜甜。"

"不错，我们还可以种西瓜。"

焕之颠【点】头接着说，仿佛地上已经结着无数翠绿的大西瓜，借此，大自然特意显示它的丰富似的。又仿佛看见曾出劳力的许多学生，散

---

① 盼睐，音 pàn lài，在此意为观看、顾盼。

坐在晚晴光中的这场上，剖食新摘的西瓜。瓜瓤雪一样白；水分充足，沾湿了各人的手指；那种扬眉眯眼的咀嚼的表情，足见味道是异常地甜美。啊！劳动的报酬，超乎寻常饮食的尝味……

"刚才没有谈完，"冰如略带踌躇的神情朝焕之说，"据我看，毅公是留不住的了。我再四给他说，为着这个镇，为着这个学校，为着这一批同他熟习【悉】了的学生，希望他不要离开。并且，农场已在开辟了，他的教科就将走入新的道路；为着一切实施的指导，为着他自己的兴趣，更希望他不要离开。但是他总是这么一句：'非常之抱歉；已经答应那公司，下月就得进去办事了。'你看还有什么法？虽说有约书，板起面孔来论理到底不好意思的。"

焕之闭一闭眼睛，好像从好梦里出来，还想追寻些余味的样子。随即皱起眉头接上说，带着愁虑的调子：

"的确，李先生是留不住的了。他觉得那公司比这里好，因为薪水多；他的心意完全趋向那公司了，空口劝留又有什么用！"

"他是师范出身呢。不料他丢弃教育事业，这样地不留恋，竟是如弃敝屣。看他平日的教授，也还热心的。"

"热心，热心，抵不过实际生活的需求！"焕之不愿意教育界有这情形，但这情形却是事实，故而怀着病人陈述自己病情那样的感伤心情说，"他的家庭负担重，收入不够开支；遇到稍微优裕的事务，自然就丢弃了旧来的。他曾经同我谈起；他老实不客气在那里等机会，像守在河边的渔夫。有鱼来吧，有更大的鱼来吧；这是他刻刻萦念的心思。根据这心思，当然一回一回地举起网来。这样，是他的生活的重要部分。现在，他网得了更大的鱼了。"

冰如不意毅公会说这样的话；低着头来回地走，胸次悒郁[①]，像受着压迫；一会儿，停了步愤愤地说：

---

① 悒郁，即忧郁、抑郁。

"这样地'外慕徙业',什么事也不会定心干下去的!"

"这倒应该原谅的;实在教育事业的鱼太小了,小得教人不得不再在河边投下网守着。"

焕之这样说,自觉违反了平时的意念。少数的薪水,仅能困苦地维持母子两人的生活;对于这一层,他向来不以为意,因为物质以外另有丰富的报酬。现在这句话,不是成为"薪水唯一前提论"么?一半辩解一半矜夸的意思随即涌上心头,他说.

"能定心地干、不再去投网的只有两种人:富有资产、生活不成问题的,是一种,把物质生活看得极轻、不怕面对着艰窘、一心惟求精神的恬适的,是又一种。"

"唔。"像阴暗的云里透露一缕晴光一样,冰如沉闷的脸上现出会心的微笑;他明白焕之所称两种人指着谁共谁。

"余下来的就是些'一心以为有鸿鹄将至'的。中间比较优秀的,当然迁徙的机会较多;机会到了,掸干净了他们以为倒霉的、染在身上的、教育界的灰尘,便奔赴充满着新希望的前程。于是,不在以上两种人里边而也久守在教育界里的是些什么人,还能够想么!"

"啊!的确不堪设想。"冰如蹙着额,像临近污毒的所在。"有的是游荡的少爷,因为不欲得游荡的声名,串演个教员来做幌子。有的是四块钱六块钱雇来的代替工,总算教台上不至于空着没有人。有的是医卜星相① 当着兼差,学校同时是诊病室、算命馆。这等情形几乎各处地方都有,但大家不以为值得注意。你说是不是?"

"是呀,"焕之严重地说,"照目前论,教员的待遇决不会改善;所以这等情形必定延续下去,而且更为普遍。这里就有个非常重大的问题,就是优秀分子将从教育界排除出去,除了极少数的例外,而存留在里面的,将尽是些不配当教师的人;这样,学校无论如何多,在学儿童无论如何激

---

① 医卜星相,即医士、卜者、星命、相术,在旧时都是江湖术士之流。

增,到底有什么意思?"

"这确是个严重的问题!"

冰如凄然地、无目的地看着前方,好像来到一个荒凉的境界,不看见一点含有生意的绿色,只展开着悲哀与寂灭。他自己正在奋发有为,自己的面前正在开始新鲜的事业,似乎细小极了,微弱极了;想到广大的教育界,在自己一方面的真是大海里边的一个泡沫。空虚之感侵袭进他的心,他求援一般地说:

"怎么好呢?一切希望悬于教育;而教育界里却有这样严重的问题。"

"没有法子呀!"

焕之径捷地回答;政治的腐败,社会的敝弱,一霎间兜上他的心头。但"自己正是一个教师"的意念立刻又显现了:譬如海船覆没,全船的人都沉溺在海里,独有自己脚踏实地,站定在一块礁石上面,这是个确实的把握,不可限量的希望;从这里设法、呼号,安知不能救起所有沉溺的人?这样想时,他挺一挺躯干,像运动场中预备赛跑的选手,说:

"然而教育总是一个民族最切要的东西。这全靠有心人不懈地努力,那【哪】怕极细小的处所,极微末的成就,决不肯鄙夷不屑;因为无论如何细小、微末的,至少也是一块砖头,砖头一块块堆叠上去,终于会造成一所大房子。全教育界的情形我们不用管,实在也管不了;我们手里拿着的是砖头,且在空地上砌起屋基来吧。我们的改革和改革以后的效果,未必不会引起教育界的注意。注意而又赞同,而又实施的,就是我们的同伴。同伴渐渐多起来,蒋先生,你想,造成功的将是怎样的一所新房子!"

焕之近年来抱着乐观主义,其原因在想望着希望的光辉,又能构成一种足以壮自己的胆的意象,使自己继续想望着,不感空虚或倦怠。这里说的,当然又是一服自制的兴奋剂。

冰如对于刚才谈的虽有悲观的敏感,实际却颇朦胧。正像他与朋友谈话的当儿,谈起正在炽盛的欧洲大战争,生命牺牲多少了,人类的兽性发泄得不可遏止了,一层悲感便黑幔似地蒙住心目一样;这悲感决不虚伪,但也决不钻入心的深处，在里头生根。他松解了拘束一般，用安慰的眼光看着焕之，说：

"改善全教育界呢，我也没有这样的奢望。这一个镇，如其能因我们的努力而改善，我就满意了！"

"一块小石投在海洋里，可见的波圈是有限的，不可见而可以想象的动荡的力却无穷地远。我们能教这力只限于直径五尺或一丈？"焕之趣味地看着工人手里锄头的起落，差不多吟诵诗歌一般地说。

他又说：

"我们只顾投就是了，动荡的力及到多少远是不用问的。我看他们垦地，有说不出的高兴；这一块小石投下去，展开了我们全学校的新的心境！"

"请你继续毅公担任教理科，指导农场的一切吧。"

冰如见焕之这样有兴味，相信自己的预拟再没有错，便把它说出来；同时热情地望着焕之，于不言中充分表达出"务请答应"的意思。

"我担任教理科？"

焕之带点孩子气似地把身躯一旋，一种很微妙、不可详说的心情使他涨红了脸。金小姐所说"耕种的勤劳也有很高的价值呢"，以及吟咏一般说着的"新教育，新生活"，在他的记忆中镂刻得非常之深：温暖的春夜的灯光下，清新的朝晨的楼窗前，这两句简单而意味丰富的话语，引起他不少诗意的以及超于诗意的遐想。同时那个婉美、匀调的影子教他简直忘不了；在冥想中，时常描摹她的躯体，描摹她的脸庞，更描摹她的风姿、神态，尤其注重的是黑宝石似的两颗眼瞳流利地、诱惑地这么一闪耀。他感觉自己这颗心除了教育还应该有个安顿的所在，犹如一个人有了妥当的办事室还得有个舒服的休息室；而最为适宜的，似乎莫过于金小姐的灵魂中。现在听见冰如请他教理科，并指导农场的一切，仿佛孩子见父母将买一晌心羡的玩物给自己那样地感动，因为这事情是她特别赞美过的。他接上说：

"虽说曾经学过,小学的功课还能懂得,但教授法等从来没有研究,完全是个外行。不过农场的事情我倒欢喜干,因为耕种的勤劳最具高价的人生意义;理科的功课又将把农场作中心了;我就担任下来试试吧。"

"好!"冰如拍焕之的肩,欣喜他的爽直、率真。"外行内行没有什么大关系,重要的在乎嗜好不嗜好:这是你常说的话。现在,你又给它作一个证明了。"

因为高兴,冰如几乎同喝了酒一样,吐着很洪亮的声音。

几个雇工停了锄头,莫名其妙地张开了嘴向他们两个看。

## 十二

镇上传布着一种流言;茶馆里讲,街头巷口讲,甚至小街角隅矮屋的黝暗里也讲。流言没有翅膀,却飞行得比有翅膀的还快;也没有尖锐的角,却深深地刺入人们的心。大家用好奇、惊诧的心情谈着、听着、想着;同时又觉这不是谈谈、听听、想想就了的事,自己的命运、全镇的命运都同它联系,像形同影一样不可分离,于是把它看作自己的危害、仇敌,炽烧着恐惧、忿恨、敌视的感情。

开始,是学生夸耀地回家去说,学校里在开辟农场,将要种各种的菜蔬瓜果;大家都得动手,翻土、下种、灌水、加肥,将是今后的新功课。又说从场地里掘起棺木;有的棺木破烂了,就检【捡】起里边的死人骨头。这是梦想不到的新闻,家属们惟【唯】恐延迟地传说开去。镇上人方才记起,学校旁边有一块荒地,荒地上有好些的坟头。什么农场不农场的话倒还顺耳,最可怪的是掘起棺木、检【捡】起骨头。这样贸贸然大规模地发掘,也不看看风水,卜个吉凶;如果因此而凝成一股厉气,知道钟【中】在谁的身上!这在没有看见下落以前,谁都有倒霉的希望;于是惴惴不安的情绪,像蛛丝一样,轻轻地但黏黏地纠缠着每个人的心。

传说的话往往使轮廓扩大而模糊。迁葬,渐渐转成随便抛弃在另一处荒地了;检【捡】起骨头重葬,渐渐转成一畚箕一畚箕向河里倒了。好事的人特地跑到学校旁边去看，真的！寂寞可怜的几具棺木纵横地躺在已翻过的泥地上，仿佛正在默叹它们的恶运；几处洞穴里残留着腐烂棺木的碎片，尸骨那【哪】里去了呢？——一定丢在河里了！他们再去讲给别人听时，每一句话便加上个"我亲眼看见的"；又描摹掘起的棺木怎样七横八竖地乱摆，草席也不盖一张，弄破了的棺木怎样碎乱、不成样，简直是预备烧饭的木柴。这还不够相信么？

这种行为与盗贼没有两样，而比盗贼更凶；盗贼发掘坟墓是偷偷地做的，现在学校里竟堂而皇之地做。而且这些坟墓是无主的，里边的鬼多少带点浪人气质，随便打人家一顿，或者从人家沾点便宜，那是寻常的事；不比那些有子孙奉祀的幸运鬼，"衣食足而后知礼义"。一晌他们没有出来寻事，大概因为起居安适，心气和平，故而与世相忘；这正是阆镇的幸福。现在，他们的住所被占据了，他们的身体被颠荡了，他们的骨骸被拆散了。风雨的飘零，心神的不宁，骨节的疼痛，都足以引起他们剧烈的忿怒："你们，阳世的人，这样地可恶，连我们一班倒运鬼的安宁都要剥夺了么！好，给你们捣蛋就是了；看你们有多大能耐！"说得出这种无赖腔调的，未必懂得"冤各有头，债各有主"的道理；他们的行径一定是横冲直撞，乱来一阵。于是，撞到东家，东家害病，冲到西家，西家倒运；说不定所有的鬼通力合作，来搅一个全镇大瘟疫！——惴惴然的镇上人这样想时，觉得学校里的行为不仅同于盗贼，而且危害公众，简直是全镇的公敌。

学校里的教师经过市街时，许多含怒的目光便向身上射来；这里头还搀杂着生疏、不了解的意味，好像说"你们，明明是看熟了的几个人，但从最近的事情看，你们是远离我们的；你们犹如外国人，犹如生番蛮族！"外国人或生番蛮族照例是没法相与计较的；所以虽是怀恨，但怒目相看而外，再没什么具体的反抗行动。待那可恨的人走过了，当然，指点着那人的背影，又是一番议论，一番谩骂。

教师如刘慰亭，在茶馆里受人家的讥讽、责难，自有辩解的说法。

他说：

"这完全不关我的事。我们不过是伙计，校长才是老板；处理一个店铺，老板要怎么干就怎么干，伙计作不得主。自然，会议的时候我也曾举过手，赞成这么干。若问我为什么举手，要知道提议咯，通过咯，只是一种形式，老蒋的心里早已决定了，你若给他个反驳，他就老大不高兴；这又何苦呢！"

别人又问他道：

"你知道这件事情很不好么？"

他机警地笑着回答：

"鬼，我是不相信的。不过安安顿顿葬在那里的棺木，无端掘起来让它们经一番颠簸，从人情上讲，我觉得不大好。"

这样的说法飞快地传入许多人的耳，于是众怒所注的目标趋于单纯，大家这样想："干这害人的没良心的事，原来只是老蒋一个人！"可是依然没什么具体的行动表显出来。在一般人的心目中，蒋冰如有田地，有店铺，又是旧家，具有特殊的地位；用具体行动同具有特殊地位的人捣蛋，似乎总不大妥当。

直到蒋老虎心机一动，饱满的头脑里闪电般抽掣着计谋，结果得意地一笑，开始去进行拟定的一切，蒋冰如才遇到了实际上的阻碍。

蒋老虎在如意茶馆里有意无意地宣说：

"蒋冰如干事太荒唐了。地皮又不在他那学校里；也不问问清楚，就动手开垦，预备做什么农场。"

"怎么？"赵举人回过头来问，"记得那块地方向来是荒地；我小时候就看见尽是些坟头，直到后来建筑校舍，那地方总是那个老样子。"

"荒地！"蒋老虎啐了一口说，似乎他的对手不是在镇上有头等资望的老辈，只是个毫不知轻重的小子。"荒地就可以随便占有么？何况并不是荒地，明明有主人的！"

"那末【么】是谁家的？我们倒要听听，"金树伯严正地问，近视眼直望着蒋老虎圆圆的脸。

"就是我的,"蒋老虎冷峻地一笑,"还是先曾祖手里传下来的。只一晌不曾想到去查清楚,究竟是那【哪】里的一块地皮;入了民国也没有去税过契。最近听见他们学校里动手开农场,我心里想,不就是我家那块地皮吧?倘若是我家的,当然,犯不着让人家占了去;你们想是不是?于是我检出那张旧契来看。上边载明的'四至'同现在不一样了;百多年来人家兴兴败败,房子坍的坍,造的造,自然不能一样。可是我检查了志书,又按着契上所载的'都图'仔细地考核,一点也不差,正就是那块地皮。"

"唔,原来这样。"赵举人、金树伯同声说,怀疑的心情用确信的声气来掩没了。

蒋老虎接着慷慨地说:

"人家买不起坟地,就在那里埋葬棺木,这叫做无可奈何,我决不计较;反正我也没有闲钱来起房子。做农场就不同了,简直把它看作学校的产业;隔不多时,一定会造一道围墙索性圈进学校里去。这样强占诈取,不把人放在眼里;我自己晓得,不是个好惹的,那【哪】里就肯罢休。我去告他个占夺地产,盗掘坟墓,看他怎么声辩!"

他真有点像老虎的样子,说到对付敌人偏有那样从容的态度;他从一个玛瑙鼻烟瓶里倒出一点鼻烟在一个象牙小盆里,用右手的中指蘸着往鼻孔里送,同时挤眉眯眼地悠然地一嗅。

"不必就去起诉吧,"赵举人向来主张多一事不如少一事,老来看一些佛经,更深悟仇怨宜解不宜结的道理,"向冰如说一声,教他还了你就是。本来,把许多棺木尸骨掘起来也不是个办法。我们人要安适,他们鬼也要安适。这种作孽的事不应该做的。"

"说一声,"蒋老虎看一看这位忠厚老人的瘦脸,"说得倒容易。他存心要占夺,说一声就肯死了心么?与其徒费唇舌,不如经一经法律手续来得干脆。"

赵举人、金树伯于是知道蒋老虎是同往常一样,找到题目,不肯放手,立刻又可以看见他的新文章了。

不到一天工夫,镇上就有好多人互相传告:

"老蒋简直不要脸,他占夺人家的地皮!他自己有田有地,要弄什么农场,不好捐一点出来么?他小器,他一钱如命,那【哪】里肯!他宁可干那不要脸的事。……那地皮原来是蒋老虎蒋大爷的。蒋大爷马上要进城去起诉了。"

同时街头巷口发见些揭帖,字迹有潦草的,也有工整的,文理有拙劣的,也有通顺的;一律不用姓名签署,用"有心人""不平客"等等来代替。上边的话,有的说蒋冰如发掘多数的坟墓,镇上将因而不得太平;有的说在蒋冰如手里的学校办得乱七八糟,子弟在里边念书的应该一律退学;有的说像蒋冰如那样占夺地产、盗掘坟墓的人,那【哪】里配作【做】镇上最高级学校的校长:这些话代表了所有的舆论。

而一班"白相人"没有那种闲工夫写什么揭帖,只用嘲讽、挑拨的调子说:

"他干那种恶事,教人家不得太平。先给他尝尝我们的拳头,看他太平不太平!他得清醒一点,不要睡在鼓里;惹得我们性起时,就把他那学校踏成一片平地!"

当然,听得这样说的都热烈地喊"好!"仿佛面对着捍卫国家的英雄。

校里的学生也大半改变了平时的态度。他们窃窃私议着的无非外间的流言,待教师走近身旁时便咽住了,彼此示意地、狡狯地一笑;这笑里又仿佛含着一句话:"你们现在被大众监视了,再不要摆起架子吧。"——这正是视学员来到学校时,学生看着未免窘迫、拘束的教员,常常会想起的心情。——而教师的训诲与督责,显然地,效果减到非常之少;好像学生都染着了弛松、懈怠的毒气。

蒋老虎的儿子蒋华同另外五六个学生有好几天不来上学;虽然并没告退,也是遵从揭帖上的舆论的一种表示。

这样,几乎成了"四面楚歌"的局面,开垦的工作不得不暂时中止。

为商量对付方法，冰如召集个教职员会议。

在冰如，简直梦想不到会有这一回风潮。迁去几具棺木，竟至震荡全镇的人心；一般人常识缺乏，真可骇怪。但事实上还没有什么阻碍，也就不去管它。接着地权问题发生了，"有心人""不平客"的揭帖出现了，一般人对于白相人尝尝拳头、把学校踏成平地的话语热烈地喊"好"了，就不是一味不管可了的，这不但使新事业因而挫折，连学校本身也很受摇动；一定要解决了这风潮，一切才可以同健康的人一样继续他的生命。

而风潮中出首为难的就是向来看不起的蒋士镳，使冰如非常发气。什么曾祖手里传下来的，什么旧契所载都图一点不差，明明是一派胡说，敲诈的伎俩！但想到将要同一个神通广大、有"老虎"的绰号的人去对垒，禁不住一阵馁怯涌上心头。"我是他的对手么？他什么都来，欺诈，胁迫，硬功，软功……而我只是这么一副平平正正的心思、态度。会不会终于被他占了胜利去？"这疑问他不能解决，也盼望在教职员会议里，同事们给他有力的帮助。

冰如说：

"在一般人方面，完全是误会同迷信在那里作梗，致引起这回的风潮。误会，自然得给他们解释；棺木并不是随便抛弃，骸骨也没有丢在河里，一说就可明白。迷信，那是必须破除的；从学校的立场讲，应该把破除的责任担在自己的肩膀上。什么鬼咯，不得太平咯，大家既然在那里虚构，在那里害怕；我们就得捉住这机会，给他们个事实上的教训——依照我们的计划干，让他们看出决没有什么鬼祟、瘟疫跟在后头。请诸位想，是不是应该这样？"

他说毕，激动而诚挚地环看着围坐的同事们。他相信，自从分送教育意见书，同事们都无条件地接受，这无异缔结一种盟誓，彼此是在同一目标之下，浑忘私己地结合着了的。所以他认这会议不是办事上的形式，而是同志间心思、计谋的交流。

"这倒很难说定的，"徐佑甫冷冷地接上说，"鬼祟固然不会有，瘟疫却常常是突然而来的；又或者事有凑巧，镇上更发生什么别的不幸事件。那时候就是有一千张嘴，能够辩得明白同迁移棺木的事没有关系么？"

他说着，用询问的眼光看着各人，表示独有自己能想得周到；这中间，虽然他意识不到，实在还含着对于校里的新设施的反感。

"那是管不了这许多的！"

怀着与冰如同样的气愤、而感觉受挫折的苦闷更深的焕之立刻发言驳斥。他为了这件事，心地已好几天失了平静。他深恨镇上的一般人，明明要他们的子弟好，明明是上好的营养料，他们却盲着眼出来阻挠，以为是一服毒药！一镇的社会这样，全中国的社会又那【哪】里不是这样；希望岂不是很淡薄、很渺茫了么！但又转念，如果教育永远照老样子下去；至多只在名词上费心思、费笔墨、费唇舌，从这样这样的教育到那样那样的教育，而不从实际上、生活上着手，让学生有一种新的、合理的生活经验：岂不是一辈子都不会有健全、开明的社会？于是对于目前开始的新设施，竟同爱着生命一样，非让它确立根基不可。这是第一块砖头，慢慢儿一块块堆叠起来，将成巍巍然的新房子；这是海洋中的一块小石的投掷，动荡的力扩散开来，将是无穷地远。至于对于阻挠的力，当然退缩不是个办法；你退缩一步，那力又进迫一步，结果只有消灭了自己！他严正地继续说：

"现在，一个问题应该先决；就是：我们这学校到底是要转移社会还是要迁就社会？如果说要转移社会，那末【么】我们认为不错而社会不了解的，就该抱定宗旨做去，让社会终于了解。如果说要迁就社会，那当然，凡社会不了解的只好不做，一切都该遵从社会的意见。"

他那种激昂、急切的态度，使同事们发生各不相同的感念，但同样射过眼光来向他看。

"我们自然要转移社会。"

冰如好像恐怕别人说出不同的答语，故而抢着先说。

席间诸人有的是颠【点】头，不颠【点】头的也没有不同意的表示。

"那末【么】依照我们的原计划做下去，"焕之仿佛觉得胸膈开舒畅了一点，"场地还是要开垦，棺木还是要迁。"

刘慰亭轻轻咳了一声嗽，这是将要发言的表示。他轻描淡写地说：

"外间不满意我们，仿佛不单为迁移棺木一桩，兴办农场的事也在里头的。他们这样说：'把子弟送进学校，所为何事？无非要他们读书上进；得一点学问，将来可以占好些的地位。假若单想种种田，老实说，他们就用不到什么学校。十几岁的年纪，即使送出去给人家看看牛，至少也省了家里的饭。'这当然是很无聊的话；不过我既然听得了，应该说出来供给大家参考。"

他又咳了一声嗽，意思当然是发言终结；便若无其事地递次剔弄着指甲。

"我的意思，"陆三复因为要开口，先涨红了脸，声音吞吞吐吐，这是他发表意见时的常态，"农场还是暂缓兴办。这是事实问题，事实上不容我们不暂缓。蒋士镰出来说这块地皮是他的，要同我们打官司；在官司没有打清楚以前，兴办起来也是不定心。李先生，你说是不是？"说到末了一句，他回顾着坐在旁边的李毅公，转为对话的语调。

李毅公是只等下月到来，进公司去营那新鲜又丰富的另一种生活；对于这里学校的困难境遇，他看得同邻人的不幸一样，虽也同情地听着，但不预备在同情以外再贡献什么。他向陆三复颠颠【点点】头。

"完全是敲诈，流氓的行为！"冰如听见提起蒋士镰，一阵怒火又往上冒，"那【哪】里是他的地皮！我一晌【向】知道是这学校里的。他就惯做这种把戏；不然那【哪】里来舒舒服服地过活。他无端兴风作浪，要打官司，想好处，我们就同他打；我们理直气壮，难道让他欺侮不成！"

他觉感情一时不能遏止，又提高了喉咙说：

"这班东西真是社会的蟊贼，一切善势力的障碍者！我们要转移社会，改善社会，就得迎上前去，同这班东西接战，杀得他们片甲不还！"

"我是不晓得。学校里有这块地皮的契券么？如果有，不妨同他打官司。"

徐佑甫像旁观者一样，老成地，这样提供意见。

"契券可没有。但是历任的校长都可以出来证明。若说是蒋士镳的，那【哪】有自己的产业历久不想查明，直到此刻才晓得是自己的？"

"可疑诚然可疑。然而他有契券在手里，我们没有。"

"那一定是假造的！"

"我们没有真的，那【哪】里决得定他的是假？"

冰如爽然了。几天以来，因着愤懑，他只往一边去想；蒋士镳是存心敲诈，而敲诈是徒劳的，因为地皮属于学校是不容怀疑的事实。他不曾想到蒋士镳扼住的正是这方面的罅隙①：没有那证明所有权的契券。现在听徐佑甫这样说，禁不住全身一凛；好像有一个声音在心里响着："你会输给他的！"

同样地爽然的是焕之。他虽然曾说"教育界的黑暗看得多了"，眼前这样的纠纷却没有遇到过。他几乎不相信世间会有那样无中生有、寻事胡闹的人；然而萦绕梦想的新鲜境界农场的展陈于眼前，的确因着这个人而延迟了。将怎样排除这障碍呢？将怎样帮助着冰如呢？在他充满着理想同概念的头脑中，搜寻，搜寻，竟没有一丝答案的根苗。若说管不了这许多，照合理的做去，依理自然如此；但事实上已成了不容不管的情势。然而又怎么管呢？从闷郁的胸次爆发一般，他喊出一声：

"麻烦！"

陆三复咬着舌头，狡狯地射过来冷冷的一眼，好像说：

"诸葛亮，为什么叫喊麻烦？你的锦囊妙计在那【哪】里了呢？"

沉默暂时占领了这预备室。

刘慰亭向冰如望了望，又咳嗽一声，冲破了沉默说：

"而且，外面很有些谣言，说要打到学校里来，说要给某人某人吃拳

---

① 罅隙，音 xià xì，即缝隙。

头。那些没头脑的人吃饱饭没事做，也许真会做出来的呢。"

"那我们只有叫警察保护。"冰如冤苦地说。

"警察保护有甚【什】么用？最要紧在熄灭那班捣乱的人的心。"刘慰亭的话总是这样含有不同的两种作用，说是关切固然对，说是嘲讽也不见得错。

"好几个学生连日不到校，打听出来并不为生病或者有别的事，而蒋华也在里边；这显然是一种抵抗的表示。"焕之连类地想起了这一桩，感伤地说；学生对他采取罢工一样的手段，在几年的教师生涯中，确是从未尝过的哀酸。

"唉！我不明白！"冰如抖声说，脸上现出惨然的神态。"我相信我们没有做错，为什么一霎时群起而攻，把我们看作公敌？"

失望的黑幔一时蒙上他的心。他仿佛看见许多的恶魔，把他的教育意见书撕得粉碎，丢在垃圾堆里，把他将要举办的新设施，一一揿①在脚爪底下践踏。终于什么也得不到，什么也不会成功，除了失望，无边的失望！"放弃了这学校吧？"这样的念头像小蛇一样从黑幔里向外直钻。

但是另一种意念随即接替了前者。"两个孩子正在这学校里。如果让别人接办这学校，决不能十分中意。而且，自己离开了教育事业又去干什么？管理那些琐琐屑屑的田务、店务么？在茶馆，游手好闲者的养成所里坐上一天半天么？那真是无异狱囚的生活！而且，酝酿了许久的教育意见正在开头实行。成效是怎样，现在固然不晓得，但十分美满也不是非分的妄想。为什么要在未见下落之前，马上放弃了呢？"

他又想到揭帖上蒋冰如那样的人那【哪】里配作【做】校长的话。"这里头说不定藏着又一种阴谋，有人想攫取这个校长位置呢。"偏不肯堕入圈套的一种意识使他更其振作一点，他压抑住小蛇一样钻出来的念头，决意不变更方针；当前的障碍自须竭力排除，那【哪】怕循着细微、委宛

---

① 揿，音 qìn，意为摁。

的途径。他渐渐趋于"为着目的，手段不妨活动"的见地了；自己的教育理想是最终目的，要达到它，得拣着平稳、便当的路道走。

他的感情平静一点了，又发言说：

"我们谈了半天，还没有个具体的对付方法。但是今天必须商量定当。再请诸位发表意见。"

于是一直不曾开口的算学教师开始发表意见。他说：

"我们学校里将有种种新设施，这根据着一种教育理想，原是不错的。但社会的见识追随不上，以为我们是胡闹。隔膜、反感，就从这里产生的。可巧荒地上有的是坟头，迁棺、检骨又触犯了社会的迷信。隔膜，反感再加上灾害的顾虑，自然把我们看作异类，群起而攻了。我以为，农场还是要办，其他拟定的新设施也要办；但有些地方要求社会谅解，有些地方竟要对社会让步。譬如，农场在教育上有什么意义，同光是念念理科书有什么不同，应该使社会明了；这些，在蒋先生的意见书里说得很明白，节录钞印，分发出去就是。坟头，社会以为动不得的，我们就不动，好在地面并不窄，且在坟上种起花木，也足以观赏；一定要违反了社会的旧习，以示破除迷信，何必呢？这样的办法，不知各位以为用得用不得。"

他又给大家提示说：

"一种现象应该注意，就是所有的抵抗力显然是有组织的；而唯一的从中主持的，不容疑惑，是蒋士镳。蒋士镳乘机捣乱，何所为而然，自不用说。但如果真同他打官司，在他最高兴不过；他口口声声说诉讼，就可证明。我以为，应该让相当的人向他疏通；疏通不是低头服小，是叫他不要在这桩事上出花头，阻挠我们的新发展。只要他肯答应，我相信其余的抵抗力也就消散。这种'擒贼擒王'的办法，又不知各位以为何如。"

"好得很，"徐佑甫咽住了一个呵欠说，"好得很，面面俱到，又十分具体。"

"就这样决定吧。"刘慰亭想起约在那里的三个消遣的同伴。

陆三复不说什么；鞋底在地板上拖动，发出引诱得别人不自主地也把脚拖动的声响。

几个始终没有开口的都舒畅地吐了一口气。

倪焕之当然很不满意这等太妥协的办法。但是苦苦地往回想,只有这等太妥协的办法还成办法;于是含羞忍辱似地低下了头。

解去了最后的束缚一般,蒋冰如似乎已恢复平日的勇气。但一阵无聊立即浮上心来,不免微露阑珊的神情。他说:

"没有异议,就这样通过吧。"

## 十三

金小姐在看灯会的后两天就进城上学。依着向例,不逢规定的较长的假期她是不回家的。一则家里没有母亲的抚爱足以使她依恋;二则毕业就在这年底了,功课是更见得有关重要,为预备下学期往附属小学实习起见,又须从图书室里借一些关于儿童的书来看,在校的时日也就填塞得很充实,不复想起回家的念头了。为了后者,连延续至一星期的春假也没有回家。

可是说她绝不想起回家的念头也不见得准确。那个真挚、温和,风度又那样优秀、挺拔的青年,不知不觉已袭进她的心,在里边占着并不微小的位置。几次的会晤,他的每一句话语,每一个姿态,她都一丝不漏地保藏在心头,时常取来细细咀嚼,辨尝那种甘美的回味。尤其是看灯会同归的那一次,他直抒自己思想的历程,他鼓励她昂藏地趋向理想的境界;使她又感激,又兴奋,觉得体会到她应当享受而以前还不曾享受过的青春的快乐。那个晚上,天气这样地温和,微明的星光把田野笼成梦中一样的境界,锣鼓声、丝竹声以及群众的喧声都含有激动情绪的力量;而他并着她的肩走。——这一回并着肩走,她后来一想起就觉得心荡,似乎不相信地想,"真有过那回事么?"——朦胧的他的侧影,她时时瞥过一眼去看,觉得从头发、前额、鼻、嘴以至项颈、胸脯的曲线没有不恰合适当,孕蓄着美的意象。同时他的气息匀调而略带急促地吞吐着,她听到而且嗅到了;

一阵轻微的麻麻的感觉周布到全身；嗅觉是异常地舒快，可是形容不来那是同什么花或者什么香相似的一种味道。她陶醉了，于是更贪婪地注视他一眼；若不是在微明的星光下，他一定会看出这一双闪烁的黑眼瞳里燃烧着热情的火。……她回忆起这些，第一是感觉一种秘密的欢喜，好像外表贫穷的人检点他富足的储蓄时所感到的一样。但是咀嚼一过之后，回味虽然甘美，却不能就此满足；一种不可知的力量促迫着她希望再尝到更新鲜更甘美的味。这当儿，像电光一样在心头闪现的，就是买舟回乡的念头。

然而径自请假回去是校规所不许的，必得有家长签名盖章的请假书才行，怎么能叫阿哥写请假书呢？即使请假不成问题，荒废了功课，变改了旧习。自己又怎么交代得过呢？同时一个严厉的声音在心头响着：

"这是没廉耻的行径，清白的女子不应该这样想起的。止息了吧，忘记了吧，否则你将堕落，堕落到深不可测的不道德的海底里！"

听着这声音，她羞惭又恐惧，买舟回乡的念头便被遏住了。

说被遏住，就是没有能根本撤销；她真想去找倪焕之谈谈，听她讲理想，讲教育，以及别的什么。因为心头那个严厉的声音时常在那里呼唤，使她的回忆同想望更其隐秘些；譬如，当着同学们她不敢想到那些，好像她们就是发出那个严厉的声音的；她想到那些大都是睡在床上、关在帐子里的时候，否则眼前也得摊一本书，好像帐子同书本是可以隔离她同那个严厉的声音的。假若同学们细心观察，一定能发见她近来的转变，虽然只是细微的转变。她依然凝思，但是凝思着时，常常半抬起上眼皮，眼睛无目的地一瞥；这是烦躁的表示，从前没有的。她又欢喜独个儿在一处，教室里，自修室里，运动场里，能得不同别人在一起就更好，虽然并不显然拒绝别人的陪伴和谈笑；因为这样便于检点保藏在心头的珍玩，而不露一毫的秘密。同学们对于她太信任了，太尊敬了，似乎别的女郎容易闹出来的那种思慕、烦闷的把戏，唯有她是绝对不会犯着的；所以对于她的细微的转变完全忽略了，依旧同她商量一切的事情，请她帮助功课上的疑难与疏漏，并爱娇而不狎亵地叫她"我们美丽聪明的金姊姊"。

"为什么叫他不要写信来呢?谈论教育的事情和别的光明的话,就给舍监看见了又有什么要紧?而在我,收到这样的来信将何等地快活、醉心呀!……为什么叫他不要写信来呢,你这傻子?"

她这样地懊悔,便想何不先寄他一封信。可是这只使她自觉脸上热烘烘地,知道是红起来了;信却终于没有写。她又带着幻造的欢喜这样设想:他的信来了,捏在舍监太太手里,那老妇人的侦探似的眼色看定了她,问她写这封信的是什么人,这时候她将怎样回答。"是表兄,同他是姨表兄妹",她温馨地回答那意想中的舍监太太,同时又设想用一种"你禁不着我"的骄傲神态去接那封可爱的信。但是现实立刻提醒她,并没有什么信在舍监太太手里,欺诳的回答同骄傲的神态都是无所用之;她爽然了。便恨到她竟没有一个真的表弟兄。如果真有表弟兄的话,信来信去自是寻常的事;从那寻瘢索疵的舍监太太手里,毫无顾忌地收领男子手写的信,即不问中间讲些什么,那种感动与欢喜能说得完、想得尽么?

总之,她触在情绪的网里了。虽然触在情绪的网里,却不至于抛弃了一切,专向一方面去绞脑牵肠;这因为独立自存的意愿吸住了她好几年,到现在还是有很强的力量,而她与焕之几次的交接,使她过后回想不置的,究竟摹拟、联想的成分多而实感、执着的成分少。流着相思泪或者对影歆歔这类的事是没有的,她还没有到那种程度。

暑假期渐渐近来,回乡的热望渐渐炽盛,几乎等不及似的;这也是不同于从前的。终于放假的日子到了。她起来得特别早,把前天就检理好的行李搬上家里雇来接她的船,就催促摇船的阿土开船。一路看两旁的荷花,田里的绿稻,以及浓荫的高树,平静的村屋,都觉得异常新鲜可爱,仿佛展开一个从来不曾领略的世界。但是,慢慢地,有一种近乎惆怅的感觉搅扰她的心,以致这样那样靠着船舷都好像不很适合。于是半身躺着,取新近买到的杂志(是很流行的《新青年》)来看。然而看得清的是一个个铅模印成的字,看不清的是各个字连【联】结着表达的意义。为什么心不能安定呢?她放下杂志,明明知道又像全不知道地叩问自己。半年的阔别,那学校的新设施进行得怎么样了?那温和、优秀的人儿有没有什么改变呢?他又有什么新生的理想珍宝似地耀眩别人的眼睛么?又有什么可爱的议论音乐一般愉悦别人的心神么?这些,她都不能构成个粗具轮廓的答案。又似乎平时颇不模糊的几次会晤的印象,那些话语,那些姿态,现在也化散而朦胧了。空虚之感这就在她心腔里动荡,竟至想起"现在往哪里去呢?"这样的念头,恰与切盼回乡的热望相反。待他到家里去访问自己呢?还是到学校去找他?他会不会已经回人了?见了面又同他谈些什么呢?怎样才能满足几个月来颇想找他的愿望?……对于这一串另外的问题,她也只有踌躇,无从决断;因此,馁怯便趑进了她的心。

开船早,风虽不大,却是顺风,不到十二点就到了。蝉声这里那里响应着,倦懒又怕热的花白猫在藤棚下打盹,建兰的香气从软绿帘里若有若无地浮送;金小姐在这样的境界中见了兄嫂。谈话间知道高小里还有一星期才放暑假;焕之自然没有回去,昨天晚饭后他曾来这里谈话乘凉,吃学校农场新摘的西瓜。这使金小姐又觉得心头充实起来,头绪纷繁而总之是可慰的意念像春草一样萌生。她借着杂谈女师范里一些可笑而有味的琐事,来掩饰她别有原因的兴奋。

树伯告诉她高小里曾碰到风潮,说信里写不尽这些,所以索性不写。金小姐说从城里的报纸上也约略看到一点,可是不详细,没头又没尾,到底是怎么一回事。

"他们办事太不顾一切了。譬如驾车的,闭起眼睛专管掣动手里的缰绳,迟早会把车儿撞翻了的。"树伯这样开了端,便把风潮的因由、经过详细述说。结末他矜夸地说:

"还亏由我去找蒋老虎,同他透明见亮地说,学校不是什么肥肉,他们干的也不是什么顶坏的事,不要从中作梗吧。他总算同我有交情,老实对我说,是不是肥肉现在不用谈,因为他并非真想吃。只是蒋冰如那样像煞有介事,一副正人君子的模样,他看不惯,所以给他一点颜色看。而且,凡蒋冰如干的事,他也真心是反对。我就代冰如对他解释,冰如这人是没有什么不好的,不过有点儿读书人的呆气,不通世务是有的。又说冰如同他完全没有芥蒂,他在地方上干的一些事,冰如都佩服,常常说这样热心社会事务的人多了就好了;只因彼此一晌生分,所以他不曾亲耳朵听到冰如说。我还说了别的许多话;像做媒人的一样,总之把双方尽量拉拢来,直拉到粘在一起才歇。他这才回过心来,慷慨地说既是这样,他就把祖传的荒地捐给学校,诉讼的话不用提了。当然,不必说了,他还得了点实际的好处,——空手而还的事情他向来不干的。然后,镇上一般的反对声浪渐渐平息下来,学校里的农场总算弄成功了。"

金小姐听得很注意;愤慨的意念在心头窜动,不平的眼光直射树伯的脸,好像受那土豪的欺侮的就是她自己。末了,听说农场终于弄成功了,眉目间这才现出悠然凝想的神色;她要在意想中描摹出那充满生机的农场,富于教育意义的乐园。她的左手托着腮颊,兴味地问:

"弄得很好吧?"

"还不差。同普通田园大致相仿,不过整齐一点,又有点儿玩赏的花木。你还不知道,那个教理科的李先生因为有了比较好一点的事,辞了职走了。焕之继续担任他的功课。所以农场的事情也是焕之在那里管。"

"他!"金小姐觉得异常之惊喜,"他欢喜谈革新教育,这新事业由他去管,再好没有的了。"

树伯的近视眼张得大一点,定定地看了金小姐一眼。她才知道自己的语调近乎兴奋了;脸上微微感觉得烘热。

"他起初是很高兴的,"树伯一笑,似带嘲讽的意味,"遇见了我,总是说什么东西下种了,什么东西发芽了,好像他是个大地主,将来的收获将加增他无限的财富似的,但是近来,我看他有点儿阑珊了。"

"为什么呢?"金小姐虽然着意禁抑,总掩不没关心的痕迹。

"我也莫明所以呀。昨天晚上他曾经说这样的一句话:'理想当中十分美满的,实现的时候会打折扣;也许是有这么一回事的。'若不是意兴阑珊,他,欢喜理想的他,会说这样的话么?并且,他好些时不谈起农场的什么什么了。"

仿佛听人传说自己所悬系的人患病似的,金小姐惆怅而且焦虑了。他发见了这种新设施有弊害而无效益么?他在进行中遇到了从旁的阻碍么?从以前几次的会晤来推测,他像是个始终精进的人,意兴阑珊是同他绝对联不上的。但是,他确已吐露了阑珊的心声了。——她这样想,要去看他的欲望更其强盛起来;她好像有许多的话要问他,又有许多安慰的话要向他说,虽然再一省念时,那些话都模糊得很,连大意也难以捉摸。

"他们的新花样不止一个农场呢,"树伯见妹妹不开口,迎合她的趣味似地继续说,"戏台也造起来了,音乐室也布置起来了,商店也开张起来了。听说下半年还要增添工场呢。"

"这很值得看看,这样办的学校从来不曾见过。"金小姐惟恐兄嫂怪异她的急于往学校里跑。

"你可以去看看。"

"是的,我想今天就去。"她那挺一挺身子,两手举起掠着额发的意态,像立刻就要动身似的。

"坐了半天的船,不辛苦么?就是要去,待到四五点钟去为是;现在太阳晒得这么利【厉】害,又是一无遮盖的田野里的路,简直不能走。"

金小姐没有理由说一定要立刻就去,便回到楼上自己的房里;想把带回来的书物整理一下,但是一转念就感得不耐烦,缩住了手,让那肚皮饱胀的网篮呆在一旁。她来回地走着,心里浮荡着种种的情绪,欣慰、馋怯、同情、烦恼,像溪流里的水泡一样,一个起来了,立刻就破碎,又来了第二个。就在两三点钟之后,将要去会一个虽不是爱着却是打动了自己的心的男子,实现那几乎延续到半年的想望:这在她是从来不曾经验过的。她一会儿嫌时间的悠长;一会儿又感到它跑得太快了,从帘纹里映进来的日影为什么尽管向西斜呢!她开了壁上的小圆洞窗,见田野、丛树、村屋仿佛都笼上一层跃动的热炎,反射着刺眼的光。倏地把它关上了;去梳理新挑下来剪齐的一排额发。有了这一排额发,更增加点秀逸的风姿;

尤其是从侧面看,这额发配着很长的睫毛以及贴在脑后的两个青螺一样的发髻,十分妥帖地构成个美女郎的侧面剪影。忽然,她从镜子里留心到自己的脸色红红的,眼里闪着喝醉了似的异样的光;一缕羞意透上心来,眼睛立刻避开了镜子。

## 十四

金小姐到学校去时是五点钟。吹着爽快的风,大地上一切就像透了一口气;树木轻轻摇动,欢迎晚凉的来临;蝉声不复像午间那样焦躁、急迫,悠闲地,颇有摇曳的姿致。她穿的是新裁的白夏布衫子,玄纱齐踝的裙,白袜子,丝缎狭长的鞋。简单朴素的衣着是这时候所谓女学生风,但像她这样裁剪合度,把她的匀称的体格美完全表现出来,简单、朴素倒是构成美的质素了。

校役水根回说倪先生在农场里;心里怀着疑异,怎么一个年轻小姐跑来看倪先生呢!想了几转终于想不明白,只好举起手来在粗黑大发辫盘绕着的头顶一阵地搔。

这当儿,金小姐似乎已排除了一切烦扰的心思,只是这样想:她是来看学校里的新设施,希望长进点见识,将来服务时总会有许多的用处;这中间全没有私念同俗欲,所以羞惭的事情是没有的。正惟这样想,她才从家里举起第一步脚步呢。

一个低低的门通到那农场。脚下是煤屑平铺的五尺来阔的步道。两旁一畦一畦、高高矮矮的尽是浓绿的颜色。西瓜像特地点缀在那里似的,这么细弱的藤教人不相信会结着这么硕大的瓜。黄瓜藤蔓延在竹架子上,翠绿的黄瓜悬挂着,几乎吻着地面。向日葵对渐渐下落的太阳低垂着头;叶子是一顺地弹着,炙晒了一天的疲乏还不曾苏醒呢。玉蜀黍从叶苞里透出来,仿佛神仙故事里的小妖怪,露着红红的头发。毛豆荚一簇一簇地藏在叶底下,被着一层黄毛。棉花已经萎谢,结着圆圆的棉果;只待成熟绽裂,雪白的棉絮就呈显出来了。……靠右两棵高柳下的一区种着玩赏的花草。白的、红的、淡红的波斯菊仿佛春天草原上成群乱飞的蝴蝶，随着风势高起又低下。茑萝爬上短短的竹篱，点点的小红花像一颗颗星，又像一滴滴血。原议迁去而终于没有迁去的坟头就围在竹篱里面。上面种着蜀葵、秋葵之类茎干较高的东西，一种死寂的气象也就掩没了。篱外五尺见方一块地排种着各色凤仙同老少年；花叶娇嫩的颜色组织成文，像异域传来的锦毯。这旁边，排列着一百来支菊秧，都是三张瓦片围一堆泥，插一支菊种，这到秋来，将有一番不输于春色的烂漫的景象呢。

金小姐听自己的脚步悉悉作声，眼看含有教育意味的、一一印着学生教师的手泽的各种植物纷陈在面前；一种激动的情绪涌上心头，仿佛来到圣洁的殿堂。平常的园圃也看见得多了，而在眼前的似乎完全不是那么样；中间满储着天真的意趣与劳动的愉快，一张叶子的翻动，一朵花儿的点头，仿佛都是手种它们的人进入新生活了的标记。不禁想到将来服务的时候，也得这么办才行，否则学校就没有意思。

"金小姐，你放假回来了？"

骤然间一声好鸟似的，她听见悦耳的焕之的声音；将来也得这么办的意念便消散了，眼里满含着喜悦，向声音来的方向望去。

步道向左弯曲，在一丛高与人齐的麻的侧边，有一个茅亭，亭中焕之的身影从麻叶间可以窥见。他举起右手招动着，正走出亭子来。

"啊，倪先生！我参观你们的农场来了。你们的农场这样地新鲜有味；这里镇上的孩子应当骄傲，他们有独有的幸福。"

金小姐的声音里带着不可掩饰的高兴；同时步子加快了，身体摆动的姿态像一阵轻快温柔的风；映在地上的长长的斜影很见可爱。这时候她若是反省的话，对于自己的神态一定会惊异；每一回放假归来，初见兄嫂，决【绝】不是这一副样子；这竟是女儿看见了久别的母亲，情不自禁，直欲把整个的自己投入母亲怀里的神态。

焕之走到金小姐面前。彼此都站住了。他用他那清湛的眼看定她，透入底里地重读深刻在心头的印象。血液似乎增加了什么力，跃动得快而且强。像矜持又像快适的感觉仿佛狡狯的手爪，一阵阵搔着他，使他怪不好过。这中间闪现的意念是"她来了！她果然来了！"昨晚树伯无意中说及妹妹明天回来了时，他就揣想她会去找他；现在，面前站着个素衫黑裙、风致明艳的她，这预感不是应验了么？

他一时找不到一句很适当的话，来表达他因她的到来而引起的心情，只得承着她的上文说：

"农场总算办起来了，但经过不少的波折呢。"

他说着，低头默叹。他一想起那委曲求全的解决障碍的故事，就禁不住生气；事情虽然过去了，而受欺侮的印记却好像永久盖在他身上，也永久盖在全校每一个人身上。但假如不这么办，就连一点儿革新的萌芽都不得生根，更不用说逐部逐部地扩充。能够说冰如错了么？或者说那出主意的算学教师错了么？他用对亲戚朋友诉说衷心甘苦的真挚态度说：

"没有法子，社会是这样的一种社会！任你抱定宗旨，不肯放松；社会好像一个无赖的流氓，总要出来兜拦，不让你舒舒服服走直径，却必须去寻那弯曲迂远的小路。"

金小姐眼睛张大了，疑异地看着焕之含愁的眼，更看进去，要看透他内在的心；一句问语含蓄在她的眼光里："怎么，你果真弹动了另外一条弦线了？"

"这且不谈，"焕之来了甜蜜的回忆，愤意从眼里消隐，脸上呈现温和的微笑，"春间我说要把农场实施的情形写信告诉金小姐，金小姐说回来时面谈；现在回来了，大概很欢喜听我的述说吧？"

"倪先生真记得牢，"金小姐抬眼一笑；心灵上好像受到十分亲密的抚慰，只觉软酥酥的。四围的景物花草似乎完全消失了，惟见对面这英秀可喜的青年，从他的嘴里将吐出新鲜名贵的教育经验。

"这那【哪】里会忘记的？"焕之恳切地说。

金小姐又一笑，两排牙齿各露洁白的一线，在焕之眼里像奇迹显现一般这么一亮；但是她随即把头低了。

焕之指点着说：

"这里的一切规划，像分区、筑路、造亭子、种这种那种的植物，不单是我们教员的意思，完全让学生们一同来拟想。其间的意义是：理想的教育应该是'开源的'；源头开通了，流往东，流往西，自然无所不宜。现在一般的教育却不这样，只是'传授的'；教师说这应该怎么做，学生照样学会了怎么做；完了，没有事了！但是天下的事物何等多，一个人须应付的情势变化而不穷；教师能一一给学生预先教会了么？不能，当然不能。那末【么】何不从根本上培养他们处理事物【务】、应付情势的一种能力呢？这种能力培养好了，便入繁复变化的境界，也能独往独来，不逢挫失；这是开源的教育的效果。我们要学生计划农场的一切，愿望原有点奢，就是要收这样的效果。计划云云无非借题发挥，所以非农家子也不妨用心思，将来不预备进农业学校的也可以用心思。这正像足球这一项游戏，粗看好像只求成为运动会中的健儿；但沾溉得久了的人，却于不知不觉之间养成了公正、勇敢、合群等等的美德。"

金小姐偷看了焕之一眼；像对于完全信服的教师的讲授一样，听着他的话有一个个字都咽了下去的感觉。她十分肯定地说：

"确实应该这样，应该这样。不然，枝枝节节的'传授'，那【哪】里配得上教育这一个名词！"

"我们计划定当了，"焕之舞动着右臂助说话的势，"就开始农作。锄头、鹤嘴、畚箕等东西拿在手里，我们的心差不多要飞扬起来了；——我们将亲近长育万物的地土，将尝味淌着汗水劳动的滋味，将看见用自己的气力换来的成绩！学生的家属固然有好些不赞成这件事；但十个学生倒有十一二个欢喜，因为中间几个有比别人加倍的高兴。我们按着时令下种，移苗，就布置成眼前这样的格局。又相着适宜灌水，加肥；又把所历的工作、所有的观察详细记载上农场日志。学生做这些事，这样地勤奋，这样地自然，这样地不用督责，远超过对于其他作业的情形。他们不复觉得这是为了教育他们而特设的事；但认为他们实生活里的可爱的境界；自然一心依恋,不肯离开。什么芽儿发了,什么花儿开了,在他们简直惊天动地地新奇,用着整个的心来留意、来盼望,来欢喜!"

假若想象他的谈话是一本植物,那末【么】这一段就是烂漫地开着的花。金小姐似乎望见了这花的明耀的笑靥,她的脸上现着神往的光彩。但是一缕疑念立刻潜入她的心房,关切地问:

"那末【么】为什么……"

她又咽住了,幸喜自己还没有说出"阑珊"一类的字眼;改口说:

"那末【么】可以说实施的经过是十分地圆满。这在教育者,尤其是担负全责的倪先生,该是永远不会消亡的愉快。"

"这个……"焕之踌躇了。在他成功的喜悦里,近来浮上了一片黑影;虽然只是淡淡的,又不曾遮掩了喜悦的全部,但黑影终于是"黑的"影啊!现在他颓丧地对着这一片黑影了。

他看见学生们拿着应用的农具在农场上徘徊,看看这里那里都不用下手,只好随便地甚至不合需要地浇一点水完事。又看见他们执着笔杆写农场日志,带着虚应故事的神情,玩忽地涂上"今日与昨日相同,无新鲜景象"的句子。他们热烈的兴致衰退了,切至的期望松懈了;"今天要农作,但农作有什么事做呢!"这样的话语在他们中间流传了。见到了这些,当然想设法补救。但是,他们需求的是天天变换的新鲜,而植物的生命过程却始终在潜移默化之中,粗略地看去几乎永远是"今日与昨日相同";他们欢喜的是继续不断的劳作,而农场只有十七八亩,如其每个学生要天天有工做,就只有无聊地浇一点水。说农场不应该兴办么?那万不能承认;对于这样另辟蹊径的教育宗旨与方法,自己确有坚强的信念。说规划得没有妥善么?也似乎未必尽然;这类的规划本没什么艰深的,何况又曾竭尽了全校师生的心思。然而没有料到的、兴奋以后的倦怠与熟习以后的玩忽,终于出现了,像在完美的文章里添上讨厌的、不可爱的句子,这是何等怅惘的事情。有好几回了,望着一些默默地发荣滋长的花草,发生一种酸味的凄然的感觉,至使自己也疑讶起来,仿佛那种倦怠与玩忽也染上身来了。

不止农作，就像对于学生演戏这件事，也从兴奋、喜悦之中撞见了同样的黑影。他永远不能忘记那最受感动的一回。从近出的《新青年》杂志上看到莫泊桑的小说《二渔夫》的翻译，大家都说很适宜于表演，甚至徐佑甫也点头说"颇有激励的意思"；于是让学生自己去改编成戏剧的形式，练习了几天，然后开演。演到后半，两个钓徒给德国军队捉住了；因为始终不肯说出法军汛地的口令，来赎回自己的生命，就被夺去对着十二个德国兵瞄准的枪口，作他们的枪靶子。一个哀酸地叹口气，含泪的眼瞅着旁边同命运的同伴，颤声说："苏洛哥，再会了！"又一个回报一个祈祷似的仰视，恳切地喊："麻利沙哥，再会了！"——看到这地方，心完全给紧张、凄凉的戏剧空气包围住了，眼泪不禁滚了下来。**但是只有这一回；此外的就平平淡淡，不感很深的兴趣。更有几次，戏剧的题材是民间故事，只是照样搬演，很少剪裁布置的工【功】夫；演来又极随便，令人想起职业的"文明新戏"的恶劣趣味。看了这些，同时就"来了，倦怠与玩忽都来了"这样地想着了。**

这就算改革的失败么？当然不是；从好的一方面看，旧的教育决【绝】不会有这样的表现。但是在理想中以为效果应当十分圆满的，为什么实际上却含着缺陷的因子？又想到自己不该这样地脆弱；有缺陷不妨弥补，走的路既没错，希望总不是骗人；为什么竟会萌生伤颓的心情呢？于是努力振作自己，希望恢复到春间那样，乐观，简单地唯知乐观。可是总办不到；时时有一缕愁烦，像澄清的太空中的云翳一样，玷污了心的平静。

"这个，"一片黑影在他心窗前掠过，他无力地说，"却也不尽然。刚才说的，乃是最美满的部分，譬如吃甘蔗，这是最鲜甜的一节。也有不很可口的地方呢。我现在相信，理想当中十分美满的，实现的时候会打折扣！"他就把愁烦的因由一一诉说了。

"这决【绝】不是原则上有什么错误。"金小姐听罢，这才恍然，连忙用安慰的声调说。

"是呀，我也相信原则上没有错的。"

"只因为倪先生希望太切了，观察得太深了，所以从美满中发现了不满。若叫普通的参观人来看，正要说'游夏不能赞一词'呢。"

她更热切地接上说："就认这些是不满，倪先生和冰如先生还不能想出妥善的意思来弥补么？眼前有这样一个生意充满的农场，总之是理想教育可以成功的凭证，应该无条件地愉快。"

她自己也不明白，为什么不愿意他怀着一丝的愁烦，对他说话总偏于安慰的意思。同时她想他是着眼在更精深、更切实的处所了；眼前的愁烦是蜕化期间合有的苦闷，超越了这期间，自然入于圆融无碍的境界；这就送过钦仰的眼波望着他。

焕之听金小姐的解慰，思想被引进了另一个境界。希望得太切了，观察得太深了，或者是确实的吧？现在看到的一些现象，实际上算不得倦怠与玩忽吧？自己却神经过敏地以为撞见黑影了，心境烦扰了好些日子，岂不是无谓？而对于金小姐却已经完全诉说出来，这更觉得抱歉、懊悔，好像将不能证实的传闻去摇动了别人的心一样。因此带着羞愧的神情说：

"应该无条件地愉快；是呀，我们到底做起头了！"

"接着一个长期的暑假就来了。"

"金小姐说在暑假中可以再审慎地设计，从新地考量么？"他这样说，心里盼望余下的结束功课的一星期飞逝地过去，自己便回到家里，整理一个安静的书室，在里头专心翻读关于教育的书；又想不回家去，就住在校里过夏也好，这样可以每天同冰如讨论，而且也……

"我不是说你们以前干的一定有错；不过说暑假中加一番详细的考究，可以弄得更好。"

斜阳把人影映得更长了。焕之忽然省觉自己的影子同她的重叠在一起，几乎成为一个了；一种微妙的感觉主宰着他，使他张着近乎迷醉的眼，重又向她端详。一排新挑的额发仿佛晴天闲逸地停在远处的青云；两颗眼睛竟是小仙人的洞窟，璀璨地闪着珍宝的光；那淡红的双颊上，停着甜蜜的明慧的浅笑，假若谁把脸儿贴上去，那是何等幸福、艳丽的梦啊！而一双苗条的手拈弄着白夏布衫子的下缘，丝缎鞋的脚跟着地，两个脚尖慢慢地向左又向右移转，这中间表白她心头流荡着无限的柔情。

他从来不曾看见她有今天这样的美，也从来不曾有这样强烈的感觉，只想把整个的自己向她黏贴过去。他的鼻上略微出着汗，但两只手似乎有点冷，而且不很捏得拢来；心房是突突地急跳，自己听得到那种不平静的声音。

他的身子耸一耸，兴奋地说：

"暑假中我预备不回去。"

"那好极了。"金小姐无意地流露了心声，脸上更染上一层红晕，差不多与亭子那面盛开的夹竹桃一样的颜色。

"为什么？"焕之有意问一句。

"下学期我们要实习了；我自觉懂得的太少，不够应用；倪先生在这里，可以常常讨教。"金小姐用青年女郎天真烂漫的态度来掩饰骨底里的不很自然。

"说什么讨教？我愿意把自己想的同别人谈谈，也喜欢听听别人所想的；但是除了冰如先生，谈话的人太少了！金小姐，你不要说讨教，就说同我谈话，行么？"

"行固然行。但我确实佩服你们的主张同办法，说讨教也不是虚矫的话。"金小姐说毕，飘逸地旋一转身，随即抚爱似地玩弄那手掌形的麻叶。

"金小姐，你才可以佩服呢，"焕之凑近金小姐一点，语声柔和，可是略微发抖，"我好些时心头烦扰，觉得很没趣，力自振作又少效果；此刻你来了，只是这么短短的几句话，就把我真个振作起来了。我依然是个乐观主义者了，我昂着胸承受希望的光辉！"

他转向西，全身沐着夕阳的温和的金光。

金小姐非意识地摘下一小片麻叶，用两个指头夹着在空中舞动，回身问焕之说：

"真的么？我不相信我的话有这样的功效。"虽然这样说，欣幸成功的意思已经含蓄在语气之间，甚至还带着"我的话竟有这样大的功效"的夸耀心情。

"那得每逢我感觉烦扰时，金小姐就用名贵的几句话给我开导呢！"是焕之的热诚的回答。

这一句话，好像那生翅膀的顽皮孩子的一箭，不偏不倚正射中金小姐的心窝。她喝醉了酒似的，全身酥酥麻麻，起一种不可名状的快感；同时，一种几乎是女郎的本能的抗拒意识也涌现了，它知道这一出戏再演下去将是个怎样的场面，而阻止这个场面的实现是它的责任。她不能说什么，只好遥对着亭子那面的夹竹桃出神。

一时两人都沉默了。晚风拂过，花草的叶瑟瑟作响，带着不少凉爽的意味。有纯粹本镇口音的歌声从学校旁侧那条河边送来，是渔人在那里投网取鱼，唱着消遣；这工作将延续到明天早上才歇呢。

"谈话的人太少了！"焕之反复咏叹地说刚才的一句，总算把沉默冲破了。"亭子里有竹椅子，我们可以去坐了，再谈一会。"

于是两人一同到亭子里，八字分开地坐了，朝着亭外一座小火山似的一丛夹竹桃。东方天边的云承着日光，反射鲜明的红色，灿烂而有逸趣，使金小姐时常抬起头来望。

他们从谈话的人少谈到彼此的朋友，从朋友谈到家庭。焕之说可惜镇上没有出租的相当的房子，不能迎接母亲来伴同在一起。这触动了金小姐的伤感，嘴里不说，心里嫉妒地想，焕之有母亲，她却没有。随后提及树伯。焕之说不客气地批评起来，像树伯这样的人固然没有什么不好，但不是值得佩服的；因为他只有一个狭小的现实世界，一个家庭，一份家产以及一个乡镇，他的一切言动都表示他只是这个世界里的人民。对于这个话，金小姐也同意；不过加上说，他待她很好，而嫂嫂的情分也不亚于他，这很难得。

后来谈到《新青年》杂志上成为讨论中心的文学改良问题。

"当然要改良，"焕之的神情颇激昂，"内容同形式，都须要改良。自来所谓大家的文章，除掉卫道的门面话，抄袭、摹拟而来的虚浮话，还剩些什么东西？无论诗、词、散文，好久好久已堕入虚矫、做作、浅薄、无聊的陷阱；严格地说，这样的东西就不配称文学！"

"他们主张用白话写文章呢。"

"我很赞成用白话写文章。我们嘴里说的是白话，脑子里想的凝成固定的形式时也近于白话，为什么写下来时却要翻译成文言呢？写白话，达意来得真切，传神来得妙肖。真切、妙肖是文学所需求的；不该用白话来作文学的工具么？"

"我想改用了白话，在教育上有大大的帮助。"

"当然。我们现在教国文，最是事倍功半的事；一课一课地教下去，做的是什么？哈！笑话极了，无非注释、讲解的工【功】夫。如果改用白话，一切功课就减少了文字上的障碍；在国文课，就可以做思想、文法的练习以及文学的欣赏：好处不在小呢。——不过这是随伴的效果。主张改良文学、用白话写文学，原不专注在这上边；只从文学本身及其将来着想，自然归到不得不改良的结论。"

"倪先生，你看这种主张能得大众承认么？反对的人颇不少呢。"

"那【哪】一种新生的运动不受人反对？"焕之连类想起春间农场的风潮，言下颇有感慨，"但是我相信文学改良终于会成功一种思潮；我仿佛感觉到举起臂膀来会合于这个旗帜下的人们已经提起他们的脚步了。而且，这思潮将冲击到别的方面去，不仅改良文学而止。"

"这是预言，待将来看应验不应验。"

"就如妇女，我们现在想起来，因为风俗、习惯的拘束，感受的痛苦、不平不知有多少。不该也发生一种改革的思潮么？"

"女子吃亏在求知识的机会不能与男子平等，故而不容易独立、自由。"金小姐说这一句，对于自己的得入师范学校，而且年底就要毕业了，感到满足甚至于骄傲的心情。

"这当然不错。不过不止这样地简单。"焕之停住了,思想同瓜蔓一样延引开去,模糊又纷繁;捉住中间的一段一节如恋爱、婚姻等子目来谈,是眼前热切的欲望。但是这些不比文学改良论,尤其因为对面的是不仅止相与谈谈的金小姐,一时竟难以发端。早就不平静的心更像有什么东西压抑在上面了。

阳光已完全消逝了,天空现平和的暗蓝色。植物苍然地笼上一层轻烟,形象的线条就模糊起来。亭子里对坐着的两个人似乎都不想站起来;此情此景是怎样的一种况味,彼此感得也同暮色一样地朦胧。

煤屑路上有人走来了。从那脚声,焕之知道是水根。

"倪先生,吃晚饭了。"水根没有走到亭前,就停步用重浊的声音喊。

他固定了转身回去的姿势,又说:

"张勋打到北京,宣统小皇帝又坐龙廷了;他们看刚刚到的报上这样说。"

"什么!有这样的事!"焕之霍地站起来,觉得眼前完全黑暗了……

## 十五

幸而所谓复辟事件只是一幕可笑的喜剧,焕之愤激的心情也就平静下来。他有很多的暇豫,去想时刻纠缠在心上的重大问题。

他想他是爱着金小姐了;只看她的一句话,有振起他的力量,他在她旁边,便觉一切都有光辉,整个生命沐浴在青春的欢快里:就可知不仅止于朋友的情愫了。虽然还只是初次擎起恋爱的酒杯,而金小姐这样的对手实在是非常适切,多方选择也难以选到的;更有怎样的人能胜过她,他简直不能想象。

未来的生活像神仙境界一样涌现在眼前了:两个心灵,为了爱,胶黏融合为一个;虽只一个,却无异占有了全世界,寂寞烦忧等等无论如何也侵袭不进来,充塞着的是生意与愉悦。事业当然仍旧是终身以之的教育;

两个人共同努力，讨究更多，兴味更多，而成功也更多。新家庭里完全屏绝普通家庭那种纷乱丑陋的气分【氛】，它是个甜美的窝儿，每个角落里，每扇窗子边，都印上艺术的灵思的标记，流荡着和悦、恬美的空气；而其间交颈呢喃的鸟儿就是他同她。

生活的意义不是充分发展自己和享受幸福么？教育是现在正从事，而且要永远干下去，干得又并不敷衍，总是追求那更合理、更有益于学生的理想和方法，发展自己是庶几乎相近了。假若恋爱又成功，那末【么】整个生活就像一首美丽的诗，这种幸福的享受，岂是寻常容易得到的。够了，够了，生活对于他致太多的好意，他大可以自傲地喊一声"不虚此生"了！

这种思念像秘藏的珍宝一样，他连平时无所不谈的冰如也不告诉，只把它关在心房里，温馨地自己赏玩，赏玩的地点自然农场最为适宜；农场里有花木，清露滴上绿叶咯，月光笼着花儿咯，都足以润泽恋情，使更为茂盛；金小姐又在那里逗留过两点钟光景，要展读她当时一转身、一顾盼的消逝而永不消逝的印象，也惟【唯】在表现的地方尤有意味。

这一晚他吃罢晚饭，两足又不自主地往农场踱去。心想明天要乘船回家了，半年的学校生涯至此告终；不禁起一种并非伤感可是有点儿怅然的情绪。

他原想住在校里过夏；但是母亲要他回家，说既然放了假，总该陪陪她了，便把这拟议取消了。农场的照料则托了冰如；虽然放假，学生还是要来看顾手种的东西的，所谓照料，实在也没什么事。

月光斜射在植物上面，闪着银彩。空气里充满一种甘芳的气息，但不是什么花香。蝉儿不停止它们的歌唱，从那类乎枯焦臭味的调子里，可料知明天还要比今天热呢。

他向四围看望，不一定注目在什么东西上面，可是往往持续到好一会儿。这是新近才有的习惯；他在那里细读永刻在意想中的金小姐的印象。几天来解决不了的困难问题，伴着未来生活呀、人生幸福呀一类金黄色的快意，又进攻他的心了。

他起初想明天回去，就同金小姐距离得远了；她难得回来，而他偏像躲避她一样跑开去，还算得爱着她么？既而想暂时的离开毫没要紧，最要紧是达到两个心灵的永久胶黏和融合。这就转到每天不知要想多少遍的向她表白爱情的题目上来。只是一个心灵燃灼着没有用的，必得另一个心灵也感应了，才成为文章；希望另一个感应，这一个须敲钟一样敲上去才行啊。然而怎样敲上去呢？那永不能忘的傍晚，暮色笼成情爱的帐幕，话题里尽有倾吐肺腑的机会，心脏的每一回跳动，鼻息的每一回吐纳，都奏出"我爱着你"一句话的激动的节调。然而，惟【唯】有对于这句话，喉咙仿佛给什么东西拧住了，无论如何说不出来。以后又到她家去过一次，环境是远不及那傍晚了，只好谈了一些时局以及学校的事而罢。"怎样向她表白呢？怎样向她表白呢？"他烦躁地搔着头皮。

在自认简单的他以为表白的方法莫善于当面直陈；因为这样可以把自己的情愫一丝不漏地传达于对方，而对方宝贵的允诺也可以立时得到。他揣想他自己该有当面直陈的勇气；或许那天傍晚还不是最适当的时机，如果到了最适当的时机，胸次的一句话自会像离弦的箭一样飞射出去。但是，不可爱的失意的结果，他也想到了，"如果她回答个不字，那是多么难受的打击啊！"接着便仿佛看见他自己的颓丧的面容，悲凉的心境，以及什么事都引不起劲来的倦怠生活，"这是欢乐与悲哀的歧途，还是不要走前一步吧！"然而他又从另一方面想，"就是失恋，也好。自己这样不很坚强的气质，本该给它一些锻炼；失恋以后怎知一定是颓唐的呢？也许因着激励，在别的方面能有更多的精进。惟【唯】有怀着热情而抑住了不敢倾吐，最是要不得的怯弱心情。决定了，决定了，走前一步，离开这歧途，前面是欢乐，是悲哀，我都愿意面对它们的脸！"

然而明天就要回去了；所谓适当的时机，至早也得在暑假以后吧。怀着莫知究竟的热望度过一个多月的暑假，想来是比失望还难堪的事。该是成功或失败，越早一点决定了越好。"今夜这月光底下，她大概不会来找我谈话吧。而明朝，虽说航船开得并不早，不妨去辞别一声，但是有树伯在旁边，至多也只能尽量说了辞别范围以内的话；表白的事是终于不成的。"

他又想象金小姐此刻在作【做】些什么："对着这样的月光，如果她属意于我，此刻该靠着楼栏晤对意想中的我了。她脉脉的心一定在这样低诉：'既然有意，不该迟疑，早早表白出来呀！只待一表白，你就会听到终身铭感、永不能忘的一句言语，就是我允许你了。你若迟疑不决，这就是怯弱，怯弱的人似乎是不很可爱的。'不错，她一定在这样低诉，听她那样关心我的一切，看她那样表现种种的神态，都是充分的证明。她会拒绝我么？没有的事！我差不多看见她张开两臂在等待我的拥抱了！"

岂但两臂，他更看见金小姐的黑眼瞳像一对蝴蝶，飞飞停停显出太可爱的闪耀；同时她的躯体在那里舞蹈，构成错综的富于诱惑性的种种姿势。他的心震荡得比前些时尤其利【厉】害；身体里有一种不知名的力量，好像无数的小蛇，从这里那里尽往外钻。他右手按着额角，像患病者一样，抖声自语道：

"我忍不住了，决定这样子吧！"

他拖着短短的自己的影子跟跄地走出农场，跑到楼上房里便动手磨墨。隔壁徐佑甫陆三复两个前两天就动身回去了；假如他们还在，听见他这磨墨的声音，至少要走到房门口张望，以为他破例地同那【哪】一个学生过不去了。


"一封信！"

金小姐惊讶地接应水根，带着捕捉可怕的虫豸一样的心情收受他手里的信，同时机警地向背后瞥了一眼；她不用看信面，已经知道这是谁的信了。看到信面，果然；便捏在手心里，若无其事地回进内堂。内堂里没有人，嫂嫂在厨下弄饭菜，可是总觉得不合适，又踏着轻快的步子回到楼上自己的房里。

她靠临窗的桌子坐下，娇憨的小孩一般用下颔贴着桌面，淡淡的可是极有光彩的笑意浮上她的眉眼唇辅之间。因为在家里，没有梳鬓，两条辫发从两肩垂下，承着光呈可爱的波纹。穿的是小蓝点的洋纱衫，背部贴紧，显出肉体的圆浑、优美的线条。

一种近乎朦胧的心绪透过她的心，仿佛是"现在他的信在我手里了，也有一个男子给我写信了"这等的意思，只不过没有这么显明。这好像不能喝酒的人喝了一两口的酒，觉得浑身酥麻、异样，而这酥麻、异样正是平时难得的快感。她伏着不动，也不看信，让自己完全浸渍在这种快感的享受里。

"他说些什么呢？"

过了一忽，她差不多笑起自己来了，接了信不看，却坐在这里发痴。于是把背心靠在椅背，坐成很悠闲的姿势；展开信面再望了一眼，然后仔细地从原封处揭开，抽出信笺来看。

她的眼光似乎钉住在信笺上了；脸上是一阵一阵地泛红，直延展到颈际；神情是始而惊愕，继而欢喜，又继而茫然不知所措。在她意识的角落里，知道会有人把这类的话向她说的，她也模糊地欢迎这类的话；自从遇见了倪焕之，同他晤谈，仿佛曾有一二回这样想起，他会说出这类的话么？她更模糊地欢迎他说这类的话。但事情何年何月会实现，她是不曾拟想过的，总以为该在很远很远的将来吧。她没有料到，事情竟来得这样地快。现在，这类的话已经写上信笺，在他是说出的了，而且她已经把它看了；像电报一样，两面既然通了线，等在面前的就是怎样应付的问题；这在她是梦里也没有预想到的。她心头激荡地但是空洞地过了一歇，又从头起重读手里的信。

  佩璋女士：

    同你谈话已经有好多次了，给你写信这还是第一次。我揣你就是不看下面的话，也会知道我将说些什么；从你的慧心，从你的深情，我断定你一定会知道。请你揣想，请你揣想，下面我将说些什么？

不要逗人揣谜一样多说废话了，就把我的话写下来吧。我的话只一句，简单的一句，就是我爱你！

自从年初在晴朗的田野间第一次会见，这一句话就在我心头发了芽。以后每一次晤谈，你的一句话语，一个思想，一种姿态，就是点点的雨露，缕缕的阳光。现在，它漫烂地开花了。我不愿秘藏在心头独自赏玩，所以拿来贡献给你。

我大胆地揣想，你一定接受我这朵花，把它佩戴在心头吧？你一定欢喜我这朵花，永远忘记不了它吧？

假若揣想得不错，我有好多未来生活的美妙图画可以描写给你看。——不用了，这些须过细的描写，一时那【哪】里写得尽这许多。总之，我崇拜你，我爱护你；我的心灵永远与你的融合在一起；你我互相鼓励，互相慰悦，高唱理想的歌儿，同行在生命的康庄大道上。

明天我回家去了，本想去辞别，就当面向你陈诉这个话。但是，——为了什么呢？我自己也说不清，——现在决意请托我这一枝笔了。给我个答复吧，本着你的最柔美、最超妙的真心。虽然敢大胆地揣想，然而不得你亲口的证明，我这颗心儿总像悬挂在半空中放不下啊。我的通信址就在这纸的末尾。

试用白话体写信，这还是第一次。虽不见好，算不得文学，却觉说来很爽，无异当面向你说；这也是文学改良运动会有成功的一个证明。你该不至笑我好新趋时吧？

祝你身心愉快！

倪焕之

不是梦里么？这是那个真挚、温和，风度又那样优秀、挺拔的青年手写的信么？似乎太爽直、太露骨了，这中间多少含着侮慢的成分。但是这些话多么有味啊！一直看下去，仿佛听见他音乐一般的声音，而他的可爱的神姿，也活跃地呈露于眼前。竟是他，向她说这一套话的竟是他；她这样想着，春困一般地低下头来了。

"我们美丽聪明的金姊姊"一时愚笨起来了，简直不知该从那【哪】方面想起。她想把这封信交与哥哥，让他去处置；但立刻自己批驳了，这决【绝】不是个办法。她又想不给答理，只认没有这封信，因为这封信超出了平时谈话的范围；但是他明明写着"给我个答复吧"，不给答理岂不伤他的心？那末【么】答复他吧，她接着想。但是怎样答复呢？责备他一顿么？不，虽然来信中多少含着侮慢的成分，可是决不到该受责备那样的程度；轻轻的【地】一声"你怎样说出这些来了！"或者一个并不难受的白眼，正是他应分享受的，然而那【哪】里可以写上信笺呢！那末【么】，完全允承他的请求么？啊，这多少羞！现在想着也羞，何况用黑的墨写上白的纸。

一滴两滴眼泪从她的眼眶里滚出了，掉在手里的信笺上；湿痕化开来，占了三分一以上的部分。墨色着了湿显得光润夺目，"我爱你"三个字似乎尤其灿烂，富有诱惑的魅力。

她渐渐呜咽起来，追念印象已很模糊的母亲，真是无限地心酸。倘若母亲还在，不是无论什么难题都可以向她告诉、同她商量么？"世间失了母亲的人最是孤苦可怜！"她想着这样的意思，感觉自己太凄凉了，鹘落【骨碌】地伏在桌子上，让一腔悲泪尽量往外流；她的背心有韵律地波动着，两条乌亮的发辫，这回是象征她的心绪似地纠结在一起了。

眼泪往往反而把纷扰的心洗平静了；一会儿之后，她觉得宁定得多，好像早上睡醒时那种样子。唯有一念越来越清楚地浮上她的意识界，就是无论怎样，必须写封回信去；写当然是亲手写，而且要立刻写，否则累他久盼，过意不去。

为欲搜求适当的措辞，她又把沾湿了的信笺看第三遍。头脑里是像平日作文一样，勉用一种压迫的内力，使意思渐渐凝结，成为一个明显的可以把捉的东西。"就这样子吧",她作算想定当了,带着一种很奇妙的心情,开始写信给哥哥以外的一个男子。

  焕之先生惠鉴:
  接读大札,惶愧交并。贡献花朵云云,璋莫知所以为答。虽作此简,直同无言。先生盼望心殷,开缄定感怅然。第须知璋固女子;女子对于此类题目,殆鲜有能下笔者。谅之,谅之!在府侍奉萱堂,想多欢娱。教育之研讨,又增收获几何?农场中卉木,当怀念栽之培之之主人翁也。白话体为文确胜,善于达情,无模糊笼统之弊。惟效颦弗肖,转形其丑,故今藏拙,犹用文言。先生得毋笑其笃旧而不知从善乎?
金佩璋敬复

  她放下笔杆,感到像松解了几重束缚一样;又像做罢了一件艰难的工作,引起该到什么地方去舒散舒散的想头。于是想着南村的那个池塘,一丛灌木掩映在上面,繁枝挂到了水里,构成一种幽深的趣致;此刻酷日还没有当头,若到那边去游散一会,倒也有味,而且可以想……然而她并不立起来就走;又仔细地把自己的信审阅一过,仿佛有什么重要的意思遗漏了似的。但检查一阵之后,实在没有遗漏了什么,就是再修改一个字也不能了。她忽然下个决心,便把信笺折叠了封固在信封里,免得再游移不决。

  她懒懒地站起,意思仿佛是要亲手把这信送去交邮。但立即省悟封面还没有写;两条发辫也得盘成了髻。不觉就走近镜子前。从镜子里,她看见自己眉眼的部分染着红晕;眼瞳是新洗的一般,逗留着无限的情波;顶发略见蓬乱,可是这蓬乱有格外的风致:她从来没有像这时刻一样,惊诧、赞叹自己的美,几乎到了自我恋的程度。

## 十六

　　金小姐的一封复信，当然不能满焕之的意，非特不能满意，这简直出于他意想之外。他以为可能的答复只有两种。完全承受，是其一；这是料想着有八九分的把握的。不然，就是明白拒绝；这也干脆得很，失恋以后会是颓唐或奋励，至此得以证明。但是她现在表示的态度，非此又非彼，不承受也不拒绝，到底是怎么一回事呢！

　　"什么'璋固女子'！女子对于这等事件，就得把情意隐藏起来么？合乎理想的女子是直率、坦白，当着不论谁个的面，都敢发抒自己的情意的。我以为她就是这样的女子；从她对于教育好表示意见这一点着想，的确很有点像。谁知她竟会说出'璋固女子'的话来！"

　　焕之这样想，就觉得大可以停止追求了。假如她明白拒绝，那倒在失望的悲哀中，更会尝到留恋的深味。现在，她显然告诉他，他的观察是错了；幻灭所引来的，不只是灰暗的冷淡么？他想从此断念，一暑假储蓄精力，待假期满了，比前更努力地给学生服务。他又想结婚的事并不急急，自家的年纪还很轻，若没有理想的伴侣，迟一点结婚也好。他又想是一时发昏，自家冒失地写了封信去，致心上涂了个无聊的痕迹；如果再审慎一下，一定看得出她是会"女子，女子"这样说的，那末【么】信也就不写了。

　　但是，这些只是一瞬间的淡漠与懊恼而已。记忆带着一副柔和的面孔，随即跑来叩他的心门。它亲切地说：她有黑宝石一样的眼瞳，她有匀称而柔美的躯体，她的浅笑使你神往，她的小步使你意远，你忘记了么？她有志于教育，钻研得很专，咨访得很勤，为的是不愿妈【马】虎地便去服务；这正是你的同志，在广大的教育界中很难遇见的，你忘记了么？她同你曾作好多次的会见，在阖镇狂欢的星夜，在凉风徐引的晚夕，互谈心情、学问以至于随意的诙谐；这些，你一想起便觉温馨甜蜜，你忘记了么？她曾用一句话，振起你将就倦怠的心情，你因而想如得常在她旁边该多少好呢，你忘记了么？你爱她，从第一次会见便发了芽，直到开着烂漫的花贡献与她，是费了几许栽培、珍护的心的，你忘记了么？你有好些未来生活的图画，共通的主人翁是你共她，你把它们描写得这么高妙，这么优美，几乎是超越人间的，你忘记了么？……

于是他的心又怦怦地作恋爱的跃动了。"必须得到她！必须得到她！她的信里并没有拒绝的意思，就此放手岂非傻？记忆所提示的一切，我何尝忘记了丝毫？既是忘不了，就此断念的话也只自欺。我为什么要自欺呢？"

这时他似乎另开一只灵慧的眼睛，从"璋固女子"云云的背面看出了含蓄的意义。他相信这个话与她是否合乎理想的女子全没有关系；乃是这环境、这时代范围着她，使她不得不这样说。她仿佛说："承受你的爱情，固然非常愿意；但是，家里有兄嫂，镇上有许多亲戚世交，学校中有更多数的教师与同学，他们大多要鄙夷我的举动，以为女孩子惟【唯】有这事情不该自家来管。论情是无疑地答应，论势却决不能答应，我'莫知所以为答'了。要知道，我苦的是一个女孩子啊！"从这里，他体味出她的文笔的妙趣，愤慨、嘲讽而不显露，仔细辨认，却意在言外。刚才粗心乍读，看不到深处，便无谓地一阵懊恼，很觉得惭愧；而对于她曾起一些不尊重的想头，更是疚心不已。

她的含蓄的意思既是这样，那末【么】他该怎样着手呢？他喜爱地再把来信读一遍，发见了，原来信里已有了启示。她说女孩子自家对于这类题目少有能下笔的，反过来，不就是说要下笔须待别人么？别人是谁？当然是她的哥哥咯。同时就想起蒋冰如，所谓"别人"，他也该是一个。而母亲也得加入"别人"的行列，算是自家这方面的。

男女两个恋爱的事，让双方面自由解决，丝毫不牵涉第三者，焕之平时以为这样是合理的。现在，他自己开手做文章了，却要烦劳别人，牵涉到第三者，他觉多少是乏味的事。把怎样爱她、怎样想得到她的话告诉她，自是真情的流露，生命的活跃。但是，把同样的话去告诉不相干的第三者，是多么肉麻，多么可耻的勾当啊！

然而辩解又来了。来信虽没承受的字样，实际上是承受了的。这简直就是双方自由解决，精神上已超越于凡俗。更得去烦劳第三者，不过聊从凡俗而已；这一点点形式上的迁就，又算得什么事。

于是他到处都想妥贴【帖】了；只觉从来没有这样满意过、幸福过，开始把秘藏在心头的恋情告诉母亲：

"金树伯，你是晓得的；他有个妹妹，在女师范读书，今年年底毕业了。她性情很好，功课也不弱；我同她会见了好多回，谈得很投机；她也佩服我。如其同她结婚，我想是适当不过的。现在拟托校长蒋先生向他们去说，你看好不好？"

"是女学生呢。"母亲抬起始终悲愁的眼看着焕之；同时想到从街头看见的那些女学生，欢乐，跳荡，穿着异于寻常女子的衣裙，她们是女子里特别的种类，不像适宜摆在家庭里操作一切家务的。

焕之领悟母亲的意思，便给她解释：

"女学生里头，浮而不实的固然有；但美善的人物也不少。她们因为读了书，懂得的多，对于处事，对于治家，都有比寻常女子更精善、更能干的地方。"

仿佛有一道金光在他眼前闪现，把这比较简单、枯燥的家庭严饰得新鲜而美丽。他心头暗自向母亲说："将来你在这样可爱的家庭里生活，始终悲愁的眉眼总该展开来温暖地笑吧。你太辛苦了，暮年的幸福正是受而无愧的报酬。"

"女学生也能在家里做一切的事么？"母亲着意去想象一个女学生在家庭里操作的情形，但终于模糊。本能般的切望儿子的心情催促她接着说，"论年纪，你本该结婚了；我家又这样地冷寂。金家小姐果然好，自不妨托蒋先生去说说。不过金家有田有地，你看彼此相配么？老话说'门当户对'，不当不对这就难。"母亲现在已经赞同了焕之的意见，惟【唯】恐进行不成功，故而像挽住一把地这样计虑着。

焕之听说颇有点愤愤，这是何等世俗的见解！纯以恋爱作中心的婚姻，是搀【掺】不进去这些的。只因对于母亲不好批驳，还是用解释的口气说：

"这没有关系。结婚是两个人相配的事情，不是两家家产相比的事情。人果相配，那就好。'门当户对'只是媒人惯说的可笑话；我是想都不想到这上边去的。"

"那【哪】里是可笑话，实在不能不想到这上边去呀！女子嫁到男家，是从此过活一辈子的了；在娘家过什么样的日子，到了男家又过什么样的日子，她心里不能没有个比较。比较下来相差不多，那没有什么；如果差得太远，那末【么】，在她是痛苦，在男家是牵累，两面都不好。你有这么一种癖气，尽往一边想，不相信相传下来的老经验。但要知道，婚姻不是买一件零星东西那样轻便的事情。"

焕之点头说："妈妈说得不错，婚姻不是买一件零星东西那样轻便的事情。"

一阵得意涌上他的心胸，他站起来走到母亲跟前，语声里带着无限的欢快，说：

"不过金小姐，我看得很仔细了；她一点没有富家小姐的习气，对于过怎样的日子，好像并不拘的；实在她的心思伸展到别的方面去了，她愿意尽力教育，同我一样地尽力教育。妈妈，我曾假定这件婚事成功，对于将来已经想得很多很多了。那时候，我们家里将充满着生意、光明同欢乐！我们俩出去同做学校里的事，回来便陪着你谈话消遣，或者到花园去玩，或者上街市买点东西。妈妈，到那时你才快活呢！"

他忍不住，终于把刚才默想的意思说了出来。

母亲看儿子情热到这个程度，说过分一点就是痴；又因他说到未来的美满，倒触动了她对于过去的悲凉的记忆，心一酸便把眼泪挤了出来。她一手拭泪，强堆着笑脸说：

"但愿这样子。那末【么】，你就去托蒋先生吧。"

金树伯送走了蒋冰如出去，回入内屋，看妹妹不在这里，便向夫人说：

"你知道冰如来说些什么？"

"你们在外边谈话，我那【哪】里会知道？"

"他作媒来的。"树伯冷笑。

"唔，知道了，替我们妹妹作媒。是那【哪】一家呢？"

"你揣不出的；是倪焕之！"

树伯夫人现出恍然解悟的精神。她想那倪先生每来到这里，妹妹在家时，总要往客室里同他接谈；平时无意中讲到倪先生，妹妹又往往不知不觉露出高兴的样子：原来他们两个爱着了。这意思她并不向树伯说，独自享受那发见了秘密的快感，故意说：

"这很好呀。"

"这很好呀！刚才冰如也说这很好。他说两个人志同道合，如果联结起来，并头共枕讨论着教育上种种的问题，那才妙呢；闺房画眉那些古老的韵事，不值一笑了。他说由他看来是满好；焕之那边不成问题，只待听我们的意见。"

"那末【么】你的意见呢？"

"我的意见是冰如在那里胡闹！他干的事，譬如他办学校，往往单凭自己想去，不问实际的情形。焕之和我是老同学，他的性情，他的学识，我都知道，没有什么不好。不过他是一无所有的。这一层实际的情形，冰如毫不曾想到，偏要来作媒！惟【唯】有作媒，万不能不问这一层。"

"预备回绝他么？"

"当然。女子能自立，我根本就不相信。十几岁时什么都不懂，做梦一般嚷着自立自立，以为这样才好玩、有志气。只消一到出嫁，有的尝到了甜味，有的吃着了苦辛，便一样地会明白实在自立不起来；尝到甜味的她再想尝，吃着苦辛的她得永远吃下去，那【哪】里还有自立的工夫！所以女子配人，最须看那人的家计。——这一些你比我懂得多呢。——如果我把妹妹许给焕之，我对不起妹妹。"

"没有对蒋先生说起这些话吧？"

"没有，我又不傻。"

树伯狡狯地看了夫人一眼，又说，

"我只说待我考虑一下，缓日回复；并且也要同妹妹自己商量。"

"不错，该同妹妹自己商量。"

"何用商量，根本就不成问题。你太老实了，我只是随便说说的。"

树伯夫人对于这事情渐渐发生兴趣，觉得小姑的确是出嫁的年龄了；便亲切地劝告丈夫说：

"我想不商量是不好的。我们处哥嫂的地位，并非爷娘；或许这确是好姻缘，若由我们作主回绝了，她将来怨得着我们的。同她商量之后，便回绝也是她自己的意思。"

树伯想这话也不错；对于妹妹负太多的责任确有可虑之处，应该让她自己也负一点。但是这中间有不妥的地方，他问：

"如果她倒同意了，那怎么办呢？"

"哈哈，你这话问得太聪明了！"树伯夫人笑了，头上戴着的茉莉花球轻轻地抖动。她抿一抿嘴唇，忍住了笑，继续说，"如果她同意，那末【么】婚姻就成功了。"

"成功了她要吃苦。"

"依我说，不能这样一概而论。家计不好，人好，大部分也不至于吃苦。反过来，家计很好，人不好，那倒难说了；我们镇上不是有好些个含怨衔悲的少奶奶么？"

"你倒像个贤明的丈母！"

树伯夫人不顾树伯的嘲语，承接自己的语气说：

"那倪先生，我看见过，人品是不错的。听你们讲，他是个有志气的教员。万一妹妹许配给他，我想他未必肯让妹妹吃苦吧。"

树伯夫人这时有一种预感，相信妹妹一定会表示同意，而语调竟偏到玉成这方面去，连她自己也莫明所以然。她朦胧地觉得，这件婚事如果成功，在她有一种隐秘的愉快。

"你料这样么？"

树伯这话是表示不坚持自己的意见了。

"虽不能说一定，大概是准的。并且，有一层你要留意，就是给妹妹说媒的事，这还是第一次呢，她的年纪可已是做新娘的年纪了。"

"既是这样，你去问问她吧。这事情，你去问来得方便。"

树伯这样说，心里想着如果成功，大概明年春间就要办喜事了。

这夜间，金小姐吃罢晚饭上了楼，不再下来在庭中乘凉。树伯夫妇两个各靠在一张藤榻上，肩并着肩；花台里玉簪花的香气一阵阵拂过他们的鼻管；天空布满了闪烁的星。

"你把那件事忘了么？"

树伯夫人低声说；身子斜倚在藤榻的靠臂上，为的是更贴近树伯一点。

"没有忘呀。你已经问了她么？"

浓烈的茉莉花香和着头发油的气味直往他脑子里钻，引起他一种甜美的感觉，故语声颇为柔媚。

"当然问了。你晓得是怎样一出戏？"

"她说不要？"

"不。"

"难道她说要的？"

"也不。"

树伯夫人像娇憨的女郎一样，用一种轻松软和的声调回答，同时徐徐摇着头。

"那末【么】——"

"她不开口，始终不开口。我说是蒋先生来说起的。倪先生的人品，她早看见；而且是熟识，性情、志向等等至少比我们明白得多。现在谈婚事，也是时候了。迟早得谈，没有什么不好意思。至于哥哥，是全凭她的主意的。如果不满意，简直就回绝；满意呢，不妨答应一声。"

"她怎么样？"

"她不开口呀。头低到胸脯前，额角都涨红了。女孩子的癖气我都知道，匆促间要迫她说是不成的。于是我再问：'大概不满意吧？'她还是不响。停了一会，我又换过来问：'那末【么】满意的吧？'你晓得卜义怎么样？"

树伯夫人拍着树伯的肩。

"怎么样？"

"她的头微微地点了一点；虽只微微地，我看得十二分清楚。"

"她会满意的？"

树怕不相信地说，不复是低语的声气了。

"我更补足一句，'那末【么】就这样去回复蒋先生了。'她又更微地一点头，说是点头还不如说有点头的意思。"

"这出于我的意外！"

"却入于我的意中。她爱着姓倪的呢。"

树伯夫人冷峻的笑声飘散在夜凉的空气里。

## 十七

随后的半个年头，倪焕之同金小姐都幸福地沉浸在恋人的、有玫瑰一般色与香的、向未来佳境含笑的生活里。一个还是当他的教师，一个开始她的从事教育的练习；正像在春光明媚的时节，心神畅适，仰首昂胸，举步走上美丽、康庄的大道，他们同样感得身体里充塞着蓬勃的生气，人生是一个太值得发挥的题目。

焕之的学校里依照上半年的计划进行。他不复觉得有倦怠与玩忽的病菌在学生中间滋生着；当然他自己是自始不曾有。对于学生的并不异于上半年的表现，他作如下的解释：上半年的仿佛撞见了黑影，实缘期望超越了可能的限度；教他们弄农艺，却要他们像一个终岁勤劳的农家，教他们演戏剧，却要他们像一个神乎其技的明星，自然只有失望了。然而初意何尝是如此？只不过要他们经验人间世的种种事故，把他们自己的心思气力同它们发生交涉，从中获得一些根本的立身处世的能力罢了。既是这样，重要之点还是在逐渐累积而不在立见奇绩。只要不间歇地累积上去，结果当然可观。换一句说，待到受这改革过的教育的学生毕业的时候，一定显出不同寻常的色彩，来证明改革的意见并不是空想，努力并不是徒劳。这样想时，焕之觉得对于职务上头毫无遗憾，继续努力下去就是全部的本分。更喜蒋冰如永远是勇往直前，什么黑影之类他根本就没有撞见；因为添办工场很顺手，不像上半年农场的事情那样发生麻烦，他的丰满的脸上更涂上一层焕然的光彩。这一层光彩又使焕之加增了不少的兴奋和信念。

　　金小姐是初次接触儿童；因为她成绩好，被派去试教最难教的低年级。一些术语，一些方法，一些原理，时刻在她脑子里打转；这并不使她烦乱，却使她像深具素养的艺术家一样，用欣赏的、体会的态度来对待儿童。附属小学收费比普通小学贵一点，这无异一种甄别，结果是衣衫过分褴褛、冠履甚至不周全的孩子就很少了。金小姐看着白里泛红的那些小面孔，说话说不清楚的那种娇憨模样，只觉得所有赞颂儿童的话全不是说谎；儿童真是人类的鲜花！她教他们唱歌，编造简单而有趣的故事讲给他们听；她做这些也不随便，都运用无可加胜的心思写成精密的教案，先送与她自己的级任教师看，得到了完全的赞许，尚不放心，又斟酌再三，然后依着实施。正课以外，她总是牵着几个尤其心爱的儿童在校园里、运动场里游散；坐下来时，儿童便爬上她的肩头，弄着她的头发。她的同学见这样，玩戏地向她说："我们的金姊姊天生是一位好母亲。"她的回答当然是羞涩地轻轻地一声哞，但心里不免浮起一层骄傲；"但愿永远做这样一位好母亲，教育这班可爱的孩子！"同时对于当初坚持要升学，要靠事业自立，以为毕竟她自己强，抓得住终身成败的紧要关键。

两个人各自尽力于事业，固然都不感什么疲劳；即使疲劳的话，也有十倍于疲劳的慰藉在，这就是每三天一往还的通信。女师范的舍监太太看见封面上写着"倪缄"的信，明知大半是情书，但有"倪缄"两字等于消过了毒，不用再拆看；便在一些女同学妒忌似的眼光下，把信交给金小姐。焕之这一边，自从上半年李毅公走后，他一直独住一个房；这非常适宜于静心息虑，靠着纸笔对意中人倾吐衷曲。寄递是由航船，因为多给些酒钱，船夫肯到就送，比邮递来得快。逢到刮风的日子，如果风向与去信或来信刚刚相反，就有一方面要耐着刺促不宁的心儿等。他们俩称这个为"磨碎人心的功课"；但是如果寄邮政，要磨碎他们的心还是一样。

　　他们的信里什么都要写。一对男女从互相吸引到终于恋着的一些应有的近于痴迷又像有点肉麻的缠绵话，他们中间是缺漏了的；现在的通信正好补足这个缺漏，所以这类的话占了来往信札大部分的篇幅。婚约已定下了，但彼此还是不惮烦地证明自己的爱情怎样地专和诚，惟【唯】有对手是自己不能有二的神圣，适合理想的伴偶。其次是互诉关于教育实施上的一切，充满了讨论和勖励的语调；农场里的木芙蓉开了，共引为悦目赏心的乐事；一个最年幼的儿童回答了一句聪明的话，两人又认作无可比拟的欢愉。又其次是谈到将来。啊，将来！真是件叫人爱又叫人不耐的宝贝；它所包含的是多么甜美、丰富、足以陶醉的一个境界，但是它的步子又多么迟缓，好像墙头的蜗牛，令人想到似乎始终不移动的。这个意思，焕之的信里常常有得透露；他确信文学改良运动有重大的意义，所写的当然仍旧是白话：

　　　　我想到我们两个同在一处、不再分离的时期，我的灵魂儿飞升天空，向大地骄傲地微笑了。因为这时期最大的幸福将属于我们，最高的欢愉将充塞我们的怀抱。佩璋君，你也作这样想吧？我从我自己又从你我的爱情推测，知道你一定也作这样想。

　　　　这个时候并不远，就在明年的春上。但是，它的诱引的力量太大了，使我只觉离开它很远，要接近它还有苦行修士一样的一段艰困的期间。假若有一回沉酣的睡眠，或者一个悠长的梦，把艰困的期间填塞了，醒转来便面对着这幸福的、欢愉的时期，那多少好！每天朝晨醒来，我总这样自问："这幸福的、欢愉的时期到来了吧？"及知还没有到来，不免怅然。请你不要笑我痴愚，你应该明白我的心！

三天一往还的通信，当然不是不值得满意的事情。然而写得出来的是有形的文字，写不出来的是无形的心情。在两个同在一处的时候，往往不用一句话、一个动作会感到占有了全世界似的满足；但是，如其分离两地，要用文字来弥补缺陷，就写上千百言未必有一半的功效。我虽然不怕写信，每一封信总是累累赘赘写上一大套，我却盼望这工作立刻能得停止。我们那【哪】得立刻停止了这工作呢？

实在，说"我们两个"是不合理的。我们是一个！这半个与那半个中间，有比向心力更强的一种黏合力在那里支配着。这可以解释我们所以有此时的心情的因由……

写到"黏合力"，他想得很为渺远、幽秘，他想起一些近乎荒唐的、不可捉摸的、美艳的景象。突然警觉似地他重看信面，检查有没有什么不妥当的地方，会使对手看了脸红的。没有，一点没有，仅只有"黏合力"三个字。这样不伤大雅而又含有象征意义的词儿正合于一个青年恋人寄兴的需要，他就常常用到它。

金小姐写信还是用文言。她说白话不容易写；她颇有点相信时下流行的"文言写得好的人才能写好的白话"之说，虽然焕之在通信中曾对此说加以批驳。她同样地盼望同在一处的时期快快到来；但说来比较隐晦，不像焕之那样惟恐其不明显不详尽。对于焕之的期待到几乎焦躁、烦忧，她多方地给他安慰；因而她自己倒像并不急急的样子。譬如下面的话：

……合并以后，昕夕相亲，无烦毫素，灵心永通，此固至乐，逾于今之三日一书，繁言犹嫌弗尽者也。伫盼之情，与君俱深。惟念时节迁流，疾于转毂；自今以迄来春，亦只四度月圆耳。殊非遥远，可以慰心。黄花过后，素霜继至，严冬御世，雪缀山河；曾不一瞬，而芳春又笑颜迎人矣。焕之君，时光不欺人，幸毋多虑，致损怀抱也……

她在"芳春"二字旁边加上两个圈儿，什么意思当然要待焕之去想。焕之从这两个圈儿，仿佛看见并头情话的双影，又仿佛看见同调搏动的双心，因而更渴望合并之期到来；在职务方面，虽然不见懈怠，却也不像先前一样寄与太多的心思了。

他们又在通信中描绘合并以后的生活。如何从事事业，如何进益自己固然有讲到，而如何起居、如何娱乐，以至如何处理家庭琐事，也不惮此问彼答，逐一讨论。焕之愿意有个整洁、光明、活泼、安适的家庭；把寻常所谓家务简缩到最低度，却不是随便将就，乃是用最适当的处理法使它事半而功倍；余下的工夫则用来阅读书报，接待友朋，弄一些轻松有味的玩艺，或者到空旷、有竹树川流的地方去散步。对于这些意思，金小姐自然赞同；她更加上一些具体的规划，如接待友朋应该备一种小茶几，以便随意陈设茶点，不至过拘形式，出外散步应该带一种画家野外写生用的帆布凳，逢到风景佳胜的地点，便可以坐下来仔细领略之类。每一种规划就像一个神仙故事，他们两个在想象的尝味中得到不少的甜蜜。更有一些现在还不便提起的韵事同佳趣，便各自在心头秘密地咀嚼；两个心里同样激动地想："如果能得互相印证啊！如果能得互相印证啊！"

蜗牛似的时光居然也到了寒冬了。距离结婚的时期已近，这些悠闲的问题都阁【搁】置了下来，因为眼前堆着好几个实际的问题。第一，住家在城里还是在镇上呢？这问题不久便解决了：蒋冰如已决定请金小姐在校里当级任教师；虽然尚无先例，他却有充分的理由，认定高小男学生让女教师教是非常适宜的事。那当然住家在镇上了。刚巧距冰如家不远有内屋四间出租；前庭很宽畅，有才高过屋檐的两棵木樨树；租价也不贵，只三块钱。焕之便租了下来；待寒假中把母亲迎来，就开始布置新家庭；那时候金小姐也毕业回来了，设计的主干当然是她。

关于第二个问题，他们两个的意见却有点儿分歧，这就是结婚仪式的繁简的讨究。焕之的意思，以为结婚只是两个人的事，只要双方纯洁地恋爱着，结合在一起是十二分道德的。至于宣告于亲戚朋友，结合于亲戚朋友的监证之下，却是无关紧要的，不必须的。这些都是野蛮时代的婚仪的遗型，越做得周备，越是把恋爱结婚庸俗化了。但是他也不主张绝对没有仪式。他说亲戚朋友祝贺的好意是不可辜负的。不妨由新结婚的一对作东道开一个茶话会，让大家看见这一对这样美满、这样爱好、像并头莲似地显现于面前；这最是斟酌得当，富有意义。可是金小姐不赞同这茶话会的婚仪。她并不讥议这办法费用太省俭，也不说这样做恐怕人家要笑，却说：

> ……我两人情意投合，结为婚姻，与野蛮时代之掠夺、买卖者不同，固无取于其遗型之婚仪。惟茶话会同于寻常消遣，似欠郑重之意。我人初不欲告于神明，誓于亲友；第一念经此结合，两心永固，终身以之；为互证及自勖计，即当取一比较庄重之仪式，以严饰此开始也……

焕之看了这几句不免有点不满；互证在于心情、在于行为，自勖也是内面的事，仪式就是庄重到了极点，与这些又有什么关系！女性总是爱文饰，图表面的堂皇；在争持婚仪这一点上，金小姐也分有了她同性的弱点。但是这点不满不过像太空的一朵浮云而已，转瞬之间便给"热情"的风吹得一丝不存。"为了她，什么都可以依从；这不是什么献媚，良心上实在有这样的趋势。结婚的仪式，到底是微末的事，不要它固然好，随便要了它而只作没有这回事又何尝不好？何况金小姐所说的也自有她的理由；并且她也明说无取于野蛮时代婚仪的遗型，这是很可满意的。"接着树伯和冰如也表示他们的意见，说茶话会虽然新鲜、有意思，终究似乎不大好；现时通行的所谓"文明结婚"的秩序，新夫妇相对三鞠躬，证婚人、介绍人、家属各有他们的地位，音乐则用风琴，这很简朴而不失为庄重，很可以采用。对于这意见，金小姐认为可行，焕之也就表示同意，——决计用"文明结婚"的仪式。

寒假以后，焕之雇船迎接母亲，所有的家具则用两条没逢船载着，跟在后面。没有一点风，吴淞江面蓝水晶似地耀着轻暖的阳光；村里的农人出来捞水泥，赶市集，小小的船儿像鸥鸟一般几乎不可数计。焕之眺望两岸，心神很愉快。他想到去年在寒夜里冒着猛风，初次到校的情景。那时满怀着希望，像探险者望见了新土地一样；江景虽然暗淡，绝不被引起怅惘的情思。现在是更不同了；事业有点儿像样，是已经看见的事实；并且就在眼前，要跌入幸福无穷的结婚生活里；眼前这明耀的恬波，安舒的载渡，不就暗示未来生命的姿态么？他激动地望着母亲的脸，见依然呈发愁的样子，前额、颧颊的部分刻着好些可怜的皱纹；一缕酸楚直贯他的心胸，像孩子一样依恋地、含悲地叫道：

"妈妈！"以下再说不出什么了。

"唔？"

难得开口的母亲只回应了这样一个字；她不了解焕之叫她的意思；同样地，她也不了解现在在前途等着她的是怎样一个境界，虽然凝着心思想，总想不出个大概来。

金小姐回来了。她同焕之用羽翼新长成的鸟儿在绿荫中衔枝构巢的心情来布置新家庭。喜爱的笑颜像长好的花儿，开遍于四间屋子的处处。卧室的用具是金小姐购办的；这并不像俗例一样男家送财礼，女家办嫁妆，不过买来与焕之旧有的凑合在一起，成为一份家庭的陈设，正像两个人缔结在一起，成为一对夫妻一个样。她安置这些东西都经十分妥帖的审虑；满意了，无可更动了，然后盈盈一笑，再去排布第二样。

婚仪举行的一天，天气十分晴朗。欢欣的雀儿在竹树间、田野间飞跃鸣叫。有八九个男女宾客先一天从城里到来；在本镇的同事以及熟识的人于早茶散后齐来道贺；学生也有一二十个，中间八个是唱歌队，预备唱"结婚歌"的。照例的寒暄、颂扬、探询、艳羡，充满了三面都红的一个厅堂；接着便是谦逊而实际并不肯退让的饮酒、吃菜；几条黄狗则在宾客的腿脚间窜来窜去，常常劳那些腿脚的主人翁停了筷弯了腰来驱逐；这一些，我们可以不用描写，因为不论是谁，都曾在这样的场面里充当过角色。

绷！绷！绷！

三声炮响，焕之突然感觉身体轻起来；不但轻，又像渐渐化散开来，有如一朵出岫的云。他看四围的人宛同坐在上海电车里所见两旁的人一样，面目只是一团一团白里带黄的踪痕，被什么东西冲荡着似地往后面流去。他一毫思想也没有，空洞洞地只一个心脏孤独地、亢奋地跃动着。

炮声是表示迎接金小姐的轿子到了。距离并不远，——就是从东栅到西栅又有几里路呢？——然而须得用轿子，这也是庄重的意思。两个女高小的学生穿着同式的蜜色花缎灰鼠袄，从轿子里扶出金小姐，掌声骤然像急雨一般响起来；同时无数的眼光一齐集注在她的粉红披纱上，好像兜在里面的不是寒暑假时常见在街上经过的那个女郎，却是一个含有神秘性的登场的主角。

证婚人是赵举人，树伯请来的，说论齿论德，都只有他配。照例证婚人要演说几句，是脱胎于基督教婚仪中牧师的训辞的；而赵举人不欢喜演说，以为这事情当众叫嚣，非常粗俗可厌，便诵读一篇预先撰就的祝辞来代替（他的笔，似乎越到老越健了）。他还没有忘掉铿锵的朗诵八股文的调子，眯齐着老花眼，摇动着头颅，曼长地、低昂地诵读着，一堂的扰扰给他镇压住了；大家凝着好奇的笑脸儿听，可是听不出他在祝颂些什么。

赵举人的祝辞摇曳再三地停止了，忍住了一歇的笑声便历历落落从大家的喉际跳出来，仿佛戏院里刚演完一幕喜剧的时候一样。接着八个学生的唱歌队开始唱"结婚歌";是学校里普通的调子,所以歌辞【词】虽是新上口,唱来却很为熟练。风琴声像沉沦在很深很低的地方;偶然有一两个高音不甘沉沦,冒出来送进人们的耳管,但立刻又消失在纷纷的笑语声里。

"新郎新妇行结婚礼!"

司仪员像庄严又像玩戏这样高声喊。

焕之是经了傧相的推动,还是由于自己下意识的支配,他简直弄不清楚;总之这个是事实:本来面朝着里,现在却朝西了。他初次看见面前红艳艳的一堆,像云雾,像幻象,像开得十分烂漫的夹竹桃;这就是他的新妇!这就是他的金佩璋!一个,两个,三个,他鞠躬,他临对神明一样虔敬地鞠躬;他不想起鞠躬只是一种仪式,从运动身体的一部分这一点上着想,它与所谓野蛮仪式的跪拜原是一般的。

在第三个鞠躬的当儿,他看见新娘的鞠躬比他还要深,身体弯折成九十以上的角度。回复原状时,在粉红披纱里面耀着两颗明亮的星,渐渐扩大,渐渐扩大,他仿佛完全被摄了进去。——啊,神秘的、灵妙的黑眼瞳!

蒋冰如以介绍人的资格演说,不脱教育家的身分【份】。他说:

"……闺房之乐,从前艳称画眉。其实这有点儿腻,我想没有多大意味。吟诗填词,那是所谓唱酬,也算很了不得。然而只是贤于博弈的游戏,仿佛表示夫妻两个真闲得发慌了。现在他们,焕之先生和佩璋小姐,同样干教育的事,而且在同一的学校。朝晨醒来,一个说'我想起了一个新规划,可使学生获益更多',一个说'我的功课预备这样地教,你看有没有应该修正的地方'。这些话,本来是在预备室里、会议席上搭起了架子讲的;他们却有这福气,移到甜蜜的床上,并着头,贴着脸来讲,这是他们可以对人骄傲的闺房之乐!……"

新郎新妇的头在热烈的掌声中几乎低到了胸前。

焕之的母亲居然现出笑容,这是乡下人见了不了解的事物时所表现的一种笑容。她把眼睛揩了又揩，惟【唯】恐有些微的障翳，累她看不清那与儿子并立的女学生的新媳妇。但是她看清了什么呢？披散的红纱，红白的朱粉，上衣当胸绣着的一枝牡丹，不见一个裥的奇怪的裙，以及前头点地、后跟用什么东西顶得很高的可笑的鞋。她又看清，由这几许东西包裹着、装饰着的那人儿，还是个不能明白的东西，虽然已经答应了她亲昵的"妈妈"的称呼。

新郎新妇同样盼望迟点儿来到的初夜终于来到了。本镇的宾客都已回家，从城里来的男客暂借学校的宿舍安歇，女客则住老太太房里。新房里只剩下新结婚的一对。

累日累月地切盼着结合，同在一起布置新居还是前天的事，却盼望初夜迟点儿来到，真是矛盾的心情！他们俩都觉得从前的一切已告一段落，现在得另辟境界。而性质也大异。假如从前是诗的，梦幻的，那末【么】今后将是散文的，现实的。无可免的但不谙习的开幕式越来越迫近，他们越感到羞怯、迷惘。惟其早就熟识了的，在焕然一新的卧房里，在两人相对的形势下，要超越往常而有所表现，比较本不相识的两个尤其难，而且窘。万一表现不得当，会把对方已有的好印象涂抹了去；这是很要担心的。

"今天累了？"

焕之坐下在衣橱旁，嗫嚅地说，好像接待一个生客；他的头脑发胀，满脸泛着鲜润的红色。

"也不见得。"

金小姐像一个典型的新娘，答得很轻，低着头。她坐在梳妆桌前，两盏明亮的煤油灯把她的美艳的侧影映在那桌子的椭圆镜里。

焕之一只眼睛溜过去，玩味她的圆美的前额和玉斫一般的鼻子，光亮的睫毛护着半开的眼，上下唇娇柔地吻合着。占有了宝物似的快意浮上他的心头，使他胆壮了好些；他振一振精神说：

"我们现在在一起了！"

金小姐的回答是双瞳含着千百句爱语一般向他凝睇。

这凝睇给与焕之一股力量，他霍地站起，任情地笑着说：

"作难我们的时光有什么用，我们终于逢到了今天！"

他说着，来到金小姐侧边；一阵浓郁的香味（香水香、粉香，混和着发香、肤香）袭进鼻管，替他把心的欢乐之门开了。

"我们终于逢到了今天！"

金小姐追认梦境似地【的】向周围看，末了仰起头来看定焕之的脸；语调像那最温柔的母亲唱最温柔的眠歌。

这正是一个最合适的姿势与机会，焕之的右臂便自由行动，环抱着金小姐的项颈。

金小姐对于这侵袭，始而本能地退缩。但立即想到现在无须了，便把脸面紧贴焕之的胸，着力地磨；她仿佛重又得到失去了的亲爱的母亲了。

一切都消失了，他们俩融化在初炎的欢爱里……

## 十八

如果我们仔细描写倪金结婚以后怎样爱好的情形，把所谓闺房之乐刻画得又具体，又生动，人家将讥议我们是在写一部恋爱小说了。总之，他们俩有如回复到纯真的童年，无忧无虑，只觉欢爱织成个甜美的网，包孕着他们，他们乐得专有这独享的天地。一回接吻，一度拥抱，你都可以想象与外国名画中间的恋爱的小天使一样，这一个的真同苹果一般的脸依贴在那一个的嫩藕似的小腿上，而那一个的比一朵花还可爱的小红唇又印上这一个的纯洁无瑕、长着小翅膀的背心；他们有这样的欢喜与天真。

蜜月中，合于蒋冰如所称的"他们可以对人骄傲的闺房之乐"也确实有，这就是共同商量自编国文教本给学生读的事。

这还是去年提起了没有实行的。焕之与冰如意见一致，以为教本虽只是工具，但有如食料，劣等的食料决不够营养一个希望达到十分强健的身体。而现在通用的教本都由大书店供给；大书店看得最清楚的是自家的营业，余下来的注意力方才轮到什么文化、教育，所以谁对他们的出品求全责备谁就是傻。他们有他们的推销商品的方法。他们有的是钱，商品得到官厅的赞许当然不算一回事。推销员成群地向各处出发，丰盛的筵席宴飨生涯寒伧的教师们，样本同说明书慷慨地分送；酒半致辞，十分谦恭却又十分夸耀，务欲说明他们竭尽了人间的经验与学问，编成这一些书，无非为着文化与教育！这还不满意么？而且这样殷勤的意思也不容辜负；于是大批的交易就来了。更有想出种种奖励办法的，其实是变相的回佣；而教师们也乐得经理他们的商品。问到内容，你若认定这只是商品，自不致十分不满：雪景的课文要教南方的学生研摩，乡村的教室里却大讲其电话、电车，乃因教科书须五万十万地印，不便给各地的学生专印这么几十本几百本之故。精神方面，则隐遁鸣高与生存竞争、封建观念与民治思想等等，混和在同一的书里，这犹如做菜，各人的口味不同，就得甜酸苦辣都给预备着。——总之一概有辩解，从营业的观点批判，无论如何没有错！但是，观点如移到教育这方面，就发生严重的问题：这些商品是不是学生适宜的食料呢？有心的教师们常常遇到一种不快意的经验：为迁就教科书，勉强把不愿意教给学生的教给了学生，因而感到欺骗了学生似的苦闷。为什么不自己编撰呢？最懂得学生的莫过于教师，学生需要些什么，惟有教师说得清；教师编撰的教科书，总比较适合于学生的智慧的营养，至少不会有那种商品的气息。焕之和冰如这样想定，就决意自己试行编撰。因为国文这一科没有固定的内容，可是它所包含的比算术、理科、历史、地理等有一定范围的科目来得繁复，关系教育非浅；书店的出品最没有把握的也就是国文教本，所以他们先从试编国文教本做起。

"对于国文这一科，学生所要求的技术上的效果，是能够明白通畅地表达自己的情意。所以，适宜给他们作模范的文篇的基本条件，就是表情达意必须明白通畅。其他什么高古咯，奇肆咯，在文艺的鉴赏上或者算是好，然而与学生全不相干，我们一概不取。"

焕之这么说，感到往常讨论教育事宜时所没有的一种快适与兴奋。当窗的桌子上，雨过天青的瓷器里，供着盈盈的水仙花。晴光耀着，一个新生的蜂儿嗡嗡地绕着花朵试飞。就觉春意很浓厚了。

"我们应该先收集许多文篇，从其中取出合于你所说的条件的，算是初选。然后从内容方面审择，把比较不合适的淘汰了，我们的新教本就成功了。"

金佩璋右手的食指轻轻点在右颊上，眼睛美妙地凝视着水仙花，清澈的声音显示出她的凝一的思考。新嫁娘恒有的一种红地润泽的光彩装饰着她的皮肤，她比以前更美丽了。

"什么是比较不合适的，我们也得把它规定一下。凡是不犯我们所规定的，就是可以入选的文章。"焕之想了一想，继续说，"近于哲理、实际不可捉摸的那些说明文章，像《孟子》里论心性的几篇，一定不是高小学生相宜的东西。"

佩璋轻捷地作鸟儿似的欣然回顾的姿势，表示一个思想涌现在她脑子里了；她说：

"像《桃花源记》，我看也不是合适的东西。如果学生受了它的影响，悠然地'不知有汉'起来，还肯留心现在是二十世纪的那【哪】一年么？虽然它里边讲到男女从事种作，并不颓唐，但精神终究是出世的；教育同出世精神根本不相容！"

焕之神往于佩璋的爱娇地翕张着的唇吻，想象这里面蕴蓄着无量的可贵的思想，便兴起与它密接的一种欲望。但是他不让欲望就满足，他击掌一下说：

"你说得不错！教育同出世精神根本不相容。同样写理想境界，如果说探海得荒地，就在上边耕作渔猎，与天然战争，这就是入世思想，适宜给少年们阅读了。现在的教师想得到一些的真少见。我只看见捧着苏东坡《赤壁赋》的，'逝者如斯，而未尝往也；盈虚者如彼，而卒莫消长也'，摇头摆脑地读着，非常得意，以为给学生尝味了千古妙文呢！"

他所说的是徐佑甫；《赤壁赋》是教科书里印着的。

"我们这样随口说着,等会儿会忘记。我来把它记下来吧。"

佩璋推起一点苹果绿绉纱皮袄的袖子,揭开砚台盖,从霁红水盂里取了一滴水,便磨起墨来。放下墨,执着笔轻轻在砚上蘸,一手从抽斗里抽出一张信笺,像娇憨的小女孩一样笑盈盈地说:

"什么?一不取不可捉摸的哲理文章。"

"我又想起了,"焕之走过来按住佩璋执笔的手,"我们的教本里应该也选白话文。白话是便利、适当的工具,落得让我们的学生使用它。"

"当然可以。不过是破天荒呢。"

佩璋被按的手放下笔,翻转来捏住焕之的手。温暖的爱意就从这个接触在两人的体内交流。

"我们不比那些随俗的人;我们常常要做破天荒的事!"

这样说罢,焕之的唇便热烈地、密贴地印在佩璋的唇上。全身心的陶醉使四只眼睛都闭上了;两个灵魂共同逍遥于不可言说的美妙境界里。

他们是这样地把教育的研讨与恋爱的嬉戏融和【合】在一块儿的。

但是命运之神好像对他们偏爱,又好像给他们开玩笑:结婚两个月之后,佩璋就有取得母亲资格的朕兆了。

周身的疲困消损了她红润的容颜;间歇的呕吐减削了她平时的食量。心绪变得恍惚不定,颇有所忧虑,但不自知忧虑些什么。关于学生的事,功课的事,都懒于问询,虽然还是每天到学校。她最好躲在一个安静的窠里,不想也不动,这样或者可以舒适一点。

"如果我们揣度得不错,我先问你,你希望不希望——你欢喜不欢喜有这一回事?"

佩璋带着苦笑问,因为一阵恶心刚才潮头一般涌过。

"这个——"

焕之踌躇地搔着头皮。结婚以前,当他想象未来生活的幸福时,对于玉雪可念的孩子的憧憬,也是其中名贵的一幕。这当然没有想到实现这憧憬,当母亲的生理与心理上要受怎样的影响;以及因有孩子从中障碍,男女两个的欢爱功课上要受怎样的损失。现在，佩璋似病态非病态、总之不很可爱的一种现象是看见了；而想到将来，啊！不堪设想，或许握一握手也要候了两回三回才有机会。他从实感上知道了从前的憧憬并不是怎样美妙的境界。

"这个什么？你欢喜不欢喜？我在问你，说呢！"

佩璋的神态转得很严肃；眼睛看定焕之，露出惨然的光。

"我不大欢喜！一来你太吃苦，二来我们中间有间隔，我不愿，三来呢，你有志于教育事业，这样一来，至少要抽身三四年。就是退一步，这些都不讲，事情也未免来得太早一点！"

焕之像忏悔罪过一般供诉他的心。

这几层意思有一毫不真切的地方么？绝对没有。佩璋于是哭泣了，让焕之第一次认识她的眼泪。她仿佛堕在一个无援的陷阱中，往后的命运就只有灭亡。她非常之恨，恨这捉弄人的自然势力！如果它真已把什么东西埋藏在她身体里了，她愿意毁灭掉这东西，只要有方法。惟【唯】有这样，方能从陷阱里救出她自己来。

但是母爱一会儿就开始抬起头来，对于已经埋藏在她身体里的东西，有一种特殊的亲密之感。希望的光彩显现在她泪痕狼藉的脸上，她温柔地说：

"但是既已来了，我们应该欢喜。我希望你欢喜！这是我们俩恋爱的凭证，身心融和【合】的具体表现，我不能说不大欢喜。"

她这样说，感到一种为崇高的理想而牺牲者的愉悦；虽然堕在陷阱里是七八分确定的了，可是自己甘愿这堕落，从陷阱里又能培养出一个新鲜的生命来，到底与被拘系的囚徒不同；这依然是自由意志的强度的表现，而囚徒所有，只是牲畜样的生活而已。

在焕之听着，佩璋这话便足以消释他对于新望见的命运的怅惘。这是何等深入的话！那末【么】两人中间会有间隔的揣想是不成立了。看她对于自身的痛苦、事业的停顿一句也不提，好像满不在乎的样子，唯欲勇敢地获得那个"凭证",成就那个"表现",而且她感动得毫不吝惜她的眼泪了;这样,除了爱护她,歌颂她奔赴成功的前途,他还有什么可说呢?他确实感觉在这一个问题上,他不配有批判的意见。

他带着羞惭的意思说:

"确然应该欢喜!我刚才说错了。希望你把它忘了,我的脑里也再不留存它的影子。"

接着是一个温存的接吻,代替了求恕的话语。

自此以后,他们又增了新的功课。这尚未出世的小生命渐渐地在他们意想中构成固定的形象,引起他们无微不至的爱情。给他穿的须是十分温软的质料,裁剪又要讲究,不妨碍他身体的发育;给他吃的须是纯粹有益的食品,于是牛乳的成分、人乳的成分以及鸡蛋、麦精等等的成分都从书本里检查遍了;给他安顿的须是特别适宜于他的心灵同身体的所在,摇篮该是什么样子,光线该从那【哪】方采取,诸如此类,不惮一个又一个地画着图样。这些,他们都用待尝美味的心情来计虑着,研究着。当彼此自觉在做这样尊严而又似乎可笑的功课时,便心心相印地互视而笑。

他们又有个未来的美梦了。

然而佩璋的身体却不见好起来;呕吐虽然停止了,困疲仍旧支配她的全身,常常想躺躺,学校的事务竟没有力量再管。于是焕之就兼代了她所担任的一切。

焕之第一次独自到学校的那个朝晨,在他是一个悲凉的纪念。他真切地觉到美满的结婚生活有变更了;虽然不一定变更得坏些,而追念不可捉住的过去,这就悲凉。每天是并肩往还的,为什么单剩了一个呢!农场里,运动场里,时时见面,像家庭闲话一样谈着校里的一切,现在那【哪】里还有这快乐呢!他仿佛被遗弃的孤客,在同事与学生群集中,只感到难堪的心的寂寞。

不幸这仅是开端而已;悲凉对于他将是个继续来拜访的熟客,直使他忘记了欢乐是怎样的面孔!

要作解释，大概是生理影响心理吧。佩璋的好尚、气度、性情、思想等等也正在那里变更，朝着与从前相反的方向！

她住在家里，不复留心学校的事：焕之回来给她讲自编的教本试用得怎么样了，工场里边新添了什么金工器械了，她都不感兴味，好像听了无聊的故事。她的兴味乃在一件新缝的小衣服，或者一双睡莲花瓣大小的软底鞋子。她显示这些东西往往像小孩子显示他们的玩具一样，开场是"有样好东西，我不给你看"。经了再三的好意央求，方才矜夸、又羞涩地，用玩幻术的人那种敏捷的手法献呈在对手的面前，"是这个，你不要笑！"憔悴的脸上于是又泛着可爱的红晕。待听到一两句赞美的话，便高兴地说："你看，这多好看，多有趣！"她自己也称赞起来。

她的兴味又在小衣服或软底鞋子等的品质同价钱。品质要它十分好，价钱要它十分便宜。镇上的店铺往往因陋就简，不中她的意，便托人到城里去带；又恐被托的人随意买高价的东西，则给他多方示意，务须在某个限度以下。买到了一种便宜的东西，足有十回八回的提及，每使焕之觉得讨厌，虽然他口头不说。

她不大出门，就是哥哥那里也难得去；但因为有一个消息专家的中年佣妇，就得知镇上一切的事故。这正是她困疲而躺着时的消遣资料。某酒鬼打破了谁的头咯，某店里的女儿跟了人逃往上海去咯，某个村里演草台戏是刮刮叫的小聋瞽的班子咯，各色各样的新闻，她都毫不容心地咀嚼一过。当然，对于生育小儿的新闻，她是特别留心听的。东家生得很顺利，从发觉以至产出不过三个钟头，大小都安然；这使她的心一宽，她自己正待去冒险的原来并非什么危险的事。西家生得比较困难，守候了一昼夜，产妇疲乏得声音都微弱了，婴儿方才闯进世界来；这不免使她担心，假若情形相同，她自己怎么担受得起！另外一家却更可怕，婴儿只是不出来，产妇没有力量再忍受，只得任收生婆动手探取，婴儿是取出来了，但还带着别的东西，血淋淋的一团，人家说是心！产妇就永别了新生的婴儿；这简直使她几乎昏了过去，人间的惨酷应该没有比这个更利【厉】害了，生与死发生在同一的瞬间，红血揭开人生的序幕，如果她自己被注定的命运正就是这样子呢……她不敢再想；而血淋淋的一团偏要闪进她的意识界，晃动，扩大，终于吞没了她的全体。但是，她有时混和【合】着悲哀与游戏的心情向焕之这样说：

"那【哪】里说得定我不会难产？那【哪】里说得定我不会被取出一颗血淋淋的心？如果这样，我不远就要完了！"

焕之真不料她会说出这样的话；这与她的渐渐滋长的母爱是矛盾。而热恋着丈夫的妇人，也决不肯说这个话；难道恋爱的火焰在她心头渐就消熄了么？他祈求神祇似地抖声说：

"这是幻想，一定没有的事！你不要这样想，不要这样想……"

他想她的心思太空闲了，才去理会那些里巷的琐事，更想入非非地构成可怖的境界来恐吓她自己；如果让她的心思担一点工作，应该好得多。便说：

"你在家里躺着，又不睡熟，自然引来了这些幻想。为什么不看看书呢？你说要看什么书；家里没有的，我可以从学校里检来，写信上海去寄来。"

她的回答尤其出乎焕之的意料：

"看书？多么闲适的事！可惜现在我没有这福分！里面小东西（她慈爱地一笑，手指着腹部）像练武功的一般，一会儿一拳，一会儿又是一脚，我这身体迟早会给他弄破裂了；我的心思却又早已破裂，想起这个，马上不着不落地想到那个，结果是一个都想不清。你看，叫我看书，还不是让书来看了我这副讨厌面孔去罢了？"

焕之一时没有话。他想她那种厌倦书籍的态度，殊不像几个月之前，却是个嗜书如命的好学者。就说变更，也不至于这样快吧。他不转瞬地看定她，似乎要从她现在这躯壳里，检寻出从前的她来。

她好像看透了他的心思，又加上说：

"照我现在的感觉，恐怕要同书籍长久地分手了！小东西一出生，什么都得给他操心。而这个心就是看书的一个心；移在这边，当然要放弃了那边。哈！念书，念书，到此刻这一个梦做完了。"

她淡淡地笑着，似乎在嘲讽别人的可笑行径。她不想到这一个梦她自己曾付过多少的精勤奋励，作为代价，所以说着"做完了"，很少惋惜留恋的意思。当然，自立的企图等等也不再来叩她的心门；几年来常常暗自矜夸的，不知怎么消散得不留踪影了。

焕之忽然吃惊地喊出来，他那惶恐的神色有如失去了生命的依据似地：

"你不能同书籍分手，你不能！将来仍旧要到学校里任事呢，现在不过是请假……"

"你这样想么？我的教师生涯恐怕完毕了！干这个须要一种力量；现在我这身体里是没有了，将来未必会重生吧。从前往往取笑前班的同学，学的是师范，做的是妻子。现在轮到自己身上来了；我已做了你的妻子，还能做什么别的呢！"

这样，佩璋已变更得非常之利【厉】害，在焕之看来几乎同以前是两个人。但若从她整个的生命看，却还是一贯的。她赋有女性的传统的性格；环境的刺激与观感，引起了她自立的意志、服务的兴味，这当然十分绚烂，但究竟非由内发，坚牢的程度是很差的；所以仅止生理的变化，就使她放了手，显现本来的面目。假如没有升学习师范的一个段落，那末【么】她有这些话语同态度，就不觉得她是变更了。

家务的主持早归政于老太太，她还是用她几十年来的老法子。佩璋常常在焕之面前有不满的批评。焕之虽不斥责佩璋，却也不肯附和她的论调；他总是这样说：

"妈妈有她的习惯与背景，我们应该了解她。"

一句比较严重的话，为恐使佩璋难堪，没有说出来的是：

"我们是幼辈，不应该寻瘢索斑批评长辈的行为！"

然而他未尝不对于家政失望。什么用适当的方法处理家务，使它事半而功倍；什么余下的工夫则阅读书报，接待友朋，弄一些轻松的玩艺【意】，或者到风景佳胜的地方去散步：这些都像诱人的幻影一样，止【只】在初结婚的一两个月里朦胧地望见了一点，以后就完全杳然。家庭里所见的是摘菜根，破鱼肚，洗衣服，淘饭米，以及佩璋渐就消损的容颜，困疲偃卧的姿态，等等，虽不至发生恶感，却也并无佳趣。谈起快要加入这个家庭的小生命，当然感到新鲜、温暖的意味；但一转念想到所付的代价，就只有暗自在心头叹气了。

**他得到一个结论：他现在有了一个妻子，但失去了一个恋人、一个同志！幻灭的悲凉网住他的心，比较去年感觉到学生倦怠、玩忽的时候，别有一种难受的况味。**

## 十九

学校里罢了课。罢课！实际与放假没甚差别；但从这两个字所含的不安静意义上，全镇的人心就起了异感。学校门前用木板搭了一个台，上头榆树榉树的浓荫覆盖着，太阳光给重云遮了，气象显得凄惨惨地，像举行殡殓的场面。一棵树干上贴起五六尺长的一张白纸，墨汁淋漓地写着"救国演讲"几个大字。大家知道这是怎样一回事，互相传告，跑了来听；不多一会，就聚集了二三百人。

如果要赞颂报纸的功效，这就是一个明显的证据：假若每天没有几十份上海报从航船上带来，这个镇上的人就将同被蒙在鼓里一样，不知道包孕着他们的国家正处于怎样的地位，遇到了怎样的事情。因了几十份的报纸，他们知道欧洲发疯一般的大战争停息了；他们知道国际间的新缔结将于凡尔赛和会中公开地决定了；他们知道中国的希望很大，列强对于中国的一切束缚，已由中国代表在和会中提出废除的要求了。这些消息结构成一个朦胧的佳境，闪现在大众的面前；"佳境已经望见了，脚踏实地的时期当然不会远。"大众这样想着，似觉自己身上"中国人的负担"已轻了一半。但这个未来佳境究竟是朦胧的，随后传来的一些消息就把它打得粉碎。"公开决定"是做梦的话；谁有强力才配开口，开口才算一句话！"废除一切束缚"是这会儿还谈不到；再加上几重束缚，倒是颇有可能的事！世界有强权，没公理啊！中国有卖国贼，没政治家啊！这些怨愤凝结，郁塞，终于爆发开来；这就是北京专科以上学生激烈的示威运动。他们打伤了高官，火烧了邸宅；他们成队地被捕，却一致表示刚强不屈的精神。一种感觉一时普遍于各地的民众：北京学生正代行了大众要行的事。各地的学生尤其激昂，罢了课，组织学生会，起来作大规模的宣传。于是工人罢工、商人罢市的事情陆续发生，而执掌交通的铁路工人也有联合罢工的风说。这一种境界在中国从来不曾有；仿佛可以这样说，这是中国人意识到国家的第一遭，是大众的心凝集于一、对一件事情表示反抗的新纪元。

这里镇上一般人虽然大概不知道距离北京多少远，但怀着愤激的却居大多数。表示愤激就只有对着报纸叹气，或者傍着讲报的人击桌子；然而这点点确是真诚的、非由假借的。向来主张多一事不如少一事的赵举人也在茶馆里发表违反自家主张的议论："这班家伙，只晓得自肥；什么国利民福，梦也不曾做到！这回给学生处罚得好。如果打死了一两个，那更好，好叫人家看看卖国贼作得作不得！"高小里则经教职员议决，为同情于各地民众并鼓动一些空气起见，罢课三天。

天气异常闷热，人们呼吸有一种窒塞的感觉。泥地上是黏黏的；重云越叠越厚。可厌的梅雨期快开始了。几百个听众聚集在台前，脸色同天容一样地阴沉；中间有几个艳装的浮浪女郎，平时惯在市街中嘻嘻哈哈经过的，这时也收敛起她们的笑，只互相依傍着轻轻说话。十几个学生各拿着一叠油印品分发给大众；大众接在手里看，是日本对中国提出的二十一条件的"节要"。这二十一条件至使中国规定一个国耻日，逢到这一日各地开会纪念，表示知耻，并图奋发，到这时也有四年了；最近的外交纠纷，大部分也由于此；但它的内容是什么，大家似乎茫然。现在接在手里的正就是这东西，当然就专心一意看下去。一些不识字的人听别人喃喃诵说，也知道纸上写的就是这个怪物，便折起来藏在袋里；仿佛想道，总有一天剖开它的心肺来看!

一阵铃声响,蒋冰如上了台,开始演讲。他的演讲偏重在叙述方面,把这一次北京学生的所谓"五四运动"的远因近由顺次说明,不带感情,却含有激动的力量。末了说:

"现在,各地的工界、商界、学界牺牲了他们的工作、营业、学问,一致起来表示他们的意思了!这意思里包含多少的条目,这些条目该是怎样的东西,我不说,我不用说;因为各位的心里同别地的各界一样地明白不过。我们眼前的问题是:怎样贯彻我们的意思?贯彻我们的意思要有怎样的力量?"

冰如说到这里就下台。台下没有带点浮嚣性的拍手声,也没有一簇一簇人随意谈说的絮语声,仅有个郁塞得快要爆裂开来的静默。

第二个登台的是倪焕之。近来他的愤激似乎比任何人都利【厉】害;他的身躯虽然在南方,他的心灵却飞驰到北京,参加学生的队伍;他们奔走,他们呼号,他们被监禁,受饥饿,他的心灵仿佛都有份。他一方面愤恨执政的懦弱、卑污,列强的贪残、不义,一方面也痛惜同胞的昏顽、乏力。民族国家的事情,大家看得同别人家的事情一样,单让一些贪婪、无耻的人,并不由大家推选,却自厚着脸出来担天下之重任的人,去包办,去作买卖,事情那【哪】里会不弄糟!应该彻底地改变过来,大家把民族国家的事情担上肩膀,才是真正的生路啊!——几年以来他那不爱看报纸、不高兴记一些武人的升沉成败的习性,到这时候他觉得应该修正了;必须明了现状,方不至一概不管;武人的升沉成败里头就交织着民族国家的命运,又岂仅武人的私事呢。——他恨不得接近所有的中国人,把这一层意思告诉他们,让他们立刻觉悟过来。此刻登台演讲,台下虽只有几百人,他却抱着临对全中国人那样的热情。他的呼吸很急促,胸膈间似乎有一股气尽往上涌,阻碍着他的说话,致使嘴里说的没有心里想的那么尽情通畅。他的眼里放射出激动而带惨厉的光;也可以说是哀求的表情,他哀求全中国人赶快觉悟;更可说是哭泣的表情,他哭泣中国已到了不自振作，强邻鄙视的地位。他的一只右手伸向前方，在空中划动，帮助说话的力量；手掌是张开着，像待与人握手的姿势，意思仿佛是"我们同命运的同国人呵，大家握起手来吧！"

他承接冰如的话来讲；说国民团结起来，才能贯彻大家的意思；团结得越坚强，力量越大，才能外抗贪狠的列强，内制蠹国的蟊贼。他相信大家的不觉醒、不团结，由于不明白利害，没有人给他们苦口婆心地这么讲一番；如果有人给他们讲了，其间利害谁都明明白白，还肯昏糊地过去么？此刻他自己担负的就是这讲一番的重任，所以竭尽了可能的力量来说；口说似还不济事，只可惜没有法子掏出一颗心儿给大众看。但是他并不失望，以为明天此刻，这台前的几百人必将成为负责的国民，救国运动的生力军了；因为他们听了他的话，回去总得凝着心儿想，尽想尽想，自会把他没有讲仔细的体会了出来。他忘记了这一些正就是前年疑忌学校、散布流言的人；这一刻，他只觉得凡是人同样有一种可型性，觉悟不觉悟，只差在有没有人给讲说，给开导罢了。

他点【踮】起了脚，身子耸起，有一种兀然不动的气概；平时温和的神态不知消隐到那【哪】里去了，换来了激昂与忧伤；声音里带着煽动的调子；他说：

"不要以为我们这里只是一个乡镇，同大局没有什么关系。全国的乡镇假若都觉悟过来，还有那【哪】一个目的达不到！他们当局的至少会敛迹起来，谨严起来；因为不只几处通都大邑表示态度，连穷乡僻壤都跳出来了。贪狠的外国至少也减损一点不把中国摆在眼里的恶习；因为乡镇里的人都晓得起来抗争，可见中国不是几个官僚的中国了。在场的各位，不要把自己看轻，大家来担上救国的责任啊！不看见报纸上载着么？各地人民一致的第一步目标，就是要惩办一些媚外卖国的官僚。要注意，这只是第一步，不是个究竟；以后的目标，我们还有许多。不过这第一步必须首先做到，立刻做到。假若做不到呢？嘿！我们不纳租税，我们取直接的反抗行动！……"

忽然来了一阵密集的细雨,雨丝斜斜地,射在听众的头顶上。就有好些人用衣袖遮着头顶回身走。一阵并不高扬的嚣声从走散的人丛间浮起,带着不平的调子说以下一些话:"我们也来个罢市!""卖国贼真可恶,不晓得他们具有怎样的心肝!""不纳租税倒是一个办法,我们乡镇与都市同样有切实的力量!"匆匆地,各自循回家的道路去了。

台上的焕之并不因听众走散了一部分而减少热情。雨来了,站在露天的急欲躲避,也是人情之常,他完全原谅他们;不过这原谅的念头沉埋在意识的底里,没有明显地浮上来。在他自己,从上面树叶滴下来的水点着在衣服上,头顶上,面颊上,甚至睫毛上,湿同凉的感觉使他发生志士仁人甘冒苦难的一种心情;他仿佛嫌这阵雨还不很大,如是狂暴的急雨那就好,如是鹅卵大的冰雹那更好。他闭了闭眼,让睫毛上的水点同颧颊上的水条合流,便提高喉咙接续说:

"通常说'民气''民气',人民应当有一种气焰,一种气概。我国的人民,向来太没有气焰了,太没有气概了;强邻把我们来宰割,我们由它,当局把我们当礼物,我们也由它!民气销亡了,销亡得不剩一丝一毫。然而不!现在各地人民一致起来救国,又悲壮,又热烈,足证民气到底还存在我们这里。郁积得长久,发泄出来更加蓬勃而不可遏。我知道这一回的发泄,将给中国开一个新的局面……"

"焕之下来吧,雨越来越大,他们都散了。"

蒋冰如仰起头说;粗大的水点滴在他的满呈感服神情的脸上,旧绉纱单衫的肩部胸部,有好几处茶盏大的湿痕。

"他们都散了?"

焕之不由自主地接了一句;才看见二三十个人的背影正在鞋底线一般粗、垂直的雨丝丛中跟跄奔去,台前没有一个朝着自己的面孔。他按着沾湿的头发,舍不得似地慢慢跨下台来,连声嚷道:

"可惜,可惜下雨了,下雨了,你还没有讲呢。"

他这话是对陆三复说的。陆三复这时站在校门的门限以内。垂直的雨丝就落不到他的白帆布的新西服；他心里正在感谢这一阵雨，临时取消了这回并不喜爱的演讲。但是他却这样回答：

"没要紧，讲的机会多着呢；不一定要今天在台上讲，往后不论街头巷口都可以讲，反正同样是发表我的意思。"

"不错，街头巷口都可以讲；等会儿停了雨，我们就分头出去！"

焕之发见了新道路似地那样兴奋，全不顾湿衣衫贴着他的身体，摹写出胸部与臂膀的轮廓。他义说：

"这里茶馆很不少，一天到晚有人在那里吃茶，正是演讲的好地方；我们也应该到茶馆里去！"

冰如最恨茶馆，自从日本回来以后，一步也不曾踏进去过；现在听焕之这样说，依理当然赞同，但总不愿意自己或自己的同伴有走进茶馆演讲救国题目这一回事，便催促焕之说：

"我们到里边去，把湿衣服脱了吧。"

从树叶滴下来的水点有黄豆一般大了，焕之仿佛觉得这才有点痛快；他望了望刚才曾站几百个听众、现在却织满了雨丝的台前的空间，然后同冰如三复回入校内。

焕之借穿了三复的旧衬衣，冰如把旧绉纱长衫脱了，一同坐在休憩室里。学校里似乎从来没有今天这样静寂；只听密雨声像无数的蟹在那里吐着泡沫，白铁水落笃洛洛地发出单调的音响。有如干过了一桩盛举，他们带着并不利【厉】害的一种倦意，来谈论经过的情形以及事后的种种。冰如说：

"今天的情形似乎并不坏。这里的人有的是嘻嘻哈哈、任你说得喷出血来、总觉不关他们的事的脾气。我怕今天也会这样，给我们浇一勺冷水。可是不；他们今天都在那里听，听得很切心的样子。"

"他们接了二十一条，我们印刷的那张东西，都瞪着眼睛仔细地看。而且个个带回去，没有一个把它随便丢了。"

陆三复这样说，现着得意的神情，仿佛他平常赞颂某个运动家能跳多少高，能跑多少快时一个样。

"究竟同样是国民，国民的义愤大家都有的。"

焕之这样解释，心里只在想许许多多的人经了先觉者的开导、一个个昂首挺胸觉悟起来的可喜情形。谁是先觉者呢？他以为像他自己这样一个人，无论如何，总算得及格的国民。及格这就好；开导旁人的责任还赖得了么？他击掌一下，叹息说：

"唉！我们以前不对；专顾了学校方面，却忘了其他的责任！"

"你这话怎么讲？"

冰如仿佛能领悟焕之的意旨，但不清楚，故仍然问。

"我们的眼界太狭窄了，只看见一个学校，几许学生；除此以外，似乎世界上再没有别的。我们有时也想到天下国家的大题目；但自己宽慰的念头马上就跟了上来，以为我们正在造就健全完美的人，只待我们的工作完毕，天下国家还有什么事解决不了的！好像天下国家只是个静止的东西，死寂地等在那里，等我们完毕了工作，把它装潢好了，然后开始活动起来。这是多么可笑的一个观念！"

"确然有点可笑。天下国家那【哪】里肯静止下来等你的！"

几天来国内的空气激荡得利【厉】害，蒋冰如自也感觉震动；又听焕之这样说，对于他自己专办学校、不问其他的信念，不禁爽然若失了。

焕之点了点头，接上说：

"真个是有志的人，就应该把眼光放宽大来。单看见一个学校，几许学生，不济事，还得睁着眼睛看社会大众。怎样把社会大众提撕起来，与怎样把学校办来好、学生教来完善，同样是重要的任务。社会大众是已经担负了社会的责任的，学生是预备将来去担任。如果放弃了前一边，你就把学生教到无论怎样好，将来总会被拖累，一同陷在泥淖里完结。我现在相信，实际情形是这样子。"

"这使我想起年头在城里听到的许博士的议论了。"

冰如脸上现出解悟的微笑，问焕之说：

"不是给你谈过的么？他说学校同社会脱不了干系；学校应该抱一种大愿，要同化社会，作到这一层，才是学校的成功；假若作不到，那就被社会所同化，教育等等好听的名词，效果等于零！我当时想这个话不免有点偏激；譬如修理旧屋，逐渐逐渐把新材料换进去不行么？学校教育就是专制新材料啊。但是现在我也这样想了，凡是材料就得从新制造，不然总弄不成伟大、坚固的建筑。我们要直接地同化社会，要让社会大众都来当我们的学生！"

"今天我们开始了第一课了。情势很可以乐观。我们向来实在不曾去做，并不是没有这个力量，'是不为也，非不能也'；既然试验出我们的偷懒，以后就可以不再偷懒。"

"'是不为也，非不能也'。"

冰如顺着焕之的口调沉吟着。

这时候雨是停止了，只檐头滴沥着残滴。天空依然堆着云，但发出银样的光亮。冰如焕之不期然而然同时举首望天空，仿佛想这银样的光亮背后，就是照耀大千的太阳吧，一缕安慰的意思便萌生在他们的心里。陆三复也有点高兴；止了雨，每天到田野间跑步的常课不至于间断了。

焕之回家，就穿着借来的旧衬衣，走进屋内，一种潮湿、霉蒸的气味直刺鼻管（这房屋是一百年光景的建筑了），小孩的尿布同通常会场中所挂万国旗一样，交叉地挂了两竹竿。他不禁感叹着想：唉，新家庭的幻梦，与实际太差远了！但是一种新生的兴奋主宰着他，使他这感叹只成为淡淡的、并不在乎的，他有满腔的话要告诉他的佩璋，便走进卧房。

小孩是男的，出世有五个多月了。最近十几天内，夜间只是不肯睡熟，才一朦胧，又张开了小嘴啼哭起来。体温是正常，又没有别的现象，病似乎是没有的。只苦了怀抱着他睡的母亲；耐着性儿呜他、乳他，整个的心都放在希望他安眠上，自己就少有安眠的份儿。这一刻小孩却入睡了。轻轻把他放上了床，她自己也感觉有点倦，随即横在他旁边。渐渐地，眼皮阖上，深长的鼻息响起来了。

焕之看到入睡的佩璋，双眼都阖成一线，一圈青痕围着，显出一些紫色的细筋；脸色苍白，不复有少女的光泽；口腔略张开，嘴唇只带少些的红意。他便又把近来总抛撇不开的想头温理一过：才一年多呢，却像变化到十年以后去了，这中间真是命运在捣鬼！她这样牺牲太可怜了；你看这憔悴的颜色，而且，憔悴了的又岂仅颜色呢！

顺次地想下去，就是："无论如何，我没有怨恨她的道理。她的性情、嗜尚，虽然变更得不很可爱，可是变更的原因并不在于她；她给生命历程中一个猛烈的暗浪毁了！我应该抚摩她的创伤，安慰她的痛苦；就是最艰难的方法，我总得取，只要于她有益。至于自己的欢乐，那无妨丢开不问；这当儿如果要问，未免是自私的庸人了。"

他的眼光又移到依贴在母亲胸前的小孩。这一刻小孩睡得很浓，脸色是绝对地平静，与夜间那副哭相（大开着的嘴几乎占全脸的一半，横斜的皱纹构成可笑的错综）大不相同。肤色是嫩红。垛起的小嘴时时吸动，梦中一定在吃奶呢。他想："这样一个小生命，犹如植物的嫩芽，将来的材质怎样优美、姿态怎样可爱，是未可预料的。为了他，牺牲了一个母亲的志愿同舒适，不一定就不值得吧。"爱念驱遣他的手去抚弄孩子的小面庞，暂时忘了其他的一切。

警觉的母亲却便醒了，坐起身来，惺忪地望着他说："你回来了？"

他便坐下来，傍着她；这一刻正是适宜于温存的时候，因为常会作梗的孩子放松了他们；并且他有满腔的话要告诉她，并坐着也畅适一点。他说：

"刚才回来。今天的讲演会，来听的人很不少。"

"唔。怎么，你穿了这样一件衣服？"

"刚才讲演的时候，衣服给雨全淋湿了。这是借的陆先生的。"

"全淋湿了？身体受了湿气会不舒服的。湿衣服带回来了么？"

他微感到无聊，答了她的问，回到自己的端绪上去说：

"今天到来的人都有很好的表示。他们愤懑，他们沉默；愤懑包蕴在沉默里，就不同于浮光掠影的忧时爱国了。他们听我们讲演，把每一个字都深深咽下去，都刻在心上。这在我是不曾料到的；我想这个镇上的人未必能注重国家大事。——我们太不接近社会了，因而对社会发生这样的误解。告诉你，一个可喜的消息：从今以后，我们要把社会看得同学校一样重，我们不但教学生，并且要教社会！"

他说得很兴奋，有如发见了什么准会成功的大计划，随后的工夫就只有依照着做去罢了。当然，他所期望于她的是赞许他的大计划，或加以批评，或贡献一些意见，使他的精神更为焕发，他的计划更为周妥。但是，完全不相应，她接上说的是一句不甚了解他意思的、很随便的话：

"难道你们预备给成人开补习班么？"

这太浅薄了，他所说的意思要比她这料度的深远得多；对于这浅薄的料度，他起了强烈的反感。但是他抑制住反感，只摇着头说：

"不。我们不只教大家认识几个字，懂得一点浅近的常识；我们却要教大家了知更切要、更深远的东西。"

"这样么？"

她淡淡地看了他一眼，神情是不欲再寻问究竟，就这样不求甚解已可过去了。突然间她想起了什么，嫌厌的表情浮上憔悴的脸，起身到衣橱前，使气地把橱门开了。她要寻找一件东西，但是在久已懒得整理的乱衣堆里翻了一阵，竟没有找到。

他感伤地想：她竟不追问要教大家了知更切要、更深远的东西是怎样一回事，这因为她是现在的她了！若在去年刚结婚的期间，这样一个又重要、又有味的题目，硬叫她放手也不肯呢。然而一直讲下去与待她追问了再回答，有同等的效果，他便用恳求的声调说：

"不妨等一会寻东西，听我把话讲完了。"

但是她已从橱的抽斗里寻到她所要的东西了。是一双小鞋子，黄缎的面；鞋头绣一个虎脸，有红的眉毛，黑瞳白镶边的眼睛，绿的扁鼻子，一截齐的红胡须，耳朵是另外缀上的，用紫绫作材料；鞋后跟翘起一条黄缎

制的尾巴,中间大概塞着棉絮一类的东西。她把这小鞋子授给他,带着鄙夷的脸色故意地问:

"你看这个,漂亮不漂亮?"

"啊!这个蠢……"

他接小鞋子在手,同时把继续上文的话勉强咽下去;看了这颜色不调、式样拙劣的手工品,不禁要批判是蠢俗下堪的制作;但是他立刻揣想到这东西出自谁的手,故而说到半中便缩住了。他改为轻声问:

"是母亲做的吧?"

"还有谁呢?我总不会做这样的东西!"

"请你说轻一点。她做给孩子穿的?"

他站起来走到房门口,眼光通过外房、中间,直望母亲的房门;心里惴惴地想,又有什么小纠纷要待排解了!

"自然算给孩子穿的。她拿给我有好几天了;因为是这副样子,我就摆在橱抽斗里。"

"现在怎样?"

他回身走近她,玩赏似地审视手中的母亲老年的手泽,蠢俗等等的想头是远离了,只觉这中间含着多量的慈爱与苦辛。

"她今天对我说:'五月快到了,从初一起一定要把我那双老虎鞋给孩子穿上,这是增强加健,避毒免灾的。'这样的鞋子,穿在脚上才像个活怪呢!"

"我看穿穿也没有什么。"

"不,我不要他穿,宁可让他赤脚,不愿意他穿这样的怪东西!"

她颇有点执拗的意味。在类乎此的无关宏旨的事情上,他领略这意味已有好几回了。他的感情很激动,但并不含怒,商请似地说:

"只是不穿了,要使她老人家不快活。"

"但是穿了之后,那种活怪的模样,要使我不快活!"

他默然了。他的心绪麻乱起来,不清不楚地想:"老年人的思想、行为，常常给下一辈毫不客气地否认、讥评，这也就是这样的一幕。谁错了呢？可以说双方都没有错。然而悲哀是在老年人这一边了！"这只是一种解释，对于怎样应付眼前的事件，一时他竟想不出来。

望了望她的严肃的脸，又望床上睡着的孩子，他的眼光终于怅然地落在手中小鞋子的花花绿绿的老虎头上。

窗外又淅淅沥沥下起雨来了。

# 二十

"五四运动"犹如一声信号，把沉睡着的、不清不醒的青年都惊起来，擦着眼睛审视一番自己。审视的结果，知道自己锢蔽得太深了，畏缩得太难了，明白得太少了，历练得太浅了……虽然自己批判的字眼不常见于当时的刊物，不常用在大家的口里，但确有一种自己批判的精神在青年的心胸间流荡着。革新自己吧，振起自己吧，长育自己吧，锻炼自己吧……差不多成为大家默喻、不过没有喊出来的口号。而"觉悟"这词儿，也就成为最繁用的了。

刊物是心与心的航线。当时一般青年感得心里空虚，须要装载一些东西来容纳进去，于是读刊物；同时又感得心里饱胀，仿佛有许多的意思、许多的事情要向人家诉说，于是办刊物。在这样的情形下，刊物就像春草一般萌生；名称大概含有一个"新"字，也可见一时人心的趋向了。

一切价值的重新估定，渐渐成为流行的观念。对于思想学术，对于风俗习惯，对于政治制度，都要把它们考试一下，重行编排它们的等列；而主试者就是觉悟青年的心。这好像是一件随便什么时候会发生的事，其实不然。一切既已编定了等列，人们就觉更没可疑；那是甲等，那是乙等，完全信奉下去，倒是非常普通的事。若问到甲等的是否真该甲等，乙等的是否必须乙等，这常在人心经过了一阵动摇之后。明明是宝贵的东西，何以按求实际，竟一点也不见稀奇？明明是相传有某种价值的东西，何以生活里边撞见了它，竟成不兑现的支票？疑问越多，动摇越利【厉】害；枝枝节节地讨究太不快意了,索性完全推翻,把一切重行考试一下吧。这才教既定的等列变更一番。而思想上的这一种动态,通常就称为"解放"。

被重新估定而贬损了价值的,要算往常号称"国粹"的纲常礼教了。大家恍然想,这些是蛮性的遗留,无形的桎梏;可以范铸成一个奴隶、一个顺民、一个庸庸碌碌之辈,却根本妨碍作【做】堂堂正正的人!一晌【向】是给这些东西包围着,犹如鱼在水里,不晓得水以外还有什么天地。现在,既已发见了"人"这件东西,赶快把妨碍作"人"的丢弃了吧!连带地,常常被用作拥护纲常礼教的工具的一些学问,一些书本,也降到了很低的等列。崇圣卫道的老先生们蠢起了胡须只是叹气,嘴里咕噜着"洪水猛兽……"等等古典的骂人话,但奈何不得青年们解放的精神。

西洋的思想、学术一时成为新的嗜尚。在西洋,疯狂的大战争新近休止,人心还在动摇之中,对于本土的思想既发生了疑问,便换换口味来探究东方思想。而在这个国土里,也正不高兴本土的思想,也正要换点新鲜的口味,当然光顾到西洋思想了。至于西洋的学术,与其说是西洋的,不如说是世界的来得妥当;因为它那种逻辑的组织,协同的钻研,是只应用科目来区分而不应用洲别、国别来区分的。天文学该说是哪一洲、哪一国的呢?人类学又该说是哪一洲哪一国的呢?唯有包孕极繁、少有组织、特重师承传授的我国的学问,才加上国名而有"中国学"的称谓。称"中国学",就是表示这一大堆的学术的材料尚未加以整理,尚未归入天文学、人类学等世界的学术里头去的意思。如果整理过后,该归天文学的归入天文学了,该归人类学的归入人类学了,逐一归清,"中国学"这件东西不就等于零么?现在一般青年嗜好西洋的学术,可以说是要观大全而不欢喜一偏,要寻系统而不搜求枝节。他们想,"中国学"的研讨与整理,自有一班国学专家在。

从刊物上,从谈论间,从书铺的流水簿里,都可以观察出来哲学尤其风行。随着"人"的发见,这实在是当然的现象。一切根本的根本若不究诘一下,重新估定的评价能保没有虚妄的么?万一有了虚妄,立足点就此消失；这样的人生岂是觉悟的青年所能堪的？哲学，哲学，他们要你作照彻玄秘、永远启示的明灯！

西洋的文学也渐渐风行起来。大家购求原本或英文译本来读；也有人用差不多立定了根基的语体文从事翻译，给没有能力读外国文的人读。读文学是侧重在思想方面的居多，作纯文学研究的非常之少。因此，近代的东西特别受欢迎，较古的东西便少有人过问。近代东西里的近代意味与异域情调，满足了青年的求知与嗜新两种欲望。

在政治方面，则民治主义所谓"德谟克拉西"者几乎是一致的理想。名目是民国，但实际政治所表现的，不是君师主义，便是宰割主义；从最高的所谓全国中枢以至类乎割据的地方政府，没有不是轮替采用这两种主义来涂饰外表、榨取实利的。而民治主义所标榜，是权利的平等，是意志的自由；这一个"民"字，从理论上讲，又当然包纳所有的人在内：这样一种公平正大的主义，在久已厌恶不良政治的人看来，真是值得梦寐求之的东西。

但是各派的社会主义也像佳境胜区一般，引起许多青年幽讨的兴趣。事情至流连瞻仰而止，并没有把行动来创造一种新境界的野心，争辩冲突的事也就难得发生。相反两派的主张往往同载在一种刊物；信念不同的两人也会是很好的朋友，绝对不闹一次架。

取一个题目而集会结社的很多，大概不出共同研究的范围。其中也有关于行动的，则是半工半读的同志组合。"劳动"两个字，这时候具有神圣的意义；自己动手洗了一件衣服，或煮了一锅饭，好像做了圣贤功夫一般愉快，因为曾用自己的力量来劳动了。从此类推，举起锄头来耕一方地，提了一桶水泥来造房屋，也是当时青年乐为的事；不过因环境上不方便，没有真个做出来。

尊重体力劳动，自己处理一切生事，这近于托尔斯泰的一派思想。同时，他的人道主义、无抵抗主义也被收受，作为立身处世的准绳。悲悯与宽容是一副眼镜的两片玻璃。具有这样圣者风度的青年，也不是难得遇见的。

以上所讲的一切,被包在一个共名之内,叫做"新思潮"。统称这新思潮的体用,叫做"新文化运动"。"潮"的起点,"运动"的中心,是北京;冲荡开来,布散开来,中部则成都、长沙、上海,南部则广州,也呈显浩荡的壮观,表现活跃的力量。各地青年都往都市里跑;即使有顽强的阻力,也不惜忍受最大的牺牲,来达到他们的目的。他们要在这"潮"里头沐浴,要在这"运动"中作参加的一员。

他们的前面透着一道光明;共同的信念是只要向前走去,接近这道光明的时期决不远。他们觉得他们的生命特别有意义;因为这样认识自己的使命、昂藏地向光明走去的人,似乎历史上不大有过。

## 二十一

冬季的太阳淡淡地照在小站屋上;几株枯柳靠着栅栏挺起瘦长的身躯,影子印在地上却只短短的一段。一趟火车刚到,汽机的"丝捧丝捧"声,站役①的呼唤站名声,少数下车旅客的提认行李、招呼脚夫声,使这沉寂的小站添了一些生气。车站背后躺着一条河流,水光雪亮,没入铅色的田亩里。几处村舍正起炊烟。远山真个如睡,朦胧地,像笼在一层雾縠里。同这些静境比较,那末【么】这里车站是喧阗世界了。

"乐山,你来了!欢迎,欢迎!"

倪焕之看见从火车上机敏地跳下一个短小精悍的人,虽然分别有好几年了,却认得清就是他所期待的客,便激动地喊出来,用轻快的步子跑了过去。

"啊,焕之!我如约来了。我们有五年不见了吧?那一年我从北京回来,我们在城里匆匆见了一面,就一直到现在。我没有什么变更吧?"

好像被提醒了似的,焕之注意看乐山的神态。依然是广阔的前额,依

---

① 站役,即车站的仆役。

然是敏锐的眼光，依然是表示意志坚强的时常吻合的嘴，只颜色比较以前苍了一些。他穿一件灰布的棉袍，也不加上马褂；脚上是黑皮鞋，油光转成泥土色，可见久未揩擦了。不知为什么，焕之忽然感觉自己的青年气概几乎消尽了；他带着感慨的调子说：

"没有变更，没有变更，你还是一个青年！"

这才彼此握手；握得这样地热烈、牢固，不复像是相见的礼数，而简直是两个心灵的互相印证。

"你也没有变更；不过太像一个典型的学校教师了。"

乐山摇动着互相握住的手，无所容心①地说。

火车开走了。隆隆的声音渐渐消没，小车站又给沉寂统治了。

"我雇的船停在后面河埠，我们就此下船吧。"

焕之说着，提起脚步就在前头走。

乐山四望景物，小孩一般旋了一转身，说：

"我的耳朵里像洗过的一样，清静极了，清静得觉着空虚。你在这样的地方，过的是隐士一般的生活吧？你看，田野这样地平静，河流这样地柔和，一簇一簇的村子里好像都住着'无怀葛天之民'；隐士生活的条件完全具备了。"

隐士这名词至少有一点优美的意味，但是在焕之听来，总像玫瑰枝一样带着刺的。他谦逊似地回答：

"那【哪】里会过隐士一般的生活，差得远呢！"

两人来到河埠，舟子阿土便到船头挂篙，预备给他们扶倚。但是乐山用不到，脚下还有三级石级，一跳便站定在船头。焕之在后，也就跨上了船。

王乐山是焕之在中学校里的同学，是离城二十里一个镇上的人。家里开着酱园②，还有一些田，很过得去。他在中学校里是运动的能手，跑跳

---

① 无所容心，意指不在意，不留意。
② 酱园，即制作和出售酱菜、面酱、酱油等的作坊、商店。

的成绩都不坏；因为身材短小灵活，撑高跳尤其擅长，高高地依在竹竿头这样挪过去，人家说他真像一只猴子。与厨房或教员捣乱，他总也有份；他的捣乱不是多所声张、并无实际的一派，他往往选定要害的地方，简单地来一个动作或一句话语，使得身受者没法应付。他只不爱读书、做功课。但是末了的一年忽然一变，他欢喜看一些子书①，以及排满复汉的秘密刊物；运动是不复参加了，捣乱也停了手。这样，与焕之的意趣很相接近，彼此便亲密起来。

焕之经中学校长介绍、开始当教师的时候，乐山也受到同样的待遇。当然不是没有升学的力量，他完全想为社会做一点事。但是三年的小学教师风味教他尝得够了；在焕之失望悲伤、但没有法想的当儿，他就丢了教职，一飞飞到北京，进了大学预科；到底他有飞的能力啊！两地远隔的朋友间的通信，照例是越到后来越稀的；直到最近的二三年，焕之是只有一年两三封的去信了；但他也提起了新近的工作与乐观的前途，而且不能算不详细。乐山方面的来信，当然，一年也只两三封；他却写得颇简洁，"知道什么什么，甚慰"之外，就只略叙近状而已。

最近，乐山为学生会的什么事情，特地到上海。焕之从报纸上看见了，突然起一种热望，要同乐山会会面，畅谈一阵。便按照报纸所载他的寓址寄信去，请他到乡间来玩几天；如果实在不得空，今天来明天去也好，但拒却是不行的。焕之的心情，近来是在一种新的境界里。**佩璋的全然变为家庭少奶奶，新家庭的终于成为把捉不住的幻梦，都是使他非常失望的。**在学校里，由他从头教起、可以说很少袭用旧法来教的、就是蒋冰如的儿子宜华、蒋老虎的儿子蒋华这一班学生，**最近毕业了，平心精思估量他们，与以前的或其他学校的毕业生并没有显著的错异**；这个失望当然也不会轻。但是，不知是渐近壮年的关系呢，还是别的因由，像三四年前那种悲哀、颓唐的心绪并不就此滋长起来；他只感到异样的寂寞。仿佛被

---

① 子书，即古代图书四部分类法的一类书如《老子》《墨子》《荀子》《韩非子》等书。

关在一间空屋里，有的是一双手，但没有一毫可做的事情，是那样的寂寞。志同道合的蒋冰如，他的大儿子自华毕业一年了，留在家里补习，不曾升学，现在宜华又毕了业，他就一心在那里审度上海哪一个中学校好，预备把他们送进去；对于学校里的事情，似乎已放松了一点。并且，他颇有出任乡董①的意思；以为要转移社会，这种可以拿到手的地位应该不客气地拿，有了地位，一切便利得多。这至少要同焕之离开一点，所以更增加焕之的寂寞之感。凑巧旧同学乐山南来的消息触在眼里，乐山所从来的地方又是"新思潮"的发动点北京，使他忽然怀念起乐山来；他想，若得乐山来谈谈，多少能解点寂寞吧。便写了今天来明天去也好，但拒却是不行的那样恳切的信。

乐山的回信使焕之非常高兴，说好久不见，颇想谈谈，并看看他的新营的巢窟；多留是不能，但三四天是没有问题的。便又去信，说明乘那【哪】一趟的火车来最为方便，到站以后，可以不劳寻问，因为自己预备雇了船，到车站去迎接。

船慢慢地在清静的河中行驶，乐山依焕之的探问，详细讲述"五四运动"灿烂的故事。他描摹当时的学生群众十分生动；提及其中的一小部分，怀着牺牲一切的决心，希望警觉全国大众，他的话语颇能表示他们的慷慨悲壮的气概；谈到腐败官僚被打被烧的情形，则又带着鄙夷的讪笑。焕之虽然从报纸上知道了许多，但那【哪】里及得来这一席话呢？他的寂寞心情似乎已解慰了不少，假如说刚才的心是温的，那末【么】，现在是渐渐热起来了。待乐山的语气停顿的当儿，他问：

"你怎么知道得这么仔细？一小部分人里头，也有个你在吧？"

乐山涎着脸②笑了；从这笑里，焕之记起了当年欢喜捣乱的乐山的印象。

"我没有在里头，没有在里头。"是含糊的语调。他接上说：

----

① 乡董，相当于乡长。
② 涎着脸，即嬉皮笑脸。

"现在的学生界与前几年大不相同了。每个公寓聚集着一簇学生,开口是思想问题、人生观念,闭口是结个团体、办种刊物。捧角儿、逛窑子的固然有,可是大家瞧不起,他们也就做贼似地偷偷掩掩不敢张扬。就是上海,也两样了。你想,上海的学生能有什么,洋行买办'刚白度'①,简直是他们最高的理想!可是现在却不能一概而论。我在上海住的那个地方,是十几个学生共同租下来的,也仿佛是公寓。他们分工作事,料理每天的洒扫、饮食,不用一个仆役。这会儿寒假,他们在寓所里尽读哲学、社会主义的书;几天必得读完一本,读完之后又得向大家报告关于这本书的心得。他们又到外边去学习德文、法文,因为外国文中单懂一种英文不济事。像这班人,就至少不是'刚白度'的希冀者。"

焕之听得入了神,眼睛冥想地向上转动,说:

"这可以说是学生界的大进步,进向奋发努力这方面去了。"

"这么说总不至于全然不对吧。"

乐山又是含糊地说着。他忽然想起了另一端:"你欢喜听外面的事情,我再有告诉你。现在男女间关系自由得多了:大家谈解放、解放,这一重束缚当然提前解放。"

"怎么?你讲来听。"

"泛讲没有什么意思,单说一个小故事吧。有一个大学生姓刘的(他的姓名早给报纸杂志登熟了,大概你也知道),预备往美国留学,因为在上海等船没趣味,就到杭州玩西湖。有几个四川学生也是玩西湖的,看见旅馆牌上题着他的姓名,就进去访他,意思在交换一点思想。他们带有一个同乡的女郎,穿着粉红的衫儿,手里拿一朵三潭印月采来的荷花,面目是很不错的。那位大学生喜出望外,一意同女郎谈话,艺术、美育等等说了一大堆。女郎的心被感动了,临走的时候,荷花遗留在大学生的房间里;据说这是有意的,她特地预备下再见的题目。果然,大学生体会得

---

① 英文 comprador 的译音,即洋行买办。——作者注。

到，他借送还荷花为由，到她的旅馆里看她。不到三天，就是超乎朋友以上的情谊了。灵隐、天竺、九溪十八涧、六和塔下江边，常常看得见他们的双影。这样，却把到美国的船期错过了。两个自量实在分撇不开，索性一同去吧，便搭下一趟的船动身。同船的人写信回来，他们两个在船里还有不少的韵事呢。"

"这恐怕还是自由恋爱的开场呢。以后解放更彻底，各种方式的新恋爱故事一定更多。"

"我倒忘了，你不是恋爱结婚的么？现在很满意吧？我乐于看看你的新家庭。"

无心的问询，在焕之听来却像有刺的，他勉强笑着说：

"有什么满意不满意？并在一起就是了。新家庭呢，真如你来信所说的巢窟，是在里边存身、睡觉、同禽兽一样的巢窟而已。"

乐山有点奇怪，问说：

"为什么说得这样平淡无奇？你前年告诉我婚事成功了的那封信里，不是每一个字都像含着笑意么？"

焕之与乐山虽已五年不相见，而且通信也很稀，但彼此之间，隔阂是没有的；假若把失望的情形完全告诉乐山，在焕之也并不以为不适宜。不过别有一种不愿意详说的心情阻抑着他，使他只能概括地回答：

"什么都是一样的；在远远望着的时候，看见灿烂耀目的光彩，等到一接近，光彩不知从什么时候起早消隐了。我回答你的就是这样一句话。"

"虽是这样说，不至于有什么不快意吧？"

"那是没有……"

焕之略微感到恍惚，自己振作了一下，才说出这一句。

乐山用怜悯似的眼光看定焕之，举起右手拍着焕之的肩，说：

"那就好了。告诉你，恋爱不过是这么一回事！所以我永远不想闹恋爱。"

乐山说这话的神态与声调，给与焕之一个以前不曾有过的印象，他觉得他老练、坚定，过于他的年纪。

乐山望了一会两岸的景物，又长兄查问幼弟的功课似地问：

"你们的革新教育弄得怎样了？"

"还是照告诉你的那样弄。"

"觉得有些意思吧？"

"不过如此，——但是还好。"焕之不自主地有点儿馁怯，话语便吞吐了。

"是教学生种地、作工、演戏、开会那样地弄？"

"是呀。近来看杜威的演讲稿，有些意思同我们的暗合；我们的校长蒋冰如曾带着玩笑说'英雄所见略同'呢。"

"杜威的演讲稿我倒没有细看；不过我觉得你们的方法太琐碎了，这也要学，那也要学，到底要教学生成为怎样的东西呢！"

"我们的意思，这样学，那样学，无非借题发挥，根本意义却在培养学生处理事物【务】、应付情势的一种能力。"

"意思自然很好；不过我是一个功利主义者，我还要问，你们的成效怎样？"

乐山又这样进逼一步，使焕之像一个怯敌的斗士，只是图躲闪：

"成效么？第一班用新方法教的学生最近毕业了，也看不出什么特殊的地方。我想待他们进入社会，参加了各种业务，才可以看出到底与寻常学生有没有不同；现在是还不曾遇到试验的机会。"

"你这样想么？"

乐山似乎诧异焕之的幻想的期望。他又说：

"我现在就可以对你武断，但八九分是不会错的。他们进入社会，参加了各种业务，结果是同样地给社会吞没了，一毫也见不出什么特殊的地方。要知道社会是一个有组织的东西，而你们教给学生的只是比较好看的枝节；拿了这少些，就要希望他们有所表见，不能说不是一种奢望。"

那些无理的反对和任情的讥评，焕之听得很多了；而针锋相对、发乎理性的批判，这是第一遭听到。在感情上，他还不愿相信这批判是真实，但一半的心却不自主地向它颠【点】着头。他怅然说：

"你说是奢望，我但愿它不至于十二分渺茫！"

"就使渺茫，你们总算做了有趣的事了。人家养着鸟儿、种着花儿玩；你们玩来比人家别致，把一些学生代替了鸟儿花儿。"

"你竟说这是玩戏么？"

"老实说，我看你们所做的，不过是隐逸生涯中一种新鲜玩戏。"

乐山说着，从衣袋里取出一本英文的小书，预备翻开来看。焕之却又把近来想起的、要兼教社会的意思告诉他，连带一些拟想中的方案，说得非常热切，期望他尽量批评。

乐山沉着地回答道：

"我还是说刚才的一句话，社会是一个有组织的东西。听你所说，好像预备赤手空拳打天下似的，这终归于徒劳的。要转移社会，要改造社会，非得有组织地干去不可！"

"怎样才是有组织地干去？"

"那就不止一句两句了……"

乐山用手指弹着英文小本子，暂时陷入沉思；已而怂恿地说：

"我看你不要干这教书事业吧，到外边去走走，像一只鸟一样，往天空里飞。"

同时他的手在空间画了一条弧线，表示鸟是怎样地飞。

就丢了这教师生涯吧？焕之心里颇动了一动，虽然感觉实现这一层是很渺茫的。他还不至像以前一样厌恨教师生涯；但对于比这更有意义的一件不可知的东西，朦胧地憧憬着了。

这时候行尽河道，船入一个广阔的湖，湖面白茫茫一片。焕之凝睇默想：

"此时心情，正像这湖面了。但愿跟在后头的，不是生活史上的一张白页！"

## 二十二

一九二五年五月三十一日，是异常闷郁的天气。时时有一阵密雨洒下来，像那无情的罪恶的枪弹。东方大都市上海，昨天正演过暴露了人类兽性、剥除了文明面具的活剧；现在一切都沉默着，高大的西式建筑矗立半空，冷酷地俯视昨天血流尸横的马路，仿佛在那里想：过去了，这一些，像马路上的雨水一样，流入沟里，就永不回转地过去了！

倪焕之从女学校里出来是正午十二点。他大概有一个月光景不曾剃胡须，唇围、颔下黑丛丛的，就减少了温和、增添了劲悍的气分。他的脸上浮现一种好奇的、踊跃的神采，清湛的眼光里更闪露出坚决的意志，脉管里的血似乎在强烈地奔流。他感到勇敢的战士第一次临阵时所感到的一切。

本来想带了伞，但是一转念便不带了；他觉得并不是去干悠闲的事，如访朋友、赴宴会之类，身上就湿了点要什么紧；而且，正惟淋得越湿，尝一点不好的味道，越适合于此时的心情。如果雨点换了枪弹那就更合适，这样的意念，他也联【连】带想起来了。

他急步往北走，像一个战士赶赴他的阵地；身上的布长衫全沾湿了，脸上也得时时用手去揩抹，一方手巾早已济不得事；但是他眉头也不皱，好像无所觉知一般。这时候，只有愤怒与斗争的感情充塞他的心；此外什么都不想起，他不想起留在乡镇的母亲、妻、子，他不想起居留了几年、犹如第二故乡的乡镇，他不想起虽然观念有点变更、但仍觉是最值得执着的教育。

来到恶魔曾在那里开血宴的那条马路，预料的而又像是不可能的一种景象便显现在他眼前了。一簇一簇的青年男女和青布短服的工人在两旁行人道上攒聚着，这时候雨下得很大，他们都在雨里直淋。每天傍晚时分，如果天气不坏，这两旁行人道上拥挤着的是艳装浓抹的妇女与闲雅无愁的男子，他们互相欣赏、引诱，来解慰眼睛以至眼睛以外的饥渴；并且审视店家玻璃橱里的陈列品，打算怎样把自己的服用、起居点缀得更为漂亮、更为动人。现在，时间是过午，天气是大雨，行人道上却攒聚着另外的一批人物。他们为什么来，这一层，焕之知道得清楚。

那些攒聚着的人物并不是固定的，时时在那里分散，重又凝聚；分散的是水一般往各家店铺里流，不知什么地方来的人立刻填补了原来的阵势。焕之知道他们在做些什么，便也奔进一家店铺。认清楚这家是纸店，是奔进去以后的事了。几个伙计倚在柜台上，露出谨愿的愕异的神情；他们已有一种预感，知道一幕悲壮的活剧就将在眼前上演。

焕之开口演讲了。满腔的血差不多涌到了喉际，声音抖动而凄厉，他恨不能把这颗心掬示给听众。他讲到民族的命运，他讲到群众的力量，他讲到反抗的必要。每一句话语背后，同样的基调是"咱们一伙儿！"既是一伙儿，拿出手来牵在一起吧！拿出心来融在一起吧！

谨愿的店伙的脸转得严肃一点了。但他们没有话说，只是点头。

焕之跨出这家纸店，几句带着尖刺入似的话直刺他的耳朵："中国人不会齐心呀！如果齐心，吓，怕什么！"

焕之向声音传来的方向看，是一个三十左右的男子，青布的短衫露着胸，苍暗的肤色标记他是在露天出卖劳力的，眼睛里放射出英雄的光芒。

"不错呀！"

焕之虔敬地朝那个男子点头，心里更默祷神祇一般想："露胸的朋友，你伟大，你刚强！喊出这样简要精炼的话来，你是具有解放的优先权者！你不要失望；从今以后，中国人要齐心了！"

那个男子并不理睬别人的同情于他，岸然走了过去。焕之感得依依不舍，回转头，再在他湿透的青布衫的背影上，印了感动的一瞥。

忽然"叮呤呤"的铃声在马路中间乱响，四五辆脚踏车从西朝东，冲破了密雨，飞驰而去。小张的纸片从驾车者手里分散，成百地和着雨丝飞舞，成百地沾湿了落在地上。这是命令，是集合的命令，是发动的命令！立刻攒聚在行人道上的一簇一簇的人都活动起来；从横街里、小街里涌出来的学生和工人都分布在马路的各处;"援助工人""援助被捕学生""收回租界""打倒帝国主义"等等的揭帖和小传单都开始散发,并且粘贴在两岸商店的大玻璃上;每一个街角,每一家大店铺前,都有人在那里演讲,都有一群市民攒聚着听;口号的呼声,这里起,那里应,把隆隆的电车声低抑不扬,像沉在深谷的底里。郁怒的神色浮上所有的人的脸;大家的心像在烈火上面的水锅子里,沸腾,沸腾,完全想念着同一的事。

有好几起的"三道头"①和"印捕",拔出手枪,举起木棍,来驱散聚立的群众,撕去新粘的揭帖。但只是徒劳罢了,刚驱散面前的一群,背后早又结成了拥挤的一堆,刚撕去一张揭帖转身要走,原地方早又加倍奉敬地贴上了两张。威严的武力压抑不住群众的沸腾的心!

于是另外一种驱阻的方法使用起来,救火用的橡皮管接上自来水管,向密集的群众注射。但是有什么用!群众本已淋在雨中,气概是枪弹都不怕,与雨水同样的自来水又算得什么!"打倒帝国主义"的呼声春雷一般从四面起来,轰轰地,盖过了一切的声音。一家百货公司屋顶花园的高塔上忽然散下无数的传单来,飘飘扬扬,播送得很远;鼓掌声和呼喊声陡地起来,给这一种壮观助威。

这时候,焕之疯狂似地【的】只顾演讲,也不理会面前听的是一个人或多数人,也不理会与他做同样工作的进行得怎样了;他讲到民族的命运,他讲到群众的力量,他讲到反抗的必要,讲完了,换个地方,又从头讲起。他曾站上油绿的邮政筒,又曾站上一家银楼的大方石头铺的窗台;完全不出于计虑,下意识支配着他这样做。

鼓掌声、呼喊声却惊醒了他。他从沉醉于演讲的状态中抬起头来,看见各色的纸片正纷纷地从高空飞下。一阵强烈的激动打着他的心门,他感觉得要哭。但是立刻这样想:为什么要哭?弱虫才要哭!于是他的脸上露出坚毅的微笑。

---

① 租界里的巡捕在衣袖上标明等级。"三道头"是衣袖上佩三条符号的巡捕,等级最高。——作者注。

三点钟将近，两岸店铺的玻璃窗上早一色贴满了各种的揭帖同传单；每一个市民至少已受了一两回临时教育，演讲就此停止；满街飞舞的是传单，震荡远近的是"打倒帝国主义"的呼声！焕之也提高了声音狂呼，字字挟着重实的力量。

擎着手枪、努目拟人的"三道头"和"印捕""华捕"又冲到群众面前示威，要想收最后的效果；马路上暂时沉寂一下子。但随即有一个尖锐的声音，冲破了密雨和闷郁的空气：

"打倒帝国主义！"

焕之急看，是学校里的密司殷①，她站在马路中间，截短的头发湿得尽是滴水，青衫黑裙亮亮地反射着水光，高举两臂，仰首向天，像一个勇武的女神。

"打倒帝国主义！"

像潮水的涌起，像火山的爆发，群众立刻齐声应和。焕之当然也有他的一声，同时禁不住滴了两点眼泪。

"叮呤呤"的脚踏车又飞驰而过，新的命令传来了："包围总商会！"总商会在市北一所神庙内，群众便像长江大河里的水一般，滚滚地向北流去；让各级巡捕在散满了传单的马路上从容自在地布起防线来。

神庙的戏台刚好作主席台；台前挤满了意气旺盛的群众，头上下雨全不当一回事，像坐在会议厅内一样，他们轮流发表意见，接着是辩论，是决定目前的办法。

最重要的办法决定下来了：请总商会宣布罢市；不宣布罢市，在场的人死也不退出！一阵热烈的掌声，表示出于衷心地赞同这么决定。

女学生们担任了守卫的职务，把守一重一重的门户；在要求未达到以前，参加的人只准进，不准出！

商会中人物正在一个小阁里静静地开会，起初不知道群众为着什么

---

① "密司"是英文 Miss 的音译，此处"密司殷"应指的是学校中的某位女教师。

来,渐渐地,听出群众的要求了,听得热烈的掌声了;终于陈述意思的代表也来了。但是他们决断不下,秩序是不应该搅乱的,营业是各家血本攸关的,贸贸然罢市,行么?

然而一阵阵猛烈的呼噪像巨浪突起,一个比一个高,真有惊魂动魄的力量。在这些巨浪中间,跳出、浮出"请总商会会长出来答复!派代表去请!"的白沫来;小阁子里的人物都听得明白。

沉默着,互相看望尴尬的脸,这是表示内心在交战。继之切切细语,各露出踌躇不安的神色,这是商量应付目前的困难。决定了!会长透了口气站起来,向戏台所在踉跄地奔去。

当会长宣布了同意罢市的意思时,呼喊的浪头几乎上冲到天了:

"明天罢市!明天罢市!明天罢市呀!"

这声音里透露格外的兴奋;"咱们一伙儿"的范围,现在就等于全上海市民了,工、商、学界已团结在一起!

女学生的防线撤除了;群众陆续地散去;戏台前的空地上留着成千的泥脚迹,天色是渐近黄昏了,还下着纤细的毛雨。

焕之差不多末一个离开那神庙。他一直砌在许多人体中间,听别人的议论,也简短地发表自己的意见,听别人的呼噪,也亢奋地加入自己的声口;他审视一张张紧张、强毅的脸;他鄙夷地但是谅解地端相商会会长那副不得已而为之的神色:完全是奇异的境界,但是他不觉得不习惯,好像早已在这样的境界里处得熟透。他一路走,带着一部分成功的喜悦;在许许多多艰难、困苦的阶段里,今天是升上一级了。跟在后头展开的局面该于民族前途有好处吧?群众的力量从此该团结起来吧?……一步一步踏着路上的水泥,他计虑着这一些问题。

焕之开始到上海任教师,离开了乡间的学校同家庭,还只是这一年春天的事。

蒋冰如出任乡董已有四年,忙的是给人家排难解纷、到城里开会、访某人某人的事；校长名义虽依旧担任，却三天两天才到一回校里。**这在焕之，觉得非常寂寞；**并且还看出像冰如这样出任乡董，存心原很好，希望也颇奢，但实际只给人家当了善意或恶意的工具，要想教社会受一点有意义的影响，简直没有这回事。曾把这层意思向冰如说起。冰如说他自己也知道；不过特殊的机会总会到来吧，遇到了机会，就可以把先前的意旨一点一点展布开去。这样地，他采取"守株待兔"的态度，还是当他的乡董。焕之想：一个佩璋，早先是同志；但同志的佩璋很快地失去了，惟有妻子的佩璋留着。现在，同志的冰如也要渐渐失去了么？如果失去了，何等寂寞啊！

**王乐山的"组织说"时时在他心头闪现。**望着农场里的花木蔬果，对着戏台上的童话表演，他总想到"隐士生涯""梦幻境界"等等案语。就靠这一些，要去同有组织的社会对抗，与单枪匹马却想冲入严整的敌阵，有什么两样？教育该有更深的根柢吧？单单培养学生处理事物【务】、应付情势的一种能力，未必便是根柢。那末【么】，根柢到底是什么呢？

几次的国内战争引起他往实际方面去思索。最近江浙战争，又耳闻目睹了不少流离颠沛的惨事；他自家也因恐有败兵到来骚扰，两次雇了船，载着一家人，向偏僻的乡村去躲避；结果败兵是不曾来，而精神上的震撼便是难以计算的损失。怎样才可以消弭了内战呢？呼吁呢？那些军阀心气和平时也还肯听一听，但逢到利害关头，要动手就动手，再也不给你理睬。抵抗呢？他们有在手里的是卖命的兵，而你仅有空空的一双手，怎么抵抗得来？难道竟绝无法想么？不，他相信中国人总能在艰难困苦的环境中开辟出一条生路，人人走上这一条路，达到终点时就得完全解放。

在辛亥年成过功而近来颇有新生气象的那个党，渐渐成为他注意考察的对象。乐山说要有组织，这不就是实做乐山的话么？后来他们的第一次代表大会宣言读到了，这宣言给与他许多的解释，回答他许多的疑问；所谓生路，他断定这一条就是。十余年前发生过深长兴味的"革命"二字，现在又在他脑里生着根，形成固定的观念。他已知道民族困厄的症结；他已认清敌人肆毒的机构；他能分辨今后的革命与辛亥那一回的名目虽同，而意义互异，从前是忽略了根本意义的，所以像朝露一样一会儿就消亡了，如今已经捉住了那根本，应该会结美满的果。

**同时他就发见了教育的更深的根柢：为教育而教育，只是毫无意义的玄语；目前的教育应该从革命出发。教育者如不知革命，一切努力全是徒劳；而革命者如不顾教育，也将空洞地少所凭借。自己是十年以来以教育者自许的；要求得到一点实在的成绩，从今起做一个革命的教育者吧。**

他连忙把这一层意思写信告诉乐山，像小孩子得到了心爱的玩物，连忙高兴地奔去告诉父母一样。这时候，乐山住定在上海有两年了，回信说，所述革命与教育的关系，也颇有理由。用到"也"字，就同上峰的批语用"尚"字相仿，有未见十分完善的意思。回信中又说，既然如此，到外边转转吧，这将增加不少的了解与认识。以下便提起有一个女子中学，如果愿意，就请担任里边的教职；这样，依然不失教育者的本分。

他对于这"也"字并不措意，只觉得到乐山的赞同是可慰的事。而到外边转转的话，使他的血脉特别强健地跳动了。不是乡间的学生无妨舍弃，乃是他自己还得去学习，去阅历；从增进效率这一点着想，舍弃了乡间的学生又有什么要紧呢？像清晨树上的鸟儿一样，扑着翅膀，他准备飞了。

佩璋自然颇恋恋，说了"结婚以来，还不曾分离过呢"这样的惜别的话。他用爱抚的神态回答她，说现在彼此渐渐脱除了青年的娇痴性习，量来别离滋味未必会难尝；况且上海这样近，铁道水程，朝发夕至，不是可以常常回来的么？佩璋听了，也就同意；她一定不自觉察，她先前的惜别的话，正是题中应有之义，而发于内心的情热，仅有极少的分数而已。

第二个舍不得他的是蒋冰如。但是经他开诚布公地陈说了一番，冰如就说："你还有教育以外的大志，就不好拖住你了。那方面的一切，我也很要知道，希望你做我的见识的泉源。"接着说两个儿子在上海，请就近照顾；他马上要写信，教他们逢星期可到女学校去。最后约定在上海的会面期，说并不远，就在清明前后他去看望儿子的时候；他常常要去看儿子（这是几年来的惯例），因而彼此常常可以会面，与同在一校实也无多差殊。这样，劝留的开端，却转成了欢送的文章。

母亲是没有说什么，虽然想着暮年别子、留下一个不可意的媳妇在身边，感到一种特殊的悲凉。

这一回乘船往火车站去的途中，心情与跟着金树伯初到乡间时又自不同。对于前途怀着无限的希望，原是相同的；但这一回是具有鹰隼一般的雄心，不像那一回仿佛旅人朝着家乡走，心中平和恬静。他爱听奔驰而过的风声，他爱看一个吞没一个的浪头；而沉在甜美的梦里一般的村舍、竹树、小溪流，他都觉得没有什么兴味。

女学校是初中的程度，但是课程中间有特异的"社会问题"一目。他骤然看见呆了一下，仿佛有好些不适当的理由可以说出似的；但是一转念便解悟了，这没有错，完全可以同意。在两班学生的国文之外，他就兼任了这一科"社会问题"。

到上海的惨案发生时，他已习惯于他的新生活；青年女学生那种天真、活泼，又因环境的关系，剥除了好些女性的可厌的娇柔，对于他是开拓了尝味的新领域。蒋冰如已来过两趟，都作竟日之谈；从前不觉得，现在却觉着冰如颇带一点乡村的土气息了。

## 二十三

工厂罢了工。庞大的厂屋关上黑铁板的窗，叫人联想到疮毒患者身上的膏药纸；烟囱矗立在上头，没有一丝的烟吐出，像绝了气的僵尸。商店罢了市。排门不卸，只开着很狭的一扇门，像在过清冷的元旦节，又像丧事临到了各家一般。学校罢了课。学生蜂一样、蚁一样分散着、聚集着，干他们的新到手的实际工作；手不停，口不停，为着唯一的事，心情是同于伏在战壕中应敌的战士。

全上海的市民陷入甚深的忿恨中。临时产生的小报纸成为朝晨的新嗜好。恐怖的事实继续有发生，威吓的手段一套又一套地使用；读着这些新闻，各人在心上把忿恨刻得更深一点。戏馆里停息了锣鼓，游戏场索性关上了大门，表示眼前无暇顾及欢乐事情了，因为有万倍于欢乐事情的担到了肩上。

街上不复见电车往来。电车是都市的脉搏，现在却停滞了。往来各口岸的轮船抛着锚只是不开。轮船是都市的消化器官同排泄器官，现在却阻梗了。血流停滞，出纳阻梗，不是死象【相】是什么？那班吸血者经几十年的惨淡经营造成的这有世界价值的现代都市上海，顿时变成了死的上海。

然而死了的仅是都会这个怪物而已。——这就是说不死的，以至蓬蓬勃勃、有春草怒生一般的气势的，在这死骸里正激剧地增加，这是爱民族、愿为民族而献身的心！

焕之怀着这样的一颗心，在荒凉的马路上走着。仲夏的太阳光已有教人发汗的力量。他本可以坐人力车，但是想着酱赤的背心上、汗水像小蛇一般蜿蜒流下来的景象，就宁可单劳自己的一双脚，不愿再去牵累别人的一双。反射青光的电车轨道尽向他后面溜走，而前头却尽在那里伸长，仿佛这是地球的腰环，没有尽头的。行人极少；平时常见的载货载人的独轮小车竟绝无；偶然有一辆马托车寂寞地驶过，就像洒过一个大胡椒瓶，不过飞入牙齿喉舌间的，不是胡椒而是灰沙的细粒。

他带着不自意识的一种游戏心情，两脚轮替地踏着一条电车轨；一壁想着冲没了全上海的这一回大风潮：

"这一回，比较'五四'，气势更来得汹涌。但'五四'却是这一回的源头。有了那时候的觉醒，才有现在的认定了路子，向应该走的走去。范围自然更广大了，质量自然更结实了。工人群众那种就是牺牲一年半载也甘愿的精神，从前是没有；那种认识了自身的力量与组织的必要，纷纷加入严正的队伍的事实，从前也没有。"

一个印象浮现到他的脑里：几百个青布短服的朋友，聚集在一片广场，闲了下来的手齐握着仇恨的拳头。他们轮次地走向一间小屋，那是低得可以摸着檐头的小屋，领取实在不够维持的维持费。吃饱一个人尚且勉强，又何况有爷娘，有妻子！但是他们不露愁怨的神色；他们知道临到身上来的是斗争，在斗争中间大家应该耐一点儿苦，为着最后的胜利。他们摊开手掌，承受一枚双银毫的当儿，同时用感动的眼光瞥着这亮亮的小东西，仿佛说：为着民族的前途，决不嫌你来得这样地孤单！

日来他常常跑到一些工业区域，以上这个印象是他感到兴味而且非常佩服的。什么一种力量约束着他们，使他们的步伐这样严肃而力强呢？同伴的互相钳制，宣传者的从事激励，当然是造成这种情况的原因。但重要的原因决不在此。这不比随便说说，如爱国呀、齐心呀一类的事；这得牺牲了一家老小的本来就吃不饱的口粮，大家瘪起肚皮来，——那【哪】里是当玩耍的？如果没有更重要的原因，没有潜藏在他们心里以至每一个细胞里的能动的原因，就使有外面种种的约束，怕也实现不来这种情况吧！

他的步子踏得加重；两手紧捏着，就像那些仇恨的拳头；身上的长衫仿佛卸除了，穿的是同那班朋友一样的青布短服。他的想头却从青布短服的朋友更类推到另外的一批：

几年的乡间居住，对于向来不甚亲切的农民，有了不少的了解。从外表看，平静的田野，幽雅的村舍，好像乡间完全是烦恼飞不到的地方。但是你若把眼光略为透入一些，就知道其间包藏着的忧伤困苦，正不亚于共骂为"万恶"的都市。农业知识老守着古传的，对于一年滋盛一年的害虫，除了叹息天不肯照应，没有另外的办法。田主是口惠而实不至，胥吏便乘机捞取油水；这些虽然未必像人道主义的文学者所描写的那么坏透、狠透，却也就够农民的受用！他们只好特别低廉卖掉仅有的收获去缴租，自己日后反而用高价籴每天的饭米；或则出了四分、五分的利息，向人家借了现钱去缴，抵押品是相依为命的手下的田亩，清偿期是明年新谷登场的时候！这真同负了重载更逐渐压上大石头一般，今年不跌倒，明年、后年总会跌倒的。而况又有赌博。那是伺候在农民钱袋边的一个魔鬼，只等袋里略微有点儿内容，它就伸嘴去吸，直到皱瘪了为止。还有酒！越是困顿得没法想的农民，酒就如他们的性命。慢性酒精中毒，体力尽管消灭，结果锄头成了使不动的家伙。所有跌倒了的，有一条公认的出路：到城里去，或者到上海去。他们以为那些地方多余的是工作，随地散布的是金钱，带了一双手去，总可以取得少些工钱，维持自己的希望并不奢的生命。这真是太空想的幻梦！他们哪里知道都市地方正有多数的人被挤得站不住脚呢！——还有北部的农民的状况，虽不曾目睹，耳闻的却也不少。农民无异田主的奴隶；田主修寨筑堡，要了农民的力气，更要他们供给购备材料的钱。官府的捐税，军队的征发，好像强烈的毒箭，一枝枝都直接射着在农民的身上。又有土匪。辛辛苦苦种下来的，说不定因一场混战践踏得精光，更说不定将来动手收获的是不是原来耕种的一双手。他们那种平和的心性改变了，改变得痛恨着祖宗相传、世世依靠为生的农作；因为担任了农作就如刻上了"人间的罪犯"的记号，有百种的灾害将投射到身上来！他们愿意丢开了农作，抛了家乡，到外面去当兵，作【做】人家争权称雄的工具；虽然把生命抵押着，但临阵溃散是通常的事，这中间就颇有希望；何况当农民是吃人家的苦，当了兵就有教人家吃苦的资格，一转身之间，情势悬殊，又何乐而不为？因此，连年内战，招不缺乏的是兵，要多少就有多少，纵使第一回的饷款也不足额定的数目。

他这样想，好像看见一大批状貌谨愿、额角上肩背上历历刻着人间苦辛的农民，擎起两臂，摇动着，招引着，有如沉溺在波浪中的求救者。"这样地普遍于这国土里了么？"他挣脱迷梦似地【的】定睛细认，原来是马路旁被炙在阳光中的几丛野草。

"在这一回的浪潮中，农民为什么不起来呢？他们太分散了。又该恨到中国的文字，这样难认难记的文字，惟有没事做的人才能够学，终年辛苦的农民就只好永没有传达消息的工具；少了这一种工具，对于外间的消息当然隔膜了。但是他们未必就输于工人。工人从事斗争，所有内在的能动的原因，在农民心里不见得没有吧。从生活里深深咀嚼着痛苦过来的，想望光明的意愿常是坚强，趋赴光明的力量常是伟大；这无待教诲，也没法教诲，发动力就在生活的本身。"

对于日来说教似的自己的演讲，他不禁起了怀疑。以前在小学里教课，说教的态度原是很淡，一切待学生自发，他从旁辅导而已。现在临对着工人，他的热诚是再也不能增加的了，却用了教训孩子似的态度；他以为他们知道得太少了，什么都得从头来，自学辅导的方法弛缓不过，不适于应急之用，于是像倾注液体一般，把自己的意见尽量向他们盛知识的瓶子里倒去。眼前引起的疑问是：他们果真很少知道么？他们的心意果真像空空的一张白纸或者浑沌的一块石头么？自己比着他们究竟多知道一些么？自己告诉他们的究竟于他们有益处么？……

他摇头，强固地摇头，回答着自己。他想，惟有他们做了真有价值的工作，产生了生活必需的东西；现在说他们知道得太少，那末【么】谁是知道得多的？他们没有空闲把自己天花乱坠地向人家宣传，他们缺少了宣传的工具——文字，这是真的；实在呢，他们比一个读饱了书的人，知道的决不曾少到怎样的地步，不过所知的内容有不同而已。但如果说，属于读饱了书的人一边的定然高贵、深至，而属于其他一边的只是卑下、浅薄，那是自以为高贵、深至的人的夸耀的话罢了，不就是世间的真实！

他的鼻际"嗤"的一声，不自觉地嘲笑自己的浅陋。仿佛躯干忽然缩小拢来，意想着正要去会见的青布短服的朋友，以及散在各处田野间的农人，只觉得他们非常地伟大。

"我，算得什么！至多是读饱了书的人一边的角色，何况又不曾读饱了书！"

几句话语像天空的鹰隼一样，劲健地，突然掠过他的胸次：

"中国人不会齐心呀！如果齐心，吓，怕什么！"

"这不是永不能忘的日子的明天，在枪弹一般的急雨中，在攒聚群众的马路旁，遇见的那个三十左右的男子的话么？换了名人、博士，不，就是中学生、小学生，至少就得来一篇论文；淹博的，'西儒''先贤'写了一大串，简陋的，也不免查几回《辞源》。但是实际的意义，究能比那男子的话高明了多少？还不是半斤八两！如果有什么须得审慎瞻顾之处，就连这点意思都表达得不能清楚。总之，像那个男子一类的人，他们不曾学会博雅的考据、细密的修辞，他们不曾学会把一点点意思这样拉、那样拉，拉成可以叫人吃惊的一大篇：是无可辩护的。另一类人却学会了他们所不曾学会的；同样的一个意思，能够装饰成不知多少个同等好看的花样。这就是'有教育程度'，这就是受外国人所尊重的'高等华人'！——什么高等！浮而不实的东西！"

几乎连学校里一班颇为活跃的女学生，连那天在马路中振臂高呼、引起群众潮水一般的热情的密司殷，他都认为卑卑不足道，无非是浮而不实的东西。他把脚步走得很急，像赶回家乡的游子；时时抬起头来向前边，眼光带一种水手眺望的神情；额上渗出一些汗滴，在上唇一抹短髭的上面，也缀着好几滴。

"去还是要去，不过得改变态度。我不能够教训他们，我的话在他们全是多余。——不能说满腔的热诚不假，发出的意思总该有用处；单单的热诚是不济事的。——反而我得从他们学习。学习他们那种朴实，那种劲健，那种不待多说而用行为来表现的活力。由他们的眼光看世界，世界将另外成一个样子吧。看见了这另外的样子，应该于我有好处，至少可以证明路向没有错，更增前进的勇气。"

他设想自己是一尾鱼，沉没在"他们"的海水中间，彻头彻尾沾着"他们"的气分；"他们"也是鱼，同他友好地结队游着；他感觉这有人世间难得的欢快。他又设想自己是一只鸟，现时正在飞行的途中，阴沉的树林，雾翳的地面，早消失在视力之外了；前边是光明的晴空，万古煊耀的太阳显出欢迎的笑脸，而他飞行的终点正就是这个太阳！他自己也不明白，今天的感情何以特别激越，心思何以特别开展；他只觉一种变动已经发生在身体的微妙的部分，虽然身体依旧是从前的身体。

在前面马路的右方，矗立着三座四层高的厂屋，水泥的屋壁承受阳光，反射一种惨白的色彩；每一扇黑铁板窗紧紧地关上，好像中间禁锢着不知多少的死囚。

厂屋那边是黄浪滚滚的黄浦江。这时正上潮，江面鼓动，鼓动，似乎要浮上天去。数十枝桅樯簇聚在一处，徐徐摆动；桅索繁密地、斜曳地下垂。对岸的建筑物显得很小，有如小孩子玩弄的模型屋。上头是淡蓝的天。如是心情悠闲的人，对于这一幅简笔的"江潮图"，一定感到诗趣，说不定会像艺术家似地浑浑吟味起来。他这时的心情却绝对地不悠闲，所以看在眼里也无所谓诗趣。

大约有一二百工人聚集在厂屋前的场地。他们排列、站齐，有如军队的操练。小小的旗子在他们中间飘动。直射的阳光照着他们的全身。

一会儿，每个人的右手轰然齐举，望去像掀起一方大黄石。同时听到坚实而雄壮的呼声：

"坚持到底！"

他开始跑步，向那边奔去；一个久客的游子望见了自家的屋标，常常会这样奔跑。自己像鱼呀，像鸟呀，这一类的想头主宰着他，他所感受的超乎欣快以上了。

## 二十四

明年秋天一个阴沉的下午，焕之接到了佩璋的一封信。在上海是会忘记了节季的，只看学校里的凉棚经工人拆除了，就知道这是秋天。课室内教师的演讲声，空落落地，像从一个洞穴内发出。时时有一两声笑或呼唤，仿佛不应当在这秋气弥漫的天地间流荡的，则是没有课的学生在宿舍里消磨她们的时光。

究竟是有过每三天通一回信的故事的，现在也不曾变得太长久，大约隔十来天彼此就得写封信。缠绵的情话当然删除了，这是青年时期浪漫的玩意，而现在已跨出了这时期。家庭前途的计划也不谈了，现实的状况已明显地摆在面前，还计划些什么！何况焕之这方面又看不起这个题目了。

于是，剩下来的就只有互相报告十天内的情况，平凡地，朴素地，正像感情并不坏的中年夫妇所常做的。而焕之的信里，有时也叙述一点近来所怀想的、努力的一件事；为了邮局里驻有检查邮件的专员，自不便叙述得十分清楚，但是足够了，佩璋能知道他所指说的一切。

佩璋的信是这么说：

焕之如晤：

来书读悉。所述各节，无可訾议，人而有志，固宜如是。惟须处之以谨慎；有如经商，非能计其必赢，万勿轻于投资。否则徒耗资本，无益事功，殊无谓也。秋风渐厉，一切望加意珍卫，言不尽意，幸能体会。（在"渐厉""加意"旁边，都打着双圈）盘儿习课，极不费力。构造短文，文法无误，且能仿一段而成多段。自然科最所深嗜。牵牛花子采集有一大包，谓明年将使庭中起一牵牛花之屏风。经过田野，则时时观察稻实之成长情形。此儿将来成就如何固未可言，——殆非庸碌人也。彼每日往还，仍由我伴行。在小学见群儿奔跃呼笑之状，不禁头晕。回忆昔年，亦尝于此中讨生活，今乃望而却步，可笑又复可念。母亲安健，我亦无恙，可以告慰。

璋手启

看完了这封信，似乎吃了不新鲜的水果一般，焕之觉有一种腐烂的滋味。"非能计其必赢，万勿轻于投资"，真个经商的人还不至于这样地懦怯，难道经商以上的人需要这一种规劝么？从目前的情势看来，革命成功固是可以预料的事，但从事革命的人决不因预料成功才从事革命。假如大家怀着那种商人心理，非到定能成功时决不肯动一动，那就只有一辈子陷在奴隶的境域里，革命的旗帜是永远竖不起来的。但是他随即客观地想：像佩璋这样，完全处在时代的空气以外，取旁观态度是当然；她又不愿违反丈夫的意旨，所以说出了这奖赞而带规劝的话。他复校似地重读这封信的前半时，谅解的心情浮了上来，就觉腐烂的滋味减淡不少了。

说是谅解，自然不就是满意。他对于佩璋简直有许多的不满意；不过像好朋友的债务一样，一晌【向】懒得去清理，因为清理过后，或者会因实际的利害观念，破损了彼此的友谊，而这友谊是并不愿意它破损的。他把制造这些不满意的责任归到命运，命运太快地叫孩子闯入他们的家庭了。孩子一来，就夺取了她的志气，占有了她的心思、能力！看她每天伴同孩子住还，毫不感得厌倦，又体味着孩子的一切嗜好与行动，她竟像是为孩子而生活着的。

"如果到这一刻还不曾有孩子，或者情形要全然不同。她有向往教育革新的质地，未必不能彻悟到教育以外的改革吧。那末【么】她现在应该是：头发截到齐耳根，布料的长袍紧裹着身体，脸上泛着亢奋的红色，脚步成一种有味的韵律；写起信来，是简捷的白话，决不会什么什么'也'地纠缠不清……"

他似乎感到一阵羞愧，把眼睛闭了一闭；专从这些表面上着想，不是太浮浅、太无聊了么？他更端地想：

"如果……她现在应该有一种昂首不羁的精神，一种什么困苦都吃得来的活力，一种突破纪录的女性的新典型，像眼前的几个女子一样。她能出入地狱一般的贫民窟，眉头也不皱一皱；她能参加各种盛大的集会，发表摄住大众心魂的意见。我与她，夫妻而兼同志，是何等的骄傲，何等的欢欣！"

然而真实的现在的她立刻涌现于脑际：皮肤微宽而多脂，脸上敷一点朱，不及真血色来得活泼；前刘海；挂在后颈的长圆髻；牵着孩子，讲些花鸟虫鱼的故事给他听；更同老太太或邻舍不要不紧地谈些柴米的价钱、时令的变迁，以及镇上的新闻，等等；完全是家庭少奶奶的一个标本。

他爽然了。从窗洞望出去，露出在人家屋面上的长方形的一块天，堆叠着灰白的云，像专照人间晦暗心情的一面镜子。他不要看，无聊地再去看阁【搁】在桌子上的佩璋的信。"殆非庸碌人也"，仿佛初次看到这一句，把头仰在椅子的靠背上，他又引起漫想的藤蔓：

"不是庸碌人，当然是好；在数量这么多的人类中间，加上一个庸碌人，又有什么意思！不过我也不希望他成英雄、成豪杰。英雄、豪杰高高地显露出来，是要许多人堆砌在他脚下作【做】基础的。这是永久的真实；就在最远的将来，若是有英雄、豪杰的话，这个现象还是不会改变。我怎能希望儿子践踏着许多人、他自己却登到他们的上头呢？我只希望他接受我的旗。展开在我们前头的，像是近，说不定却是很长的路；一个人跑不完很长的路，就得轮替着跑。我只希望他能在我跑到精疲力尽的时候，跳过来接了我手里的旗，便头也不回地往前飞跑！"

这些想头无异浓酽的酒，他的暂时的无聊给排解开了。有如其他作客的父亲，他忽然怀念起家里的盘儿来。他想到他的可爱的小手，想到他的一旋身奔去的活泼的姿态，想到他的清脆可听的爱娇的话语，尤其想到他的一双竟与父亲一般无二的清湛的眼睛。

房门被推了进来。他回头看，站起来欢迎说：

"你来了！我不曾料到。来得正好，此刻没有事，正想有个人谈谈。"

轻轻走进房来的是蒋冰如，一副风尘的神色；呢帽子压在眉梢，肩膀有点儿耸起，更露一种寒冷相。他疲惫地坐在一只椅子里，说：

"刚从他们大学里来；黄包车，电车，又是黄包车，把我坐得累死了。"

他透了一口气，接上说：

"明天决计把他们带回去了。看这种情形，纵使风潮暂时平息下来，也不过歇歇气，待作第二回风潮的酝酿，万不会好好儿上什么课的！"

"为了这事，你特地到上海来么？"

焕之坐下在原来的椅子里，仿佛不相信地看定冰如的脸。

"不是么？你知道我在乡间每天看报纸多么着急？这学校多少学生被逮捕了，那学校多少学生被开除了；于是，这学校闹风潮了，那学校闹风潮了。我的两个是不会在里头的，我知道得清楚；但是，这样乱糟糟的局面,谁说得定不被牵累!我这样想,再也耐不住,马上赶了来。他们对我说,风潮似乎可以完毕了,下星期大约要上课。我想,上课是名儿,再来个更激烈的风潮是实际;索性回去温习温习吧。所以明天同他们回去。"

焕之带点神秘意味笑着,点头说:

"再来个更激烈的风潮,倒是很可能的事情。一班学校当局,这时候已宣告破产,再也抓不住学生的心;学生奔在前头,面对着光明,学校当局却落在后头,远远地,专想抛出绳子去絷住学生的脚。重实地跌儿交【跤】,正是他们应得的酬报!"

"依你的意思,学校当局应该怎样才对呢?"

冰如脱了帽,搔着额角,显露一种迷惑的神情。

"应该领导学生呀!教育者的责任本来是领导学生。学生向前奔,路子并没有错;教育者应该在他们前头,也拔脚奔,同时鼓励着他们。"

"这是无论如何办不到的。你想学校当局谁都能加以责备,又况是这样的政局。我觉得他们的谨慎小心,实在很可以原谅。"

"我觉得最不可以原谅的,正是他们的谨慎小心。他们接受了青年的期望与托付,结果却抛撇了青年!"

"还有一层,"冰如似乎捉住了一个重要意思,抢着说,"学生阁【搁】下了功课,专管政治的事情,我觉得也不是一个道理。"

焕之兴奋地笑着说:

"大学教授不肯阁【搁】下他们三块钱四块钱一点钟的收益,富商老板不肯阁【搁】下了他们'日进斗金'的营业,就只好学生来阁【搁】下他们的功课了。还有工人、农民,倒也不惜阁【搁】下了他们的本务,来从事于伟大的事业。一些不负责任的批评者却说美国的学生怎么样,法国的学生怎么样,总之全不同于中国的学生,好像中国学生因为与外国学生不一样,就将不成其为学生似的。他们那【哪】里能了解中国现代学生的思想!那【哪】里能认识中国现代学生的心!"

冰如不语,心里想现在焕之益发激进了,来上海还不到两年,像他所说的"向前奔"真奔了好多远。自己对于他，也并没到不能了解那样的距离，但感情上总嫌他做的是偏锋文章。

焕之看冰如不响，接着又说，面目上现出生动的神采：

"中国现代学生有一颗伟大的心。比较'五四'时期，他们有了明确的思想。他们不甘于说说想想便罢，他们愿意做一块寻常的石子，堆砌在崇高的建筑里，不被知名，却尽了本分。'往南方去！往南方去！'近年来成为学生界的口号。最近长江里每一条上水轮船，总有一大批青年男女载着，他们起初躺着、蜷着，像害了病的；待一过侦查的界线，这也跳起来，那也跳起来，一问彼此是同道，便高唱《革命歌》，精神活跃，竟像另一批人。你想，这是怎样的一种情景！"

冰如微觉感动，诚挚地说：

"这在报纸上也约略可以见到。"

"我看不要教自华宜华回去吧。时代的浪潮，躲避是不见得有益的。让他们接触，让他们历练，我以为是正当办法。"

焕之意想着两个秀美可爱的青年，心里浮起代他们争取自由的怜悯心情。

"话是不错。不过我好像总有点不放心。有如那个新时行的名字，我恐怕要成'时代落伍者'吧。"

冰如用自己嘲讽的调子，来掩饰不愿采用焕之的意见的痕迹。

外面一阵铃声以后，少女的笑语声，步履的杂沓声，便接连而起；末了的功课完毕了。焕之望了望窗外的天，亲切地说：

"我们还是喝酒去吧。"

他们两个在上海遇见，常到一家绍酒店喝酒。那酒店虽然在热闹的马路旁，却因规模不大，生意不见怎样兴盛，常到的只是几个经济的酒客；如果在楼上靠壁坐下，徐徐喝着酒，正适宜于友好的谈话。

在初明的昏黄的电灯光下，他们两个各自把着一个酒壶，谈了一阵，便端起酒杯呷一口。话题当然脱不了近局，攻战的情势，民众的向背，在叙述中间夹杂着议论地谈说着。随后焕之讲到了在这地方努力的人，感情渐趋兴奋；虽然声音并不高，却个个字挟着活跃的力，像平静的小溪涧中，喷溢着一股滚烫的沸泉。

他起先描摹集会的情形：大概是里弄中间的屋子，床铺、桌子，以及一切杂具，堆得少有空隙，但会集着十几个人；他们并不在乎消闲、舒服、谈闲天，屋子尽管局促也不觉得什么。他们剖析最近的局势，规定目前的工作，又传观一些秘密书报；他们的面目是严肃的，但严肃中间露出希望的光辉；他们的心情是沉着的，但沉着中间流着激荡的血液。尤有味的，存留着的浊气，以及几个人所吐的卷烟的烟气，使屋内显得朦胧，因灯光的照耀，在朦胧中特别清楚地现出几个神情激昂的脸来；或者从朦胧调子最浓厚的角落里，爆出来一篇切实有力的说辞；都教人想到以前读过的描写俄国革命党人的小说中的情景。集会散了，各自走出，"明儿见"也不说一声；他们的心互相联系着，默默走散中间，有超乎寻常的亲热，通俗的客套是无所用之的。

他随后又提出一个人来说：

"王乐山，不是曾向你讲起过的么？他可以算得艰苦卓绝，富有胆力的一个。在这样非常严重的局势中，他行所无事地干他的事。被捕、刑讯、杀头，他都看得很淡然；如果碰到了，他便无所憾惜地停手；不碰到呢，他还是要机械一般地干他的事。一个盛大的集会中，他在台上这样演说：'革命者不怕侦探。革命者自会取得侦探的一切。此刻在场这许多人中间，说不定就坐着一两个侦探！侦探先生呀，我关照你们，你们不能妨害我们一丝一毫！'这几句说得大家有点愕然；但看他的神态像一座屹然的山，是谁也推摇不动的，大家反而激增了勇敢的情绪。他是第二期的肺病患者，人家说他这个病可厌，应当想法休养。你知道他怎么说？他说：'我脑子里从来不曾想到休养这两个字。一边干着事业，一边肺病从第二期而第三期，而毁掉我的生命；我的毁掉生命，许多人将被激动而加倍努力于事业：这是我现在想到的！'你看，这样的人物怎样？"

灯光底下，他的带着酒意的脸，显得苍然地红；语声越到后来越沉郁；酒杯是闲闲地呆在桌子上。

冰如咽了一口气，仿佛把听到的一切都郑重地咽了下去一般，感动地说：

"实在可以佩服！这样的人物，不待演说，不待作论文，他本身就是最有效力的宣传品。"

凝想者，呷了一口酒，他又肯定地说：

"事情的确是应该干的；除了这，哪【哪】里来第二条路！——可惜我作不来什么，参加同不参加一个样！"

焕之的眼光在冰如酡然的面上转了个圈，心里混和着惋惜与谅解：

"他衰老了！"

## 二十五

局势的开展非常之快，使一班须得去应付它的人忙不过来。每一个人每天有好几个集会，奔了这里又要奔那里；商议的结果要分头去计划、去奉行，心思同体力是不当一回事地尽情消磨。应该会感到疲倦吧？不，决不。大家仿佛是艺术家一般，一锥一凿辛苦经营的伟大雕像快要成功了，在最后的努力里，锥与凿不停地雕刻着，手腕间是无所谓疲倦的；想到揭开幕布，出于己手的伟大雕像便将显露在万众的眼前，引起了最高度的兴奋，更增添不少的精力。

教育这一个项目当然不是可以轻易忽略的。为谋变更以后，有以应付这项目起见，先组织了一个会。倪焕之是现任的教师；虽他的观念已变，不复说"一切的希望悬于教育"，但对于未来的教育却热切地憧憬着；谁也知道这个会里少不了他。

集会是有好几次了，对于每次的决议，焕之觉得满意的多。不论在制度上、在方法上，会众都根据着另一种理论（就是与快就要断命的现状所根据的理论不相同的一种）来持论立说；向来对现状不满意的各点，自然不会再出现在新的决议里。这些新的决议实行的时候,焕之想,教育该会显出它的真正的功能吧。

这一天他从集会散出来,与王乐山同行,天色垂暮了,料峭的春风颇有寒意;他顾自抱着一腔趋向光明的热情,拉住乐山的臂谈顷间未曾完了的题目。他说:

"这个乡村教育问题,我想来是非常深广、非常切要的。农民不难于明了自己的地位与使命,但必须得一点启导,而农业技术的改良,更须有详细的指示:这等责任都归于乡村教育。这一手工【功】夫做得好,才像大建筑一样,打定了很深的石基,无论如何总不会坍败。"

王乐山沉静地点头。他近来越来越冷峻,似乎不晓得灿烂的一幕就将开始的一般,使焕之觉得怪异,而又不敢动问。他哑嘴说:

"只是没有这许多相当的人才。局势开展得这样快,就见不论那【哪】一方面都缺少人;多数的人又喜欢往热闹的路向工作;乡村教育的事情冷僻寂寞,只有十分彻悟的人才愿意干。自然,新局面一开,放个风声出去,说现在要招人担任乡村教育,应征的人一定会像苍蝇一样聚集拢来;但是,聚集拢来的要得要不得,却成问题。"

"这当然不能任不论何人滥竽充数。我们所不满意的现状底下并不是绝对没有乡村教育。他们教农民识几个字,懂得一点类乎迷信的社会教条;实际是教他们成为更有用、更驯良的奴隶!这样的乡村教育,我们既绝对排斥,那【哪】里可以容一个滥竽的人担任其事?"

"光景师范学校的学生也不见得尽行吧?"

"这是一班主持师范教育的人该死的罪孽。他们把师范学校设置在都市里,一切施为全以都会作本位;虽然一部分师范生是从乡村出来,结果也就忘记了乡村。比较好一点的师范学校,它们的附属小学往往是一般小学校的最前进者,教育上的新方法、新理论,都肯下工【功】夫去试验、去实做。但是他们总免不了犯一个很不轻微的毛病,就是把他们的学童看作都市的,而且是都市里比较优裕的阶级的。师范生在试教期间,所接触的是这样被看待的学童，等回转去，教育纯粹的乡村儿童，除了格格不相入哪还有别的？至于乡村的成人教育，那些主持师范教育的人连梦也不曾做到；如果责备他们，他们一定会喊冤枉。"

"这样说来，开办多数的乡村师范，也是眼前切要的事情。"

"自然啰，至少同政治工作人员训练所一样地切要。"

"你来一个详细的计划吧！"

乐山说着，眼光射到路旁新张布的铁丝网。一排店屋被拦在铁丝网的外面，只留极窄的一扇门，通两面的往来。天色已昏黑，黄的电灯光照着从窄门间憧憧往来的人影，历乱而促迫，颇呈鬼趣。

"活见鬼！他们以为这样做，就把掠夺到手的一切保障好了！"

焕之不能像乐山一样无所激动，他恨外国人的表示敌意，又笑他们见新局面挟着山崩潮涌一般的气势到来，到底也会心虚胆怯；每逢横街当路的铁丝网以及用军舰载来的各式兵士，他总禁不住要这样说。

"站在他们的地位，不这样做又怎样做呢？难道诺诺连声，把攘夺到手的一切奉还我么？如果这样，世间那【哪】里再会有冲突、斗争的事？惟其一面要掠夺，一面要抵抗，各不相下，冲突、斗争于是发生。谁的力量充实、伟大，胜利就属于谁。"

是关于冲突、斗争的题材，乐山却像谈家常琐事一般不动声色。

"从现在的情势看，胜利大部属于我们这一面；长江上游的外交新故事，就是胜利的序幕。"

焕之依然是那么简单的脾气，在现在这期间，让多量的乐观占据着他的心，他相信光明境界的立刻涌现无异于相信十足兑现的钞票。他又得意地说：

"他们外国人私下里一定在心惊肉跳呢；派兵士，拦铁丝网，就因为担当不起那恐怖，把来壮壮自己的胆子。你想，他们谁个不晓得这一刻的上海市民，每一个都怀着准备飞跃的雄心，每一个都蓄着新发于硎的活力，只待这伟大剧的开幕铃一响，就将一齐冲上舞台，用开辟新纪录的精神活动起来。这在他们的经验里寻不到先例,要想象也穷于能力;惟有神秘地感觉恐怖,是他们能够做的。"

"你没有看过钱塘江的潮水吧?"

"没有。还是十年以前到过一趟杭州,在六和塔下望钱塘江,安流缓缓地,恰非上潮的时候。"

"去年秋季,我到海宁去看过潮。起初也是安流缓缓地,而且很浅,仿佛可以见底的样子。不知怎么忽然留心谛听,听到一种隆隆然的轻声,像是很远地方有个工厂,正开动着机器。人家说这就是潮水的声音,距离还远,大概有百把里路。不到十分钟,这声音就变得异常之宏大,它仿佛包笼着宇宙,吞吐着大气,来喝破这平静、悠闲境界的沉寂的局面,来给那奔腾汹涌的怒潮作报告者。可是,潮头还没有一点踪影。看潮的人都默然了;激动鼓膜同时又震荡心房的雷一般的巨声有韵律地响着,大家感觉自然力的伟大与个己的藐【渺】小;这声音领导着一个完全不同的世界,不顾一切,要把一切冲荡,这样想时,极度紧张的神秘情绪便塞满各人的胸膛。这正好比现刻上海人的心情。不论是谁,只消现刻在上海,他总已听到了那雷一般的巨声,因而怀着极度紧张的神秘情绪。预备冲上舞台的,怀着鬼胎、设法壮自己的胆的,在这一点上,差不多是一个样。"

"你好暇闲,描写看潮水,竟像他们不要不紧写小品文。"

"当时一个同去的朋友问我,'这潮水尚未到来、巨声笼天地的境界,有什么可以比拟?'我说,古人的《观潮记》都是废话;惟有大革命的前夕足以象征地比拟着。刚才偶然想起这句话,就讲给你听了。"

接着是两人都默然,各踏着印在马路上淡淡的自己的影子走去。忽然乐山自语般说:

"我们的头颅,不知又在那【哪】一天给人家砍去。"

是何等突兀的一句话!与前面的谈话毫不接榫。而且在这晚上说,在焕之想来,简直全无意义。他疑怪地带笑问:

"你说笑话吧?"

"不，我向来不爱说笑话。"乐山还是他那种带一点冷峻意味的调子。

"那末【么】，在今天，作这样的想头，不是过虑么？"

"你以为今天已快到结笔完篇了么？如果这样想，你错了。"

"结笔完篇当然还不到，但是至少已写了大半篇。若就上海一地方而论，不能不说立刻可以告一相当的段落。"

"大半篇哩，相当的段落哩，都没有说着事情的真际。告诉你，快要来到的一幕开场的时候，方才是个真正的开端呢！要写这篇文章须要有担保品，担保品就是头颅。"

"不至于这样吧？"焕之怅然说。他并不是顾惜自己的头颅；他有如得到了一件宝物，却有人说这宝物恐是破碎的、污损的一般，因而引起将信将疑、不可堪的惆怅。

"不至于？看将来的事实吧。——再见，我转弯走了。"

虽患肺病却依然短小精悍的背影，一忽儿就消失在人众车辆杂沓的旁路里。

这夜里焕之睡在床上，总抛撒不开乐山这句突兀的话。它幻成许多朦胧的、与期望完全相背的景象，使焕之嗅到失望与哀伤的腐烂一般的气息。从这些景象里，他看见各种的心，又看见各种的血；心与心互相掷击，像古代战争所用的擂石，血与血互相激荡，像两股遇在一处的壮流。随后，腐烂的心固然腐烂了，生动的心也疲于冲突，软铺铺的像一堆朽肉；污浊的血固然污浊了，清新的血也渐变陈旧，红殷殷像一派死水。于是，什么都没有，空虚统治了一切。

他模糊地想，自己给迷梦弄昏乱了，起来开亮电灯清醒一会吧。但是身躯好像被缚住了，再也坐不起来。想要翻身朝外，也办不到，只把本在里床的右腿阁【搁】到左腿上，便又云里雾里般想：

"这一件，我亲眼看见的……那一件，我也亲眼看见的……成立！产生！万岁！决定！这样干！一伙儿！这些声音至今还在耳朵里发响，难道是虚幻的不成？不，不，决不虚幻，千真万真。"

但是他心头仿佛翻过书本的另外一页来：

"这样地变化，据一些显露的端倪来推测，也颇有可能吧。……丢过来的是什么？嗐！是腐烂的心！……咦！污浊的血沾染了我的衣裳。……那不是乐山的头颅是什么？"

他看见乐山的头颅像球场中的皮球一样，跳到这里又窜到那里；眼睛突出着，眉毛斜挂着，切断的地方一抹地红，是红丝绒的座垫。既而晓得这没有认识得真；乐山不是肺病第二期么？这是乐山的肺腐烂了涌上来的血。但是立即大彻大悟一般想，那【哪】有这回事，自己一定在做梦了；停住吧，不要再做吧。这想念倏地消逝，他又看见新年市场中小贩手里的气球一般的东西，这边一簇，那边一簇，在空中浮动。定睛细认，眼睛突出着，眉毛斜挂着，原来每一个都是乐山的头颅……

"军队已到了龙华！阿，龙华！你们起来呀，这那【哪】里是沉沉春睡的时候！"滞白的晨光封闭着的宿舍里，像九天鸣鹤一般嘹亮地喊出来的，是密司殷的声音。她一夜睡不熟，看见窗上有一丝曙色的时候，便溜到外边去，迎候从望平街过来的报贩。

立刻，一阵泛溢着欢喜、热诚，以及生命的活力的呼声涌起来接应：

"终于来了么？阿，我们的军队终于来了！"

接着便是一阵匆忙而带着飞跃意味的响动；女学生们起来穿衣服，开箱笼，嘴里哼着"起来呀"的歌儿，每一个字都像在那里鹘落鹘落跳。有几个拉开窗帷，推着窗子仰望；阿！畅好的天气，初升的太阳正放射它的新鲜的红光。

焕之就被这一阵响动闹醒，觉得头脑有点儿晕眩。等到听清楚女学生们的呼喊时，一阵震动像电流一般通过他的全身，他就觉得从来没有这样兴奋过，也从来没有这样清醒过；那兴奋同清醒的程度不能用语言文字来表白，除了自身感受，再没有别法可以领略它的深浅。昨夜的荒唐可笑的幻梦，终于是个幻梦罢了；久久抛撇不开，也只有昏迷中间才会这样；若在清醒的现刻，脑筋有一丝的精力，就会去想别的切实、紧要的题目，那

【哪】里肯无端去寻这一些无聊的梦思!这样想着,他霍地站起身来,披上一件短棉袄,犹如战士临阵时披上他的铁甲。

若说这当儿还能够心定神宁,那除非是槁木死灰的废物;再不然,就是具有大勇的英雄。在两者都不是的焕之,此刻只想往外跑;他知道钱塘潮一般壮大的活剧即刻就要开幕,他愿意当一个串演者同时也做一个观览者;串演兼观览时的心情,搀和怎样激动、畅快的味道,他不能预料,急于要去亲尝。但是另外一个责任的意念挽住了他:局势已到这样,乡村师范的详细规划不是很急要了么?尽半天的工夫,把它写定下来,再到外边去,才是正办呢。

然而,他又怎能够坐定下来写他的乡村师范的计划呢?女学生们取出买来了几天的饼干、糖果,以及毛巾、牙刷之类,一份份地分配着,用女性的精致手笔这样包,那样扎,预备去慰劳她们所谓"我们的军队";近乎忘形的笑语声纷然而起,使他的心痒痒的,似乎要大笑,又似乎要哭,结果只好走出房间,加入她们的伙里工作。

一个女学生说:

"默着嘴,把一份东西授给一个兵士,这有什么意思?我们应该说一些什么话才对。"

另一个女学生毫不思索地接上说:

"可说的话多得很,雇运货车来也装不尽呢。'你们是革命的前锋!''你们是解放之神!''你们一年多的成绩,永远刻在全国民众的心上!''你们的牺牲精神,展开中国新历史的首页!'……"

"我要这样对他们说:'兵,中国至少已有了五千年;但是为民众的、属于民众的兵,你们是破天荒!不为民众的、不属于民众的兵,不是奴隶,便是喽啰;惟有你们,都不是!为了这,我敬你们、爱你们,赠你们一份聊表意思的微薄东西。'"

"好!这样说再好不过了;你就作我们全体的代表!"

大家齐声喊说,手里的工作格外来得勤奋有劲了。

"我是一句话也不想说。"

大家回过脸来看说这一句的密司殷；天真而强毅的表情溢露在她的眉眼唇辅间，足见她的话比着这样那样说含有更深的意义。几个人便问：

"为什么一句话也不想说？"

"不说的说亲切得多呢。我只想给他们每人亲一个嘴！"

"哈哈！"大家笑了起来。但是笑声像夏天的雨脚一样随即收住了；她们从她的比恋爱时更其灼耀的眼光里，以及比高呼狂喊更其激动的带抖的声音里，展读到她的心象的全部，因而受了传染似地，自己的嘴唇也起了与他们亲一亲的强烈的欲望。

"唉！真该给他们每人亲一个嘴。"

焕之感叹着说，冲破这暂时的静寂；他的感动，是到了若在前几年便会簌簌下泪那样的深度了。

慰劳品分配完毕是九点多钟。他回到房里，重又想那时时在脑里旋转的乡村师范的题目。他想到农民的政治认识，他想到农村的经济压迫，他想到农艺的改进，他想到机器的使用；乡村师范正如一帖期望百效的药，那【哪】一方面应该清，那【哪】一方面应该补，必须十分审慎斟酌，才得面面见功。他几次提笔预备写上纸面，但几次都缩住了，以为还没有想到充分周妥。旗呀，枪呀，火呀，血呀的一些影子，又时时在他心门口闪现着，引诱着，仿佛还在这样轻轻地唤："出来吧！出来吧！今天此刻，亏你还坐得住在房子里！出来吧！"

写成一张纸的时候，已经是十二点了，匆匆吃过午饭，一双脚再也不肯走向房里，他便跑出了学校。知道电车已停止开驶，因为电车工人有他们的集会。几个邮差跨着脚踏车飞驰而过，不复带着装载信件的皮包、麻布袋，手里只提一个包扎得很轻巧、方正的纸包，是预备去亲手投赠的慰劳品。

他觉得马路间弥漫着异样的空气。沉静地，然而是暴风雨立刻要到来以前的一刹那那样地沉静；平安地，然而是大地震立刻要爆发以前的一刹那那样地平安。每一个人的眼里都闪着狂人一样的光,每一个人的脸上都现出神经末梢都被激动了的神色;虽然有的是欢喜,有的是忧愁,有的是兴奋,有的是恐怖,他们的情绪的种类并不一致。昨晚乐山的钱塘潮的比喻倏地浮上他的心头,他自语道:

"他们听着那包笼宇宙、吞吐大气的巨声,一时间都自失在神秘的诧愕里边了。阿!伟大的声音!表现'力'的声音!"

突然间,一阵连珠一般的爆竹声冲破了沉静、平安的空气;马路两旁的人都仰起了头。焕之对准大众视线集注的方向看去,原来是一家广东菜馆,正在挂起那面崭新的旗帜;旗幅拂地张开,青呀,白呀,尤其是占了大部分的红呀,鲜明地、强烈地印入大众的眼帘,每一个人的两手不禁飞跃一般击拍起来。

"中国万岁啊!革命万岁啊!"

正像钱塘的潮头一经冲到,顿时成为无一处不跃动、无一处不激荡的天地;沉静与平安从此退位,毫不能得到一些怜惜或眷恋。涨满这条马路的空间的,是拍掌同欢呼的声音。

一手按着腰间的手枪的"三道头"以及肩上直挂着短枪的"印捕"眼光光地看着这批类乎疯狂的市民,仿佛要想加以干涉,表示他们的尊严;然而他们也聪明,知道如果干涉,无非是自讨个没下场,故而只作没看见、没听见,依然木偶一般站在路中心。

焕之觉得自己的身体似乎被一种力量浮升在高空中;同时一个心化散为不知多少个,藏在那些拍掌、欢呼的人们腔子里的统都是。因为浮升在高空中,他想,从此要飞翔了!因为自家的心就是人们的心,他想,从此会博大了!他不想流泪,他不去体味这一刻的感情应该怎样地描写;他只像瞻礼神圣一样,重又虔诚地看一眼那面青呀、白呀,尤其是占了大部分的红呀的崭新的旗帜。

看过以后,他的双腿早已增添不少的活力,便急步往北跑。这家那家的楼头逐渐把那面动人的旗帜像巨灵之掌一般伸出来,总号召起充量的掌声同欢呼。

"砰！……砰！……砰！"

"听！火车站的枪声！"

路人侧着耳，好奇地，但是又不当一回事地，有如七月十四日听法国公园里燃放作着炮声的焰火。

"劳动的朋友们！你们开始运用你们的武装了！在火车站的一部分的敌人部队，只供你们新发于硎的一试而已。你们还要……"

焕之这样想着，步子更大更急，直奔火车站而去。

## 二十六

大海的浪潮涌起，会教海面改观。然而岂止海面呢？潮从通海的江河冲入，江河里的大船巨舶便丧了魂一样颠簸起来；更从江河折入弯曲的小河，小河里的水藻以及沿岸的草木也就失了它们的平静，浮呀，沉呀，动呀，荡呀，长久长久，还是不见停息。

那壮大的潮头还没有冲到上海的时候，仿佛弯曲小河的乡镇间已感到了时代的脉搏，而失去它的平静；用前面叙过的话来比方，它是听到了隆隆隆的潮声了。

镇上人中间，对于这不平静最敏感的，你道是谁？

就是那年新年里，在训练灯会里"采茶姑娘"的所在的门口，穿着玄色花缎的皮袍子，两个袖口翻了转来，露出柔软、洁白的羊毛，两手都撑在腰际，右手执一朵粉红的绢花，右腿伸前半步，胸膛挺挺的，站成个又威风、又闲雅的姿势的，那个蒋老虎——蒋士镳。十年的岁月，只在他的肥圆脸的额上淡淡地刻了几条皱纹；眼睛还是像老虎眼一般，有摄住别人的光芒，胸膛也还是挺挺的。他懂得外面万马奔腾地冲来的是什么样一种势力，他又明白自己是什么样一等人，自己在社会间居什么样一个地位。一响【向】处在占便宜的一面，假若从今世运转变，翻过来只有得吃亏，那是多少懊恼的事？然而他只把这忧虑隐藏在心里，不愿意挂到嘴唇边来唱。唱是徒然表示自己的心虚、没用而已，更没有其他的意义；以强者自负的他，关于这一层当然清楚。但是到底"言为心声"，他在儿子面前吐露了似乎事不干己的一句感叹语：

"革命到来的时候，不晓得要搅成怎样一个局面呢！"

他的儿子蒋华嗤地一笑，笑中间搀和着复杂的意味，耸一耸肩说：

"所有的土豪劣绅都要打倒，不容他们再来贻害社会！"

这话语恰是针锋相对；他又怜悯地看父亲一眼，意思仿佛是眼前这一个就是要被打倒的，然而，可怜不足惜！

"都要打倒？你怎么知道？"

"报纸上不是登着么？像广东，像湖南，像湖北，都是一样，重的枪毙，轻则游街示众。我们的计划，也就是要这么来！"

蒋华的两颊都红了起来，这不是羞愧或害怕，乃是夸耀的光彩；他说到"来"字，右手握着拳向空中突地一击，表示他的决心。

"你们的计划？你们有什么计划？"

蒋老虎虽然这样问，心里已明白了一大半；原来这小孩子近来鬼鬼祟祟忙着的是这一些事；看他不出，他倒会走最时髦、最便宜的路！同时心里的忧虑也就减轻了一大半；正要想寻路道，探门径，却不晓得近在眼前，就在自己的家里。

"在这时刻说，本也没有什么要紧了；我们党部里计划在军事势力一到的时候，就做出一些痛快的事情来，给民众看看。"

"也要把几个人枪毙，几个人游街？"

"唔！即使不这样，也就差不多。"蒋华的答语偏是这样含糊。

"我应该不在其内吧？"蒋老虎一副情急的神态，两颗圆眼珠瞪视着儿子，简直是他生平第一遭；也可以说，正因为对手是儿子，他才让生平第一遭的窘态不隐藏地表露出来。

在同伴中以直爽著名的蒋华忽然感得口齿间不大顺适，吞吐地答：

"他们对于你也说了好些闲话呢。说你……"

"不用对我细说了。"蒋老虎止住蒋华讷讷不吐的话语，同时一缕希望飞快地扩大，他用带着感情的声调接上说，"中国需要革命，我十二分相信。民国元年，我也加入过国民党。现在还是要加入，你就替我介绍一下吧。"

蒋华心头水泡一般浮起"觉悟""合作""顺我者来"一些词语；看看魁伟而略见苍然的父亲的体态，实在不像一个应该打倒的家伙，便一口应承说：

"我房里有空白表格，填写了就可去提出；待我解释一下，谅来一定通过。"

"你怎么解释呢？"蒋老虎还有点不放心。

"我只消一句话：今是昨非，谁都相信有这回事吧？况且，革命不是几个人专利的，谁有热心，谁就一同来！"

"这解释好！"蒋老虎从来不曾像这样亲切地称赞过他的儿子；在平时，他觉儿子泼而不悍，勇而不狠，同自己比起来，有如小巫之与大巫，是无足称赞的。

自得地点了点头之后，蒋老虎关心地问：

"你们大概都是些年青小伙子吧？"

"不是年青小伙子也不会来。都是几个当年高等里的同学。"

"你们对于镇上的事情不会熟悉。"

蒋华像被星卜先生说中了过去的事一样，眨着眼说：

"不是么！昨天讨论到农民运动的问题，关于田亩，搅了半天，简直没有弄清楚。还有商市的各项捐税也不明白，预备等到公开时去实地调查。"

"这许多，我都清楚，我都明白。你要知道，你爸爸自从成立到今朝，没有吃过人家什么亏，就因为有这一点知识。"

"现在你加入了，就如有了个军师，一切事情便当得多。"

先前是想着可怜不足惜，此刻却一变而为钦敬，在蒋华并不以为矛盾。他的忠于团体的诚心是千真万真的;得到父亲这样一个军师,他的高兴不亚于通过了十个快意的议案。

"我马上取表格来。今天晚上就有集会,可以提出。"

蒋老虎止住了他儿子的脚步问:

"不是有什么书么?拿几本来,待我看过。"

"因为检查得严,没有从上海带来。这不要紧,公开以后自然会堂而皇之大批地运来,那时候看不迟。也非常之近了。"

蒋华说罢要走,又记起了一桩,回转头说:

"只有那份'遗嘱',我们抄在那里。字数不多,读熟很容易。不过,要当到主席才用到背诵它呢。"

蒋老虎第一次参加集会的时候,怀着一种平时不大有的严正心情;但是看到同在的十几个,都是冒冒失失的小伙子,有几个还离不大开父母似的,严正的心情便松弛了。中间也有高等里的体育教员陆三复,他当年扭住了蒋华,不让上他的课,最近却不念旧恶,经蒋华的介绍加入了;此刻他抿紧着嘴;脸红红地坐在角落里,看这位久已闻名多少有点可怕的新同志。

议题是继续上一次集会所讨论的,公开出去的时候,做那【哪】一些表显力量的工作?有的就说东栅头的三官堂,平时很有些人去烧香许愿,是迷信,决不容于革命的时代,应该立刻把它封掉。有的主张立刻宣布减租,农民的背心上负着多重的压迫,即使完全免租,未必就便宜了他们。有的则说至少要弄几个恶劣腐败的人游游街,才好让民众知道新势力对于这批人是一毫不容情的。

蒋老虎等到再没有人发表主张了,才像佛事中的老和尚一般,稳重地,不带感情地说:

"各位的意思都很好,我觉得都可以行,并且应该行。不过事情要辨一个先后;该在后的先做了,一定是遗漏了该在先的,这就不十分妥当。譬如,我们这里只有十几个人,一朝公开出去,说我们就是新势力,谁个来信服我们？在这一点上，我们不要先下些工【功】夫么？"

"这倒可以不必，"耸起一头乱发的主席接上说，"我们并非假冒，上级机关知道在那里，还不够证明么？"

"并非假冒，当然的。贴几张上级机关的告示，来证明我们的地位，我也知道有这么个办法。然而不辛辣，不刺激。我的意思，新势力到来了，是要用快刀利斧那样的气势，劈开民众的脑子，让他们装进那强烈的印象去。这才有我们施为的余地，这才可以把一切干得彻底。"

蒋老虎耐着性儿解说，像开导一班顽劣的手下人。

"那末【么】，爸爸，你看该怎样下工【功】夫，说出来就是，"蒋华爽直地说。

在集会中间忽然来了"爸爸"，大家感到滑稽的趣味，脸上浮现笑意；有几个忍不住，出声笑了。

"我的意思，该有一两个人迎上去，同快到上海的军队接洽，务必到我们镇上来；即使不能大队，一连、一排也就好；如果他们一定不肯，就说我们这里土匪多，治安要紧，不可不来。革命军！大家想象如天神一般的，现在却同我们并排站在民众的面前，这是多么强烈的一个印象！"

"这意见好！"大家感服地、喃喃地说，就算表决通过了这一项。

"还有，"蒋老虎并不显露得意，眼光打一个圈儿看着会众说，"这里的几十名警察，也得先同他们接洽。并非说恐怕他们不利于我们，在这个局势之下，他们也不敢；我是要他们亲热地站到我们这边来，增加我们的力量。"

大家又不加思索地赞同着。在前一些时，这班青年神往于摧毁一切旧势力，曾同幻梦一般想象到奔进警察局、夺取警察手里的枪械的伟举；此刻却看见了另外一个幻象，自己握着平时在桥头巷口懒懒地靠着的警察的手，彼此互称"同志"。

蒋老虎见自己已有催眠家一般的神通，用更忠实的调子说：

"警察那方面，我可以负全部的责任。他们都相信我，我说现在应该起来革命，他们没有一个肯反革命的。此外，我看更须介绍一些人吧。"

"这里有革命性的人太少了，尽是些腐败不堪、土劣队里的家伙，那【哪】里要得！果真有革命性的人，当然越多越好；我们决不取那种深闭固拒的封建思想！"

主席说明人数不多的缘故，含着无限的感慨。

"不见得太少吧。"蒋老虎略一沉思说，"以我的观察，土劣队里的家伙大都是自以为上流阶级的人物；而下层阶级里边，我知道，有革命性的实在不少。他们尝到种种的痛苦，懂得解放的意义比什么人都清楚，他们愿意作【做】革命的急先锋！"

他说到末句，声音转为激越，神色也颇飞扬，正像一个在行的煽动家。

"蒋同志说得痛快，革命的急先锋，惟有下层阶级才配当！"一个高高的、戴眼镜的青年接上喊说；在这一群里边，他是理论的运输者，平日跑上海、跑什么地方都由他担任。

"那末【么】，我们决定从下层阶级里征求我们的同志，借以增厚革命的力量。"主席嘱咐似地说。旁边执着铅笔、来不及似地书写的一个就把这一句也记了下来。

"这一层，我也可以负一点责任；待我介绍出来，让大家通过。"蒋老虎的语气到此一顿，续说，"说到这里，应该先办的事情似乎差不多了。接着就可以谈到我们对于本镇的施为。我以为，做事要集中，擒贼要擒王；东一拳，西一掌，是没甚意思的，认定了本镇腐败势力的中心，一古【股】脑儿把它铲除，才是合理的办法。"

戴眼镜的高个儿抢着说：

"前回我们已经讨论过，本镇腐败势力的中心是我们的校长蒋冰如。他什么都要把持，高等校长是他，乡董是他，商会会长又是他！他简直是本镇的皇帝，革命爆发起来，第一炮当然瞄准着皇帝！"

不知主席想起了怎样一个意思，略带羞惭向陆三复说：

"我们现在与他没关系了，你陆先生却还在校里当教师。"

"那没有什么，"陆三复慌张地摇着头，"我同你们一样，为着公就顾不得私。"羞红从脸颊飞涨到颈际，右颊的瘢痕仿佛更突起了不少。

"蒋冰如把学校当他的私产！"愤愤地说这话的是一个自命爱好艺术、近来却又看不起艺术的青年。"去年我去找他，说有艺术功课让我担任一点吧，报酬倒不在乎。他一套的敷衍话，说再好也没有，可惜是没有空缺。惊佑甫那种老腐败，他至今还留在那里。刘恩亭的英文，教英国人听起来简直是外国文，他却一年年地用下去，只因为他们俩关一点亲。这等都是学阀的行径，已很够被打倒的资格！"

"再讲他当乡董，"蒋华粗躁地接着说，"人家女人要求离婚，他却判断说能够不离最好，这明明是受了那男人的好处，故而靠着乡董的威势，来压迫可怜的女人！"

"他的儿子自华宜华眼里看不起人，遇见了我们同学，似理不理地，仿佛说'我们是上海的大学生，你们是什么！'也是一对要不得的宝贝！"这语音起在陆三复的右边。主席斜过眼光去，看见一双燃烧着妒恨之火的眼睛。

蒋老虎宽容地笑着说：

"儿子倒是另外的问题。学校里用人不得当，劝女人家最好不要离婚，也还是小节，可以原谅。我们应该从大体上着想，他到底是不是腐败势力的中心；如果是，就不客气地打倒他！"

他这是欲擒故纵的章法；便教那高个儿不耐再听下去，抬起右臂嚷道：

"这是不待讨论的问题！几年以来，镇上一切事情都归到他，什么狗头绅士、狗头财主都推尊他作挡箭牌，他又有好多的田，开着几家的店，是个该死的资本家。他要不是腐败势力的中心，那就可以说我们镇上是进步到不待革命的了！"

"那末【么】，毫不客气，打倒他呀！"蒋老虎的笔法至此是归到本旨；

他微微一笑，再同一班青年商量打倒的步骤。

听到了远远的潮声而心头不平静的，镇上还有好多，那大概是有一点资产的人。几回的内战给与他们丰富的经验，就是听见军队快到，就理箱子，卷铺盖，往上海跑；到得上海，不问一百块一间楼面，十块、二十块宿一宵旅馆，总之是得庆更生；等到传说打仗打罢了，重又扶老携幼、拖箱带笼地回转。他们想，这一回又得温一下旧课了。更从报纸上知道一些远地方的情形，疑信参半，要从想象中构成一种实况又不可能；这就比以前几回更多恐怖的成分，因而觉得上海之行更不可免。几天里头，所有的船只被雇一空，你要雇乘须得先几天预定，都为着送上海去的人到火车站。

金树伯是决定夫妇两个跑上海了；依据情理，当然要去问一声他的妹妹，要不要带着小孩子同老太太一齐走。佩璋回答说，焕之来信没有讲到这一点；老太太不用问，可以断定她不肯走的，单是自己同小孩子走又决没有这个道理；还是不要多事吧，反正家里也没有什么引人家馋涎的东西。树伯总算尽了心，也不再劝驾，说声"回来时再会"便分别了。

他又跑到冰如那里，却真有结伴的意思。不料冰如的回答完全出乎他的意料。冰如说：

"以前几回你们避到上海去，我还相当地赞同。惟【唯】是这一回，我绝对反对你们走；简直是自扰，一点没有意义！"

"为什么呢？这一回比前几回又不同啊！"

"正因为不同，所以没有逃避的必要。是革命军，不比军阀的队伍，那【哪】里会扰民？至于党人，现在虽还不晓得在本镇的是那【哪】几个，然而你只消看焕之，像焕之这样的人，难道是肯扰民的？不要劳神、白花钱吧，坐在家里等看新局面就是了。"

"但是报纸上明明记载着，他们所到的地方，拥护什么呀，打倒什么呀，骚扰得利【厉】害。"

"他们拥护的是农工。农工一晌【向】被人家无理地压在底下，称到革命，拥护他们的利益也是应该。他们打倒的是土豪劣绅，为害地方的蟊贼。我们自问既非土豪，又非劣绅，拳头总打不到我们的身上。譬如蒋士镳，平时欺侮良善，横行乡曲，那倒要当心点，他有戴起纸帽子游街的资格。"

"你得想想你自家的地位。"树伯这样说时，心头浮起一句记不清出处的成语，"彼可取而代也。"

冰如无所容心地笑问：

"你说我的乡董的地位么？这又不是什么有权有利的职责，无非为地方上尽点义务罢了。况且，我也不定要把持这个地位；革命家比我跑前得多，我很愿意让他们干。"

他又说：

"可是现在职责还在肩上，我总不肯随便。我以为在这个时期里，一班盗匪流氓乘机闹乱子，倒是要防备的；所以召集今天的防务会议。不料他们都跑走了，只到了四个人；像你，要走还没走，然而也不曾到。我们四个只好去同警察所长商量，请他吩咐弟兄们，要加紧防卫，尤其是夜间。"

树伯似乎只听到冰如的一句，因而他跑上海的意念更为坚决。

"不是他们都跑走了么？难道他们全是庸人自扰，一点没有意义？我决定明天一早走，再见吧！"

## 二十七

高个儿到上海接洽的结果，并没有邀着一连或一排的革命军一同回；刚才赶到的军事长官说那个地方偏僻，军事上不见重要，这里又这样乱糟糟地，没有派部队到那种地方去的道理。火车是不通了，高个儿趁了邮局特雇的"脚划船"回镇；趁这种船是要躺着不动的，他就把当天的一捆新闻纸权作枕头，这上面刊载着火光呀，枪声呀，青天白日呀，工人奋斗呀，等等特刻大号的惊人消息。一百多里的水程，射箭一般的"脚划船"行来，晚上九点光景也就到了。蒋老虎、陆三复以及一班青年见回来的光光是个高个儿，自不免失望。然而不要紧，还可以"收之桑榆"，警察方面早已要约定当，每一个的臂膀上将缠起"青白"的符记，表示是能动而非被动的力量。高个儿把在上海的见闻描摹给大家听，说民众那样壮烈、伟大，恐怕是历史上的破天荒。这引得大家跃跃欲试，恨不得手里立刻来一支枪。

一捆的新闻纸当晚分散开来，识字的、不识字的接到了占命的灵签一般，都睁着眼看。一个人愕然喊一声"来了！"这"来了！"就像一种毒药，立刻渗入各人的每个细胞，在里边作用起来；那种感觉也不是惊恐，也不是怅惘，乃是面对着不可抗的伟大力量的一种战栗。自己就要同那伟大力量打交涉了么？想来是个不可思议，而且也无可奈何。有些人是前几天就买好了腌鱼、咸菜，预备到必要时，像蛹儿一样让自己关在茧子似的家里，这一刻暗自思量，大概是关起来的时候了。

明天天刚亮，乡镇的头顶上停着一层牛乳色的云，云底下吹动着峭寒的风，感到"来了！"的人们半夜不眠，这时正沉入浓睡。忽然一阵海啸似的喊声涌起：

"各家的人起来啊！革命势力到来了！起来开民众大会！民众大会！会场在高等门前的空场上！各家的人起来啊！起来啊！"

浓睡的人们起初以为出林的乌鸦，渐渐清醒，辨明白"起来啊！""到来了！"的声音，才知不对；同时"来了！"的毒素在体内强烈地作用着，竟像大寒天裸体跑到风雪中、筋骨只欲收拢来那样地直凛。买好腌鱼、咸菜的，当然把被头裹紧密一点，算是更多了一层自卫的内壳。其外的则虽然凛，却想看看"未见之奇"，便慌忙地穿衣起身。

开出门来，谁都是一呆，心里默念"啊！这，蒋老虎！"这一呆并非真个呆，乃是杂糅着既被拘束而又遭逢宽解似的庆幸、同热心看戏却看到一个扫边老生似的失望，因而心灵的运动似乎暂顿。这蒋老虎怎么也在里头?看他昂胸凸肚,一手执着司的克,这边一挥,那边一指,一副不可一世的气概,他还是一群中间的头脑呢!再看这一群,穿长衣、学生模样的,穿短服、工人或"白相人"模样的,有的指得出他们的名字,有的好生面熟,即不面熟的,也断得定是本镇的人;他们这样历乱地经过,时时把嘴张得像鳜鱼的一样,高声呼喊,得意洋洋的脸上,都流露着凶悍之气,颇像一群半狂人的行列。咦!还有警察。平时调班、替拖替拖往来的,不就是这几个么?——不是吧?这一群不是所谓"来了!"的吧?然而他们自己明明在那里喊,告诉人家他们正是;并且他们都有符记,警察在制服的袖膀上,其余的人在衣襟上。

观看的人们虽然像上面这么想,可是没有一个挂到唇边来议论的;为欲看一个究竟,渐渐跟上去,跟上去,使这个行列颇增声势;女人蓬着头发也来了,小孩子衣服还没扣好也来了。受了呼喊声的感染,这批跟随者也不自主地呼喊起来,有声无字,一例是"啊!……啊!……啊!"

从一路的墙壁上,一般人初次认到闻名已久的"标语",原来是红、绿、黄、白各色的纸条儿,上面写着或像样或不堪的字体。句子就是在报纸上看熟了的那一些,倒也并不觉得突兀。不过中间有几条,却是为本镇特制的,而且未免可怪,就是"打倒把持一切的蒋冰如!""打倒土豪劣绅蒋冰如!""勾结蒋冰如的一班人都该打倒,他们是土劣的走狗!"

有些人想:"土豪劣绅,原来就是蒋冰如那样的人。他自以为到过东洋,看别人家总是一知半解,及不到他;土劣的可恶大概就在这等地方。他出来当乡董,同以前的乡董没有什么两样,并不用出他的全知全解来,遇有事情找到他,这边既不肯得罪,那边也不愿碰伤;这种优柔的态度,一定又是土劣资格的一项。"

另外一些人则作这样想:"编一本戏,作一部小说,其间生、旦、净、丑、忠臣、义士、坏蛋、傻子,须色色俱全。大概革命也是差不多的一回事,土豪劣绅是里头少不得的一种角色。轮到本镇,蒋冰如就被选出来,扮演这个角色。"

到底那【哪】些人推想得对，自然谁也不给答复。行列来到高等门前的空场时，一总足有七八百人，轰然的声音把藏在榆树榉树叶丛中飞飞跳跳的麻雀儿吓得逃一个空。场上先有十来个警察在那里，还有四五个佩有符记的人，其中一个是陆三复；他穿起第一天上身的中山服，夸耀地四顾，有如小孩子吃喜酒穿了新衣裳。场中心叠起几只美孚牌煤油的木箱子，算是演说台。台左竖起一面早在大众心中、却第一次映入大众目中的旗子；一阵风吹过，夺目的、舞动的红色给与大众一种说不出的强烈印象。

起先是高个儿跨上木箱子，宣布说从今天起，"我们的势力"到了这里了。为什么要到来呢？到来了又怎样呢？他接讲了无时不涌在喉咙口的、熟极而流的理论。从理论又转到实际，结句说：

"我们要把本镇彻底改造过，使它成个全新的、革命的镇！"

"彻底改造本镇呀！"蒋华擎起他的帽子直喊。他见大众忘记了似地，没有接应，又用更高的声音提示说：

"喂！口号！"

"彻底改造本镇呀！"错杂在群众中间、佩有符记的人这才聚精会神地喊出口号来。

"啊！……啊！……啊！"其他一部分人被催眠了似地附和着喊；竟把这个民众大会点缀得颇有空前的壮烈的气势。

"我有提案！"

大众看爬上木箱子开口的，是一个塌鼻子的青年，虽知道是本镇人，但是不清楚他姓什么，喧声便错落地静下来。他就是那个自命爱好艺术、近来却又看不起艺术的青年。他两臂前屈，两个拳头矗在距太阳穴四五寸的空间，急促地说：

"要彻底改造本镇，必须肃清一切腐败势力，打倒一批土豪劣绅！本镇腐败势力的中心，土豪劣绅的魁首，是那【哪】一个，也不待我说，你们大家都知道，是蒋冰如！他把持一切，垄断一切，本镇多多少少的被压迫者，完全吃着他的亏！所以我在民众大会里提议，我们第一个打倒他！从今天起，再不让他过问镇上一丝一毫的事！以前他种种罪恶，待党部里仔细查明，然后同他算账！"

"打倒蒋冰如啊！赞成！赞成！打倒蒋冰如啊！"应声比先前来得格外地快，而且更响。

"啊！……啊！……啊！"

提案算是通过了。依一班青年的意思，还有把蒋冰如拖到民众大会里，宣布他是土豪劣绅，以及封闭他的店铺、没收他的田产等等节目，仿佛这些都是题中应有之义，短少了就不像个样儿。这些节目的从略，出于蒋老虎的主张。他说，打倒蒋冰如的目的，在从全镇人的心目中，取消他一切行动的生命；还有呢，叫做"杀鸡给猢狲看"，好让与蒋冰如臭味相同的人物知趣一点，不敢出来阻挠革命的行动。要达到这两个目的，在民众大会里宣布出来也就够，何况还有标语。过于此，不免是所谓"已甚"，似乎不必。几天来的时时集会，蒋老虎已从青年中间取得无条件的信仰，所以这个应该被骂为"温情的"的主张，居然也蒙全体同意，在此刻照样表演了出来。

蒋老虎站在木箱子的左侧，拂动的旗子的底下，镇上有数的几个人物这时正在他心窗前闪过，他逐一给他们一句鄙夷的斥骂，"这比蒋冰如还差得远！"于是抬眼望照在淡淡的朝阳中、一律带着苍白色的群众的脸面，成功的喜悦像一口甜浆，直灌到他的心窝，他想："你们完全属于我了！"

刘慰亭也是给街上的呼喊声催醒的一个。醒来后本想不去管它，重复入睡；但是心再也不肯宁定，仿佛小孩子听到门外在那里敲锣鼓、演猴子戏似的。破一回例，起个早起，出去看看吧，他这样想了，就爬了起来。

起初也无非寻常的好奇同诧愕而已，待看到花花绿绿的标语中间特殊的几条，他一想不对，在自己大门前观看不大稳当，便回进来关上大门，从后门出去抄小路，一口气跑到冰如家里。

冰如家并不贴近市街，还不曾晓得镇上已涌起了猛烈的浪潮；冰如是给慰亭催促起身的。

"你走吧！"慰亭气咻咻的，许多话语凝结为一句，喷吐一般说。

"什么？"冰如全然不明白。

"土豪劣绅！他们说你是！标语贴满街！现在开民众大会去了！说不定马上就要打到你这里来！"慰亭一句紧一句地说。

"土豪劣绅！我？"冰如像突然跌落到冰冷的河里，四肢浮浮的，全失了气力；头脑也有点昏，思念仿佛一圈一圈飞散的烟，凝聚不成一个固定的形式。

"是呀，他们说你是！蒋老虎也在里头呢，看样子他还是头脑！你走吧，先到随便那【哪】一处乡下去躲一躲。吃眼前亏是犯不着的！"

"那【哪】里！没有的事！他怎么会是头脑，他连和在里头也不配！"冰如这才冒起怒火来，他代革命抱不平的分数比较为自己不平的更多。

"但是他明明在里头，拿着司的克指挥一群人！有好几个是我们从前的学生，蒋老虎的儿子蒋华也在里头！"

"他会革命起来，我当然是土豪劣绅了！"冰如说不出他悲愤，他已经看见了革命前途的影子。"可是我决不走！我老等在家里，等他来抄我的家，捉我去戴高帽子游街，甚而至于把我枪毙！"

慰亭代担着深切的忧愁自去。后来他遇见到过民众大会观看的人，听了算账的话，重又悄悄地从小路赶到冰如家里。

"真的可以走了！"他转述他所听到的。

"要算账！"冰如立刻要奔出去的样子，"我现在就同他们去算！"

慰亭未免不满意冰如的不知变通；但一把拖住了他，坚劝说："他们正像刚才旺起来的火，你何苦，你何苦自己投近去呢？"

"唉！"一腔冤苦循着血脉周布到全身，冰如突然怀念起倪焕之来，"怎能立刻遇见他，谈一谈这时的、不晓是什么味道的心绪呢！"

## 二十八

上海开了个全然新奇的局面。华界同租界成为两个国度的样子，要越过那国界一般的铁丝网有各样的麻烦；有时竟通不过去，那些武装外国人也不告诉你什么理由。所谓"华界"里，充满了给时代潮流冲荡得近乎疯狂的人，武装的，蓝布衫裤的，学生打扮的，女子剪了发的，在不论那【哪】条路上，你总可以看见一大群。最有奇趣的要算是同军阀残部战斗而得胜了的工人。他们把所有的战利品都带在身上，有的交叉背着三枝【支】枪，有的齐腰挂着红缨的大刀（是从所谓大刀队那里拿来的，有好些革命者的项颈，尝过这种大刀的锋刃呢），有的耸起肩头抬着一枝【支】手机关枪，有的束一条挂刺刀的皮带（这是最寒俭的了）；这些武器由诸人各色各样的服装衬托着，就觉有全不同于平常军队的一种气分。即是只束一条挂刺刀的皮带的，脸上也显露非常光荣的神采，开口总是高声地，步子也格外轻快。

旗子到处飞扬，标语的纸条几乎遮没所有的墙壁。成群的队伍时时经过，呼喊着，歌唱着，去赴同业的集会或者什么什么几色人的联欢大会。一切的业务在暂时停顿的状态之中。这犹如一场大火方才过去，各人震荡的心魂不能立刻就安定下来，于是把手里的业务阁【搁】在一旁，却去回想当时的惶恐情形，并预计将来的复兴状况。这时候的上海人是这样想，以前的一切过去了，像消散的烟雾一般过去了；此后新来的，等它逐渐表现出来吧。这中间当然搀杂着希望与疑惧，欢欣与反抗；但是，以前的一切过去了，这一个概念却是各个的心里所和同一致的。

倪焕之是连日不得充分地睡一觉、安适地吃一顿了；为的许多的事纷至沓来，一一要解决，要应付，把新来的能力表现出来，他虽然不想去参与别类的事，只愿在教育方面尽他的力量，可是各个的集会必得去参加，也就够他的忙了。**他怀着好几天前草就的乡村师范的计划，从这个集会被吐出来，又被那个集会吞了进去，却始终没有机会提出他的计划。**

关于教育方面，也不是绝不去理会；但忙着的是接收这个学校、清查那个学校的事。从前当校长、充什么主任的，这时候大都列名在学阀一览表里，他们不是潜伏在租界的闳奥的处所，便是先已到别处去游历了；学校里只留下几个科任教员或事务员之类，是除了双手把学校奉献更没其他手笔；所以接收同清查的事一点困难也没有。随后便是分派校长（用委员会名义的便是委员长）、指定职员一类的措施，同政治上的变更差不多取同样的步骤。

这一晚，焕之回学校，很高兴能得捉住王乐山，与他同行。王乐山的忙碌又比焕之加甚，谁要同他从容地谈一席话几乎像是不可能的事；此刻居然有同行的一段时间，可以把最近的意想与他谈论，在焕之真是高度的欣慰。夜是很深了，静寂的街上只有他们两人的脚声；渐转明亮的街灯照着他们，画在地上的影子渐渐短了，又渐渐长了，时而在前了，又时而在后了，呈显刻刻不同的变幻。桥头或十字路口，本来是警察的岗位，现在却站着带着战利品的工人，两个一岗，沉默地，森严地，执行他们新担在身上的重大而又有趣的职务。

"乐山，有些话想同你谈谈；几天没有机会，只得咽住在喉咙口。"焕之吞吐地开头说，声音散在空间，阴沉沉的。

"哈，没有机会，"乐山带笑说，"照这几天的情形看来，我们要聚几个朋友谈谈闲天，好像永远没有机会的了。我的药都没有工夫调来吃。这身体也是贱的，这样朝不睡、夜少眠、过度地使用它，又不给它吃药，它倒不觉得什么，并没比先前更坏一点。"

"这是你把所有的精神都提了起来，兴奋得过度了的缘故。但身体终究是血肉做成的东西，你总得好好地保养它。"焕之这样说，心里想到目前人才的急需和寥落，以及乐山的第二期的肺病，珍重爱怜的意思充塞满腔，便对乐山那依然短小精悍的身影深深地瞥了一眼。

"你预备同我谈些什么？"乐山撇开关于身体的谈论。他略微有点悔，无意间提及身体，却引起了焕之老太太一般的劝慰口吻。他不愿意受这样的劝慰；他以为，一个人的身体是值不得一想的事，何时死亡，何时毁灭，由它去就是；若要特地保养身体，一定是这个人闲得没法了。

"我觉得现实的境界与想望中的境界不一样，而且差异得远。这几天我时时刻刻想着的就是这个意思，我要告诉你。"焕之扼要地吐露他的意思，声音沉着而恳挚。

"你想望过一个如何如何妙美庄严的境界了么？"乐山回问，是老教师临对天真的小学生一般的声调。

"当然咯！"焕之的答应带一点诧异，这诧异里包含着"你难道不么？"

"我可不曾想望过，"乐山似乎已经听见了焕之含意未伸的疑问，"我知道人总是人，这一批人弄不好，换一批人会突然好起来，这是忘记了历史的妄想。存这种妄想的人有他应得的酬报，就是失望的苦闷。莫非你已经陷入失望的苦闷里了？"

"不，我没有失望！"自信刚强程度比前进步、对于最近看到的一切也觉得有不少满意之处的焕之，听到失望两字，当然坚定地否认。"不过我以为我们应该表现得比现状更好一点，我们应该把历史的轮子推动，让它转得较平常为快。"同时他用右手向空间推着。

"这对了。我们能够做的，只有推动历史的轮子，让它转得较平常快。我们努力呀！"乐山说到末一句，不复是冷然的口吻，脚步也踏来重实一点。

"就如对于教育方面的措置，我以为应该取一个较好的办法。从前的教育不对，没有意义，不错呀，但是我们得把对的、有意义的教育给与学生。改善功课呀，注重训练呀，以及其他什么，都是首先要讨究的题目。"

"我想学校功课要在社会科学同生物学、人类学方面特别看重，才有意义。"乐山独语似地说着，随又恍然说，"阿，我打断你的话语了。且不说我的意思，你说下去吧。"

"现在完全不讨究这一些，"焕之承接他自己的端绪说，似乎没有听到乐山的插语，"学生们停下了课，也不打算几时让他们开学，却只顾把这个学校接收下来，那个学校受领下来，像腐败长官一到任，就派手下人去接管厘卡税局一般，这算什么办法！"

"先生，你要知道这也是必要的手续呢。"

"是必要的手续，我当然知道。然而在这个手续之后，还有怎样的方针，不是一次也不曾详细讨论到么？唉，还有一些很丑的现象呢！"焕之的声音不免带着愤恨，同时他感到发泄了郁积以后的畅快。

"你说那【哪】一些是很丑的现象？"乐山明明知道焕之所指的是什么，但是故意问；这种近乎游戏的心情，在他算是精神劳作以后的消遣。

"你同我一样，每一件都看在眼里，而且以你的思想和见解，你决不会不知道那【哪】一些是很丑的现象。你果真不知道么？还是——"

"我知道，"乐山感动地回答，对于刚才的近乎游戏的心情，仿佛觉得有点抱歉，"告诉你，我想推动历史的轮子的热望并不比你淡薄，事情投进你的眼睛、你以为看不惯的，一定也逃不了我的眼睛的检察。"

"那就不用说了。总之，那种图谋钻营、纯为个己的情形，常使我忽然呆住，发生疑念，这是不是在现在的时代？若说是在已经过去的时代，那倒十分配合。但事实告诉我，这明明是在现在的伟大的新时代！"

乐山默然了。他想得很深，想到局势推移的倾向，想到人才缺乏的可虑，想到已经过去的时代未必真成过去。悲观在他的心里是不生根的；然而像寡援的将军深入了敌阵时那样的焦虑，这一刻又强烈地沸腾起来。但是他不愿意把这种焦虑向焕之诉说。他看焕之，像焕之自己所说一样，终究是一个简单而偏于感情的人，如果向他诉说，无非给他增加些发生愤慨的材料而已，这又有什么意思？

"我几次提出我的乡村师范的计划，"焕之见乐山不开口，又倾吐他未尽的愤慨，"你是竭力怂恿我草拟这个计划的。他们大多数却总说这是比较可以从缓的事项。我们是中国，是农民支撑起来的中国，而说乡村教育不妨从缓，那还有什么应该从速举办的事！大家袖起手来谈闲天、看白云就是了，还要革什么命！"

"你们谈教育的不是有这样说么？勉强灌注的知识并不真切，须要自身体验来的才见真切；所以孩子要弄火就让他弄火，要玩刀就让他玩刀。现在有些事情做得错误，正可比之于孩子的弄火、玩刀；烫痛了手、割破了指头的时候，该得到些真切的知识吧。从这样想，也不是没有意义。"

"但是有早知道火会烫手、刀会割破指头的在里边呢。陪着一同去干那初步的自身体验，岂不是白吃苦楚，毫无意义。"

"那末【么】你的意思怎样？你要教早知道火会烫手、刀会割破指头的人就从集团里边退出，站在一旁么？"乐山的语音颇严峻。

"那并不。"焕之像被慑伏了似地回答。

"唔，并不。这还好。"乐山舒了一口气，又说，"谁要站在一旁，谁就失去了权利，他只好对着历史的轮子呆看，看它这样转，那样转，转来慢，转来快，但是不能用自己的手去推动它！以我想，这样的人是绝对地无聊。"

焕之似乎已从乐山方面得到了好些慰藉；乐山那石头一般的精神相形出他自己的终于柔脆，因而自为奋励，应该更求刚强，徒然的烦愁等类要尽力地排斥。他想了一阵，捉住乐山的手腕，捏紧着，说：

"佛说我不入地狱谁入地狱，这句话有意思呢。"

"佛也许一辈子是地狱里的住民，因为他愿意与一切众生负同样的罪孽，受同样的命运！"是乐山毅然的声口。

焕之觉着手心里热烘烘地，他并非捏着一个人的手腕，简直捏着一颗炽炭一般的心。

## 二十九

十几天后的一个晚上，焕之独个儿坐在一条不很热闹的街上的一家小酒店里。酒是烫了七八碗了，桌面上豆壳、熏鱼骨之类已积了一大堆，他还是喊着伙计烫酒。半身的影子映在灰尘封满的墙壁上，兀然地像所有的天涯孤客的剪影。这样的生涯，十几年前他当教员不乐意时是干过的，以后就从不曾独个儿上酒店；现在，他回复到十几年前来了！

这几天里的经历，他觉得太变幻了，太不可思议了。仿佛漫天张挂着一幅无形的宣告书，上面写着："人是比兽类更其兽性的东西！一切的美名佳号都是骗骗你们傻子的！你们要推进历史的轮子么？——多荒唐的梦想！残暴，愚妄，卑鄙，妥协，它们才是世间真正的主宰！"他从这地方抬起头来看，是这几句，换个地方再抬起头来看，依然是这几句；看得长久一点时，那无形的宣告书就会像大枭鸟张开了翅膀一般扑下来，直压到他的身上，使他眼前完全漆黑，同时似乎听见带笑带讽的魔鬼的呼号，"死！死！死！"

作为圣诗一般，他时时歌颂着的那句"咱们一伙儿"，他想，还不是等于狗屁！一伙儿里边怎么会分成两批，一批举着枪，架着炮，如临大敌，一批却挺着身躯，作他们同伙的枪靶？他忘记不了横七竖八躺在街上、后来甚至于用大车装运的那些尸首，其中几个溢出了脑浆、露出了肚肠的，尤其离不开眼前，看到什么地方时，总见那几个可怕可怜的形相作为画幅似的主题，而什么地方衬托着，有如背景。

自从那晚同归叙谈，捏住乐山的手腕作别以后，他再不曾会见过王乐山。他无论如何也不能料到，这一回分别乃是最后的诀别！消息传来，乐山是被装在盛米的麻布袋里，始而用乱刀周围刺戳，直到热血流得差不多完了的时候，再被投在什么河里的。他听到了这消息，要勉为刚强也办不到了，竟然发声而号。他痛苦地回想乐山预言似的关于头颅的话。又自为宽解地想，乐山对于这一死，大概不以为冤苦的吧，他把个己的生命看得很轻，被乱刀刺死与被病菌害死，在他初无分别；自身不以为冤苦的死丧，后死者似乎也可以少解悲怀吧。但是，这位有石头一般精神的乐山，他早认为寻常交谊以上唯一的朋友；这样的朋友的死别，到底不是随便找一点勉强的理由，就可以把悲怀宽解了的。他无时不想哭，心头炎沸着火样的恨，手心常常捏紧来，仿佛还感到乐山的手腕的热！

密司殷是被拘系起来了。他听到她颇吃一点苦，是刑罚以外的侮辱，是兽性人对于女性的残酷的玩弄！但正因她是女性，还没有被装入麻布袋投到河里；有好几个人垂涎着她的艳美的丰姿，她的生命就保留在他们的均势之下。他痛心地仇恨这班人；他们不为全人类顾全面子，务欲表现彻底的恶，岂仅是密司殷一个人的罪人呢！

此外他又看到间隙与私仇正如燎原的火，这里那里蔓延开来，谁碰到了的就是死亡。人生如露如电的偈语，到处可以有证明的事实；朝游市廛夕登鬼录的记载，占满了报纸的篇幅。恐怖像日暮的乌鸦，展开了深黑的翅膀，横空而飞，越聚越多，几乎成布满空际的云。那【哪】一天会消散呢？其期遥遥，也许天下将永远是它的！

他自然是无所事事了；乡村师范计划的草稿纸藏在衣袋里，渐就磨坏，终于被抛在抽屉角里。以无所事事之身，却给愤恨呀，仇怨呀，悲伤呀，恐怖呀，各色各样的燃料煎熬着，这种生活真是他有生以来不曾到达过的新境界。百种的心情都轮转地呈现，单只有失望还没有轮转到。他未尝不这样想，"完了，什么事情都完了！"但是他立刻便想到，在诀别唯一的朋友乐山的那晚上，曾经坚定地立誓一般地对他说"我没有失望！"他听受这句话语离开这世界了，忍心便欺骗了他么？于是把"什么事情都完了"这意念撇开；同时记起乐山前些时说的现在还正是开始的话，好像又是个不该失望的理由。然而今后的希望到底系在什么地方呢？他完全茫然。前途是一片浓重的雾海，谁知道走上去会碰到什么！

这就皈依到酒的座下来。酒，欢快的人因了它更增欢快，寻常的人因了它得到消遣，而烦闷的人也可以因了它接近安慰与兴奋的道路。不等到天色昏黑，就往这家小酒店跑，总是靠着壁角里的座头坐下，一声不响喝他的闷酒；这样地干着，他一连有四五天了。

邻座是四个小商人模样的人物，也已喝了不少的酒，兴致却正勃勃，"五啊""对啊"在猜着拳。忘形的笑浮在每个人的红脸上，一挥手、一顾盼都作舞台上剧角一般的姿势。后来他们转换题目，矜夸地，肉麻地谈到法租界的春妇。一个卷着舌头大声说："好一身白肉，粉嫩，而且香！"其余三个便哄然接应:"我们去尝尝!去尝尝!"

焕之憎厌地瞥看他们一眼,对着酒杯咕噜说:

"你们这班蠢然无知的东西!世界变到这样,你们还是嘻嘻哈哈的,不晓得动动天君!难道要等刀架到头颈,火烧到皮肤,才肯张开你们的醉眼么?"

"嗤!"他失笑了。酒力在身体里作用着,还没到完全麻醉的程度,这时候的神经特别敏感,他忽然批判到自己,依旧对着酒杯咕噜说:

"我同他们两样的地方在那【哪】里?他们来这里喝酒,我也来这里喝酒;他们不动天君,我虽动也动不出个所以然;所不同者,他们嘻嘻哈哈,我默默不响罢了。如果他们回过来责问我,我没有话可以回答。"

他进了一口酒之后,又觉这样的想头类乎庄子那一套浮滑的话,怎么会钻进了他自己的脑子。这几天来差不多读熟了的日本文评家片上伸氏[①]的几句话,这时就电流一般通过他的意识界:

"现在世界人类都站在大的经验的面前。面前或许就横有破坏和失败。而且那破坏和失败的痛苦的大,也许竟是我们的祖先也不曾经受过的那样大。但我们所担心的却不在这痛苦,而在受了这大痛苦也还是真心求真理的心,在我们的内心里,如何地燃烧着。"

这是片上伸氏来到中国时在北京的演讲辞,当时报纸上登载着,焕之把它节录在笔记簿里。最近检来看,这一小节勖励的话仿佛就是对他说的,因此他把它念着,把它消化在肚里。

"痛苦不是我们所担心的,惟具有大勇的人才毂得上这一句。我要刚强,我要实做这一句!愤恨,仇怨,悲伤,恐怖,你们都是鬼,你们再不要用你们的魔法来围困我,缠扰我,我对你们将全不担心,你们虽有魔法也是徒然!"

---

[①] 片上伸(1884年2月20日—1928年3月5日),日本作家、俄国文学研究家,曾经热衷于自然主义文学,1915年以后,逐渐开始关注并投身于无产阶级文学,经由鲁迅、陈望道等人的介绍,曾在中国文学界受到广泛关注。

他把半杯残酒用力泼在地上，傲然地，像这残酒就是他所不屑担心的魔鬼。随又斟满了一杯，高高一举，有如与别人同饮祝杯似的，然后咽嘟咽嘟一口喝干了，喃喃自念：

"真心求真理的心，在我的内心里，是比以前更旺炽地燃烧着！你是江河一样浩荡的水也吧【罢】，你是漫没全世界的洪水也吧【罢】，总之灭不了我内心里燃烧着的东西！"他笑了，近乎浮肿模样的红脸上现出孩子一般纯和的神采，有如对于变幻的世味一点不曾尝过似的。

但当放下空杯的时候，他脸上纯和的神采立刻消隐了；一阵突然的袭击中着他，他看见空杯里有个人脸，阴郁地含着冷笑，这是乐山！于是思念像一群小蛇般往四处乱钻，想到乐山少年时代的情形，想到乐山近几年来的思想，想到乐山的每一句话语，想到乐山的第二期肺病；"他那短小精悍的身体，谁都以为是恶毒的结核菌的俘虏了，那【哪】知竟断送于乱刀！刀从这边刺进去，那边刺进去，红血像橡树胶一样流出来，那麻布袋该染得通红了吧？他的身体又成了个什么样子？当他透出最后一息的时候，他转着的是什么样的念头？"仿佛胸膈间有一件东西尽往上涌，要把胸膛、喉咙涨破似的，他的眼光便移到灰尘满封的墙上。阿！墙上有图画，横七竖八的尸体，死白的脑浆胶粘着殷红的血汁，弹断了的肚肠拌和着街上的灰沙，各个的口腔都大张着，像在作沉默的、永久的呼号。他恐怖地闭起眼睛，想"他们在呼号些什么？"却禁不住"哇——"哭出来了。哭开了头时反而什么都不想，只觉现在这境界就是最合适、最痛快的境界，哭呀，哭呀，直哭到永劫的尽头，那最好。他猝倒似地靠身在墙上，眼泪续续地淌，倒垂下来的蓬乱的头发完全掩没了眉、额，哭声是质直的长号。

"怎么，哭起来了？"四个小商人模样的人物正戴起帽子要走，预备去尝味法租界的"好一身白肉"，听到哭声，齐住了脚回头看。

"酒装在坛子里是好好的，装到肚子里就作怪了。本来，不会吃酒的装什么腔，吃什么酒！"就是那个标榜"好一身白肉"的这么说，现在他的声音更其模糊了,但他自以为说得极有风趣,接着便哈哈地笑。

"想来是他的姘头①丢了他了。"一个瘦脸的看焕之三十多的年纪,面目也还端正,衣着又并不褴褛,以为除了被姘头抛弃,决不至于伤心到酒醉号哭;他也非常满意自己的揣测,说罢,狂吸手中只剩小半段的卷烟。

"姘头丢了你,再去姘一个就是。伏在壁角里哭,岂不成个没出息的小弟弟?"第三个作劝慰的语调,但并不走近焕之,只望着他带玩笑地说。

这些话语,焕之丝毫没有听见;他忘失了一切,他消融在自己的哭声里。

伙计走了过来,他并不惊异地自语:"唔,这位先生吃醉了。"又向四个也已吃到可以啼哭的程度的顾客说,"他今天多吃了两三碗,故而醉了。前几天没多吃,都是好好的。"

"我原说,酒装在坛子里是好好的,为什么不把多吃的两三碗留在坛子里呢?哈!哈!哈!走吧,走吧,法租界的铁门快要关了。"

四个人便摇晃着由酒精主宰的身体下楼而去。

"先生,醒醒吧!喂,先生!"伙计推动焕之的身躯。

"你告诉我,什么时候会见着光明?"这完全发于下意识,说了还是哭。

"现在快九点了,"伙计以为他问着时刻,"应该回去了。这几天的夜里,早点回去睡觉为是。"

"你说是不是有命运这一个东西?"

"算命么?"伙计皱了皱眉头,但是他丰富的是待遇醉人的经验,他用大人哄骗小孩子的声调说,"有的,有的,城隍庙里多得很,都挂起招牌,你要请教那【哪】一个由你拣。要现在就去么?那末【么】,醒醒吧!"

"有的么?你说有的么?哇——哇——我也相信有的。它高兴时,突地向你袭击,就教你从高高的九天,掉落到十八层的地狱里!"

---

① 姘头,指非情侣或夫妻关系而发生性行为或存在暧昧关系的男女中的任何一方。

"你说什么？我不明白。"伙计不免感得烦恼，更重地把他推动。

"我要脱离它的掌握，我要依旧超升起来，能不能呢？能不能呢？"

伙计见他醉到这个样子，知道非用一点力气不能教他醒过来了；便抱起他的身躯，离开座椅，让他四无依靠地站着。

他的双脚支持着全身的重量，同时感觉身躯一挺，他才回复到意识的界域，虽然头脑里是昏腾得厉害。他的眼睛开始有所着地看视四周，从泪光中辨认出这是酒店，于是记起号哭以前的一切来了。长号便转而为间歇的呜咽，这是余势了，犹如从大雨到不雨，中间总得经过残点滴搭的一个阶段。

"先生，回去吧。如果懒得走，我给你去雇辆车，"伙计亲切地说。

"不，那【哪】里！我能走回去，不用车。"他手颤颤地掏出一把小银元付酒钱。

在街路上是脚不点地地飞步，身躯摇晃异常，可是不曾跌倒。也不曾走错了路，径进寓所，摸到自己的床铺倒头便睡。女子中学是消灭了，像被大浪潮冲去的海滨小草一样；因而他与一个同事租住人家的一间楼面，作为暂时的寓所。那同事看他回来，闻到触鼻欲呕的一阵酒气。

半夜里他醒来，口舌非常干燥，像长了一层硬壳；头里剧痛，说不来怎么痛法；身体是彻骨地冷，盖着一条棉被犹如不曾盖什么；四肢都发竣，这样摆，那样伸，总是不舒服。同事听见他转侧，问他为什么睡不着。他颤声回答："我病了！"

## 三十

明早，那同事起来抚摸焕之的前额，是烫手的高度的热。他连声呼唤"给我喝水"，喝了两满杯还是喊嘴里干。腹部鼓鼓的，时时作响；起来了好几回，希望大便，却闭结着绝不排泄。神色见得颇困顿；咻咻地，张开着嘴尽是喘气。这分明是大病的排场，那同事就给他去请医生。

下午医生来了。经过了应有的一切手续，他冷峻地宣告说："大概是肠窒扶斯[①]，明天热度还要高呢。"写好药方便匆匆去了。

肠窒扶斯！焕之在半昏沉中听到这名词，犹如半空中打下个霹雳；他仿佛看见墨黑的死神已经站在前面了。对于自己生命的死亡，他近十年来一直不曾想到过，即使恐怖占领了大地的现在，他也不相信自己会遇到什么危险；有如生活在大陆的人，不去想那大陆的边界是怎样。此刻，他却已临到沿海的危崖，掉下去就是神秘莫测的大海。他梦呓一般说：

"肠窒扶斯！我就要结果在肠窒扶斯吧？三十五不到的年纪，一点事业没成功，这就可以死么？唉，死吧，死吧！脆弱的能力，浮动的感情，不中用，完全不中用！一个个希望抓在手里，一个个失掉了，再活三十年，还不是一个样？像我一样的人，当然也没有一个中用！成功，不是我们配得的奖品；将来自有与我们全然两样的人，让他们得去吧！啊，你肠窒扶斯！"

他牵肠挂肚地怀念着佩璋；又似乎她就在前面，但绝不回过头来。

"阿，佩璋！我了解你，原谅你！回过头来呀，我要看你当年乌亮亮的一对眼瞳！为什么还不回过来呢？我离开了你，你寂寞得苦；现在，我在你身边了！盘儿功课好，我欢喜他。但是尤其要精神好，能力好。要刚强！要深至！莫像我，我不行，完全不行！母亲呀，你老了，笑笑吧，莫皱紧了眉头。为你的可怜的儿子，你就笑笑吧！啊，你肠窒扶斯！"

那同事在旁边听他的一半清楚一半模糊的谵语，实在有点窘，而且怕，只好推动他说，想给他寄封快信到他家里去，请他夫人出来担任看护，比较周妥得多。他仿佛要坐起来的样子，急急驳正说："快信太慢，又在这一个时期，尤其慢。你给我打个电报吧，教她今天就来！"

那同事暗地摇摇头，他那乡镇上何尝通电报，足见他昏迷得厉害了。便顾自写了封信出去投寄快邮。又知道他的妻兄住在英租界的某旅馆，顺便也去通知了一声。

---

① 肠窒扶斯，即伤寒。

明天上午十点光景，树伯来了。他走近病人床前呼唤："焕之，焕之，你病了么？我来了。"

"你？你是谁？"焕之抬起上眼皮，似乎很沉重地，眼球瞪视着。"喔，你是乐山。你来，好极了，我们一同赴会。"

那同事悄然向树伯说："你看，病到这样地步了！昨夜吃下的药不见效，热度是如医生所说，比昨天更高了。"他又想唤醒焕之，说，"喂，是你令亲金树伯金先生来了！"

"啊？你说有命运这个东西么？"又是全不接榫①的谵语。

"唉！"树伯焦心地叹着气，两个手指在架着金丝眼镜的鼻梁部分尽是摩擦，似乎要摩平那些皱纹。"今天还是请昨天那个医生吧。"他说着，环视室内的一切。真是简陋到可怜的一间屋子：两个床铺，一横一竖摆着，便占去了全面积的三分之一。沿窗一张方桌子，两个粗制的圆凳子。桌面乱堆着书籍、报纸、笔、砚、板刷、热水瓶之类，几乎没有空处；各样东西上都掺着一层煤灰、尘沙。沿窗左角，孤零地摆个便桶。右角呢，一个白皮箱，上面驮着一个柳条箱，红皮带歪斜地解开着。此外再没有别的东西。他看着，颇感得凄凉；在这样的境界中生病，就不是重病也得迟几天痊愈。他又想焕之本不该离开了家庭同乡间的学校来到上海的，如果境况比较好一点，自然向好的方面迁调，现在却弄成失业飘零，那远不如安分地守在乡间了。而况这个病是著名的恶症，看它来势又并不轻，说不定会发生变故；那更不堪设想，老母，弱妻，幼子，家里空无所有，怎么得了！他不禁起了亲情以外的难以排遣的忧虑。

医生重行诊察过后，炫能地说："不是我昨天说的？今天热度又升高半度了。明天还要升高呢。"

"不至于发生变故吧？"树伯轻声问，惶急的神色致掩没了他平时闲适的风度。

---

① 接榫，比喻前后衔接。

"现在还说不定,到一礼拜的时候才可以有数。先生,是肠窒扶斯呢!最好能与旁人隔绝,否则或者要传染到。"医生说了职务上照例的话,又开了药方自去。

树伯迁延到夜八点钟,向那同事致歉意,说:"租界的铁门关得早,现在只好回去,明天再来。留先生独个儿陪着病人,真是说不尽地抱歉,也说不尽地感激!好在舍妹那边既有快信去,算来后天总可到来。那就有她照顾一切了。"

"有我在这里,先生放心回去。传染的话,虽有这个道理,但我是不怕的。"那同事想到两年来的友谊以及最近的相依飘零,感发一种侠义的心情,故而负责地这样说。

"难得,难得!"树伯好像做了坏事一般,头也不回,便跑下黑暗的扶梯。

焕之是完全昏迷了,谵语渐稀,只作闷得透不转气似的呻吟。脸面异样地红;眼睛闭起;嘴唇干枯到发黑,时时翕张着。身体常欲牵动,然而力气衰弱,有牵动的势而牵动不来;盖在身上的一条棉被竟少有皱痕。

但是他看见了好许多的景象,这些景象像出现在空空的舞台上,又像出现在深秋时候分布满灰色云的天空中,没有装饰意味的背景之类,也没有贯穿几幕戏剧那样的故事发展的线索。

他看见许多的小面孔,奸诈、呆钝、粗暴,完全是小流氓的模型。倏地转动了,转得非常快。被围在中心的是一个可怜苍蝇。看那苍蝇的面目,就是他自己。再看那些急转着马上要把苍蝇擒住的,原来是一群蜘蛛。

他看见一群小仙人,穿着彩色的舞衣,正像学校游艺会中时常见到的。他们爱娇、活泼、敏慧,没有一处不可爱。他们飞升了,升到月亮旁边,随手摘取晶莹的葡萄来吃。那葡萄就是星。再看小仙人们的面目,是蒋华、蒋自华、蒋宜华等等,逐一可以叫出他们的姓名。

他看见一个穿青布衫露着胸的人物,非常面善,但记不清他是谁。他运动铁椎，击着一块烧红的铁，火花四飞，红光照着他的面孔，神奇地妙美庄严。他放下铁椎仰天大笑了，嘴里唱着歌，仿佛是"我们的……我们的……"忽然射来一道电光，就看见电影戏的字幕一般现出几个字："有屈你，这时没有你的份！"天坍山崩样的大灾祸跟着降临，沙尘迷目，巨石击撞，毒火乱飞。经过很久很久的时候，眼前才觉清楚一点。那露胸的人物被压在乱石底下，像一堆烧残的枯炭；白烟袅袅处，是尚未烧完的他那件青布衫的一角。

他看见头颅的跳舞。从每个头颅的颈际流下红血，成为通红的舞衣。还有饰物呢，环颈挂着的，斜披挂着的，是肚肠。舞者似乎越聚越多了，再没有回旋进退的余地；舞衣联成汹涌的红海，无数的头颅就在红波面浮动。不晓得怎么一来，红海没有了，头颅没有了，眼前一片黑。

他看见母亲、佩璋、蒋冰如、王乐山、徐佑甫、陆三复、金树伯、刘慰亭，他们在开一个庆祝宴，王乐山是其中被庆祝者。好像宴罢余兴的样子，乐山起来表演一套小玩意儿。他解开衣服似地拉开他自己的胸膛，取出一颗心来，让大家传观。大家看时，是鲜红活跃的一颗心；试为敲击，却比钢铁还要刚强。他又摘下他自己的头颅，满不在乎地抛出去。接着他的动作更离奇了，他把自己的身体撕碎，分给每人一份，刚刚分完，一块也不剩。受领他的赠品的都感服赞叹，像临对着圣灵。

他看见一个女子，全身赤裸，手足都被捆缚住。旁边一个青年正在解他自己的漂亮西装。他的面孔抬起来时，看见他比最丑恶的春画里的男子还要丑恶。

他看见一盏比平常大得多的走马灯，纸剪的各色人物有真人一般大，灯额上题两个大字，是"循环"，司转动的风轮上也有两个大字，是"命运"。

他看见佩璋站在急雨的马路中间。群众围绕着她，静候她的号令。她的截短的头发湿得尽是滴水，青衫黑裙亮亮地反射着水光。她喊出她的号令，同时高举两臂，仰首向天，像一个勇武的女神。

他看见无尽的长路上站着一个孩子，是盘儿。那边一个人手执旗子奔来，神色非常困疲，细看是自己。盘儿已作预备出发的姿势，蹲着身，左手点地，右手反伸在后面，等接旗子。待旗子一到手，他像离弦的箭一般发脚了，绝不回顾因困疲而倒下的他的父亲。不多一会，他的小身躯只像一点黑点了。在无尽的长路上，他前进，他飞跑……

佩璋独自赶到上海，没有送着焕之的死，他在这天上午就绝了气。她的悲痛自不待说。由树伯主持，又有那个同事帮助料理，成了简单凄凉的殡殓。树伯看伤心的妹妹决不宜独个携柩回去，便决定索性带了夫人伴行，好在时势的激浪已经过去，就此回住家乡，也不见得会遇到什么骚动的可怕事情了。

设奠的一天，蒋冰如走来致吊，对于泪痕狼藉的佩璋同骤然像加老了十年年纪的老太太，说了从衷心发出的劝慰的话。佩璋虽然哀哭，但并不昏沉，她的心头萌生着长征战士整装待发的勇气，她对冰如说：

"盘儿快十岁了，无妨离开我。我要出去做一点事；为自己，为社会，为家庭，我都应该做事。我觉悟以前的不是，一生下孩子就躲在家里。但是追悔也无益。好在我的生命还在，就此开头还不迟。前年焕之说的要往外面飞翔，我此刻就燃烧着与他同样的心情！"

老太太的泪泉差不多枯竭了，凄然的老眼疑惑地望着媳妇。盘儿也想着父亲流泪，又想象不出母亲要到那【哪】里去，他的身体软软地贴在母亲的膝上。

旁边的树伯当然不相信她的话，他始终以为女子只配看家；但从另外一方面着想，觉着也不必特别提出意见来反对。

冰如叹了一口气，意思是她到底是躲在家里的少奶奶，不知世路的艰难，丈夫死了，便想独力承当丈夫的负担。但在原则上，他是赞成她的。他对她点头说："好的呀！如有机会，当然不妨出去做一点事。"

"一个人总得有点事做才可以过去，"他这时说到他自己了。**那一班同他为难的青年，现在固然奔窜到不知那【哪】里去了，但与青年们同伙的**

蒋士镳独能站定脚跟，而且居然成为全镇的中心；在蒋士镳，似乎不再有同他为难的意思，然而他总觉这一个世居的乡镇于他不合适。什么校长呀，乡董呀，会长呀，从前都是津津有味的，现在却连想都不愿意想起。可是，悠长的岁月，未尽的年命，就在家里袖着双手消磨过去么？向来不曾闲过的他，又无论如何忍不住那可怕的寂寞。于是在茫茫的未来生涯中，他开辟出一条新的道路。他看看佩璋又看看树伯说：

"没有事做，那死杆的寂寞真受不住。我决定在南村起造房子。那地方风景好，又是空地，一切规划可以称心。房子要朴而不陋，风雅宜人。自己住家以外，还可以分给投合的亲友。这就约略成个'新村'。中间要有一所会场，一个大茅亭就行。每隔几天我在里边开一会讲，招集四近的人来听。别的都不讲，单讲卫生的道理，治家的道理。世界无论变到怎样，身体总得保卫，家事总得治理。人家听了我的，多少有一点好处。而且，大概没有人来禁止我的。"

他望着焕之的灵座，又说：

"焕之若在，他一定不赞同我的计划，他要说这是退缩的思想。但在我，眼前唯有这一条新的道路了！"


【思考题】

1. 本文所塑造的倪焕之这一教师形象是怎样的？其背后隐含着什么样的审美原则？为什么作者会依照这些审美原则来塑造这一形象？

2. 倪焕之前期所建设的学校在教育场所、教育精神上有什么特点？其背后蕴含着什么样的审美原则？

3. 主人公倪焕之从投身教育实践到从事革命实践这种转变中的心路历程是怎样的？这背后是一种怎样的教育观的转变？

4. 本文和关于教育改造的前几篇文章都不相同，这次主人公以失败、身亡收场。但是，这往往也是中国教育的真实情况。中国近年来多次推进教育改革，但基本都虎头蛇尾，在你看来，这是因为什么？

## 十六、古庙敲钟录[①]/陶行知

【内容提要：《古庙敲钟录》讲述了一个来自城市的老师朱先生按照其教育理念勤恳帮助一个乡村改造其教育，进而改造这一整个乡村社会的故事，提出了：1. 生活即教育；2. 社会即学校；3. 教学做合一；4. 小先生制；5. 普遍的军事教育；6. 幼儿园下乡；7. "工学团"理论】

《古庙敲钟录》是一位敲钟工人随手所写的笔记，并不是一部有系统的著作。在这里面，您可以看出他把自己的生活与全村大大小小的生活打成一片，描写到他们心灵深处的跳动。您可以说这是他的自传，也可以说它是一个小小的社会的生活史。社会便是学校，生活便是教育；那末您要说它是一个学校的写真，或是一种教育的小影，也无不可。这篇文字，是用蚂蚁一般小的小楷写在他所敲的钟上，从里写到外，从底写到顶，把一个十万八千斤的大钟都写满了。敲钟人没有留下姓名。因为他的工作是敲钟，小时人家喊他钟儿，长时人家喊他钟先生，这个封号他是默认了。他所写的笔记也是有文章而无题目，恕我就题作《古庙敲钟录》介绍与大家相见吧。

一

人人都说我所住的这个庙是世界第一古庙，可是追问到它究竟是哪一个朝代建造的，村中是一个人也不能回答。庙前的两棵松树的年轮，告诉

---

[①] 陶行知，《古庙敲钟录》，载于《陶行知全集（第3卷）》，四川教育出版社2009年版，第1-93页。

人说,它们是站在那儿一千五百年了。然而就因此推定这古庙的年纪是和松树一般大小,也未免近于武断。但是我们村庄里的人是没有工夫考究这些。他们仍旧挂在嘴上的是,世界第一古庙!如果有客人来,他们总是自负的【地】指着古庙说:"这是世界第一古庙!"一次来了一位游客,听了这种大话便告诉领路的说:"世界上自有人类以来是有一百万年了;没有人以前,地球从太阳里炸裂出来是有二十万万年了;没有地球以前,全宇宙的星宿布置在那儿已经是几万万万年了。你们这个几十年的小庙算得什么?"他这几句话虽然说得有理,我们一时也无从驳他,但是事后想起来,我们也有理由为古庙辩护。这庙是比村中什么房子都要老些。村中最老的老翁都说他的祖母、曾祖母曾在这里许愿烧过香。的确,这古庙眼看见汉人两次亡国,两次又从别人的手里把中国拿回来。

二

文化的使者在中国是坐着特别慢车游历。海亘史①远在一六五六年已经发明了摆钟,而我们这个古庙里是从来没有买过自鸣钟。村庄里也没有一家见过这个东西。从前大家在早晨是听公鸡的号令起来,黄昏是看太阳落山才动手烧晚饭。自从我担任了敲钟工作之后,大家似乎是靠着我报告时刻了。我每天敲三回钟:一回在早上敲,称为晓钟;一回在中午敲,称为午钟;一回在晚上敲,称为晚钟。村民听我敲晚钟就上床,听我敲晓钟便下床,听我敲午钟就吃午饭。这些几乎成了村民的不成文的宪法。

有一天,我发现了一件奇事!村里的张胡子是依着古庙的钟声抽大烟。晚钟惊醒了他的美梦,他便拿起他的枪杆去吞云吐雾;晓钟一响他什么也不管,便四肢摊成天字样儿躺在床上,一动也不动,脱衣、盖被都等候着他的小老婆为他办善后。

这是张家老妈、沈大嫂子到庙里来烧香的时候告诉我的。我于是开始

---

① 海亘史,现通译惠更斯。

怀疑我的工作。我自己追问自己："敲钟有什么意义？把一个人敲醒去抽大烟……做抽大烟的人的公鸡……这配算是我终身大事吗？"我怀疑了好多天，有一次我几乎是要罢工了。但是时间漂白了这个疑虑。我打听得清清楚楚，早上被我敲钟起来种田做工的是多数，晚上被我敲醒起来抽大烟的只是少数中之少数。后来，我是下了一种新的决心：假使我敲这口大钟只有力量敲醒一个人起来种田做工，我还是愿意继续的【地】敲，敲到无力再敲的时候才肯罢休。

## 三

在我的手里是掌握着全村人民工作休息的枢纽。这口大钟我能随便的敲吗？今天迟一点，明天早一点，不就算是失信用吗？

怎样可以把这个钟儿敲得准？我是一面敲钟，一面绞着我的脑汁，要找出一个解决来。

午钟的时刻是比较容易规定。我看见太阳照在人身，地上便落了一个黑影。太阳在东，影落在西；太阳在西，影落在东；太阳在南，影落在北。太阳在起山的时候，影子是长得无以复加。此后太阳逐渐高升，影子逐渐变短，直得太阳当顶，那影子是变得最短。过此，太阳逐渐降低，影子也逐渐伸长，直到太阳落山的时候，影子又变成无限的长了。太阳当顶，影子从长缩成最短，复想从最短伸长之时，便是本地之正午。这时太阳在正南，影子在正北，依影子画一条线便是子午线，也就是南北线。我运用这个道理拿一根笔直的竹竿，笔直的【地】插在地上。如何使一根竿子插得笔直？这点小手艺我是从砖匠王司务砌墙的时候看来的。谁愿留心观察砖匠砌墙，谁都懂得这个道理。天晴的时候，我是等着竿影短之又短，短到不能再短而有意伸长的当儿，便动手敲我的午钟。一声钟响，皆大欢喜，全村的人是在预备享受他们的午餐。……我又错了。不久我发现有好些劳苦大众是没有午饭吃。听得到午钟，吃不着午饭，这是一种什么人生啊！我愿意不敲这悲哀的午钟。

## 四

我如何能不悲哀呢？一同被我敲醒起来种田做工的人，于今白日当天，有的是在兴高采烈的"吃午饭"，有的是在愁眉皱额的"无饭吃"。我想到这里，连手儿都抖了起来，何能再有力量去敲这凄惨之钟？然而我现在也没有勇气痛痛快快的【地】向和尚辞职，因为靠敲钟吃饭的人，若不敲钟，便没有饭吃。敲吧！忍心的【地】敲吧！从此我所敲出来的钟声，不再代表有饭吃的人的欢呼，而是没饭吃的人的叹息。

## 五

我不该把话语拉得太长。钟儿既是要敲，自不得不考究敲的方法。天晴的午钟似乎是能敲得准确了。阴天怎样办？夜里又怎么办？这些的确是使我烦心的问题。

我小时就听说古人用漏壶报时。一天下雨，看见屋檐水一滴一滴的【地】滴下来，便想用这个道理试做一个漏壶。不久，我是有相当的成功。我做了一个圆筒式的壶，装满了水，壶底开了一个小孔，让水一滴一滴的【地】流下来。壶高二十四寸，代表二十四个时辰。每寸又平分为二，代表四十八个小时。可以用两天两夜。第一次要对准太阳射影在子午线时，才让水儿开始滴，滴到大约十二寸的地方即是次日中午，滴到最后之一滴便是后日之中午。阴天夜里都用得着它。可是用这东西报时不容易准确。水高压力大，滴得快；水低压力小，滴得慢。天气干燥或潮湿都影响它的快慢。我起初完全信用它，往往为它所误。如果制造得巧，运用得妙，才能得它一些帮助。这是要屡试屡验之后方才有此结果。但那夜里最准确的计时，不是壶里的水，乃是天上的星。平时我是依着天上星宿之运行来敲我的晚钟和我的晓钟。

## 六

天上的星是不断的【地】运行。他们每天从东边起来，经过我所立的子午线，向着西边走去。我用漏壶与天星比较，看出一件很奇怪的事。我拿一个两尺长的大竹筒，两头打通，向外的一头用一根丝线做直径紧粘在筒上，使平分筒口为两个半圆。再将这竹筒使筒口丝线配准子午线安在一个架上，使竹筒能上下转动。等到一颗星走近子午线的时候，我便将竹筒上下转动去瞄准这颗星，当这颗星走到丝线上的时候，我便检查漏壶里的水滴到了那【哪】一格。真奇怪，过十五天，这颗星是提早一小时中天，过一个月，它是提早二小时中天，过十二个月，它是提早二十四小时中天。

我起初怀疑漏壶出毛病。后来有一位游客在我们庙里住了七天，他带来了一个圆而扁的怪物。他说这个怪物叫做表，短针每半天转一周为十二小时，长针每小时转一周为六十分，一点也不差。我拿这表来看北斗之天枢星每天经过竹筒口中线时间。我察出每过一天则天枢星是提早四分钟经过。这与漏壶比较的结果恰合，每天提早四分钟，半个月恰是提早一小时。后来又有一位游客带来一个更精细的表，一分一秒都能报告出来。拿这个东西试了几天，我察出每个星宿第二夜比第一夜是提早三分五十六秒中天。拿这个数目乘一年的日数三六五日五时四八分四六秒，差不多是总共提早二十四小时。

我为什么要这样啰唆呢？因为我那晚钟、晓钟之所以能够准时的【地】敲，全靠这一点。我先用脸儿朝北去找北斗七星，次找七星中之天枢、天璇二星。如斗柄朝右，天枢、天璇就在极左，天璇在南，天枢在北。次从天璇出一线到天枢，再伸长五倍便遇着靠近北极之北极星。次以北极星做中心，观察天枢、天璇联线之旋转，便推定了一年之二十四节气和一日之二十四小时。为便利起见，我取一个小孩子玩的大铁圈，用十二根线做铁圈的十二道直径，各以相等弧度交于圈之中心。这十二根交线便把铁圈分成二十四等分，每等分成为十五度。每隔十五度画一个方向，共二十四向。那四个正向是正东、正南、正西、正北。次把圈心之交点对准北极星，将正南、正北二点切合子午线，那么，正东是靠右手，正西是靠左手。次看天枢、天璇联【连】线落在圈中那【哪】个方向，只要知道是何节气便知道是何时间，只要知道是何时间便知道是何节气。比如晚上八时，天枢、天璇联【连】线春分在东南，立夏便在正南，夏至便在西南，立秋便在正西，秋分便在西北，立冬便在正北，冬至便在东北，立春便在正东。我每晚八时敲晚钟便是这样敲的。晓钟是早晨四时敲，也是照这样推定的。每小时星行十五度，相隔八小时即移动一百二十度。如晚八时是在正南，早四时则必在西偏北三十度了。每过一天，星儿早三分五十六秒中天，若在一定的时间观察，这星是自东由南向西每天移动不到一度光景（五十九分多），每节气移动十五度。北斗在极北，不易看见，我便用王良一等星代替。因此每夜敲钟的钟点都因星行方位而规定。诸位怕是有些不耐烦了。我说了这一大套，只是表明我受了众人付托担任这个敲钟的职务，是不敢丝毫苟且。我知道我的办法，照天文学严格的【地】说起来，还不能算是最正确。可是在可能范围之内，我这个乡下孩子是努尽了力了。当然，我还在追求那最正确的敲法咧。

## 七

乡下人一谈到我，就联想到敲钟，所以喊我钟儿，久而久之，钟儿便成了我惟【唯】一的名字。但是我在古庙里做的事不止【只】是敲钟。大概是因为敲钟这一件事曾与乡下人发生密切的关系，他们便把它牢牢的【地】记着，其余不和他们发生关系的事，他们就不大知道了。我的日常工作，除敲钟之外是挑水、种菜，还有为和尚倒夜壶。挑水、种菜二事，我是做得和敲钟一样的认真，暂时无【毋】庸多谈，只有为和尚倒夜壶那件事，我是不好意思说，却又不忍不说。

我从六岁起就做着这个工作，算到现在差不多是倒了十年的夜壶。起初我只知道夜壶的气味有些难闻，还以为这是孩子们应该做的事。和尚用得着《论语》的时候，也是孔子的信徒。他时常把"有事，弟子服其劳"这句话解释给我听。据他说，这些事里面是包含了倒夜壶。

最近，我开始怀疑了："和尚也有手，夜壶为什么不自己倒？病人、老人是应该有人看护，年纪轻轻的和尚，又不害病，为什么要我服侍？"我想到这里，立刻提起笔来写了四句话：

> 我有一双手，
> 敲钟种菜蔬。
> 为人倒夜壶，
> 不是大丈夫！

当晚我是下了一个绝大的决心：从今以后，只做大众的公仆，不做个人的听差。

次日晚饭后，和尚拿起夜壶，觉得很重，知道是没有倒，喊我进房，用旱烟管指着夜壶说："你饭也忘记吃了吗？倒去！"

我说："我不能倒！"

他说："你的手烂掉了不成？"

我说："你的手呢？自己的夜壶自己倒！"

他气得拿旱烟管瞄准我的头脑壳敲来，我顺手接了过去，括擦一声便折为两段！他马上向我胸前送来一拳，我退一步，右手接着他的拳，左手托着他的肘，笑嘻嘻的【地】推他一推说："用你打人的力气去倒自己的夜壶吧！"

当我接着和尚的拳，托着和尚的肘，只要顺手一压，便可以叫他跌在地上吃泥。我为什么不这样干呢？和尚实在是打不过我。我的拳头不打那比我力小的人。何况我的宗旨只是不再为他倒夜壶，他动手打我，我不得已出而抵抗，只须使他知道我是威武不能屈就算罢了，何必卖弄我的力气呢？和尚终不觉悟，气愤愤的【地】说："滚蛋！这个庙里的饭，不是你吃的。背着你的破布烂棉花滚！"说了，和尚悻悻走出庙门，不知道他到哪儿去过夜了。

我是等着敲过最后一次晓钟,告别了乡下朋友,再向那海阔天空去赚饭吃。

## 八

半夜里,猛而急的敲门声惊醒了我,接着送到我耳朵里来的是村庄里的吵闹声、冷笑声、喊打声。我披了衣服起来开门,一看不是别人,是和尚的十儿子阿羊,他跑得连气都透不转,很惊惶的【地】告诉我:"爸爸被人捆起来了,请你去讨个情。"

我急急忙忙把庙门锁好,跟着阿羊跑向村里去救和尚。阿羊的家门口点着了几根火把,我差不多走到大门口的时候,就听见有人喊:"把他们抬到城里去。……那才好看咧。……钟儿来了。好,钟儿!你进去看看你们大和尚干的好事。"赤裸裸的两个肉人捆在一团!一个是阿羊的妈妈,一个便是和尚。一幅乡下捉奸图活跃在我的面前。

和尚见是我来,便说:"好钟儿!求求他们把我放了吧。"我脱下一件短衫盖在他们身上,说:"我愿意代你请求。"我能拒绝和尚的请求吗?不能,断断乎不能。我向村友说:"让他们在这里停一刻,我们到茶馆里去谈一谈,看看有什么办法没有。"铁匠老李建议,派两个人站在这里看守。大家同意,便到茶馆里去开谈判。

我问:"你们预备怎样办?"

众人说:"送县!"

我问:"和尚是不是强奸?"

众人说:"好几年老夫妻了,你还不晓得,他们是多么的恩爱!"

我问:"阿羊的妈妈有没有丈夫,今年是几多岁了?"

铁匠老李说:"阿羊的妈妈倒是一个可怜人,二十二岁就死了丈夫,现在是二十五岁了。"

我说:"律师赵公平先生一次到庙里来玩,我请教了他许多法律问题。他说,无妇之夫与满二十岁无夫之妇两相情愿要好,并不算犯法。照这样看来，你们就把和尚送县，县里也决不能办。弄到后来，你们怕还要白费力气白费钱呢。"

木匠老吴说："谁愿管这些闲事？这都是有人吃醋闹出来的呀！"

我说："我们做事总要思前顾后，不可乱来。"

众人说："照你看，这件事应该怎么办呢？"

我说："照佛门规矩，既做和尚便不许娶妻；既要娶妻，便不能做和尚。他既情愿要老婆，便不该再做和尚。我们可以在庙里办起一个学堂来，使全村的小孩子都可以上学。如果他情愿，我们可以划十亩地给他们夫妇，只许自耕自吃，不许典卖与人。这样，他们将来也可成为村中自食其力的人民。如果大家赞成，我就去对他说。"

众人斟酌了一些时候，到最后，除了那个吃醋的砖匠老许，都以我这个计划是一举数得。

和尚是千肯万肯。老李便解了他们的绳子，了结这一段风流公案。后来，他与阿羊的妈妈正式结婚之后，我去吃他的喜酒，他还特别的【地】感谢我，请我坐首席。

敌人变成朋友，古庙变成学校，这一切的一切都在几小时中发生，那是多么不可思议的事啊。

## 九

天上的明月笑嘻嘻的【地】一路送我回到古庙来。我走到庙门口的时候，抬起头来望了一望，只觉得一缕银光射入我的心窝，告诉我说："钟儿，你的'古庙为公'的理想是会实现的。努力吧！我是等在这里观看你们最后的成功。""知心的明月，谢谢您，再会！"我把庙门关好，一想，又把它随便的【地】开在那儿。为什么关门？我有什么东西给人偷？为了一些破布烂棉花就把天上来的朋友关在门外，于心何忍！我愿意从此不再关门。

我吹了火，上床睡。……奇怪！平常的日子，我一上了床，便呼啊呼的像个猪样睡到敲晓钟的时刻。今夜是翻来覆去，连眼皮也不能眹。我如何睡得着？"学堂办起来，我也要上学。我愿意拿我的劳力和先生换些学问。我可以挑水给先生喝，种菜给先生吃，等他空闲的时候，向他讨教，大概不至于拒绝我吧。我还有义务可尽，除了晓钟、午钟、晚钟，我可以代敲上学钟、散学钟，先生要敲几回，我都可以代劳。我总不要先生吃亏，我愿意出我最高的血汗，换先生的学问。……月亮照进我的窗……月亮照上我的床　　天上的朋友，我求学问不是为着升官发财，您信我吧！我从先生那儿得来的学问，一点一滴、一丝一毫都要献给小朋友，献给大众。月亮！您若不相信，我可以把我的心剖开给您看。……是，全村的孩子们无论贫富都得上学。这些小朋友来到庙里，便算是庙里的新菩萨、小菩萨、活菩萨。我有这许许多多活的、小的、新的菩萨供奉，比着从前向泥塑木雕的东西烧香叩头，不是格外有意思吗？……这位先生究竟要到那【哪】里去请？一定要请一位有本领的先生。一位客人告诉我，从前年龚尧写过一副对联说：'不敬师长天诛地灭；误人子弟男盗女娼。'我对于上联有些怀疑，下联是无可辩驳的。师长可敬自当敬他，若误人子弟则不成师长，敬他何来？那误人子弟的人不知不觉中是先误了自己的子女，所以男盗女娼只是自然律之处分，难以逃避。总之，我们必须礼请一位可敬的师长，不致误人子弟。这样的师长在哪儿？我们南赡部洲中可能访得着？……"

奇怪！脚步响！黑影一个进来了！谁？"钟儿！你怎么开门睡觉？我听说你们要在庙里办学堂，这个我可以尽义务。我虽没有中过举，进过翰林，但是教几个小小蒙童，总可以胜任。钟儿！恕我毛遂自荐了。请你代我运动运动，我总不辜负你。"

呜呼哀哉！张胡子烟瘾过足了，要做古庙的先生！

## 十

"张先生！你请在我房里宽坐①一下。等我敲了钟再来陪你谈。"

说了，我便去敲我的晓钟。我一面走一面想，这个胡子倒是给了我一个难题目。我必得拒绝他。但是他在乡下是有一部分的势力。他成事不足，败事有余，我必得留神。我虽必须拒绝他，却决不可以得罪他。不是冤家不碰头。敲钟把他敲醒抽大烟，已经是使我够受了。现在我提倡办学堂，他又要来做先生，天下有这样巧事，真是使人可笑可恼。可是怎么办呢？……

我敲了钟，走进房，只见张胡子躺在我的床上打呼了。这大概是晓钟的效力吧？他听见我的晓钟是必须睡倒吗？谁知道？好，率性让他睡吧，睡到我有办法的时候再叫醒他。

有了！这个学堂应该归全村的人民主持。谁能独断独行？谁能私相授受？好，就这么办，每家派一个代表到庙里来共同商议。我想而又想，觉得这是最公平的办法，除此以外，再也想不出更好的。我于是走遍村庄，挨家招呼说："每家请派代表一人，公议开学请先生，听我钟声一响就来。"

小孩们是欢天喜地的【地】说："要开学堂了……我们有学堂进了。……"

我一一招呼完毕，即回到庙里来布置一切。这些人来开会，会是如何开法呀？这村庄里自从盘古开天辟地以来，是没有开过一次正式的会，我也没有这种经验。这个创校会议是多么的重要，我们能够随便的【地】开吗？不错，我抽屉里有一本什么会议通则，何不拿出来看看。这本书是一位青年游客送我的。现在这部书便成了惟【唯】一的指导。我以为翻几翻，晓得一个大概，便可以动手敲钟。其实没有如此容易。我这次做事，

---

① 宽坐，是坐的敬辞。

未免过于匆忙，好像临渴掘井一般。但是我以为临渴掘井还是凭着自己的努力去谋解决，总比站在那儿等天下雨好些。我一连看了两个多钟头，才把开会的重要秘诀弄清楚。我于是大胆的【地】去敲那召集创校会议的钟。

## 十一

我不能瞒着张胡子开会。我必得把他唤醒使他可以参加，才算公道。但是他如果向大家毛遂自荐，我自必起来反对。这样一来，一定要弄得两不讨好，结成怨恨。我为大众谋福利，哪怕任劳任怨？但是能少一分怨恨，便少一分阻力，于自己，于社会都好。那末【么】如何可以渡过这个难关？……我想了又想，决定用友谊的态度，开诚布公的【地】劝他不要运动做先生。

主意打定，我把胡子推醒说："请你快些起来，全村代表就要到庙里来开会，商议聘请先生。府上玉儿、金儿要上学，你也得到会。我们这次必定要请一位顶顶有本事的人来做先生，使玉儿、金儿这样的好孩子，个个都学成栋梁之材。不瞒你说，你的学问旧了一些，不大合用。我的学问远不及你，更不能做先生。倒不如请一位品学兼优的先生来，我们一起跟他学，则我们将来也或者有做先生的一日。我想我们要请的是一位总指导，你我可以尽义务做他的帮手，同时做他的学生。但是做帮手或学生，你也必得把大烟戒掉！你看我的意见错不错？"

"你的话虽也说得有理，但是吃大烟的先生多着咧！我的表兄在城里高级中学当训育主任，还不是老瘾？不过他是偷偷的【地】吃，我是公开的【地】吃罢了。但是玉儿、金儿我倒想得一位名师教教他们，我这点八股文章现在是有些背时[①]了。那么，拜托你去访一位好先生来。如果请的先生不好，还是我做先生。你记着！"

---

[①] 背时，指不合时宜。

张胡子这样轻易放弃他的钻营,使我喜出望外。我们谈到这里,各家代表已经拥挤的【地】来到大殿上。代表是色色俱全,约有一百人光景:农人最多,砖匠、木匠、石匠、裁缝、杂货店老板都有,老太婆到的也不少,还有几家家长不能来,却派了小孩子来。我们的破天荒的村民大会便是如此这般的【地】开幕了。

## 十二

大殿的北面是如来佛的宝座。我们在殿之西头摆了一张八仙桌,两把交椅,预备给主席和书记坐的。庙里有二十来条长板凳都搬了出来,横排成七路。小孩子坐在最前列,其次是年青妇女坐,最后是老太婆与年长一些的男子混杂的【地】坐着。惟【唯】独我们青年男子是享有站在后面的权利。

我先报告:"今天开会宗旨在创办一个全村人民共同管理的学校。学校为公是天下为公的一个基础。中华民国的主人翁要在做上学,在做上教。学校的主人翁也要在做上学,在做上教。我们今天开会就是请大家来学做学校的老板,学做学校的主人翁。"报告完毕,我就说明开会的方法。例如:

推举主席和书记;对准提议案说话,不能随嘴乱说,同时只可由一个人说话,每人说话必须先得主席许可;对于每一提议赞成就举手,不赞成不举手,多数举手就算通过,少数举手就算失败,简便些,凡提议无反对者也算通过。这些法子我都扼要地报告给大家听,并且用浅近的比方表明出来,使得大家能懂。

现在要推主席。我说:"这是一个农村的学校。主席这把交椅只有真农人能坐。什么是真农人?靠自己动手种田吃饭的人是真农人。我们村庄里种田种得顶好的无过于黄春生老哥。他为人公平,热心,又会说话,我提议请他做主席,赞成不赞成!还有别人要举吗?"

众人说:"春生哥做主席,赞成。"

我说:"凡赞成春生哥做主席的请举手。"……一百零八只手大多数赞成春生做主席。我是被举为书记。

春生哥穿着草鞋,腿上黄泥未干,走到桌边就职。他说:"我做这主席真好像是乡下人进城第一次吃海参,又想吃又有些害怕。可是我愿意试试看。如果做错了,我就自己睡倒在地上,省得你们来打倒我。好,学堂是要办的,但是怎样办呢?请大家发表意见。"

砖匠老许吃了镇江醋,一晚酸性未消,气愤愤的【地】站起来说:"我看学堂是办不得的。办了学堂,毁了菩萨,我们靠谁保佑呢?老太太、少奶奶,你们不要瞎听钟儿的鬼话。办了学堂,看你们到那【哪】里去烧香!我主张不办学堂,另外去接一个好和尚来。"

主席:"老许的话有人赞成吗?"

"赞成!不办学堂!"一位杂货店的老板站起来说。他是顾虑到他的金银香纸的买卖。

好大的声势!出我意料之外,我们今日竟遇着这厉害的劲敌。

## 十三

开了学堂便没处烧香,这是老许愚惑女人的催眠术。我是多么的心急啊。如果老太太、少奶奶们信了他的话,加入反对我们的集团,我们便要一败涂地。我是闭着眼儿在想抵制的对策。

忽然听得一声"主席!"只见那位胖胖的宋老太正要开始说话。坐在她前面的吴大妈也喊起主席。王二嫂子拉拉吴大妈的衣服轻轻的【地】对她说:"钟儿说过,两个人不能同时说话,等宋老太说了你再说吧。"吴大妈就坐了下来。好一位循循善诱的王二嫂子,吴大妈的从善如流也不可及。比一比那些摔墨盒打得头破血出的大人先生怎样?谁说我们乡下人拿了民权要闹乱子?

宋老太平日爱助贫苦人,负一乡重望,大有举足轻重之势,我是急于要听她的议论。她说:"老许劝我们不要瞎听钟儿的鬼话。我于今要以一个老太太的身份出来回复。我们都有眼睛，耳朵也没有聋，怎么叫做瞎听？钟儿年纪虽小，也是一个人，为什么他说的话是鬼话？办学堂不限定毁菩萨，怎么没处烧香？老身要拜佛，孙儿要上学。在佛殿里办学，烧香的时候可以看看孙儿念书，可谓一带两便，再好没有。我反对许大哥的提议。"

主席喊吴大妈说话，吴大妈说："我要说的话，都给宋老太说完了。我赞成办学堂，不毁菩萨。"

讨论完毕，主席付表决，反对办学的只伸出老许一只手。一只手！那是多么寂寞啊！最有趣的是那位杂货店老板，因为不毁菩萨，无害于他的金银香纸的买卖，他也顾不得老许的寂寞了。

## 十四

次议先生的资格。大家都赞成要请一位顶好顶有本事的人来做先生。至于怎样才算是顶好，怎样才算是顶有本事，你只要看一看当日记录，就明白我们乡下人理想中的先生是个什么样子：

张胡子说："先生要贯通四书五经。八股现在没用，要会做策论[①]才行。"

新近打败官司的余老五说："顶好要懂得法律。"

为儿子到处找媳妇的朱老太说："要会配八字，写喜帖，那才便当咧。"

预备买田的丁老五说："一定要一位会写契据的先生。"

富有经验而怕张胡子染指又怕城里时髦先生的宋老太说："我们要请一个五不先生：一不缺课，二不抽烟，三不赌博，四不《毛毛雨》，五不《妹妹我爱你》……"[②]她说得痛快淋漓，引得人哄堂大笑。

---

① 即策问性的议论文。起源于汉代，后世科举考试曾用以取士。清康熙、光绪年间也一度以策论取代八股取士，不久即废。

② 《毛毛雨》和《妹妹我爱你》皆为当时的流行歌曲。

我说找一个好的师范毕业生，以上的条件都可以达到。最后大家通过的是要找一位合乎以上资格的师范毕业生来做先生。

酬劳也曾谈到。大家轮流供饭。每学生三节①送礼，每节自一元至二元不等，赤贫免送。庙款充设备费。

春生哥、宋老太、我三个人是被推为筹备员，负责去找一位顶顶好、有本事的先生来。

## 十五

春生哥、宋老太和我约好第二天早晨一同进城去请先生。我怕当天晚上或者不能回来，便把敲钟的事托付给小和尚，并细细的【地】教了他一番。我们吃过早饭就动身。宋老太是时常到城里去过的。春生哥虽然也挑过柴火进城卖，但是柴一卖了就回来，对于城里的风景他实在赏得很少。我呢，一个十足的乡下佬。我进城好比是上学，宋老太便是我的老师。我的脚步一踏进城，就觉得样样东西与乡下不同。我一路走，一路问，宋老太也津津有味的【地】回答，我是多么的幸福啊！

我们进了城门，走不得多少路，便见一个漆黑的大东西比马还快的【地】冲来，把我们前面的一只老牛骇得乱跳。宋老太说，汽车来了，留心些。老实说，我也像那条老牛一般，吃了一大惊，忙着向路边退。只见它一阵风过去，灰尘扑得我满脸，不是我眼睛眨得快，若把灰尘弄到眼睛里去如何得了。奇怪！牙床怎么齐擦起来？灰尘到我嘴里去白相了。原来这路叫做马路，不是人走的。我就是这样一路吃灰吃过去，嘴里哼出了几句话：

大老倌儿坐汽车。

小老倌儿坐洋车。

---

① 三节，即春节、端午节和中秋节。

没得车坐的吃灰。

春生哥、宋老太听了都大笑而特笑。当我们走进一条小街的时候，看见一位大姑娘在前面走着。这姑娘奇怪！她没有梳头也不拖辫子，有点像尼姑；但是尼姑是剃得光光的，这姑娘的头发却比尼姑养得长。宋老太说："这是城里最时髦的女学生。你们看她脚上的皮鞋，和从前假小脚一样，这叫做高跟皮鞋。"不多时，我们赶上了这位女郎，迎面来了一个顽皮孩子，对着她嘻【嬉】皮笑脸的【地】唱道：

二道毛，
笑嘻嘻，
三言两语成夫妻。

宋老太说："唱得一点也不错。"我问："二道毛怎么讲？"她说："从前女孩子总要剪一回头发，使它容易长得好些。这些女学生是剪第二回了，所以叫做二道毛。我想是这样讲，不晓得错不错。"

## 十六

我们走到师范学堂门口，宋老太告诉门房说："我们是来请教员，要看校长。"门房说："校长还没有来，你们在这里等一会儿吧。"听！一、二、三、四、五、六、七、八、九，这东西会自己当当当地敲。宋老太说："这就是自鸣钟。"好一个自鸣钟，我是久仰大名，今天才得会面，那是多么快乐的一件事啊。我们一等，再等，三等，等到不耐烦了，就走到里面去看看。一间房里坐着三十几个学生，黑板上写了几个字，由一位穿西装的先生在那儿教学生念。黑板上写的字不像中国字，声音却辨得清楚。大家是跟着先生同声在念："爱、闭、细、弟……"宋老太说："他们是在学洋文。"我们又走到另一间一模一样的房子边，只听得大家都在喊：

"汪、土、司利……"有趣！闻所未闻。宋老太说，我们乡下用不着这东西。我却不敢这样武断。宋老太似乎不大欢喜洋文，她轻言轻语的【地】向我耳朵边说：

爱、闭、细、弟，

汪、土、司利，

中国人的嘴里放洋屁。

哈哈！春生问我们为什么笑，我告诉了他，他也不住的【地】笑了起来。

钟敲十下，校长来了，大有县老爷的架子。我们把来意说明，请他介绍一位顶好顶有本事的先生下乡。他说："我们还有三个毕业生，我写信去喊一位来和你们面谈。你们明天这时候来吧。"宋老太听说有三位，心里很欢喜，她想三位都要看看，然后在三位当中选择一位。她选择女婿是惯用这个法子。可是竟被校长拒绝了。校长说："我选一位顶好的朱先生和你们先谈，如果你们觉得很好，他就可以下乡。万一你们觉得不行，再介绍别人不迟。"宋老太知道她的选择女婿的方法在此地不能适用，也不坚持。我们便与校长点头而别。

今天是没有下乡的希望了。宋老太拉我们一起到她的姊姊家去玩。她外甥吴大少硬要请我们到饭馆里去吃大菜。我猜想是大头菜烧肉，后来我才知道是吃外国菜。这餐饭实在是吃得比挑水还费力。我猜吴大少是个吃大菜的内行，便小心跟他学。他用匙喝汤，我也用匙喝汤。他用刀切肉用叉吃，我也用刀切肉用叉吃。他不动手，我也不敢动手。奇怪！他喝汤和和尚吃稀饭一样，一声也不响。我于是喝汤也不敢响。春生哥却不然，他没有留心跟吴大少学。他喝汤几乎如同老牛喝水一般的响。他还闹了一个大笑话，把大家的肚子都笑痛了。他用刀送肉进嘴吃，一不小心，把舌头割了一刀。只听得他哎哟一声，满嘴的菜一起吐出，血儿还在一滴一滴的

【地】滴个不止。正是：

> 乡下佬，
> 吃大菜。
> 刀儿当做筷。
> 我的妈呀！
> 舌头去了一块。

## 十七

吃过大菜，我们回到吴公馆，闲谈了一些时候，吴大少便请我们到"大世界"[①]去游玩。宋老太主张游公园，并说"大世界"这种地方乡下人是去不得的。我想，为什么去不得？这里面必定有些奇怪，我好容易进城第一次，何能不去见识见识？宋老太说这话的目的无非是想阻止我们到"大世界"去，她不知道这番话反而引起我的兴奋，使我非去不可。春生哥心里也有点痒，宋老太终于被我们的软求所屈服，和我们一起去游"大世界"。这里一切的一切，我都是见所未见。宋老太心里总有些不满，特别是不满意那些花花公子和摩登小姐。她是叽哩咕噜的见一个讲一个，把他们批评的【得】体无完肤。我虽不以她的态度为然，但从她的谈话里，我实在学了一些不可多得的知识。离我前面一丈路光景，有一位小姐在散步，我见她失落了一块手巾在地上，便喊说："哪个的手巾掉了？"那位小姐正在回头望我一望的时候，只听得后面一声："钟儿！"宋老太继续的【地】说："那是野鸡！拆白党！你惹她做什么？她是特为摔掉手巾引你和她招呼。我讲这个坏地方，乡下人来不得。若不是我在这里，保你们今天要上她一个大当。跟到她家里去，白银子化【花】光，衣服给人剥掉，驮

---

① 大世界，即上海大世界，当时上海最大的娱乐场所。

一顿毒打，抱着头儿回到乡下，有人问起，倒说是跌了一跤跌伤的。对不对？"宋老太的话，我有几分懂。我实在觉得难为情，我两颊发红，我不得不为自己辩护。我说："我们乡下人见了人家失落东西，总是要告人的。为什么城里失落手巾的是野鸡，告诉人要驮打？"吴大少抢着说："他倒是好意。"宋老太说："钟儿是我们顶好的孩子。我知道他是好意。我说这些话只是惊醒他，要提防坏人。总之，这种地方乡下人是不来为妙。我的老腐败的意见是：

大世界，
小世界，
七离八怪，
不教人好教人坏。"

我不能完全赞同宋老太的意见。"大世界"里却有好的东西。特别引我注意的是那些镜子，把我变得像一个七十二变的孙悟空。奇怪！这是什么道理？我得问问先生。我非把这个道理找出来不可。

## 十八

晚上我们就在吴公馆里过夜，春生哥和我住一房。春生哥说："我们吹了灯再睡吧。"……呼……呼，呼……"奇怪！这灯儿怎么吹不乌呀？钟儿！你起来看看。"我也吹了几吹，火光一动也不动。仔细看看，正是：

城里灯，
一点油也无。
洋火点不着，
大嘴吹不乌。

这灯儿是妙极了。我的确不懂从那【哪】儿来的火光。那根线大概是很有关系。你看，那是一根双股线。这双股线里必定有奇妙的把戏。"吴大少！你府上这个灯儿怎么吹不乌？"吴大少在客厅上哈哈大笑说："乡下佬，这是电灯，怎么吹得乌呢？你要它乌也不难。你看，……得搭……不是乌了吗？……得搭……不是又亮了吗？"我说："让我试一试……得搭而乌……得搭而亮……有趣！"春生哥也来试了几试。我们愈试得有趣便愈觉得莫名其妙。吴大少的一知半解的说明，不能满足我的求知欲。我睡在床上足足想了一个钟头都想不出什么道理来。最后我是下了一个决心，明天要请的先生，别的资格我可以将就，若是他说不出电灯是如何发光，我是不愿意请的。对，我千万不要忘记问他那些镜子里的人影，为什么现出这么多的奇形怪状。这个道理他若是说不出来，也不配做我们古庙的先生。因为他若回答不出这些问题，于我有什么益处，于我们村庄里的孩子们有什么益处？哈哈，先生没有考我们，我们倒先要考起先生来，岂有此理！哎，除此以外，我还有什么别的办法呢？

## 十九

第二天早上，我们和朱先生在师范学堂的会客室里相见。那些客套话恕我不述了。我们把进城请先生的来意详详细细的【地】说了一番。朱先生听了，脸上现出很高兴的样子。他说："你们请先生和我找学校都不是容易的事。诸位一定感觉到，有时是合得人意，合不得我意；合得我意，合不得人意。我在去年六月六日写了几首小诗。大家知道六月六日是叫做教师节。我们做先生的人在这一天都要开会，讨论先生们如何可以负起培养小孩子以创造新中国与新世界的重大使命。先生是应该如何做法？我那几首小诗便代表了我的主张。请诸位看一看。若是大家赞成，我很愿意下乡帮忙；若不赞成，那也不必勉强。总之，我是在找一个能行主张的学校，也如同诸位是在找一位合意的先生。"

我说："朱先生！那是再好没有了。我来读，不懂的请先生讲。"宋老太和春生哥倾耳静听着：

(一)

去年六月六，小孩骇得哭。
今年六月六，宝宝多幸福。

(二)

去年六月六，板凳粘屁股。
今年六月六，满身汗如雨。

(三)

年年六月六，死书不再读。
只做活学问，越做越不足。

(四)

年年六月六，先生自种谷。
肚子饿起来，喝碗绿豆粥。

(五)

年年六月六，先生进地狱。
地狱变天堂，众生自成佛。

## 二十

宋老太说："好极了！我顶欢喜头四句。从前的先生简直是个阎罗王，小孩子见了先生面，骇得比个小鬼还不如。我那小孙儿放在这种先生面前，老身何能放下心来？先生以小孩子为小宝宝，我就无忧无虑了。"

春生哥说:"'先生自种谷',足见先生看得起务农,我们农人一定欢迎。"

我说:"这五首诗中,我有一句不大明白。'板凳粘屁股'是怎样讲?请先生指教。"

朱先生说:"从前读书人倒了霉,才愿教蒙童馆。因此他的事业叫做'坐馆'。在他们看来,坐馆是个穷差使。因为竞争的人不多,所以又叫做'坐冷板凳'。初坐上去的时候,难免觉得有点冰人,等到坐之既久,则热而粘起来了。这句诗是形容一个'坐而不做'的先生。现在呢?这板凳依旧的冷。一天劳苦之后,我们可以坐在上面休息休息;若是贪图舒服依旧坐到粘起来,那就辜负了这条可贵的冷板凳了。在我给一位朋友的信里,我曾进一步主张这种生活之改革。现在也不妨说出来请诸位指教。我在这封信里写的是:

  从前的先生,爱坐冷板凳。
  现代的先生,赤着脚挑粪。"

我们听了末一句,都忍不住的【地】笑了。可是在笑声中却流露了一种说不出的敬意。最后我问:"听说有人谈到教师节是有'重士'的意义,朱先生以为何如?"

朱先生说:"师是不是士?士该不该看重?重士是不是重师?我们要想把这些问题回答清楚,必先知道从前所谓之士,究竟是什么?这是古代农人对于'士'的认识,而由我描写出来的一幅'士'的小影:

  四体既不勤,五谷也不分。
  达则做官去,穷则教学生。

这样的一类人,在现代是不配受任何人的敬重了。从前那些好吃懒做的士，是居四民①之首。现在只有靠自己动手种田做工赚饭吃的人，才算是一品大百姓。士的地位是没落了。我们虽不可重士，却不可不重师。教人种田种得好的是农之师。教人做工做得好的是工之师。教四万万国民起来拿民权，保民族，厚民生，以创造出一个名实相符的中华民国，并与以平等待我之民族联合起来，以创造出一个平等的、自由的新世界的是国民之师、人类之师。农不重师，则农必破产；工不重师，则工必粗陋；国民不重师，则国必不能富强，人类不重师，则世界不得太平。但是要人敬的必先自敬。重师首在师之自重。把顶戴去掉！把博士帽、硕士帽、学士帽去掉！把想比百工高一个头的野心去掉！把一双可以自由活动的手伸出来！'士'化为'工'，乃可以为师。六六节的本意在重师，——重这样的师。若是拿它来维护士大夫的地位，那便是开倒车了。**所以我认为教师节的重大意义在化士为工，在化教书之师而为做工之师，教人做实验之工，做生产之工，做建设之工，做创造新乡村、新中国、新世界之工。**诸位看我这个意思对不对？"

## 二十一

我们听见朱先生这番话，是五体投地的钦佩。宋老太、春生哥和我异口同声的【地】说："朱先生这种主张一点也不错。"我补了一句说："就请朱先生到我们村庄里去把这些主张行出来吧。"宋老太、春生哥也毫不迟疑的【地】表示赞同。朱先生听见我们三个人一致欢迎他下乡，便站起来说："我对于乡下的事是一窍也不通，但是愿意跟大家学。如果诸位愿意随时教我，我马上就下乡去做诸位的学生。我还有一个弟弟，也要带去拜诸位做先生。"宋老太说："先生是说反话吧？我们请得先生下乡，大家都可以向您请教，那是多么的幸福啊！先生总是先生，我们能做您的学生，已经是天大的福气。于今先生还说要拜我们做先生，那是折我们的福

---

① "四民"，指古代中国的士、农、工、商。除了士民、农民、工农、商民外，还有大量的"贱民"，称为"贱籍"阶层。

了。"春生哥也说:"朱先生的话我们是不敢当。总之我们今天陪先生一起下乡,那是荣幸极了。"朱先生说:"不是客气。将来你们看吧!我能教你们的很少,你们能教我的很多。"我想起敲钟的事,急于要下乡,便说:"大家都不要客气了。我们一起下乡吃午饭。朱先生!请您就去把小弟弟带来,我们在这儿候驾,好不好?"朱先生说了一声:"好!"就去了。

宋老太与春生哥在那儿谈话,口口声声称赞朱先生。我是一个子在这儿呆想。宋老太大概是忘了吧?她最反对的是《毛毛雨》《妹妹我爱你》。她已经提议不请提倡这种歌曲的先生。她能担保朱先生不到乡下去干这个把戏吗?她何以把这个重要的条件忽略掉?朱先生对于这一点抱了什么态度?她是一句话也没有问!我呢?那是格外无以自解了。我曾经下了决心,凡是不能说明电灯如何发光和"大世界"镜子里如何有这么多变化的人,我都不愿请他做先生。何以见了朱先生一句也不提?忘了吗?乡下佬见了城里人就怕问吗?奇怪!这一切的一切是不消问了。朱先生所提出的主张是出乎我们意料之外的伟大,把我们这些小问题都一网打尽的包罗在内。我之所以不急于追问那电灯和镜子里的奥妙,是因为朱先生明明的【地】告诉我,他"只做活学问,越做越不足"。他若是知道这里面的奥妙,那么等他下乡后再请教也不迟;他若是不知道吧,他日后会把它们当作活学问去研究,总有一天把这奥妙的道理找出来。我如何可以凭着这一两点零碎知识而定一位先生之去留呢?宋老太的顾虑怕是和我的一样,同被朱先生的主张打得粉粉碎,飞到九霄云外去了吧?

## 二十二

朱先生也和我们一样的奇怪。他没有问我们每月给他多少束脩,也没有问我们一天要他教几点钟课。这是什么道理?难道他是个阔佬,不愿在这薪水和钟点上打算吗?这薪水和钟点问题为什么在他心中不成问题?莫不是因为得了一个地方能行自己的主张就快乐得把这些问题忘了吗?谁知道呢?……

两个人挑了两个担子渐渐的【地】走近了。谁？那个大个子不是朱先生吗，小的一定是他的弟弟了。先生自己挑铺盖！我是今生第一次遇见。……"朱先生！您怎么自己挑行李？这正是我效劳的机会了。……春生哥！你代小弟弟挑，我代先生挑，好吗？"我自告奋勇的【地】说。春生哥跑上去抢先生的较大的行李，一面对我说："你年纪小些，该挑小的。"

　　哪里知道朱先生是下了决心要自己挑铺盖下乡，无论怎样说，总不肯让我们挑。他的理由却很简单。他说："这是我跟你们学的第一课。乡下人自挑柴火进城卖，我们应该效法。"可是，我们如何可以依他，他是我们新请的先生，让他自己挑铺盖，我们却两手空空舒舒服服的【地】看着先生流汗，问心如何说得过去。最后宋老太提出一个折中的办法，两个行李担四个人轮流挑。不过走近古庙的时候，一定要让春生哥和钟儿代挑。宋老太的建议是被双方接受了。究竟先生的肩脖嫩得很，小弟弟的更嫩，到了古庙，打开衣服一看，肩上是如同擘痧①一般的红，并且是肿起了两个肉瘤。小弟弟后来说，睡了一夜格外觉得酸痛。他以为这次挑担下乡是很有意思的。他说他从此不再看轻挑担的人，因为他曾经挑过担子，知道出一分力才能走一步路。这位小弟弟是多么的可爱阿【啊】！

## 二十三

　　乡下人进城闹笑话，那是不必说了。谁知道城里人下乡也会闹笑话，我们那位可爱的小弟弟，闹的笑话不比我少。别的不说，只说一件。当我们走到庙门口的时候，小弟弟指着庙前绿油油的田园说："你们种这许多韭菜，怎么吃得了？"这句话引得大家哄堂大笑，简直把一个天真烂漫的小弟弟都笑呆了。他不知道大家为什么笑，还是宋老太嘴快："这是麦苗，不是韭菜，你欢喜吃韭菜吗？"小弟弟自己也笑得满脸通红。朱先生说："我讲过吧，你们能教我们的东西多着咧。小弟弟！你是多么幸福呀。宋

---

① 擘痧，即刮痧。

老太教你知道麦子是什么了。你还得把麦苗与韭菜详细比较一下，找出究竟有什么分别，你以后只要虚心问人，就能天天长进。至于自己不知道的东西，是要勇于请教，怯于瞎讲，才对。"

## 二十四

村庄里的人听说新先生请来了，男女老幼都跑来看，如同看新郎一样的热闹。我们一个一个的【地】介绍与朱先生相见。朱先生立刻把孩子们招在一块，说："小朋友！我讲一个故事给你们听吧。从前有一个农人，只管代人种田，把自己的田荒在那儿。后来没有米吃，就饿死了。在他死的时候忽然来了一只鸟，停在屋角上'布谷，布谷'的【地】叫。从此乡下人以为这只布谷鸟就是那个饿死的老农变的，天天叫人'布谷'以免挨饿。这个故事你们是早已知道了。但是你们可知道这布谷鸟所叫的究竟有什么意思呢？它所讲的话是：

布谷布谷，快快布谷。
如不布谷，没米煮粥。
如要煮粥，快快布谷。
布谷煮粥，煮粥布谷。

你们大家念念看，要念得快，念得不错。谁念得顶好，我就把这个小皮球交给他管。"

大家念得高兴极了。王二嫂子的小儿子樱儿是念得顶快，一个字也没有念错。他快乐得像个活神仙一般，就这小皮球管理之职。朱先生便开始教小孩们拍这个奇怪而好玩的东西。这小球儿就是年长的农人也没有看过，有几位插进小孩子的队伍里去拍了一两拍，笑嘻嘻的【地】说："这东西好玩！"

## 二十五

朱先生进去喝了一两口茶便说："钟儿！请你带我去看看学堂应该设在哪儿。"我就领朱先生看大殿，这儿供奉的是如来佛。次看看后殿，朱先生忽然问道："和尚庙里怎么来了一位太上老君？奇怪！佛教怎么和道教妥协？"我告诉他说："这是和尚因为进款不敷支出，在五年前加进来的。原是离这儿十几里路的地方有个紫霞洞。凡是村庄里信仰道教的人都去那儿去烧香。当我们这里太上老君开光的那一天，和尚得意洋洋的【地】说：'这个利权从此不致外溢了。'的确，自从太上老君进来之后，每年庙里是多了五六十元的收入。这和尚是会做生意。"……我们走着谈着，一忽儿就到了别殿，朱先生问："这是些什么菩萨？财神我认得，那些是什么？"我一一回答说："这是麻神，这是痘神，这是蚕神，这是牛神。"朱先生说："我猜想这一切的一切，怕都是和尚老板的伙计吧。哪个顶会做买卖？"我说："这要看流年。前年小孩子出天花的顶多，痘神是走了红运。去年春蚕发瘟，蚕神门市竟赛过财神。"朱先生说："这是多么有趣的一个店铺呀！"我说："现在既要改做学堂，总得把这些菩萨移动移动，使得小学生有个地方坐才是。小学生便是我们的活菩萨，等他们都坐到这里来，那时庙中必定是另有一番新的气象。"朱先生开始说我所不能懂的话了。他叹了一口气说："如果叫小学生一个一个的【地】都坐到这里来，他们也就变成泥塑木雕的菩萨了。那时这些小朋友便成了先生糊口的小伙计，如同菩萨做和尚的伙计是一样的可笑。"我不大懂这些话。难道菩萨不搬动就能容纳这许多小学生吗？这葫芦里是装了什么药？朱先生继续的【地】问："还有地方可看吗？""没有了！"是我的简短的答复。朱先生又说："学堂好比是一条老牛，这几间房子不过是牛身上的一根毛，只是一根毛！"我心中可着急了。朱先生显然是瞧不起我们这个古庙。我万分的忧虑，怕他不愿意做我们这里的先生。这，这，应该怎么办呢？

## 二十六

"我们到外面去看看吧。庙里不大行。"朱先生一面说,一面向大门外走。我说:"庙外再也找不出一个更合式【适】的地方。村庄里只是一些茅草棚,怎么做学堂?张胡子的家里虽是石库门,也比古庙小得多,决不合用。"朱先生说:"我们出去看看,总不碍事。钟儿你不要拘执成见,也许还有更好的地方在那儿等着我们去找咧。"我于是领导朱先生穿村庄里经过。好热闹呀!连姑娘、小姐、少奶奶都跑到家门口来看,一个个的爆蚕豆样说:"那就是先生!"小孩们是三五群的像尾巴样在后面跟着。

我们走到铁匠铺,李铁匠放下那通红的铁,出来与我们招呼。朱先生笑嘻嘻的对我说:"这个铺子就是一个顶好的课堂,李司务便是我们的先生。我们以后要向他请教咧。"李司务很客气的【地】说:"朱先生不要见笑。我这个粗人,懂得什么,一定要先生指教我才对。"

我们别了李司务,远远的【地】看见老许在那儿砌墙,朱先生说:"那个砌墙的地方也是我们的一个课堂,砖匠司务也是我们的老师。那司务叫什么名字?""那是砖匠老许,反对办学堂就是他。"我便把他的历史一五一十的【地】告诉了朱先生。朱先生说:"尽管他反对,我们要学砌墙的道理,总得请教他。"

再走过去,是一个很大的菜园,赵小二哥正在那儿浇粪水。小二哥种菜是顶有名的,菜儿长得又大又嫩。村庄里是没有人比得上他。朱先生说:"赵家菜园也是我们的一个课堂。小老二便是教我们种菜的先生。"

离菜园半里路是一座山,遍山是松树,叫做万松岭。万松岭上有一棵老松树,老松树上有一只老鹰在那儿做巢。朱先生问:"这棵老松树是什么?那老鹰又是谁?"我毫不迟疑的【地】而且十分自信的【地】回答说:"这棵老松树是我们的一个课堂。那老鹰便是我们的先生。"朱先生说:"聪明的钟儿!飞鸟是很好的建筑工程师,传说古人造房子便是跟鸟儿学的。我还想问你一句,这里是我们的课堂,那里又是我们的课堂,那么我们的学堂究竟是在什么地方?"我说:"朱先生!我的学堂完全被你打破了。我现在知道你心中的学堂是什么。**你的学堂是以青天为顶,大地为底,二十八宿为门墙,万物都是你的先生,都是你的同学,都是你的学生。我完全懂了,你打破了我的鸟笼式的小学校而给了我一个森林似的大学校。我们在这海阔天空中过生活,那是多么的快乐呀!**"朱先生说:"聪明的钟儿,你是知道了一半!"

## 二十七

我想在海阔天空中过生活,便是在海阔天空中受教育,必定是皆大欢喜,各得其所,还有什么缺憾呢?我自以为得到了朱先生的法宝,那【哪】里料到他说我只知道了一半。这个我必得追问下去:"请教那一半是什么?"朱先生说:"人生有三种境界,教育也有三种境界。你所说的是第一种境界。海里的鲸鱼,空中的仙鹤,森林里的狮子是多么的自由,又是多么的幸福啊!人生得到自由也是一样的幸福。教育办到这种境界,学堂是造成天堂,小孩们是变为活神仙了。但明明是空中的一只鸟,有人偏偏要把它捉进笼里去;明明是海里的一条鱼,有人偏偏要把它捉进盆里去;明明是森林里的一只野兽,有人偏偏要把它捉进棚栏里去。假使你是这只不幸的鸟,假使你是这条不幸的鱼,假使你是这只不幸的野兽,你该怎么办?""我不愿意到笼里去,我不愿意到盆里去,我不愿意到棚栏里去。""他不管你愿意不愿,简直一味横蛮的【地】把你捉了进去,你又怎么办?""**我要用我的小小生命的力量,我要联合一切小小生命的力量和这人奋斗。我要啄破鸟笼,冲破鱼盆,咬破棚栏,向那海阔天空投奔而去!**""又比如你是森林里一只自由自在的睡狮,突然来了一只老虎向你侵略,你又该怎样?""我当与老虎决一死斗!"朱先生说:"**好,生命遇着对敌,必起而奋斗,这是第二种境界。**"我说:"对!我要自由!我要奋斗!"朱先生说:"你再看一粒种子!它在那天寒地冻的时候是被压在泥土里。你说它被泥土压着不自由便把泥土拨开,你说它被壳儿包着还不自由便把壳儿剥掉。好，一粒赤裸裸的种子暴露在自由之土地上，一只肚子饿了半天的雀儿从枯枝上飞来，一啄就把它整个的【地】吞了下去！钟儿，这粒种子要想发芽、抽条、开花、结果，你必得让它用一些时间深藏在壳里，潜伏在地中，慢慢去吸收水分、肥料、空气、阳光，以发挥它的生命。这是第三种境界。"

我欢喜极了，便笑对朱先生说："先生是算错了账。我所知道的是三分之一而不是一半。"

## 二十八

从万松岭回来，我一路把朱先生所说的话放在我的脑海里漂了几漂。朱先生是胸有成竹，我要从许多破碎的观念中建设出一个活跃的学校的小影。古庙学校必是一个有生命的学校。在这个学校里是有生命的潜伏，有生命的自由，而且是有生命的奋斗。我三番五次的【地】考虑之后，把我们所要办的古庙学校，画了下面一幅简笔画：

> 静默如地下的种子。
> 自由如空中的鸽子。
> 猛勇如斗虎的狮子。

我写好了，拿给朱先生看并请他指教。他欢喜极了，立刻拿起笔来，说，我也写上几句：

> 行动是老子。
> 知识是儿子。
> 创造是孙子。

## 二十九

朱先生写的这几句话，可就把我弄糊涂了。依我从前的意思看来，是先有知识而后有行动。现在朱先生以行动为老子，知识为儿子，创造为孙子，恰恰与我的意思相反。如果我是对的，他必定是错了；假使他是对的，我必定是错了。我思来想去，不能说我一定对，也不能说他一定错，我是在一个圆圈里打转，找不着出路。我自己不能自圆其说，终于问朱先生要证据来说明他的主张。

朱先生问我："你知道骑牛吗？"我说："知道。""你这骑牛的知识是如何得来的？""在牛背上骑了几回就会了。""好。骑牛是行动，会骑是知识，那么知识是行动里产生出来的，不是吗？""对！"

朱先生又问："你知道游水吗？"我说："知道。""你再想想那游水的知识是如何得来的？""在水里游了几回就会了。""好，游水是行动，会游是知识。又可见知识是从行动里产生出来的，不是吗？""对！"

我想了一忽儿，反问朱先生："我们知道火是烫人的，遇了火便缩手。知火烫人是知识，遇火缩手是行动。这不是先知而后行吗？"朱先生说："火是什么？烫人又是什么？你是生来就知道的吗？""我想不是生来就知道的，说不定是人家告诉我的。""人家可以告诉你火是烫人的，也可以告诉你火是冰人的，谁真谁假，你如何判断，如何分别，如何知道？你怎么知道火一定是烫人的，火一定不是冰人的？你怎么知道那告诉你火是烫人的是说真话？又怎么知道那告诉你火是冰人的是说假话？""我想拿手在火上试一试便知道了。""对！你在你妈妈怀抱里的时候，有一次伸手玩火，被火烫了，便知道火是个厉害的东西，所以以后见着火就把手缩去。伸手玩火是行动，知道火烫人手是知识。这不是证明先行而后知吗？"

## 三十

先生说到这里，我是有几分明白了。但是行动产生知识的理论究竟对于我们的学校要发生什么影响，我还不能推定，便打破砂锅纹（问）到底的【地】向朱先生请教。朱先生说："我们这个学校是根本与传统的学校不同了。传统的学校是一个鲍鱼罐头公司。学生好比是一个一个的罐头。先生好比是装罐工人。伪知识便是装在罐头里的臭鱼，没有煮熟，没有消毒，令人看了好看，吃了呕心泻肚送老命。何能怪人连罐头一起摔掉呀！可是这个罐头公司是个老店，挂的是历代圣贤亲笔所写的招牌。我不要说别人，只拿那主张'知行合一'的王阳明的理论来谈一谈，你便知道传统学校的根是安得很深了。他说：'知是行之始，行是知之成。'这两句话是代表了传统学校的教育方法。我们在学校里用十年五年光阴把'知'的功夫做好了，再到学校外去'行'。依传统的方法，你要学游水是在课堂里听游水的演讲，在图书馆里看游水的书，到大考的时候写一篇《游水论》，得七十分就算及格，得一百分就算是个游水大王。谁能否认你呢！你的学校是有先知后行的哲学根据，你的考卷是有博士们的双圈，你的文凭是有教育部盖的印子。谁能否认你呀！可是你得留神，海龙王只认本领不认文凭。大达轮船失了火，如果你也是船上的一个搭客，那时可真是过游水的大考啊。好，传统学校是必得拆掉。王阳明的'知是行之始'得翻半个筋斗。怎么叫做半个筋斗呢？孙悟空一个筋斗十万八千里。他是站在如来佛的手掌上翻筋斗，翻好了一个，他还是站着。翻一个筋斗是画三百六十度，半个筋斗是画了一百八十度，恰是颠倒了过来。我们的理论应该是这样：

　　行是知之始，
　　知是行之成。

我们是要在行动中追求真知识。行动遇着困难便不能不思想，思想贯通便取得了真知识。运用真知识以行动，便走上了创造之路。今日之学校是行以求知的地方。有行动的勇气，才有真知之收获，才有创造之可能。"

## 三十一

我们前次公议由各家轮流供饭。第一回就轮到春生哥的头上。他今天是辛苦了,一到乡下就忙着去预备饭菜。我的嘴福倒不浅,春生哥硬要拉我去做陪客。

当我们动身之前,朱先生把小弟弟叫到一边,招呼他说:"你平常是吃肉不吃皮。今天在农人家里去做客,可要守些规矩,连皮一起吃。农人拿他血汗换来的钱请我们吃饭是很不容易的。若要嫌精拣肥,把可吃的东西白白的糟掉,那就是辜负他们的好意了。"小弟弟点点头。

我们到了春生哥的家里,只见宋老太、李司务、赵小二哥、丁老五都在那儿了,连主人恰恰坐满一张八仙桌。春生嫂嫂是在厨房里亲手弄饭做菜。他们的两个可爱的孩子——梅香和莺儿,是忙着冲茶、上菜、添饭、打手巾把子。今晚所上的菜是四碗四盘。盘菜是干丝、腌菜、鸭蛋、香肠;碗菜是青菜豆腐汤、腌鲤鱼、清炖鸡、红烧肉。这种菜在我们乡下要隔几个月才吃得着一次。今晚的菜是特别弄得结实而丰富,用村庄里顶大的盘子和顶大的碗子端出来。朱先生是有先见之明。那红烧肉的皮是有牛皮那样厚,而且是一根一根的黑毛,怒发冲冠的【地】竖着。我留心小弟弟怎样去对付。我猜想他是欢喜吃红烧肉。如果在自己家里他必是老实不客气用筷子看准一块取来,把肉与皮交界处放在门牙间一咬,随将带毛之皮放在桌上,再从容去细嚼那美味的肉。他今晚一定不能痛快的【地】干。他要就不吃,要就连皮带毛一口吞。他是在考虑。毕竟他是下了决心,取得一块,眼睛眨了一眨送进嘴去。

我们先商量什么日子开学。

乡下破蒙学生总要过了二月二才进馆,已经破过蒙的可以早些。但无论如何总得拣个好日子。自然,那官历是我们的惟【唯】一的指导书。春生哥拿了一本官历来请朱先生拣。朱先生拣定了阳历三月十五日即阴历二月初九日。赵小二哥说:"给我看看。"李司务说:"你不认得字,字也不认得你，你怎么看得出日子好坏。"小二哥说："香瓜看官历，一行到底是好日。朱先生拣的这个日子好极了。"

## 三十二

我们在酒席上所谈的第二个问题便是招学生。宋老太问朱先生预备多少人。朱先生说："一个也可，一千也可。"宋老太说："要上学的学生多着咧，我只怕收不下，朱先生连一千也能收，那就不必我们烦心了。"春生哥问："几岁的孩子就可以上学呢？"朱先生说："一岁也可，百岁也可。"大家都笑了起来，说："照这样讲，我们都可以做学生了。那好！"李司务问："有许多孩子想来而不得来，又有什么办法？比如住在我隔壁的牛儿，靠守牛吃饭。他想进学堂，简直是如同害了相思病一样。但是进学堂就没得饭吃，要吃饭就不能进学堂。先生看，像牛儿这样的孩子是有许多，怎么办呢？比如我老李，虽然是虚度了四十岁，也想认识几个字，但总不能关了铺子去求学吧。因为关了铺子就要饿了肚子，当了裤子，这决【绝】不是好玩的（大家哄堂而笑）。先生看，如何是好？"朱先生说："有办法。与其招学生进学校，不如送教育上门。我们把教育送上牛背，不是不可能。如果您不见弃，我们也可以拿点教育的礼物来送送您。"李司务听得高兴极了，大家都说这法子好。

在满屋的欢笑声中我是免不了怀疑。朱先生这些话都有点出乎我意料之外。我不得不思索。我不能随声附和。朱先生是单身匹马来到这里，一千个学生，谈何容易，一个子怎么忙得过来？那一千个人并不是最高限度，细味他的口气，再多些，他似乎也吃得下。至于一岁的孩子，那是多么的难养呀！朱先生又不是女人，倘若来上几十个吃乳的婴儿，这座古庙岂不成了一个活的进来死的出去的育婴堂吗。他还不满足！还要送教育上牛背！还要送教育进铁匠铺！他是有一百只手一百条腿也干不了。他是说大话吗？他是说笑话吗？他是随便敷衍乡下人吗？这些我能担保，他决【绝】不是那样的一个人。我的脑壳是成了这些矛盾的意见的战场。我是听呆了，想呆了。我又想当场质问朱先生，又怕说错话，一直到散席，我是成了一个哑巴子。

## 三十三

回到庙里，我就把我所怀疑的一五一十的【地】说出来，请朱先生解释。

朱先生说：**"现在政府一面提倡普及教育，一面小孩子进小学要考，甚至于进幼稚园也要考，这种自相矛盾的政策是应该存在的吗？** 我那小弟弟也不见得笨，四年前投考小学居然考不取，我不得已只好在家里教他。小学也要过考，真是二十世纪的一个大笑话。我们在这里办学，决不可以利用入学考试来淘汰小朋友。我们只好来一个收一个，才算是民国的教育。假如有人要来学做国民，你说要先考他一下。好，他可以说让他学好了再请你考。他或者可以问：'倘使考不取就不必学做国民吗？'请问你有什么话回答？你说经费不足，先生不够，课堂容不下。他可以说考得取的固然不会做国民，考不取的是格外不会做国民，那末【么】考不取的小孩子是应该尽先入学，你又有什么话回答？我们抱着一个'来者不拒'的态度便没有这个矛盾了。而且我办学堂如同韩信点兵，多多益善。你怕我一个人干不了，这固然说得有理，但是村庄里有的是人，何止我一个？我现在问你：'我一个人教十个人，行不行？'""那怎么不行！""如果十个人在前一点钟学会做一件事，后一点钟就拿这件事再去每人教十人，行不行？""这行！""好，这样一人教十人，十人教百人，百人教千人，并不是不可能。你只须【需】看那最好的军队里，军长、师长、旅长、团长、营长、连长、排长、士兵一贯的训练下去，就知道我这个意思是可以实现的。我把我心里的办法告诉你吧。**我要先招先生，后招学生，其实我是要先招大徒弟，后招小徒弟。我的办法是：师傅教大徒弟，大徒弟教小徒弟。** 这也没有说得十分恰当。我实在是要教大徒弟去教小徒弟去自己教自己。好了，这句话才把我的意思充分的【地】发挥出来。现在离开学还有好多天，你可以带我去会会村庄里的小朋友、大朋友。同时也可以请他们随时到我们古庙里来玩玩谈谈，这样在开学之前我便可以认识谁能做师傅，谁能做大徒弟。找着了几位师傅，几十位大徒弟，我们便能从整个村庄的生活里办出整个村庄的教育来。钟儿！你在大徒弟当中算是顶大的了。但是你要明白：我不一定是师傅，师傅不一定是我。"

## 三十四

我说："朱先生要我做一个徒弟，我倒是很情愿的，但只是会的教人，不会的跟人学，似乎不必分什么大小。至于师傅这把交椅，那就请先生老实不客气的【地】坐了起来，用不着推让。"

朱先生说："广义的【地】说起来，不但是徒弟没有大小，就是师傅与徒弟的区别也不能分得清楚。就拿我来说吧，我有些事情能做你的师傅，有些事情倒要做你的徒弟。不说别的，只说那敲钟一件事，我就该拜你做师傅。莫说我应该拜你做师傅，世界上不必拜你做师傅的人就不多见咧。"

朱先生这番话倒说中了我的心眼。年青的人，谁不欢喜听人恭维呢。我知道朱先生决【绝】不是要在我心里撒下几粒骄傲的种子，他只是拿一件浅近的事证明师生间是没有严格的界限。不过我必得留神，不要因为敲钟一件小事受人恭维，就真的摆起师傅的架子。我将来就做了师傅，还要肯得虚心做人徒弟，才有长进的希望咧。朱先生办学如韩信点兵，多多益善，我是赞同。但是招收一岁的婴儿，总不以为然，因为我实在是想不通。最后我只得老老实实的【地】提出质问："先生要招收婴儿，最好是重新考虑一下。您看，这些婴儿来了之后，一天到晚，哭啰，抱啰，喂啰，尿啰，屎啰，先生一手包办吧，如何忙得了，叫大徒弟帮忙吧，谁情愿？"

朱先生说："这个你不必顾虑，我有现成的徒弟。这徒弟便是每个婴儿自己的母亲，我们教了每个母亲便是教了每个婴儿。"

我说:"这也有困难。我们村庄里风气不开通。先生是个男子,怎么好去教导女人?一旦瓜田李下,有了闲话,可不是小事呀。"

朱先生说:"女人教女人总行得通吧?我看宋老太倒不错。如果她老人家肯出来领导,还有问题吗?我们帮她老人家的忙总该没有闲话吧?"

我说:"那是保险了。可是先生为什么要急急的【地】从婴儿教育下手?"

朱先生说:"小孩子的情感、习惯、倾向,在六岁以前如果培养的【得】不得当。将来要改那可费事啦。比如怕鬼是一种最不合理的情感,几乎完全是妇女们造谣造成功的。结果呢?小时怕鬼,终身怕鬼。六岁以前的教育是多么的重要啊!所以要培养小学生,先须培养幼稚生,更须培养婴儿,即须培养婴儿的母亲,那才是根本的办法咧。不注重母教要想把小学办好,比如是水中捞月,如何可能!"

## 三十五

我说:"小时怕鬼,终身怕鬼,这是千真万真的。我是天不怕地不怕,甚至于老虎都不怕。止【只】有那鬼呀,只要一说到这个字,我的毫毛就站起来了。朱先生!可有法子消除这个黑夜的恐怖?"

朱先生说:"我像你这大年纪是和你一样的怕鬼。我的祖母、我的外婆以及左右邻居的亲戚朋友,描写给我听的鬼,不下十几个,一个个的【地】都在他们的嘴唇上活跃,在我的心窝里作怪,使我站在旁边,全身都打寒战而发抖。我听过之后,再也不敢独自一个进到房里去,梦里是必定几次被那披头散发的东西骇得哭。小孩们的恐怖,老人家是不会体谅,风雨之夜没事,还是依旧日的谈,谈得我们的胆子都要骇破了。"

我插了一嘴说:"你现在还怕不怕?"朱先生说:"现在不怕了。我在十七岁的一个夏天,当太阳落山的时候,下了一个决心要去看鬼。我家离学堂有六十里路程。这时暑假刚刚过了一半。我是日里到学堂里来访朋友。本来可以在朋友家过夜,可是我想做两种试验:一看我能不能走一百二十里；二看路上究竟有没有鬼。所以就决定当晚回家。一路要经过好多个亭子，内中有三个亭子据说是出鬼的。朋友们的劝阻都不听，我买了一个小灯笼、几支蜡烛、一盒火柴就动身。走了一点多钟，远远的【地】望见第一个亭子就打了一个寒战。离亭子差不多十丈路光景，我的毫毛全都站起来了。将近到亭子门口，我看准了出口，闭了眼睛，两步当一步的【地】跑出亭子。好家伙！越跑越恐怖，好像是有鬼在后面追来。跑了几十步，脱离了鬼的势力范围，我开始质问自己说．'你干什么？你不是来看鬼吗？如果有鬼，你能跑得掉吗？如果无鬼何必闭起眼睛跑呢？对！我来为的是看鬼。到了第二个亭子，我一定要看！'新的决心增加了我百倍的勇气。走到第二亭，毫毛还是有些竖起。这新决心叫我大胆前进，我是一步一步的【地】从从容容的【地】走进亭子，到了亭心，四边一望，没有什么，便大步阔步的【地】走了出去。第三个亭子是同样走进走出，连毫毛也不竖了。我征服了鬼！我征服了我心里的鬼！我征服了我的长辈无意中骇了我十几年的虚造之鬼！我这个胜仗是用了九牛二虎之力冲锋冲出来的。你要想征服你心里的鬼，也得要奋斗。只有决心的奋斗能征服一切，连鬼在内。我们若能教导乡下妇人不再和小孩们讲鬼，小宝宝们要少几多恐怖。等到他们长大起来，也就用不着像我们这样费力的【地】去打鬼了。"

## 三十六

我们三个人——朱先生、小弟弟、我——去到野外散步，看见陈大嫂子在塘边洗衣服，朱先生指着背后草地上说："那是什么意思？"我顺着朱先生所指的地方看去，只见一个活活泼泼的小孩子在一个大筐子里坐着！原来这是陈大嫂子的小宝宝，家里没有人帮忙照应，又怕他在塘边玩水，所以他妈妈弄了一个筐子要他坐在那儿。陈大嫂子是洗了几下便回过头来望望。朱先生问："像这一类的事，多不多呢？"我说："有一天早上，孙大妈左手拿了一条小板凳，右手牵着她的四岁女儿到庙里来说：'钟儿！

我要挑柴进城卖，巧姑托你代我看管半天，只须【需】叫她坐在凳子上，不要给她东跑西跑就得了。'这一类的事是常有的，托邻居、亲戚照应的比较多些。"

朱先生和筐里的小宝宝玩了一会儿，便一面走一面想，忽然兴高采烈的【地】说："钟儿！我们今天是探获了一个新大陆！我看出那筐子里的小宝宝是陈大嫂子的一个累。巧姑是同样的累了孙大妈。还有那些在家里像尾巴样跟前越后，使妈妈奶奶累得发急的还多着哩。"我说："先生的话很对。这些孩子，不过三五岁，又不能守牛，又不能割草，又不能送饭，在家里挡手挡脚，出门去尾大不掉，农家妇女的确是累得没有办法。先生怎么看了这事如此的欢天喜地，你所发现的新大陆是什么？"

朱先生说："这些孩子是没有你所说的那一大堆困难了。哭啰，抱啰，屎啰，尿啰，喂啰，是都不大成问题了。如果我们有一个地方给这些小孩们玩，做妈妈的把他们寄托在这里，可以放心去做事，而且早上送来，晚上抱去。一天不见，如隔三秋。母子间之亲爱幸福，可想而知。在城里收这样小孩的地方叫做托儿所、幼稚园。托儿所、幼稚园下了乡，真是得其所哉。乡下是托儿所、幼稚园的新大陆！"

## 三十七

我说："这么大的孩子收进来，只须【需】有人陪他们玩，想去是办得通的。先生的主张我想用两句话来代表，不知道对不对？这两句话是：

'来者不拒；不来者送上门去。'

乡村的孩子们，稍微长大一点，便要守牛割柴，虽有学堂而不能来。那些抱在手中的小宝宝，即来也不能收。这些，我们只好把教育送上门去。惟【唯】独是像巧姑那般大的三五岁的孩子，我们倒不妨把大门开得大大的，给他一个'来者不拒'。因为他们不在家里，家里倒少些麻烦，进了学校，学校也不致受很大的累。我承认今天先生是发现了一个新大陆。但是细味先生的口气，好像城里的幼稚园是有些不得其所。不知道我猜错了没有？"

朱先生说："对！我告诉你一件有趣的故事吧。这故事我是间接听来的，但是千真万真，不是笑话。一位少奶奶死好打牌。她爱打牌过于爱她的孩子。她那孩子却是一个小天使，十分可爱，但是娇养惯了难免有时撒娇。当这少奶奶打牌打得兴高采烈的时候，她的孩子往往要来打搅。他是一刻要吃糖，一刻要吃馄饨，一刻喊抓痒，一刻喊撒尿，闹得这个少奶奶不得安身。她对孩子说：'你再这样闹，我就把你送到幼稚园里去。'小孩子懂得什么，一天一天的【地】依旧做了他妈妈的眼中钉。最后她竟硬着心肠把孩子送进幼稚园去。回到麻将椅上，笑嘻嘻的【地】说：'小东西不在这儿，咱今天可以痛痛快快的【地】打它几圈。'钟儿！城里幼稚园的先生是做了少奶奶们的老妈子，帮她带孩子，使她无挂无累的【地】赌博。你看教育的事业是变成这样的无聊。幼稚园下乡便立刻帮助了农妇生产，岂不是得其所哉！我要补说一句，城里在纱厂、丝厂旁边办的幼稚园是一样的有意思。可惜那些小姐式的幼稚教师，好像是甘心情愿要做少奶奶们的老妈子而不能自拔。这真是令人难解。我们这些新大陆上的披榛斩棘的工作，要待谁去做呢？"

我说："当然是我们自己干！"

## 三十八

我们散步到邻近的一个大村庄，听见有些小孩子"诗云、子曰"的在一个人家里面喊得热闹极了，知道这一定是个私塾，便走进去看看。这里引我最注意的是一个牌位，上面写的是：

"大成至圣先师孔夫子之位"

我为什么注意呢？因为我想古庙学校里也得有这样一个牌位。我怕朱先生没有注意到，特为指给他看，并且告诉他说："像这样的牌位，我们古庙学校里恐怕也得要有一个才对。"朱先生问："你读过《论语》没有？""读过的。""我们回去温习一遍再决定吧。"我心里想："这倒奇怪了。难道孔夫子的牌位也成了问题吗？为什么先要温习《论语》才能决定呢？"

朱先生一回到庙中，便在提箱里拿出一部《论语》："钟儿，小弟弟，你们两个人一同温习《论语》。拿笔墨纸来。你们温习的时候，凡是看见耕田种菜或孔子对农人或是农人对孔子发表的意见，都摘录下来给我看。"这是我所摘录下来的：

> 樊迟请学稼。子曰："吾不如老农。"请学为圃，子曰："吾不如老圃。"樊迟出。子曰："小人哉，樊须也！上好礼，则民莫敢不敬；上好义，则民莫敢不服；上好信，则民莫敢不用情。夫如是，则四方之民，襁负其子而至矣，焉用稼？"
>
> 南宫适问于孔子曰："羿善射，奡荡舟，俱不得其死。禹稷躬稼而有天下。"夫子不答。南宫适出。子曰："君子哉若人！尚德哉若人！"

小弟弟抄了两条：

> 子曰："君子谋道不谋食。耕也馁在其中矣。学也禄在其中矣。"
>
> 子路从而后，遇丈人，以杖荷蓧。子路问曰："子见夫子乎？"丈人曰："四体不勤，五谷不分，孰为夫子？"植其杖而芸，子路拱而立。止子路宿，杀鸡为黍而食之，见其二子焉。

## 三十九

我和小弟弟摘抄好了，便把一个个的意义查清楚，问明白，然后开始讨论。我说："樊迟问种田问种菜，可算是一个关心农事的学生，不过他是问错了人。向一个读书人问这些有什么用处呢？"小弟弟说："孔子说他种田不如老农，种菜不如老圃，倒是老实话。知之为知之，不知为不知，也不失为先生之态度。可惜孔子没有勉励樊迟去向老农、老圃请教，反而背面骂他为小人，这未免失了先生的体统。""我看他是杀鸡骇猴子。骂一个樊迟，不啻是警告他的三千学生。他只希望他的弟子在礼义信上做功夫，好去做官，不要他们在种田种菜上去考究。凡在种田种菜上考究的都要像樊迟一样碰钉子，都是没得出息的小人。""但是，当南宫适拿禹稷亲自种田而得天下一段故事问孔子的时候，孔子为什么不回答？为什么又在背后称赞南宫适为君子？""禹稷躬稼是古代传下来的故事，孔子不能否认。禹稷不是平常的老农而是做了皇帝的老农，自当另眼看待。同是问话人，樊迟是一个小学生，南宫适是一个大官，不能没有分别。假使樊迟是个大官，南宫适是个小学生，我猜想那君子和小人的毁誉是要换一个位次。否则，这种矛盾是不可解释的。""孔子说君子谋道不谋食。那么谋食不谋道的是小人，一面谋食一面谋道的岂不成为半君子半小人吗？请问君子不谋食，食从哪里来？孔子的意思是，学道吃不了，耕田要挨饿。学道吃不了的是君子，耕田要挨饿的是小人。不种谷而吃饱饭的自称为君子，种谷而没饭吃的反被骂为小人，这是何等的不公平！""照孔子的理想看来，一国之中不能尽是君子。如果尽是君子，便没人谋食，没人耕田，君子都要饿死了。在他的社会中必须有一部分人专门耕田，耕田的人要把自己饿得瘦瘦的，使君子可以养得胖胖的坐在那儿管他们。这种瘦己令人肥的人是被骂为小人。""孔子骂农人为小人。农人的嘴也没有放他过去。你看'四体不勤，五谷不分，孰为夫子'十二个字是骂得多么凶呀！可见得当时的农人和孔子是没有好感。""但是为什么一直到现在中国的农人总是崇拜孔子，并且在每一个私塾里是供奉着他的牌位？我们想不通。"朱先生说："孔子是地主的代表。'谋道不谋食'是有地租收可以吃现成饭。私塾是地主的麻醉机关。帝王与地主拿孔子做偶像，孔子的吃饭懒做一心想升官发财的门徒又到处宣传，农人经过二千多年这样的麻醉，所以弄得糊里糊涂。"好，牌位的问题是不成问题了。

## 四十

　　细想起来真好笑。同是一部《论语》，从前那样读法觉得圣人的书没有一句错，现在换个法子读，便觉得句句有重新估价之必要。我是懊悔极了，为什么应该怀疑的地方我乃丝毫无疑？然而不幸中之大幸，我于今却得着朱先生之指点，从此对于古人的书连一句也不使它轻易放过。我记得有一个人说过："学贵知疑，大疑则大进，小疑则小进；不疑则不进。"这个"疑"字我当重用它。

　　我今次读《论语》，读到"公山不扰①以费畔"一段是忍不住笑了。当孔子想去勾结叛逆的时候，子路不欢喜，孔子说："我又不是一个葫芦，岂能挂在这儿不吃饭？"你既知道要吃饭，为什么又说"君子谋道不谋食"呢？

## 四十一

　　阿羊跑来叫我到门口去，轻轻的【地】告诉我："他们讲你们请来的朱先生没有本事，在城里考背榜的。"我追问他哪里听来的，他说是王二嫂子听人说的。我追去问王二嫂子，她说是裁缝司务老钱说的。我便去问老钱，老钱说是吴木匠传来的。等我追到吴木匠那儿，详细盘问了一下，才知道这风声是砖匠老许造出来的。他还在这里捣乱！

　　我追到了谣言的根源，就回到庙中，想告诉朱先生。但是我怎么能够唐突。我思来想去，正不知如何进言。小弟弟忽然跑来，毫不隐藏的对朱先生说："哥哥！村里人讲你在城里考背榜，又说什么倒数第一。"天真烂漫的小弟弟，说话竟这样不知轻重吗？我为什么没有他的爽直与勇敢？他是有什么话说什么话，应该说的他都说了。

　　"这是砖匠老许造的谣言，我已经明白了。"小弟弟才说完，我就说明

---

① 即公山不狃（又作弗扰、不扰），字子泄，春秋时期鲁国人。公山为复姓。

谣言的来历，为的是要给朱先生知道老许故意造谣，使他心里可以安慰些。

朱先生说："老许不是造谣。我在城里过考，的确是背榜。倒数第一是一点也不错。他大概是实地调查来的。"

## 四十二

朱先生为什么考人不过？这是出我意料之外的一个消息。我起初只道是老许造谣，决不相信。哪里料得朱先生竟自认不讳，反而把我弄糊涂了。依我看来，朱先生是决不会背榜的。我想来想去，想不通，终于老老实实的去请问朱先生。

朱先生说："我幼时听见一句俗语，叫做'老鼠钻进牛角筒'。你知道牛角这个东西是口儿大大的，越进去越小，一直小到不能再小才到角尖。牛角是越钻越不能出来，到了最后，只是死路一条。老鼠钻进牛角筒便是中国传统教育之小影。成千成万的学生是向着这牛角筒里钻去。学生后面有教师，教师后面有督学，督学后面有局长、厅长、部长，拿着鞭儿一群一群的【地】往牛角筒里赶。教官拼命的【地】赶，学生不得不拼命的【地】钻。赶得顶起劲的升官。钻得顶起劲的得一百分，领最优等文凭。我只是在角口徘徊不进，虽有人在后面赶也不情愿钻，钻不得几步路，又回过头来。我不是应当背榜吗？老许何曾造谣？我只恨当时既不愿钻牛角筒，何不痛痛快快的【地】向那海阔天空投奔而去。那牛角筒边有什么可以眷恋？于今竟因此一念之差留下这个痕迹，也是我当时没有斩钉截铁的决心，才闹出这个乱子。"

原来如此，我这闷葫芦是完全打破了。

## 四十三

次日早晨，在朱先生的书桌上，我看见一张纸条子，上面写的是这几句话：

城里不要他，跑到乡下来。
　　他们这样说，便算我无才。

　　一位初到乡下来的人受了这个打击，随便怎样达观的人，总难免有些灰心吧。朱先生却毫不介意，最少，他面上是没有一点牢骚的样子。他写的这四句诗，初看淡如米汤，但是字里行间仔细观察，只见一位肯吃小亏的朱先生是在纸上活跃。我对朱先生说："从前有人说过，'我自为龙为虎；任人呼马呼牛'。先生所写的那首小诗，是有这种抱负。"朱先生说："随手写来，聊作努力修养的参考罢了，算不得什么抱负。但是你既提及这两句成语，我倒想把它们颠倒过来，做我们大家互相勉励的方针。龙为古代怪物，老虎有时吃人，那牛马才是民众的忠仆咧。"他说了便拿起笔来写：

　　我自为牛为马；任人呼虎呼龙。

　　"你看如何？""你这样一改，使我在劳苦的生活中看出一种新使命。你在我面前的平凡境界里，开拓出一种不可描写的奇境。我是决定要跟你在这奇境中去漫游了。"
　　朱先生虽是达观，但他在这里的工作是受了很大的阻力。"古庙里的先生没本事"是传遍了人间，一直传到张胡子的烟铺上。砖匠老许于是与张胡子联盟反对朱先生，唆使家长、学生不与朱先生合作。

## 四十四

　　全村的人都轰动了，朱先生叫我出去看看是什么事。"土匪要来打劫了，你去看看。"小二哥在路上对我说。我在人群中挤过去，只见土地庙的墙上贴了一张奇怪的纸条，上面写的是：

"国民军十三师师长赵飞令张胡子即日送五千元到木樨湖犒军。我们是五个月没有发饷了。你若忍心坐看我们饿死,那就是一个没有仁道的守财奴。限你三天内送钱来,以手电灯为记。过限没有钱,莫怪我翻脸无情,切切此谕。"

这条子你猜是用什么贴的?谁也不易猜着。是用泥贴的,有趣吧?张胡子从烟霞洞里惊醒了。我看他第一次在太阳光下慌慌忙忙的【地】跑来问讯。他有什么法子呢?家私差不多吃光了。奔走了三天连五百元也凑不足,只好把全家搬到城里去躲避,从此不再下乡。第四天早上土地庙前又贴了一张字条,比上次还要厉害:

"国民军十三师师长赵飞再令张胡子。你不服从本师长命令,可恶已极。再限你三天报效一万元。若再失信,把你全家亲友杀得鸡犬不留,切切此令。"

这几天以来,村友个个惊心吊胆。有枪的是二十多家,但是各人自保,毫无组织,等候土匪来缴械罢了。保安队是请了十几次也没有一个肯来。我们古庙里的几个人却是高枕而卧。土匪来,请他们喝两杯清水。要吃糙米饭,也可敬他一大锅。破布烂棉花如果爱上了,也可以奉送。我和小弟弟还以被绑为虑。朱先生说:"绑去正好试办土匪教育。"这些是我们茶余饭后的打算。

第五天,离古庙五里路地方的一个五岁的孩子被土匪撕了票的消息传来。这孩子的父亲是一个自己耕种的老农。土匪绑去之后索价八百元。这老农典田卖屋四处借贷凑上四百元去赎。土匪把白银子收下,指着一个小土堆说:"你要你的孩子吗?在那土堆里。"

朱先生一怒而进城去。他去做什么?我们来不及问。老许又放谣言说:"朱先生怕土匪绑他,所以跑了。"

## 四十五

朱先生这样匆忙的【地】进城去,究竟是为什么?这是颇费猜想的。

我却深信朱先生是一定要回来。他没有带小弟弟一同进城，他能不回来吗？

果然，在夕阳的红光中，朱先生是回来了，我们喜出望外。朱先生还有一位朋友与他同来。经他介绍，我们知道这位朋友是一位退职的军官。

朱先生说："钟儿！你到村庄里去挨家打个招呼，说我有个好法子防备土匪，凡是家里有枪的，一听见钟声就请背枪来开会。"这是多么好的一个消息啊！村友等不及我敲钟，也没有吃晚饭，都蜂拥而来了。有枪的固然是趱趱的来了，没有枪的也来凑热闹。我说错了，他们并不是来凑热闹，乃是急急要知道如何可以防备土匪！我其实是不必敲钟召集，因为钟未敲大家是已经到齐了。但是我必得如约而敲。奇怪！今晚的钟声是特别的洪亮，令人听了，不禁增加勇气百倍。

大殿容不下，只得在古庙前面空场上集合。朱先生说："我对于逼上梁山的好汉，是有相当的同情。但是做强盗也要有个道理。杀小孩子的强盗便是无道之盗。小孩子是我们的上帝，杀小孩子的强盗，我们必须与他奋斗。强盗也许今天晚上就来！他们要绑的孩子也许就是你抱在手上的小宝宝。只有一个法子能叫强盗不敢来：有枪的联合起来服从一个总指挥学作紧急战！我请了我的朋友江营长来教你们。我们不要学立正、开步走、向后转一类的武八股。江营长要教你们的是在打仗上学打仗。假使今天晚上十点钟就有强盗来绑我们的孩子，或是有帝国主义者来占领我们大好的山河，我们在这三四个钟头内应该如何学法，才能以一当百的去抵抗？好，我们便在打倒强盗上去学打倒帝国主义。现在请江营长指教。"

江营长："我不愿教武八股，也不愿说客套话。还有四个钟头强盗就要来了，怎么办？（一）打起火把来学打靶子。每人先学瞄准，轮流打三粒子弹，如果子弹少，打一粒也可。（二）学装枪拆枪。（三）学紧急集合。（四）有枪的分两队，一队装强盗，一队装自卫团，学攻守野战。"

江营长说了，即刻打起火把干。当夜四项学毕后，即分配轮流守夜。口令是"岳飞"二字，不知道口令不能通过。于是全村进入戒严状态。壮丁个个变成大无畏的战士，从前那种惊心吊胆的恐怖心理早已烟消云散了。

## 四十六

江营长说："你们乡下人真能干。学了四个钟头就敢与土匪周旋。平常的军事八股就是学他四个月也比不上今天的实在。"

依我看来，今天是两个人合做一个先生。江营长的武艺高明极了，处处令我钦佩。当这帝国主义高压的时代，这样年青【轻】的好军官为什么退职？我是有些不解。朱先生对于军事是素来没有学过，但江营长似乎是少不了他。江营长的武艺多半是真本领，但是也参了不少的武八股。当他们讨论怎样着手训练的时候，江营长说了许多事体要学，朱先生则专点他的真本领而撇开他的武八股。江营长好一比是开了一个菜馆，朱先生是为我们点菜，写菜单。鱼翅、燕窝、熊掌、猴脑、龙虎斗一概不要，所要的只是青菜、豆腐、红烧肉、蝴蝶面，都是一些省钱、好吃、吃得饱的东西。江营长每提一样，朱先生老是问"四小时后土匪就来，这可是必需今晚学的？"这样除去糟糠提取精华，才定出那四种紧急训练。

还有一件事我不可忘记叙述。铁匠老李说："我们发现土匪来的时候，先向天空放一空枪，使土匪知难而退。我们若不先放空枪警告，就把他打死，他的党羽记了仇恨，必定报复。若先放空枪，他还要来，那时开实枪击他，他死也无怨。"这一点大家认为很合人道，一致赞成。因为我们组织这个民团，只图自卫，决不愿伤人性命，自做好佬。

朱先生也加了一个提议，说："就是有敌人来，也当瞄准他的腿上射击。我们只要使他失去战斗力就算达到自卫目的，不可定要致人死命。我们要有不杀无辜的精神才可以掌握民众的武力。"这也是一致通过了。这个办法是比较难行，因为在黑夜里战斗，是不易瞄准。但是朱先生的主意正因为黑夜不易瞄准，就不要大家轻易放枪，以免误伤自己的人。好，我们的这个古庙自卫团不啻是一个古庙菩萨团。有趣！老实说，醉翁之意不在酒，打强盗不算一回什么事，保护小孩子，扑灭帝国主义才是我们真正的目的哩。

## 四十七

一夜平安无事。朱先生告诉我："昨天是开了学。所希奇的是没有拣日子大家也肯来上课。你看这军事生活是多么重要的一种教育。它能培养人无畏的精神以打破无理的胆怯。它能培养团体生活的习惯以打破农人一盘散沙的无政府的脾气。民众在自己的武力保护之下才能过合理的生活，办合理的教育。你们觉得如何？"我说："先生的主张我完全赞同。可是单单训练这二十几个有枪的人，效力未免太小，我们要想个法子使这种训练普遍于全村才行。"朱先生说："对！全村皆兵，全乡皆兵，全县皆兵，全省皆兵，全国皆兵，而实无一个靠当兵吃饭的兵，乃是普及军事教育的最大目的。我们在村说村，今天得召集一个村民大会公议全村皆兵的计划。"江营长说："现在是人多枪少，可以规定钟点，分排轮流训练。一天每排训练一小时，二十多枝枪我可以训练六排人。六个人共使一枝枪。一旦有事，伤一个，上一个，人伤了五个，而枪还在第六个人的手中。我们抱着人可死枪不可失的精神出而应战，必定是铁城一样的难破。"我说："壮丁全体必须一律受射击训练，这是无可怀疑的。但是一旦临阵，要六个人保一枝枪，在运用人力一面看来，似乎是有点不经济。我的意见想加组大刀队助战。"江营长说："大刀砍了人，血迹被风一吹，凝结起来，便不好使用，这不如刺剑。我赞成加组剑队，矛子也有大用，何妨再组一矛队，那就人人具备战斗力，声势浩大，可以不战而退人之师。"我说："我会打几手拳，一次我和王老二开玩笑，三拳两腿竟把他手上的枪夺了过来。会打拳的可以借人家的枪打人，不会打拳的只是拿枪送上门给人打。依我看来，我们必得人人学会打拳才行。"江营长很以为然。朱先生问本村可有好的拳师。我说："要学夺枪的本领，必得请一位会打散手拳的拳师。我那师傅张飞虎一生心血都在散手上，他会一百多套散手。我们化【花】费一二年光阴学他三四十套，也就得了一些基本的功夫，以后继续学去必定可以发生很大的力量。他也会剑术，矛子是不必说了。张师傅是住在万松岭那边，如果他肯来，必定可以帮助江营长造成一支无敌的民团。"

## 四十八

商议既毕，我就去到村里召集村民大会，钟一敲就来了一百五六十人。春生哥被推为主席。今次开会有两件事是我们没有想到的。一是王二嫂子提议女人也得学习武艺。她的力气本来很大，也会两手拳，王二哥不是她的对手。听见我们谈到剑队、矛队，她也提议要组织镰刀队、锄头队。宋老太并说："女子历来受男子保护，这是女子最大的耻辱。平日女子无力保护自己，受尽男人的气；一旦有事，不被掳房便受强奸，丝毫不能抵抗；等到清白玷污，只得上吊跳塘。这都是女子没有把武力拿在自己的手里闹出来的乱子。当然我们女子学会了武力，决不是和自己的男子比武。我们一定要枪口向外，不能专在房里打老公，闹得隔壁邻居不能睡觉。总之，我们古庙有的是木兰女，若是娘子军不能成立，未免可惜。"我们听了这番大道理，当然是赞成女子加入军事训练了。二是宋老太提议组织红十字会，训练止血、消毒、包裹、抬人、人工呼吸等等紧急救人法。这次大家抱着少说话多做事的目的讨论问题，议决下列六大要案：

（一）本村男子在二十岁以上四十岁以下应一律受军事训练，有病者应分别延缓或免受。

（二）本村女子愿受军事训练者听其自由投效，不加强迫。

（三）本村军事训练包含散手拳、剑术、矛术、石锁、铁杠、枪法、排教练、连教练、营教练以及种种新战术。

（四）本村组织救护队，挑选合格者训练充任。

（五）江营长、张师傅为总指导，钟儿为助教，李锥、赵小二哥、孙老五、钱老三、王二嫂子为排长，宋老太为救护队长。

（六）平时每天训练一小时，农忙暂停，闲月增为二小时。

宋老太被推去请她的亲戚吕医士来指导救护工作。我被推去敦请①张飞虎师傅来教国术。散会后，朱先生和江营长便开始组织。我乃翻过万松岭去请张师傅。他愿来吗？这重要的使命可不能失败呀！

## 四十九

张师傅见了我来，十分欢喜。我们是有半年没有会面了，难免有些寒暄要叙。他非常关心我的武艺，我一五一十的【地】告诉了他，他很满意，并且要拿几套新拳传授给我。我于是把来意说明，他认为很值得一干。他说："打拳这样东西是不可轻易传授。你若教了一个武松，他能在景阳冈上打倒白额虎，为民除害。你若教了一个西门庆，他会利用他的武艺做靠背山，向良家妇女吊膀子。我的徒弟好的固然很多，坏的也是不少。有些人学了武艺，专好闯祸，所以我近来收徒弟，非常谨慎。如果大家要请我去教拳术，每个人都得向青天立一誓：

防身保国伸人道，
助弱攻强平不平。
我若鱼肉老百姓，
天诛地灭有眼睛。

你去问问大家，有几个人愿意立誓？有一个教一个，有两个教一双，一个没有就不必我徒劳往返。"

我这次见了张师傅格外觉得他的人格可敬。他这几句誓词是他自己凑成功的。我五年前就听他嘴里时常的【地】哼。但是他从前哼的四句和现在的有些不同。他是一面哼一面改，要改到自己听得中意了才罢休。他是有时改得比原来好，但是有时弄巧成拙，改得没有原来的自然。比如"助

---

① 敦请，指恳切地邀请。

弱攻强平不平"，从前是哼作"移山填海平不平"。我以为"移山填海"的气魄之伟大是代表了壮年的张师傅。但是张师傅自己是以为"助弱攻强"好些，因为人人听得懂。又比如"防身保国伸人道"，从前是哼作"防身保国伸公道"。这个"人"字他以为是的确改得好了。现在是有人在奴道、畜道上过日子。他要伸人道是把奴道、畜道上的人一起提到人道上来。在人道上只有人中人，没有人上人，也没有人下人，便也包含了公道在内。他并且说在国内伸公道不够的，公道必得以人类为范围。那么改为人道是格外醒目了。他的意思是要在人类当中伸人道，即所以在人类当中伸公道。体认得这一点，就哼作人道可，哼作公道也可。

## 五十

张师傅的誓词一致通过之后，他是兴高采烈的【地】来到古庙。朱先生、江营长与张师傅大有相见恨晚之慨。他们口口声声称赞张师傅为一位最谦虚的人。我也不妨把张师傅的生平大略叙一叙。他当年青的时代，曾在米剑华师傅的门下做徒弟。我们的祖师爷平日总以排纷解难做训练的目的，所以从他那儿出来的徒弟总不敢行强闯祸。他老人家时常对徒弟说："初学三年，天下能行。再学三年，寸步难行。"张师傅后来也哼了四句，大意与此仿佛。他说："学拳三天，天下无敌。学拳三年，捉鸡无力。"所以我们这一门出来的人是越学越不敢打人，即使不得已而动手，也是打强不打弱。张师傅有一件趣事。一次他在茶馆店里和一个朋友闹翻了。那个朋友使劲给他一拳。我们听到乓的一声，以为张师傅一定不肯吃这人前亏。谁知他一手也不回，只说："老朋友！喝杯茶吧。多年的朋友，何必这样？"事后我们问他怎么不回手。他说："他打我不过，我何必使他难堪呢？"我上次不肯打和尚便是从张师傅那儿学来的。……好，闲话少说，朱先生派我做张师傅的助手，我认定这是一个最好的差使。我固然能给张师傅一些帮助，但是我所以欣欣然接受这个差使，还不免有点私心。何以呢？近水楼台先得月，我很想凑这机会跟张师傅多学一些真本领。可是就职之后，我立刻发现一个困难。张师傅只能几个几个的【地】教。若来他几十个人，同时要他教，他就没有办法。我忽然想起前夜朱先生和江营长合做一个先生的一段趣事，正不妨试他一试。我请朱先生指点了一下，便大胆的【地】开始和张师傅合做一个拳术的先生。朱先生的指点说起来还是那一套："你和张师傅合起来教几个大徒弟去教小徒弟。"

我老实不客气，请张师傅开菜馆，让我点菜。我对张师傅说："假使今晚强盗要来夺我的枪，我要学哪几手拳才能保护我的枪不给他夺去？又假如我手上没有枪，强盗拿了盒子炮跳到我身边，我如何可以借他的枪来干他？"

张师傅说："有办法！夺人的枪要学'顺风扫叶''獴①到擒猱''金关落锁'。保自己的枪要学'铁锁链孤舟'。"

我们于是连夜拼命学习这几手拳。这便是我们的国术第一课。

## 五十一

紧急菜好一比是打各种预防针，使我们可以抵抗天花、伤寒、白喉、虎列拉②。他【它】不是培养元气的家常便饭。我们以后所要点的该是青菜、豆腐一类的东西了。张师傅说："我们把这几套紧急拳学得像个样子，就开始学些基本拳。基本拳可用五个字来代表，这五个字便是：'龙、虎、豹、蛇、鹤。'"

我问这五个字怎样讲。张师傅说："鹤字门的拳用力在臂；蛇字门的拳用力在腰；豹字门的拳用力在胸；虎字门的拳用力在背；龙字门的拳用力在周身。拳有打手国手。我们必得按部就班的【地】把这些功夫学好，才算是国手的入门。否则学得几手拳，运用不知变化，即使能够打倒三五个人，也不过是个打手罢了。大事小做，未免可惜。"

我说："功夫固然要不断的【地】做，但是不知变化，便是蛮做，瞎

---

① 獴，读作 měng，哺乳动物的一属。
② 虎列拉，即霍乱。

做，乱做。师傅说要变化，正是一针见血。但不知学这变化可有什么秘诀？"张师傅说："秘诀是有的，我先教你十四个字：

'猫窜，狗让，寒鸡步；
鹰眼，猴手，狐狸心。'"

我说："这十四个字我懂得十二个，只有那'狗让'二个字不大懂。狗何尝肯让呀？"

张师傅说："空口说白话，没有用。你去和狗比一比武，就知道他【它】那让的本领和怎样的让法。你想打它可不容易打中咧。你说你懂了十二个字，我想你没有懂得这么多。留意看，虚心学，努力干，总有一天成功。"

## 五十二

从此以后，国术的指导便依照张师傅所画的路线进行，我是不断的【地】一一追问："这是不是真本领？可有武八股杂在里面？"因为张师傅虽是一位出类拔萃的国手，但是他的荷包里也装了不少的传统观念，我是必得帮助他像剥芭蕉样一层一层的【地】把它剥掉。他是从善如流，只要我说得有理，他无不采纳。因此，我们便发生了一种新希望：要创造一种新国术，打破那些装饰品的武八股。

朱先生、江营长都加入了我们的队伍里来。"张师傅的方法和我们的简直像得是一个祖宗传下来的！"朱先生一面学鹰眼一面赞叹说："你们张师傅是取万物之长以成己之长。我们人什么事都不如畜生，只有一个长处，这个长处便是会学。人之所以为万物之灵，就是因为他会拜万物做老师。若生而为人，不肯跟万物去学，那便成了世间之蠢物，必受天然淘汰。"

空手打空拳，有些人是觉得单调。我探得农友们的心理，商得张师傅的同意，几天内便把刀队、枪队、棍队、剑队一起成立。我们是太精明了，因为一开始便向张师傅要秘诀。这个张师傅是有求必应。他说初学也记不得许多，每门先指点几个字，练熟了再求上进。这是张师傅对于各队的指点：

棍诀：劈、挠、点、撩。
枪诀：刺、扎、抖、进。
刀诀：摅①背拓弓；盘头裹脑。
剑诀：描眉护膝；到手按门。

张师傅分队指点后又给了大家一个总诀。他说："家伙响，住里闯！"又说："刺剑要刺急，刺急人不知，若知刺急法，敢把敌人欺。"他的意思是：制胜之法，贵在神速，总要学得"迅雷不及掩耳"的本领，才能以巧胜力，以少敌众。

我自从听了江营长说起剑比刀好，便一心要学剑术。张师傅说："你学剑也好，但不可性急。古语说：'一年棒，二年刀，学剑十年见分毫。'你要学剑，必得有恒心才行。"

恒心我是有的。十年才能学得一分一毫，那末【么】，活到老学到老，总会学成吧？

## 五十三

我这些时候对于我的敲钟职务是觉得更有意义。古庙的生活似乎是与我所敲的钟声结了不解缘。就以这军事与国术的训练讲吧，便离不了钟。我们没有喇叭，也没有号筒，这口大钟便代替了它们做那发号施令之工作。因为大家干得起劲，我也就敲得起劲。可是农人说因为我敲得起劲，

---

① 摅，音 shū，在此意为舒张。

所以他们就干得起劲。大概这两方面的话都对，干得起劲便敲得起劲，敲得愈起劲便干得格外起劲了。

今天晚上黄团长、朱先生、江营长、张师傅秘密会议，议决于夜深十二时下紧急集合令演习夜战。全村没有第五个人知道这个秘密，连我都不知道今晚会有这么一套把戏。紧急集合令是三声、三声的急敲。凡是这种钟声一响，大家都得立刻从被窝里跳出来，拿了各人保管的武器，跑到各人预定的地点，听候命令。无故不到或迟到的，或忘带保管之武器或跑错了地点，都要受严厉之处分。他们在十一时五十分的时候，把我从被窝里拖出来，要我敲这从未敲过之紧急集合钟。这虽是出我不意，然而我是想之已久了。我是多么的高兴啊！只听钟声一响，妻子推丈夫，嫂嫂喊叔叔，姊姊喊弟弟，妈妈喊儿子，都说是土匪到了，快起来！各人依距离的远近，三分、五分、七分、十分钟都到了预定的要塞上预定的地位，听候命令。到了这时才知道今晚是演习，并不是真的土匪来到。但是演习也是一样认真干。

朱先生是早已有了打算。他连日打听那【哪】家有老人，那【哪】家有病人，我起初不知道他用意所在。他在弄醒我之前，特别派了几个人去预先告诉老人家和病人使他们不受惊骇。

黄团长从前对大家讲过，土匪有时是西边放火东边打劫。一忽儿我们看见对面火起，半天通红。他们虽派了一些人去救火，但大队人马都是胸有成竹，丝毫不为所动。

## 五十四

说来真奇怪，朱先生的问题是没有问题了。这些日子再也没有一个人提到他那背榜的一回事。连老许自己也夹在棍队里很起劲的【地】上操。张胡子不知怎的也回来了，在农人武力保护之下大抽他的鸦片烟。他是超过了强迫军事训练的年龄，所以他也不须上操，不须守夜。他居然成了我们村庄里最舒服的一个人。

## 五十五

开学的好日子——三月十五——到了。小孩子换得一身新鲜,很早就一个个的【地】来了。他们好像是过新年一样的高兴。的确这在他们的生命史上是开一个新纪元。他们自己是不是已经预料到?我除非是重生为一个小孩子,哪能体会出来呢。

春生团长下了一个命令说,今天第一次开学是本村一件大事,要团员全体武装参加开学典礼。一时步枪队、猎枪队、剑队、刀队、枪队、棍队,加上临时组织的锄头队、镰刀队足足有二百人,摆着队伍,吹着鼓角,放着爆竹,绕着全村走到古庙来。朱先生和江营长说,这样庄严威武的开学是从来没有见过的。城里民众学校开学有时找几个童子军帮帮忙,或是雇一个军乐队助助威,那不过是装装门面罢了。但是今天我们亲眼所看见的是全村的小孩子在全村人民自己的武力保护之下上学,这里面所包的意义是丰富无比了。

## 五十六

朱先生以为在这尚武的环境中,小孩子最好是先上一套尚武的功课,学做一个小小兵。他提议教小孩子几手拳。这是容易办的。张师傅虽然教了不久,但是已经找着十几位很有希望的大徒弟。他们也要拉我充数做一个小孩子的拳术教师。我们这十几个人是足敷分配了,用不着张师傅自己烦神。你们想一想,当那些小小拳头在草地上挥来挥去,亲戚朋友看见是多么够味儿的一件事啊!

## 五十七

"小孩们是来读书,哪能老是打拳!"一般不懂事的人或者要这样说。朱先生和我不约而同的【地】已经预料到这一点。当他叫我去叫小学生来看书认字的时候,正是我要向他上条陈。我知道自己的见解不错,心中很欢喜。这是朱先生自己写的几课课文：

（一）
小小兵，
劝你莫看轻。
你若欺中国，
小命和你拼。

（二）
小小兵，
爱打抱不平。
我们起来了，
不用再招兵。

（三）
小小兵！
问："你要学谁？"
"别人都不学，
但愿学岳飞！"

## 五十八

朱先生教了一课，即派几位大徒弟分头教小学生写课文，每人要写一张拿回家去给家长看，农友在旁边看得高兴极了，有人竟开口向朱先生说："请你也教我们一课，好吗？"这句话正问到朱先生的心眼里去了。朱先生常说："从前学堂门口挂着两块虎头牌，上面写的是：'学堂重地，闲人莫入'。我们现在不但不挂这样的虎头牌，而且要把学堂的门墙完全拆掉，欢迎大家到学堂里指教。乡下人看见我们教错了，可以给我们一些善意的批评；如果看见我们教得不错，也可以引起他们一些求学的兴趣。"

因此，朱先生是要把大门开得大大的欢迎大家来。他听得这样一个请求，自然是兴高采烈的【地】满口答应了。他拿起笔来立刻写了几课，教这些穿草鞋的武装同志。这就是他写起来教他们的第一套文字：

(一)
琅珰一琅珰，
青菜萝卜汤。
草鞋穿好了，
背枪上战场。

(二)
琅珰一琅珰，
辣油豆腐酱。
少将打倒了，
瞄准打大将。

(三)
琅珰一琅珰，
三月还飞霜。
麦子长不成，
十人九吃糠。

(四)
琅珰一琅珰，
五洲一老娘。
兄弟如相打，
缴了他的枪！

## 五十九

古庙是成了另一世界，大人是大兵，小孩是小兵，男的是男兵，女的是女兵。一村都是兵，其实是没有一个靠当兵吃饭的兵。

我们这军事教育是一定可以成功了。这实在是我们梦想不到的。不但我这孤陋寡闻的人没有预算古庙会有这一天，就是朱先生也没有想到他能在古庙办到全村皆兵。我想到得意时又怀疑起来了。古庙的办法是否可以通行全国？我怕这种干法是含有地域性、时代性，不是处处行得通，也不是随时可以干得了。如果它的成功只限于现时的古庙，那末【么】这种教育也就难以普遍而不能发生伟大的力量。从另一方面看，一个孤僻的古庙竟能在这短少时期中成立这破天荒的民众的自卫的武力，那末【么】它的价值自然是不可磨灭。我不能想透，终于拿我的怀疑之点向朱先生请教。

朱先生说："你这个疑点，虽是过虑，但是值得讨论一番。古庙的军事训练之普及，初看是偶然，其实是适应生活之要求而来的。你只须【需】把事实上的线索寻出，就知道我们的办法是必然的结果而不是偶然的遭遇。你看看小孩被土匪撕票，东三省被日本占据，弱小民族被人压迫，凡是以社会为学校，奉小孩为上帝的人，决不能袖手旁观。如果要办教育，必定是最先培养保护小孩、国土与打倒强权的武力。古庙所受的这种压迫在中国是普遍的现象，那末【么】，古庙的解决便可以通行而无弊。但是某个地方应该在什么时候推行却是要考虑咧。古庙之军事教育，我未来之前已有必办的决心，而土匪惨杀小孩实给我以立刻举办之机会。因为没有这惨酷的刺戟①，乡下人不觉得切肤之痛，我们虽拼命提倡，难得一致响应，便等于无效。总之教育是应生活之要求而来。你依人民生活之要求，运用教育的力量去助他解决，总不会错。知道这一点，那末【么】从自卫入手也可，从做工入手也可，从种田入手也可，从吃饭入手也可，从生儿子入手也可，甚而至于扫地抹桌入手都无不可。若是一双眼睛望着弱小民族被人侵略，东三省被人夺去，小孩子被人撕掉，不教人民学些真武艺，偏偏还要学生们坐在讲台下读死书，像这样的教育便叫做奴隶的教

---

① 刺戟，即刺激。

育，亡国的教育，灭种的教育广。"

## 六十

我说："古庙之所以能够办到全村皆兵，多半是因为江营长肯得下乡尽义务。如果全国普遍的【地】推行起来，那【哪】有这许多的退伍军官肯任指导？"朱先生说："现在全国有二百多万军队，用现成的军队训练当地人民自卫是简便无比。军队的责任不但是保国卫民，而且要训练人民起来保护自己的村庄和自己的国家。如果各地的军队都负起这个责任，那末【么】，教官是现成的，学兵是现成的，枪械是现成的，不要多少时候，便能把中华民国造成一个钢铸的江山，谁也不能破坏它。现在最大的困难是大家不明白自己的责任，只要人民认清保护国家与村庄是自己的责任，而各地军队也认清训练人民自卫为自己当尽的义务，其余的一切都好办了。"

## 六十一

我又问："现在国家已到生死存亡关头，中华民族除军事之外，还应该受什么训练才能起死回生转危为安？"朱先生说："教育是在与国难赛跑。依我看来，中华民族应该同时受六大训练才能渡过难关。这六大训练是：

（一）普遍的军事训练，使人人成为保国的健儿；

（二）普遍的生产训练，使人人成为造富的工人；

（三）普遍的科学训练，使人人能在劳力上劳心；

（四）普遍的识字训练，使人人获得传达思想的符号；

（五）普遍的民权训练，是人人成为中华民族的主人；

（六）普遍的生育训练，使人人到了生育年龄可以生得少，生得好，以再造未来更优良的民族。"

## 六十二

朱先生的讨论，好一比是金鸡纳①丸，初尝是甜蜜的，只要你失误咬了下去，便立刻尝到苦味。他老是在糖果里夹下一两块黄连使你吞不下去。比如听他所说的六大训练，头五种是毫无疑问，为什么要加上这生育的训练？"生得好"当然是人人赞成的，谁愿意生坏孩子呢？"生龙生蛇，全凭天老爷"虽然是句迷信话，但是把这天老爷当做天然老爷看，也就言之成理。谁愿说，他一定会生好孩子，不会生坏孩子？照平常的眼光看来，帝尧生的孩子总该是好的吧，何以偏偏生出一个不肖的丹朱？从另一方面看，瞽②叟生了一个傲慢的象是不足为奇，但他何以偏偏又生出一个大孝大智的舜？朱先生能教尧不生丹朱吗？他能教瞽叟不生象而单生舜这样的人吗？至于"生得少"三个字，我就格外不能了解了。现在中国受了帝国主义的压迫，正要奖励生聚，运用伟大人口的力量去抵抗，何能教人少生小孩子以自减国力？况且朱先生时常说他收学生如韩信点兵，多多益善，于今他却要提倡减少人口，直是出我意料之外。老实说，这块黄连我吞不下去。我不敢盲从，却不愿信口批评。同时，我承认朱先生总不是随嘴乱说，他必定是有一些事实做他的主张的根据。我要先审查他所根据的事实，再去批评他的主张，最后才能决定我对于这种主张是否赞同。我主意打好了之后，就向朱先生说："我对于先生的减少人口的主张很怀疑，现在想请你给我一些事实上的证据看看。"朱先生说："你这个态度是学者做学问的一个根本态度：'拿证据来！'学理必须建立在证据上才能颠扑不灭。不过我对于你还有进一步的希望。你既怀疑我的主张，难免不怀疑我搜集的事实。我希望你两步当做一步走，自己在人口问题上去搜集事实，让这些事实自然而然的【地】唤出主张来，你心里不要有一丝一毫的成见。等到你从事实里滤出主张，再拿来和我的事实与主张比一比看是谁的

---

① 金鸡纳，一种树，其树皮和根皮是提取奎宁和奎尼丁的重要工业原料。
② 瞽，音 gǔ，在此意为瞎。

对。那时如果是我的对，你便放弃你的主张；如果是你的对，我一定把我的主张放弃掉依从你。你得便进城可以到大学图书馆、市立图书馆以及别的图书馆里把人口问题的著作都浏览一下，然后跑到社会里——事实的源头上——去亲自详细访问。这个工作是很有趣味。你可以从容的【地】干。好在我的一个铜板的节育法还没有发明，等你研究好了，再次决定我们的方针也不迟。"好，就这么干吧。

## 六十三

今天是一个特别有意思的日子，开了一个特别有意思的会，叫做计划会议，由小朋友共同定出一年工作的计划。

小朋友对于这个会起初是不了解。玉儿说："今天学堂里开菊花会。"春香说："不是的，是开鸡花会。"朱先生终于不得不说明计划是什么："小朋友！你想一天吃几餐饭？"樱儿说："吃三餐饭。"玉儿说："我要吃四餐饭。"朱先生说："好，樱儿的吃饭计划是一天三餐；玉儿的吃饭计划是一天四餐。"小三说："我知道了，计划会是吃饭会吧？"朱先生说："吃饭是一件要紧的事，我们必定要把吃饭这件事放在计划里。但是你一天除吃饭之外还有什么事要做？"秋儿说："读书，写字。"兰花说："还有扫地，烧饭。"宝珠说："打拳。"羊儿说："玩，睡觉。"阿二说："撒尿、出恭也可以算是要紧的事吧？"朱先生说："是要紧的事，你必得天天通大便。大便一天不通，晚上就得做恶梦，人也觉得不舒服。出恭是很要紧的一件事。"大家都笑了。朱先生继续说："我们把一天之内，吃饭、读书、写字、扫地、烧饭、打拳、睡觉、玩、撒尿、出恭这些事都写出来，并且什么时候做什么事，什么事做多少钟点或做多少分量，便成了一天的计划。秋儿，你定出你的一天计划给我听听。"秋儿说："吃饭三餐，每餐两大碗，种园半点钟，做木工一点钟，国语一点钟，算学一点钟，写字半点钟，玩科学把戏一点钟，家里扫地半点钟，打拳一点钟，睡觉十点钟，玩两点钟，出恭一次，撒尿不一定。"朱先生说："这就是秋儿的一天的计划。他虽然遗漏了好些事,但的确是一个计划。计划就是把我们所要做的事,开起一个单子,使我们时常看见,不致做了这样,忘了那样。我们主张过什么生活就是受什么教育;过有计划的生活就算是受有计划的教育;过没有计划的生活就算是受没有计划的教育。说到计划:有一天的计划,有一个月的计划,有一年的计划,有三年、五年、十年的计划,有终身的计划。我们小朋友在今年这一年当中应该做些什么事,每件事应当做多少,都要计划出来,才不致手忙脚乱。好,我们来定一个古庙儿童的一年计划吧。"

## 六十四

秋儿问:"一年的计划可是我们从大年初一朝一直到三十晚所要做的事呢?"朱先生说:"是的。在这计划里应该包括各人所要做的事和大家合起来所要做的事。你们看一看我们四周的山,都是秃着头,好看吗?有什么法子叫它不秃头?"樱儿说:"秃头的山不好看,应该栽树。"朱先生说:"对!古庙的一年计划中该列入栽树。你们算一算每个孩子能栽几棵树?若把四山栽满要育多少树苗?一共要多少人才能把它们栽满?我们小朋友能栽几个山头?这些问题都要算出来,才能定出一个精确的计划。山上无树不但是不好看,而且还有许多别的坏处。你们也要慢慢的【地】去研究,今天却没有功【工】夫讨论这个。你们看,除了栽树之外还有什么要紧的事要做呢?下雨天你们到学堂里来有什么不方便?"春香说:"下雨路不好走,我们前次滑了一跤爬起来,简直成了一个泥菩萨。我想要把路做得好些。"朱先生说:"造路是我们该做的一件迫切的工作。从前罗马帝国的军队每到一处,必造一条大路通到罗马。我们古庙的学生无论住在哪个村庄里,必造一条小路通到古庙。好,还有别的事吗?夏天给蚊子叮,觉得舒服吗?"羊儿说:"这该死的蚊子咬得我一晚不能睡。还有那壁虱哟!先生,你若有法子把这两种坏蛋除掉,那我就快乐了。"玉儿说:"我妈妈说:'壁虱是个木客。木客怕盐商。只要弄些盐放在床缝里就把壁虱腌死了.'"朱先生说:"玉儿的法子,大家可以试试看。我没有经验,不敢保险。总之这壁虱与蚊子好一比是帝国主义,我们必须打倒它。还有一个东西比壁虱、蚊子更厉害,你们猜是谁?它欢喜在茅厕缸里玩,玩厌了又飞到你的菜碗里吃点心。这样它时常从粪坑里带些粪来送人吃,叫人吃得吐泻,甚而至于送命。它是什么?"香姑说:"这是苍蝇!也要除掉。"朱先生说:"好,从前周处除三害的故事,你们是听过了。我们现在也要除三害:一除蚊子,二除壁虱,二除苍蝇。你们再想想,现在东三省已经被日本军阀夺去了,小朋友应该怎样尽你们的小小力量把东三省拿回来?"武儿说:"我们赶快学打拳。"李儿说:"玩科学把戏,发明小炸弹轰他走。"玉儿说:"向爸爸要些钱寄给义勇军。"朱先生说:"你们讲的这些法子都好。但是玉儿的法子我有些怀疑。用爸爸的钱捐给义勇军只是你爸爸尽的力,不是你尽的力。"玉儿说:"那末【么】,我提议我们每人用自己的劳力赚一些钱作为收复东三省之用。"……

## 六十五

这样讨论了好几次,最后成立了古庙儿童一年计划,现列举如后:

(一) 会认会写会用一千个字;

(二) 会玩科学把戏三百套,并会说明每一个把戏里所包含的道理;

(三) 认识恒星四十颗,行星五颗,并懂得天体运行及昼夜季候的道理;

(四) 认识植物四十种,并懂得一种植物生长之过程;

(五) 认识动物四十种,并懂得一种动物生长之过程;

(六) 认识矿物十种,并懂得每一种对于人生之功用;

(七) 自己的衣服自己洗,四季共洗一百套;

(八) 洗澡一百次;

(九) 种牛痘一次;

(十) 喝豆腐浆七百三十碗半,共同种豆,轮流做浆,各人喝;

（十一）会唱十二首歌；

（十二）会打十二套拳，耍一套家伙，大孩子手枪会拆会装，会射击；

（十三）写信四封给国内外小朋友交换学识；

（十四）开会时会参加讨论做主席；

（十五）四季种菜四种，一百儿童共同产菜五千斤；

（十六）养鸡或鸭一只生蛋，一百儿童共同得蛋五千个；

（十七）种树五十棵，一百儿童共同种树五千棵；

（十八）造路五丈，一百儿童共同造五百丈；

（十九）演戏两出；

（二十）做简单仪器、玩具、用品二十样，一百儿童共同制造仪器、玩具、用品二千具；

（二十一）加入灭蝇队，肃清本村与附近的苍蝇；

（二十二）加入灭蚊队，肃清本村与附近之蚊子；

（二十三）加入灭壁虱队，肃清本村与附近之壁虱；

（二十四）加入灭蝗螟队，肃清本村与附近之蝗螟；

（二十五）观察社会生活两种，如木匠、砖匠、石匠、铁匠、老农、老圃等等的生活，每人每年任选两种，每学期观察一种；

（二十六）拿自己认得的字和别的学问另教一个人，一百儿童共教一百个人；

（二十七）用自己的劳力至少赚一元钱作为收复东三省之用，一百儿童至少共赚一百元为抵抗外患费。

## 六十六

古庙儿童一年计划是古庙每个儿童的一年计划，也可说是古庙全体儿童的一年计划。计划上所列的事是每个儿童所作【做】的事，如果每个儿童都依照计划去实行，那末【么】，个人成绩的总和便成了全体的成绩。

计划所列的事是最少限度。本事大一点的孩子，尽可多做几件事或是每件事多做一些。万一能力够不上，就是这最低限度也做不了，经过审查之后也该有通融办法。

这个计划是一个试行的草案。因为第一次定这计划，大家都没有充分的经验，决【绝】不能定得十分正确。有的分量怕是定得太高，有的分量怕是定得太低。我们可以一面试行，一面将缺点记录下来，以为修正本年计划或重定来年计划之参考。

计划是为人定的，人不是为计划生的。如果计划行不通，或是勉强实行而于人生有害，我们尽可以提出修正。我们宁可为小孩而牺牲计划，决不为计划而牺牲小孩。不过计划是大家共同所定的，修正也得由大家共同通过。个人觉得计划上有缺点时，尽可向大众提议讨论，决【绝】不可任意行动。

日常生活中如吃饭睡觉，不须天天提醒的就没有列入计划。日常生活中之须改善的如洗澡、喝豆腐浆之类，在计划中是大书而特书。大家对于喝豆腐浆是免不了怀疑吧？我告诉你："乳白豆腐浆，胜过人参汤；喝到肚子里，爽快而健康。"你若不信，试他一试吧！这些新事等到由习惯而成自然的时候，我们又不必将它们列入计划了。

这次计划一个特别重要之点就是团体活动。你看种菜、栽树、造路、灭害虫、教别人做学问、赚钱援助东北，都是运用众人的力量造成公共的成绩。一个人的成绩虽少，若积少成多，自然大有可观。

我们自从定了这个计划之后，越发觉得学校与社会必须打成一片，才能发生伟大的力量。我们讨论的时候，发现村庄里有许许多多的事要做，而小学生只能做到一部分。那一部分的事可以搁置起来吗？如果搁置起来，连小孩子的生活也不能健全。我不说别的，只说一样。古庙的人吃的是脏水，而且连这脏水也不够吃。我们若想每个小孩子长得丰润，洗得清洁，百草千花与孩子们一样的欣欣向荣，那就非开几口大井不可。开井是办学的第一件大事。可是这开井的工作绝非小孩们所能胜任。像这类的事是有许多。我们已经下了决心不使一个人逃出生活教育之网。小孩子的力量既够不上做这种工作，朱先生便想到青年农人的头上去。青年的农人！将农村变成乐国，将地狱变成天堂，你们是负有这个使命在小孩子的前面领导着。

## 六十七

古庙的青年起来了。大家看了儿童的一年计划，又看见儿童实实在在的按着计划活动，不但是心里有点痒，连一双手儿也痒起来了。我自己呢，是在儿童与青年之交界处。但是与其说我是个儿童，不如说我是个青年。我是拿了一个火把到处烧："儿童已经成立了一个一年计划，我们青年怎能落后！"不久，全村的青年便兴高采烈的【地】开了一个会，通过了古庙青年一年计划如下：

（一）开一口井；

（二）造一条大路通到城门口；

（三）组织青年造林会，创设苗圃，每人种树至少二百株；

（四）用新稻种，每人种一丘田试试看；

（五）用新麦种，每人种一丘田试试看；

（六）农暇工艺如织布、织毛巾、织袜等等每人学会一种，从事增进生产；

（七）组织青年国术会，学拳十二套，刀枪剑棒任学一样；

（八）加入自卫团，完成连教练，演习野战四次打活动靶子，三枪连中的；

（九）加入灭蝇队、灭蚊队、灭壁虱队、灭蝗螟队，与全村儿童合作，肃清全村与附近之害虫；

（十）组织合作社；

（十一）组织青年戏剧团，表演四次；

（十二）组织青年音乐会，每人须学会乐器一种，歌曲五套；

（十三）认识运用一千字；

（十四）玩科学把戏五十套，并能说明每套把戏里所包含的道理；

（十五）从实地观察上懂得天体运行、日夜、寒暑的道理和一种植物一种动物之生长的过程；

（十六）组织青年书报会，每人天天看报，每月看新书一册，不会看的赶快学；

（十七）每人用自己的劳力赚五元钱，为收复东三省之用；

（十八）自告奋勇或推举二人以上加入收复东三省义勇军，全村青年合任家庭自卫，以免卫国战士后顾之忧。

## 六十八

"到东北去！"

"把东北拿回来！"

这是古庙从来没有听过的新的呼声。这呼声是从古庙青年的心灵中发出来的，震动了全村人民的耳鼓，透进了全村人民的心窝，致使全村人民都觉得"到东北去""把东北拿回来"成了一种天经地义，以为不如此便不能算是中国人，并不能算是古庙人。

在长江以南的乡村里所流传的格言是："好铁不打钉，好男不当兵。"古庙的人何尝没有受过这种人生观的麻醉，何以现在不但是赞成人人当兵，而且还要与外来暴力在战场上周旋？这种心理上变化之线索是不难寻觅。古庙人民自从组织了自卫团，已经懂得民众武力之伟大。那些惨撕小孩的土匪不但是不敢再来打劫，并且连恐吓信也不敢再来粘贴了。因为生活教育的效力，民众不久就从一村想到一国，从古庙的自卫一跳而计划到全国的自卫。

"两个人太少了，我们一起去！"热血沸腾的青年在会场上几乎是异口同声的【地】这样说。朱先生是费了九牛二虎之力引导我们用冷脑来指挥热血。他说："古庙出了两个壮丁，你们不要嫌太少。依我看来，这两个人不啻是两百万人。古庙的使命是先尽自己的责任，再唤起全国一百万个村庄去同样的【地】尽责。假使每个村庄出壮丁二名,便得精兵二百万,可以负起收复东北之使命。我们多出一个人,固可算是多尽一分责任,但是同时是减轻了别的村庄的责任。况且我们必须通盘计划才能制胜。投军的村友所留下的田地,必须由我们代为耕种,付托的老幼必须由我们服侍教养。我们一言既出,驷马难追,决不能出空头支票,以增加卫国战士之忧虑,所以我主张投效名额暂定二人,将来如有急需再行增加。"

这两个人是如何分配呀?用不着推举。自告奋勇的是有十三人之多。我们上了他们一个封号,称他们为古庙十三太保。这个保字是有广大的意义。他们所保的是整个的中华民族和全世界的弱小民族,不是少数人的特殊利益。古庙十三太保只能去两位,这倒有些不好办。有人主张拈阄,有人主张以家累最少之两青年先去。但结果是十三太保一个也不肯留在家乡。这是出于朱先生意料之外!朱先生能叫青年起来,不能叫已经起来的青年再坐下去。最后朱先生只得牺牲自己的主张,日夜加紧十三太保的训练,以便向东北出发。

## 六十九

古庙学校是已经轰轰烈烈的【地】办了一个多月,门前连一块牌子也没有。它不但是校牌没有,而且校名也没有定好。有的人喊它为古庙学校,有的人喊它为古庙学堂,有的人喊它为古庙小学,有的人简直就光头光脑的【地】把它喊做古庙。它好一比一个可爱的小孩子没有取名字,和尚尼姑随人欢喜喊。我心里想,古庙既是一个学校,总得要挂一块牌子;有了牌子,校名自然会统一了。我终于向朱先生要求把校牌写起来,让我拿去雕刻油漆。

朱先生说:"这是一个难题。我也曾经想写一块校牌,但至今没有想出一个好的名字,如何写得起来?老实说,古庙不是一个平常所谓之学校。如果是一个学校,那末【么】拿起笔来一挥就成,又有什么困难?无奈我们在这里所办的虽是一个小学堂,但同时是一个小工场,又是一个小社会。学堂的主要意义是长进；工场的主要意义是生产；社会的主要意义是平等互助，自卫卫人。工场与工厂大不相同：凡露天的生产工作如种植、开矿、造路、筑桥都包括在内。所以我们这个集团是含有这三种意义。你可以简称它为"三一主义"。你还要知道这三种意义是贯彻我们整个的集团的生活。它与平常所谓工读学校是根本不同。工读学校是半天做工，半天读书，工自工，读自读，不相联串。我们这小小试验是将工场、学堂、社会打成一片，我要把它成一个学堂吧，便难免失掉生产与社会的意义。我想不称它为学校。古庙工学社和古庙工学团这两个名字行不行？"

我说："古庙工学团更合我意。团字含有团结或集团的意义。社字比较宽泛。中国社会之大病就是一盘散沙，惟【唯】独集团的生活可以纠正这个毛病，并且可以发挥出众人的力量来。"

朱先生虽然赞成我的选择，但是他还不肯立刻把牌子写出来。我看他心里还有未决的问题。他说："我们仔细想想，过几天再写也不迟。"

## 七十

这古庙工学团是占据了我全部的思想。我吃过晚饭一个人在院子里散步的时候，古庙工学团又从我的脑海中浮出来了。一忽儿，接二连三的【地】来了许多疑问要求我解答："把一个工场呆板的【地】当作一个工场办，有什么意思？把一个学校呆板的【地】当作一个学校办，有什么意思？把一个社会呆板的【地】当作一个社会办，有什么意思？"大家怕要以我为武断吧？我的答案是："呆板的【地】办工场，呆板的【地】办学校，呆板的【地】干社会工作都没有意思！因为这样的干是割裂人生，使活的细胞解体，所以办的人个个弄得焦头烂额，找不着出路。刽子手的生活有什么意义呀！你若是办一个工场，如果你同时注意到工人之长进的机会和平等互助的关系，便立刻变成一个有意义的工场了。你若是办一个学校，如果你同时注意到师生之生产的机会与平等互助的关系，便立刻变成一个有意义的学校了。你若是在改造一个社会，如果你同时注意到各分子之生产与长进的机会，便立刻变为一个有意义的社会了。"我最后似乎是更加觉悟了。名字之改变究属形式。如果办一种事业是含有这三种意义，那末【么】就称它为学校也可，称它为工场也可，称它为社会也可。倘使没有把这三种意义打成一片，虽是挂着工学团的招牌，便不啻是挂了羊头卖狗肉。我想到兴高采烈的时候，便一五一十的【地】告诉了朱先生。他说："你的推论果然不错。工学团的意义而不是工学团的名字，会叫一切较久的人生集团变成富有意义的集团。古时的家庭差不多就是一个小小工学团。中国有几支著名的军队是大规模的工学团。凡是较有永久性之集团，若没有工学团的意义包含在内，便变成了枯燥的生活而流于衰老。任何一种集团都不能呆板的【地】办。比如监狱，如果呆板的【地】办，便比地狱还不如。你想，如果全国的监狱都变成工学团，那是多么富有意义的一件事呀！你再想一想，如果全国的家庭、商店、工厂、学堂、军队、乡村，一个个都变成工学团，人人生产，人人长进，人人平等互助，人人自卫卫人，那末【么】中华民国是变成何等庄严的一个国家呀！中华民族的新生命是在工学团的种子里潜伏着。园丁们，普遍的撒下去吧！"

## 七十一

中华民族之新生命是在工学团的种子里潜伏着，我有这种认识，我有这种信仰，我愿意做一个园丁将这种子遍撒人间。但是一粒种子必定要撒在适宜的土壤里才能发芽，抽条，开花，结果；若是撒在流沙上，岂不是浪费了种子，虚耗了生命？现在一般的学校是不是欢迎这粒新种子？这粒新种子在学校里能不能长成？一般的教师可能做工头？青年学生们可能做工人？师生若不能做工，则工学团根本不能成立。工学团的名字也许是多数觉悟的知识分子所赞同，可是真正要他们流汗的时候一到，长褂党，旗袍党，西装党，高跟皮鞋党，双料太太、老爷少爷小姐党难免不群起而反对它。传统学校是否能够变成工学团，在我心里却是一个大大的疑问。

一般的工厂是异途同归的【地】令我悲观。平日工作时间是占据了十二小时以上。身体疲乏得像害病一样，还能有余暇去求长进吗？况且现在工人是做了机器的奴隶，卖尽劳动力而不得一饱，在极不平等待遇下，如何谈得到互助？工学团能在这种园地里发荣滋长吗？中国的兵大多数是农人，但是听了"当兵三年，不肯种田"的民谣，不由人也要悲观起来。今日之军队究竟有几处能把工学团的力量发挥出来？商店里一般的老板、管事是不许伙计徒弟做学问，听说以前都市里推行平民教育之最大的阻碍，便是这般【班】不懂事的人。他们既反对平民教育，难道偏要欢迎工学团吗？

我想到这里，从乐观降到悲观，从喜马拉雅山之最高峰沉到玛丽娜海之最深处。

工学团的种子有了；工学团的园地安在？

## 七十二

工学团的园地安在？我每逢想不通的时候，只有一个办法，便是请教朱先生。朱先生近来在乡下得了一个新封号，叫做路路通。当你走到山穷水尽的时候，只要和他谈一谈，自然会看见新的天地。我于是把实现工学团的困难和我考虑这个问题的过程一五一十告诉了他，并问他有什么出路。

朱先生说："你想古庙工学团会不会成功？"我答："古庙一个乡村里的工学团断然可以成功。不但可以成功，而且可以发达。但是我们的问题是如何可以将工学团推广到全国？古庙一处的成功于大局没有多大影响。"朱先生说："在古庙一类的村庄里推行工学团会不会成功？"我答："教育没有普及。推广的人才没有，能否成功，怕无把握。"朱先生说："教育没有普及，倒是一件好事；如果普及了，工学团将更难推行。何以呢？因为中国传统的教育是养成四体不勤、五谷不分的士大夫。万一这种教育普及到每一个村庄里去了，我们的工学团的种子便要弄得无处安身。中国的乡村是新教育之新大陆。它是工学团最好的育苗场。园丁就在苗圃里连带培养。我们开辟一个苗圃便培养一批园丁。这些园丁便可带着幼苗到处栽培,使它繁殖到天尽头。传统教育没有普及,正是我们普及工学团的绝好机会。等到中国一百万个村庄,个个都变成了工学团,那末【么】,依整个的中华民族算来,百人中是该有八十五人个个生产、个个长进、个个平等互助自卫卫人了。你还有什么悲观?"我说:"照先生这样说来,在乡村里新创工学团,前途倒是不可限量。我的悲观也就减少了好多。但是那些已经开办的学校就让它们在那儿制造游民吗?监狱里的犯人就让他们在那儿过着地狱的生活,浪费掉他们宝贵的生命吗?军队里的官兵就让他们天天在那儿立正、举枪、开步走、向右转、向左转的拿着武八股混饭吃吗?工学团的种子是必得撒进这些地方去才赶得上救国救种,乡村工作似乎是嫌太慢。先生有何高见?"朱先生说:"愚公移山的故事你是听我说过的,还有铁杵磨针也不要忘掉。沙漠造成良田,在埃及可以看见这人工的奇迹。二十二年前,我们中国这块土地叫做大清帝国,现在叫做中华民国。从大清帝国变成中华民国,这个奇迹是中国人的力量干出来的。你不要小看自己的力量。世界是人的决心与智慧所造成的。只要你有决心与智慧,你必定可以开辟出一个新的天地来。况且这工学团是一个有意义的东西。凡是有意义的东西都可以不翼而飞。它会自己飞进学校里去。它会自己飞进工厂里去。它会自己飞进监狱里去。它会自己飞入军队里去。它会自己飞入任何集团里去。"

## 七十三

我说:"工学团可以不翼而飞,我有相当的信心。但是飞进传统的学校里去,难免有人要把它捉起来,关进笼里去,或者存心不良投它一弹,送它老命,也未可知。"朱先生说:"这个我们当然是要顾虑到。你所说的这些不幸的事,有时是会发现。但是我们决不可因为或者要发现的事而心灰意懒。这工学团的传布大概不出两个方式:一是自然的传布;二是强制的传布。自然的传布是靠人态度的改变。如果现在有人请你去办一个学校，或是开一个工厂，或是管一个监牢，或是带一支军队，你想预备怎样去干？"我说："我无疑的要把它办成一个工学团。""你在一个月前可有这个信念？""没有。""那末【么】你的个人的态度的改变只是一个月来的功效。你既能在一个月内改变了你的态度，别的人有些是和你变得一样的快。我的年纪比你大些，变化也就来得慢些，可是我的教育上的主张的改变也不过是三五年的事。人是会变的。传统的教师会变成革命的教师。你不要以为，你是一个维新的分子，就以为别人都是守旧的分子。你更不可以为，一个人现在守旧便永远守旧。谁愿走死路？走死路的人不外两种：一是如同老鼠钻进牛角筒，不知道自己走的路是死路；二是如同海船上失火急得跳下水去，以为烧死比溺死更可怕。如果你真能指示出牛角筒是死路，真能摔下一个救命圈，谁愿固执己见，自寻死路？假使我们在行动上、事实上证明了工学团是中华民族之救命圈，传统学校是中华民族的死路，谁还愿去办传统学校？谁不愿把传统学校改做有意义的工学团？一个学校的师生有此觉悟，便是一个工学团成功；一个工厂的职员、工人有此觉悟，又是一个工学团成功；一个监狱的典狱官、犯人有此觉悟，又是一个工学团成功；一个军队的带兵官、兵丁有此觉悟，又是一个工学团成功。这事是简之至，易之至。只要每一集团的人，肯做工，肯长进，不肯把自己的脚踏在别人的头上，也不肯让别人的脚踏在自己的头上，就得了，这工学团便自然而然的成功了。"

## 七十四

我说："个人态度的改变固属可能；但是专靠个人的努力来推动工学团是靠不住的，并且是缓不济急。现在中国已经到了生死关头，时势决不许我们个人从从容容的【地】去脱这传统的蛇壳。我不耐等候这工学团的自然的传布，我急愿听你说一说那强制的传布。"

朱先生说："强制的传布便是必然的传布。工学团的必然的传布是从两条路来：（一）现在全国一般的现象是要进小学而不得进的学龄儿童，超过小学新生容纳量数倍；要进中学而不得进的小学毕业生超过中学新生容纳量数倍；要进大学而不得进的中学毕业生超过大学新生容纳量数倍。新的大学、新的中学、新的小学是无力加开，那末【么】不能考进大学、中学、小学的大多数的学生往哪里去？他们的求知欲已被启发，事实决不许他们进纯粹求知的学校，这工学团是恰合他们的需要。（二）传统的大学、中学、小学是会消费而不会生产。他们所造就出来的人也自然是会消费而不会生产。会消费而不会生产的人是没有人要的。从前南开大学曾有'轮回教育'之讨论。所谓'轮回教育'，即是先生教学生，学生变先生，轮回不已，都在学校的围墙里兜圈子。现在连这轮回的圈子也靠不住了。大学毕业生要想做小学先生已是难事，那中学毕业生是更不必说了。一个小学教师出缺，候补的有时是多至数十人。这明明指示我们说，传统学校是到了山穷水尽。有用之物如果生产过剩，尚且卖不出去，何况废物！传统学校造出来的原是'废人'，不易出卖，幸有低级学校教师的位置，让他倾销，现在连这倾销之路已塞，还能再造废人吗？这些事实是必然的【地】来到，必然的【地】逼迫全民族觉悟，必然的【地】强制全民族另找生路而不许他再在这三岔路口有片刻的徘徊。在这个生死关头上，全民族也许下个总动员的命令，要大家一齐过些工学团生活，那末【么】，转危为安便易如反掌了。"

## 七十五

我问："工学团要想办成功该有几个条件？"朱先生说："一要有创办的决心；二要有工作的技术；三要有可用的原料；四要有劳动力；五要有资本。"

我问："在传统的学校里创办工学团，创办的决心在于态度的转变；工作的技术可以虚心学来；可用的原料当然是就地取材；劳动力是现成的，肯得用出来也在念头之一转；惟【唯】独那资本，当这民穷财尽之秋，是如何的【地】得来？"

朱先生说："也是现成的！只要念头一转，这伟大的资本便近在眼前不必求人。你到教育部去把最近出版的《教育统计概况》找来；我们便可以算出究竟有多少资本可以供我们运用。"

## 七十六

我们在教育部和别方面的统计里得到了一些惊人的事实。"从民国一十年八月至一八年七月：全国公私立大学、专门学校，以已经立案的为限，有学校八六所，教职员六九八五人，学生五三四一〇人，支出经费是三千六百七十九万元；全国公私立中等学校，未立案的都算在内，有学校一三三九所，教职员三〇三四八人，学生二三四八一一人，支出经费二千四百六十万元。"大学生个人用费每年每人约三百元，总起来便是一千六百零二万元。中学生个人用费每年每人约一百五十元，总起来便是三千五百二十二万元。将个人费用加上办学费用，大学、专门学校八六所一年消费国力是五千二百八十二万元；中等学校一三三九所，一年消费国力五千九百八十二万元。中学以上学校一年的总消费是一万一千二百六十四万元。这种消费是年年开支出去，继续消费他十年，便是十一万二千六百四十万元化为乌有。我们办这些不事生产的学校，简直是叫人坐吃山空。假使大家转过念头，学校变成工学团，这一年一万一千二百六十四万元的消耗，便一跃而变成生产的资本，三万七千教师和二十八万八千学生都从高等游民一跃而变为生产的工人。八十六所大学，每所有六十万资本，便是一个中等工厂。一千三百三十九所中学，每所有资本四万六千，是一个小工厂。资本既是用作生产，一年年的【地】滚上去，到了十年，每个中等工厂是拥有六百万的资本而变为大工厂了，每个小工厂是拥有四十六万的资本而变为中等工厂了。这样自能把一个穷的中国变成一个富的中国。若是念头不转，必至人财两空，一起呜呼哀哉！中华民族，这念头要快快的【地】转呀！

## 七十七

朱先生说:"惊人的事实还多着咧。全国公私立小学的学生是有七百万光景;旧式的私塾里也至少有七百万学生。这一千四百万小学生的费用每年总计至少是十万万元。这每年十万万元在传统教育之下是完全消费掉了。小学生年纪太小,固然不能充分生产,但是养几只鸡,种几棵菜,栽几株树,总不能算是过分吧。再不然,扫扫地,抹抹桌,洗洗自己的衣服,便省掉成人许多力量,移到生产上去。每个小学生每年用自己的劳动力赚一元钱便是一千四百万元,赚十元钱便是一万四千万元。据我的观察,小孩子的力量如果引导适宜,是能造出意料之外的奇迹。小孩子能做一点小生产、小建设。中华民国之创造,少不了这些小工人。你再看一看民国十八年七月一日至十九年六月三十日之财政报告。这一年内之国库支出,为四万九千五百零七万元,其中百分之四十九点六为军费,便是二万四千五百五十五万元。这二万四千五百五十五万元是年年花在军事上,继续花他十年便是二十四万五千五百五十万元。这笔款不但是纯粹消费,而且是毁灭生产。照十九年九月份的统计看来,全国正式军队有二百五十九万九千二百人,非正式的军队还不在内。这二百五十九万多人,多半是农人,原来可以生产,但是一入军队便立刻变为消费者。兵多不能御外侮,自必有内乱。内乱一来,则工人不能做工,农人不能种地,生产力又被毁灭了。国家养兵好一比是请人保镖。请人保镖只是富翁的勾当。穷人只能联合自保,哪里请得起保镖的。中国是个穷国,靠当兵吃饭的兵是决养不起。我们如果能把这二万四千五百万的养兵费充作生产资本,把这二百六十万兵化为生产的工人,那又是多么伟大的一个建设的力量呀!"

## 七十八

我这几天的主张是愈弄愈激烈了。朱先生突然问我说:"假使你拿了一省或全国的教育权,你预备怎样去干?"我毫不迟疑的【地】回答说:

"停办学校,改设工厂!"朱先生问:"为什么不办工学团?那工厂二字可怕!"我说:"我要办的当然是工学团,不过我想要偏重生产之工以纠正传统的消费之学。我在城里听说几十年来农业学校、工业学校、实业学校、职业学校是几乎完全失败。我考察他们失败的原因虽多,而主要的就害在这块学校的招牌。挂了学校的牌子,那些只会动嘴不会动手的先生学生都可以滥竽了。他们用学校的招牌做盾牌,可以暂时躲避时代的攻击。他们哄骗社会说:'我们是在提倡生产教育了。可是你们不要性急。你不能捉只老母鸡来立刻叫它生蛋。过几年,或者过几十年我自然会生大鸡蛋,你看。'现在我们已经知道这只老母鸡是只会拉屎不会生蛋了。我不愿书呆子再躲在工学团的盾牌后面做蛀书虫,所以直截了当的【地】把学堂一齐改成工厂。"朱先生说:"你的办法极痛快!可是你要留心,书呆子虽然不会做工种田,却会演说、登报、写文章、上条陈、发宣言。你的命运是会背着摧残教育之罪名下台。结果是你的工厂办不成,他们仍旧办他们的学校一直到亡国。亡国他们也不怕,因为殖民地也用得着不事生产的先生学生做麻醉的工具咧。还有一层你要留心。你只知道学校里有蛀书虫,不知道工厂里有拜金虫。只要你把工厂的招牌挂起来,那些拜金虫都会蜂拥而来了。这里大家只顾赚钱,这里黄金贵于一切,比人命还贵重!所以即使你能把工厂办成,也不是你心目中的工厂了。一般办学校的是抱着书本而忘了人生;一般办工厂的是抱着黄金而忘了人生;一般社会运动者是抱着标语而忘了人生。从这样改到那样,从那样改到这样,若忽略了人生的大前提,都会使你失望。我们的工学团只是以人生为大前提,在我们心目中,人生是超过一切。因为要培养合理的人生,所以反对学校、工厂及一切忽略人生之组织,而要创造出一种富有人生意义的工学团。你把学校改为工厂是以一种缺乏人生意义的组织来替代另一种缺乏人生意义的组织。结果是赶了一群狼,来了一群虎。我不愿在你的热烈的火花上浇冷水。也许你的意见是含了一部分真理:要想打破根深蒂固的积习,难免要用些矫枉过正的手段。但是千万不可忘了'培养合理的人生'乃是我们真正的宗旨。"

## 七十九

我说："学校改工厂或改工学团是一个大问题，可以从长讨论，让我再仔细想想。好在现在决【绝】没有人要把一省或一国的教育行政的责任放在我的肩上，似乎无须急急解决。可是我们古庙的工学团是势在必办了，生产方面究竟要注重那【哪】样工作才对，是不可以不早些考虑。"朱先生说："我在古庙看见了一个奇怪的现象。你们这里出产棉花，是不是？你们把棉花便宜的【地】卖掉，倒过来，个个人身上穿的却是贵布！你看奇怪不奇怪？""这的确是奇怪！我从来也没有想到这一点。读书读呆了叫做书呆子；我们这些人真是种田种呆了，变成一群'田呆子'。棉花便宜卖，老布费钱买，田呆子的确是吃了不少的亏。那么如何是好？"朱先生说：

棉花、粗纱、老布；
被、褥、鞋、袜、褂、裤；
自种，自织，自用；
经济后防巩固。

## 八十

古庙毕竟是个怪物，渐渐引起了城里人的注意。有些人起初是来看风景，忽然发现这个怪物，就好像哥仑布①发现了新大陆一般，便一传十、十传百的【地】告诉别人，以致来宾络绎不绝，弄得我整天的烧水忙、泡茶忙、送客忙，忙得满头大汗。流汗我是不怕，所怕的是汗儿白白的

---

① 哥仑布，现通译哥伦布。

【地】流了。他们那个走马看花的模样,是把我们这古庙当作"大世界"玩。我倒想顺便和他们谈谈各种活动的意义,使他们带些种子到别处去撒。哪知道总是使我失望。他们老是问我:"你们这里有多少学生?先生有几位?一年经费多少?"我的舌头跟着我是不大舒服,整天要回答这些千篇一律、干燥无味的话语。

今天是破天荒,来了一位经济学博士唐先生,听说我们办了一个乡村工学团,特为跑来参观。他是仔仔细细的【地】问,我是兴高采烈的【地】答,真是痛快极了。我那舌头今天算是幸福,抵偿了许多天的徒劳而有余。最后,唐博士给了我一个惊人的问题:"现在是一个机器的世界。机器做出来的东西是价廉物美,决【绝】不是手工艺所能和它竞争。你们要自己种棉花,自己纺棉纱,自己织棉布,自己做棉衣服穿。这虽然是一个美丽的理想,但是靠你们古庙自己的力量来干,只能办到木头机的手工艺,怎好与机器的产品竞争?人家是价廉物美,你的是价贵物粗,如何卖得出去?手工艺遇着机器是被压得粉碎,怎么能提倡?古庙应该领导农人迎头学外国。迎头学外国是学外国最新的机器,如何开倒车?"我是被唐博士问呆了,简直是被他问倒了。不要紧,这倒是我求学的一个好机会。我从来没有像今天这样受窘过。我以为受窘越厉害,进步越实在。朱先生与唐先生的见解是针锋相对了,他们俩必有一个对,一个错。赶快去请朱先生来,让他开一个辩论会。不管哪个对,我总能长些见识。"唐博士请坐一会儿,我去找朱老师来和你谈。"

## 八十一

朱先生与唐博士相见的时候,难免有些客套话,我只得从略,单记他们质疑问难之议论。唐先生首先把问我的话来问朱先生:"贵村既然提倡生产,似宜运用新机器,迎头去学外国,才能发生伟大的效力,先生为何还要用手工艺来干?"朱先生说:"迎头学外国是要把整个过程彻底的学来才是正轨。比如用西法印书,须从造林、制纸、冶钢一直学到做印刷机和用大机器印刷。如果单学机器印刷，那末【么】要造机器没有钢，要造纸没有木料，结果办一个印书馆或是一个报馆，就非买外国机器和外国纸不可。于是印书馆与报馆便成了外国纸的大规模的推销机关，甚至于本身生命就操在外国纸商的手里。迎头学外国是要先学他造林、制纸、冶钢、做机器，后学他的大机器印刷。造纸、冶钢、做机器没有学好以前，一跃就要学他的大机器印刷，那是危险极了。所以依我看来，迎头学外国是有顺序的，这顺序一经颠倒便要发生实业界的不安。敝村所提倡之生产事业中有一样是从种棉花一直到裁缝。种棉花是采取最新的科学方法，至于纺纱、织布、裁缝还是用手工艺，不过在手工艺上也是要力谋技术之进步。"唐先生说："手工艺织的布如何可以与机器出品竞争？"朱先生说："汽车与轿子竞争，胜败如何？"唐先生说："当然汽车胜，轿子败，上海从民国十八年起是一顶轿子也没有了。"朱先生说："上海没有一顶轿，却有许多手车。汽车能把轿子赶得精光，却赶不动那独轮的手车。这是什么缘故？坐轿的人改坐了汽车，所以汽车是适者生存而轿子则被天然淘汰了。坐手车的人依旧只坐得起手车而坐不起汽车，所以手车还是适者生存。汽车虽凶，打不倒手车。机器只能打倒一部分手工艺，还有一部分是不容易打倒的。对不对？"

## 八十二

唐先生说："汽车打倒轿子，打不倒独轮的手车，我承认是事实。但是这个例子能不能应用到纺织业上去是一个很大的疑问。以纺纱而论，用手工艺纺纱，每人每天多则纺八两纱，少则纺四两纱，平均亦不过六两纱。机器纺纱，每人每天八小时能纺二十磅，效力要大四十倍。有的时候拿纺好的粗纱出卖，还卖不上棉花的价钱。因此，与其用自己纺的纱，倒不如拿棉花去换机器所纺的纱。手工纺纱之不能抵抗机器纺纱，似乎是一个很显明的事实。手工纺纱好比是轿子而不是手车。机器纺纱便好比是汽车，赶走手工纺纱如同赶轿子一样，势必要赶得精光，一个不留。如何还能提倡?"朱先生说:"手工纺纱与机器纺纱单独作战,好一比是比利时独自一个子与德意志开火,难免一败涂地。但是比利时到今日依然存在,因为他【它】是与许多国联合起来干。我们不是单独提倡手工纺纱以与机器纺纱奋斗。如果我们是那样干法,自然要失败无疑。我们所主张的乃是棉业整个生产过程之联合战线。从棉花、纺纱、织布一直到做衣服,统统是抓在棉花区域的人民的手里,丝毫不让外力突破阵线。若是零碎的【地】干,不但是手工纺纱会失败,即手工织布也非失败不可。你用买来的纱在乡下织布,每天起早落夜织他丈把,赚得拾几枚铜板,如何可活?但产棉区域整个生产过程之联合战线是有胜利之可能。种棉花不卖,省掉棉花运费,免除棉商剥削;纺纱又不卖,省掉棉纱运费,免除布厂剥削;织布自己穿,省掉棉布运费,免除布商剥削;并通盘计算产棉区域外的消费量,酌定产布余额以应需要而免过剩。这样不是可以立于不败之地吗?你讲手工纺纱没有机器纺的好却比机器纺的贵,是有一半对。专靠手工纺纱过活是活不了。但是我们农人每年是有五个月的空闲。全国有三万六千万人住在乡下,除去老少,至少有二万万人是能做充分的生产工作。一匹马力约等于八匹人力。我们是有二千五百万匹马力,每年五个月放在那里不用。机器不用则上锈;人无事做则赌博、抽大烟,无所不为。机器不开,不必烧煤;人无事做,还要吃饭。中国乡村里是有二万万匹人力,每年五个月天天烧煤而不工作,这是多么大的一个浪费呀!现在最新的机器每匹马力要烧多少煤炭?"唐先生说:"两磅光景。"朱先生说:"我们这二万万匹空闲的人力是一磅煤炭也不必加,如果用他纺纱织布,是决不致比机器的出品贵,你看呢?"

## 八十三

我不耐老是做哑巴子,现在是我开口的时候了。我说:"白烧煤而不工作的马力还多着哩。二百六十万兵便是三十二万五千匹不事生产的马力。一千四百三十多万的先生、学生便是一百八十万匹不事生产的马力。

城里一千六百万的太太、小姐、少奶奶又是二百万匹不事生产的马力。这四百多万匹马力真奇怪，他们不做工作倒要烧外国上等煤炭！我主张要太太、小姐、少奶奶、先生、学生、兵士自己织布自己穿。这里面是含有两层重要关系。（一）自己织布自己穿是一个富有意义的运动。买来的粗布不肯穿，自己织的无论多么粗，穿在身上都觉得比锦绣还漂亮，因为它是自己的劳动力的结晶。（二）穿了自己织的布便自然而然的【地】把洋货抵制掉了。"唐先生说："这倒是很有意思。"朱先生说："这可说是一种不得而已主义，因为不如此便要亡国灭种。"我说："仔细考察起来，自己织布自己穿，并算不了一件什么难事。每人平均一年穿十丈布，每丈布约须纱一斤光景。算他三天纺一斤纱，一天织一丈布，四十天便完全告成。农人有五个月空闲，取它四十天，还有一百一十天干别的事。兵士每天少上一小时的武八股就行。太太、小姐、少奶奶，每天少打两圈麻将也得了。先生、学生呢？费他半个暑假或是一个寒假，总不能算是耽误他们的蛀书生活吧。"唐先生说："有人发明了一种手工纺纱机，每天每人可以纺两磅多纱，不过纺出的纱粗细不匀，所以已往是失败了。我看你们是不在乎美观，何妨用这种纺纱机试一试。如果行得通，纺一天织一天便可出一丈布，岂不便利得多？"朱先生说："这是很好。要费心请你介绍一架。我们可以把这种纺纱机加以研究改造，若能使它出纱粗细均匀那就好了。总之，我们愿意试他一试。"

## 八十四

唐先生说："虽是这样讲，你们的生产比较了近代的机器生产是太慢了，终久必归淘汰。你们要想不被淘汰，必得采取弗德主义：'一个人一个动作。'"朱先生说："为什么要快？因为出产比人快，价钱比人廉，可以把别人的市场夺了来。这纯粹是个人竞争主义在机器构造上之表现。要想生产快而又快，便把工作分得细而又细，直到'一个人一个动作'为止。我想把弗德这句话颠倒过来说，更能描写他的精神。弗德主义的结果是'一个动作一个人'。一个人，一天到晚，一年到头，一世到老专干这一个单调的动作，若不弄得半死半活，便免不了要发神经病。所以弗德主义是始于以一个人干一个动作，终于以一个动作毁一个人。他是把好人变成疯子，把人间变成地狱。你叫弗德自己在汽车工厂里照'一个人一个动作'的办法干他一年半载，看他自己愿不愿再干，看他愿不愿叫他的儿女去干，看他还愿不愿执行这，'一个人一个动作'的主张。"唐先生说："你似乎是反对机器，是不是？"朱先生说："我不是反对机器，不过我觉得我们对于机器的观念需要一个根本的改变。前人制造机器，全副的目光都放在生产上，生产得愈快、愈多、愈好，便可算是一架尽善尽美的机器。他把用机器的工人完全忽略了。今后科学家发明机器的目光，要移转到工人的身上来。我们要造人用的机器，不造奴人的机器；要造益人的机器，不造害人的机器；要造养人的机器，不造灭人的机器。我们的宗旨是要造种种机器，使得用它们做工的人可以乐在其中。未来的世界里只有这人生中心的新机器可以存在。一切奴人、害人、灭人的机器都要敲得粉碎，放在火炉里重新造出那人生中心的新机器来。这种人生中心的新机器没有什么奢望，它不想把人间造成天堂，它不会把人间造成地狱；它的使命是把一个不合理的人间，造成一个合理的人间罢了。这便是我们要实现的新机器主义。"

**【思考题】**

1. 本文中，朱先生和"我"交流时所用的语言有什么特点？其背后隐含了什么审美原则？

2. 本文提倡的这种教育，其教学材料和教学用具有什么特点？其背后又潜藏着怎样的审美原则？和一般的教育相比，这种教育的教学材料和教学用具有什么特性？造成这种差异的原因何在？

3. 本文提倡了一种杜威式的进步主义教育，但是这种教育从未在中国大规模地实行过。在你看来，这种教育理想行得通吗？如果行得通，那么为什么从来没有在中国大规模实行过呢？如果行不通，那又是什么原因造成的呢？

# 十七、厄运[①]/于琳

【内容提要：《厄运》讲述了一名村妇张妈，将其儿子张金送进了村长开的小学。不久，张金由于模仿老师吴先生逃课打牌，被老师发现并打死。张妈不仅讨公道无门，丈夫也被害死，只得到上海做保姆。此后，张妈再婚，并育一子。本来张妈再也不想让自己的孩子上学了，但恰巧碰到一位具有新教育理念的教师，在他的劝导下，张妈又准备送自己的孩子进入那位新教师所在的学校。可是一进学校，张妈就发现吴先生也在这个学校里，吓得连忙跑出来。小说不仅反映了当时社会背景下，不少不学无术的教育投机者开办学校、祸人子弟的问题，还暗示不将这些社会上的官僚主义清除，新教育就无法得到普及。】

白水村里近来在村长李民魂住宅后，起造了一个单级小学校。校长就是这位村长，教员是村长的外甥吴国范。国范住在别一个村庄里，家境很好，可是在初中第一学期就被开除；以后转入商校，因为打伤一个同学，又被退学；后来在上海一个公司处做事，不久又被同事逐出。于是赋闲在家，一年有余，才得这个好缺。他喜欢打牌，在进商校那年，学费都输光。更喜欢谈恋爱，村里的年青姑娘，没有一个不被他蹂躏，城里的公私妓院，都有他的足迹。当他来做了教员，一似从前的行为，也有少许人攻击，但他的舅舅是村长，威武数十村，他的叔叔最近又做了县督学，所以教员位置，稳固如山。他平时就住在舅舅家里，每逢星期六下午课毕还家一次，星期一上午来校上课，习以为常。

---

① 于琳，《厄运》，载于《教育研究》，1933（3）：187-196。

是花光明媚的春天，星期一的上午，小学生都来齐了，上课时到了，而这位吴先生尚未到校，许多小学生就在青草的地上，跳着，跑着，叫着，等到第二课要上了，还不见先生来，许多小学生正在互相惊问时，才从校前李宅上走出一个仆人来：

"吴先生星期六回家后，有点病今天不上课，明天来。"

于是一群小学生跑进教室里乱响着桌凳，挟了书包，有的排着队，有的散乱着，快乐地叫道："今天不上课""先生有病"，立刻各自回家去了。

只有张妈的儿子张金和他的一个友朋站在草场上。这草场很大，从教室前起，一直到李宅后院的围墙止，几年前还修理得很平滑，四面冬青树的篱笆，也剪得很齐，最近野草长满一场，没有野草的，又是高低不平，满目是沙砾瓦片，冬青在春天也不青了，枯枝黄叶，疏疏几株。张金，是一个很顽皮又很机警的学生领袖，衣服破旧，面目黎①黑，吴先生并不喜欢他。他站在场上对一个穿黄衣的学生道：

"小胖子，我们来踢皮球。"

"好，看那【哪】一个踢得远。"浑【诨】名叫小胖子的说。

在一片青草上，两个小孩子，把一个小皮球从这个场角踢到那个场角，又从那个场角踢到这个场角，这样踢了几十回，得意的张金，没有留心，用力地一脚，把一个小皮球踢到校前李宅的围墙内了。

"好了！好了！你踢的！你踢的。"小胖子鼓掌叫。张金走到墙下，看着墙很高，口头对同伴道：

"和我到李家前门进去寻。"

"村长很利【厉】害，要末送给他骂，送给他打，我不敢去。"

"那末想一个法子，从这墙上爬过去。"

"我回去搬几张凳子来。"

"何必回去搬呢，从学校里搬几张桌子不便当么？"

---

① 黎，在此同"黧"，黑色。

他们跑到教室内，两个人抬一张桌子，抬了两张，放在墙下，桌上放一张凳，这样，张金爬在墙头上，由墙内一棵树干上，跳下去。

他跑到院子内，只看见满院是桃树、杏树、梨树、柿树，绿叶扶疏，红花娇丽，再也看不见皮球，他向里面走了些才看见皮球在前面一丛蔷薇花下。他轻轻走前去，俯身将拾，忽隐约地听到一阵欢乐的笑声，被微香的花风送来；他伸了头在树枝的空隙里探视，他不看则已，一看心儿不觉一跳，他看见远远地在一间亭子里有四个人坐在那里打牌，其中一个是村长的女儿，一个就是吴先生。他吓得连忙退回，比爬出墙外，面孔红涨得像蟹壳。

"为什么吓得这种样子呢？莫非是被村长看见了？"

"我没有被他们看见，他们反被我看见了！你知道吴先生和李小姐还有不认识的人正在打牌呢！"

"真的么？他家里常常打牌的。"

"当然真的，呵！先生原来害的这病！"

"我的妈妈也很高兴，我们也来打牌，好么？"

"对的，先生打牌，我们也打牌，但是那【哪】里有纸牌呢？"

"我的妈妈有一付【副】旧纸牌，放在衣橱内，我去偷。"

小胖子很快地跳回去了，他的家很近，一会儿又来了：

"我的妈妈正在洗菜，我拿了来，她一点也不知道，张金，我们来吧。"

他们两个坐在被光照着的草地上立刻开始。可是他们打牌和成人不同，他们"对子"，有两张同的就是一对，以对子多少为胜负，负的就被胜的打一个拳头。这天光阴，就此消磨去。

第二天早晨先生来了，可是张金自昨日发现这种游戏，觉得十分有趣，下了课，又拉着小胖，躲在厕所后面去打牌，到了下午，他两【俩】来得更高兴了，上了课，他们也忘记了。先生在教室内发现少了两个学生就问着，而那平时最会东挑西泼浑【诨】名叫老鼠精的说道："在厕所后打牌。"

先生立刻跑到厕所后去一看,他们俩正在叫着:

"我胜了!我胜了!一个拳头!"

先生走上去,拍的一声,劈的一声,各人吃了两个把【巴】掌,并且大骂一顿:

"你们也打牌么?课也不上了么?谁教【叫】你们来的,头也没有了;在学校里做这种的事!"

于是右手抓着张金的耳朵,左手抓着另一个,拖到教室内"诚实"的校训下:

"在这里跪一个钟头。"

下了课,先生执着教鞭去问:

"你们下次再打牌么?"

"不了。"小胖子呜咽地说。

"下次好好当心,你先去吧。"小胖子去了,先生又问张金:

"张金,怎么样?"张金不哭,也不做声,先生又问:

"你又没有耳朵?你又没有嘴?你是死的活的?"

先生的藤鞭在他耳上、嘴旁打了几下,还不做声。

先生想:到【倒】利【厉】害呢!又加上十条藤鞭,这才开口了:

"你为什么课也不上躲在村长家里,和李小姐打牌呢?"

先生面孔红红地,立刻喝道:

"你说的什么话!胡说!你不认错,反要骂人呢?"

"你叫我认错,你先认错……"

于是先生怒不可抑,发狂的鞭子,在张金的头上、背上,脚上,乱打乱抽;息了几秒钟,觉得就这样还不能吐气,又举起鞭子,像农夫打老牛一般地用力打,可是张金并不哭,先生想,真是铜皮铁骨呢,再在头上着着实实抽了两下。

张金的脑子被打昏了,倒在地上。先生想:不好,连忙叫几个学生送他回去。可是张金强勉走了小半路，又晕到【倒】在路旁，学生连忙回头告诉先生，先生道：

"快点通知他的家庭，说他在路上得了急病，千万不要说我在校里打他的。"

张妈正在家里煮菜饭，预备给儿子上学回来吃，忽有学生来报，说儿子在路上得了病，慌忙从灶边走出，喊着丈夫，丈夫是一个忠弱无用的人，正在田甲工作，于是夫妇两个急忙前去，还未走到儿子身旁，又有学生来报：

"张金已不动了！"

夫妇两人无血色，跳上去，张金已气绝身死了！就放声大哭，附近的人家都可听见。丈夫把死了的尸身驼在背上，张妈在后面跟着，一路哭到家。张妈就这一个儿子，溺爱非常，很慷慨地把五六年来私蓄的二十只洋，取出来，买了一口小棺材，请了几个和尚念了一夜经。第二天收殓了，埋在义冢里。

张妈自儿子死后，几夜没有睡，几天不要吃，眼睛哭肿像红葡萄。

张金被吴先生打死的消息，再也禁不住，立刻得通全村，轰动了全村的人民。不久渐渐传到了张妈耳朵里，知道自己的儿子原来是被先生打死的，于是立刻要把张金的尸身挖起来，抬到村长家里或学校里去，并且哭哭啼啼，要到官府中去伸冤。他们夫妇正在商量，而李村长走来了：

"你们这件小事，不必大闹，由我出来调停给你们抚恤费一百元。"

"不行，不行，我要儿子！"张妈说。

"你们到底是乡下无知的人，还死了能活么？"

"那么我这儿子只值一百元么？"张妈的丈夫说。

"你们这种穷人，骤然得了这许多钱，还不满足么？你不要，你打官司去吧！我陪你的。这一百元请请县老爷，也够了！"

张妈夫妇被吓住了。可是心里很恨，天天家里骂着村长，骂着吴先生，骂着现代的教育，在遇人便告诉人，而张妈甚至常常走到村长和学校的附近故意大声辱骂。

村长觉得出了钱还不能了事,还要听到这种难堪的话,大怒,一方面用疯妇的名义把张妈拘禁起来,一方面警告她的丈夫:"你在家里为什么不作主,任妻子瞎吵,你是当家人,应该训练妻子。"丈夫默然无语。

拘禁了几天,又放出来,丈夫把村长的话告诉张妈,张妈跳着骂:

"混账的村长,女人不是人么?不能当家作主么?他想把我关起来,为什么又放了我?混蛋的村长!"

张妈又对自己丈夫说道:"你受了他们的贿,你不问了;儿子被人打了,躲在家里不敢做声,没良心的东西!你非到村长面去骂他不可。"丈夫被迫得只好到村长家里去胡闹,而且觉得妻子的话是对的,儿子被他们弄死了,声也不做了么?所以越骂越出劲,无所不骂到,一变从前庸弱的态度。

村长觉得太讨厌了,非除根不可,而机会又到了,因为那几年秋收大荒,各地□□横行,县长派了很多的军队下乡搜剿,一面令各地的村长开剿匪会议,李村长也参加,在散会后,他偷偷地把嘴伸到一个参加会议的军官耳旁暗中告诉匪情。

过了几天,在一个半夜里张妈的丈夫被三四个官兵捉了去,裸体倒悬在梁上,用枪柄打着:"你是共匪么?告诉我做了多少案?"

"冤枉呵,我不是,我是良民。"

"你还这样么?还想逃得掉么?"打声,夹着冤枉的呻吟声,继续十分钟之久,渐渐呻吟声低息,终于打声也停息,细细一看,已皮破血流,没有气了。放下来,用一些酒一喷,又活过来,再吊上去,如前的打,这样死过三次。

张妈第二天很早起身,正想设想营救,而丈夫自认不讳已在黎明时枪决的消息传来了。

张妈虽爱丈夫,但不及儿子。丈夫死了,痛哭数天,也就忘了。

村中一年荒似一年,生活一年难似一年,张妈的丈夫在时,家境本来不大好，丈夫死后，更加不好了，每天吃点糠粃度日，时时有饿死的危险。不得已请人介绍到上海闸北做妈子①，买卖，洗衣服，与同乡男子杨阿大认识，时常往来，结果同居，做了夫妇，不久，举一子，取名小金，表示不忘张金。小金一年大似一年，已五六岁的时候了。他看见许多小学生狭【挟】着书包上学去，对妈妈道：

"妈妈，我也要念书去。"

**"你不是要念书去，你是要送死去！"**

有时有许多邻友来，都拉着小金的手道：

"小金年纪这般大，可以上学了。"

**"上学么？我情愿让他死在家里，也不再去尝学校的滋味了。"** 言尽，长叹一声。

一月二十八，中日在闸北打起来，他们夫妇在惶恐中失散了，张妈一个人不得已再回到家乡去，当经过从前一所小学校前面，忽不见了李【吴】先生，在【再】怀疑地走到草场旁一个穿布衣的类似仆人模样的男子面前去问：

"请问你，这校里的吴先生到那【哪】里去了？"

"他么？在几年前已骗了村长的女儿逃走了……"

"哦！我原说现代的学堂不是好地方，现代的先生不是好东西，是要打死学生的，骗人家姑娘的！但是现在谁在教书呢？"

"不瞒你说，就是我。"

"你是教员么？教员不可谈的。"张妈拉起脚就走，因为是小脚，再也走不快。

"来来，何必这般走得快呢？我不吃人的！"

"你不吃人的？我从前一个好孩子就被你们这般人吃去的！"张妈掉过了头回答，把脚步放慢。

---

① 妈子，即女仆、保姆。

"我是一个好人,我是敬重民众的,我是爱护儿童的。你停下来,我告诉你。"

张妈一方走,一面想:他不要假冒教员么?他的衣服面色不像教员,于是停下了脚步问:

"你不像教员的样子,衣服不漂亮,面孔不白,手指甲也没有。"

"这样才正是一位忠诚的劳力的教员,也是我要告诉你的,做教员一定要打扮得像花花公子么?一定要面孔白得看不出血色么?说不定这些都是金漆的粪桶,绣花的枕头,外貌使你一见要拜到【倒】,肚里使你一试真要气倒呢?只要清洁朴质就够了,在城市里固然要城市化,在乡村里不能不乡村化,这样才可以接近你们,才可以打入你们的队伍里去,一方面你们跟我学习,一方面我也跟你学习呢。"

"有是么?"张妈觉得说得有道理,走近几步。

"而且,而且从前教育,都是假的,没有用的,少数的,我问你识字么?"

"不识字,乡里的人大半不识字,小时候我也想识字,但是他们不许我,说女人读书没用的。后来许我了,又没有钱,没有工夫。所以我从前那个儿子,我本想叫他不再尝不识字的苦,是……"

"对呀,我们现在就是要实行民众教育,要叫大家认识字,都能入学,我问你从学校里出来的学生学的什么?"

"都是空的,我看见许多旁人的儿女在小学校,连一张田契也写不出,一封信也写不来,珠算也不会打,数目也数不清,还不及从前的书熟【塾】。"

"对呀!我们现在要实行实际的生计教育,叫他能做人处世,叫他能生活能生产。"

"你说得很有道理,正是我心上要说的。"张妈又走前几步,立在先生面前,表示亲热与敬佩。

"我再问你,从前先生对儿童怎么样?"

"提起真伤心，先生对学生要骂就骂，要打就打，要他死就死，当儿童是一块木头，一块石头，一般地任意所为。先生自己的品行是不顾的，儿童的发问是不问的……"

"对呀，他们以为儿童是小人，以为儿童静的，我们现在要以儿童做本位，要尊重儿童的心理！"

"呵，我从前的儿子假如遇你，是不会死了，也许，现在没有死，至少可以在地方上做的一点事，你晓得我儿子是很聪明的，是很用功的，夜里常点了豆油灯看书。"

"但不要悲伤，旧时代过去了，新时代会给你满足，现在世界上只有你们这般民众，是进化的主动力，你们是世界上的主人，你们的儿女，是未来的小主人！"

"真的么？"张妈跪下来要磕头，被那位教员拉住。

日本攻打上海暂时告了一个段落，张妈再到上海来，打听到他【她】的后夫与小金。她看见闸北的房屋都打坏了，好像大火后一般荒凉，他【她】想为什么要打得这样呢？为太平么？欺中国么？可恶的东洋鬼！可恨的战争！以后不再打了么？但是搬到那【哪】里去？她看见自己从前住的房子空了，墙上有五个弹洞。但这些都不是他【她】心上的事，他【她】心上的一件大事，就是送小金入学。

他【她】打听了好久，才知道在后面第三个巷子里，有一个新办的私立小学，那天，他【她】把小金换了一身新衣，携着他【她】的小金送他入学，在路上对他道：

"上学原来是很好的，我从前看误了。现在我送你入学，一个好教员，将来做一个有用的人，去把害我们的如李村长一类的人，和打我们的如日本一类的国，统统除掉！去把天下弄得真正太平！人人有饭吃，那个先生说我们是世界的主人，你是未来的主人呢！"说完，张妈妈进学校的大门，把眼睛向里一看，吓得拉了小金向外就走，路人问她，她喘气道："那打死我前儿、拐人家女儿的家伙，又在这里做先生了！走来走去，都是在他们圈套里?"

**【思考题】**

1. 本文塑造了一个不良教师的形象,这一形象有什么特点?其背后又是怎样的审美原则?这些审美原则和在塑造理想教师形象时的审美原则有什么不同?

2. 本文吴先生和"那位教员"的教育行为(包括与家长之间的行为)有什么特点?其背后蕴含着怎样的审美原则?

3. 按道理说,本文末尾出现的作为理想教师代表的"那位教员"应该也是像张妈一样痛恨吴先生这样的不良教师的,但是,在张妈眼中,那位教员和吴先生是一丘之貉。这是一种什么样的心理?这种心理对新教育或者理想教育的推广有什么影响?

## 十八、默[①]/卓呆

【内容提要：《默》讲述了一个因为自卑而在学校不敢说话的学生，在老师的一步步引导之下逐渐不再自卑，也和老师建立起了友好的关系，最终能够自如地在学校正常说话的故事。本小说为问题儿童的教学提供了一个范例，提倡在问题儿童的教学中，老师应该有耐心、有方法、友好等。】

久雨初晴，软弱的日光，照在几杆树上。校庭中，儿童三三五五，很快乐的【地】游玩着。一回儿严肃的纪念周完毕了，各归教室。

我从廊下过去，开了教室之门而入。

"点名了！大家答应得清楚些！"

我揭开点名簿，在教柜上，先对儿童们一看，一个个端端正正坐着，眼睛一齐看定了我的嘴。

"张兆麟！"

"到。"

"王尔德！"

"到。"

"李曾耀！"

"到。"

我点到一人，都认一认一面孔，十二三个，个个很向【响】的【地】答应。

---

[①] 卓呆，《默》，载于《大上海教育月刊》，1933，1（1）：149-152。

"陈志方!"

"陈志方!"

不答应。我看一排一排的椅子,并没有人缺席。

"陈志方,怎么样?"

声音向【响】一些的【地】问。其时儿童们,一齐注目在沿窗一排,我很觉奇怪,留心一看,最前面,有一小儿,低头不动,颜色苍白,不像是个健康的孩子。

"陈志方!"

这一次,我很柔和的【地】叫他,他也不答。忽然方才那大声答应的李曾耀,立将起来,说话了:

"先生!志方在一年级的时候,就不开口了。"

"什么?一年级的时候起,不开口?从第一学期开场就不向【响】应?"

"不是,从将要升到二年的时候。"

"当真么?"

我以为很奇怪,再对他看时,只见他略为抬头,对我偷看一下,好像又遇到什么可怕的事一般,再低头了。我也不加追究,点下面的人。于是在休息时间,向校长说明陈志方的事,并且打听他已往的经过。"那个孩子,真是怪事!教室之中,无论何事,他总不开口,真没有办法!"

校长这么说了,在放课后,我把志方,叫到教室中来,好好的【地】叫他:

"志方!志方!"

他兀自低头不动。

"志方!先生点名的时候,你要好好回答……志方!"

"……"

"你且答应一声到!"

或者他疑是训斥他,无论说什么,他总是战战兢兢,头也不抬。

我新到××小学校，担任四年级男女生五十人左右的级任教员，还没有到三天，我很注意着这志方了。

"不开口的孩子——志方！"

为什么呢？奇怪！我决心要探得他的原因，再想叫他开口。于是我在放课后，一有工夫，便去调查他。

"成绩的恶劣，全级第一，上学校学时，途中和别的孩子，也肯说话。在学校中，除了他一个堂兄志元外，都不交谈。"这些话，都记在我的备忘录上。有一天放课后，我把陈志元一个人叫到教室中，打能【听】他志方的已往；那【哪】知竟发见了惊人的事实。原来：

"志方在一年级将完之时，教室中先生问话时，志方因着平日的不注意，往往有可笑的回答，于是同级儿童，一齐大笑，他很羞耻，红着脸，低着头，就此哭起来。从此以后，他随便什么话，决【绝】不回答了。"

我想：可怕啊！原来如此。

我到志方家里去，是在两三天之后。这一天，恰巧他父亲父【母】亲都在家，两个人轮流把他：记忆力薄弱，学校中不肯开口，在家任凭训斥也不肯用功等话，说了许多。我又从二人口中，探得了更重要的话，就是：

"志方在五岁秋天，得过脑膜炎症，差不多有一星期，埋在冰里头的，医生和一切的人，都以为是不中用了；不料居然得到生命。"不错！我最初就觉得他颜色苍白，健康不良的。我们正在谈话，忽然志方推门进来，一见了我，便逃往什么地方去了。我在最后，便对他父母说：

"在志方自己高兴用功之前，切不可强要他用功，目下任他怎样好了。"

叮咛而归。

"不开口的孩子——志方！"

每天我踏进教室时，恰巧正面桌子上，看见他苍白的脸。志方的名，我决不会忘掉。

从此，我尽力使接近他的机会多。

十分钟的休息时，见他独自一人，呆立树下，便走到他身旁去。做值日生时，我去帮他打扫。

然而他总不对我开一声口。

在自由画的时间，儿童会得在纸上，草花咧，风景咧，火车咧，随便画着。我一看志方的画，他急急用两手一遮，然而我已经瞧见，志方的画，是一匹马。放课后，在教室中，我坐在志方对面：

"志方！你今天画的马，很好。你喜欢马么？"

"……"

我虽好好的【地】说，他总觉得我的说话，似乎很可怕的样子，把头低下去了。

"不开口的孩子——志方！"

我非常的【地】希望着从他口中回答出一句话来，对他面孔凝视着。他那菜白的面孔，我忽然觉得可爱起来了。我取一本旧杂志上一张马的插画，送给这默默不语的志方。他低着头回去时，我从玻璃窗中，只管看他，直到看不见他为止。

我担任了级任以来，三个月间，梦也似的过去；然而我的努力，还是不够。

"不开口的孩子——志方！"

仍旧不开口。方才值日的儿童们，声音很闹的【地】在那里打扫，现在恐怕回去了，一些声音也没有！惟【唯】闻唱歌教室内，有远远的唱歌声罢了。我收拾了明天的教案簿，我的心里，还是想着不开口的志方，怎么办呢？总要使他逐渐的【地】开口……我心中充满着这件事。恰巧在此时，有三四个儿童，走过我窗对面的树下，一看，是住在学校近旁的二三年级男生，各人拿着一根竹竿，高声呼喊，在那里做散兵线的游戏……**我看了一回，不禁暗暗叫起来：**

"有了！有了！"

噤口不语的志方，在这种教室中，要他开口，是办不到的。

"外面好！只有外面了。非除去学校和家庭不可。再用做他哥哥一般的精神，更进一步，与他接近才是。"

从此以后，我就变换了这个目标了。

出了学校，在田野中经过二米突光景，便有一条小河，我的寓所，就在河的对岸。上流的五六百米突处的陈志方家里，有个很高的竹围围着。翌日起，我到校的路线改变了，徘徊在这三角形的二长边上，引诱志方。在他门口等了十分钟光景，志方出来了。

"志方！今天我到这里来了，一同来罢【吧】。"

"志方！你替我拿着皮包！"

我把皮包授给他，行了两三步，回头看时，他笑盈盈的【地】走着，我心中何等快活啊！于是我常常带着笑回头，去看这后面跟来的志方。放课时，他走出教室。

"志方！明天早晨，我很早的来，你等着。"

志方虽不开口，却看着我，点点头，面孔上有笑意了。我在这一天晚上，想得几乎睡不着。

朝晨，我极早的出去，在他门口，打定主意，叫了：

"志方！上学去罢【吧】！"

不料很意外的【地】答应一声：

"来了！"

正是志方的声音，他挂着书包，走将出来了。

"先生！"

叫了一声，从我手中，把皮包接去。

"吃！这是志方的声音！"

我不觉右手搁在他肩上：

"志方！你很好！从此我和你要讲话了。志方！"

"是。"

他答应得很清楚了。

如此我引诱了他一星期，他对于我的说话，有了断片的回答了。星期六的大扫除，我帮着志方，打扫厕所时，便约他明天到我寓所来钓。这一天晚上，我备好了钓竿钓钓等物，打算明天去玩鱼。九点钟光景，他很高兴的【地】来了，我心中快活极了。一回儿我们二人的影儿，映在小川的水中了。我每钓到一次，他必定快活的【地】叫起来：

"有了有了！"

从此，每天朝晨，他在我寓所门口叫：

"先生！"

与我一同登校，并且晚上也常常来玩，我后来为了他，备好了画图纸与绘具：

"你把喜欢的东西随便画！"

他还是多画马。我收集了许多马的画，送给他。有一天，我到镇上去，买了一册习画范本给他，他大喜，就在我桌上，读本子上所载的方法。我觉得，他已很能读短文了。

"志方！你很能读画本啊！在校中，也这么读了就好。"

我说罢，他抬头对我一看，微微笑着。

这夜里，志方的父亲来找我：

"先生！真是奇怪的事！"

我也不知他出了什么奇事，一打听，方知志方今夜一吃完夜饭，在桌上读那一册画本了，我这里微笑着。

歇了二三天，在党义时间内。

"三民主义，是什么人创造的？"

我问。

"先生！先生！"

"晓得！晓得！"孩子们一齐举手，其时我看得明白，志方又想举手，又想不举，正在踌躇。

"今天一定要叫志方开口了!"

我一想定,便指定志方一排中最后一人。

"孙中山先生!"

"好!第二个?"

"孙中山先生!"

如此,恰巧陈志方背后的孩子答了,我趁此机会:

"好!第三个?"

脸上做得若无其事,志方立起机敏地:

"孙中山先生!"

答应得很清楚。

"呀!陈志方开口了!陈志方说话了!"

我不禁走下教坛,立在他面前,抚抚他的头:

"好极了!真能干!"

我一说,儿童们的视线,一齐过来了。

"你们听得了没有?陈志方回答得很好,这是用功的缘故。你们大家应当一同赞他。"

我说完,掌声如雷,陈志方满足似的笑着。

我但任了这一级以来,恰巧四个月,不开口的陈志方,居然开口了。

从此他到我寓所来玩时,带了书包来了,我很认真的【地】替他预备明天的功课。

长期间沉默一经喊破的志方,大约是尝到了与人谈话的滋味了,休息时间,喜欢和朋友们谈笑,教室内简单的回答,和普通人差不多了。

如此,星期日或登校的途中,不必说,休息时间等时,我和陈志方,更觉亲密了。

**【思考题】**

1. 本文中,教师为了能够开展好对陈志方的教育,与之构建了一种和一般师生关系不同的关系,这种关系背后潜藏着什么样的审美原则?这种关系和一般师生关系的差别在哪里?影响它的因素又是什么?

2. 为了能够和陈志方建构起亲密的关系,教师的语言和行为表现出什么特点?其背后又隐藏着什么样的审美原则?

3. 本文为如何对"问题儿童"展开教学提供了一个范例。但是,这要求教师对"问题儿童"倾注许多精力。一方面,很多教师不愿意下这样的精力。另一方面,对这个儿童下精力,很多情况下就意味着对另外大部分的儿童下的精力会减少。这不仅意味着整个班级的总体教学质量可能下降,也意味着其他儿童可能会产生不满。你认为,即便面对着这样的困难,教师专门下功夫帮助"问题儿童"解决他们的"问题"是应该的吗?如果你认为应该,那面对这样的难题,你认为应该如何去解决呢?

# 十九、心波[①]/潘腾

【内容提要：《心波》讲述了一个原本在私塾里非常优秀的学生秋菊，由于被送进洋学堂，但是又没有相应的基础，跟不上学堂的课程，被先生体罚，被同学嘲笑，最后变得厌学的故事。本小说不仅反映了当时中国虽然已经废除科举制和八股文几十年，但旧教育的残余仍然未能清除，以及常年受到旧教育的学生无法适应新教育而出现的一系列后果，还反映了即便是在新教育中，教师和同学对秋菊这类学生缺乏关怀的问题。】

淡淡的阳光，慢慢地从窗口移到床前。这间静寂的小楼，添上了一点活跃的生气。睡在床上的秋菊，懒洋洋的【地】翻了一个身，睁大了眼睛，对着这床前的阳光出神。

楼上仍然一片静寂，一点声音也没有，一行一行的铺位很整齐的排列着，可是没有一个人影儿。很例外的只有他。

秋菊这时候还不曾离开他的床铺，也只是无聊的【地】转辗着，总没有起身的勇气。他以为这样一间冷清清的楼房，固然说不上如何的舒适，如何的可爱；但比起在课室里，饭厅上，以及其他公共的地方，遭受先生和同学们的白眼——轻蔑的白眼——来，总算舒适的多，自在的多了。他自从发现了这个避世的处所以后，他便每日都想在这楼上耽搁着，好像在这儿多住一会便多得到一会的安慰。甚至每天上午的第一课，差不多完全请了病假，而且他所假托的病是头痛，别人也无从知道他的真伪。这样一

---

① 潘腾，《心波》，载于《教育研究》，1934（4）：1-5。

来，一方面固然可以在楼上多过些时间；一方面更可以躲掉这每日的难关——上算术课。

**很侥幸的**：级任而与算术教师的沈先生，对于他，早已漠不关心——从来也不曾真切的【地】关心过——他以为这样愚蠢的学生，能够不到他的眼前来上课，倒也是一件快事！

这样，秋菊的这一点最后的企图，便很圆满的【地】得到成功，总算他不幸中之一幸。从此，二个星期以来，秋菊都是在这样的避世的企图中生活着，几乎已经成为习惯了。

今天照例地对着阳光出神，似乎要想在这一线光明中，找回他以前的光荣，以前的希望。无意中，一幕幕可歌可泣的往事，都很鲜明的【地】浮到他的脑上来。

★ ★ ★

那是一年以前的事了。那时候他还是某个私塾中一位皎皎【佼佼】的学生。当然的，以一个十二岁的孩子。仅仅读了五年书，便把这大堆的《三字经》《千字文》《百家姓》《幼学琼林》，还有四书和五经里的《诗经》《春秋左传》都读完了，并且都能背诵如流。作起文章来呢，四书题、春秋题都是拿手好戏，而且写得一笔清秀可爱的字，为人又雍容文雅，从来不与人争。这样的一个伶俐的孩子，又是在冷落的乡间，怎能不叫人称赞不置？就是他父亲的自傲，和他自己的自命不凡也是应该的！

"秋菊这孩子很好，能够继续读下去，将来是很有出息的！"有一次，他的先生对他父亲这样的【地】说话，现出很得意的样子。

"是啊！我想听他明春到城里的洋学堂里去考考看，如果考得取，就听他在那边读两年再讲。"父亲显然是同意于先生的批评，而且进一步的【地】提出了将来的计划。

"这样好是好的，只是洋学堂……"先生似乎对洋学堂有点怀疑，结果没有说出来，便给秋菊的父亲打断了。

"先生！现在是这样的时势！要望子弟出息，便只有进洋学堂，他的舅舅对我说过好几次了，我也有点不大相信，只是时势如此，便不能不这么办！"父亲的态度很坚定，讲话后，现出胜利的微笑。

秋菊是懂事的孩子，从这次谈话中，他便憧憬着这有出息的洋学堂，心中有说不出的愉快，似乎光明就在眼前等待着他。

在一个美丽的春天的早晨，秋菊带着一半伤感，一半热望，离开了他那可爱的母亲——十三年来不曾离开过的母亲，跟着父亲和挑行李的伙伴，向着往城里去那条路上走去。他想：可爱的家，可爱的母亲，暂时和你们分别了！且请看他日归来的秋菊，该如何的神气呵！对于邻居，对于一切，他都这样的自许着的！

和煦的春风，送来无限的温柔。路边的绿草更显出勃勃的朝气。好像是在预祝着秋菊将来的成功。秋菊这样想，他的父亲又何尝不作如此想呢？

事情果然是非常的顺利，秋菊经过一次简单的入学试验之后，学校当局便把他取录在初级四年级后期。秋季开学便是高级学生。秋菊的父亲，已经是喜出望外了，何况，教国语的李老先生，还特别提出秋菊的作文向他称赞过？这时候的秋菊，虽然不敢小视洋学堂，然而觉得他的作文至少是有把握的了。**李老先生曾亲自告诉他，只要文言作得好，学白话是很容易的。**他也就不把学白话当作一回事了。

尤其值得秋菊高兴的，是学校的一切新鲜的气象。都是他从前所不曾梦想到过的。这也是很自然的：以这样一个在私塾里囚牢了五年之久的孩子，一旦跑到一个新式的小学里来，一方面固然是满肚的欣悦；一方面也有着惊奇和畏惧的！

第一天上课了。和秋菊一齐上课的同学们，大概都比他小些；然而他们待他都还好，很热忱的【地】对他讲学堂里的情形，那【哪】位先生利【厉】害，那【哪】位先生有趣，比方教他们的算术的沈先生便是属于前者的，教高级国语的李老先生便是属于后者的。此外还告诉他各种的规矩，如上课时唤"一、二、三"鞠躬之类。秋菊很感谢他们，觉得他们都可爱，都可以交他们做朋友。他觉得城里的人是不同了，不像乡下的私塾的同学那样讨厌，他悔不该不早两年便到这儿来。

秋菊真写意！上课退课，吃饭排班都有小朋友照顾他。不断的【地】和他谈话，问他这样，问他那样，大家时常向他作包围的势，弄得他有点害羞起来。不时的红着面孔。他很不愿意叫他们看出他是乡下人，然而他自己也觉察到，他的一切言语行动，都带有乡下人的气分。同班中也有乡下来的，不过不是新来，当然没有什么乡下习气了。

然而，他总是满意，因为他有大的希望在后面，对于目前的境过【遇】，虽然间或有些不甚舒适的地方，他都满不在乎。

第二天上课比较紧张了。第一课沈先生的算术，便是继续上学期而讲的分数乘除法。同学们大多数都仔细的【地】听讲，有的还觉得津津有味。至于秋菊呢？他是没有学过算术的，他只昂着头，不转眼的【地】看着沈先生的右手，在黑板上画些东西，总看不出一个所以然来。沈先生只顾讲，其余的人只顾听，秋菊只顾看，这样，好容易消磨了一点钟的时间，倒也不曾看见沈先生怎样利【厉】害，秋菊也不曾被他注意过。

退课①以后，他觉得自己太不行，这样下去是什么也学不成的，幸而他能不耻下问，找到了一个小朋友，叫他教他写数目字。

"怎么？数目字也不会写，那你还学甚【什】么算术？"

秋菊觉得有点不好意思，然而他仍然要学。他马上照着书上的数目字去练习，以他这样一个会写字的孩子去学写几个数目当然是不难的，自那天晚上习了二点钟以后便不成问题了。

第二天又上算术课了，沈先生照着点名簿的次序，轮流着叫学生上黑板去做习题。做不起来便站在讲台上，另叫别一个来做，这是沈先生的"吊黑板"的规矩。不过吊黑板是初次的惩罚，下次可就没有这样容易了。

---

① 即下课。

下次如果再做不来，便是"跪讲台"，再下次便是"打手心"。今日是本期第一次演习题，大家都满不在乎，以为至多不过是吊黑板。

侥幸得很，秋菊的名字在后面，这次总算不曾叫到他。虽然他存万分紧张中过了一个钟头。

接着，不幸的事便来了，秋菊第二天被叫上讲台。他还抱着侥幸之心，希望沈先生叫他演的题目，恰是头天晚上他所抄录过的——当然谈不上演习，因为他现在还在学习整数四则哩——结果不能尽如人意，出来的是一个生疏的题目，当然他只有照规矩实行吊黑板了。他本想告诉沈先生，他是没有学过算术的。只因同学都说沈先生不是好惹的，而且他又是本级的级任，和他说了没有学过算术，那一定是"降班"无疑的。"降班"这是多么危险的一回事呵！他宁愿再努力努力渡过这难关。虽然吊黑板也是丢脸的，然而总比降班强一些。他那【哪】里想得到第二天的早晨便是他跪讲台的时节了呢？

秋菊是知道的，沈先生的规矩比铁还要硬，叫你跪讲台，还有什么话讲呢？

秋菊跪在讲台上，低着头，不敢把眼睛对任何人一看。虽然不看了，然而耳朵还是有着作用的，他可以听出同学们"吱吱吱吱"的声音。这分明是在笑他，笑他跪讲台丢脸，笑他不自量力，不曾学过算术，还要插入四年级的高班。这时候，他很想向沈先生说明，情愿降班上课，既省得同学们的嘲笑，或许自己还可以真正的【地】学些东西，他几乎决定了，决定向沈先生讲明，情愿降班。忽然另一个念头又浮上心来：跪讲台，不是已经跪了么？要丢脸不是已经丢过了吗？反正，脸已经丢了，同学们已经嘲笑了，再去说明，再去降班，还有甚【什】么用处？他现在唯一的希望便是不要再被打手心，如果再打手心，他便一切都完了！其实打手心又那【哪】里会比跪讲台来得难受呢？打手心不过是短时的苦痛，跪讲台倒反要消磨这一个苦楚的钟头，这样想来，他甚【什】么也不怕了。沈先生，人家都说他怎样利【厉】害，其实也不过如此！哈哈！他没有笑出声，然而他已有抬头一望的勇气了。他看见同学们的眼睛都恶意地看着他,对他鄙视,对他狞笑,把他心头的怒火燃烧着了。**他在咒他们,这般可恶的东西,你们可知道我过去的光荣,洋学堂是你们的世界,私塾才是我的温柔乡哩!** 这时候,他恨不得身生两翼,马上飞到家乡去。然而不对,父亲是为望我出息,才把我送到这儿来,如果就这样的回去了,他将如何的失望呵!我的母亲呢?她还不是一样的想法吗?现在固然是跪了,跪了讲台了,不见得跪了就没有出息呢!

从此以后,秋菊对于自己的前途,便丝毫把握不住,算术索性不学了,同学对他只有轻视和讥刺,他对同学只有嫉妒和愤怒,每天所看到的,听到的都是使他愤懑①的东西。**游戏室中,运动场上完全没有他的足迹。他认为那两处地方,是罪恶的源泉,那里面的人的一举一动,都在对他示威,对他侮辱。**

近来不但算术不成功,就是国语作文又何尝不是一样的被人当为笑料?

**当第一次国语教员张先生把作文卷发出来的时候,他的一篇曾被张先生摇头摆尾的高声朗诵过,说他是八股文章引得哄然大笑。秋菊看来,这当然是一种侮辱,因为他并没有学过八股文,写的只不过是四书左传一类的文字,难道不是白话便是八股吗?若说他做的是古文,可以的,为什么要瞎说是八股呢?** 算术不好,固然要受人轻视,怎么作文卷子也被人当作笑料呢?他不禁愤恨了,他骂国语教员不晓得看作文,是饭桶,但没有说出口。

他现在是一无所长了。秋菊,秋菊,便成了一个给人当笑料,做例子的名词,他很想自己另取一个名字,又觉得没有意思,恐怕因此反要闹出笑话来。

---

① 懑,音 mèn,本义:烦闷。

★ ★ ★

当当！当当！当当！上课的钟声，把他惊醒过来了。床前的阳光，已经消失过去，他从前的欢欣喜悦，都已尽付东流，现在他只有回忆过去的权利，而没有摆布将来的勇气了。

他自己也不知道，这样一个生气勃勃的孩子，怎么会变成现在的这付【副】样子。

**【思考题】**

1. 本文所体现出来的亲子关系、师生关系、同学关系是怎么样的？这背后有什么样的审美原则？和正面提倡理想教育的文章有什么区别？

2. 这篇小说发表于1934年，距离废除科举制已经过了快30年了，然而，小说中的秋菊一开始仍然是读私塾、读八股。这样一种强烈的反差，说明了什么？现如今的中国也有这样的情况，你认为这种情况是必然的吗？我们应该如何去缓解或解决它呢？

3. 小说中的秋菊是因为父亲希望他"出息"，才被送进洋学堂的。在如今，也有很多家长因为望子成龙而把子女送进比原来更好，但往往也是门槛更高、要求更严格的学校。其中很多子女也像秋菊那样，由于"跟不上"，成绩一落千丈。如果你是家长，你会为自己的孩子做这样的选择吗？

4. 你认为，上一个问题中，有没有表述不恰当的地方？如果有，那么你是会和自己的孩子协商，还是完全让孩子自己选择？如果孩子坚决反对去更好的学校，但是这样孩子可能就会失去让自己的成绩更好，从而进入更好的大学、找到更好的工作的机会，你还会尊重孩子的意见吗？

# 第三编
# 全面抗战时期（1937—1945）

# 二十、一块猪肝[①]/老舍

【内容提要：本文主要写了抗日战争背景下，不同青年人的表现与反应：有的沉迷于空想，不愿付出行动；有的已经从学校投身到社会的洪流中来，为救国出自己的一份微薄之力。】

大中华的半个身腔已被魔鬼的脚踩住，大中华的头颅已被魔鬼的拳头击碎，只剩下了心房可怜的【地】勇敢的【地】不规则的【地】尚在颤动。这心房以长江为血，武汉三镇为心瓣：每一跳动关系着民族的兴亡，每一启闭轻颤出历史续绝的消息。这是流民与伤兵的归处，也是江山重整的起点。多少车船载来千万失了国弃了家的男女，到了这里都不由的【得】壮起些胆来，渺茫的有了一点希望。就是看一眼那滚滚的长江，与山水的壮丽，也足以使人咽下苦泪，而想到地灵人杰，用不着悲观。

江上飞着雪花，灰黄的江水托着原始的木舟与钢铁的轮船，浩浩荡荡的【地】向东流泻；像怀着无限的愤慨，时时发出抑郁不平的波声。一只白鸥追随着一条小舟，颇似一大块雪，在浪上起伏。黄鹤楼上有一双英朗的眼，正随着这片不易融化的雪转动。

前几天，林磊从下江与两千多难民挤在一条船上，来到武昌。他很难承认自己是个难民，他有知识，有志愿，有前途，绝对不能与那些只会吃饭与逃生的老百姓为伍。可是，知识，志愿，与前途，全哪里去了？他逃，他挤，他脏，他饿，他没任何能力与办法，和他们没有丝毫的分别。看见武汉，他隐隐的【地】听到前几天的炮声，看见前几天的火光。眨一

---

[①] 老舍，《一块猪肝》，载于《民意周刊》，1938（14）：14-15、1938（15）：15-16。

眨眼，"江汉关"与"黄鹤楼"都在火影里，冒着冲天的黑烟。再眨一眨眼，火影烟尘都已不在；他独自流落在异乡。身上薄薄的一身西服，皮鞋上裹满各色的泥浆，独自扛着简单得可笑的一个小铺盖卷。谁？干什么？怎回事？他一边走一边自问。不是难民！他自己坚决的【地】回答。旅馆却很难找，多少铁一般的面孔，对他发出钢一般的"没有房间！"连那么简单的铺盖卷都已变成重担，腿已不能再负迈开的辛苦，他才找到一间比狗窝稍大的黑洞，绝对不尊严的【地】，他爬在那木板上整整睡了一夜，还不如一只狗那么警醒灵动。

醒来，由衣袋里摸出那还未曾丢失的一面小镜来，他笑了。什么都没有了，却仍有这方镜照照自己。瘦了许多，鼻眼还是那么俊秀，只是两腮凹下不少，嘴角旁显出两条深沟，好像是刻成的，微微有些阴影。是自己，又不十分正确——到底不是难民！

放下小镜，他决定忘下以前种种。原先就不是凡夫，现在也不能是难民，明日还得成个有为的人物。这是一贯的，马上要为将来打算打算。

他过江去看看汉口。车马的奔驰，人声的叫闹，街道的生疏，身上的寒冷，教【叫】他没法思索什么，计划什么。他只觉得孤独、苦闷。街上没遇到一个熟脸，终日没听到一句同情的话，抱着自己过去的一切志愿与光荣，到今天连牢骚也无处去诉。这个处所是没有将来的。自己可是无论如何决不肯与难民为伍。买了份报，没有看见什么。他不能这样在人群中作【做】个不伸手乞钱的流浪者，他须找个清静的地方，细细思索一番。把报纸扔掉，想买本刊物拿回旅馆去看——黑洞里不是读书的地方，算了吧；非常的别扭！不过，刊物各有各的立场；自己也有自己的立场；不读也没多大关系。自己的立场是一切活动——对个人的、对国家的——的基础。这个，一般人是不会有的，所以他们只配作难民，对己对国全无办法。

在"黄鹤楼"上，看着武汉三镇的形胜，他心中那些为自己的打算，和自己平日所抱定的主张，似乎都太小一点；眼前的景物逼迫着他忘了自己,像那只白鸥似的,自己不过是这风景中小小的一片;要是没有那道万古奔流、烟波万顷的长江,一切就都不会存在;鸥鸟桅帆……连历史也不会有。寒江上飞着雪花,翻着巨浪,武昌的高傲冷隽,汉口的繁华紧凑,汉阳的谦卑隐秀,使他一想便想到中国,想到中国的历史,想到中国伟大的潜在力量。就是那些愚蠢无知的渔夫舟子好像也在那儿支持着一点什么,既非偶然,也非无用。眼随着那只白鸥,他感到一种无以名之的情感,无限,渺茫,而又使他心中发热,眼里微温。

但是,这没有一点实在的用处。他必须为他自己思索;茫茫的长江,广大的景物,须拿他自己作为中心,自己有了办法,一切才能都有了办法。自己的主张,是个人事业的出发点,也是国家转危为安的关键。顺着自己的主张与意见往下看,破碎的江山还可以马上整理起来,条条有理,头头是道。他吐了一口长气。江上还落着零散的雪花;白鸥已不知随着江波飘到哪里了去。

是的,他知道自己的思想是前进的。他天然的【地】应当负起救亡图存的责任。他心中看见一条白光,比长江还长,把全中国都照亮,再没一点渣滓、一星灰尘,整个的像块水晶,里边印着青的松竹与金色的江河。不让步,不搬动!把这条白光必须射出!他挺了挺胸,廿五岁的胸堂【膛】,吐出万丈的豪气。

**雪停了,天天看见长江,天天坚定自己,天天在人群中挤来挤去,天天踩一鞋泥,天天找不到事作【做】。**林磊的志愿依然很大,主张依然很坚决,只是没有机会,一点没有机会!他会气馁,但是也不会快活。物质上的享受,因金钱的限制,不敢去试尝;决定不到汉口去,免得看见那些令人羡慕的东西,又引起气短与伤心。普通的劳作与事情,不屑于投效;精神上的安慰只仗着抱定主意,决不妥协。假若有机会得到大的事情作【做】,既能施展怀抱,又能有物质的享受呢,顶好;能在精神上如愿以偿而身体受些苦处呢,也算不错;若是只白白受些苦,而远志莫伸,那就不如闲着。虽然闲着也不好受,可是到底自己不至与难民同流,像狗似的去求碗饭吃。

买了些本刊物，当不落雨的时候，拿到蛇山上去读。每读过一篇文字，他便尽着自己所知道的去揣摸，去猜想，去批判。每读过几篇文字，他便就着每一篇的批判，把它们分划出来：哪篇是哪一党一系的主张，哪一篇与哪一篇是同声相应，或异趣相攻。他自信独具卓见，能看清大时代的思想斗争的门户与旗号，从而自许为战士中的一员。这使他欢喜、骄傲；眼前那些刚由内地开出来的兵，各地流亡来的乞丐，都不值得一看；他几乎忘了前线上冰天雪地里还有多少万正规军队与义勇军，正在与敌人血肉相拼，也几乎忘了自己的家乡已被敌人烧成一片焦土；反之，他渺茫的【地】觉得自己是在一间光暖的大厅中，坐在沙发上，吸着三炮台烟卷，与一些年轻漂亮的男女，讨论着革命理论与救亡大计：香暖，热闹，舒眼而激烈。他幻想着自己已作了那群青年的领袖，引导着他们漂漂亮亮的【地】、精精神神的【地】发表着谈话，琢磨着字眼，每一个字都含着强烈的斗争力量，用一篇文字可以打倒多少政敌，扫荡若干不正确的观念。想到这里，他不由的【得】想起许多假想敌来，某人是某党，某人是某派，都该用最毒辣的文字去斩伐。他的两眼放了光。立起来，他用力的【地】扯了扯西服的襟，挺起胸来，向左右顾盼。全城在他的眼中。他觉得山左山右不定藏着多少政匪与仇敌；屋顶上的炊烟仿佛是一些鬼气，非立即扫清不可。

他这样立在抱冰堂前或蛇山的背上，恍忽【惚】的【地】想到他的英姿是值得刻个全身铜像，立在山上，永垂不朽——革命的烈士。可是，每逢一回到小旅馆中，他的热气便沉落下去，所有的理论，主张，与立场，都不能使那间黑洞光明一点点。他好似忽然由天堂落到地狱中。这他才极难堪的【地】觉到自己并没有力量去克服任何困难，那真正逼着他来到此地受罪的，却是日本，而不是什么鬼影似的假想敌。到这时候，他才又想起在"黄鹤楼"头所得到的感触与激刺；合起全中国的力量去打日本仿佛才是最好的办法；内部的磨擦只是捣鬼。他想到了这个，可是不能深信，因为实际上去战争与牺牲似乎离他太远;他若这么去努力,就有点像狗拿耗子,多管闲事。他是生在党争的时代,他的知识,志愿,全由纸面上的斗争与虚荣而来。他的那身西服只宜坐在有暖气管的屋子里,他不能了解何谓"沙场",何谓"流血"。他心中有"民众"这一名词,但是绝对不能与那把痰吐在地上的人们说过一句话。

他想安心写些文章,投送到与他的主张相合的刊物去发表,每一篇文章,他决定好,必须是对他已读过的某篇文字的攻击或质问。把人家的文章割解开来,他不惜断章取义的【地】摘取一两句话去拼死的【地】责难,以便突破一点,而使敌军全线崩溃。他一方面这样拆割别人的文章,一方面盘算自己的写法;费了许多工【功】夫,可是总不易凑成一篇。他有些焦急,但是决定不自馁;越是难产才越见文艺的良心。

为思索一词一语,他有时候在街上去走好几里路。街上一切的人与事,都像些雾气,只足以遮障他的视线,而根本与他无关。正这样丧胆游魂的【地】走着,远远的他看见个熟识的背影:头发齐齐的护着领子,脖儿长而挺脱,两肩稍往里抱着一些,而脊背并不往前探着,顶好看的细腰,一件蓝色的短大衣的后襟在膝部左右晃动,下面露出长而鼓满的腿肚儿。这后影的全部是温柔、利落、自然、真纯;使林磊忽然忘了他正思索着的一切,而给它配合上一张长而俊丽的脸,两只顶水灵的眼永远欲罢不能的表情,不是微瞋便是浅笑;那小小的鼻子,紧紧的口,永远轻巧可爱而又尊严可畏。他恨不能一步赶上前去,证明那张脸正和他所想起的一样。而且多着一些他所未见过而可以想象到的表情:惊异,亲切,眼中微湿,嘴唇轻颤,露出些光润美丽的牙来,半晌无语……那个后影是不会错的,那件蓝色短大衣是不会错的;他只须【需】,必须赶上前去,那张脸也必不会错,而且必定给予他无限的安慰与同情。他是怎样的孤寂悲苦呀!

可是他的脚不能轻快的【地】往前挪。背影的旁边还有另个背影:像写意画中的人物,未戴帽的头只是个不甚圆的圈儿,下面极笼统的【地】

随便的【地】披着件臃肿的灰布棉衣。林磊一时想不出这个背影最恰当的像个什么，他只觉得那是个布口袋，或没有捆好的一个铺盖卷，倚靠着她，是她的致命的累赘。她居然和这个布袋靠得很近，缓缓的【地】向前走！他不能赶上去，不能使布口袋与他分享着她的同情与美丽。他幻想着，假若她的脸若能倒长着，而看见了他，她必会把那件带腿的行李弃下来，而飞跑向他来。这既是决【绝】不会有的事，他的苦痛渐渐变为轻蔑与残酷，她并不是像他想象的那么直纯美妙，说不定，还许是因逃难而变成了妓女呢！不，她决不能作【做】妓女！他后悔了。即使是个妓女，他也得去找她，从地狱中把她救拔出来。他在大学毕业，她刚念完二年级的功课……看着那俩背景【影】，他想起过去的甜美境界。两年的同学，多少次的接触，数不过来的小小的亲密——积成了一段永难消灭的心史。难道她的一切都是假的？为什么和个伤兵靠着肩？随着她，看她到底往哪里去！

马路上迎面过来一队女兵。只一眼，他收进多少纯洁的脸，正气的眼神，不体面的制服，短而努力前进的腿。她——他急忙把眼又放在那个背影上——莫非也是个女兵？他加快了脚步，已经快追上她，她和那个伤兵进了一座破庙，上台阶的时候，她挽起伤兵的左臂；右臂已失，怪不得像个没捆好的什么行李卷呢。破庙的门垛上挂着个木牌——××××伤兵医院。

林磊一夜没能睡好。那两个背影似乎比什么都更难分析，没有详密的分析，结论是万难得到的。救亡图存的大计，在他心中，是很容易想出来的；只要有一定的立场而思路清楚便会有好的言论与文章；大家都照着文章里的指示去作【做】，事情是简单的。那两个背影却是极难猜透的谜。尽他所能的【地】往好里想：她舍去小姐的生活，去从军，去当看护，有什么意义呢？多少万职业的士卒，都被打败；多添一半个女兵、女护士，有什么好处呢？女子真是头脑简单的动物！

一清早，他便立在破庙前，不敢进去，也想不出方法见到她，他只觉得头昏。天上有一层薄云，街上没多少行人，小风很凉，他耸着点肩，有意无意的【地】看着那两扇破庙门。

门里有了脚步声，他急忙躲开。一个背着大刀的兵，开开庙门，眼睛直勾勾的【地】立在木牌的前面，好像没有任何思想，任何表情，而只等着向谁发气与格斗。林磊无论如何也不能把她——假若她真是在此地作【做】事——与这样的简单得像块木头的人们调合在一块。一些块干木头，与一朵鲜花；一个有革命思想的女儿，与一群专会厮杀的大汉，怎能住在一处呢？

他开始往回走，把手插在裤袋里，低头看着鼻子里冒出的白气。他的右肩忽然沉了一下，那个长而俊秀的脸离他的只有半尺来远，可是眼中并没有湿，唇也并没有颤；反之，她的眼中有股坚定成熟的神气，把笑脸的全部支撑得活泼大方，很实在，而又空灵，仿佛不是要把一些深意打入他个人的心中去，而是为更广泛博大的一些什么而欣喜。

"磊，你怎么来的？"

磊答不出一个字。她的脸比往日粗糙了一些，头发有许久没有电烫，神情与往日大不相同；他得想一想才能肯定的【地】承认她确是旧日的光奶。这么想一想的里面，却藏着些疏远与苦痛。

"磊，你怎么了？怎么直发呆？"光奶赶上了他的步度，靠着他的肩。

他想起那个布口袋。

"家里怎样？"她看了他的脸一下。

磊把手往更深处插了插。

光奶把头低下去："我的家全完了！父母逃是逃出来了，至今没有信！"

"可是你挺快活？"磊的唇颤动着，把手拔出来一只，擦了擦鼻子。

"我很快乐！"她皱了下眉，"当逃难的时候，父母失散，人财两空，我只感到窘困微弱，像风暴里的一个落叶。后来，遇到一群受伤的将士与兵丁，他们有的断了臂，有的瘸了腿，有的血流不住，有的疼痛难忍。他们可是仍想活着，还想病好再上沙场。他们简单，真是简单，只有一条命，只有一个心眼——把命丧在战场！我呢，什么也没有了，可还有这条命。这条命，我就想，须放在一个心眼里；我得作【做】些什么。我就随着他们来到此处，作【做】了他们的姐妹。"

"他们为谁打？他们不知道。"磊给满腹的牢骚打开了闸："他们受伤，他们死；为什么？不知道！你去救护他们，立在什么立场上，有什么全盘的计划？哑，把一两个伤兵的臂裹好就能转败为胜？"

光妫笑了。"我没有任何立场与计划，我只求卖我个人的力量，救一个战士便多保存一分战斗力。父母可以死，家产可以丢掉，立场主张可以抛开，我要作【做】马上能作【做】该作【做】的事。我只剩了一个理想，就是人人出力，国必不亡。国是我的父母，大家是我的兄弟姐妹。一路军也好，七路军也好，凡是为国流血的都是英雄；凡是专注意到军队的系属而有所重轻的都是愚蠢。"

"完全与青年会、红十字会的愚人一样，"磊的笑声很高，很冷，"妇人之仁！"

"是的，我将永不撒手这个妇人之仁。"她没有笑，也没有一点气，"我相信我自己现在不空虚，因为我是与伤兵们的血肉相亲；我看见了要国不要命的事实，所以我的血肉也须投在战潮中。假若兵们在我的照料劳作而外，还要我的身体，我决不吝惜；我的肉并不比他们的高贵。可是，他们对我都很敬重；我袋中有一角钱也为他们花了，他们买一分钱的花生也给我几个。在这儿，我明白了什么叫作真纯，什么叫作热烈。"

"连报纸也不看？"磊恶意的【地】问。

"不但看，而且得由我详细的【地】讲解；在讲解之中，他们告诉我许多战绩、人名、地名、风景、物产。他们不懂得的是那些新名词，我不懂得的是中国的人、地、事情。他们才是真正的中国人；生在中国，为中国而死，明白中国事。我们，"光妫又笑了，"平日只顾了翻译外国书，却一点不晓得中国事。美国闹什么党派，我们也随着闹，竟自不晓得那是无中生有，白天闹鬼！"她忽然立住了，"哟！走过了！"

"走过了什么？"

"肉铺！我出来给刘排长买二毛钱的猪肝。"她扭头往回走，走了两步，又转回来，"他的血流得太多了，医院里又没有优待的饭食；所以我得给他买点猪肝。你有钱没有？这是我最后的两毛钱了！"

林磊掏出一块钱的票子来。她接过去，笑着，跳着，钻进一家小肉铺去。天上的薄云裂开一条长缝，射出点阳光来。也看见了自己的影子，瘦长的在地上卧着。

"妇女是没有理想的，"他轻轻的【地】对自己说，"一个最丑的孩子也是妈妈的宝贝儿！谁给她送一束花，谁便是爱人；到如今，谁流点血便是英雄！"他想毫不客气的【地】把这个告诉她，教【叫】她去思索一下。

她由小肉铺轻巧地跳出来，手中托着块紫红的肝。她两眼钉【盯】在肝上，嘴角透出点笑，像看着个最可爱的小孩的脸似的。

他急忙的【地】走开。阳光又被云遮住。眼前时时的【地】现出一块紫红的猪肝——猪肝的一边有些人，有些事；猪肝的另一边什么也没有；仿佛是一活一死的两个小世界似的。

【思考题】

1. 本文塑造了怎样的青年学生形象？这些形象中最突出的特征是什么？这种特征放在和平年代是否依然合适？

2. 本文遵循了雨果所提出的"美丑对照原则"，请问，在这美与丑的对照中，都有什么审美原则发挥了作用？

# 二十一、兽宴①/王西彦

【内容提要：本文写了在抗日战争前方吃紧的背景下，后方的一些道貌岸然的教师们，在一次为某位教师送行的晚宴上，唯利是图、勾心斗角、崇洋媚外、沉迷赌博等等恶劣品质暴露无遗、丑态毕露的样子。】

## 一

在总办公室一边靠墙的椅子上，静静地坐着戴深度的短视眼镜的史地教育廖淑宇先生。这是一个中年男子，有着一张瘦削的长脸孔和两个过于高凸的颧骨。这会，他像一只巨大的蟾蜍似的袖着手，缩拢着肩膀，以一种深究远思的神情注视着悬在半空的那盏 Zi—Zi 地放射着强烈的白光的煤气灯，喃喃自语道：

"怎么还不来呢？"

墙壁上尴尬的影子晃动了一下，他举起右手习熟地按了按鼻际的眼镜架，然后，随手从脚下的筐子里掏了一个黄橙橙【澄澄】的福橘，剥开皮，仔仔细细的【地】去了橘络，拿一瓣肉特意地耍魔术似的老远掷进自己青鱼一般张开着的嘴——但马上突然觉醒似的向四下张望了一下，提防有个什么工役之类的人躲在门边窥视，有失尊严和体统。很幸运，张望的结果是毫无所得，这才放心大胆的【地】嚼着，吐出一颗颗的橘核。

像负气似的，他一连吃了三个大橘子。满足地咂咂嘴，站起身来，在齐备着水果同冷盘菜的圆桌边踱着步。

---

① 王西彦，《兽宴》，载于《新文丛》，1941（1）：12-48。

"她娘的！这犯'七出'① 的雌老虎……"

他在心里暗自作【做】着愉快的诅咒。在一刻钟以前，他从家里动身时，那个胖女人还在他面前摔碎了一只新从城里带来的精致可爱的瑞士表，撕脱了他大褂上的一个纽子。虽然事前他委屈【曲】求全地把饯宴的帖子给她看了，详详细细地解释给她听，但她却一直不相信。人家都说他爱上那个姓陆的女体育教员，学生公然地在各处墙壁上把这件事情作讽刺画的好材料。不过按照廖淑宇先生自己的逻辑讲起来，却实在是有几分冤枉的。在同事面前，他几次三番的【地】这样宣布过，陆不过是自己的受业弟子，她对自己的恭诚，完全是一种师生的关系：因为廖淑宇先生在上海一只【个】有名的私立大学里担任几点钟中国近代史的时候，她是他热心听讲的一个。可是有一次，高中部的国文教员老章，在大家吃中饭时当着陆的面竟提出这话来要她证实，几乎闹得不能下台。自此之后，廖淑宇先生只得改变自己的逻辑："她自己是的的确确没有直接听过我的讲，不过她的朋友有很多是我的学生，她一向就把我当作老师看待，对我很恭敬，她是一个很有希望的女孩子……"

自从这惊人的消息传播到家里去后，家庭间几十年来的平静就顿告破产。不分昼夜地，那胖女人用着指桑骂槐的唠叨跟他厮闹，简直使他坐不安席。无论他置办一点什么应用的新物件，即使是一张风景画或是一个小闹钟吧，不是给她藏过，就是无顾惜地被毁坏掉。

——唉，封建的遗毒啊！

正当廖淑宇先生这样愤愤不平着，不知道什么时候来了一只精瘦的黑猫，这会正大胆地衔起一块冷鸭片从桌子上跳下地来。他赶快跺跺脚嘘着时，那猎食者业已一个影子似的消逝在天井外的浓黑里。

"这可恶的东西——这混蛋！"

---

① 七出，也称"七去"，中国古代封建社会休妻的七种理由，分别为无子、淫佚、不事舅姑、口舌、盗窃、妒忌、恶疾。

他骂着，但连自己也分不清骂的对象是刚才偷吃冷鸭肉的瘦黑猫呢，还是家里那个胖女人。随即他踱到檐下的天井边，心想出门去看看初冬的夜景，可是又提防那不知足的瘦黑猫会蓦地卷土重来，稍稍踌躇了一下之后，便提高沙哑的嗓子喊道：

"阿禄！阿禄！"

一个矮矮的戴鸭嘴帽的听差出现在走廊里，恭恭敬敬地向他鞠了一躬。

"喂，阿禄，你在这里照顾一下，唔，不要让猫……"

于是这位廖淑宇先生假咳了一声，袖起手，穿过天井，摆着方步跨出大门去了。

## 二

当听差阿禄刚刚剥开一个硕大润泽的福橘的时候，手杖着地声自远而近。他连忙胡乱地嚼了几口，咽下那一团橘瓣，手掌心擦擦裤子，起身迎接。

进来的是体育教员黎自雄先生和童军[①]教练程戎先生。

一看见办公室里还是空空如也，黎先生把手杖往墙边一丢，大声嚷了起来：

"操他的！怎么连鬼也没有一个？——阿禄，他们人呢？"

阿禄慌乱地咽咽[②]地咽着喉咙，回答道：

"嗯，刚才——嗯，那个廖先生刚才出去——别的先生，嗯，他们都没有见来。"

黎自雄先生顺口骂了一句，便在程戎先生旁边坐下。他的体格非常魁梧，粗脚大手的有如一个大猩猩，但他自己却常以此自豪，跟同事们讲些

---

[①] 童军，亦即童子军。民国时期，童子军活动由外国传入中国后，很快就得到了教育界的重视，很多学校都设立了童子军组织。

[②] 咽，音 guō，拟声词，模拟喝水等的下咽声。

过去的英武的事迹和风流故事。只是背部微微作偻，活像一只大龙虾，因之学生都管他叫"虾公先生"。他今天穿着褐色的假麂皮短衫同黄卡其马裤。他说话时总爱吐沫水，仿佛不这样做时话源也就会干枯了一般，操的是一口带有浓重的徽州腔的北方话。这会他瞥了一眼站在旁边的听差阿禄，问他道：

"你在这儿干吗？"

"嗯，刚才，刚才廖先生叫我在这里看猫。"

一边答话，一边转过身暗自做了一个滑稽的表情，便悄悄的【地】脱身走了。

跟黎先生不同，童军教练程先生却是矮小个子，坐在黎先生身旁简直像一个可笑的侏儒，学生都管他叫"松鼠"。他看见听差阿禄业已不在眼前，便整了整身上的一套过于窄小的童子军制服，惯常地撇了一下嘴巴，又复继续着适才一路谈来的话端：

"那倒是真的，老黎，你不能让到口的肉给那马儿脸衔去。"

"那何消说！"虾公先生吐了一口唾沫，"操他的，她倒说我是有老婆孩子的人——那么那个马儿脸难道便是童男？她倒还要窑姐儿①卖俏，装假正经，请问她在上海游泳池里她那【哪】寸肉没有我老黎的手印！"

"老黎，她的眼睛只看到法币，据说那马儿脸下学期要到云南去当什么秘书……"

"操他的！当秘书！瞧他那付【副】瘦劲儿还经得起到云南去！"

童军教练却更紧地扑近黎先生的身子，一个祈求什么的小孩子般的抬起脸，轻轻的【地】说道：

"不过，老黎，听说新近他又到城里去给她买了一个瑞士表……"

"操他的！"这句话仿佛触着了虾公先生的痛处，他霍的【地】站起身来，壁上的巨影直折映到楼板上，"这不要脸的窑姐儿！上次那马儿脸送

---

① 窑姐儿，即娼妓。

给她一匣手绢和两本圣经,她当人家的面说绝对不接受。可是昨天我上她房里,却看见它恭恭敬敬整整齐齐的【地】摆在桌子上——这不要脸的骚货,干吗不挂招牌做买卖呢?"

童军教练小心翼翼地左右顾盼了一下,也跟着站起身。

"所以,老黎,"他更把声音压低,"所以我说,先下手为强,下次你就把她拉到城里去开她一个旅馆,那就成功了,那就生米煮成熟饭……"

"哼,"他又叶了一口唾沫,两只手威武地插到腰际,"她在乎这个!你知道她来过多少个男子?你知道她打过几次胎了?……"

"那么,老黎,我说……"

可是大门外有脚步声,廖淑宇先生业已幽灵一般的【地】走进来,他一看见巍然地站在汽油灯下向自己示威一样的点着头的黎自雄先生,便陡的飞红起脸,但还是马上摆摆手讷讷地打着招呼道:

"黎先生,程先生……你们两位……请坐……"

## 三

三个人隔桌而坐,却无话可谈,空气非常生硬,时间变成了刑罚。谢地谢地,五分钟后,师范部的国文教员孔志德先生,音乐教员胡先生,劳作教员戴先生,以及被邀请的部主任华大容先生,一行四人,鱼贯而入。

孔志德先生是个络腮胡子,大大方方的国字脸,阔鼻子,走起路来跨八字步,以善唱昆曲闻名。他一进来,向大家打过招呼,便急口问道:

"嗨,老猫呢?这家伙还没有来?"

他所问的是算学教员毛立章先生。在善唱昆曲这一点,他们两人是老对手。这位毛先生有着一付【副】猫儿脸,为人极饶兴味,整天东跑西走,他到那【哪】里,哄笑便到那【哪】里。他非但昆曲唱得好,并且吹得一手"梅花三弄"。为孔志德先生所深表不满的,他还染有一种要命的嗜好——借用这里的流行术语说来,叫做"吃方条子糕"。

这一会,廖淑宇先生像得救一般的马上接待着华大容先生,跟他絮絮不休的【地】攀谈起来。华先生是个美国哥仑【伦】比亚大学的入籍生，可是从外表上简直看不出半点洋气。一张满挤着酒刺的脸，正中安放着一个紫色的过熟的杨梅一般的酒糟鼻子，上嘴稍稍有几根短短的黄髭，满口的江西土语。但这种不调和的地方并不会影响到他在这里的尊严和地位。他回国后曾经在上海一家私立大学里当过讲师，"八一三"① 后学校西迁，于是他才屈就现在的职位，因为——照他自己的话讲起来，救国工作不分职位高低。今天大概是由于赴宴会的缘故，特意地穿上一套黑哔叽的中山装；只是从那领子的过于狭短上，可以知道那套衣服的寿命业已相当的长，跟主人也显得生疏不合。或许是那过于狭短的领子妨碍着他的呼吸，在说话的时候总不忘记举手去摸一摸那实际上业已失掉效用的领扣。

现在他俨然地坐在正中的座位上，向左右前后不住的【地】点着头。但当他一看见作为主人的校长和教务主任都还没有到座，心里很有几分不适意。他皱一皱眉，不满足地摇摇头。好在廖淑宇先生马上凑过去打了招呼：

"华先生你这次是——呃，那边是——那边的朋友是——"

他按了一下鼻梁上的眼镜，感到难以措辞的痛苦。他偷眼瞟了瞟坐在走廊柱子边的那两个"一二三的朋友"，发现童军教练正在贼忒忒的【地】瞅着自己，于是马上做出一个自以为是华先生的知己的态度，提高声音说道：

"呃，华先生那边的朋友——呃，是从前美国的同学还是——"

但是华大容先生并没有理会他的问话。华大容先生的心思正被另一件重要的事情所牵引，他在计算着这笔可观的旅费。现在温沪已经不通航了，势必出宁波到上海。走这样一条长航线，每个人至少也得三百元——而且，他必须作两人的预算而且还应该是蜜月旅行哩。

——是的是的，这一趟的确是蜜月旅行。

---

① 八一三，即八一三事变。

两个月前，在华大容先生平静而尊严的生活里闯进一个美丽的诱惑，在这沙漠一般的乡间来了一朵鲜花：初中部的女英文教员林薇先生。美国好莱坞式的热情使得华大容先生对她一见钟情，千方百计的【地】设法亲近她，找机会和她谈话，请她给师范部的学生补习英文，甚至曾经跟校长商量过要更改师范部的课程，加添英文钟点。总算皇天不负苦心人，林薇先生最近变成师范部的熟客。几乎是每一天，师范部的听差总要送一封厚实的英文信到初中部的女宿舍，那里面照例是一大堆的赞美辞和一首英文情诗。**他把她称作"惹事的海伦①"，称作"残忍的莎乐美②"，称作"上帝的杰作"，并且向她许下其实是万万不可能的誓愿——他答应她把家里那个业已有着五个孩子的黄脸婆离掉。**

　　——唉，那是的确的，只【至】少也总得五百块……

　　他又摸一摸那肥脖子下的领扣，咳了一声。然后，目不斜视地支支吾吾地答应了廖淑宇先生几声。刚好在这时候又进来了一个人，他抬头一望，原来是连姓名也不知道的初中部的图画教员。

　　——怎么她还不来呢？

　　于是他站将③起来，踱到筐子边去顺手掏了一个福橘。

　　地上狼藉着不完整的橘皮同细小的橘核。空气里腾着烟氲。一条毛色花白的狼种狗，不知道什么时候进屋来，嗅着地，寻觅着食物。这时，给体育教师黎自雄先生的钉子皮鞋着着实实的【地】踢了一脚，夹着尾巴唵唵④地不甘愿地连叫带跑的【地】出去了。看到它这种狼狈不堪的情景，大家都哄笑了起来。

　　"踢得好！踢得有道理！"

　　得到对方的冷淡，廖淑宇先生独自踱到移置在一边的办公桌上，读起

---

① 海伦指《荷马史诗》中，特洛伊战争双方所争夺的"世界上最漂亮的女人"海伦。
② 莎乐美指《圣经》中，以色列希律王的女儿，美艳无双。
③ 将，在此为助词，放在动词之后，表示动作、行为的趋向或进行。
④ 唵，音 ǎn，在此意为细语。

一张半个月前的旧报纸来了。由于光线的黑暗,心绪的欠宁,虽然他把它拿在手里坐到圆桌边去凑灯光,翻了几个面,但依然没有读出什么结果。他放下报纸,很有几分愤愤不平的感慨。觉得华大容先生挂着一个酒糟鼻子,不过比自己多吃了几年英国面包,可是还不到三个月工夫,便有一个如花似玉的女人跟着他跑;而自己呢,却还在受一些不知天高地厚的"一二三的朋友"的鸟气。这种的事情实在欠公平。不过这样一想时,陆的那张圆得过了分的笑脸也就马上浮现上来,自觉虽说受够闲气,但安慰却也是有的……

"——操他的,真不要脸!"

被这突然而起的一声所惊吓,廖淑宇的胸口便别别的跳将起来。一抬眼,看见那只大龙虾扬着眉,仿佛适才踢出狼种狗的余威未尽,正在手掌拍大腿的高声谈论什么,所有的人都附和着他呵呵哄笑。

正在这时,孔志德先生正那里扭动着肥胖的身肢,模仿乡下女人走路的姿势,压细嗓子沙哑地做着女音:

"妮要来的嘘——妮这个杀千刀的短命鬼!"

大家又复呵呵的【地】笑将起来。

这笑声在廖淑宇先生的耳朵里残酷地撞挤着,作着揶揄,使他不自禁地飞红起脸来。他明明知道这时他们所谈论着的是镇上一个绰号叫做"一打半"的小寡妇,可是像缺了门牙的小孩子怕人家提起狗洞口一样,他感到浑身的不自在,仿佛屋子里的空气都长着细细的烦人的绒毛一般。但当他发觉有几个人的眼睛落到自己身上来时,便只好不自然的【地】装起了笑脸。

华大容先生大大的【地】打了一个呵欠,用不耐烦的神色叽咕道:

"怎么还不来呢?"

这句话立刻得到了应和。童军教练接口道:"不错的,这班家伙一定是四圈之后又四圈,下不得台哩。"

"操他的!"大龙虾也就暴躁起来了,他破口大骂道,"请客请客,客人来了，主人却还不见影——这些要命的牌鬼，一定是有谁输得像样了。"

"听说昨天校长输脱三百四，老章也输到两百多……"

"那【哪】一个好运道的赢了呢？"

"那【哪】一个，"孔志德仿佛不耐这多余的问话似的，"那还不是牌精老猫，这几天来几乎统统给老猫一扫而光了。"

但他这句话还是得到了反驳，这会是素来不爱讲话的劳作教员戴先生，他冷冷的【地】插嘴：

"你这是什么话，扫得光的吗？会计处里上千上万的钱都是校长的赌本，那【哪】里扫得光！"

于是，连廖淑宇先生也趁机叹息起来：

"唉，真是，真是……"

这阵牢骚给出现在走廊里的厨房老板所打断。这是一个瘦得可怕的痨病鬼，过早地戴着小毡帽，一张铁青的贫血的脸是永远没有表情的。这时他抹了一把尖小的鼻子，吃吃地说：

"先生，好开来了没有……"

这更引起大龙虾的急躁，一连吐了三口唾沫水，一个巨大的影子满屋摇晃。

"操他的——阿禄！阿禄！"

适才曾经出现过的那听差应声而出。

"嗯，阿禄，你马上打灯笼去喊一声校长先生他们，说这边的菜要冷了，大家等得太久，请他们赶快来！"

阿禄刚刚回转身，一阵娇笑声近来。

华大容先生的一双手连忙慌慌乱乱的【地】往颈脖下整理领扣。而廖淑宇先生，则站起身急遽地踱步着。

## 四

进来的是女英文教员林薇先生跟女生体育指导员陆一萍先生。

林薇先生是上海一个教会大学里的校花，在学校里的时候，人家都管她叫"白芙蓉"，而现在，同事及学生都在背后称她为"白蛇精"。她是瘦长脸，有着一双三角形的眼，瞳珠出奇地细小，在眺望什么时往往露出一大片眼白。鼻子很细小，并且有几分掀起；在那两边散布着密密的雀斑，被厚厚的粉同红所掩盖着。人家都称赞她的长睫毛，但华大容先生却说她那微翘的阔而厚的大嘴唇很像好莱坞的红星菊痕・克罗馥①。她担任初中部四班一年级的英文，第一个钟点她向那些连字母也还没有认识的小孩子来一个下马威——她滔滔地对他们背了一篇华盛顿的 *Address to Miss Troops*②。因此，学生便都极其信服她，上课的时候如同看外国电影，只知道好，可不明白好在那【哪】里。她业已有五年的中学聘书，但她对人家说自己才二十四岁。无论对学生或听差，说话总爱夹上一些洋文；而当她发现对方木然地不解所以时便笑着给自己辩解道："唉，这真叫做三句不离本行……"——这会，她向大家微微地矜持地弯了一弯腰，回头拉拉同伴陆一萍先生的手，说道：

"地爱陆③，我们坐这里。"

陆一萍先生挨着她坐下，昂然地向人丛里瞥了一眼，挺了挺腰，举起右手摸弄了一把烫得蓬松的长发，整整别在那上面的一朵鹅黄色的小绒花。

在童军教练的怂恿之下，大龙虾吐了几口唾沫，先是踌躇了一下，但随即被逼于一种突然而来的力量，大步跨到陆一萍先生的面前，歪着脸，做出一付【副】嘻笑的模样问道：

"操你的……昨儿我向你借那本《圣经》看一看为什么要不肯？"

从那种慌乱窘急的态度上，可以看出陆一萍先生对这举动是完全没有

---

① 指当时当红的好莱坞女星琼・克劳馥。
② 至少就今天所知，华盛顿并没有发表过这样名字的演说，只有一篇 *Address to His Troops* 和这篇的名字相近。此处疑为作者之误或故意为之。
③ 地爱陆，即 Dear Lu，意为亲爱的陆（一萍）。

防备的。"什么不肯?"她立刻飞红了脸,带着明显的厌恶回答道,"我说过的自己要看嘛——我自己看过之后再借给你也总不算晚呀!"

"那么那封信呢?"

她愕然地回问道:"什么信?"

"嗨嗨嗨,"大龙虾装出跟她有什么神秘的特殊关系般的神情,两只手插在腰际,吐着口唾沫说道,"操你的……你倒忘记了?就是那封从南京寄出来的,你母亲的信——你不是答应给我看的吗?"

陆一萍先生的脸孔涨得通红,浑身局促不安,眼睛窘迫地环顾着四周忽然变得静悄悄的人们,但还是力持镇静,很宛转的【地】说:

"总是黎先生,你看你有多么的【地】不讲理呀,人家的家信你也要看……"

"操你的,不是你自己答应我的,说你母亲的信可以证明你并没有结过——"

"笑话,我什么时候答应你的呀?"

正当大龙虾吐着唾沫水准备再开口的时候,一块橘子皮却解了陆一萍先生的围,它冷不防地凭空飞在她水纹式的头发上,吓得她一大跳。马上,本来是静悄悄的周围爆出一阵哄笑。

在这阵哄笑中,尾音拖得最长的要算华大容先生。他笑着,好像意大利种的洋鸭叫。人家都说他这种笑法是美国式,于是他便变得特别爱笑了,笑起来也总往往延长到四五分钟之久。这一会,他好容易止住了笑,把自己的椅子移近他的菊痕·克罗馥,两人进行着相当流利的英语会话。林薇先生不时突然地尖声笑了起来,又突然地敛住,身肢左右摇摆着,仿佛她现在正置身在一只激浪中的小船里面。她拿出一方粉红色的小手绢,扪住那张因为笑的缘故显得更加阔大的嘴,她这种姿态引住了大多数人的欣赏。

劳作教员戴先生,他还在读书的时候曾经进过英文夜校,所以张大着一张青蛙嘴,努力想捉住那些悦耳但却不甚明了的字眼,不时苦闷他

【地】抓着自己的头发,使之落下一些白色的头皮。

孔志德先生则在应廖淑宇先生的邀约,懒懒地轻声哼唱着昆曲。

大龙虾业已坐回自己的凳子。大概是因为遭受了意外的冷淡吧,这时正从童军教练的手里接过几个福橘,他把剥下的橘皮撕成碎片,作为报复,他把它一片一片的【地】掷向坐在林薇先生身旁的那块几乎到口的,但今天却又显得很渺茫的"肉",完全忽略了对方的霎眼同努嘴——老实讲,他很有几分怨恨她:

——好,操你的,你这不要脸的东洋参!

他自己也很奇怪,为什么竟又会想到这个恶毒的名字。陆一萍先生在上海一个私立体育专门学校读书的时候,他正是名重一时的出席远东的田径赛选手。他带她上游泳池,上跑马场和咖啡馆,她是他的一个热烈的崇拜者。当时的一家销路最广,印刷也最精美的图画杂志上曾经登过他们两人的合照,受过人们的嫉妒同爱慕。但是终于互相离开了。她出学校后便到南京一个女子中学里去教书,因为她原籍虽是杭州,父亲在南京开绸缎铺,如今是业已入了南京籍了。她在南京是一个出名浪漫的交际花,照片挂在每一家大照相馆的玻璃柜里,每天都有很多关于她的新闻在一班年青男人的嘴上流传着。也是因为这,那女子中学把她解了聘,却把她赶入所谓上流妇人的社会里,她长得也更丰满多姿了。"八一三"的战事起来了,南京沦陷时她并没有跟着国军退出来,她躲在一个教堂里。一直到半年前,才带了一本《圣经》跟随金陵大学的教友经上海到温州上岸。不过不知怎样一来,人家都说她曾经进过日本皇军的慰劳所——这就成了那恶毒名字"东洋参"的来源。

她并不怎样美丽,但身体很丰满。脸是圆的,有着一双大眼睛,笑起来时左颊上还隐隐地浮着一个笑靥。她对自己的美貌却很富确信,常常对女学生诉说自己的罗蔓斯[①],也常常在房里对镜子做各种动人的姿态,最

---

[①] 罗蔓斯,是 Romance 的音译,意为浪漫。

喜欢人家把她比作胡蝶。她非常之痛恨这次抗战，因为在"八一三"前，上海某电影公司曾经有意请她在一张片子里充当配角。可是这个美梦竟给炮火打破了，这对她真是一种无可补偿的损失。因此，要不是怕日本兵无理她说她真不愿意离开南京市。

她到这里来教书，大龙虾黎先生便是她的介绍人。她曾经对廖淑宇先生说过，自己的确曾经一度爱过那个莽撞汉，不过那已经是过去了，她现在再不会喜欢那种人了，因为她现在忽然敬重起学问来了——她很想研究研究中国近代史。

于是她在人家不注意时瞅了一眼那个百无聊赖着的马儿脸，正好碰到他那一付【副】从玻璃片里放射过来的冷冷的眼光，她很有几分可怜他的意思。

——唉，这老头儿也未免太胆小如鼠了！

突然地又凭空飞来了一块橘子皮，正好打在她的面颊上。她恨恨地瞪了一眼大龙虾，别过了脸。

可是不巧得好，这情形业已被孔志德先生看见了，他拍拍手尖声嚷了起来：

"陆先生可真是基督上帝的好信徒——人家打你的左颊，你就把右颊也送将过去，哈哈哈！"

"黎先生再来一标枪。"

"头等射击手——头等的，哈哈哈！"

大龙虾吐着唾沫水，踌躇满志地微笑着，一边果然在准备着来第二下。童军教练程绒先生急忙在旁边暗下扯了一下他袖子，低声警告他：

"莫再来了，莫再来了，你看她……"

"操她的，"大龙虾却不以为然地大声说道，"那有什么关系？她的那【哪】一寸肉我没有……真是，你去问问她……"

陆一萍涨红着脸，张大眼睛正待发作时，听差阿禄冒冒失失的【地】突然出现在走廊里，沙哑着喉咙向大家报告道：

"校长先生到。"

## 五

校长金其骏先生是一个高个子,背部微微驼着,仿佛不胜头部的重量似的。由于缺少睡眠的缘故,脸色永远非常苍白。他的鼻梁很高,那上面架着一个黑玳瑁的眼镜架。看相的说他终身福禄就在这个难得的鼻梁上,他自己也时常引以自豪。他有着一付【副】浓得刀一般的眉,他的上唇本来是蓄有八字形的日本胡子的,不过"八一三"后业已把它剃去。他曾经在东京一个医药专门学校读过两年书,回国后当过军医官,开过小规模的医院。在开医院的时候,他请了两个年轻的女看护①;日子一久,却给太太发现她们跟院长兼内外科主任有着什么暧昧,于是一场剧烈的争吵开始了,女看护先后离开,医院也就随着关了门。这之后,他便去经营茶叶生意,发了一笔小财。抗战前一年,仗了他一位在教育厅里做科长的,舅的力量,得到这个——照他自己的说法,是叫做"清寒差使"。在接任后第一次向学生训话时,他就用慷慨激昂的语调揭举了三章约法:第一不反对资本主义,第二不反对做旧体诗,第三不反对消费——他这样解释自己独特的意见道:"中国太穷,所以一切事都没有办法,就连现在跟日本大和民族抗战,也要向欧美资本主义借钱买军火,资本主义是中国的一剂对症下药,反对不得;其次,你们可以看到当今党国要人,没有一个不会吟咏旧诗章的,不会做旧体诗的人就不配做党国要人,这异常重要;至于消费,当然的,有生产就应该有消费,生产就是为了消费,如同一个人必须有正当的娱乐,饮钟把酒,打打篮球,来四圈卫生麻雀②……"不过他在学校里最被人家所称道的,却是他的博学。无论什么教员没有来到或是缺着课,只要他有兴趣,除在军训同音乐,都可以一一代庖。尤其是生理卫生同看护常识,是他的专门拿手。但如果没有兴趣呢,那就对不起,他进

---

① 看护,旧时对护士的称谓。
② 卫生麻雀,即卫生麻将,指不赌大钱或纯粹不赌钱的麻将。

城奉陪专员县长们从事"消费去了",两三个星期不出席纪念周也是常事。

他一进门,一边脱帽子,一边平伸出两只手臂:

"对不起,对不起……刚才,唔,刚才有一点点子小事情……请坐,请坐……"

走在他后面的是教导主任周健生先生,国文教员老章跟算学教员老毛。

"嚆嚆——老猫,你才来,你这真叫是岂有此理!"

孔志德先生一只猎食的饿蛙似的直扑过去,把他拉到身边的椅子上——老毛装作出一付【副】一无所知的神气,随他摆布,死黄鱼般的张着嘴,愕然地问:

"老兄,慢点,干什么呀?……"

"阿禄,阿禄,"孔志德先生嚷着,"快拿箫子来——阿禄,人呢?他娘的——阿禄!阿禄!"

很多人附和着:"好,唱昆曲,唱昆曲!"

老章向大家做了一个滑稽的表情,打起京腔报告:

"百代公司,特请孔志德老板,唱《玉簪记》——上尺工尺,尺工五六上……"

在一阵哄笑声,那个痨病鬼厨房老板又复幽灵似的出现在走廊下。这会是取下小毡帽,露出一个小孩子般小的脑袋,咳了两声,然后贼忒忒的【地】向大家鞠了一个躬,说道:

"先生,好开来了没有……"

大龙虾黎自雄先生吐了口唾沫水,在操场里口令般的吆喝:"操你的……没有眼睛不是——快开来!"

小脑袋随即不见了。呼唤听差阿禄的声音又继之而起,还杂着漫骂,更有人愤愤地主张把他开掉。校长金其骏先生一行四人一到,办公室里的空气马上充实了许多,且也紧张热闹了许多。不一会,阿禄慌慌乱乱的【地】来了,他的手里业已拿着两根横箫——它们得到了空前热烈的接待。

于是，随着箫声的颤动，孔志德先生立刻开始昆曲表演。

"呀……彩云飞哼嗯肠断啊……害杀我，好哼嗯难……挨——我为她魂灵儿飞上了楚阳台……"

"好——好好！"

教导主任周健生先生的心境却完全不同，他此刻很不开心。他的绰号叫做小胡子，跟金其骏先生是南京优级师范学校的老同学，并且还早他一年毕业。可是近来十年总是悒郁不得志，英雄无用武之地。他读的是史地系，曾经化【花】了整整一年的工夫著了一本《中国古代文化史》，托系主任介绍到商务印书馆，却被退了回来，到如今还压在箱子底里，仿佛永远没有出见天日的机遇。因此在开各课讨论会时，他竭力反对采用商务课本——理由是"不合时代潮流"。他时常喟叹自己的怀才不遇，引屈原贾谊为知己，读《离骚经》同《吊屈原赋》。他曾经做过一些怀感诗，用来发泄自己的郁悒。自喻为笼中鸟与离山虎，跟人家谈话不上三句便会不自禁地发起牢骚来。但有什么用呢？命运之神始终不肯怜惜他，甚至于可以说是饶恕他。比方今天的牌吧，一付【副】听六九索的清三番，听得那么早，偏偏会碰到老毛扣下一张伤心的九索。

——唉唉，老猫这个鬼！

他仇视的【地】瞥了一眼那正在为孔志德先生吹箫的老毛，那个歪眉弄眼的【地】做着一付【副】异样的表情，充分表现出心胸里压着满腔发不尽的满足。他简直有点讨厌起他来了。在略一踌躇之后，他便跑过去参加校长金其骏先生跟华大容先生的谈话。

华大容先生正在跟校长谈话筹划旅费的事情。

"那倒的确也是一个办法，"金其骏先生沉思地说，"不过需要仔细考虑一下，省得将来多话……"

华大容先生看见周健生先生来了，连忙起身让坐【座】：

"喂喂，有一个问题要请周先生出点意见。"

于是，他就弯弯曲曲的【地】说出，师范部全体学生要发起公饯[1]，高中部一部分学生也有这种意思。他现在正因旅费不足，打算请校长跟教导主任在纪念周的时候公开报告一声，叫学生把公饯的钱捐集起来送礼金——他拍拍周健生先生的肩：

"周先生你说是不是呢？现在是国难期间，前方的将士在西北风里跟敌人拼命，我们在后方却要花天酒地，于良心上也讲不过去。钱拿来吃掉何不节省下来一举两得？"

周健生先生迷惑的【地】搓搓手掌：

"好的，我总归是赞成的……你华先生的事情，我总归是……"

"只不过，"校长金其骏先生却还在疑虑，他摸摸业已光滑如洗的上唇，**"健生你要知道，学生都是一批恶棍，上次闹膳食问题简直像强盗一像，竟然说出教员吃得这样好是揩他们学生的油。他们不想想从前学生要替先生倒尿壶，子路就替孔子赶马车。如今是不同了，先生倒要揩学生的油了。所以对那班目无师长的人倒要事先郑重考虑考虑……"**

在他这种迟疑黏涩的态度，在华大容先生的脸上很明显地划过一个不满的表情。他用力地把一个烟蒂捏到桌子下面去。顺手整整领扣，大声说道：

"周先生你说奇不奇，这又是我硬要他们送礼，这是他们自己的意思呀。"

"那么，"金其骏先生觉得不大好意思，马上追口问道，"华先生这次大约需要多少款？"

华大容先生瞟了一眼正在静听谈话的林薇先生，爽爽快快的【地】答道："我想两个人至少也总得五六百……"

周健生先生一时没有懂到同行的人是谁，一想到了随即回身问林薇先生道：

---

[1] 公饯，指公众举行的饯行宴。

"怎么,林先生跟华先生一道走吗?"

林薇先生扁了扁那菊痕·克罗馥式的大嘴巴,但马上用小手绢按上了,矜持地点点下巴:

"走倒是想走走的,不过也不一定。我有一个雪思特①在新加坡,她也有信来……"

可是不待这句过于明显的谎话说出口,脸上立即飞起了红。她连忙转过脸去跟陆一萍先生搭讪:

"地爱陆,你喜欢听昆曲不是?"

那一个正在欣赏孔志德先生的宛转细软的子喉,这时恰好最精彩的《玉簪记》"琴挑"一段:

"仙姑呀……只嗯怕嗯哼……露嗯冷……霜嗯凝……衾儿嗨枕嗯哼儿……谁嗳嗯哼共……温……"

"好——好好!"

陆一萍先生兴奋地拍着手,随着叫好。冷不防迎面飞来一大把碎碎的橘子皮,撒满她一头。"看天女散花!"不知谁叫了一声,一阵哄笑,仿佛要把她整个看掉,要把这狭窄的民房挤裂一般。适才曾经进来过的那只花白的狼种狗,夹着尾巴悄悄地逃将出去。

## 六

酒菜业已齐备。按照着中国人的礼节,你你我我地推让了一番位子,大家围着圆桌坐下。两边墙壁上凝止着一排矮矮的影子。有两个听差在旁边忙碌。

刚刚坐好,走廊上突然地发出一个响亮的声音,"——报告!"一个学生走进办公室来,木然地站着了鞠了一躬,然后双手把一张条子交给坐在下席主人位子上的校长金其骏先生。于是,又复一个鞠躬,向后转,用跑

---

① 雪思特,即 sister,意为姐妹。

步的姿势跑掉了。屋子里暂时静了一会，接着大家异口同声的【地】问道：

"什么事情？"

金其骏先生诡谲地笑了起来，默默地把那个条子掷给毛立章先生。

"我就晓得老华不会来的，"老毛拍着手，"他们今天晚上做通宵戏——没有二十四圈下不得台！"

**这真是一个诱惑。金其骏先生不禁有几分心动了，他蓦地感到这场钱宴是一种多余的举动，心想赶快结束它。** 于是，他就站起身，举起杯子向上座的华大容先生敬酒：

"大容，呐，咱们来干一杯。"

华大容先生仍在跟周健生谈关于学生送礼金的事情，他正用一个绝妙的譬喻来解释自己的主张。**他说教员与学生只是商品跟买主的关系，真正的感情是不能存在两种年龄生活不相同的人们中间的。** 所以自己既然要离开这学校，如像商品业已脱手——他把这叫作【做】出门不认货主义。

"大容，喂，大容，咱们来干一杯。"

这才发现对面的主人在给自己敬酒，华大容先生慌慌乱乱地整了一下领扣，擎起杯子喝了一钟。许是因为太急忙了，立即呛咳了起来。

童军教练程戎先生依然挨坐在黎自雄先生的旁边。他的眼睛几乎不停留地觑着对面跟林薇先生并坐着的陆一萍先生，留心着她每一个小动作。他看见廖淑宇先生把一盘冷鸡杂往她面前稍稍一移动，便在桌子下面扯扯大龙虾的衣襟。

"喂喂……老黎！"

黎自雄先生其实自己也是看见的。他满肚子的气恨，胸口微微酸痛着。在这一刻，他的感性有着从未经验过的细腻。他默不作声，不住的【地】吐着唾沫水——仿佛这样做便可以发泄气恨一般。

——好家伙，瞧你这不要脸的东洋参！

汽油灯 Zi—Zi 的【地】响着。白花狼种狗又悄悄的【地】进来了，在凳桌脚下进出着，啃着美味的零碎的残骨。

一只猫在檐头粗壮的【地】叫了几声……

等到陆一萍先生给客人敬过酒以后，孔志德先生便提议大家轮回猜拳。校长金其骏先生首先向华大容先生挑战——金其骏在猜拳的时候有着一付【副】跟他那魁梧的身材完全不相称的女人的尖嗓子，使得林薇先生几乎笑裂了她那菊痕·克罗馥式的嘴。

周健生先生偷空在桌上专心一志地用纸烟摆着九索跟六索；摆好了又弄散，弄散了又摆。混淆在他脑子里的尽是些倒错不齐的索子，他爱它们却又痛恨着它们。

——唉，老猫那一张九索！

甜菜来了。十几个瓢子一齐奔向它，盘子发出细小的 Tin Tin 的声响。很快地盘子空了，于是七口八嘴地评论起来。有的说刁厨房偷了料，名为"八宝"，怕还不到"五宝"。有的说莲子太少有的说糯米太多。有的则怪红枣太陈了，有着败味。但也有的说现在是抗战时期，百物腾贵，将就点吃吃算了。由此引却起了华大容先生的议论。他整整领扣，咂着嘴唇说道：

"外国人都称赞中国菜好吃——算是人生三大乐事之一。洋房有 Steam，日本女人讲服从，都不错；不过中国菜却实在比不上西餐，干净，卫生，科学化！记得我在纽约的时候，呃，那个时候，"他摇摇头，无限慨叹的【地】说下去，"唉，真是没有说的，那个时候别人都在找中国的下等料理铺，我总是不肯盲从。这不是我的醉心洋化，实在是他们的贪小便宜！"

劳作教员戴先生呈显着极其佩羡的神情，长颈鹿一般的伸着脑袋，留心不给听漏一个字眼。

猜拳轮回到黎自雄先生的时候，他输了一个"直达十"，一连喝了九杯，一杯算是由童军教练程戎先生代替了。他的酒量原来不大，所以最后竟连数目也喊错了，舌根逐渐发硬，眼睛逐渐发花，身子仿佛有几分浮动，满嘴角垂着涎水。

"黎自雄不愧拳场拿破仑!"国文教员老章喝起采【彩】来，并且特意地把"拳"字含含糊糊地念作"情"字。

一阵哄笑爆发开来。

酒量最宏的要算是算学教员老毛，他的牌艺、横箫和酒量是被称为"毛公三绝"的。并且一到酒足的时候便会开腔唱《孟姜女哭夫》，极其凄怨动人。所以每次筵席间总是由他啼啼哭哭下场。

现在他通红着一双眼睛，强嬲①周健生先生干杯三次。

"喂喂，大主任，咱们来这么小小三杯!"

周健生先生虽然不是一个唇不沾滴的人，但为了那张伤心的九索，对老毛本来就有着七分不愉快。他坚决地拒绝了他的邀请，把一只手掌紧紧地扪住杯子口。

"怎么?"那个歪歪倒倒的【地】起身来，"大主任不肯赏这个脸吗?你这不是看轻我老毛……"

"我有点头晕，我有点不舒服……"

但老毛不管，他业已端着一杯酒走过来了。他的脸孔涨红得像一块生牛肉，流着唾涎，嘴里呓谵一般的喃喃着：

"你大主任瞧不起我老毛?……好的，你不喝我灌也要灌你下去……"

大家拍着手，期待着一幕小喜剧的演出。

很快地，老毛的一只手攀住了教导主任的肩膀，把一杯酒凑上他的嘴。周健生先生推诿着，一边企图起身实行逃避——可是一只袖子早已被老毛紧紧扯住。

"好，关云长醉酒赚鲁肃!"

一阵热烈的掌声……

周健生先生按住杯子，弯着身肢躲避那溅出杯口来的酒星，装出一付

---

① 嬲，音 niǎo，在此意为纠缠。

【副】不自然的笑容,连声说道:

"对不起,我已经下决心戒酒,我的肠胃有毛病,有点头晕,实在不能喝……"

但是老毛却并不因之放松,他几乎把整个身子都压到对方的肩膀上去,大声地放肆地笑道:

"Ho—Ho—Ho……你说得好,戒酒戒酒,你忘记了昨天晚上在桥头小寡妇'一打半'家里……Ho—Ho—Ho,那个小寡妇的丹凤眼一横,怕你不……Ho—Ho—Ho……"

"你,你,你,"周健生先生尴尬地红了脸,"你不要发酒疯……"

"什么发酒疯?"老毛的一只手依然扯着他袖子,学着那小寡妇压低了嗓门,"喝一杯嘘①,我的小胡子嗳——"

大家刚刚发出一阵哄笑声,老毛手上那酒杯业已照着周健生先生的脸泼过去。哗——杯子活东西般的临空飞起,堕在一丈外的士敏土②地上打得粉碎。

"——你这混蛋!"

"什么!"一声肉与肉的脆响,老毛的手掌往周健生先生湿淋淋的脸上击过去,"你这不要脸的色鬼!"

周健生先生在很多条手臂的包围之中像一只受着伤害的螳螂似的蹦跳着,他的眼镜业已落掉了,一边面颊上涂满着酒酱,随着肌肉的抽动缓缓下随。

"你这混蛋!你这醉鬼!你扣了我的九索!……"

他企图冲出手臂的包围,到桌上去抓一只碗来当武器,但被孔志德先生无可挽救地阻止住了,他把他拦腰抱住。

在同一的时间,老毛业已被人七手八脚地推到走廊上去了,并且开始着呕吐。正当大家想把他安放了一张椅子上时,突然地,他往地上一倒,

---

① 嘘,音 niā,表祈使语气。
② 士敏土,是英文 cement 的音译,即水泥。

一条鳅鱼般的挣扎着,扬起一阵泥尘——随后,便大声地号哭了起来。

## 七

周健生先生先行退席了。而老毛,则被安置在隔壁会计室里的一张铁床上,作【做】着无休止的号哭。

大家又重新回到桌子上来。这时还有一样菜没有上桌,厨房刚把乡间的红漆饭桶送来。校长金其骏先生也因为老毛的这一顿酒疯,业已形成三缺一了,所以就索性主张大家继续举行饯别,他首先举起筷子。

华大容先生原想在饭后好好地跟教导主任谈那件关于学生送礼的事情的,这样一来,打断了他的计划,心里十分痛恨隔壁会计室里那个醉鬼。他不住的【地】喃喃地詈道:

"琐雷得很,琐雷得很……真是不应该,真是斯文扫地……二加二等于四的朋友究竟头脑简单……"

两位女先生仿佛惊魂未定,都静着眼睛,把双手按在胸口,如同害怕它会跳出胸膛来一般,默不作声。

适才受了惊吓逃出去的花白狼种狗,这会又悄悄的【地】回来了,一面跑一面不住的【地】嗅着地。汽油灯好像变得明亮了许多,Zi—Zi 的声音也响了许多。学生下夜自修的号声悠然而起。

金其骏先生提议作【做】最后一次的轮回猜拳巡酒。

他这提议马上得到了附和,大家都不愿意败兴而散,——而作为客人的华大容先生,也深觉适才的骚扰将是自己长旅的象征,特别赞同重新放怀痛饮。

临到廖淑宇先生跟陆一萍先生。

在所有的眼睛注视之下,陆一萍窘惑的【地】推说不会猜拳。

"那么这样好了,"孔志德先生向大家做了一个含有深意的表情,出主意道,"那么两人对饮一钟——碰一碰杯。"

但她还是不答应,她说她不会喝酒。

"不行不行，廖先生应该向陆先生鞠一个躬，实行固请。"

在这时候，童军教练程戎先生的手不住的【地】在桌子下面扯着黎自雄先生的袖子，低声怂恿道：

"老黎，老黎……"

黎自雄先生恶恨恨的【地】看着廖淑宇先生站起来了，看见他果然向陆一萍先生鞠了一躬，举起了杯。

"——好！"

好久好久，陆一萍先生才无可奈何地站起身，腾红着脸，在热烈的掌声里把一杯酒一口气喝掉了。她感到有一股热气往胸口直冲上来，全身马上热躁难堪起来。刚待坐下时，对面猛地掷过一个粗暴的声音：

"来，咱们干三杯！"

在接踵而起的一阵掌声里，大龙虾黎自雄先生昂然直立起来。他一手插【叉】腰，一手拿着杯子，他的脸孔业已转青，嘴唇颤动着，像一只狼一般的露着不整齐的大门牙。

陆一萍先生的一颗心跳动得快，四周的脸孔，业已开始在她眼里旋转，肚子跟胸口都好像燃着一把火。她摇着头。

林薇先生感觉到局面的严重了，她开口斡旋道：

"三杯太多，一杯好了，一杯……"

黎自雄先生斩钉截铁的【地】说道："不行——少一口也不行！"

陆一萍先生的眼睛一阵一阵的【地】发黑，身子有点难以支持了，太阳穴涨得快要破裂……她双手按着桌缘，努力防止着渗上喉咙来的酸水，一壁只是摇头。

愤怒业已超过忍耐量了，黎自雄先生伸出一个紧实的拳头，"什么？"——那个拳头像一个铁块似的往桌上一击，盆碗全部噔的一跳，"你侮辱老子是不是？"

大家正待劝解时，在桌子的那一面，被激动于一般【股】难以压制的力量，廖淑宇先生拉长了那原来就已很长的脸孔，站起来仗义执言：

"黎先生你这态度不对……"

没有等待他说出一句完整的话，黎自雄先生手里的杯子业已凭空飞起，直啃在廖淑宇先生的额角上，一缕鲜血混同酒酱流下。

"你这淫妇，东洋参！"

几乎在同时，黎自雄先生的两只手扳起桌边往前面一掀，喳啷——全桌子的盆碗一起被摔在地上。

## 八

最后走出办公室的是华大容先生跟他的菊痕·克罗馥。两人都在用手绢拭去身上的污水。"走吧，"华大容先生轻轻地温柔地说，让她走在前面，"真是琐雷……这班禽兽不如的东西……真是一波未已，一波又起……"

在明亮的灯光下收拾着地上的破碎碗片的听差阿禄，待这对情人一离开办公室，马上把几根湿了水的纸烟塞到自己的衣袋里去。

被遗忘在会计室里的那个醉鬼却唱起《孟姜女哭夫》来了。

**【思考题】**

1. 本文塑造了许多让人唾弃的教师形象，让人看了不禁心生愤恨。从美学的角度讲，是什么样的审美原则让你产生了这样的感觉？这些审美原则与那些使得理想教师成其为"理想教师"形象的审美原则有何异同？

2. 当下，同样时有一些道德败坏、素质低下的教师的劣迹被曝光。究竟应该如何才能实现教师素质的提升？

# 第四编
# 抗战后（1946—1949）

# 二十二、范纯瑕老师[①]/沙汀

【内容提要：本文写了一位老师从对听到停止内战消息的喜悦，到对消息迟迟得不到证实的疑惑，最后失望以致精神失常的过程，也兼写了在内战中，教育无人问津、教师生活困难的状况，以及国统区普通民众的麻木和愚昧。】

范纯瑕范老老师，这天第三一次，又走向邮政代办所收报去了。

自从七七事变以来，他总间或亲自去取报的，但一天三次四次跑去取报，却是最近才有的事。这不仅因为那个人尽欢迎的传闻已经同他的想念合而为一，极想从报上得到证明，同时，也正因为那个传闻，几个浮薄子弟，已经把他当成了笑柄了，不管当面背后，全都拿他开心，这就更使他急于想弄个明白。

事情是这样发生的，五六天前，邻县一个混名"空中来电"的流氓，由成都回家，经过这里，于是在一家茶馆里休息下来，等候轿夫过瘾打尖。而在坐定之后，两三个认识他的，端了茶围过去了。而且，正如目前每个偏僻所在的人们那样，他们开始连连发问：物价跌点没有？内战打不打得下去？但也许生一张白嘴，也许自己也听了谣言，那汉子宣称：省城物价大跌，因为和议已经成功，内战停止打了！

其时，范老老师正在那里，于是不管认识与否，他立刻快步的【地】走过去。

"请问，这是那【哪】天的事情呢？"他问，现出孩子般的惊喜。

---

[①] 沙汀，《范纯瑕老师》，载于《现实文艺丛刊》，1946（1）：19-33。

"我去的头一天,一二号夜里,成都放了好多炮啊!"

"那这就不会假了!……"

由于那牛皮客所说的,正和他的想法一致,而且,不仅感情上如此,认识上也如此,又曾把这个当作预言,一直宣称:内战一定打不下去!因此,老老师立刻把它当成新闻,逢人便公布了,他还第一个买了鞭炮来放。

然而,五六天过去了,他连十二号的报纸都看过了,事情却还没有证实。……

当他走到代办所的时候,已经半下午了。那是一处单间铺面,兼做香烟衣线之类的杂货生意。老板叫朱问樵,沉闷偏狭,又瘦又长,生着两片漫画式的肥大嘴唇。如所自述,是个学而未成的人,平素十分尊敬范老老师,然而,近来因为不胜其扰,对方且又被人当成笑柄,杂货老板的尊敬,忽然减了。

朱问樵首先歪起嘴角一笑,接着叹了口气,最后张开漫画式的大嘴打个呵欠。

"这个时候怎么还会来啊。"呵欠之后,他推送的漫声说。

"唉!"老老师叹息了,"这个邮政真太糟了!"

他在柜台边坐下来,烘笼放在怀里,烤上双手。

"你看我们中国的事怎么闹得好啦?"停停,他又不胜感慨的【地】说,"邮政盐务,要算是顶有成绩的了,现在一接过手,就闹成这样!迟缓不说,还要时常脱班!"

"待遇好菲薄啊!"朱问樵似笑非笑的【地】接着说。

"问题就在这里!"老老师大声说,精神振奋起来。

**他接着说了一大篇话,而正如每一个怀有心病的人那样,他的话全都绕着这个问题,内战,因为由他看来,内战不停,邮政从业员无从加薪;即或加薪,也决不会追得上物价,因而只有和平来临才真正有办法。**

"他们有些人倒还笑我呢,"他加上说,"你看,现在那【哪】一界人不高兴内战停止?"

朱问樵差一点笑出来,觉得老头子颠懂了;但他抑制的懒懒说:

"道理哩,当然是这样啊!"

"你这一说!……"

不满的【地】车车身子,老老师见怪了。

"这不止【只】是道理,这也是事实呢!"他站起来,走向柜台边去,耐心的【地】紧接着说,"如此说,打仗要钱,钱不够就拼命印钞票,钞票一多,物价自然要涨,所以只有和平……"

"这个话你早就说过了。"避开视线,朱问樵插嘴说。

"那么你又认为我说的对不对呢?"老老师逼紧问,目不转睛的【地】望定对方。

"对,自然对啊,……"

朱问樵说了句半截话,于是碍口的【地】笑起来,又故意擦擦漫画式的大嘴。因为他是很知道老老师的心病的,而若果他补足他的话;对自然对啊,可惜还在往拦【烂】的搅啦!这就无异踩了痛足,太使人难堪了。然而,不管如何,他的掩饰,却也并未怎样的成功。

败兴的叹口气,颓然坐下,老老师没有再说什么。他可能走掉的,也没有这样做。

"十二号报上说,重庆十几家杂志,在联合反对了!"沉默了很久很久,他忽又自言自语的【地】说:"各界也在招【召】开大会反对,拿这几点看呢,可能也并不少啦。"

朱问樵没有声张。因为同样的话,他前天就听过了。而且认定老老师是在解嘲。

"近来的消息,也太不一致了!"停停,他又感慨的【地】说。

朱问樵似旧没有声张;而且,显然感觉厌烦的【地】叹了口气。

"总之啊,"最后他忽然强笑着站起来说,"又看十四十五的报上怎么说嘛!……"

于是这个素重礼貌的长者，头也不点一下，就提起那支渍黄透亮的烘笼走了。

很显然的，他是生了杂货老板的气。因为就在前两三天，朱问樵还是支持他的，把他的话看做真理。但他竟也做了旁人的尾巴了，毫不管顾那种种无可置辩的理由，仅仅为消息一时没有证实，就一下变了态度，以为老老师说的话半文钱都不值。

他很不快活，而且有点丧气，竟许自己忽然也怀疑起那个消息来了。但也正因为情思不属，他避免了和熟人打招呼。这不是件简单事体，因为近几天来，所有的招呼似都带点讪笑。有的虽也一样诚恳，但又偏爱那么固执的【地】向他发问：那消息报上登出来没有？会不会是谣言？而对于他们，不要说他，便是任何一个滑头也没办法躲闪的，因为一切日常所需的油盐柴米的价钱，还在不断的【地】上涨啦！……

当他到家的时候，他那哑巴孙子，正动手关铺面。老老师的子媳都已早夭，就只留了两个孙子。而根据每个人都该自食其力这个简单信念，他煞费苦心，把这残废人训练成一个能写能算，全场①第一个用机器缝衣的模范裁缝。或如旁人说的，卫生裁缝。

往常回家，老老师总要同哑巴比比手势，以表示慈爱的，但他这天笔直就进去了。这因为他不快活，同时，也因为昨天哑巴曾经指手画足，又扮鬼脸的【地】抱怨过他；表示他炮放错了；以致那些不敢当面同祖父捣蛋的，挪他作了替身，开了一通玩笑！

在两个孩子当中，另一个比较理解祖父，在中心校当教员，拘谨诚笃，写的【得】一手好字。为了表示区别，一般人叫他少老师，祖父是老老师。而这少老师的学问品行，完全是老老师一手夹磨成的；只是秉【禀】赋上不及祖父明敏，抱怀也欠博大。

老老师到家不久，这少老师也回来了。前者正摊在躺椅上纳闷。

---

① 场，在此读作 cháng，意为市集。

"今天邮差又脱班了!"当孙子向他问好的时候,老老师自言自语的【地】叹息说。

少老师不知如何回答的好,于是向他提到邻场几个学校,来函联络一致要求改善待遇的事。但才一开头,祖父显见得振作了,终于坐起来切住他。

"你觉得会成功吗?"他问,非常有兴致。

"目前依我看难。"孙子回答,蹙着苍白茫然的瘦脸。

"对啦!"老老师快活的【地】叫了,于是提了烘笼,轻快的【地】站起来。"你想这个道理多么明白!"他接着说,"若果内战不停,那【哪】个关心你教员啦!他们忙打仗也都忙不过呢。可是,你们能够不张声吗?不能!当局又能够不理睬吗?也不能!因为若果是不理睬,大家还会闹来罢课!……"

"成都全市的小学,已经在罢课了!"少老师插入说。

"对啦!对啦!"老老师连声说,忽然记起前几天自己也看过这段新闻。"这里那里都在要求恢复战前的待遇,各方面又在直接反对,——这个仗还会打下去吗?"

"我看,打是无论如何打不下去的。"少老师审慎的【地】说。

"可是,有些倒还笑我说错了呢!……"

非难的【地】一笑,老老师踌躇满志的【地】退回躺椅上去。

毫无疑问,孙子的体贴懂事,已经把他的闷气扫荡尽了。于是,也不想想他的论点,和旁人的论点之间有何差异,更不知道少老师是故意将就他,他立刻高兴起来。而且,坐下之后,他更从容不迫,把所有足以证明内战之会停止的种种论据,重新罗列出来,融会在一种金石可开的坚强信心里面。……

然而,末了,当孙媳妇点了灯来的时候,他忽又出乎意外的【地】叹口气。

"怎么十三号的报上都没有登出来?"叹息之后,他丧气的【地】喃喃说。

于是摊下身子，不再响了。

少老师也没有再张声。虽然没有听清白祖父遗后一句话，但他理解他的情绪的变动：他重又想起人们的责难来了，那消息是谣言，他们冤枉放了串炮！

少老师很想劝劝他的，向他指陈，即或炮放错了，他的动机却是好的，而且，恰恰表明了老百姓的愿望，意义也就不少，但话到口边，又咽住了，因为他近来觉得祖父有点失常，生性又极认真，这样做也许会惹恼他，以为孙子也怀疑他了，在故意替他圆梦。

其实，自从去年做过七十岁的大生以后，老老师的精神，便不大济事了。虽然背依旧那么直，生活作【做】事一样的有条理，一样热心于新的智识。而且，忽然热心起拉丁字拼音来了；但他变得喜欢说重复话，又像孩子一样易喜易怒，有时且还十分小气。

老老师完全是自学成功的，年轻时候在开碗铺，到了三十一岁，忽然把碗铺顶给人，到成都补习数学去了。他的想法很是简单：智识愈丰富，生活得愈像样。他一向注重实际学问，而且注重普及。因此，他是全县第一个学会注音字母的人，而一经学会，他就广为宣传。甚至写春联也用注音字母，以示提倡。

老老师是所谓筋骨人，又小又瘦，高鼻梁上架着副猪腰形金边眼镜，胡子早经沙白，但是他的嘴唇，还像孩童的一样鲜嫩。这张红润天真的嘴，是从来不说诳的，本人也常以此自许；然而，由于那个空中来电，它使他第一次陷在苦恼里面，而无以自拔了。

老老师摊在躺椅上不响了好半天，直到孙子改好课卷，提示他说，已经是睡觉的时候了，这才漫应一声，情思不属的【地】退进卧室里去。这已经八点多钟，比他规定的延迟了两三刻，翌晨起床，他也错了时间；不过不是延迟，而是提前。但他例外没有去逛田坝。他是常劝人逛田坝的，说空气比补药重要。

因为祖父连生活秩序也失常了，神色也不好看，吃过早饭，少老师问他是否有病？

"你真想得古怪！"沉默一会，祖父非笑的【地】回答说。"大约是听了内人的话，说棺材在响，有点不放心吧？我给你说，我吃也吃得，睡也睡得，——我还早呢！"

"我倒不是听内人的话。"少老师开始解释。

"你听！"祖父抢着说，已经逐渐有元气了。"棺材已经做好一年，现在冬天，木质干过性了，自然是会响了！这有甚【什】么奇怪？读书明理，说不通的事，我们不能轻信。比如说，我为什么相信内战停止了呢？简而言之，老百姓不要内战！你在这街上找得出一个欢迎它的人吗？"

"当然！单看那天放炮的情形，就晓得了。"少老师说。

他这样讲，原是出于体恤，但才说了半句，他惊愕了，忽然觉得这会刺伤祖父，以致那后半句变得嗫嚅而又含混，但也更加失措起来，因而浮出强笑，老老师那么茫然若失的【地】望定他；于是为了补救，他赶紧又扯了个笨诳，说时间已晚，他要赶忙上课去了。

当他告辞的时候，祖父例外的【地】没有理会。也没有改变他那惶惑疑虑的神气。因为他忽觉得，就连他一手调教出来的孙子，现在竟也开始背叛他了。

老老师就那么呆坐下去，直到半晌午了，这才叹息一声，走向案头去翻阅陈报。

他订了一份日报，一份晚报，每月一册，装订得很整齐。他开始择要的【地】流【浏】览下去，检阅着八月十二直到最近的日刊。一面看，一面又摇头叹气，喃喃自语；有时出神的【地】想想，或者搬【扳】着指头计算日子。而当他重读了一两封收复区的通信的时候，他掩卷长吁；于是苦笑着摇摇头，倒在藤圈椅的背上了。

他感觉那些描写的重压，看不出一线光亮；但他忽又撑起，立在书桌边。

"可是，单凭这些，这个内战也该停啦！"他感愤的【地】说，手指尖敲着报纸。

于是他又继续翻检下去。情形自然愈加痛心，同时，他的信心却是愈加坚定。

"你愿不愿意这个仗打下去？"他猝然发问，当他一眼瞟见孙儿媳妇的时候。

那是少老师娘子，走来提烘笼添火的，她忍不住笑起来，但她随即叹了口气。

"那【哪】个愿意打啊！"她发愁的【地】接着说，"棉花已经涨到一千几一斤了！"

"你看，这个道理，就连妇人女子都懂得啦！……"

昂头挺胸，祖父欣喜的【地】叫起来；而在意想当中，他想眼前正站着非难他的人们。

于是，他高高兴兴地把烘笼递给孙儿媳妇。等到添好了火，就提着上街去；虽然已经在烧晌午火了，很快就要午饭。他一连走了好几次人家，而再再向人证明：甚至连妇人女子都坚信其不应该，这个仗会存在吗？那是无论如何也打不下去的！……

他所走的几处，多半是小商人，其余是安分守己的住户，所以，当一想起那个消息是那么苦了他，而且引来种种有欠忠厚的打趣，虽然有些忍不住想笑，当他一搬出那个新的铁证，却立刻变样了。因为他们同样苦恼于这个切肤的问题，棉花暴涨到一千几了！……

只有最后一次访问未免扫兴。因为正当同主人谈得投机的时候，那纸店老板的儿子；一个十一二岁的小学高年级小学生，提起书包，放午学回来了。

在问父亲讨过零钱以后，那顽童也不走开，反而望定老老师傻笑起来。

"老老师！"他吞吞吐吐，但却很感兴趣的【地】说，"他们说，大家要叫你赔钱呢!"

老老师脸红了;既不便于生气,辩驳也非对手,于是叹一口气,他搭讪的【地】说:

"赔什么钱哇?我连豆腐也没有打烂过呢!"

"不是豆腐,他们说,要你赔那天的火炮钱啦!……"

老老师没有回答上嘴,那孩子给父亲吼跑了。

然而,尽管如此,老老师依旧低头不语,感觉得很扫兴。固然那顽童重又叫他直面着那个简单而可恶的责难:道理自然不错,放炮可放错了!换句话说,这个活了七十一岁,因为诚实受人尊敬,他以诚实自勉的老人,在快进坟墓的时候;忽然被看成说诳者了。

本来,置身中国这个社会,一个人在做了十件坏事以后,是可以放胆一直坏下去的,因为尽管无事不坏,人们也不过如此批评一句,"那是个坏人啦!"就拉倒了。然而,这种灰色的温情主义,只是一面,因为一个好人若果做错了一件事,且不问其动机情节如何,大家可又立刻扔起石头了。实际倒又并不怎样温情。

但痛心的事情还在这里,坏人视作恶如常,不会内疚;而当一个好人偶尔做错了一件事,即或没有讪笑指责,那反省也叫他够受的。因此,在这两者,外来批评和自我批评的夹城当中,生平来第一次,老老师的精神失掉了平衡,而且狠狠地被扰乱了。

当他离开那纸张铺的时候,他是那么丧气,仿佛七十岁这个事实,真的已经压在了他的头上,他本是想回家的,这天又非班期,但他信步走向代办所去。而当他望见那个正在跨下面铺阶沿的邮差的时候,他忽又振奋起来。邮差显然已经交割清邮件了,于是老老师加快足步,希望马上证实那个传闻。

再过两三间铺面,他就快到代办所了;但他忽然发觉背后有人向他吆喝。

"你的报在这里啊!"一个人在品香居阶沿上舞着张报说,当他回转身的时候。

那是个无业智识份【分】子，高中卒业，去年冬天入了报界。人很肥壮，在那批浮荡弟子当中，他是个暗中的组织者，因为很清楚那个空中来电的虚实，同时又知道老老师很为他们的流言苦恼，常看见邮差走过的时候，他抢先把报取了，正在做着恶毒的设计。

"请来吃碗茶吧！"看见对方迟迟不前，高中生又说。"好消息多得很呢！……"

在这个镇上，私人只有老老师有报的，他叫它做精神食粮。而且，虽然取与极严，独独对于书报，却又喜欢旁人随意借阅，但因某种缘故，他可感觉得不满了。

"你们说都不说一声！"老老师开口了；但又顿住，神色很不快活。

"请你老人家原谅，我们这几天也急到要看报呢！……"

高中生讪笑的【地】陪着小心，而且恭恭敬敬，亲自跑过来邀请了。

老老师已经觉察出情形不大对劲，而当他看见邮差时那种忽然使他周身烧了一般的热望，也已经消歇了。因为他并非傻子，知道对方是个什么样人，又亲自尝过他的讪笑。而且很理会他的目前的居心。至于刚才到的报上，是否业已证实了那个他所传达的消息，那就是更不必猜，也可以推测到；但他冷冷一笑，又提口气，仿佛应战似的，跟那大流氓走去了。

老老师的脾味，原是极温和的，少有生气的时候。纵是同旁人因争论吵起来了。"等你平平气再讲吧！"赶急岔开。但他现在，不仅态度上显得不辞一场争吵，他还有了那个争吵的邪恶念头。似乎对于任何一种局面，他都不会想到退让。

他傲然的【地】走进茶馆，傲然坐上旁人让给他的首席，而且傲然四顾。

"你们像是拖我吃讲茶哩！"于是他说，强笑起来。

"完了！"高中生故为惊怪的【地】叫了，"你老人家怎么这样说啊……"

"最好你把报读起他听听啦!"有人摇旗呐喊。

"这个话对!"高中生说,又嗽嗽喉咙。

于是双手捧起报纸,他开始读起来了。他只选择那些重要电讯朗诵,而在十四五两天报上,一共有着这几项标题:国共两军冲突愈烈,山海关展开争夺战;中央百万大军,三路进入华北;魏特迈①发表谈话,美军不参加中国内争,但可能与共军对立,等等。

而在这种别致的朗诵当中,高中生虽然做作得那么正经,但每读几句,必然斜睨一眼范老老师,他的同类更是专心一意望住那个决了心受难的老人;而因为他的表情之急遽而又复杂的变化,他们有时忍不住嗤声一笑,有时又故意板起面孔。……

然而,正当这个卑劣的作弄快要达到顶点的时候,老老师站起来遮断它。

"我问你唷,你这是啥意思呢!?"他抑制的嘶声问。

"没有啥意思啦?"停住朗诵,中学生假装不懂的【地】反问。

"没啥意思!"老老师颤栗了,"没啥意思,你又这样神气活现的【地】念!……"

"呵!你说这个。我想让你老人家知道:内战已经停了!"

"你扯诳!"老老师厉声说,手指一戳!几乎正中对方的额头。

"唉!老老师,我一向都很尊敬你啊!怎么……"

老老师的声色更加严厉,他昂头挺胸,号召似的,指了指前后左右或座【坐】或立的人众。于是,一场偷偷掩掩的恶作剧,立刻转化成为公开严重的论争了。

那中学生的初意,本在作弄一个老实的人,因为老老师意外的不驯善,他发起火来,立即当众宣称:扯诳的是对方,因为他冤冤枉枉叫大家放了鞭炮。而接着,问题就进入那个几天以来,使老老师吃苦非凡的矛盾

---

① 魏特迈,即阿尔伯特·魏德迈,时任驻华美军指挥官。

当中去了：内战应不应该停止？会不会停止？停了没有？结果互不相谅的胶着起来。

而末了，因为这争辩已经轰动全场，少老师赶来了。挤开那些出于关心，陆续跑来围观的群众，他走进茶馆里去，于是，首先情辞恳切的【地】止住对方的瞎扯；说，即使炮放错了，这个总比逢年过节放得来有意义。然后费了更多的唇舌，把老老师劝回去了。

但这所谓劝，倒不如说拖来得恰当。因为老老师自始至终不愿意罢手的，他的信心已同这场争论而更坚强起来。而在少老师一路扶着他回去的途中，他更不时出其不意的【地】从孙子手中挥脱，回转身去，望着那家茶馆，手舞足蹈的【地】嚷叫一通。

"我没有错！"他高声大叫，"只有那些混蛋才愿意打下去！……"

"祖父，算了！……算了，祖父！……"

少老师照例苦着脸哀求。于是重又挽住他的手臂。回转身再走。

这样兴奋激烈，在老老师算生平第一次。但一到家，他可顿然困惫得不像样了。他一连躺了两天，不吃饭食，也不同家里人交言。但据少老师娘子说，她亲耳听见他半夜里起来过。来回走动，一面喃喃自语。"这怎么会不停呢？没有一个老百姓欢喜啦。……"

但到第三天上，老老师又恢复常态了，是很不完全的。他看来比以前衰老，也如一般老年人样，不大振作。京毡窝的护额歪在一边，胡须也不大干净。而且，一直保持一种病态的昂奋专注，似乎所有的心力，全部集中在一个信念上了，内战应该停止；也一定会停止，而他的论证远较以前清晰。

不仅这样，几乎成了定规，正如他中年学字，起床后先得在沙盘上划【画】五十个大字那样，他每天总要找一两个人透透彻彻谈一番他的意见。因为那场纠纷，初听之下，人们更是想笑，但随即很严肃了。因为纵然只是一个信念，人们也可以从它得到鼓舞。

但最受他鼓舞的，是那批望眼欲穿的抗属。他们是常常来请教他写信的，因为他早就在哑巴铺面前柱子上贴了个条儿，义务代替抗战军人家属写信。每日午前十时至午后二时。他目前一样为她们服务，所不同者，从前他总爱写努力杀敌这一类话，现在呢……

然而，就在前天，街上忽然传出一股谣风，范老老师疯了！因为有人发觉他走路时常爱自言自语。一天，忽又失神的【地】停在街心，莫明其妙的【地】笑起来。

"这还不明白吗？简单之至：老百姓不要内战。……"

他说得那样大声，好些人都听见了。接着他就高高兴兴买了并火炮回去。但到今夜为止，还没得到证实，而即或证实了，也仅仅证实了老老师信心坚贞。

自然，即此说他是疯子的人也会有的，正如他们对付每个真理代言人一样。

【思考题】

1. 本文通过范老老师之口，表达了教育界和老百姓"不要内战"的愿望。但为什么这么多人都不愿意打内战，内战还是继续下去了？

2. 本文除了叙述范老老师因为听见停战的假消息，而从高兴到苦恼，最后疯癫的过程，也体现了他的很多优良品质。你发现了哪些？这些品质中又隐藏着什么样的审美原则？

# 二十三、我的三位国文老师[①]/吴广

【内容提要：本文是"我"对自己初中的三位国文（语文）老师的回忆。这三位老师各有各的性格、教学方法，"我"也对这三位老师有不同的感受和反映。本文也侧面表现了当时中国教育界不稳定、新旧混杂的情况。】

我的国文老师，自然不止三位，但是给我印像【象】最深的只有三位：

第一位国文老师是初中一年级的，我们叫他的绰号——老学究。

老学究的年龄在五十岁上下，生得一副怪像。先说他的头部，是一种梯形的——下底宽，上边狭。两个小圆眼睛，嘴上生着黄黄胡子；脖子细细的，仿佛一枝细竹签，上面捏着一块大泥球，颤颤抖抖的，似乎要折断了。他的嘴，大大的，嘴唇厚厚的，两颗黄牙，不安于室，硬要伸出嘴外，弄了个破象【相】，是很有点不幸的。两手甚长，两腿也长，走起方步来，摇摇摆摆，背再弓了起来，正像北平前门的大骆驼一般。

他的声音，带着浓浓重重的鼻音，那种河南中州土音，十二分难听。他每逢要说话，鼻子总是先哼哼一阵，才能发音。

据我们校长"小官僚"——因为他小白脸有八字胡子——介绍他：

"李老师是当代名儒，国学渊源，你们要好好的【地】用心听呀！"

我们这一群小淘气鬼，等到"小官僚"转身出了课堂，就哄堂大笑；笑得凶的，跺脚拍桌了，作怪声大叫。把我们老学究弄得莫名其妙，他哼

---

[①] 吴广，《我的三位国文老师》，载于《中华教育界》，1947（10）：56-58。

哼唧唧的【地】说着。我们还是大笑，笑到眼泪都出来了。

**他是教私塾出身的，不懂得学校的规矩，这又是我们发笑的资料。因为他脾气很好，就是发火，我们也不怕，仍然是淘气的【得】要命。**

一班里，最淘气的要算我了，最年轻也是我。我一向对于国文，是颇为自负的。在高小①的时期，作文常常得甲等，而且屡次贴在"成绩栏"上。在初中，我的成绩依然优异。原因是我父亲教过我许多篇古文，而在高小，就向《小朋友》之类刊物投投稿；又爱看小说，所以在作文方面比较材料多，玩意花头也多。我就有一点看不起李老师那种不顺眼的像【相】貌，所以特别要和他开玩笑。有一次，我在黑板上写了一句：

"夫子貌似阳虎②。"

我并不懂什么阳虎阴虎的玩意，我只晓得阳虎是个坏人，是个奸人，而李老师自然是老夫子，老夫子像阳虎，岂非是骂他了吗？

上了课，李老师抬头看见黑板上几个字，就张了嘴，嘻嘻的【地】笑起来，用舌头舔舔那大黄门牙，摇晃着头：

"这是那【哪】一位写的，嘿嘿，写的【得】很好，……读过《论语》一类书了么？"

李学究对于我们国文教科书，最感头痛的是那些白话文，他总是跳过去不讲的。对于我们作文而用白话，也表示不满意。所以每逢文章中，能够引用上一两句文言成语，他就用红笔加双圈圈，非常赞美，分数上也一定占很大便宜。因此，他对于我写的那句"夫子貌似阳虎"，并不生气，反而滔滔不绝，和我们讲起《论语》来了。这倒出乎意料之外。

有一次，是清明节，我们作文题目是：《寒食节起源论》。

我原来念过《介子推不言禄》那一篇古文的。我就不管三七二十一，

---

① 高小，即高等小学，晚清民国时期的学段之一，时长因为学制不同而不同。在癸卯学制（1904）下为四年，壬子癸丑学制（1912—1913）下为三年，壬戌学制（1922）下一般为两年。

② 阳虎，春秋时期鲁国人，虽历史上对其个人评价较低，但貌似孔子，因此，可能在李老师看来，"我"所写的那句话，反倒是在夸他。

把原文颠三倒四的【地】写了下来。开首得意的一句是：

"昔晋文公之出奔也，介子推不言禄，禄亦弗及……"

文中还故意夹七夹八的【地】弄上几个古字，那是特由字典里想鬼主意找出来的，连认都不认得，也写上去了。卷子一交，就跳跳蹦蹦跑到操场踢小足球去了。隔了几天，又该发卷子了；卷子到手，吃了一惊。原来一篇作文都给红墨水画的大圈圈画满了。眉上也写了批语，文后的总评是：

"文气苍古，一气呵成，诚佳构也；作者年幼而才气纵横，惟不务正轨，惜哉惜哉！"

李学究把文发完了，就指着我的作文，谈起来：说我的作文才是真正文章，怎样怎样好，怎样怎样苍老有气魄……把我也说糊涂了。我自然不懂他那一套，可是捧场总是懂的；我觉得很得意，也觉得对不起这位老学究了。他的战法，居然制住了我。我以后也就不好意思再开他的玩笑。而在作文上，也极力学那古文笔调，极力用怪字，造怪句。每逢作文，就把《古文释义》①东翻西翻，抄上几句似通不通、似懂不懂的句子。果然一个学期下来，十二次作文，十二次得一百分，贴十二次堂。至于那文章如何，我是"天晓得"，一概不管，只知多弄几分而已。

★　★　★

我读初中二年级那一学期，老学究走了，给一家有钱人当家庭教师去了。**换了一位老师，姓周，是北大文学系的高材生。他主张完全新文艺，完全要吸收欧化的笔法和风格。他讲国文，不耐烦细细的讲，只是不着边际的【地】乱讲一通，讲得我们迷迷惑惑，莫明其妙。并且不耐烦别人问他**，问他他就瞪瞪眼睛："这个还不懂吗？自己去查查字典去！"

**他的欧化句法，使我们作文的风格大大改变了。我们那时的文章是极**

---

① 《古文释义》，系清代余诚所编书籍，收录了一百多篇古代名家散文。

力欧化的。为了要欧化,我就想出三种诡计来:

第一,买一本译得最欧化的小说来模仿。

第二,在书局里找了一本描写文①辞典,如获至宝,左右逢源。

第三,能写得通顺也要写得执拗不通;如果不通,就设法弄得没人能够懂。并且要多抄上英文句子、单字为美。

当时,我们全班的作文,一致欧化,其欧化情形在下例中可见一斑:

——"当那个可怜的乞食者,在那广场中表演。"旁观者说;

——"你可以看看这个,"他说,"你不要让你自己不安,可怜的人儿,关于这个疯子,他一定可以恢复健康的。"

——"你啊,这个黑黑的,光亮的头发,有着媚眼的,小妇人啊,如果上帝的灵魂没有在你的脑海里存在,那就不可解了。"

而且因为一篇文章是东拼西凑的,结果一篇文章每每变成一碗大杂烩。

我们周老师对文章改法,也是与众不同,全凭他的"烟士披里纯"而定。他对改卷子是向来不高兴动手的。有时看一遍,在题目上用红笔画一个 A、$A_1$、$B_2$ 之类洋文;有时在你文章末尾批上一行字:

"把头脑武装起来,不要走入象牙之塔。"

有时周老师为了别的事冒了火——他常常冒火,例如发薪少给,茶水不足,学生太笨之类,就轮到学生倒霉了。

"你看,你自己去看,你写的是什么狗屁东西!"唰的一声,卷子由讲桌直飞过学生头顶。更倒霉的,就给他老先生不客气"五牛分尸"了。据高级的大学生说,对他们是满【蛮】客气的;甚至在小考的时候,他一律三等给分——七十、八十、九十三种。

★　★　★

三年级的时候,我们已经换了五个以上的国文教员。印象都很模糊

---

① 描写文,指描写人物、事件、景物等的文章。

了。在初中三下学期,我们换了一位女国文先生来了。

她是福建人,姓林,年纪颇轻,大概廿七八岁。没上课之前,我们这群小淘气鬼,都纷纷讨论,以为大概也是个莫名其妙的先生,来混混饭吃而已。

上课的那天,林先生穿着黑缎子旗袍,白丝袜套,黑的高跟鞋。在我们眼中,有点奇异的美感。她的态度举止,显得很大方很潇洒。尤其她的声音,非常动听,并不是纯粹北平话,略杂些南方音,但富有感情,充满一种悦耳温和清朗的音调。

一群小淘气鬼给林先生的风度和言谈吸引着了。而她的选读方法,也与众不同。她把全书分成几组,例如某一组是散文,某一组是抒情文,某一组是诗;一组前后是有连贯性的。例如讲李白的诗,一定先讲唐诗的时代背景,李白略传,然后才讲他的诗。

她讲书非常细腻、清楚,而且富于趣味。他【她】从不大声叫喊。每上一课书,由头至尾,有条不紊,声调一致,感情集中,精神贯注。这样我们完全融化在她的讲授精神中了。

作文一堂,更是我们认为有兴趣的一堂。她不再出那种干燥无味的题目,她只讲一段故事,提示一个讨论大纲,由我们自由写作。她一再要我们发展个人的文字风格,要我们自己创造自己风格。

她曾经一个个细细替我们改作文,一个个的【地】指出每个人的错误。指出每一个人的特点,和写作的风格来。

**我们对她不但敬佩,而且爱慕起来。**我们虽都是十六七岁的孩子,但都自觉年纪不小,个子高高的。怕在她面前失体,怕在她面前受责骂——其实她从来也没骂过任何一个学生。

其中,我又与众不同:因为我向来对国文一门功课,是自负的,最感兴趣的;而向来的成绩又颇不平凡。所以我特别努力,特别想超人一等,免得在她面前落后——其实在下意识中,也是想促她注意我而已。这时和我在国文这门功课竞争的同学,只有一位姓陈的。他年龄比我小一些,生得一副女娃儿相貌,清秀温柔。林先生对我们两个人的作文批评是:我的文章,过于造作,显出用力修饰的痕迹;陈同学的文章则纯任自然,如清泉细流,虽无故作惊人之笔,但是富有情趣,取材也能俯拾即是,不在题材及结构上取巧。

她的批评,确实切中我的文章毛病:因为我好胜,我又爱杂读文章,爱由题材结构上布置,尤其在修辞上,一向是自负有所表现的。所以她的批评,是不错的。

然而,我却非常不服气。我总觉得林先生不免偏心。这种心理,常常表现在态度上,甚至我内心还有一种说不出的苦闷,一种烦恼——虽然可笑,但是确切存在的。我对林先生又有一种说不出的感情,一种早熟孩子的恋慕。这种略带甜味的倾心的思慕,可以说是一种"单恋"(One sided love),一种混有对女性崇拜,对母性和亲姐妹爱的合成性情感。因此我尝到轻度的妒嫉心理。

林先生似乎也多少了解我的心理。她常常在指出我的文章毛病之外,特别指出我的文章优点来,以资鼓励。弄得我这十六七岁的孩子心中,不知如何是好,酸甜苦辣一齐在心中翻滚。

有一次,我故意把作文作【做】得很慢,拖到下课之后,才去交作文。

林先生是住在学校里的。她的宿舍在学校后面一所小院子里。我走到院子里,心就咚咚的【地】跳起来。叩叩她房门进去。她微笑让坐,接了我的卷子,似乎窥透了我的心理:

"你今天一定特别用心作【做】这篇文章,是不是?"

我脸上感到发烧,有点羞惭。林先生就谈到别的闲话,例如问我的家庭情形呀,小学在那【哪】里读呀……我心才安宁下来。

我对林先生那种恋慕,自然不敢泄漏。于是完全倾注于写文章,来作表示。我不愿意再写议论文了;我只愿意写小诗、写小说来倾泻孩子的"爱"之心理。我曾经把她比作水神、女神、维娜斯,以及种种相似的崇拜的对象。这种表现，自然被林先生看出来了。她总是微笑地、开玩笑地向我说：

"张希哲！你近来很苦闷吧，为什么学写'诗'，而且作风也变了呢？"

**是的，我很苦闷，鬼晓得烦恼些什么。从此我就沉默了，而且，用一付【副】忧郁的面孔上课了。**我没什么闲心去听功课了。我只像有很大心事的孩子，下了课，躲在一角儿去沉思。

不但林先生发见了我的变态，同学小鬼们也知道了。他们的嘴可像黄河冲破了堤岸，一发而不可阻，都说："小张在恋爱"了。自然对象他们猜不出来，以为是女中部的某某小姐之类呢！

这种烦恼直到初中毕业，林先生另到别的学校去才稍微减轻了点。那时她在某女中担任级任教员①，我变成她的座上客。我渐渐把那种倾慕的烦躁心理压着了。和她往来久之后，就渐渐熟悉了。不再拘束，也不再有一种涌现而出的热情。

当我在高中二年级时，林先生结婚了，她的丈夫是某大学的系主任，我还接到她【他】们一份大红喜帖呢。

这就是我三位值得回忆的国文老师。

**【思考题】**

1. 显然，本文的重点放在最后一位教师"林先生"的身上。从她的身上，我们可以看到许多优秀品质。这些优秀品质的背后是什么样的审美原则？

2. 本文写于1947年，通过"级任教员"这一称谓，我们得知本文应该是在回忆1930年代的情况。20世纪30年代距离"教育现代化"的开始已经过了二三十年，然而就本文来看，在当时的初中里，不懂学校"规矩"的旧儒生和极度西化的新知识分子都来担任教职，并且，教师更换十

---

① 级任教员，指当时负责一个年级全部或主要课程教学和组织管理工作的教师，是级任制（1932）的产物，后来因为级任制改为导师制（1938）而改称"级任导师"。

分频繁。这两种现象何以产生？对于教育又会产生什么样的影响？

3. 本文是以一名初中生的视角来写的，其中写了一些他们用以对付教师、好在拿分数的同时偷懒的方法。结合《倪焕之》中学生们用以对付"感化教育"的方法，似乎许多表面来看，很好的教育方法，在实践中都不尽如人意。这对你在教育方面的思考有什么样的启示？

# 二十四、梦的埋葬①/许杰

【内容提要：本文主要写了一位大学教授因为生活穷困，自己的儿子生病却不能及时带他就医，致其死亡后，悲痛欲绝的心理，反映了近年战争导致的教育经费无法保障，教育事业难以维持，知识分子困顿不堪、内心苦闷的现实状况。】

## 上

这八九日以来，李子春的心情，正像发过一次高热，生过一次大病；也像做了一次恶梦，而在梦醒之后，还是精神恍惚，迷迷糊糊，眼前的一切，不知是真实，还是梦幻。人生真如在大海中行舟，当你风平浪静，慢慢的【地】从平静的海面驶行过来之时，倒也不感得什么特殊，什么平安，什么庆幸；但你仍得提防随时可能袭来的飓风。如果忽然之间，漫天幔【漫】起了黑云，立刻就袭来了令人不可测摸，不可躲避的黑云黑雨，因而浊浪排空，一个个如山峰，如巨柱，如山崩地裂一般的，迎头卷来了扑面高涌的浪花，你的生命立刻就陷入不可知的恐怖之中，你得用你整个生命的力量，来和这不可逆料的运命击搏。你不敢确定，你没有把握，你不晓得你的小船，你和你同船的伙伴的生命，能够保持到什么时候。等到你拼出了整个生命的力量，一时把自己的生命，你的小船，你的小船中许多和你的生命连结在一起的同伴，都置之于生死的度外，而与这巨大而不可抗拒，不可测知的运命斗争过来，感到你自己的生命，已经把握在你自己手中，眼前的一切，重复现出波平浪静、海天无际时，你将感到怎样的

---

① 许杰，《梦的埋葬》，载于《新中华》，1947（23）：52-56、1947（24）：52-58。

欣慰。这个时候,你才发觉到生命和斗争是怎样的有意义。可是,如果正当你救出了你的小船,你的生命,你正想轻轻的【地】舒一舒那么一口闷气的时候,你却发现,——其实,你却是亲眼看见他斗争失败,因而被卷入海中的,只因你当时心神紧张,情绪恍惚,决不定是真是幻,一直到了这时,你才好像刚巧发现似的,——你发现了曾经和你一同遭遇到这不可抗拒的巨浪的困危,你们曾经将自己的生命连结在一起,而又一同交托给这只小船,在这小船中同舟共济的伙伴,已经有了一个,被这不可抗拒的恶【厄】运,这吞噬人们的生命的波臣①卷去的时候,你才发觉到这是一个无可挽救,无法弥补的缺憾与悲哀。眼前是一个梦,但这梦却的确是醒了,而梦中的一切,还历历如在目前,——什么都是仍旧,什么都已过去,但事实却明明还是事实,自己的一个亲爱的人,自己在生命的巨浪中的确是同舟共济过来的伙伴,却的确失却了那么一个,……此时的心情,你将怎么表达,怎样说起!

窗外刚才下过一阵阵头大雨。在刚才的顷刻,眼看着一阵黑云,一阵卷地的大风,黄落的树叶,带着扑面的灰尘,震摇得窗门和板壁,拼拼碰碰,支支呷呷的响。你正设想,暴风雨将要来临,你得起来关上窗门,收拾起一些放在屋外的东西,眼前突然一阵闪亮,电光一闪,轰然的巨雷,立刻就在你的头上劈了下来。立刻,你又听见了万马奔腾的雨声,从远处,从屋背,从近处的地面,萧萧然的如同千军万马,一齐喊起杀声,包围着你的上下,你的四周。

李子春隔着窗子,呆呆的【地】看着这突然来临的阵雨,这带着巨雷,闪着电光,一条条如皮鞭如大麻,密密的【地】,斜掠的【地】抽过来的雨点;心中好像失了理智,失了自己支配的能力,甚至好像失了自己的存在似的呆立着。

"天有不测之风云。"他忽然想起了这样的一句成语。照理,这也是我

---

① 波臣,指古人想象出来的"水族"。

们中国人的一种处世哲学，每当一种不可知的祸患袭来以后，心中觉得无法排解，无处诉说这种悲痛，因而就用自然现象的突变，象征人为现象的遭际，说是天地尚有颇难测料的风云，而人世间一时袭来的祸福，也就不足为奇，照例也得把这悲痛和苦闷，委之于不可知的命运。可是，在这时的李子春，当他无意间对着这眼前的景物，想起这样一句成语之后，他的思想可并没有停留在"人有旦夕的祸福"上面。不晓得怎么一来，他的思想立刻就闪电一般的跳到另一个阶段，眼前幻出一片荒坟，一个新冢。

"呵！春儿，我的小春，在这样的狂风暴雨里，我怎么能让你忍心的【地】躺在那一堆黄土的下面！这是事实吗，这是可能的吗，我应该这样忍心吗？"

他呆呆的【地】瞪视隔着雨点的玻璃窗子，他好像在这玻璃窗的镜片上面，看见了他的小春，他那刚死去了不久的儿子。最近这十来日来，一切的事情，似乎麻糊①，又似乎非常的清晰，完全在他的脑际间浮现。"唉，这孩子真的死了吗？"他时常这样的【地】自己心中问着；这真有些不相信，不真确似的，这那【哪】里有这个可能呢？

自然，在过去这十来年中，这孩子不在身边，也是常有的事情，甚至有时离别，中间一隔，隔得两三年不见，也觉得并不奇怪，并不惦念。而有些时候，当他一个人坐在房里，或是自己一个人从外面走进来的时候，虽然同样的没有看见这个孩子，但正当你想到他的时候，他又从外面跳跳蹦蹦的【地】走进来了。"小春！你到那【哪】里去哟，老是在外面跑着？"他用又喜爱，又责怪的神气问着。而他，却是行所无事②的，抬起他那对顽皮而聪慧的小眼睛，盯着你，轻轻的【地】说"玩！"这孩子的脾气是沉默的，不大多说话，有时也有点别扭，故意和你打拗；有时不高兴的时候，老是尖着小嘴巴，呆着不说话。有时子春自己心里不高兴，特别是这抗战八年，接着而又打了两年内战的年头，精神的苦闷，生活的压

---

① 麻糊，即模糊。
② 行所无事，在此指态度镇定。

迫，以及社会上一切看得不顺眼，受抑郁的许多事故的遭际与刺激，因而觉得家庭的重负，把一切的牢骚与罪恶都转架【嫁】到太太和小孩子身上的时候，这孩子的横遭爸爸的痛骂，甚至于狠心的毒打，也是有的。但当自己的脾气发过之后，觉得孩子原是无辜，自己的无端迁怒，弄得家庭之间的空气，一时非常的冷漠与紧张，从他的太太以下，大小的孩子，都低着头颅，偷偷的【地】用眼光的末梢来探听这静默而冷漠的消息，使自己觉得，这完全是自己不应有的行为。正当这种时候，整个家庭空气，都觉得很僵，除非各自悄悄的【地】溜开，不然，谁都不敢说话；但在这时，小春这个孩子，好像他那双小眼睛特别犀利，他已看透了爸爸的心胸，若有意若无意，好像忽然想起什么似的，叫了一声"爸爸"，报告了他自己的一些毫不关眼前的事的消息，于是就把这严重的空气冲淡了。——可是，现在，这孩子已不在眼前了，究竟是否能如平常一样的又从外面一跳一蹦的【地】跳了进来呢？那北门外一片荒坟中间的一个新冢，这下面埋藏着的真是他那十二岁了的小春吗？只有几日功【工】夫呢，人生的事，是可以逆料①的吗？

"人有旦夕的祸福！是的，人有旦夕的祸福，正如天有不测之风云。但这话是对的吗？"他想起了这样的一个命题，立刻就本着他自己所有的知识份【分】子心情的偏向，把思维的触角，伸入人生问题社会问题的探索中。人有旦夕的祸福，这个祸福之来，真是不可逆料的吗？这是可能、这是应该的吗？这中间难道一点也没有科学的因果关系存于其间的吗？这正如天有不测之风云，那只是原始人类贫乏的脑筋中的一种反映，他们不懂得自然现象的观察与研究，他们只看见现象，看不见潜伏在现象后面的本质与其因果关系的蜕变，于是以他的愚昧无知，当作他的真知，因而就一口咬定天有不测的风云乃是一个真理。在人生现象方面，人生祸福，究竟是起自何处，来自何所，这在愚昧落后的人们，自然只好委之于天定，

---

① 逆料，指预料。

委之于隐隐中不可捉摸的神和命运；但我们试问，一切的人生现象，真的有什么天定的主宰或是一种什么不可捉摸的神和命运的力量支配着吗？如果真是有人这么说了，那真是非愚即妄；——而所谓妄者，也不过那些以聪明的说教者自居，而其实都是统治者的帮凶，替统治者来愚弄平民，让他们乖乖的【地】受他们压迫剥削，一直到了贡献出自己的汗血生命以至于死亡，仍不敢发出一声怨气，也不敢有一丝半毫的反抗而已。这是一种骗人不骗己的骗术，实在也就是统治者所豢养的奴才。人类文明，经过几千年的演进，我们已经在向着合理而文明的社会前进，而且也应该向着文明而合理的社会前进。我们为什么还要把这野蛮而不合理的说话，那用愚蠢以掩饰其愚蠢，而事实却更加显得愚蠢的理由，来蒙蔽自己，陶醉自己，反而把他【它】当作至理名言和金科玉律呢？人生的祸患，大致说来，不外是疾病、贫困、刀兵和天灾，但这些，却都因为野蛮和愚蠢的缘故。理想的社会，人类的文明走到合理的阶段，每一个人们，都将是乐其天年，而且是永其天年的。天灾算什么？人定胜天，人类的文明，早就有控制自然的能力；对于疾病的治疗，病原的扑灭和预防，自然因为早就停止了战争，大家都集中精力在保护生命延长生命的努力上，有了长足的进步；至于战争和贫困，那是愚蠢的人类所表现的最愚蠢的方式，只要稍为文明一点的人，都会看得懂的，那就绝对不会在那个文明而合理的社会留存了。试问"人有旦夕之祸福"，这命题是可能成立的吗？其实，这只是一种常识，偏偏有些自私而愚蠢的人形动物，故意给他肯定之为神秘的永远不可企及的理想，——他们甚至想都不去想，不敢想，而如果有人这样想，他们就恨不得一棒给他打死了，以便这个世界永久留在愚蠢的阶段上，让愚蠢而加上阴险的人，再带着他的奴才们来永久统治。唉！

"譬如我的小春！这小小的生命的无辜的斫丧①……不，不，我为什么还要这样的自私，我的思想老是在几日来所兜的旧圈子里逡巡②呢！我得

---

① 斫丧，音为 zhuó sàng，在此指摧残、伤害。
② 逡巡，音为 qūn xún，意为徘徊、犹豫。

放开他,我不是早给他埋葬在那一片荒坟一堆黄土的下面了吗,我为什么不同样也给他在我的思想的角落里埋葬了去呢?我有认识,我有理知【智】,我有我更大的未了的责任,为什么我的感情老如蛛丝一般,一放了出去,就黏上这感情的疮疤,自己就排遣不开呢?"

思想每每如同出山的溪流,他【它】流顺了,总是延【沿】着原有的老路,迂回曲折的【地】前进。他虽然想阻止他【它】,用了很大的力气,觉得应该改变一个方向,不能如蛛丝一般,老是黏住这感情的疮疤,他要自己抑制,给自己找一条出路,也要自己抑制,给自己家里人,特别是他的太太一个榜样;但他的努力,总关不住这个思想的缺口,这感伤的情绪,老如出谷的溪流一般的滥漫了他的河道。这八九日来的情形,孩子的病,太太和自己先是大意后是慌张的情绪,请医生,送医院,医生的诊断,孩子的打针与抽血的苦痛,昏迷时生命与死亡的搏斗与挣扎,死亡的袭击与悲痛,一切的丧葬和善后,……这一切,就如一张放映不完的电影似的,老是在他的脑子里放映着。再加上他自己近日来在社会在学校的遭遇,他那吃不饱饿不死仅够你束紧裤带维持住一家大小的生命的经济情形;就在平日,大家早就在喊着"病不得更死不得"的带着辛酸滋味的警惕语了的,而如今,竟然自己会遭逢到这样的变故;更何况近日还在闹着响澈【彻】全国的学潮,什么解聘,逮捕,和黑名单,还在不断的【地】流传,不断的【地】威胁呢?……这一切,这一切的心境与遭际,老使人放不开胸怀;这又有什么方法呢?

"我是中国人!"突然之间,他好像听见他的孩子的说话。这还是几年以前,中国还在抗战,李子春带着一家大小,在后方流转的时候,这孩子时常说的一句口头语。那时,这孩子还只有五六岁,在许多比他大或和他差不多大小的同事的孩子们当中,他们在玩着玩着的时候,对方的一个举动,或是一句说话,表示和大家特异,或不满大家的意思的时候,这孩子就会被大家称为日本人的。我们的这位李小春呢,他就在这种地方,坚持着他的身份,他一定要和人家争论着,"我是中国人,我是中国人"的。

这一次，他病得有些昏迷了，睁眼咬牙，心头的呼吸非常的迫促，口里，鼻子，在发出非常苦痛，表示和苦痛在艰苦的【地】挣扎着的声音。他的妈妈，伏在他的身上，大声的【地】喊着，"小春，小春，你那【哪】里痛呀，那【哪】里不好过？"而他，却好像听见，好像听不见似的，一时张开来了眼睛，"唉！"的【地】答应了一声，接着就说："我是中国人！"自然，他这时是在半昏迷状态中的，但他还在和死亡挣扎。他打起了精神，听到了半，妈妈问他那【哪】里痛，他以为问他那【哪】里人，因而就回答了这样的一句答非所问的话了。而且，从那句话以后，他就一直没有说过话，一直到了断了气。而现在，当李子春对着这窗外的倾盆大雨，隔着这玻璃窗子，呆呆的【地】站着的时候，他的耳朵中，又忽然响起这声音来了。

回过了身子来，就在他的身后，那局促的小房间当中，他看见在那靠着墙壁的侧床上面，静默的【地】躺着的他的太太。太太的悲哀，自然超过了他自己的。这几日来，自从小春的病况转入了严重，搬到了医院以后，她就没有吃过东西，也没有合上眼睡过一觉。及到小春真的断了气的时候，李子春自己，还得打起精神来，到外面奔波丧葬费用，料理后事，接洽葬地等许多手续；但是他的太太，却还老是守着孩子的尸体，哭得不肯收声。后来，总算经过许多人劝止了，说是在医院里，另外还有病人，千万不能吵得太响；而且，照医院规矩，病人死过以后，须得移到太平间去，病房须得消毒，我们也不能拖得太久，而且横劝直劝，才给她劝回家里。但是，等她一踏进自己的房里之后，立刻又是"小春，小春！你怎么不跟我回来呀！"的哭了起来。第二天落葬的时候，大家都劝她不要去，说是一个小孩子，妈妈是不必，而且也不应该到墓地上去的，但她无论如何不肯。她说，她给他带到这么大了，这几年东西流转，他始终没有离开过他【她】的跟前，她为他担心，为他照料，她抚养他，扶持他，她在他身上寄托了希望，也找到了安慰，如今，他竟然离开她，在这最后的一别，她怎忍心不去看他一次呢？"唉！孩子，是我担【耽】误了你吗？你会疑心,你会抱恨你妈妈对于你的疾病照料得不够周到吗?或者,我们就不应该有你,而你,也命中注定,不该是我们的儿子吗?唉,唉!你说,你说,我的小春呀!"她一手抓着小春的照片,眼泪汪汪,眼珠络着红丝,睁着不大转动的瞳孔,半歇斯的【底】里似的呼问着,一手在捶着她自己的胸口。送葬的时候,她赖在墓地上不肯回来,经过许多人的劝和拖,才把她拖到了家里,但到家以后,还是哭了一个整夜。这两天,她总算没有哭了;但喉咙早哭嘶了,人也非常疲倦了,而她的神经还是非常的兴奋的,一点也睡不着,一点也不肯吃什么东西。她还是躺着,大家都不敢去惹近她,恐怕又引起她的感伤。大家都在心里期待,只等她悲痛过后,希望她自己能慢慢的【地】挣扎起来。

太太的悲痛儿子的夭折,自然是出于天性,但也可以说是出于她的生活习惯与生活认识。讲天性,自然也可以讲得;但所谓天性,却也有些等于艺术家的劳作,——凡是自己用生命用精神,经年累月,忍苦忍痛给他完成的作品,自己总比别人痛爱①一些的。而其次,却是共同生活当中的一员,日日夜夜生活在一道的习惯与伙伴也是一个很大的原因。并且一个人的成长,并不能机械的【地】和一件艺术品来相比;当一件艺术品被艺术家创制完成的时候,他【它】已成为客观的独立的存在,他【它】与创作家的创作的母体,是完全脱离开了的。至于孩子,他虽然在诞生出来的时候,已经脱离了母体,但他还在不断的【地】成长,还不能算是一个艺术的定形。这中间,这长长的岁月,作为孩子的母亲的,一面则以孩子的存在,孩子的成长,作为她自己生活的一部,她在他身上寄托了希望,也分润到一部份【分】的快乐。同时,她又以艺术家注视她的艺术品的心理,仍旧在参加这艺术品的创制,看他牙牙学语,看他蹒跚学步,看他智慧发展,看他体魄成长,……一件经过了长长的岁月,用自己的生命,自己的精力灌溉起来的艺术品,越是时间久远,越是注念愈深,越是注念愈

---

① 痛爱,在此指疼爱。

深，就和她自己的生命连结得越紧，因而孩子的长成和存在，也就成为母亲的生命的一体。这样，母亲的哀痛儿子的夭折，又何必说什么神秘的天性？这是很明显的事实，太太的逾恒①的悲痛，与其说是出于天性，毋宁说是出于希望的幻灭，和骤然的【地】改变了她的生活环境，打破了她的生活习惯。在从前，他们也有过一个生了四十天即行死去的孩子的，但在他坏了之后，她可并没有这样的悲痛。而在小春以前，还有一个比小春大八岁的阿琪，那个女孩子的死亡，那情形就不同了。

那个时候，抗战还没有胜利，而一切因抗战所带来的苦难和困厄，已经渐次的逼紧与严重。那时，敌人还在到处流窜，而敌机在随时随地的【地】出没，猖狂的【地】滥炸。他们的一家，虽然落脚在一个非常偏僻的小县份当中，心里的偏安，以为落脚在那种地方，总可以苟全性命于乱世，却又那【哪】里知道，躲得过敌机的轰炸，避得开敌人的追击，却逃不脱病魔的侵袭呢。那时的阿琪，已是十八岁了，正好读满了高中二年级的课程。那一年暑假，她从她的学校回到了他们避难地的所在，她说，她们的学校，恐怕又要迁校，她觉得这样的读书，确是毫无意思。她说，她的同学们已经有许多人决定走上献身民族国家的路；青年的热血，不能看着国家民族的溃败与灭亡；她也要跟上她们，准备做一点更有意义，更能对得起国家民族的事业。她要他们答应。自然，这一种青年的心情，李子春还是懂得的。他觉得这女孩子不差，心里也感到几分的安慰；但在同时，他也难免没有几分知识份【分】子的自私和偏袒的心理，认为女孩子不去读书，便要走上这多少总被认为带着危险性的民族解放的战场，总也不大得体。但他并不明白说出这种理由，他只说她还幼稚，一切的工作准备，还似乎不够充实，如今就急急乎前去工作，这也未免近于浪费。至于他的太太，那就根本不能懂得这些：她反对她的计划，说她无良，说她发疯；而在有些时候，竟然说她出风头，一切都被那些不诚实的男女所引

---

① 逾恒，意为超过寻常。

诱。特别使她不放心，看不惯，想不透的，竟然是她自己的女儿，自己给她一手养大的，却说要离开家庭，走出学校，走向民间，走上前线。而她，还只是一个十八岁的闺女，竟然说什么参加民族解放战争，走去和民众一道，和士兵相处；这还能成个什么气候？她觉得没有理由，说理可说不过她们，她就只有谩骂，只有嘲讽和讥刺。——虽然她的心理，还是从极端的爱出发的。而在阿琪呢，虽然她也知道，母亲的谩骂与讽刺，一切都还出发于爱，但她总觉得母亲太过偏执，太过自私，一切的落后与无知，虽然可以使她同情，但却不能摇动她坚定的意志。这样一来，这一暑假期间，他们的家庭生活，就显得不是十分的轻快与和谐。后来，她的决心，总算由李子春说服了，他说，他是赞成她有这种决心的，但她应该先读完了高中三年的阶段。他说，他自己虽则也在学校教书，但对于现阶段的教育制度，也不感觉得满意。不过，高中的课程，还只是一种常识，一个生活的准备，如果连这一点也都放弃了去，似乎太不值得。经过了父亲的一次劝说，阿琪总算接受了爸爸的意见。她答应在没有读完高中以前，决不再提什么走向社会的事情，因而家庭空气，渐渐的【地】平静下来。可是，正也因为如此，她们母女之间，始终就有着一层不可接近的隔阂。阿琪看见妈妈，总是不大说话，而对着爸爸，反觉得能够相互了解，倒比较的亲近许多。在这个时候，妈妈时常在语调中流露出来，说自己的女儿，有些瞧她不起，而在阿琪，则也为母亲太过偏执，几乎无理可喻，到处只得避开。"屠介涅夫[①]的父与子的时代，到了抗战期间的中国，几乎翻版成为母与女了，这真是意料不到的事情。"李子春有时，也就自己在心中这样的【地】探索。他深自庆幸，觉得自己有这样的女儿，而自己还勉强可以赶得上时代；但在同时，他也觉得这是一个时代的悲剧，而自己也就不幸站在这时代的边缘。

可是，没有几时，这孩子却病倒了；开始是发热，但还以为是疟疾不

---

[①] 屠介涅夫，即屠格涅夫。

大注意，接着一连发了几天几夜的烧，才疑心是伤寒，于是就心慌起来；等到真的证明真是伤寒时，这孩子的病，可已经到了严重的阶段了。从这个时候以后，作【做】母亲的心，才紧张起来，无日无夜的【地】服侍着，弄得自己精神憔悴，废寝忘餐，但阿琪的病，还是一日严重一日。有谁曾经看见因伤寒而死的病人吗？有谁曾经注意过因伤寒而死的病人的苦痛吗？等到弄得一切都束手无策，早已宣布了死刑，而她却偏在一步一步的【地】挣扎，不肯骤然死去时的情形，这真是人类的最大的悲痛。何况眼看着这就要死去而却不肯即时死去的病人，却是自己的亲生女儿呢？

自从那时以后，她对于孩子们的身体，就过份【分】的【地】提防，也过份【分】的【地】担心。特别是对于这个小春。她怕惧，她受了那一次的教训，对于孩子们的疾病，早已成为惊弓之鸟。她将护她【他】们，扶持抚爱她【他】们，真是无微不至。她差不多把她【他】们的健康和疾病，看做她自己的幸福与生命的一部，甚且比自己的生命与幸福，还要有过无不及的。那【哪】里晓得，小春这一次的疾病与死亡，前后合计起来，还不及五个整日，这连使她抽出一部份【分】时间来反省与考虑的时间都没有，而他却也闭上眼睛，被人抬着埋入那块荒坟的下面了。"为什么不让我先死了！小春，为什么不让妈妈代了你！"她这样反复的【地】叫号着，捶【椎】心泣血的【地】悲痛着，这能说她有一丝一毫的激情吗？而在同时，说她是出之天性，又何不说她是出之于她的生活习惯，生活认识，出之于她自己的生命的深处，而却在悲悼着和她自己的生命幸福与希望，密密的【地】结合着的，她自己的生命幸福与希望一部的丧失呢？

李子春深深的【地】叹了一口长气，他理解她的悲哀，也深深的【地】体味着自己的悲哀。但他却知道压抑，他要用自己对于悲哀的压抑，来劝阻来压抑她的悲哀。他没有惊动她，仍旧让她躺在床上，而自己也一个人走近另一张床上，颓然的【地】倒了下去，让窗外的狂风暴雨，在屋子外面肆虐。

等了一个时候，窗外的暴风雨过去了，但檐前还在不断的【地】滴溜。空气似乎已经清凉了不少。他重新走近窗子，打开了窗门，让窗外的潮湿漫进了整个的房间，用以舒清自己胸头的积闷。他好像清醒了不少的精神，觉得一切都是一个恶梦；如今梦醒了以后，还不知眼前一切，究竟是真是幻。他虽则比自己的太太理知【智】，但在这火热的感情头上，自己也抑制不住。他心里想着，我应该把这些事情淡忘下来，淡忘了去。自己的生命，既然还没有自然的【地】死去，自然也不便自己加以斫丧。孩子虽是死了但自己还得做人，自己还有自己的事业。就是在昨天吧，老张因为听到了消息，恐怕他过于悲哀，承他前来慰问。老张，总算是他平素间谈得来的朋友，对于学问甚有兴趣，而对于社会政治的认识，和追求真理的热忱，也并不麻糊。他在谈到了生活的苦闷，悲叹着自己的事业和生活，都没有出路。而且，他说，在这社会之下，一切也太闷人；这在他自己看来，正是自己的悲哀，自己的缺憾，而在别人，却反把你当作一个特异的人物，用另一种眼光来看待你，用大帽子往你头上送，而且还要想尽方法来扼杀你。这究竟为的什么呢，"我们有认识，有信念，为什么不能做一点更有意义的事情呢？人生究竟为的什么，我们都是中年以上了的，如要看风驶【使】舵，早就不必等到这个年头。如果一旦死了，我们究竟有些什么？做了一些什么？我们真是太苦闷了，也太委曲【屈】了。人家说我们是这样那样，但真正的这样那样，他们恐怕还不晓得我们替他们受过，而他们恐怕还不要我们，不知我们是何许人呢？"

自然，老张的苦闷，也的确是现阶段中国知识份【分】子的苦闷。这些问题，就在平常，李子春自己也老是在脑子里转动着的。特别是这一次家庭间的不幸的遭遇，却正好夹着学潮和学校当局的什么解聘的流言。**教授值几个铜板一斤，千万莫响着什么尊师重道，或是什么为国家留正气，为往圣继绝学的一套狗屁。人家银行里的茶房，纱厂里的女工，岂不还比教授多值几个子儿？一张教授的聘书，还不能维持一家大小的衣食，更谈什么养生送死。这种国家社会，还能说是有一丝一毫的人性？**

## 下

想起那一天外面的空气正是紧张，李子春自己，虽不能说是自己的责任，却也老不放心，因而在外面东跑西跑，打算打听一点消息。他自己心里明了，自己并没什么，这些传言未免相惊伯有①，但也不能肯定这种白痴的社会，一定就没有白痴的行动。正在这个时候，说是孩子肚痛，生病了，问问他的妈妈，说是并没有吃过什么，只是吃过一些沙砂豆了。这大概是伤了食吧，积食不化，因而肚痛，想来也不见得是怎样严重的病症，自然他也并不怎样的【地】留意。这几天来，家里的存钱，也不怎样丰富，太太虽然一向注意孩子，但总以为伤食事小，到西医那里，也不过吃吃苏打，无啥道理。等到孩子的肚痛得紧了，她还因为经济，而且因为方便，就带着孩子，前去找一个就近的中医。中医的诊断，竟然也说什么中焦积食，宜用消化疏导什么脉案，开了一个单方，说是连服两贴【帖】，就可痊愈。谁知等这药方检来，刚好吃完一服，大便也通了一次，而小春的肚痛，却更加厉害起来。等到李子春回来，决定去找西医，并且把他送到比较有名的医院时，这才证明他是盲肠炎；但他还得缴入院费，预先得筹一笔款子，等到奔走到这一笔款子，把一切手续都做好时，却说已经错过了开刀的时间，百分之九十是没有希望了的。当时想起了经济的困难，而生命的希望，又毫无把握，以为这一疾病，一定进行得很快，不会等你做完了手术，便会一切完结。谁知决定省钱，不动手术，但他却一时没有死去；而临死以前的生命的挣扎，又如此的缓慢。"既然如此，我们不能坐而不救，金钱为傥来②之物，如果有一分希望，我们还得试试。"这样一想，因而又与医师商量，决定再动手术。但是，经过如此周折，在时间上又是耽搁了半天。等到上了蒙药，割开肚子的时候，哟，腹腔、胸腔，已充满了满满的脓水，而小孩子的呼吸，也就在这样洗涤与清理中停止了。

---

① 相惊伯有，意为无缘无故自相惊扰。
② 傥来，音 tǎng lái，指意外得来，偶然得到。

呵！呵！

本来，像盲肠炎这样疾病，已经不能算是什么大的手术，现代的科学，已有对付方法；但为什么碰到小春，就会卷去他的生命？是的，这是耽误；但为什么会耽误呢，还不是因为自己没有钱！在这个国度里，有多少人积聚了人民的脂膏，在荒淫挥霍，而他，却因为没有钱，眼看着孩子就死！这种社会，能算得公平的吗？这不能算是自己的委曲【屈】吗？

李子春听着老张的诉说与牢骚，他只默默的【地】坐在那里不响，把自己孩子的死的经过，前前后后，隐隐约约的，如同追求失去的梦一般，从根到底的【地】想了起来。但是，等到老张说完了，大家面对面的【地】观望着，觉得这样沉闷的空气，这样的现阶段的知识份【分】子的厄运，真是不可以言语来宣泄似的。李子春晓得，这是老张的好意，恐怕他过于悲伤了，所以才把言谈的主题，移到整个知识份【分】子的时代苦闷上去；自然，他也不能太过于沉默。他自己已是五十开外的人，一切的人世，原也看得开来；而对于一切问题的观察和分析，在他的生活习惯，和思想的线索上，原来也就有个固定的路线。他要告诉老张，他对于自己的孩子的死，自己在感情上尚能抑制；而对于一个问题的看法，也不能固着在某一现象之上，另【零】另【零】碎碎，支离割裂的【地】去解决：他总得归着到一个总的问题。是的，这是时代的苦闷，也是时代的悲剧！——但也正因为这苦闷，这悲剧是整个的，是时代的，所以，除了出卖，除了依附，个人是没有方法解决，也没有方法超拔的。个人要有出路，就得先给时代找好了出路。

"老张，你的理论，正如抗战时期，说要抗战就到后方，而在敌伪统治之下，似乎就该成为文化的空白，这又那【哪】里说得通？我们不是英雄，个人主义的成份【分】，也不应该太过强调。你说我们受委曲【屈】，一切看不顺眼，但中国之大岂止我们？我们把自己的苦闷扩大起来，这也不见得相宜。有一分力量，放一分光；我们挺住了，不腐化，在可能范围内，尽我们的能力，如果能够发生一点点的影响作用，而却不是拖住时代，阻碍时代的，我们就有我们存在的理由。逃到那【哪】里去呢？别人把环境搞得好好的了，让我们去享福去，行吗？我曾经说过，积极与颓唐；都是个人主义的一种表现，不知你以为对吗？说句笑话，老张，我近来时常在想这些问题，我承认我在悟道。"

这一大篇说话，自己在当时，总想抑制住感情，提起精神，竭力给他讲得得体，而自己也真的以为比较的【地】讲得得体的。在他的意思，只有把个人的苦闷，加入时代的苦闷当中，一旦等到这时代的苦闷发生爆炸时，总该有一个新的天地，新的时代来临，个人的苦闷，方能消灭。但是，自己虽然也有此认识，而身体力行，有时还觉得不够。比方此时，他就觉得无法自己排遣，更不晓得怎样处理这几日来的家庭，处理这几日来自己的心理。此等理由，在朋友前面谈谈，作兴也可发生一些作用；但当自己一个人静默的【地】独处，感情的驰骋，每每不容易骤加压抑；特别是对着这样的家庭，这样的太太，有时想来，竟然也想痛痛快快哭他一场，慷慨激昂的【地】骂他一通，于是来个举家自杀，倒也来得痛快。但在【再】回头一想，立刻就觉得这是一种幻想，非但自己对于自己妻儿的生命，无此权利，就是对于自己的生命处置，也无此权利。而自己怎么能有这种心境，真也有些不可理喻似的。

暴风雨已经过去，人生的梦，总有醒来的时候。他颓然的【地】坐着，环顾室内，觉得一切都很新奇，但也一切都很熟识。就在那张小桌子的旁边，小春时常坐着，就在这张小柜子的前面，小春时常立着，这里那里，一切都留有他的影子，看见他在那里徘徊出入，看见他在那里哭泣嬉笑，一切都可引起许多的回忆。——如果真有灵魂，当他那灵魂出壳【窍】的时候，还不走回家里，在这间屋子里生存吗？他不会恨他的爸妈，在这样的暴风雨之下，让他在那堆黄土下面淋雨吗？——嘿嘿，这些太太们的想头，这种原始民族灵魂不灭的落后意识，竟然会在自己的脑子里出现，岂不成为笑话？这难道不是对自己下了一个很大的讽刺吗？——他又自己讪笑，自己批判了自己矛盾的灵魂。

李子春抽起一根纸烟来。他看着一圈圈的青烟，想起了形象的幻灭。——呵，我得把一切可以引起许多形象的形象消灭，我那脑中的形象作兴才可以如青烟一般的淡忘。特别对于我的女人，我们非得改变一个环境，至少也得变更一下这一房间里的布置，我更要把一切小春生前所留存的东西，给以毁灭。我得埋葬了他们，连着小春所有接触过的东西，已如埋葬了小春的尸体一样。我们的感情，应得有一个节制；我们也不应该老是活的拖住死的，让死人占据了自己的心头。这虽然有些忍心，但人生总不得不有这一种决断。

他丢了香烟，颓然的【地】坐到孩子常坐的小桌子的旁边。开开了屉子，第一眼看见的，就是一张照片。

这是一张小春的最近的照片，那是前年初来上海的时候照的。一身学生装，棉花铺得有点臃肿。他一个人站着，一只手插在裤袋里，一只手背在背后，眉宇之间，带着一点顽皮的微笑。他没有戴帽子，平常是几根头发翘翘的，但这一次的拍照，他却要他妈妈给他梳了一个西式头。他的眼睛，有点像妈妈，单眼皮，却是很有精神，鼻子也不隆起，也不扁平，并没有什么特征，但他的嘴唇，却是相当的厚重，又有些像他的爸爸。这个时候，他的眼睛似乎骨碌着，在对着他的爸爸凝视。

拍这张照片的时候，是一个冬天的早晨。这时他们刚到上海，一面因为要到学校里报名转学，一面又说答应了内地的小朋友，到上海以后，要拍一张好些的照片寄去，留作纪念。而这一张呢，则是照相馆里赠送的六寸放大照。他还记得，他自己当时正忙，但这孩子却老是催促着，要爸爸带他去拍照。这孩子有许多地方固执，他心里想到什么事情了，老是钉住不肯放松。那一天早晨，他自己起得很早，独自一个人坐在房间里，不声不响的，他看见爸爸吃好了早点，就说："爸，今天陪我拍照去。"这就拍了这张照片。那【哪】里晓得，今日却成为他最近的遗像了。那一日他妈妈从医院里看他脱了气回来，立刻就在他的书桌里找到了这张照片。她一面哭，一面对着这张照片看。"小春，小春，你为什么不让你妈妈代了你，让你妈先死了不好吗?"她又细细的【地】看着,"小春,你那【哪】一点注定是要短命的呢?你说,你说哟!小春呵!"后来,他们劝住了她,怕她老是看着照片,会得越看越想,越想就越觉得悲哀,因而就乘着一个机会,从她的手里夺了下来,顺手给放在屉子里。而如今,又给李子春一眼看到了。

他原来是想把小春的一些东西毁灭了去的,但当他拿起这张照片时,他的脑了里立刻就驰骋起许多往事,反是觉得,这一张照片,倒是弥可珍贵,他又不舍得丢掉了。

放开了这张照片,下面是一大叠学校里的读本,和许多练习簿、作文簿、大字簿、小字簿。此外,还有画片、香烟牌子、邮票、火柴壳、小皮球和皮弹弓。在一个铁皮的铅笔盒子里,有橡皮、铅笔、刀片、毛笔和粉笔橛①。一块青田石的旧图章,据小春自己说,那是在后方的时候,一个同学送给他的,他自己在斜面上给他刻上李小春的名字,——这名字自然是没有刻得完全的。还有滥【烂】泥团,有一块已经搭成图章的形状,但也有一块是存心做砚台的,——虽然做得不好,但那规范却是有的。还有,却似乎想雕塑人像的,但一点也没有影子。还有许多竹片,有一个显然是准备做"靠手"的,这应该是学校里的劳作。在这竹背上面,已经请了什么人,大概是学校里的先生吧,题上了"月白风清"四个大字,和"李小春作"的四个小字,但他却只刻了一个"月"字,一个"白"字,和一个"小"字,因为竹背太硬,刀不用力,滑出墨线的刀痕很多,因而搁起来了。

这一切东西,都曾经和小春有过关系,而且留有小春的手迹;但是,这个孩子,这一切东西的小主人,却竟然丢了这些东西走了。——走到那【哪】里去呢?他觉得这些东西都是会说话的,而且一个个,一件件开起口来,慢慢的【地】也竟然长出眼睛和手来了。他【它】们指着李子春的

---

① 橛,音 jué,在此指段、截,粉笔橛即一段粉笔。

鼻子眼睛一眨一眨的，问着说，他【它】们的小主人到那【哪】里去了呢？这真成为一个童话的世界，每一件东西，都似乎在说述自己的历史，它和他【它】的小主人的交谊，并且提出质问，何以他【它】们的小主人会这样轻易的【地】死去？

李子春的眼睛糊涂起来，耳朵里也好像响着许多质问的声音。他呆着呆着，失去了时间，也失去了空间，不晓得自己在什么地方，更不晓得自己是否存在，一切是否存在。……

"我是中国人！"这声音又在空中响了起来。——是的，你是中国人，你是觉得何幸生而为中国人呢，你还是觉得不幸呢？你喜爱中国，还是讨厌中国呢？你如果不是中国人，呵，你恐怕不会这样年轻轻的死吧！呵！中国！对着这样不幸死去的孩子，你能不感到惭愧吗，你不觉得他的话是讽刺吗？吓，"我是中国人"；我正因为自己是一个中国人，所以才担当着一切中国人的苦难呢！

他这样的【地】想着，眼泪就麻糊了他的眼睛，眼眶里觉得有点热，不期然而然的【地】滴下一大滴的眼泪来。

他检【捡】起了那把皮弹弓，这是用一个树桠枝削成的；下面留着寸来长的拉手，上面分叉开来，正像一个Y的形状。那还是在后方的时候做的。他还记得，有一次小春和他的许多同伴，在玩着这个东西，忽然一把弹弓的橡皮筋被一个孩子拉断了，他们一面要他赔，一面却又赔不起，于是大家弄得不高兴。那时正是一个下午，大概五点多点的时候，他自己正从学校里走了回来，远远的【地】看见几个小孩子聚在一堆，被那无力的斜阳照射着，几个瘦瘦的影子都被拉得长长的。**他想着，抗战没有别的好处，只是把孩子交还了自然，总算走回了他们自己的天地。可是，他立刻又觉得自己是想错了的，还于自然的口号，在某种情形之下，固然适宜，但在某种情形之下，却应该批判，应该反对的。**他这样的【地】想着想着时，正好已经走到了孩子们的旁边。

"爸爸，几时回上海去！"小春拿着那个拉断了橡皮筋的弹弓，突然的

【地】拦住了他的前路,这样的【地】问着。

"什么事哟!"他淡然而又惊异的【地】反问。

"上海的橡皮筋,橡皮筋,上海不是很多吗,爸爸说的。"

他笑了起来。"有的,有的,上海可多得很。"

"我要,我要!"小春也笑了。"我要有许多。——爸爸,你看,王鸣凤把吴建平的弹弓弄断了,我要送他们一人一根。"

"你们在打架是不是,回去回去!"

"不,"小春抽出爸爸牵着的手,把弹弓交还了一个小孩子。回来以后,他自己伸出手来,牵着爸爸的手。"爸!我也要做一个弹弓!"

"真是小孩子,爸叫你不要做吗,你做就是了。"

后来,他自己就做了一个弹弓。——复员以后,他【它】也竟然给他带到上海来。但是,今日的弹弓,却正静静的【地】躺在这里呢!

在这些教科书和练习簿作文簿日记簿当中,他也想去翻他一翻,但又不敢去翻。一个小小的生命,短短的十二年的生命的历程,却也留下了这许多生命的痕迹。如今,这个小生命是毁灭了,但这一切,却都证明他还存在,这可有什么方法呢?生命的夭折,这完全是不应该的;但小春的死,却是出于自己的延误,自己的穷困。这本来就该是一个社会的悲剧,是对于文明社会的讽刺;但一切的人们,却都事不关己,因而这悲剧的主演者,这苦痛的承担者,却完全落到李子春个人的身上了。从事实上说,这社会本来就不合理,而距离所谓文明和合理的社会,也就很远。在抗战的时候,在前线死亡的,流离道路的,不晓得有多少,炮火、轰炸、疾病、冻馁,一切的天灾人祸,何处不死人?就在胜利以后,还不是接连的【地】打了两年的内战,至于失踪,死亡,特别是那些青年学生,他们因为要和平,要民主,反内战,反饥饿,就算犯了天大的罪孽,……与其让孩子们养大了,给与那些喜欢吃鬯①虾的人们,活跳跳的【地】吃鬯虾,

---

① 鬯,音 chàng,古代祭祀、宴饮用的香酒,用郁金草和黑黍酿成。

那末【么】，这孩子的死，还是幸运的。可是，一个人总有些感情，李子春虽则自己晓得抑制，想得开来，他总抑制不住自己的悲感。

他理着这些课本，心头在跳，手指在发抖。——就在这些本子当中，忽然郑重的【地】跌出了一本小小的簿子来。那是一本袖珍日记，但却也是小春的纪念册。这孩子从小的时候，就喜欢看大人的样子，别人有，他也要有。那还是四五年以前的事了，那一年暑假，有些学生要毕业，有些学生要回家，不知从那【哪】里吹来一阵风，大家都捧着一本纪念册，跑来跑去的【地】找先生、找同学题字。小春看得眼红了，老是涎着脸要，因而也弄了一本给他。到上海以后，李子春也不大留意孩子的事情，也好久没有看见他这本簿子了；但是，现在，他又在这些本子里跌了出来。

翻开了这本簿子，匆匆的【地】翻了过去，但是，这些题字的字迹，却似乎一个个都活了起来的样子，钻入他的眼帘——

　　小春！
　　快乐呀！
　　光明在前面！

　　少小不努力，老大徒伤悲！

　　你是未来中国的主人！小春！

　　健康的精神
　　寓于健康的身体

　　工作时工作
　　游嬉时游嬉

小春，
我们永远不要忘记！
无论你走到那【哪】里，
都不要忘记我，
我也不会忘记了你。

学习，学习，再学习！

你又沉默，又顽皮，
我不讨厌沉默，
我也喜欢顽皮。

小春，
等胜利了，
我们回上海去！

作【做】新民！

抗战的孩子
建国的人才

活泼泼地跳呵！

　　他看不下去了。眼前是一阵的黑暗，好像有许多浓云，一团团在滚动，一团团在旋转。是悲哀，是苦痛，是喜悦，是解脱，是讽刺，是怜悯，是安慰，是鼓励，……什么都不是，又是什么都是的。只是什么都一团糟，一切都糅和起来，滚动起来，在跳跃，在旋转。是原始的星云吧，是发了昏的天旋地转吧！呵！他的眼泪漱漱【簌簌】的在流滚了。

他在案头上伏了许多时候，也不知道自己流了多少眼泪。过了许多时候，他的脑子又似乎清醒起来；抬起头来看看，才感觉到自己这时的存在，才回忆起刚才的一些情形。他的太太，还躺在床上啜泣；大概是因为听见他刚才的哭泣，而后引起来的。他没有理她，觉得这是不是语言所能表达的境界，而语言也根本不能表达。是的，这种地方，语言有什么用处呢，这不是多余的吗？

应该振作起来吧，应该将自己从悲哀的深渊中拯拔出来吧！语言虽然没有用，但意志还应该有的，理智的抉择和支持的力，也应该有的。——他好像另有一个自己，在轻轻的【地】对他耳语着。——过份【分】的悲哀有什么用呢，你不是在表面上装强，劝你的太太的吗？女人的感情，原来比男子们更加脆弱一些的；你在劝阻她时，她也可能将自己的感情抑制些，但如果你的感情也抑制不了时，那就将如木炭碰到煤球，木炭的燃烧，引起了煤球的燃烧，又因为煤球的燃烧，更加引起了木炭的燃烧，那是非到一切都烧成灰了，一切都毁灭了，不会停止的。

——打起精神来吧，这么大的年纪了，自己平时还自讳以为比较冷静，对人生的执着，真理的追求，都算比较有把握的，难道就这样的【地】沉浸在悲哀之中，让感情烧死？他这样的【地】想着想着时，于是又慢慢的【地】觉得自己的感情有些硬朗起来。

他一声不响的【地】立了起来，在房间里打着圈子。窗外的暴风雨，早就过去了，又是一派晚凉的天气。天空中有几朵淡淡的白云在航行，斜阳照在对面的墙壁上，似乎感到有一二分的秋意。暴风雨以前的空气中的燠闷，也好像被洗涤了不少。

"让暴风雨快点来吧"：自然界的暴风雨，竟然已经来过了，而且已经过去了，但中国的暴风雨呢，唉，还是燠热得难当呵！是海燕，还是企鹅，在这燠热得难当的时代，暴风雨来临的前夕，知识份【分】子的灵魂的出路，总该有所抉择的吧！

自然，这一苦难的时代，总该还有一个时候的，但也无论如何，总比去年近了一年，比昨天近了一天。如果不肯让这苦难的时代永久的【地】统治下去，而自己也并不绝望到就要自杀的话，那末【么】，挺起腰骨做人，眼光稍乎放远一点，给时代加上一丝一毫的推进的力量，倒也可以分润到新时代诞生的一分效劳和一分光荣。打开个人的小圈子，跳出了感伤和苦闷的牢笼，应该还有我们的出路吧！

　　他在房间里走着走着，打着圈子，因而让自己的思想，又这样的尽往远处驰骋。但是当他的眼光一落到小春平时坐的那张桌子，一看见那开出来的抽屉还没有关上，那抽屉里的东西，还零乱得没有整理清楚时，他又有点惶然了。人生的感情，有些时候，真是难以抑制的。不晓得怎么样子，他总觉得这是一个心头的伤处似的，你即使不碰上了他【它】，但你在一呼一吸的时候，你也会觉得那地方的痛不可当的。这有什么方法呢，自己既然还要活着，而且还有些理智的认识，那末【么】，忍痛来医治伤口，就说在医治的时候，反是更加伤痛，但总也得忍住这个创痛，来医治这个伤痛呵！

　　他仍旧坐回那个地方，他决心无感情的【地】来料理那些东西。这是一种心理的交替反映，如果他能够把这些刺激的东西收藏了，甚至于毁灭了，他自然会觉得一切并不存在，环境既然改变过来，心理当也能够沉淀起来。他整理着那些簿子，自己心中在警告着，千万莫动感情，莫再感伤，只要把他【它】包起来，或是竟然什么也不看的【地】拿去交给一把火，问题也就解决了。可是，也正因为这样的思索，他倒觉得又非看他一下不可。这正有如亲人临葬，明知道看也没有好处，反是徒增感伤；但也因为这是最后一面，反是机会不可错过，就是增加悲哀，于人生的本份【分】说来，还是人情之常。他忍不住了，翻出他的一本作文簿来。这就是这一学期的作文簿，是小春现在肄业的学校的成绩。他翻了一翻，这里面的题目有"我的家庭""植树节""到龙华去""我的爸爸""我所不能忘记的映象""初夏""暑假的计划"等，看看上面先生用红笔打的分数，最少的是七十二分，最多的却是九十四。……唉，这孩子的成绩还不差的。他忍住不去看他【它】，但是，放了下去，又拿了起来，放了下去，又拿了起来。

  我的家庭很幸福，爸爸好，妈妈也好。我有一个哥哥，一个姐姐。本来我还有一个姐姐的，可惜在后方死掉了，真可惜！我的哥哥和姐姐都不在家里；妈妈说，她和爸爸都喜欢我，要我留在家里。爸爸说，如果我不听话，不用功，也要把我送出去。我喜欢家，我会听话的。

——我的家庭

  我的爸爸是在大学里教书的，他很喜欢我。有一天，他带我到公园去，他说，爸爸老了，身体不大好，你要好好的【地】学做人。
  爸爸又说，读书不是为分数的，是要学做一个人。
  爸爸又说，他小时候比我还苦，家里没有钱给他读书。爸爸读书是很用功的。
  爸爸又说，没有钱，苦点不要紧，骨头要硬，要有志气。
  我喜欢爸爸，我要听爸爸的话，学爸爸的样。

——我的爸爸

  我看过《表》的戏，在暑假里，我要看《表》这本书。妈妈讲《爱的教育》把我听，我很喜欢听，妈妈说，你如果喜欢听，你自己试试去看去，你自己看了，看不懂，你就拿来问。在暑假里，我要看《爱的教育》。我在暑假里要看这两本书。
  我每日要写大小字，记日记。
  我不乱吃东西，要注意夏令卫生。
  我也要帮助妈妈，在家里做事。

——暑假的计划

——"我要听爸爸的话，学爸爸的样。""我要帮助妈妈，在家里做事。"他重复的【地】在心中念了两遍。孩子，你自己能够想像【象】得到吗？这样的大热天，经过这样的一阵大雷雨，你那被埋葬在一堆黄土下面的尸体，不是早已腐烂了吗？但是，这是距你发病的时间，只有九日，距你离家到医院去的时间，只有六日，而距你下葬的时间，还只有三日呵；是的，爸爸平时告诉你的，苦一点不要紧，只要骨头硬；你现在是死去，你也不必懂得这些了。但是，你如果有知，你却不晓得你爸爸这话的意思，是包含着多少的辛酸，受到了多少人世的艰苦呢！你是从我身上的血和肉分出来的，我用自己的生命，分一部份【分】给你，作为你的生命；你从我这里分到你的生命，你又在不断扩展，吸收到许多物质精神，社会历史，来发展你自己的生命。你的生命的主观，也在于完成你的生命的，但你的生命却是中途夭折了。在你的身上，我曾经化了许多精力，也寄托上许多希望；我固然不敢说养育孩子，期望孩子成人，就算我的最大的工作与生命的意义，但你的存在，你的成长与发展，却的确也算是我对国家社会所贡献的能力的一部份【分】；而如今，我的希望与对国家社会的服务，却是被摧毁了一大半了。孩子，从我的感情上说，我倒希望你在你的作文本上，痛痛快快的【地】把你爸爸骂了一顿，用力诋毁了你的爸爸，否定了你爸爸的处世态度和人生哲学，这倒比较的使我心安得多呵！但是，小春！

　　——啊，小春！你是不知道的，就是你还活着，你又何尝能理解爸爸的心境呢！你有的时候，看见你爸爸低着头，在房间里打圈圈，眼睛光碌碌，好像什么东西碰到，我要同什么东西打架的样子，谁也不敢惹他；你不晓得，这正是你爸爸悲哀苦闷，觉得有千万种伤感，压抑在胸中而无可发泄的时候，你也晓得，你爸爸是教书的，而这，也就是所称的知识份【分】子。你们只晓得，用你妈妈的话说，你爸爸又在发神经，但你们却不晓得，这正是你爸爸在自己解剖知识份【分】子的灵魂，**他在担当着这一时代的苦难，要想给自己的生命，找一条出路。啊！小春，你还是死了**

的好,如果到了你长大的时代,还是这样的一个时代,而你,又说要学爸爸的样,那,那,哎,小春,你早些死了,也不就算了。

——我要把你埋葬了,把你的灵魂,也就说,你留在我心中的你的生命的映象,和着一切表示你曾经存在过的你的书物或什么,都同你的肉体一样,给埋葬了去。我还要做人,我还有我自己的事。我没有死,我不肯死,我要尽我的余年,给这个时代,给这个苦难的社会的新生,多尽一分一毫的力量。

他站了起来,振一振精神,似乎胸中还蠢动着一股活力。

——把一切都葬了吧,我不能老让死了的拖住了自己!我得有我自己的路!

他把这个屉子拖了出来,连根打底的【地】什么都给倒了地上。他带着郑重的心,什么也不敢再看,什么也不敢再想,一切都给揉了起来,团作一团,放入门角后面的马口铁畚箕①里。回过头来,又顺手在台子上找到一盒火柴,摇了一摇,塞入袋里,又把那只畚箕捧了起来,一直就往门外走。

"子春,子春!"他的太太在床上急遽的【地】叫着,一骨碌的【地】坐了起来。"做什么,拿去烧吗,等一等,我还要看看!"

他捧着这个畚箕,呆呆的【地】站在那里,不晓得是进是退。他有些茫然。

"子春,子春!"门口又有另外的客人在叫,那是老张的声音。没有等到李子春的接应,他们已经走上楼来了。和着老张同来的,还有赵伯仁。伯仁也是他们的老朋友。

李子春退了一步,把手中捧着的畚箕放下了。这一时感情的转换,他几乎没有方法可以应付。

他们不客气的【地】走进了房里。太太看是有客人来了,仍旧还是躺

---

① 畚箕,音 běn jī,是用木、竹、铁片做成的一种铲状盘,用以收运从地板上扫除的垃圾,撮垃圾、粮食等。

着，只装作睡了就是，一声也没有响。

"子春！唉！"伯仁带着安慰与同情的口吻，"怎么这样快的，真想不到；——我连晓都不晓得哪【呐】！不过，唉！你也不必太过悲哀了。尤其是，你要劝劝嫂夫人！自己身体要紧！"

"没有什么！没有什么！"李子春的眼睛还有些红红的，但他却要在朋友的前面，装出一副坚强的心情来。"小孩子，死了还不算了。我还是比较坚强的，能够忍得住。——呵，关于魏德迈的来华，有什么另外的消息吗！"他想把问题引到别处去，但忽然又想起伯仁是前来慰唁他的，似乎不能没有一句感谢的话。接着，他又说，"呵，没有什么，我是没有什么的。伯仁，真要谢谢你！"

"也没什么特殊的消息，听说他的态度不大好。有一个报纸说，除了印度总督的到了印度，国际上的特使，从来就没有这样的礼遇。听说两方都有些失望，因为在我们看来，他的锦囊里并没有带来美金和军火，而在他呢，觉得扶不起来，不合理想，有些黏牵。"老张插着说。

"唔！"李子春应了一声，好像已经听到的样子。但是，他却实在没有听得完全，"呵，你说什么，有些黏牵？是的，中国的局面，总还有一个时代拖的。"他实在有些心神不属的样子。

"总还有一个时候吧！"伯仁说，"以前说的三个月或是半年的预约，这幻想是消灭了。现在，有人广播，又说是一年至两年。唉，只是我们老百姓怎么拖得下去！真是一个苦难的时代！"

"苦难的时代！"李子春轻轻的【地】重复着，"苦难的时代！"

"所以，"老张说，"我们在背十字架。"

"我们还要苦两年，我们还得挺！"伯仁说。

"挺，对的，挺！"老张接着说，"但是，挺，还是消极的，如果给你挺过去，也不过给你挺过去而已！如果说挺不过呢，那就怎么办！我昨天和子春说呀，我们应该比较积极一点，应该做一点更有意义，而却是我们所能做的事情。而子春呢，他却说他在悟道。我真不晓得他是有所感而发的呢,还是真的这样在悟道!我们要等别人造好了洋房,让我们去住,别人磨好了面粉,做好了面包,让我们去吃吗?"

"我也不赞同你的意思,你以为我们活着,连一点意义也没有的?"伯仁也反对老张的意见。他又向着李子春:"你说对吗?子春;我们活着,总有一点意义的吧,让别人头痛头痛,也是好的。"

李子春还是没有响,他那主观的脆弱的心灵,似乎还打不起全身的劲儿。知识份【分】子的弱点,他似乎还没有扑灭得干净。他觉得,他应该积极,积极是对的;但这却不是理论。这是一个事实。他要克服,克服这脆弱的留在心中的感情创伤。"时代的苦闷,苦难的时代!"他又重复的【地】说着。

赵伯仁大概也看出了这一点,他晓得这几年的子春的遭际,和他的灵魂的道路,而他的这一次的拜访,也完全是为着吊唁他的孩子的夭伤的。因此,他说:"子春!孩子死是死了,你也不必等着我们的劝说,你总该看开一些吧!"

"是的,我看得开!"李子春觉得这话倒打动了他的心坎似的,不由得心里涌起了一阵痉挛,好像有一阵冷气,通过他的全身一样。他忍不住了,眼眶里冒出一般热泪。"我自己以为比较理知【智】的,我什么都忍得住;只是,我在整理着孩子一些东西,——看见这些东西,这滋味真不好尝,我哭了!唉!我真的哭了!"他毫不隐讳的【地】拿出手巾来擦着眼泪,觉得一切的色彩,一切的声音,再混着一切的味觉与嗅觉,搅绕得一团,不晓得是一种什么感觉。

老张和伯仁,绝对料想不到平常那么坚强的子春,竟然会哭出声来的,他们都觉得十分的愕然。他们不晓得应该怎样的【地】劝慰,也不晓得怎样说话,整个房间的空气,一时间完全凝冻了起来。但是,当他们正感到没有办法,大家都相互的【地】听到了各人心头沉重的跳跃时,子春太太的忍不住的啜泣的声音,却幽幽的【地】打破了这个沉寂。

李子春重新揩干了眼泪说:"我是忍得住的。"他摇了摇头,表示无可奈何的样子,接着又是一声"唉!"

"你还应该劝劝你的嫂夫人呢!身体要紧!"老张说。

"是呀!自己的身体呵!"伯仁附和着说。

子春太太的啜泣声更加响了起来。

"子春,你劝一劝太太。"老张说。

"我们出去走走好不好。——老张,我们拖子春出去喝咖啡去。今天的××学会,还有一个茶话会。"

"好,好!我们出去走走吧!"老张同着伯仁,共同的在敦促着。

"不,不,我不去。——我好了,没有事情了。"

"去吧,去吧,老是在家里做什么呢!去!去!"

他们不由分说的【地】把子春拖出房间,一直拖下楼来。走出了门口,呵!暴风雨虽已过去,但门外的路还是泥泥泞泞的。李子春踏着泥泞的道路,迎着夹着水气【汽】的晚凉,想起已经有了三日没有出门的事,精神倒也清醒了一下。觉得踏在地上的脚,也是实在的。过去了的噩梦一般的遭际,炼狱一般的情绪,应该埋葬了吧!唉!真是一个梦。他想。我该丢开了这个梦,葬了这个梦吧!只要向前一脚一脚的【地】踏了出去,真的一脚一脚踏住了,就是泥泞些,路总是向前的。

**【思考题】**

1. 本文题目"梦的埋葬",这个"梦"有几种含义?分别是什么?在本文最后,李子春想,自己应该"丢开这个梦""葬了这个梦",这仅仅是意味着放下儿子的死吗?

2. 本文详细叙述了主人公李子春在儿子死后内心痛苦挣扎的历程,也提到了他和儿子的不少过往,这些描述很好地展现了父子之间的情感与关系。请问,在这些情感与关系背后是什么样的审美原则?

# 后　记

　　自2017年秋季学期开始，我开始尝试给华东师范大学本科生开设1学分的选修课"教育美学：文艺作品中的教育学"，至2019年秋季，这门课程成功入选学校首轮通识核心课程建设计划。与此同时，因应课程建设委员会专家的反馈意见，除了将课程内容拓展为2学分，并在副标题中添加"发现"二字（即现用课程名称"教育美学：发现文艺作品中的教育学"），以便明确课程主题中的"教育美学"与副题中的"教育学"之间的关系外，我也萌发了编辑教材的想法。作为首选的，便是这本中国近代教育小说选集。对中国教育界而言，教育小说是个"舶来品"。然而，就其史料价值而言，它却以生动的故事展现了近代中国为因应时代变局而开展新式学校教育改革过程中遭遇的诸多问题。从内容上看，中国近代学人在这个教育转型时期创作的教育小说中所体现的教育思想，既不是纯粹的西方教育思想，也不是典型的中国传统教育思想，而是两种教育思想碰撞下进行的思想实验。因此，对其进行研究十分贴合课程"发现文艺作品中的教育学"的学术定位，具有重要的教育美学价值。

一

　　众所周知，清末民初教育小说数量繁多，分布散乱，究竟如何获取、拣选这些史料，又是一个问题。众多教育期刊作为推动教育近代化的强有力工具，以讨论教育问题、传播西方教育理论与方法、指导教育实践为己任，积极参与并推动了中国教育改革的进程。考察发现，在众多教育期刊中，以商务印书馆发行的《教育杂志》和中华书局发行的《中华教育界》最具影响，二者堪称近代教育期刊史上的"双子星座"，在近代教育界扮演着重要的角色。其中,《教育杂志》是由商务印书馆创办的持续时间最长、影响最大的专业刊物。而《中华教育界》仅次于《教育杂志》,二者在译述教授经验、叙述讲授资料、传播西学等方面发挥了巨大的教育作用,是研究近代教育历史不可或缺的资料。因此,本文集将重点收录《教育杂志》与《中华教育界》上的教育小说。另外,《教育界》《教育研究》和《大上海教育》也是研究近代教育的重要参考资料,常常会出现在中国近现代教育史研究论文的参考文献中,这些杂志对中国近代教育发展的重要作用不容忽视。因此,本书也将以上杂志中的教育小说列入初选范围。

在确定中国近代教育小说的取材范围后,我指导的研究生陈莹和杨露开始协助我完成《教育杂志》和《中华教育界》《教育界》《教育研究》《大上海教育》中教育小说的转录工作。为了找全以上杂志中的教育小说,我们首先利用学校图书馆资源,在全国报刊索引(https://www.cnbksy.com/home)网站中,进入《教育杂志》《中华教育界》《教育界》《教育研究》和《大上海教育》杂志内部以"教育小说"为关键词进行搜索,拉出一个简易名目。由于教育小说的辑录重点在于《教育杂志》和《中华教育界》两本杂志,且这两本杂志的目录相对易得,因此我们便将整理后的简易名目与华东师范大学图书馆的《教育杂志索引》和百度文库的《中华教育界》1~7卷目录校对补充。在此过程中发现,由于近代"教育小说"概念模糊,部分教育小说并非以"教育小说"的标注在杂志中出现,如在《教育杂志》中标注为"教育文艺"的《我的学校》(泰戈尔著,樊仲云译)、《倪焕之》(叶绍钧)。为避免遗漏,我们主要通过以下工作进一步补充:(1) 对于文章标题中明确带有"学校""教师""学生""暑假"等教育元素的文章进行筛查确定,如标注为"教育文艺"的《我的学校》;(2) 对于已发表过教育小说的作者的作品进行筛查确定,如半侬在《中华教育界》发表过教育小说《翡翠光阴》,那么其发表的伦理小说《逐客令》也有可能为教育小说;(3) 参考有关近代教育小说的硕、博论文等,如多篇有关教育小说的硕、博论文都以叶绍钧的《倪焕之》为研究对象和研究内容，因此标注为"教育文艺"的《倪焕之》也为教育小说。此项工作大概自 2020 年 3 月底开始，至 2020 年 5 月中旬结束。

进一步明确教育小说辑录目录后，便开始搜索目录中的文章原稿，由于当时尚处疫情期间，我们能够找寻原稿的方式有限，因此需要转录的原稿几乎全部从全国报刊索引中而来。删除部分尚未完结、内容不全的翻译教育小说，我们确定了 41 篇教育小说的转录工作。包括：**《教育杂志》18 篇**，分别是标注为"教育小说"的《馨儿就学记》（天笑生，第一卷第 1、3~12 期）、《孤雏感遇记》（天笑生，第二卷第 1~4、6~9、12 期）、《田舍翁之学校观》（缪文功，第二卷第 11 期）、《埋石弃石记》（天笑生，第三卷 1、3~4、6~8、11~12 期）、《苦儿流浪记》（爱克脱麦罗著、天笑译，第四卷第 4、7~12 期，第五卷 1~2、4~6、8~11 期，第六卷第 2~4、6、8~12 期）、《黑伟人》（抗父，第五卷第 1、3、7、12 期）、《青灯回味录》（秋星，第六卷第 1、5、7 期，第七卷第 2、4、6、8 期，第八卷第 6、8 期，第九卷第 4、8、10 期，第十卷第 9~11 期）、《二青年》（天笑，第七卷第 1、3、5、7、9~12 期，第八卷第 7、9 期，第九卷第 5~6 期）、《双雏泪》（天笑，第十卷第 1 期，第十一卷第 1~5 期）、《琴德愔愔（附歌曲）》（陆洪生，第十二卷第 22 期）、《五族共和》（范焕章，第十四卷第 24 期）、《学校市》（陆洪生，第十四卷第 24 期）。此外，还有 1 部标注为"剧本"的《天真烂漫》（行馀，第十二卷第 1~2 期），以及 5 部标注为"教育文艺"的《巴莎杜麦诺夫》（阿志巴绥夫著，郑振铎译，第十八卷第 3~4 期）、《搭班子》（叶绍钧，第十八卷第 5 期）、《我的学校》（［印］泰戈尔著，樊仲云译，第十八卷第 6 期）、《抗争》（叶绍钧，第十九卷第 1 期）、《倪焕之》（叶绍钧，第二十卷第 1~12 期）。**《中华教育界》13 篇**，分别是标注为"教育小说"的《儿童历》（天笑生，1913 年第 1~12 期）、《儿童裁判员》（畹滋，1914 年第 13 期）、《蔷薇花》（［美］伯伦那梨星著，天笑、毅汉译，1914 年第 14 期）、《劳》（［英］哈桑 Hawthorne 氏原著，畹滋译，1914 年第 15 期）、《碎幔人》（畹滋，1914 年第 16 期）、《优胜旗》

（畹滋，1914年第17期）、《纪念之钮扣》（卓呆、畹滋，1914年第18、20期）、《留声机》（［美］伯伦那梨星著，天笑、毅汉译，1914年第19期）、《翡翠光阴》（半侬、畹滋，1914年第21、22、23、34期）、《钟楼之纪念日》（偶然，1916年第五卷第1期）、《恶作剧》（剑平，1916年第五卷第5、6期）、《石笔石板》（瘦鹃，1919年第八卷第5期），以及标注为"伦理小说"的《逐客令》（半侬，1916年第五卷第2期）。**《教育界》**4篇，分别是标注为"教育小说"的《旅行》（近村，1913年第二卷第5期）、《皮球》（吴江冷，1919年第36、37期）、《顾氏父子》（张铸，1919年第41、42期），以及标注为"短篇小说"的《暑假》（作者不详，1912年第4期）。**《教育研究》**4篇，分别是标注为"教育小说"的《少年机关师》（蛰葊、天笑，1914年第8～11期）、《牧牛教师》（撲笑，1914年第12、13期）、《厄运》（于琳，1933年第3期）、《心波》（潘腾，1934年第4期）。**《大上海教育》**2篇，分别是标注为"教育小说"的《默》（卓呆，1933年第一卷第1期）、《回答别一个地方的朋友的陈诉》（姚苏凤，1934年第一卷第1期）。

## 二

确定教育小说篇目后，我们便着手转录工作，该项工作大概自2020年5月中开始，至2020年8月底结束。由于近代教育期刊采用的是竖排繁体字，因此转录工作需要克服的最大问题便是如何快速将竖排字转化为横排字，并准确识记文章中的繁体字。最初，我们选择了最笨的方式，一个字一个字的识记和转录，但效率太低。在尝试多种转化工具后，我选择了"天若OCR"进行识记转录，但是"天若OCR"只能识记横排的文字，无法识别竖排文字，因此每次只能选取一个竖排进行识记，识别后再人工校对，而且"天若OCR"能够识别的字有限，对于比较复杂的繁体字无法识别，这就需要我们利用手写键盘输入字体。由于语言习惯不同，为避免添加有误，在完成转录后，我们又通过"古诗文断句"（https://seg.shenshen.wiki/）网站中的"标点"功能对转录稿的标点符号进行了又一次筛查。至此，我们完成了最初的教育小说辑录。

为了保证最大限度贴近原文，我们最初保留了原文的繁体字体，并根据《国家标准标点符号用法》对缺省标点符号之处进行了必要的辅助添加；在排版上，将竖排版改为横排版，段落划分遵照原文；在内容上，除对文字的错漏加以订正外，文中的人名、地名、书刊名的翻译，均保留原貌。转录完成后，便是一些细节的调整，如调整格式、添加脚注等等。此外，由于体量庞大，我们还需要将转录稿进行分类整理。无论是按照杂志名目还是按照文章篇幅都会导致篇幅差异过大，且无法突出教育主题的变化。因此，我们便将教育小说按照时间顺序分上下两卷进行辑录，上卷为1905—1919年的27篇教育小说，下卷为1920—1934年的14篇教育小说。首先，两个时间段的教育小说篇幅大致相当；其次，1919年后，我国进入了新民主主义革命时期，教育主题由"民族救亡"转化为"民族复兴"。此项工作自2020年3月底开始，至2020年10月初结束。这项工作的深度参与者杨露，也以其中最高产的教育小说作者包天笑为题完成了她的硕士学位论文。

## 三

2021年4月，我指导的本科生赵君豪开始参与这个选集的进一步修订工作。首先是弥补前期完全以报刊为标准选录小说所导致入选作品在时间维度上的缺失，主要补充了前期所缺乏的1934年之后的作品。其次，鉴于原版本的体量过于庞大（总字数达90万以上），不适宜用作教科书，我们便着手在这个选集的基础上做精选工作。具体而言，我们从仅仅以期刊或时代为重心的选录工作，转向以教育主题为重心的精选工作，因为只有小说的主题才能反映教育小说所关注的主要教育问题在纵向和横向上的变化，以及贯穿于整个清末民国教育小说的重大教育问题。这一阶段的工作内容基本是删除主题重合或不重要的小说、对缺失的主题或时期进行增补等。最终，经过主题式的精选，我们将选集中原有的41篇小说压缩到30余篇，但总字数仍然在80万左右，对于教科书而言同样过于臃肿。

鉴于入选作品中存在大量的译作以及半译半创作品，而这些作品创作背景多元，翻译动机不确定（主要呈现作为舶来品的西式学校教育在中国大地上的发展情况），较难反映当时中西文化冲突背景下中国教育界的思想动向与问题。因此，我决定将"原创"作为这本教育小说的核心特色，对其中的翻译作品或半译半创的作品进行删除。由此，原有的30余篇小说被删减至24篇，这本选集的名称也被正式确定为《中国近代教育小说精选——学校教育转型的思想实验》。不过，这又导致了入选作品在主题和不同时期的代表性（亦即所选作品与中国近代原创学校教育小说总体比例）之间的不平衡问题。于是，从当时原创学校教育小说的总体情况入手，为了保证期刊的权威性和在时期、种类上的全面性，自2022年3月底开始，我们又对选集进行增补（相关选编的原则、考虑、体例等，详见开篇的编者前言）。

从2019年9月至2022年9月，前后历时整整三年，本选集的选编工作才算基本完成。自2022年9月至2024年9月的两年间，我和福建教育出版社的编辑同仁们对照原文，又对书稿进行了多次核验、校对和文字的补充与调整工作。特别感谢我指导的研究生陈莹、杨露和本科生赵君豪在这套教育小说编辑过程中所付出的细致工作！特别感谢福建教育出版社成知辛编辑为该书出版提供的大力支持和专业指导！

王占魁<br>
2024年9月